DOMUS UNIVERSITATIS 1650

VERÖFFENTLICHUNGEN
DES INSTITUTS FÜR EUROPÄISCHE GESCHICHTE MAINZ
ABTEILUNG UNIVERSALGESCHICHTE

BAND 133

BEITRÄGE ZUR SOZIAL- UND VERFASSUNGSGESCHICHTE
DES ALTEN REICHES
NR. 9

HERAUSGEGEBEN VON KARL OTMAR FREIHERR VON ARETIN,
PETER MORAW, VOLKER PRESS UND HERMANN WEBER

VERLAG PHILIPP VON ZABERN · MAINZ
1991

DAS NIEDERRHEINISCH-WESTFÄLISCHE REICHSGRAFENKOLLEGIUM UND SEINE MITGLIEDER (1653–1806)

VON

JOHANNES ARNDT

VERLAG PHILIPP VON ZABERN · MAINZ
1991

Gedruckt mit Unterstützung der Gerda Henkel Stiftung,
des Landschaftsverbandes Rheinland, der Ruhr-Universität Bochum
und des Landesverbandes Lippe.

CIP-Titelaufnahme der Deutschen Bibliothek

Arndt, Johannes:
Das niederrheinisch-westfälische Reichsgrafenkollegium und
seine Mitglieder : (1653–1806) / von Johannes Arndt. – Mainz :
von Zabern, 1991
(Veröffentlichungen des Instituts für Europäische Geschichte Mainz ;
Bd. 133) (Beiträge zur Sozial- und Verfassungsgeschichte des Alten
Reiches ; Nr. 9)
ISBN 3-8053-1151-6
NE: Institut für Europäische Geschichte 〈Mainz〉: Veröffentlichungen
des Instituts . . . ; 2. GT

INHALTSVERZEICHNIS

Tabellen

Abbildungen 1–10 im Kapitel 3

VORWORT

Die vorliegende Arbeit wurde im Februar 1987 von der Fakultät für Geschichtswissenschaft der Ruhr-Universität Bochum als Dissertation angenommen. Professor Dr. Winfried Schulze gab mir die Anregung zur Beschäftigung mit den niederrheinisch-westfälischen Grafen und betreute die Arbeit. Ihm danke ich besonders herzlich für zahlreiche Gespräche. Professor Dr. Ottfried Dascher gilt mein Dank nicht nur für manchen wertvollen Rat, sondern auch für seine Teilnahme am Promotionsverfahren als Zweitgutachter.

Der größte Teil der herangezogenen Akten liegt im Staatsarchiv Detmold, wo mir Dr. Klaus Scholz, Dr. Reinhart Strecke und Frau Gertrud Kretschmer in vorbildlicher Weise halfen. Ihnen sowie den Archivaren und Bibliothekaren der zahlreichen anderen Forschungsstätten danke ich ebenso wie den fürstlichen und gräflichen Nachfahren der Kollegialmitglieder, die mich ihre Privatarchive benutzen ließen.

Die Abbildungen stammen aus verschiedenen Museen, Archiven und privaten Sammlungen. Hier gilt mein besonderer Dank Dr. Thomas Denter OCist, dem Abt von Marienstatt/Westerwald, der mir gestattete, die Holzstatue des Grafen Salentin Ernst von Manderscheid in der Klausur seines Klosters zu fotografieren.

Zu großem Dank verpflichtet fühle ich mich Professor Dr. Karl Otmar Freiherr von Aretin, der mir im Institut für Europäische Geschichte, Mainz, einen Forschungsaufenthalt für drei Monate gewährte, mir zweimal Gelegenheit bot, die Thesen aus der Dissertation anderen Frühneuzeithistorikern vorzutragen, und schließlich die Arbeit in seine Schriftenreihe aufnahm. Zahlreiche lange Gespräche mit Dr. Armgard Gräfin Dohna, Claus Scharf, Professor Dr. Martin Vogt und Dr. Ralph Melville, den Mitarbeitern des Instituts, zur Thematik wie zur Drucklegung waren mir eine große Hilfe. Für wichtige Hinweise zum Konzept wie zum Manuskript meiner Arbeit fühle ich mich Dr. Sigrid Jahns, Dr. Helmut Neuhaus und Dr. Ernst Böhme verbunden.

Die Dissertation hätte nicht entstehen können ohne das Doktorandenstipendium, das mir die Gerda Henkel Stiftung, Düsseldorf, erteilte. Der Stiftung verdanke ich darüber hinaus einen großzügigen Druckkostenzuschuß. Weitere Zuschüsse leisteten der Landschaftsverband Rheinland, die Ruhr-Universität Bochum und der Landesverband Lippe.

Schließlich danke ich meinen Verwandten und Freunden für das bereitwillige Angebot von Wohngelegenheiten während meiner Archivaufenthalte sowie für ihre Geduld, meine Ausführungen zu diesem Thema anzuhören. Regina Mittendorf tippte die Arbeit in den Computer und las, ebenso wie meine Eltern, die Korrekturen des Manuskripts. Auch ihnen sei herzlich gedankt.

Münster, im März 1990   Johannes Arndt

EINLEITUNG

1. ZUM HISTORIOGRAPHISCHEN ANSATZ

Das Niederrheinisch-Westfälische Reichsgrafenkollegium[1] gehört zu den lange vernachlässigten und weitgehend unbekannten Komplexen der frühmodernen Geschichte. Selbst in anerkannten Handbüchern ist davon die Rede, daß »Reichsrittern und kleineren Reichsfürsten nur vier Kuriatstimmen auf dem Reichstag zugebilligt worden sind«[2]; für soziologisch geprägte Studien, die eine Erhellung der Adelsdifferenzierung im historischen Längsschnitt erwarten lassen, besteht das Heilige Römische Reich aus den Großmächten, den Fürstentumern und dem preußischen und österreichischen Landadel.[3] Weitere Irrtümer in der Literatur ließen sich aufführen; sie waren wohl kaum vermeidbar, da es an Studien zu den kleineren Reichsständen im allgemeinen und zum Reichsgrafenstand im besonderen mangelte.[4]

Die einzigen Veröffentlichungen, die sich mit diesem Grafenkollegium beschäftigten, wurden 1916 und 1956 von Hermann Kesting verfaßt.[5] Kesting promovierte über die Verfassungsgeschichte des Kollegiums, behandelte jedoch schwerpunktmäßig die Entstehung der gräflichen Kuriatstimmen im Reichsfürstenrat zwischen 1495 und 1653. Dieser Teil wurde 1916 gedruckt; der chronologische

[1] Zum Begriff und zu seinen Alternativen: vgl. Kap. 1.2. (S. 18).

[2] Im Gegensatz zu dieser Behauptung standen die vier Kuriatstimmen den rechtmäßigen Besitzern einer reichsunmittelbaren und reichsständischen Grafschaft oder Herrschaft zu; dies konnten auch Fürsten sein, die eine Grafschaft erworben hatten, oder ehemalige Grafen, die inzwischen in den Fürstenstand aufgestiegen waren. Reichsritter besaßen dagegen grundsätzlich kein Reichstagsstimmrecht: vgl. Hans POHL, Die wirtschaftliche und soziale Entwicklung vom Spätmittelalter bis zum ausgehenden 18. Jahrhundert, in: Kurt JESERICH u.a. (Hrsg.), Deutsche Verwaltungsgeschichte, Bde. 1–6, Stuttgart 1983 ff.; hier: Bd. 1, S. 245.

[3] Hierfür beispielsweise: Reinhard BENDIX, Könige oder Volk. Machtausübung und Herrschaftsmandat, Bde. 1–2, Frankfurt/Main 1980; hier: Bd. 1, S. 196–258.

[4] Das beinahe völlige Angewiesensein auf archivalische Quellen stellte Angela KULENKAMPFF 1967 anläßlich einer Studie über Grafeneinungen fest: Einungen mindermächtiger Stände zur Handhabung Friedens und Rechtes 1422–1565, Diss. Frankfurt/Main 1967, S. 4.

[5] Hermann KESTING, Geschichte und Verfassung des Niedersächsisch-Westfälischen Reichsgrafenkollegiums, Diss. Münster 1916; ders., Geschichte und Verfassung des Niedersächsisch-Westfälischen Reichsgrafenkollegiums, in: Westf. Zs. 106 (1956), S. 175–246. Kestings Arbeit ist solide aus den Quellen erarbeitet worden und stimmt in den wesentlichen Details; Fehler und Lücken zeigen sich überall dort, wo der Detmolder Bestand keine Aussagen macht, etwa bei der geographischen Lage der Mitgliedsterritorien oder beim katholischen Kollegialteil nach der Spaltung von 1784. Den ersten Teil von Kestings Arbeit veröffentlichte sein Doktorvater Aloys MEISTER 1913 als eigenen Aufsatz: Die Entstehung der Kuriatstimmen, in: Historisches Jahrbuch 34 (1913), S. 828–834.

Längsschnitt durch die Kollegialgeschichte, von einigen verfassungsgeschichtlichen Exkursen unterbrochen, erschien erst 40 Jahre später als Zeitschriftenaufsatz.
Beide Teile der Arbeit wurden kaum rezipiert.

Im Gegensatz zu Kestings Arbeit, die in starkem Maße der Machthistorie huldigte und die Kollegialgeschichte vorwiegend aus der Perspektive inneren Zerfalls
und irrationaler Konflikte betrachtete, soll die vorliegende Studie die Chronologie
zurücktreten lassen zugunsten strukturgeschichtlicher Fragestellungen. Die innere
Verfassung des Kollegiums wird dabei in einen Zusammenhang gestellt mit der
sozialen, konfessionellen und regionalen Differenzierung der Mitgliedsfamilien
und -territorien. So wird das Grafenkollegium sowohl verfassungsgeschichtlich als
auch sozialgeschichtlich in das alte Reich eingebettet, eine doppelte Perspektivität,
die bei Kesting nicht zu finden ist. Um jedoch die Strukturen nicht als leere, seelenlose Hüllen erscheinen zu lassen, wird versucht, die handelnden Personen in
Beispielen plastisch werden zu lassen. Dazu dienen kurze biographische Einschübe, etwa bei der Vorstellung der Direktoren des Kollegiums, aber auch Abschnitte, die die Analyse persönlicher Beweggründe politischen Handelns zum
Gegenstand haben. Dies ermöglicht zum einen, die Handlungsspielräume innerhalb vielfältig begrenzter Möglichkeiten auszuloten, zum anderen, das Gegenspiel
von allgemein Normativem und speziell Individuellem zu illustrieren.[6]

In bezug auf die verfassungsgeschichtliche Dimension wird von den begrifflichen Überlegungen Hans Boldts[7] ausgegangen. Ihnen liegen die verfassungsgeschichtlichen Studien von Ernst Wolfgang Böckenförde, Hanns Hubert Hofmann
und Karl Otmar Freiherr von Aretin zugrunde, die die innere Struktur und den
Wirkungszusammenhang des Heiligen Römischen Reiches in zeitlich oder regional begrenzten Studien aufgezeigt haben[8]: Sie erschütterten das überkommene Bild
vom Reich mit einem ohnmächtigen Kaiser an der Spitze, der dem fürstlichen
Machtstaat letztlich unterlag, und setzten an seine Stelle ein multipolares System,
das außer dem Reichsoberhaupt und den weltlichen Machthabern das Reichskir

---

[6] Zum Postulat des Thukydides, die Menschen in ihren Umständen und nicht bloß die Umstände selbst zu analysieren: Jürgen KOCKA, Zurück zur Erzählung? Plädoyer für historische Argumentation, in: Geschichte und Gesellschaft 10 (1984), S. 395–408; hier: S. 395; zur Kategorie des
»Handlungsspielraumes«: Rudolf VIERHAUS, Handlungsspielräume. Zur Rekonstruktion historischer Prozesse, in: HZ 237 (1983), S. 289–309.

[7] Vgl. die Definition bei: Hans BOLDT, Einführung in die Verfassungsgeschichte, Düsseldorf
1984, S. 18 f. Grundlegend sind auch die Ansätze von Otto Hintze und Gerhard Oestreich: Rudolf
VIERHAUS, Otto Hintze und die vergleichende europäische Verfassungsgeschichte, in: Otto
BÜSCH/Michael ERBE (Hrsg.), Otto Hintze und die moderne Geschichtswissenschaft. Ein Tagungsbericht, Berlin 1983, S. 95–110; Gerhard OESTREICH, Geist und Gestalt des frühmodernen
Staates, Berlin 1969, bes. Teil II: Reich und Territorien, S. 201–289.

[8] Ernst Wolfgang BÖCKENFÖRDE, Die deutsche verfassungsgeschichtliche Forschung im 19.
Jahrhundert, Berlin 1961; ders., Der Westfälische Friede und das Bündnisrecht der Reichsstände,
in: Der Staat 8 (1969), S. 449–478; ders., Moderne deutsche Verfassungsgeschichte (1815–1918),
Köln 1972; Hanns Hubert HOFMANN, Adlige Herrschaft und souveräner Staat, München 1962;
ders., Reichskrieg und Kreisassoziation, in: ZbayLG 25/2 (1962), S. 377–413; Karl Otmar Freiherr
von ARETIN, Heiliges Römisches Reich 1776–1806. Reichsverfassung und Staatssouveränität, Bde.
1–2, Wiesbaden 1967; ders. (Hrsg.), Der Kurfürst von Mainz und die Kreisassoziationen
1648–1746, Wiesbaden 1975; zur Abgrenzungsproblematik: BOLDT, Einführung in die Verfassungsgeschichte, S. 164–167.

chensystem sowie die Korporationen der mindermächtigen Stände umfaßte. Die kleinen Stände, so Aretins These, haben nach dem Dreißigjährigen Krieg die Verfassungswirklichkeit des Reiches weit mehr bestimmt als die weltlichen Reichsfürsten, die alle – bis auf Brandenburg-Preußen – im 18. Jahrhundert eine weitaus unbedeutendere Rolle spielten als im 16. Jahrhundert.[9] Alle Territorien wurden, ungeachtet verschiedener Landrechte, von einem einigenden Reichsrecht umschlossen, das seinen sichtbaren Ausdruck in den beiden höchsten Reichsgerichten, dem Reichskammergericht in Wetzlar und dem Reichshofrat in Wien, fand. Das Rechtssystem war in hohem Maße auf Herkommen statt auf rationaler Begründbarkeit fundiert: Dies nützte in seiner konservierenden Wirkung vor allem den kleinen Territorien gegen den Expansionsdrang der großen, aber auch den geschichtlich gewachsenen Landständen gegen ihre Fürsten und sogar gelegentlich den Untertanen gegen ihre Grund-, Gerichts- und Landesherren.[10]

In der Sicht der Zeitgenossen erfreute sich das Reich – außer bei unmittelbaren Nutznießern des Absolutismus der Territorialstaaten – breiter Anerkennung und Zustimmung, da gerade in den Kleinterritorien jene Rechtsordnung fortbestand, die in den Fürstentümern oft der Machtordnung weichen mußte. In vieler Hinsicht war ein Kleinterritorium wie etwa die Grafschaft Lippe im Weserbergland ein typischeres politisches Gebilde für die Verfassungswirklichkeit des Reiches als Preußen, Österreich oder Bayern.[11] Martin Heckel faßt diesen Charakter des Reiches mit den Worten zusammen: »Das ›Antiabsolutistische‹ der Reichsverfassung in der hohen Zeit des Absolutismus erweist sich hier in der rechtsstaatlichen Machtbegrenzung des Kaisers wie der Reichstagsmehrheiten durch ein verfassungsrechtliches Instrumentarium der Freiheitssicherung und des Minderheitenschutzes.«[12]

Die Rolle von Reichsgrafen und anderen mindermächtigen Ständen innerhalb dieses Systems wurde für andere Regionen Deutschlands bereits untersucht. Lutz Hatzfeld und Angela Kulenkampff beschrieben die Politik des Wetterauer Grafenvereins zwischen 1400 und dem Dreißigjährigen Krieg[13]; über das fränkische Grafenkollegium liegen neben einer weiteren Studie von Angela Kulenkampff

[9] ARETIN, Der Kurfürst von Mainz und die Kreisassoziationen, S. 31.

[10] Zum Reichsherkommen: Bernd ROECK, Reichssystem und Reichsherkommen, Stuttgart 1984; zu den Ständekonflikten: Friedrich HERTZ, Die Rechtsprechung der höchsten Reichsgerichte im römisch-deutschen Reich und ihre politische Bedeutung, in: MIÖG 69 (1961), S. 331–358; zu Untertanenkonflikten: Winfried SCHULZE, Bäuerlicher Widerstand und feudale Herrschaft in der frühen Neuzeit, Stuttgart 1980.

[11] Vgl. dazu: Gerhard BENECKE, Society and Politics in Germany 1500–1700, London und Toronto 1974, S. 30 und 374; ders., Relations between the Holy Roman Empire and the Counts of Lippe as an example of early modern German Federalism, in: Westf. Forschungen 24 (1972), S. 165–174; zur Akzeptanz: BOLDT, Einführung in die Verfassungsgeschichte, S. 248.

[12] Martin HECKEL, Itio in partes. Zur Religionsverfassung des Heiligen Römischen Reiches Deutscher Nation, in: ZRG-KA 64 (1978), S, 180–308

[13] Lutz HATZFELD, Die Geschichte des Wetterauer Grafenvereins von seiner Gründung bis zum Ausbruch des Dreißigjährigen Krieges, in: Mitteilungsblatt des Herborner Altertums- und Geschichtsvereins 2 (1954), S. 17–31, 39–60; 3 (1955), S. 1–14, 29–44; ders., Zur Geschichte des Reichsgrafenstandes, in: Nass. Ann. 70 (1959), S. 41–54; Angela KULENKAMPFF, Einungen mindermächtiger Stände, passim.

Untersuchungen von Ferdinand Magen und Ernst Böhme vor.[14] Volker Press und Georg Schmidt erforschen süddeutsche Reichsgrafen, Reichsstädte sowie die Reichsritterschaft, Armgard von Reden-Dohna die schwäbischen Prälaten, sodaß in absehbarer Zeit ein präzises Bild der kleinen Reichsstände in ihren Interaktionen untereinander sowie mit dem Reich entstehen dürfte.[15]

Diese Arbeit besteht aus 8 Kapiteln. Die ersten sechs werden unter vorwiegend verfassungsgeschichtlicher Fragestellung stehen, die beiden letzten eher unter sozialgeschichtlichem Blickwinkel.

Das erste Kapitel stellt die Grundstruktur des Niederrheinisch-Westfälischen Grafenkollegiums vor; dabei wird sowohl ein kurzer geschichtlicher Abriß der Grafenkorporationen seit dem Mittelalter gegeben[16] als auch auf die geographische Abgrenzung des Kollegiums eingegangen. Ein knapper Periodisierungsabriß der 153 Jahre, in denen das Kollegium bestand, beschränkt sich auf die Zäsuren der Korporationsgeschichte.

Das zweite Kapitel stellt die Mitgliedsterritorien des Kollegiums einzeln vor. Dabei wird neben der Besitzentwicklung der Grad der Herrschaftsdurchdringung und die Partizipation der besitzenden Familien an der Kollegialpolitik von Interesse sein. Aus Gründen der Übersichtlichkeit wurden die Territorien in sechs Räume eingeteilt, die sich aus mittelalterlichen Bezugssystemen herleiten und daher über heutige Länder- und Staatsgrenzen hinwegreichen.[17] Zeitweilige Mitglieder und Antragsteller werden in zwei weiteren Unterkapiteln vorgestellt.

Das dritte Kapitel beschäftigt sich mit dem Direktorium des Grafenkollegiums. Hier wird versucht, die schwierige Vermittlungsfunktion der Direktoren zwischen dem Kollegium und dem Reich sowie unter den verschiedenen Gruppen der Kollegialmitstände aufzuzeigen; dabei werden die Direktoren als Personen im Spannungsfeld zwischen ihren familiären, regionalen und sozialen Beziehungen betrachtet.

---

[14] Angela KULENKAMPFF, Einungen und Reichsstandschaft fränkischer Grafen und Herren 1402–1641, in: Württembergisch Franken 55, N.F. 45 (1971), S. 16–41; Ferdinand MAGEN, Reichsgräfliche Politik in Franken. Zur Reichspolitik der Grafen von Hohenlohe am Vorabend und zu Beginn des Dreißigjährigen Krieges, Schwäbisch Hall 1975; Ernst BÖHME, Das fränkische Reichsgrafenkollegium im 16. und 17. Jahrhundert. Untersuchungen zu den Möglichkeiten und Grenzen der korporativen Politik mindermächtiger Reichsstände, Diss. Tübingen (masch.) 1985.

[15] Georg SCHMIDT, Der Städtetag in der Reichsverfassung, Stuttgart, Wiesbaden 1984; ders., Städtecorpus und Grafenvereine, in: ZHF 10, 1983, S. 41–71; Volker PRESS, Das Römisch-Deutsche Reich – Ein politisches System in verfassungs- und sozialgeschichtlicher Fragestellung, in: Heinrich LUTZ/Grete KLINGENSTEIN (Hrsg.), Spezialforschung und »Gesamtgeschichte«, Wien 1981, S. 221–242; ders., Die Reichsritterschaft im Reich der frühen Neuzeit, in: Nass. Ann. 87 (1976), S.101–122; ders., Soziale Folgen der Reformation in Deutschland, in: VSWG Beiheft 74, Wiesbaden 1982, S. 196–243; Armgard von REDEN-DOHNA, Reichsstandschaft und Klosterherrschaft. Die schwäbischen Reichsprälaten im Zeitalter des Barock, Wiesbaden 1982.

[16] Hierunter fällt sowohl eine lehnsrechtliche Beleuchtung der Grafschaften wie auch deren Zuordnung zu bestimmten Reichs- und Grafenbezirken: Rüdiger Freiherr von SCHÖNBERG, Das Recht der Reichslehen im 18. Jahrhundert, Karlsruhe 1977, HATZFELD, Zur Geschichte des Reichsgrafenstandes, passim.

[17] Niedersächsischer, westfälischer, rechtsrheinischer oder westerwäldischer Raum, linker Niederrhein, Eifel und Naheraum, Maasgebiet.

Das vierte Kapitel hat das Amt des Syndikus sowie die Direktorialkanzlei zum Gegenstand. Es wird gezeigt, auf welche Weise die Kommunikation und die Interessenvertretung nach innen und außen praktisch abliefen und welch großen Einfluß hierbei die Beamten des Kollegiums aus dem Bürgertum und dem Niederadel besaßen.

Noch größer war der Einfluß des gräflichen Reichstagsgesandten in Regensburg, dessen Amtsstellung und Beziehung zum Direktorium wie zum Reichstag im fünften Kapitel gewürdigt werden soll. Das Niederrheinisch-Westfälische Grafenkollegium hatte über Jahrzehnte hinweg sehr sachkundige Gesandte, die nicht nur den Mindestanforderungen entsprachen, die Aretin für Personen von einigem Einfluß am Reichstag[18] umrissen hat, sondern darüber hinaus auch den Direktoren als unersetzliche politische Berater dienten.

Das sechste Kapitel analysiert das Kassenwesen der westfälischen Grafen, das ganz im Stil der Zeit von großen organisatorischen wie politischen Schwierigkeiten geprägt war. Matrikelerstellung und -anpassung werden hier ebenso beleuchtet wie der Einzugsmodus und die verschiedenen Ausgabeposten. Der Versuchung einer Quantifizierung wurde in diesem Kapitel widerstanden, obwohl reichliches Zahlenmaterial vorlag. Die Zahlungsmoral der Mitglieder läßt sich leicht qualitativ bestimmen; den prozentualen Anteil der ausgezahlten Gehälter an dem tatsächlichen Gehaltsanspruch der Beamten des Kollegiums zu messen, hätte darüber hinweggetäuscht, daß die Mitstände unfähig waren, die Verarmung einiger ihrer Bediensteten strukturell aufzufangen.[19]

Das siebte Kapitel soll unter sozialgeschichtlicher Fragestellung[20] den Reichsgrafenstand innerhalb der adligen Hierarchie des alten Reiches, also unterhalb von Kaiser, Kur- und Reichsfürsten, aber oberhalb der Reichsritter, Mediatgrafen und übrigen Niederadligen, einordnen.[21] Dabei wird der Tatsache Rechnung getragen, daß es einen geschlossenen Reichsgrafenstand über den gesamten Beobachtungszeitraum hinweg nicht gegeben hat. Das Kollegium hat ständig Niederadlige, die eben erst zu Grafen erhoben worden waren, aufnehmen müssen; dafür stiegen alte

---

[18] ARETIN, Heiliges Römisches Reich, Bd. 1, S. 55: »Die Beratungen des Reichstages verlangten ein solches Maß an juristischen Kenntnissen, daß sie von unerfahrenen Gesandten gar nicht zu bewältigen waren. [...] Hätte ein wichtiger Reichsstand einen unbedeutenden Gesandten nach Regensburg geschickt, so hätte er nicht nur seinen Einfluß am Reichstag, sondern auch den im Reich verloren.«

[19] Zu den Grenzen der Quantifizierung: Alain BESANÇON, Psychoanalytische Geschichtsschreibung, in Hans-Ulrich WEHLER (Hrsg.), Geschichte und Psychoanalyse, Frankfurt/Main 1974, S. 91–140; hier: S. 110.

[20] Der Sozialgeschichtsbegriff orientiert sich hier an Jürgen KOCKA: »Sozialgeschichte [ ] beschäftigt sich, so kann man mit Hilfe einer von mehreren ähnlichen Umschreibungen sagen, mit der Geschichte sozialer Strukturen, Prozesse und Handlungen, mit der Entwicklung der Klassen, Schichten und Gruppen, ihren Bewegungen, Konflikten und Kooperationen«: Jürgen KOCKA, Sozialgeschichte. Begriff – Entwicklung – Probleme, Göttingen 1977, S. 82. Vgl. dazu auch: Hans-Ulrich WEHLER (Hrsg.), Moderne deutsche Sozialgeschichte, Köln, Berlin 1966, vor allem die Beiträge von Werner CONZE (S. 19–26) und Hans MOMMSEN (S. 27–34).

[21] Verhältnis zum Kaiser: Volker PRESS, Das Römisch-Deutsche Reich, S. 231 ff.; zum Kaiser als Gerichtsherrn: Ulrich EISENHARDT, Die kaiserlichen Privilegia de non appellando, Köln, Wien 1980; zu den Kurfürsten von Sachsen und der Pfalz als Reichsvikare: Wolfgang HERMKES, Das Reichsvikariat in Deutschland, Karlsruhe 1968.

gräfliche Familien in den Reichsfürstenstand auf. Diese soziale Dynamik und die damit verbundenen Spannungen werden ebenso Themen des Kapitels sein wie die Rolle der Reichsgräfinnen, welche in zahlreichen Fällen nicht allein Ehefrauen, Mütter und adlige Hausverwalterinnen waren, sondern zu anderen verantwortungsvollen Aufgaben gelangt sind. Das Kapitel wird abgerundet durch eine Analyse der Bedeutung von Titulatur und Zeremoniell für die Grafen des Kollegiums.[22]

Im achten Kapitel soll der reichsgräfliche Dienst beim Kaiser und bei den Reichsinstitutionen, in der Reichskirche und bei den Fürsten untersucht werden. Der adlige Dienst ist in der Historiographie allenfalls auf regionaler Ebene, nicht aber in reichsumspannender Weise betrachtet worden. Zumeist galt das Interesse dem Amtsbegriff, der auf das neuzeitliche Beamtentum hindeutet und damit eine größere Aktualität besitzt.[23] Es soll eine Verbindung gezogen werden zwischen den Familien, aus denen die Dienstleistenden stammten, der Region, in der ihr Hauptbesitz lag, ihrer Konfession und den verschiedenen Dienstherren, bei denen sie Chargen bekleideten. Besonderes Augenmerk gilt hier der Rolle des Kaisers als Dienstherr, seiner Haltung gegenüber anderskonfessionellen Fürstendienern sowie der Frage, ob die aufstrebende Großmacht Preußen in eine Konkurrenzrolle zum Habsburgerhaus als Dienstanbieter für reichsständische Söhne hineinwachsen konnte. Die Reichskirche bot eine große Zahl von Dienstmöglichkeiten, von Domkanonikaten angefangen über zivile und militärische Chargen bis hin zu Dignitäten und Bischofswürden; in welchem Maß hiervon seitens der Grafen Gebrauch gemacht wurde, soll Inhalt des Kapitels sein.[24] Inländische wie ausländische Fürsten boten den Reichsgrafen Aufgaben an, was für Einzelpersonen oder für ganze Familien zu beträchtlicher Wirkung über die Grenzen des niederrheinisch-westfälischen Raumes hinaus führen konnte. Den Abschluß des Kapitels bildet eine Systematisierung des Dienstbegriffes der Reichsgrafen, in den traditionelle, ethische und funktionale Elemente einfließen.[25]

Auf ein Kapitel über die Konfessionsauseinandersetzungen im Grafenkollegium wurde verzichtet, da es fast keinen ernsteren Konflikt gab, bei dem nicht in ir-

---

[22] Über adliges Verhalten, höfische Etikette und demonstrativen Konsum und Müßiggang: Gerd TELLENBACH, »Mentalität«, in: Erich HASSINGER u.a. (Hrsg.), Geschichte, Wirtschaft, Gesellschaft. Festschrift für Clemens Bauer zum 75. Geburtstag, Berlin 1974, S. 11–30; hier: S. 29; Norbert ELIAS, Die höfische Gesellschaft, Frankfurt 1983, S. 103 f.; Hubert Christian EHALT, Ausdrucksformen absolutistischer Herrschaft. Der Wiener Hof im 17. und 18. Jahrhundert, München 1980; Thorstein VEBLEN, Theorie der feinen Leute, München 1981 (ND der Ausgabe 1958; engl. 1899); vgl. Richard van DÜLMEN, Formierung der europäischen Gesellschaft in der Frühen Neuzeit. Ein Versuch, in: GuG 7 (1981), S. 5–41; hier: S. 25.

[23] Zum Amtsbegriff: Karl KROESCHELL, Art. »Amt« in: HRG Bd. 1, 1971, Sp.150–154; der Amtsbegriff in der Adelskirche: Alfred SCHRÖCKER, Die Amtsauffassung des Mainzer Kurfürsten Lothar Franz von Schönborn (1655–1729), in: MÖSTA 33 (1980), S. 106–126.

[24] Für eine systematische Auswertung liegt die quantifizierende Studie von Peter HERSCHE vor: Die deutschen Domkapitel im 17. und 18. Jahrhundert, Bde. 1–3, Bern 1984.

[25] Bemerkungen zum Fürstendienst: Norbert ELIAS, Die höfische Gesellschaft, passim; EHALT, Ausdrucksformen, passim; Eduard VEHSE, Geschichte der deutschen Höfe seit der Reformation, Bde. 1–48, Hamburg 1851–1860; Joachim LAMPE, Aristokratie, Hofadel und Staatspatriziat in Kurhannover, Bde. 1–2, Göttingen 1963.

gendeiner Weise auch konfessionelle Aspekte eine Rolle gespielt hätten. Die Strukturierung eines gesonderten Kapitels hätte daher zu einer weitgehenden Ähnlichkeit mit der Gliederung der gesamten Arbeit geführt; so werden alle diesbezüglichen Punkte in den betreffenden Kapiteln abgehandelt. Nicht nur im Kollegium, sondern auch im Reich war die Unterlegung eines Konflikts mit einer konfessionellen Dimension häufig zu beobachten: Im Westfälischen Frieden war vereinbart worden, Religionsstreitigkeiten von der Mehrheitsbildung des Reichstags auszunehmen und statt dessen durch den Konsens beider Konfessionsparteien zu regeln. Es bestand die Versuchung für die Partei, die zu unterliegen drohte, den Streitpunkt zur Konfessionsfrage zu erklären und damit einen Kompromiß zu erzwingen.[26] Die »itio in partes« wurde jedoch von beiden Seiten mit einem Minimum an Augenmaß gehandhabt, so daß die im Mißbrauchsfall durchaus nicht unwahrscheinliche Sprengung des Reichsverbandes unterblieb.[27]

Entgegen früheren Überlegungen mußte auf eine Analyse des Verhältnisses zwischen den Reichsgrafen und ihren bäuerlichen und städtischen Untertanen verzichtet werden; die Auswertung aller Grafschaften hätte die Arbeit im Umfang um mindestens ein Drittel erweitert. In gleicher Weise wurde auch die Untersuchung der Landstände in den Grafschaften, in denen sie vorkamen, ausgeklammert. Auch die interne Familienpolitik, die Erziehung der jungen Grafen und Gräfinnen, die ökonomische Besitzstandswahrung durch Familien- und Erbverträge mußten vernachlässigt und weiteren Einzelstudien überlassen werden.[28]

2. QUELLEN UND HILFSMITTEL

Der zentrale Quellenbestand dieser Arbeit ist das »Archiv des Niederrheinisch-Westfälischen Grafenkollegiums«, das sich heute im Staatsarchiv Detmold befindet.[29] Das Archiv wurde erst unter dem Direktor Graf Friedrich Alexander von Neuwied (1706–1791) angelegt; früheste systematische Verzeichnisse sind aus den Jahren 1740 und 1744 überliefert. Zwar versuchte die Neuwieder Direktorialkanzlei, Akten aus den Jahren davor von den Familien Manderscheid und Lippe sowie

[26] IPO 1648, Art. V, 52: Arno BUSCHMANN (Hrsg.), Kaiser und Reich. Klassische Texte und Dokumente zur Verfassungsgeschichte des Heiligen Römischen Reiches Deutscher Nation, München 1984, S. 332; zum Verfahren bei Konfessionsstreitigkeiten und den sich daraus ergebenden politischen Konsequenzen: Martin HECKEL, Itio in partes, passim.

[27] Die Reichspublizistik beider Konfessionen unterschied zwischen der legalen Itio in partes und der illegalen Spaltung oder Sezession des Reichstages; vgl. HECKEL, Itio in partes, S. 264 f.

[28] Für zwei fränkische Grafengeschlechter liegt die Untersuchung von Werner BARFUSS vor: Hausverträge und Hausgesetze reichsgräflicher Familien (Castell, Löwenstein-Wertheim), Diss. Ostrau 1972. Für die rheinischen und westfälischen Grafen fehlen vergleichbare Untersuchungen.

[29] Der Bestand L 41 a des Detmolder Staatsarchives umfaßt 1719 Faszikel. Martin Sagebiel hat ihn um 1975 neu verzeichnet; die Zitierweise folgt, im Gegensatz zu Kestings Archivverweisen, den neu zugewiesenen Nummern: Martin SAGEBIEL (Hrsg.), Archiv des Niederrheinisch-Westfälischen Grafenkollegiums, Detmold 1975 (Das Staatsarchiv Detmold und seine Bestände, Bd. 1). Dieser Signaturgruppe wurde die Korrespondenz des lippischen Grafenhauses mit dem Kollegium und anderen Mitständen aus der Zeit vom Dreißigjährigen Krieg bis zum Untergang des Reiches hinzugefügt (weitere 417 Faszikel).

von den früheren Beamten des Kollegiums zu erhalten; dies gelang jedoch nur
teilweise. Die Direktorialräte Schanz, Thalmann und Rotberg ordneten den Bestand, der vor allem Korrespondenz der Direktoren mit den Mitständen und den
Reichstagsgesandten beinhaltet. Daneben liegen Protokolle und Anlagen der Grafentage in nennenswertem Umfang vor. Das Archiv der gräflichen Reichstagsgesandten wurde 1806 vom Grafen von Pappenheim übernommen und verzeichnet.
Da sich aber von den früheren Mitständen niemand mehr für die Archivalien interessierte, unterblieb eine Übernahme in den Zentralbestand oder in ein Familienarchiv. Mit großer Wahrscheinlichkeit sind die Akten der Kassation zum Opfer
gefallen.[30]

Im Wiener Haus-, Hof- und Staatsarchiv konnte eine Reihe ausgewählter Akten
eingesehen werden, vor allem die Berichte des kaiserlichen Gesandten Graf Franz
Georg von Metternich (1746–1818) an die Staatskanzlei. Metternich hat als Strei-
ter für die Rechte der katholischen Reichsgrafen den Schutz der kaiserlichen Behörden in besonderem Maße in Anspruch genommen.[31] Die im Bestand der
Reichshofkanzlei archivierten Akten der kaiserlichen Korrespondenz mit gräflichen Häusern wurden für ausgewählte Familien überprüft; auch Akten zur kaiserlichen Erteilung der Venia aetatis konnten eingesehen werden.[32] Das in Wien be-
findliche Familienarchiv der Grafen von Aspremont-Linden-Reckheim hat unter
den vielen Kriegen im Maasgebiet stark gelitten; die Überreste enthalten kaum
Angaben zur Ausübung der Landesherrschaft, wenig zur Familiengeschichte, dagegen vorwiegend Korrespondenz mit lokalen und fürstlichen Kriegsherren über
den Schutz der aspremontischen Besitzungen.[33]

Ein für die Geschichte dieses Grafenkollegiums wichtiger Quellenbestand befindet sich im Staatlichen Zentralarchiv in Prag. Dorthin gelangte das Familienarchiv der Grafen und späteren Fürsten von Metternich. Die Rolle des Direktors
Graf Franz Georg von Metternich im gräflichen Bevollmächtigungsstreit, der 1784
zur förmlichen Teilung des Kollegiums führte, ließ sich aus diesen Akten vollständig rekonstruieren; auch die Korrespondenz des katholischen Kollegialteils
zwischen 1784 und 1806 findet sich hier in umfassender Weise. So konnte ein
wichtiger Zeitabschnitt gerade in der Auflösungsphase des Reiches erhellt werden,
was auf der Grundlage der wenigen Akten im Detmolder Bestand diesbezüglich
nicht möglich gewesen wäre.[34]

Im Fürstlich Wiedischen Archiv Neuwied befinden sich zahlreiche Akten, die
von der Rolle des Wiedischen Hauses innerhalb der Kollegial- und Reichspolitik
handeln und vor allem aus der Regierungszeit des Grafen Friedrich Alexander von
Neuwied stammen. Ein Teil der Akten gehört provenienzmäßig zum Bestand des

---

[30] Hans KAISER, Die Archive des alten Reiches bis 1806, in: Archivalische Zeitschrift 35 (1925),
S. 204–220.
[31] HHStA Wien, Berichte aus dem Reich, Jahrgänge 1774–1785; Weisungen in das Reich (der-
selbe Zeitraum). Die Bestände wurden 1985 neu kartoniert und verzeichnet; die Zitierweise richtet
sich nach den neuen Nummern.
[32] HHStA Wien, Reichshofkanzlei: Kleinere Reichsstände; Reichshofkanzlei: Venia aetatis.
[33] HHStA Wien, Archiv Aspremont-Reckheim: Das Archiv ist kaum geordnet (8 Kartons).
[34] SZA Prag, FA Metternich. Die Abteilung »R« (=»Reichsständisches«) umfaßt 85 Kartons
und hat ihren Schwerpunkt zwischen 1770 und 1850.

Grafenarchivs, wurde aber wohl 1793 anläßlich des Umzugs der Direktorial-kanzlei von Neuwied nach Detmold abgetrennt.[35]

Beinhaltet das Neuwieder Archiv auch die gut dokumentierte Territorialge-schichte der Niedergrafschaft Wied, so ist das Landeshauptarchiv Koblenz zustän-dig für alle Territorien in Eifel, Hunsrück und Westerwald, deren Archivalien sich heute nicht mehr in privatem Besitz befinden. Lohnend im Hinblick auf die Kol-legialkorrespondenz ist der Bestand der Grafschaft Sayn und des Teilterritoriums Sayn-Altenkirchen nach der Erbteilung von 1652.[36] Der Bestand eignete sich we-gen seiner guten Erschlossenheit zur Überprüfung von Einzelfragen, die nach dem Studium der Detmolder Akten wegen fehlender Schriftstücke oder unleserlicher Schrift noch offengeblieben waren.

Vom einstmals großen Archiv der Grafen von Manderscheid sind beim Ein-marsch der Franzosen 1794 nur geringe Reste übriggeblieben. Christian von Stramberg berichtet schon in seinem »Rheinischen Antiquarius«, daß es 1794 teils verschleudert, teils geraubt oder vernichtet worden ist.[37] So gibt es heute sehr lük-kenhafte Bestände der Grafschaften Blankenheim und Gerolstein im Landeshaupt-archiv Koblenz; wenige Akten gelangten nach Düsseldorf ins Hauptstaatsarchiv, während ein etwas größerer Bestand im Archiv des Narodni-Museums in Prag ruht.[38] In Koblenz befinden sich eine Reihe weiterer kleiner Aktenbestände über die Grafschaften Wied-Runkel, Bretzenheim, Rheineck und Winneburg-Beil-stein.[39]

Die Archivalien der zweiten Teilgrafschaft Sayn-Hachenburg gelangten ins Hauptstaatsarchiv Wiesbaden. Sie beinhalten zahlreiche Informationen zum Gra-fenkollegium sowie zu den westerwäldischen und wetterauischen Grafeneinun-gen; die Familiengeschichte des altgräflichen Geschlechts der Burggrafen von Kirchberg läßt sich ebenfalls rekonstruieren.[40]

Das Hauptstaatsarchiv Düsseldorf verwaltet zwar einige Splitterbestände aus reichsgräflichen Territorien, besitzt jedoch keinen zusammenhängenden Bestand eines der gräflichen Kollegialmitglieder, da die Archivalien der niederrheinischen Grafengeschlechter sich heute in privaten oder kommunalen Archiven befinden.[41]

---

[35] FWA NR, Schrank 103, Gefächer 60–68; ferner einige Urkunden. Vgl. dazu die Bemerkun-gen von Martin SAGEBIEL, Archiv des Niederrheinisch-Westfälischen Grafenkollegiums, S. XIII.

[36] LHA KO, Best. 30: Sayn-Altenkirchen.

[37] Christian von STRAMBERG, Denkwürdiger und nützlicher Rheinischer Antiquarius, 3 Abtei-lungen bzw. Reihen mit insgesamt 40 Bänden, Koblenz 1853 ff. (im folgenden zitiert: Rheinischer Antiquarius); hier: 3. Reihe, Bd. 10, S. 611.

[38] LHA KO, Best. 29 A: »Blankenheim« und Best. 29 B: »Gerolstein«. Das HStA Düsseldorf hat einige Mikrofilme von Archivalien aus Prag erworben, die jedoch zu den Fragen dieser Arbeit keine Aussagen abgeben: HStA Düsseldorf, Inventar 110.17 »Manderscheid-Blankenheim«.

[39] LHA KO: Best. 35: »Wied-Runkel«; Best. 37: »Bretzenheim«; Best. 43: »Rheinstein«; Best. 45: »Winneburg-Beilstein«; sie alle sind zum Thema wenig ergiebig.

[40] HStA Wiesbaden, Best. 340: »Sayn-Hachenburg«. Einige Archivalien wurden nach dem Erb-anfall Hachenburgs an die Fürsten von Nassau-Weilburg dem Nassauischen Archiv angegliedert (heute im Privatbesitz des Großherzogs von Luxemburg).

[41] Salm-Reifferscheidtsches Archiv Schloß Dyck; Fürstenbergisches Archiv Haus Gimborn; Salmisches Archiv Schloß Anholt; Schaesbergisches Archiv im Kreisarchiv Kempen; Archiv Millendonk im Stadtarchiv Mönchengladbach.

Das Archiv der Grafen von Nesselrode-Ehreshoven war seit 1932 Depositum im Hauptstaatsarchiv Düsseldorf, wurde aber im Zweiten Weltkrieg zerstört. Die Grafen von Nesselrode und die Grafen Droste von Vischering sollen heute in ihren Familienarchiven noch Akten aus der reichsständischen Zeit der Linie Nesselrode-Reichenstein besitzen.[42] Aus den vorhandenen Archivalien in Düsseldorf ließen sich nur einige marginale Erkenntnisse gewinnen.[43]

Der Bestand »Archiv Millendonk« im Stadtarchiv Mönchengladbach ist zwar von beschränktem Umfang, enthält aber doch einige Informationen über den reichsgräflichen Zweig der Familie Berlepsch. Da einzelne Familienmitglieder im spanischen, kaiserlichen und kurpfälzischen Dienst – vor allem die Gräfin Maria Gertrud – eine bedeutende Rolle spielten, ohne jedoch wegen des frühen Aussterbens der Linie ein Familienarchiv angelegt zu haben, wurden die Territorialakten ausgewertet. Auch zu den späteren Besitzern von Mylendonk aus dem Hause der Grafen von Ostein ließen sich einige Informationen gewinnen.[44]

Während das Staatsarchiv Münster vorwiegend Territorialüberlieferung besitzt – beispielsweise über die Grafschaften Tecklenburg, Gemen und Rietberg – ist das Archiv Plettenberg-Nordkirchen beim Westfälischen Archivamt in Münster deponiert. Hier fand sich eine reichhaltige Korrespondenz des Grafen Ferdinand von Plettenberg (1690–1737) vor allem mit Graf Ambrosius Franz von Virmont (1682–1744), seinem Kollegen im kurkölnischen Hofdienst und Nachfolger im Amt des Direktors des Niederrheinisch-Westfälischen Grafenkollegiums.[45]

Das Archiv der Grafen und späteren Fürsten von Bentheim befindet sich im Schloß Burgsteinfurt. Die sehr reichhaltigen Bestände über die Geschichte des Geschlechts wie über die zahlreichen Besitzungen, die es im 16. und 17. Jahrhundert besessen hatte, lassen eine neuere familiengeschichtliche Studie sehr vermissen. Die Grafen von Bentheim stellen für Nordwestdeutschland eine typische hochadlige Familie dar, die in exemplarischer Weise für Geschlechter wie Lippe, Schaumburg, Hoya, Diepholz, Limburg-Styrum, Oldenburg oder auch Waldeck untersucht werden könnte.[46] Die Grafschaft Bentheim kam 1752/53 in hannoverschen Pfandbesitz. Der Kurfürst – und englische König – Georg II. setzte eine Administrationsregierung in Bentheim ein, die weiterhin die Korrespondenz mit dem Kollegium pflegte; die diesbezüglichen Akten befinden sich heute im Staatsarchiv Osnabrück.[47]

---

[42] Wolfgang MOMMSEN (Hrsg.), Die Nachlässe in den deutschen Archiven, 2 Teile, Boppard 1971, hier: Bd. 1, S. 356; Familienarchiv Nesselrode, Schloß Herrnstein (bei Ruppichteroth); Gräflich Droste zu Vischeringsches Archiv Darfeld.

[43] Beispielsweise aus dem kleinen Bestand 151.25 »Familienarchiv der Grafen von Virmont«.

[44] Stadtarchiv Mönchengladbach: Archiv Millendonk.

[45] Westfälisches Archivamt Münster: Archiv Plettenberg-Nordkirchen, Abt. Akten und Abt. Urkunden.

[46] Fürstlich Bentheimisches Archiv Burgsteinfurt. Die Bestände sind großenteils vor kurzem von Alfred Bruhns (Westfälisches Archivamt Münster) verzeichnet worden, was die Benutzung des Archivs sehr erleichtert: Alfred BRUHNS/Wilhelm KOHL (Hrsg.), Inventar des fürstlichen Archivs zu Burgsteinfurt, bisher Bde. 1–3, Münster 1971 ff.

[47] StA OS, Rep. 24 a, Nr. 120, 122, 125; dort befinden sich auch Akten aus der Zeit der kurkölnischen Vormundschaft über die Grafen Hermann Friedrich und Friedrich Karl von Bentheim-Bentheim (s.u. Kap. 2.1.2., S. 56).

Die Grafen und späteren Fürsten von Schaumburg-Lippe richteten in Bückeburg ein großes Familienarchiv ein, das wesentliche Akten zur Geschichte der
nordwestdeutschen Grafengeschlechter enthält. Die Schwerpunkte liegen auf den
Beziehungen der alten Grafen von Schaumburg (ausgestorben 1640) zu Holstein
und der Grafen von Schaumburg-Lippe zum Stammhaus in Detmold.

Das Hauptstaatsarchiv Hannover besitzt zwar die Archivalien der Mitglied-
schaften Hoya, Diepholz und Spiegelberg; da deren Herrscherhäuser aber vor der
Kollegialgründung ausgestorben waren, sind die späteren Verbindungen zum
Reich und zum Grafenkollegium den zentralen Kabinettsakten einverleibt wor-
den. Das Hauptstaatsarchiv weist heute keinen Bestand über den Niederrheinisch-
Westfälischen Reichskreis oder das Grafenkollegium aus; die Akten zu diesem
Komplex sind entweder mit dem kurfürstlichen Haus nach England gelangt oder
im Zweiten Weltkrieg zerstört worden. Dieses Schicksal erlitt auf jeden Fall das
Depositum Wallmoden-Gimborn, das Akten aus der Familiengeschichte des Ge-
schlechts, vor allem aus der Regierungszeit in Gimborn (1780–1806), enthielt.[48]

Zusätzlich wurden zwei Familienarchive in Süddeutschland eingesehen: das der
Fürsten von Löwenstein-Wertheim in Wertheim und das der Grafen von Toerring-Jettenbach im Staatsarchiv München. Das Löwenstein-Wertheimsche Haus
hat sein großes Familienarchiv 1977 in ein Staatsarchiv umwandeln lassen; neben
den Akten über den fränkischen Kernbesitz befinden sich heute dort Archivalien
über die Grafschaft Virneburg in der Eifel, die der evangelischen Linie des Hauses
gehörte.[49] Die Grafen Toerring haben ihre Archivalien aus der Zeit des alten Reiches an das Staatsarchiv München abgegeben; über die von der Linie Toerring-Jettenbach 1719 geerbte Grafschaft Gronsfeld im Maasgebiet sind jedoch kaum Archivalien vorhanden. Die Korrespondenz der Grafen mit dem westfälischen Kollegium, vor allem mit dem letzten katholischen Direktor, ist dagegen gut dokumentiert. Zahlreiche Akten handeln zudem von den Diensten der Grafen beim
bayerischen Kurfürsten und am kaiserlichen Hof.[50] Beide Familien sind insofern
bedeutsam, als sie nicht aus dem westfälisch-rheinischen Bezugskreis stammten; zu
den übrigen Geschlechtern des Kollegialverbandes hatten sie daher allenfalls zufäl-
lige Beziehungen, als sie die Besitzungen zwischen Rhein und Maas erbten. Ihre
Regierungssitze blieben in Franken und Bayern; die Mitgliedschaft im Kollegium
wurde nur auf dem Korrespondenzwege ausgeübt.

Neben der Archivüberlieferung bieten die Reichspublizisten des 18. Jahrhunderts viele Informationen vorzugsweise über die Rechtsstellung des Reichsgrafenstandes. Johann Jacob Moser und Johann Stephan Pütter widmeten den Grafen
Bände in ihren Serienwerken oder eigene Monographien.[51] Speziellere Studien

---

[48] Vgl. Friedrich Wilhelm OEDIGER (Hrsg.), Das Hauptstaatsarchiv Düsseldorf und seine Bestände, Bd. 2: Kurköln, Siegburg 1970, S. 300; HStA Hannover, Dep. 14 (nur einige Stücke ver-
blieben).

[49] StA Wertheim: Familienarchive Löwenstein-Wertheim-Freudenberg und Löwenstein-Wert-
heim-Rosenberg.

[50] StA München: FA Toerring-Jettenbach und Toerring-Stein.

[51] Johann Jakob MOSER, Teutsches Staatsrecht, Bde. 37 und 38, Nürnberg 1737 ff. (ND Osnabrück 1968/69); ders., Neues Teutsches Staatsrecht, Bde. 3 und 4, Frankfurt/Main 1766 ff.; Johann
Stephan PÜTTER, Über den Unterschied der Stände, besonders des hohen und niederen Adels in

über den Grafenstand verfaßten Johann Christian Lünig, Johann von Arnoldi und Johann Adam Kopp, über den erblichen Reichsadel auch Ludwig Albrecht Gebhardi.[52] Eine Reihe von Publikationen über die reichsgräflichen Gerechtsame entstanden im Rahmen der Zeremoniellstreitigkeiten, vor allem mit der Reichsritterschaft. Ebenso wie ein Barockfürst einen Hofhistoriographen zur verherrlichenden Beschreibung der Geschichte seines Geschlechts verpflichten konnte, engagierten die Grafenkollegien Reichsjuristen, die die gräflichen Ansprüche als altes Reichsherkommen argumentativ untermauerten.[53] Zum allgemeinen Reichsrecht wurden die Quellensammlungen von Johann Christian Lünig, Johann Joseph Pachner von Eggenstorff sowie Johann Jacob Schmauss und Heinrich Christian von Senckenberg herangezogen.[54]

Besondere Schwierigkeiten bereitete die Datenerhebung über die einzelnen Mitgliedsgrafschaften, von denen einige eigene Archive mit ihrer Überlieferung füllen, andere heute nur noch durch wenige Faszikel bezeugt werden. Die Grundinformationen entstammen den Handbüchern zur rheinischen und westfälischen Geschichte von Franz Petri und Georg Droege sowie Wilhelm Kohl; darüber hinaus wurden die üblichen historischen Nachschlagewerke benutzt.[55] Zeitgenössisch sind die von Anton Friedrich Büsching in seinem Sammelwerk »Neue Erdbeschreibung« aufgezeichneten Informationen; Christian von Stramberg schrieb sei-

---

Teutschland, Göttingen 1795; vgl. auch: ders., Historische Entwicklung der heutigen Reichsverfassung des Teutschen Reiches, 3 Teile, 2. Aufl., Göttingen 1788; ders., Institutiones iuris publici. Anleitung zum teutschen Staatsrechte, 3 Teile, Bayreuth 1791–1793.

[52] Johann Christian LÜNIG, Thesaurus juris derer Grafen und Herren des Heiligen Römischen Reiches, worinn von deren Ursprunge, Wachstum, Prärogativen und Gerechtsamen gehandelt wird, Frankfurt/Main, Leipzig 1725; Johann von ARNOLDI, Aufklärungen in der Geschichte des Deutschen Reichsgrafenstandes, Marburg 1802; Johann Adam KOPP, Diskurs von Denen Reichsgräflichen Votis Curiatis und Deren Ursprung, Straßburg 1728, S. 571–700; Ludwig Albrecht GEBHARDI, Genealogische Geschichte der erblichen Reichsstände, Bde. 1–3, Halle 1776–1785.

[53] Reichsrecht und Reichshistorie: vgl. Erwin SCHÖMBS, Das Staatsrecht Johann Jakob Mosers (1701–1785). Zur Entstehung des historischen Positivismus in der deutschen Reichspublizistik des 18. Jahrhunderts, Berlin 1968, S. 180–193. Beispiele für juristische Streitschriften: Johann Stephan BURGERMEISTER, Graven- und Rittersaal, Ulm 1715. Auf diese reichsritterschaftliche Schrift hin wurde der Solms-Braunfelsische Rat Samuel Lucius verpflichtet, eine rechtlich untermauerte Gegenschrift zu erstellen, die eine Rechtsgleichheit zwischen Grafen und Rittern in Abrede stellte: Samuel LUCIUS, Vorläufig, jedoch gründlicher Bericht vom Adel in Teutschland, Frankfurt 1721.

[54] Johann Christian LÜNIG, Das Teutsche Reichsarchiv, Bde. 1–24, Leipzig 1710–1722; ders., Die Teutsche Reichs-Cantzley, 8 Teile, Leipzig 1714; ders., Europäische Staats-Consilia oder curieuse Bedencken, Bde. 1–2, Leipzig 1715; Johann Joseph PACHNER VON EGGENSTORFF, Vollständige Sammlung aller von Anfang des noch fürwährenden Teutschen Reichs-Tags de Anno 1663 biß anhero abgefaßten Reichs-Schlüsse, Bde. 1–4, Regensburg 1740–1777; Johann Jakob SCHMAUSS/Heinrich Christian von SENCKENBERG (Hrsg.), Neue und vollständige Sammlung der Reichsabschiede, Bde. 1–2 (4 Teile), Frankfurt/Main 1747 (ND Osnabrück 1967).

[55] Franz PETRI/Georg DROEGE (Hrsg.), Rheinische Geschichte, Bde. 1–3 (und Bildband), Düsseldorf 1978–1983; Wilhelm KOHL (Hrsg.), Westfälische Geschichte, Bde. 1–3 (und Bildband), Düsseldorf 1983 ff.; Handbuch der historischen Stätten Deutschlands, Bde. 1–13, Stuttgart 1960 ff.; benutzt wurden die Bände über Schleswig-Holstein, Niedersachsen/Bremen, Nordrhein-Westfalen, Hessen, Rheinland-Pfalz/Saarland und Sachsen-Anhalt; Territorien-Ploetz. Geschichte der deutschen Länder, hrsg. v. Georg SANTE, Bde. 1–2, Würzburg 1964–1971; Gerhard TADDEY (Hrsg.), Lexikon der deutschen Geschichte. Personen. Ereignisse. Institutionen. Von der Zeitenwende bis zum Ausgang des Zweiten Weltkrieges, Stuttgart 1977.

nen »Rheinischen Antiquarius« erst in der Mitte des 19. Jahrhunderts.[56] Beide Werke enthalten vielfältig wertvolle Hinweise, besonders genealogischer Art, die vor allem bei den wenig erforschten Grafengeschlechtern ungeachtet der quellenkritischen Bedenklichkeit oft die einzige verfügbare Quelle sind.

Von zentraler Bedeutung zur Informationsgewinnung und Informationsüberprüfung sind die beiden großen genealogischen Werke von Detlev Schwennicke über den europäischen Hochadel und von Peter Hersche über die personelle Besetzung der deutschen Domkapitel.[57] Schwennicke hat über den alten deutschen und europäischen Fürstenstand hinaus – hier nahm er die Vorarbeiten von W.K. Prinz von Isenburg und F. Baron Freytag von Loringhoven – die standesherrlichen Häuser und manches reichsritterschaftliche Geschlecht untersucht; auch Daten über die Kinder fürstlicher morganatischer Ehen finden sich dort. Hersche hat mit seiner EDV-gestützten Analyse den deutschen Stiftsadel als interfamiliäres Beziehungsgeflecht erforscht. Die zahlreichen katholischen Grafenfamilien im westfälischen Kollegium lassen sich dadurch nach der sozialen Herkunft ihrer Vorfahren in Gruppen unterscheiden, die einen recht hohen Grad an Abgeschlossenheit besitzen.

In großen Werken mit einer Datendichte wie bei Schwennicke und Hersche sind einzelne Fehler unvermeidlich, wenn die Forschung nicht übermäßig lange dauern soll. Im Falle divergierender Informationen wurde den Daten in den Quellen der Vorrang vor denen in den Tabellenwerken gegeben; deren Daten wurden zumeist denen in der Sekundärliteratur vorgezogen.

[56] Anton Friedrich BÜSCHING, Neue Erdbeschreibung, Bde. 1–17, Hamburg 1754–1803; Christian von STRAMBERG, Rheinischer Antiquarius; dazu: Karl Georg FABER, Christian von Stramberg (1785–1868), in: Rheinische Lebensbilder Bd. 2, S. 159–176.

[57] Detlev SCHWENNICKE (Hrsg.), Europäische Stammtafeln, Neue Folge. Bisher Bde. 1–8, Marburg 1980 ff.; Peter HERSCHE, Die deutschen Domkapitel im 17. und 18. Jahrhundert, Bde. 1–3, Bern 1984.

KAPITEL 1

DIE KOLLEGIALVERFASSUNG

1.1. DIE GRAFSCHAFTEN IN DER REICHSVERFASSUNG

Grafen waren seit der Karolingerzeit königliche Beamte, die in ihrem Amts-
sprengel mit bestimmten Regalien, vor allem Gerichtsrechten, belehnt worden
waren. Daneben konnten sie Allodialbesitzer sowie fürstliche Lehnsträger sein;
ihr Platz auf dem 4. Heerschild erlaubte ihnen diese Doppelstellung, einerseits unter den Fürsten – als Lehnsträger –, andererseits mit ihnen in einer Standesgruppe
– als Reichsunmittelbare und Heiratspartner der Fürsten – zu sein. Das Spätmittelalter ist geprägt von der Auseinanderentwicklung der Fürsten und der Grafen.
Während die Fürsten nicht nur ihre rechtliche Abschließung erreichen konnten –
der Eintritt in ihren Kreis war an die förmliche Fürstenstandserhebung gebunden
–, gelang es nur sehr wenigen Grafen, in ihren Territorien den zunächst lehnsrechtlichen Verdichtungsprozeß durchzuführen, der Vorbedingung zur Errichtung der späteren Landeshoheit war. Der wichtigste Schritt war dabei die Zusammenfassung des gesamten Territoriums zu einem Königslehen (Fahnenlehen); in
der Regel erfolgte er beim Auftragen eines Allodialbesitzes an den König, der diesen in Verbindung mit einem weiteren Reichslehen zurückverlieh. Dieser Vorgang wurde zumeist mit der Erhebung in den Reichsfürstenstand und oft mit der
Verleihung der Herzogswürde verbunden. Die Tatsache, daß die Grafen von Jülich, Berg, Kleve und zuletzt von Württemberg im Spätmittelalter zu Herzögen
geworden waren, zeigt die grundsätzliche Offenheit des sozialen Aufstiegs bei entsprechenden Besitz- und Machtverhältnissen.[1] Den späteren Mitgliedern des Niederrheinisch-Westfälischen Grafenkollegiums ist im Spätmittelalter dieser Aufstieg
nicht gelungen; ihre Besitzungen blieben aus verschiedenen Lehen zusammenge-
setzt, und mit dem Reichsgut verschwand auch die Möglichkeit der Könige, aufge-
tragene Allode mit weiteren Lehen zu verbinden.

Die Reichsstandschaft der Grafen war jedoch unbestritten; allerdings ist ein
gräfliches Stimmrecht in den Reichsversammlungen nicht zweifelsfrei überliefert,

---

[1] Zu diesem komplexen Prozeß: Julius FICKER, Vom Reichsfürstenstande: Forschungen zur Geschichte der Reichsverfassung zunächst im 12. und 13. Jahrhundert, Bde. 1–2 in 4 Teilen, Aalen
1961 (ND der Ausgabe 1861–1923); Hans K. SCHULZE, Die Grafschaftsverfassung der Karolingerzeit in den Gebieten östlich des Rheins, Berlin 1973; Dietmar WILLOWEIT, Grundlagen der Territorialgewalt, Köln, Wien 1975; Heinrich MITTEIS, Lehnsrecht und Staatsgewalt. Untersuchungen
zur mittelalterlichen Verfassungsgeschichte, Köln 1974 (ND der Ausgabe 1933). Vgl. die Zusammenfassung dieses Vorgangs in der Einleitung von Ernst Böhmes Arbeit über das Fränkische Grafenkollegium: BÖHME, Das fränkische Reichsgrafenkollegium, S. 3–5.

es ist sogar unklar, ob es förmliche Abstimmungen gegeben hat oder ob nicht vielmehr das Prestige der anwesenden Kurfürsten den Ausschlag gegeben hat. Die Juristen des 18. Jahrhunderts haben die verschiedensten Vorstellungen zur Stimmrechtsfrage geäußert, ohne jedoch eine mit Quellen belegen zu können.[2] In Einzelfällen ist es Grafen gelungen, von Reichs wegen bedeutsame Aufträge auszuführen: Graf Emich von Leiningen trug beispielsweise während des Reichstags von Nürnberg 1426 den städtischen Deputierten das Votum der Fürsten, Grafen und Herren vor.[3] Dies beweist keineswegs die herausragende Bedeutung der Grafen, sondern eher, wie Hermann Kesting annimmt[4], die geringe Bedeutung, die Fürsten und Grafen auf damaligen Reichstagen gegenüber dem kleinen wohlorganisierten Kreis der Königswähler besaßen. Viele Grafen und Fürsten kamen weniger aus eigenem politischen Antrieb zum Reichstag als vielmehr im Gefolge des Kaisers oder der Kurfürsten. Ein eigenes politisches Bewußtsein und damit eine schrittweise Verfestigung einer zweiten reichsadligen Kurie neben den Kurfürsten sollte sich erst in der Zeit der Reichsreform herausbilden.

Der Reichstag 1495 in Worms führte zu einem verfassungsrechtlichen Präjudiz, das später für viele Streitigkeiten über die gräfliche Standesqualität verantwortlich sein sollte. In Worms sollen 62 Grafen anwesend gewesen sein, die meisten wohl aus repräsentativen Gründen im Gefolge ihrer jeweiligen Herren. Nur zwei von ihnen nahmen an den Sitzungen des Fürstenrates teil, nämlich Haug von Werdenberg und Adolf von Nassau. Es wird aus den Quellen nicht ersichtlich, aus welchen Gründen die politische Partizipation der Grafen hier förmlich geregelt worden ist. Es blieb den Spekulationen späterer Historiker überlassen, ob das Desinteresse der übrigen Grafen – die sich für das gesellige Umfeld des Reichstages mehr interessierten als für dessen politische Diskussionen –, die Angst der Reichsfürsten vor einer Majorisierung durch die Grafen oder die kaiserliche Nominierung der beiden Grafen dafür verantwortlich war. Erwiesen ist, daß beide Delegierte nicht nur prominente Personen in den jeweiligen Grafeneinungen der Wetterau und Schwabens waren, sondern gleichzeitig auch kaiserliche Dienstleute: Haug von Werdenberg war Hauptmann des Schwäbischen Bundes sowie Landhofmeister des soeben zum Herzog erhobenen Eberhard d.Ä. von Württemberg, Adolf von Nassau war kaiserlicher Statthalter von Geldern und Zutphen.[5]

---

[2] Stimmrecht auf den Reichstagen: Johann Adam KOPP, Diskurs von denen Reichs-Gräflichen Votis Curiatis, S. 592–601; Johann von ARNOLDI, Aufklärungen in der Geschichte des deutschen Reichsgrafenstandes, S. 1–10; Johann Stephan PÜTTER, Institutiones iuris publici, Bd. 1, S. 97; Lutz HATZFELD, Zur Geschichte des Reichsgrafenstandes, in: Nass. Ann. 70 (1959), S. 41–54; Hermann KESTING, Diss. Münster 1916. Zum Bewußtsein der Zeitgenossen des 18. Jahrhunderts: Zedlers Universallexikon Bd. 11, Art. »Graf« (1735), Sp. 513–518.

[3] KOPP, Diskurs, S. 604.

[4] Hermann KESTING, Diss. 1916, S. 3 f.

[5] KESTING, Diss. 1916, S. 4 f.; vgl. das Reichstagsprotokoll, das die Sitzordnung vom Aug. 1495 wiedergibt und die Grafen Haug von Werdenberg und Adolf (im Protokoll: Albrecht) von Nassau »von aller Grafen und freien wegen« als stimm- und sitzberechtigt aufführt: RTA, Mittlere Reihe Bd. V, Teil 1.2, Nr. 1592, S. 1137 f.; zu den Diensttätigkeiten beider Grafen beim Kaiser: Heinz ANGERMEIER (Hrsg.), RTA, Mittlere Reihe Bd. V, Teil 1.2, Registervermerke S. 1915 und 1949. Vgl. dazu die Bemerkungen von Ernst BÖHME, Das fränkische Reichsgrafenkollegium, S. 117 f.

Die Teilnahmé einer nur beschränkten Zahl von Grafen an den Sitzungen der Fürsten entwickelte sich zur Reichsobservanz. Forthin wurden stets höchstens zwei Grafen zur Stimme zugelassen; den übrigen Anwesenden wurde nur eine Teilnahme an den Sitzungen und die Unterschrift unter den Reichsabschied gestattet. Die Grafen von Nassau und Werdenberg brachten die Stimmen als kollektiven Besitzstand in ihre Grafenvereine.[6]

Aus Landfriedenseinungen hatten sich im 15. Jahrhundert Bündnisse entwickelt, die sich gegen die Ausbreitung der fürstlichen Territorialisierung wandten: 1466 schlossen sich die Grafen von Nassau, Katzenelnbogen, Solms und Westerburg zusammen[7], 1474 traten Philipp von Nassau und Eberhard von Königstein hinzu.[8] Mehrere weitere Vereinbarungen wurden zwischen 1493 und 1511 getroffen. Kopp nennt vier Gründe für die sich festigende Organisation dieser Vereine:

1. das numerische Abnehmen der gräflichen Familien durch Aussterben (1479 z.B. die Grafen von Katzenelnbogen),
2. den Aufstieg prominenter Grafenhäuser in den Reichsfürstenstand (1495 Württemberg),
3. das Abnehmen gräflicher Wirtschaftskraft infolge fehlender Voraussetzungen zur Schaffung des modernen Staates,
4. das zunehmende Abschottungsbedürfnis der Fürsten nach unten.[9]

1512 kam die erste Grafenvereinigung wetterauischer und rheinisch-westfälischer Grafen zustande; hieran nahmen aus dem Bereich dieser Untersuchung Johann und Dietrich von Manderscheid, Heinrich und Philipp von Waldeck, Jakob von Rheineck, Johann von Salm-Reifferscheidt, Johann von Sayn und Johann von Wied-Runkel teil.[10] In den folgenden Jahren setzte sich diese Zusammenarbeit allerdings nur auf niedriger Ebene fort, getragen von den Maximen des Gehorsams gegen Kaiser und Reich, der Aufrechterhaltung gräflicher Freiheiten und Rechte, der Gewährleistung von Sicherheit gegen fremde Übergriffe sowie der gemeinschaftlichen Regelung von Rechtsstreitigkeiten.[11] Die Zusammenarbeit dieser Grafenfamilien, die alle zwischen Maas, Rhein, Main und Mosel begütert waren,

---

[6] Zur Binnenstruktur und Politik der Grafenvereine vgl. Georg SCHMIDT, Städtecorpus und Grafenvereine, in: ZHF 10 (1983), S. 41–71; Rolf GLAWISCHNIG, Die Bündnispolitik des Wetterauischen Grafenvereins (1565–1583), in: Nass. Ann. 83 (1972), S. 78–98; Angela KULENKAMPFF, Fränkische Grafen und Herren, S. 16–41; vgl. BÖHME, Das fränkische Reichsgrafenkollegium, passim.

[7] ARNOLDI, Aufklärungen, S. 3; vgl. HATZFELD, Zur Geschichte des Reichsgrafenstandes, passim.

[8] ARNOLDI, Aufklärungen, S. 4; Wilhelm FABRICIUS, Die älteren Landfriedenseinungen der Wetterauer Grafen, in: Archiv für hessische Geschichte und Altertumskunde, N.F. 3 (1904), S. 203–214.

[9] KOPP, Diskurs, S. 607 f.

[10] Vgl. Beschreibung bei ARNOLDI, Aufklärungen, S. 6; Text der Vereinigungsurkunde: S. 88–110.

[11] KOPP, Diskurs, S. 635–654 über die »Wetterauisch-Niederländische Grafen Notul« von 1520. Gerade der letzte Punkt, das Austrägalrecht, sollte auch bei den Grafenunionsbestrebungen des 18. Jahrhunderts eine bedeutende Rolle spielen (s.u. Kap 7,3,, S.228 f.). Über die Grafentage zwischen 1513 und 1520 vgl. Peter NEU, Geschichte und Struktur der Eifelterritorien des Hauses Manderscheid vornehmlich im 15. und 16. Jahrhundert, Bonn 1972, S. 101 f.; ARNOLDI, Aufklärungen, S. 102–137.

wurde nicht nur durch gemeinsame politische Interessen, sondern auch durch Verwandtschaftsbeziehungen begünstigt.[12]

Es gelang den Grafen, Angriffe einzelner Standesgenossen auf ihr Stimmrecht abzuwehren; der Graf von Mansfeld konnte 1541 mit seinem Versuch, das wetterauische Votum für sein Haus zu reklamieren, nicht durchdringen.[13] Nur ein Graf, der Vollmacht und Instruktion eines der berechtigten Kollegien vorweisen konnte, wurde im Reichsfürstenrat zur Stimmabgabe zugelassen.[14] Wie die Mitglieder der fürstlichen Reichstagskurie achteten auch die Stimmführer des Wetterauischen Vereins darauf, daß ihr politisches Recht nicht durch konkurrierende Grafengruppen unterminiert wurde. Dies war seitens der norddeutschen Grafen nicht zu befürchten – diese hatten es nicht einmal geschafft, den seit 1520 vorgesehenen Hauptmann zu wählen[15] –, doch in Franken wurden Bestrebungen spürbar, sich nicht mehr durch die anderen Grafenvereine vertreten zu lassen, sondern ein eigenes stimmberechtigtes Gremium zu bilden. Diese Tendenzen wurden von den Arrivierten mit Argwohn betrachtet.[16] Eine Folge dieser am Reichstag offen ausgetragenen Konflikte war ein Fürstenratsbeschluß von 1576, der allen nicht stimmberechtigten Grafen die Anwesenheit bei den Sessionen verbot.[17] Endlich einigten sich die Grafen auf einen Minimalkonsens. In der Union von 1579 wurde bis zur Erringung weiterer Stimmen von der Zuordnung aller Grafen zu einem der beiden Kollegien ausgegangen.[18] Das Engagement des Wetterauischen Kollegiums im Kölnischen Krieg auf protestantischer Seite erwies sich dabei nicht als Hindernis.[19]

In den folgenden 60 Jahren wurden die Grafen in die großen kriegerischen Auseinandersetzungen verwickelt, die eine Weiterentwicklung reichsgräflicher Rechte verhinderte. Den fränkischen Grafen gelang es zwar 1595, von Kaiser Rudolf II.

[12] Vgl. die Feststellung von Peter NEU, Haus Manderscheidt, S. 31 f. Wenn Neu auch für die Zeit nach 1450 ein Ausgreifen der Heiratsverbindungen feststellt, bleibt der Schwerpunkt auch später in genannten Bereich: ebd., S. 98 f.

[13] ARNOLDI, Aufklärungen, S. 15–18; KESTING, Diss. 1916, S. 17 f.

[14] Beispielsweise Reinhard von Westerburg 1521 in Worms; vorher hatten die wetterauischen Grafen ihm auf dem Frankfurter Grafentag die erforderlichen Papiere ausgestellt: KESTING, Diss. 1916, S. 10.

[15] ARNOLDI, Aufklärungen, S. 21 sowie S. 160–178 über den gemeinsamen Grafentag der wetterauischen und westfälischen Grafen.

[16] ARNOLDI, Aufklärungen, S. 23–26; KESTING, Diss. 1916, S. 19. Der erste nachweisbare Grafentagsrezeß der fränkischen Grafen datiert vom 27. Mai 1542 in Mergentheim: Volker PRESS, Kaiser Karl V., König Ferdinand und die Entstehung der Reichsritterschaft, 2. Aufl., Wiesbaden 1980 (Vorträge des Instituts für Europäische Geschichte Nr. 60), S. 42; Ferdinand MAGEN, Reichsgräfliche Politik in Franken, S. 10, Anm. 7; Ernst BÖHME, Das fränkische Reichsgrafenkollegium, S. 132.

[17] Johann Christian LÜNIG, Thesaurus juris derer Grafen und Herren, S. 843; Johann Jakob MOSER, Teutsches Staatsrecht Bd. 38, Leipzig 1749, S. 318; vgl. KESTING, Diss. 1916, S. 19.

[18] LÜNIG, Thesaurus juris, S. 844 ff.

[19] Vgl. dazu die stark tendenziöse Darstellung von Karl WOLF, Der Straßburger Kapitelstreit und der Wetterauer Grafenverein, in: Nass. Ann. 68 (1957), S. 127–155. Das katholische Gegenstück zum Protestanten Wolf ist die Darstellung von Aloys MEISTER, Der Straßburger Kapitelstreit 1583–1592, Straßburg 1899; dazu auch: Rolf GLAWISCHNIG, Niederlande, Kalvinismus und Reichsgrafenstand 1559–1584. Nassau-Dillenburg unter Graf Johann VI., Marburg 1973; ders., Die Bündnispolitik des Wetterauer Grafenvereins (1565–1583), in: Nass. Ann. 83 (1972), S. 78–98.

die Zusage einer dritten Grafenstimme zu erhalten; sie mußten jedoch noch bis 1641 warten, bis die Aufnahme in den Reichsfürstenrat erfolgte.[20]

1.2. DIE GEOGRAPHISCHE STRUKTUR DES NIEDERRHEINISCH-WESTFÄLISCHEN REICHSGRAFENKOLLEGIUMS

Das Grafenkollegium setzte sich aus Territorien zusammen, die überwiegend auf dem Gebiet der heutigen Bundesländer Niedersachsen, Nordrhein-Westfalen, Hessen und Rheinland-Pfalz lagen.[21] Im Verständnis der Zeitgenossen lagen sie vorwiegend im Niederrheinisch-Westfälischen Reichskreis; einige Territorien der Gründungsmitglieder lagen im Niedersächsischen Kreis (Barby, Blankenburg, Rantzau), andere späterer Mitglieder außerhalb beider Kreise.[22] Aus diesem unübersichtlichen Zugehörigkeitsverhältnis läßt sich der potentielle Zuständigkeitsbereich des Kollegiums ablesen, nämlich die gesamte Nordhälfte des Reiches. Die Reichskreiseinteilung ist nur als Hilfsgröße für die Benennung herangezogen worden.[23]

Der älteste Begriff ist wohl der der »niederländischen« Grafen nördlich der Mainlinie in Abgrenzung zu den »oberländischen« in Franken und Schwaben. Diese Unterscheidung war im 15. und 16. Jahrhundert üblich, und die beiden Kuriatstimmen sind möglicherweise auch unter diesem Gesichtspunkt 1495 aufgeteilt worden.[24] Die staatsrechtlichen Schriften verwenden diesen Begriff gelegentlich noch im 18. Jahrhundert.[25] Die Ausnahme ist die Bezeichnung der »Westerwäldisch-Niedersächsischen Reichsgrafenbank«; sie taucht wohl nur im Grafentagsprotokoll von 1700 auf und spart in der Namensgebung die rheinischen und westfälischen Grafengruppen aus.[26] Die üblichen Bezeichnungen – quantitativ halten sie sich etwa die Waage – sind die des »Niederrheinisch-Westfälischen« und des »Niedersächsisch-Westfälischen Grafenkollegiums«. In den Dokumenten

[20] KESTING, Diss. 1916, S. 20 f. Zum fränkischen Kollegium: MAGEN, Reichsgräfliche Politik, S. 2. Zu den Reichsgrafen der Wetterau vor 1618: KOPP, Diskurs, S. 660–667 (Wetterauer Grafennotul von 1602).

[21] Einige Mitgliedterritorien lagen auf dem Gebiet des heutigen Belgien (Fagnolles), der Niederlande (Gronsfeld, Wittem, Reckheim) und der DDR (Blankenburg, Rheinstein, Barby).

[22] Bretzenheim gehörte dem Oberrheinischen Kreis an, Rheineck dem Kurrheinischen. Dyck und Saffenburg waren kreisfrei.

[23] KESTING weist auf diesen Umstand auch beim Wetterauischen Kollegium hin; es ist ebenfalls kreisüberschreitend: Diss. 1916, S. 13 f. Zum Regionalbewußtsein in Westfalen: Albert K. HÖMBERG, Westfälische Landesgeschichte, Münster 1967, S. 165.

[24] KOPP, Diskurs, S. 572; MEISTER, Kuriatstimmen, S. 831; MAGEN, Reichsgräfliche Politik, S. 36; ARNOLDI, Aufklärungen, S. 6.

[25] Die Druckschrift »Kurtze Vorstellung derer Wohlhergebrachten Gerechtsame derer beyden Reichsgräflich Saynischen Häuser« von 1745 unterteilt in »schwäbisch-oberländische und wetterauisch-niederländische« Grafen: StA DT, L 41 a, 332, S. 72. Die Druckschrift »Aechte Beschaffenheit des Reichsgräflich Fränkischen Collegii und dessen Voti« von 1781 teilt die oberländischen Grafen den Reichskreisen Franken, Bayern und Schwaben zu, die niederländischen den Reichskreisen Oberrhein, Niederrhein-Westfalen, Niedersachsen und Obersachsen: StA DT, L 41 a, 142, S. 130.

[26] Grafentagsprotokoll vom 9. Nov. 1700: StA DT, L 41 a, 317, S. 156.

des 18. Jahrhunderts kommen sie bunt gemischt vor, je nachdem, ob der Autor den kreisübergreifenden Charakter Rheinland-Westfalen-Sachsen betonen wollte oder ob der Schwerpunkt des Kollegiums am Niederhein und in Westfalen hervorgehoben werden sollte.[27] Den Kompromiß fand der Protokollant des Grafentages 1719 in der Synthese: Er fügte die drei Namenspartikel zum »Niederrheinisch-Westfälischen und Niedersächsischen« Kollegium zusammen.[28]

Die Mitgliedsgrafschaften waren in der Regel kleine Territorien, von denen nur wenige über die Abmessungen eines Amtes der großen Staaten hinausragten. Selten grenzten sie aneinander – die Regel war eine einzelne Grafschaft inmitten nichtgräflicher Umgebung, gelegentlich sogar innerhalb eines Fürstentums. Schon aus geographischen Gründen zogen daher viele Grafen ein Arrangement mit den sie umgebenden Fürsten einem engeren korporativen Zusammenschluß vor.

In der großen Politik des 18. Jahrhunderts war der niederrheinisch-westfälische Raum eine eher abseits liegende Gegend. Zahlreiche Territorien waren an Fürsten gefallen, deren Besitzschwerpunkt außerhalb des Kreises lag; Rudolf Vierhaus hat in diesem Zusammenhang von Nordwestdeutschland als dem »Raum der Nebenländer« gesprochen.[29] Aktenkundig wurden viele Grafschaften durch ihre Klagen über Truppendurchzüge und Kontributionserhebungen, zu denen sie wegen des erwarteten geringeren Widerstandes bevorzugt herangezogen wurden. Die Schreiben der kleineren Reichsstände füllten allerdings nur die Archive, während sie mit abnehmender Wirtschaftskraft auch dem Ende ihrer Selbständigkeit näher kamen.[30]

---

[27] Hermann KESTING hat sich in seinen Publikationen für »niedersächsisch-westfälisch« entschieden; Martin SAGEBIEL wählte »niederrheinisch-westfälisch«. Vf. hat sich ebenfalls für letzteren Begriff entschieden.

[28] Grafentagsprotokoll vom Nov. 1719: StA DT, L 41 a, 318, S. 758. – Wenn Dietrich Heinrich Ludwig Freiherr von OMPTEDA für 1551 eine »Rheinische Grafenbank« an der Reichskammergerichts-Visitation beteiligt sieht, so greift er den Ereignissen allerdings vor; allem Anschein nach meint er den Vertreter der wetterauischen Grafen. Ders., Geschichte der vormaligen ordentlichen Cammergerichts-Visitationen und der 200-jährigen fruchtlosen Bemühungen zu deren Wiederherstellung, Regensburg 1792, S. 54.

[29] Rudolf VIERHAUS verwies hierauf bezüglich Hannover, Oldenburg und Holstein: Ders., Die Landstände in Nordwestdeutschland im späteren 18. Jahrhundert, in: Dietrich GERHARD (Hrsg.), Ständische Vertretungen in Europa im 17. und 18. Jahrhundert, Göttingen 1969, S. 72–93; hier: S. 76. Auch die Mehrzahl der Grafschaften in diesem Raum waren Nebenländer: Altenkirchen, Schaumburg (hessischen Anteils), Bentheim (ab 1752), Hoya, Diepholz und Spiegelberg, Tecklenburg (ab 1707), Pyrmont, Virneburg, Hallermund und Reichenstein (beide waren unbewohnbar – vgl. Kap. 2.1.1, S. 43 f., und Kap. 2.1.3, S. 70 f.), Rheineck, Wittem und Gronsfeld (nach 1719). Die Grafschaften Gimborn-Neustadt und Rietberg wurden so gut wie nie von ihren Besitzern besucht, da deren österreichische Dienste dies verhinderten; zudem hatten für die Grafen und späteren Fürsten von Schwarzenberg und Kaunitz die Güter in den Erblanden einen wesentlich höheren Stellenwert: vgl. Werner HASTENRATH, Das Ende des westfälischen Reichskreises 1776–1806, Diss. Bonn (masch.) 1948, S. 14.

[30] Vgl. die Korrespondenz zwischen den Grafen von Aspremont-Reckheim und dem kaiserlichen Hof: HHStA Wien, Archiv Aspremont-Reckheim, Kartons 1 u. 2. Klagen der Grafen von Manderscheid: HHStA Wien, Reichskanzlei, Kleinere Reichsstände, Karton 342. Zahllose weitere Beispiele ließen sich anführen. Über die Wahrung der öffentlichen Sicherheit durch die Kreisstände vgl. die Korrespondenz zwischen den Grafen von Virmont und Neuwied: Virmont an

1.3. MITGLIEDSCHAFT UND STIMMRECHT

Der Aufstieg eines adligen Hauses in den Reichsgrafenstand war wesentlich von
der kaiserlichen Gnade abhängig[31]; die Teilhabe an den politischen Rechten des
Reichsgrafenstandes war jedoch ein Politikum und unterlag der Kontrolle des
Reichsfürstenrates, der Reichskreise und der vier regionalen Grafenkollegien in
Schwaben, Franken, der Wetterau und Rheinland-Westfalen. Diese Kollegien waren gebildet worden, um das gemeinsame Votum ihrer Mitglieder auf den Reichstagen abzugeben.[32] Die Regelvoraussetzung für Aufnahmen in die Kollegien war
die volle Landeshoheit über allodialen Besitz oder reichsunmittelbare Lehen.[33] Der
erste Schritt zur Partizipation am gräflichen Reichstagsstimmrecht war die ordentliche Belehnung durch den Kaiser, meist vertreten durch den Präsidenten des
Reichshofrates.[34] Auch die Belehnung mit einem Reichsafterlehen reichte zur Erfüllung der Voraussetzungen aus; in diesem Fall war der Proband im Besitz eines
Reichslehens, das er von einem Reichsfürsten erhalten hatte, der es seinerseits kaiserlicher Belehnung verdankte. Die Weiterverleihung durfte nur mit allen landesherrlichen Rechten erfolgen; das Heimfallrecht blieb vorbehalten. Beispiele für
diese Lehnsform waren u.a. Rietberg und Waldeck, welche beide im 16. Jahrhundert den Landgrafen von Hessen zu Lehen aufgetragen worden waren.[35]

Von dieser Lehnsform muß die Belehnung mit einem mittelbaren Reichslehen
unterschieden werden. Mit kaiserlichem Konsens konnte ein Reichsfürst ein Lehen unter Vorbehalt der Landeshoheit weiterverleihen, ohne daß die Reichsle-
hensqualität verlorenging. Der neu Belehnte erlangte allerdings nicht die Vertretungsrechte gegenüber dem Reich, wie das Beispiel der Fürsten von Nassau-Diez-
Oranien als Besitzer der Grafschaft Spiegelberg zeigt.[36] Angesichts dieser unübersichtlichen Rechtssituation war bei einer Reihe von Grafschaften die Reichsfreiheit mindestens zeitweise umstritten; es kam jedoch nicht zu so krassen Fällen wie
dem des Fürsten von Auersperg im Schwäbischen Reichskreis, der wegen seiner

---

Neuwied, 24. März 1743; Antwort Neuwieds an Virmont, 30. März 1743: FWA NR, Schrank 103,
Gefach 61, Nr. 5.

[31] Vgl. hierzu Kap. 7.1. (S. 210–215).

[32] Vgl. MOSER, Neues Teutsches Staatsrecht, Bd. 4, S. 226.

[33] Dies war seit der Wahlkapitulation für König Ferdinand IV. 1653 (Art. XLV) Bestandteil
auch der folgenden Kapitulationen: Hermann CONRAD, Deutsche Rechtsgeschichte, Bd. 2, Karlsruhe 1966, S. 98; vgl. auch: »Projekt einer ständigen Wahlkapitulation« vom 8. Juli 1711, Art. 22,
in: BUSCHMANN, Kaiser und Reich, S. 578 f.

[34] Zu den Voraussetzungen für die Belehnung (Formulare, Fristen): LÜNIG, Thesaurus juris, S.
658; zum Ablauf des Belehnungszeremoniells: Johann Christian LÜNIG, Das Teutsche Reichsarchiv, Bd. 1, Leipzig 1710, S. 125 f.

[35] Zu den beiden Territorien: Kap. 2.1.2 (S. 53 u. 54). Für eine derartige Transaktion war der
Konsens des Kaisers erforderlich: vgl. MOSER, Neues Teutsches Staatsrecht, Bd. 4, S. 227; LÜNIG,
Thesaurus juris, S. 681 f.; grundlegend zum Lehnsrecht: Rüdiger Freiherr VON SCHÖNBERG, Das
Recht der Reichslehen im 18. Jahrhundert, Karlsruhe 1977, S. 89 f.; 158 f.

[36] Spiegelberg wurde gegenüber dem Reich stets vom Herzog von Braunschweig-Lüneburg vertreten: vgl. Kap. 2.1.1. (S. 42 f.). Zu den mittelbaren Lehen: SCHÖNBERG, Reichslehen, S. 90.

gefürsteten Grafschaft Tengen 1654 in den Reichsfürstenrat aufgenommen wurde, während er sich für das gleiche Territorium weiterhin als schwäbisch-österreichischer Landstand vertreten ließ.[37]

Wollte der Besitzer einer reichsfreien Grafschaft oder Herrschaft ins Kollegium aufgenommen werden, so mußte er sich zunächst an einen Reichskreis wenden mit der Bitte um die Prüfung seiner gräflichen Standesqualität und der Reichsfreiheit seines Besitzes. Bei positiver Beurteilung wurde er mit einem Beitrag zur Kreismatrikel veranlagt.[38] Die schriftliche Bestätigung der Aufnahme in den Kreis konnte nun als Eintrittskarte in ein Reichsgrafenkollegium verwendet werden, in dem der Proband mit dem gleichen Matrikelanschlag belastet wurde. Die vollgültige Mitgliedschaft errang der Kandidat allerdings erst, wenn alle vier Grafenkollegien nach nochmaliger Prüfung der Standesqualität ihr Placet gegeben hatten.[39] Nach dem Übersteigen dieser Hürde wurde das Ergebnis den beiden fürstlichen Kurien des Reichstages mitgeteilt; auch sie mußten nach Prüfung der Akten und Beilagen dem Eintritt des Probanden in den deutschen Hochadel zustimmen.[40] Dieses förmliche Verfahren dauerte bei strikter Beachtung mehrere Jahre. Oft wurde es durchbrochen, indem kaiserliche Günstlinge, eben erst zu Grafen erhoben, gegen Zusage späterer Beitragsleistungen in die Kreise und Kollegien aufgenommen wurden; von der Pflicht, eine standesgemäße Reichsgrafschaft zu besitzen, dispensierte man sie vorläufig. Von diesen »Personalisten« waren die Kollegien in Franken und Schwaben in höherem Maße betroffen als ihre rheinisch-westfälischen Standesgenossen.[41]

Die Mitglieder des Niederrheinisch-Westfälischen Grafenkollegiums namhaft zu machen, wirft einige Probleme auf. Im Laufe seines 153jährigen Bestehens gab es eine Mitgliederfluktuation: Familien schieden infolge ihrer Fürstenstandserhebung aus[42], einzelne Grafschaften wurden mediatisiert[43], zahlreiche neue Mitglieder traten dem Kollegium bei.[44] Es gab Territorien, die zwischenzeitlich nicht im Kolle-

---

[37] Umstrittene Reichsstandschaft: Kerpen-Lommersum, Steinfurt, Rheineck, Schleiden, Gemen. Zu Tengen: Heinz GOLLWITZER, Die Standesherren, Göttingen 1957, S. 15 f.

[38] KESTING, Diss. 1916, S. 22 f.

[39] Eigenhändige Notiz des Grafen Friedrich Alexander von Neuwied am 18. Jan. 1743 zur Durchführung des Aufnahmeverfahrens: StA DT, L 41 a, 253, S. 1.

[40] Zum gesamten Verfahren: Hermann KESTING, in: Westf. Zs. 106 (1956), S. 175 f.; ders., Diss. 1916, S. 22–24.

[41] Das westfälische Kollegium konnte verhindern, daß apanagierte und landsässige Grafen eindrangen. Vgl. zu den Voraussetzungen: Heinrich Godfried SCHEIDEMANTEL/Carl Friedrich HÄBERLIN (Hrsg.), Repertorium des teutschen Staats- und Lehnsrechts, Bde. 1–4, Leipzig 1782–1795; hier: Bd. 2, S. 355. Die Grafen von Hallermund und von Nesselrode versahen sich mit mittelalterlichen, längst mediatisierten Grafschaftstiteln; vgl. dazu Kap. 2.1.1. (S. 43 f.) und 2.1.3. (S. 70). Zu den Personalisten: vgl. Joseph KOHLER, Handbuch des deutschen Privatfürstenrechtes der vormals reichsständischen, jetzt mittelbaren Fürsten und Grafen, Sulzbach 1832, S. 72.

[42] Nassau 1654, Ostfriesland 1667, Blankenburg 1707; Oldenburg 1774/1777 (Stimmübertragung Holsteins).

[43] Barby wurde 1659 von Kursachsen, Rantzau 1726 von Dänemark mediatisiert.

[44] Gemen 1664: MOSER, Neues Teutsches Staatsrecht, Bd. 3, S. 836 ff.; Rheineck (vor 1700); Mylendonk 1701; Reichenstein 1705: Antrag des Grafen Franz von Nesselrode auf dem Grafentag 1699: StA DT, L 41 a, 317, S. 118 ff.; Hallermund 1708: Aufnahmeersuchen Kaiser Josephs I. an das westfälische Kollegium, 24. Dez. 1706: StA DT, L 41 a, 317, S. 267. Vgl. ebd. S. 280–282. An-

gium vertreten waren, da ihr Besitzer nicht die Standesnorm erfüllte.[45] So lassen sich, je nach Auswahlkriterium, Mitglieder- oder Teilnehmerlisten erstellen, die von 37 bis 52 Grafschaften reichen. Die untere Zahl umfaßt jene Grafschaften, die dauernd Mitglieder waren oder wenigstens in der Phase der größten Aktivität (1697–1747) an der Willensbildung des Kollegiums teilgenommen haben. In diese Kategorie kann man auch die Grafen von Schaesberg fassen, die sich für ihre Grafschaft Kerpen-Lommersum zwar schon seit 1718 um die Mitstandschaft bemüht hatten, aber erst 1731 zur Session zugelassen wurden.[46] Die Schaesberg waren von 1731 bis 1747 auf allen Grafentagen vertreten. Nicht in die engere Kategorie gehört dagegen die Grafschaft Rantzau: Ihre Eigentümer sind zwar von der Gründung des Kollegiums bis zur Mediatisierung des Territoriums 1726 formell Mitglieder gewesen und mindestens einmal (1705) auch zum Grafentag geladen worden[47], haben aber keinerlei aktive Beteiligung an den Verhandlungen gezeigt und keine Beiträge geleistet. Die übrigen Grafschaften nach dem erweiterten Mitgliederbegriff sind Territorien, die schon im 17. Jahrhundert infolge ihrer Fürstenstandserhebung eine Virilstimme erhielten und aus dem Kollegium ausschieden; hinzu kommen noch Grafschaften, die mit ihren Aufnahmeanträgen nicht erfolgreich waren oder um einen Beitritt – als Beitragszahler – vergeblich gebeten wurden.[48]

Bedeutendste Antragsteller waren die Kurfürsten von Brandenburg und späteren Könige in Preußen für ihre zahlreichen Besitzungen im Niederrheinisch-Westfälischen Reichskreis. Diese Territorien waren 1653 nicht in die Liste der Grafschaften aufgenommen worden; so hatten die Brandenburger keinen Anteil am alternierenden Votum der Fürsten nach 1663. Im Herbst 1697 deutete Kurfürst Friedrich III. gegenüber dem Grafen von Bentheim an, daß er an der gräflichen Politik und Stimmberechtigung teilhaben wollte.[49] 1705 erschien der preußische Gesandte von Diest auf dem Grafentag und forderte das Stimmrecht für die Grafschaften Mark, Ravensberg, Lingen und Moers; später erweiterte er die Sessionsforderung um die Grafschaften Ascanien und Rheinstein.[50] Der Anspruch auf das

---

trag des Grafen von Platen-Hallermund beim Kollegium, 22. Febr. 1707: StA DT, L 41 a, 317, S. 269; Kerpen-Lommersum: Antrag des Grafen von Schaesberg auf dem Grafentag 1718: StA DT, L 41 a, 318, S. 680; Aufnahmebeschluß des Kollegiums auf dem Grafentag 1731: StA DT, L 41 a, 319, S. 103 ff.

[45] Mylendonk von 1731–1762; Gronsfeld 1719–1738; Bretzenheim von 1744–1790; Pyrmont/Eifel von kurz nach 1654 bis 1788.

[46] Der Antrag des Grafen Johann Friedrich von Schaesberg wurde dem Protokoll des Grafentages 1718 als Anlage beigefügt: StA DT, L 41 a, 318, S. 690.

[47] Ausschreibung des Grafentages 1705: StA DT, L 41 a, 326, S. 129.

[48] Zur Reise des Direktorialrates Thalmann nach Rheda im Jahre 1755: StA DT, L 41 a, 355, S. 243 f.

[49] Schreiben des Gesandten Heinrich v. Henning an den Grafen von Bentheim, Herbst 1697: Fürstlich Bentheimisches Archiv Burgsteinfurt, E 20. Kurfürst Friedrich III. betrieb eine aktive Reichspolitik. Über die Durchsetzung der oranischen Erbschaft hinaus beanspruchte er die Grafschaften Hanau und Mömpelgard; weitere Expansionsbemühungen unternahm er in Franken: Rudolf ENDRES, Preußens Griff nach Franken, in: Heinz DUCHHARDT (Hrsg.), Friedrich der Große, Franken und das Reich, Köln, Wien 1986, S. 57–79.

[50] Vgl. die Schreiben des Syndikus Buck an den evangelischen Direktor Graf Friedrich Adolf zur Lippe, 31. Okt. 1705: StA DT, L 41 a, 247, S. 9–12; Schreiben v. Diests an Graf Friedrich

preußische Votum wurde auf den folgenden Grafentagen wiederholt und unter verschiedenen Vorwänden hinhaltend diskutiert. Brandenburg-Preußen konnte erreichen, ohne ein gültiges Stimmrecht an den Sessionen teilzunehmen. Auf dem Grafentag 1711 kam allen Gegnern der sechsfachen preußischen Session der Einspruch von Prinz Johann Wilhelm von Oranien zugute; dieser reklamierte seinen Besitz an den Grafschaften Lingen und Moers und hatte sogar einen Bevollmächtigten zur Stimmabgabe aufgeboten.[51] Der Einwand genügte den anwesenden Gesandten, um das Stimmrecht der beiden Grafschaften vorläufig zu suspendieren. Beide wurden nie zugelassen; der nächste Grafentag entschied nach gründlichem Studium der Besitzgeschichte beider Territorien, daß Lingen stets ein Teil der Grafschaft Tecklenburg gewesen sei und nun auch unter diesem Votum vertreten sein sollte. Moers war inzwischen in den Reichsfürstenstand aufgenommen worden (mit Virilstimme) und galt damit als aus dem Kollegium ausgeschieden. Mark und Ravensberg waren seit dem Erbstreit zwischen Pfalz-Neuburg und Brandenburg von 1609 ebenfalls als Kreistagsstimmen suspendiert, wie ein Kreistagsbeschluß vom 11. Mai 1707 nochmals bekräftigte.[52] So brauchten die Grafen die preußischen Wünsche auch in diesem Fall nicht anzuerkennen.

Auf späteren Grafentagen tauchte die preußische Forderung nach mehrfacher Session immer wieder auf: 1715 forderte von Diest die Zulassung wegen Mark, Ravensberg, Ascanien und Rheinstein[53], 1719 wiederholte er seinen Anspruch.[54] 1731 scheiterte der preußische Gesandte von Collmann mit dem Vorhaben, für seinen Herrn den obersten Platz in der Aufrufliste, direkt hinter den Direktoren, zu erhalten.[55] Zur Session gelangte der Gesandte Cronenberg im Jahr darauf, als er wegen der Abwesenheit eines Vertreters der Linie Bentheim-Tecklenburg-Rheda das Tecklenburgische Votum an sich ziehen konnte. Die Direktorialgesandten ließen ihn zu, da Tecklenburg bisher auch Mitglied des Kollegiums gewesen war und da der preußische König durch die Verträge mit den Grafen von Bentheim

Adolf zur Lippe, 22. Dez. 1705: StA DT, L 41 a, 247, S. 13–15; Schreiben König Friedrichs I. in Preußen an Graf Friedrich Adolf zur Lippe, 24. Sept. 1705: StA DT, L 41 a, 317, S. 342. Der Name Ascanien stammte von der Burg Ascaria oder Ascania bei Aschersleben: Otto HINTZE, Die Hohenzollern und ihr Werk. 500 Jahre vaterländischer Geschichte, Berlin 1915, S. 34. – Zur gleichzeitigen Forderung nach mehreren Stimmen auf dem Niederrheinisch-Westfälischen Kreistag vgl. Alwin HANSCHMIDT, Kurbrandenburg als Kreisstand im Niederrheinisch-Westfälischen Kreis vom Westfälischen Frieden bis zum Spanischen Erbfolgekrieg, in: Oswald HAUSER (Hrsg.), Preußen, Europa und das Reich, Köln, Wien 1987, S. 47–64; hier: S. 63; Winfried DOTZAUER, Die deutschen Reichskreise in der Verfassung des alten Reiches und ihr Eigenleben (1500–1806), Darmstadt 1989, S. 296.

[51] Grafentag 1711: StA DT, L 41 a, 317, S. 329. 361 f.; Schreiben von Prinz Johann Wilhelm von Oranien an das Grafenkollegium, 10. Febr. 1711: StA DT, L 41 a, 317, S. 386 f.

[52] Grafentag 1713: StA DT, L 41 a, 318, S. 470–550; Protokoll 1713: HHStA Wien, Archiv Aspremont-Linden, Karton 7; zu Lingen: BÜSCHING, Neue Erdbeschreibung, Bd. 3, S. 727; zu Moers: ders., Neue Erdbeschreibung, Bd. 3, S. 663.

[53] Grafentag 28. März bis 16. Mai 1715: StA DT, L 41 a, 318, S. 586–609. 623.

[54] Grafentag 17. Dez. 1719: StA DT, L 41 a, 318, S. 789.

[55] Collmanns Hoffnung, durch ein Einlenken in der Plazierungsfrage ein günstiges Klima für die mehrfache preußische Session zu schaffen, schlug fehl: Grafentag 1731: StA DT, L 41 a, 319, S. 98.

und von Solms-Braunfels alleiniger Besitzer der Grafschaft geworden war.[56] Bei
diesem Zustand blieb es für die Zukunft: Preußens weitere Bemühungen um
Stimmvermehrung auf den folgenden Grafentagen scheiterten; das ohnehin schon
große politische Gewicht Preußens in Norddeutschland – etwa im Niederrheinisch-Westfälischen Reichskreis – sowie die konstante Weigerung, Beiträge zur
Kollegialkasse zu entrichten, konnten die Mitstände nicht gerade für Zugeständnisse in der Stimmfrage einnehmen.[57]

Die preußischen Sessionsstreitigkeiten führten allmählich zu einer Wende in
der Aufnahmebereitschaft des Kollegiums. Im frühen 18. Jahrhundert hatte man
neue Kandidaten noch mit Wohlwollen geprüft; manche Grafen sind sogar ermuntert worden, dem Gremium beizutreten.[58] Später wurden die Anträge kritischer geprüft: Der Graf von Goltstein konnte sich als Besitzer der Reichsherrschaft Schlenacken ebensowenig qualifizieren wie der Freiherr von Roll für die
Herrschaft Bretzenheim.[59] Im ersten Fall galt das Territorium als nicht standesgemäß, im zweiten war die Familie noch nicht in den Grafenstand erhoben worden.
Auch die Wiederzulassung der Grafen von Waldbott-Bassenheim für die Reichsherrschaft Pyrmont (Eifel) bereitete Schwierigkeiten, obwohl ihre Vertreter schon
den Jüngsten Reichsabschied unterzeichnet hatten.[60] Das Kollegium zeigte im 18.
Jahrhundert ähnliche Abschlußtendenzen wie andere adlige Korporationen, etwa
die Domkapitel, die durch Verschärfung der Ahnenproben den Zugang zu den
begehrten Pfründen einem begrenzten Kreis etablierter Familien vorbehielten.[61]
Die Aufnahmeverhandlungen, die der katholische Kollegialteil nach dem Lunéviller Frieden von 1801 durchführte, werden an anderer Stelle erläutert, da es sich
dabei um die Gründung eines neuen Kollegiums handelte.[62]

[56] Zu Tecklenburg: vgl. Kap. 2.1.2. (S. 57 f.). Zur Übernahme des tecklenburgischen Sitzes
durch Preußen: Grafentag 1732: StA DT, L 41 a, 319, S. 601. 1736 wurde der preußische Gesandte
problemlos wieder für Tecklenburg zur Stimmabgabe zugelassen: Grafentag 1736: StA DT, L 41 a,
320, S. 2.

[57] Vgl. die Androhung des Gesandten Collmann, alle Beiträge bis zur vollkommenen Zulassung
aller preußischen Grafschaften auszusetzen (25. Sept. 1732): StA DT, L 41 a, 319, S. 667 f. Zur Illustration des grundsätzlichen Widerstandes gegen jeden preußischen Machtzuwachs: Graf Ambrosius Franz von Virmont an Graf Friedrich Alexander von Neuwied, 6. Aug. 1739: FWA NR,
Schrank 103, Gefach 61, Nr. 20.

[58] Schreiben des Direktoriums an Graf Karl Theodor Otto von Salm (wg. Anholt) und Fürst
Ferdinand Wilhelm von Schwarzenberg (wg. Gimborn-Neustadt): ohne Tag 1699: StA DT, L 41 a,
326, S. 40–43.

[59] Zum Antrag Goltsteins: Korrespondenz zwischen Direktor Neuwied und dem Grafen, 1773:
StA DT, L 41 a, 606, S. 2–13; zum Antrag Roll: Korrespondenz Neuwieds mit Direktorialrat
Scheffer, 1747: StA DT, L 41 a, 335, S. 9–11; 336, S. 27–29; 488, S. 82 f.

[60] Graf Johann Maria Rudolf von Waldbott-Bassenheim wurde zwar durch Mehrheitsbeschluß
zum katholischen Kollegialteil zugelassen, erhielt aber nicht die förmliche Zustimmung des protestantischen Teils: Brief des Grafen Franz Georg von Metternich an seinen Reichstagsgesandten
von Haimb, 8. Juni 1788: SZA Prag, FA Metternich, Karton 2253. Waldbott-Bassenheim wandte
sich noch am 21. März 1802 an Fürst Leopold zur Lippe mit der Bitte um Zustimmung der protestantischen Grafen: StA DT, L 41 a, 495, S. 27 f. Da der Fürst jedoch schon wenige Tage später
starb (6. April), erfolgte keine Zustimmung mehr.

[61] HERSCHE, Domkapitel, Bd. 2, S. 121.

[62] Die Bemühungen Metternichs um die Konsolidierung dieser Gruppe vgl. Kap. 3.6.
(S.141–148).

Mehr noch als die Streitigkeiten um die Aufnahme neuer Mitglieder lähmten die Auseinandersetzungen um die Stimmberechtigung der anerkannten Mitglieder den Geschäftsgang des Kollegiums. Die Unsicherheit, ob der dänische König für die Grafschaften Oldenburg und Delmenhorst eine oder zwei Stimmen zu führen berechtigt war, blieb bis zu seinem Ausscheiden 1777 bestehen; da Dänemark an den Grafentagen so gut wie nie teilnahm, entzündete sich an dieser Frage auch kein Streit.[63] Ebensowenig wie der dänische König hatte sich das Haus Manderscheid bemüht, das Votum der Linie Gerolstein – deren Besitz 1697 an die Blankenheimer Vettern gefallen war – auszuüben[64]; erst 1740 wurde dieser Gedanke erwogen, ohne jedoch in die Tat umgesetzt zu werden.[65] Zu einem anhaltenden Konflikt, der schließlich das Auseinanderbrechen des Kollegiums begünstigen sollte, führte der Stimmrechtsstreit um die Grafschaften Sayn und Wied. Nachdem die Besitzer der Grafschaften, die Herzöge von Sachsen-Eisenach (Sayn-Altenkirchen), die Burggrafen von Kirchberg (Sayn-Hachenburg), die Grafen von Wied-Neuwied (Neuwied) und die Grafen von Wied-Runkel (Runkel) früher teils getrennt, teils gemeinsam eingeladen worden waren, jedoch stets vier vollberechtigte Gesandte zu den Grafentagen geschickt hatten, stellte der preußische Gesandte von Diest 1711 den Verfahrensmodus in Frage. Seiner Meinung nach müßten die Wiedischen Linien und die Saynischen Erben sich auf jeweils einen Gesandten verständigen; für zwei weitere Stimmen gäbe es keinerlei Anspruchsgrundlage.[66] Der Einwand konnte zunächst hinhaltend behandelt werden, solange keine Kampfabstimmung anstand. 1731 wurden die Häuser, die mehrere Stimmen führten, eingehend analysiert: Kurhannover war mit drei Stimmen (für Hoya, Diepholz und Spiegelberg) unumstritten, Dänemark stellte ebenfalls – wie erwähnt – kein Problem dar. Auch das Haus Bentheim besaß drei Stimmen – für Bentheim, Steinfurt und Tecklenburg –, verlor aber die letzte Stimme an Preußen. Die Grafschaft Schaumburg wurde gemäß einer Vereinbarung zwischen den Landgrafen von Hessen-Kassel und den Grafen von Schaumburg-Lippe am Grafentag durch einen Gesandten vertreten, der vorher gemeinschaftlich instruiert worden war.[67] Von keinem der anderen Fälle konnte man einen Modus herleiten, wie im Fall von Sayn und Wied zu verfahren sei.

---

[63] Zu Oldenburg und Delmenhorst: vgl. Franz KOHNEN, Die Grafschaft Oldenburg und der Westfälische Reichskreis bis 1667, Oldenburg 1940. S. 18 – Zum Ausscheiden Oldenburgs aus dem Kollegium: Brief des Herzogs Friedrich August von Holstein-Gottorp-Oldenburg an Graf Friedrich Alexander von Neuwied, 29. März 1777: StA DT, L 41 a, 532, S. 18 f.

[64] Vgl. Kap. 2.1.5. (S. 89 f.).

[65] Nach der knappen Abstimmungsniederlage bei der Syndikuswahl 1740 reklamierte der Gesandte des Grafen Johann Wilhelm von Manderscheid das doppelte Votum: StA DT, L 41 a, 11, S. 21–24.

[66] Vgl. Nachweis einer getrennten Einladung an die beiden saynischen und wiedischen Häuser: Reskript des Grafen Salentin Ernst von Manderscheid, 12. Sept. 1700: StA DT, L 41 a, 332, S. 1. Einspruch des preußischen Gesandten von Diest auf dem Grafentag 1711: StA DT, L 41 a, 317, S. 331.

[67] Schaumburg: Schon 1693 war diese Vereinbarung zustande gekommen und wurde von beiden Seiten beachtet, ohne daß Konflikte bekannt geworden wären: Brief des Gesandten Ludovici an den Grafen von Bentheim, 11. Jan. 1693: Fürstlich Bentheimsches Archiv Burgsteinfurt, E 77; vgl. MOSER, Neues Teutsches Staatsrecht, Bd. 3, S. 879.

Hatte Preußen den Stimmstreit geschürt, um sich für ein Einlenken selbst einen Zuwachs an Stimmen einzuhandeln, so griffen bei den sich verstärkenden Parteiungen auf konfessioneller Basis die katholischen Grafen das Thema auf, um der Majorität ihrer Gruppe einen Schritt näher zu kommen. Auf dem Grafentag von 1744 kam es zur Machtprobe zwischen der katholischen Partei, die das einfache Votum für jede Gesamtgrafschaft forderte, und den protestantischen Anhängern des Direktors Friedrich Alexander von Neuwied, dessen Haus selbst betroffen war. Als eine ruhige Diskussion über diese Frage nicht mehr möglich war, verließen die Protestanten den Sitzungsraum, während die Katholiken beschlossen, die Doppelstimmen zu kassieren.[68] In der folgenden Zeit ließen beide Lager ihre jeweilige Ansicht durch juristische Gutachten untermauern: Die prokatholischen Gutachter hoben die einfachen Stimmen auf den Kreistagen hervor[69], die Gutachter der saynischen und wiedischen Erben betonten ihr ersessenes Recht, wie bisher auf Grafentagen mit je einem Gesandten pro regierender Linie vertreten zu sein.[70] Der Konflikt erwies sich als unlösbar, weder durch Konsens noch durch Macht. Künftig wuchs die Neigung, politische Zugeständnisse gegenüber der Gegenseite mit deren Einlenken in der Stimmrechtsfrage zu verknüpfen.[71] Die Grafen erwiesen sich nicht als fähig, diesen Konflikt auf politische Weise – durch Austausch von Interessen – zu lösen; das Mißtrauen gegenüber der anderen Konfessionspartei erschwerte Gespräche zusätzlich.

Weit weniger problematisch als die Lösung dieser Stimmrechtsstreitigkeiten war in den meisten Fällen die Anerkennung von Familien, die ein Mitgliedsterritorium ererbt, erheiratet oder erworben hatten. In der Regel wurde der neue Eigentümer akzeptiert, wenn er ganz selbstverständlich einen Gesandten mit allen Akkreditiven ausgestattet zum Grafentag schickte. Der Graf von Virmont überrumpelte das Kollegium 1736 auf diese Weise, als er ungeachtet der umstrittenen Besitzlage die Deklaration seiner Nachfolge in der Reichsherrschaft Bretzenheim mit der Stimmabgabe für den Grafen von Neuwied zum neuen evangelischen Direktor verband.[72] Wer über einflußreiche Freunde und Verwandte im Kollegium

---

[68] Sitzung des Grafentages, 14. Juni 1744: StA DT, L 41 a, 332, S. 370 f.; vgl. auch den Bericht des Gesandten Streling vom selben Tag: StA DT, L 41 a, 329, S. 93 f.

[69] Zur Situation im Westfälischen Reichskreis: BÜSCHING, Neue Erdbeschreibung, Bd. 4, S. 669; vgl. Werner HASTENRATH, Das Ende des Westfälischen Reichskreises 1776–1806, Diss. Bonn (masch.) 1948, S. 49. Zur Diskussion in der protestantischen Korrespondenz: StA DT, L 41 a, 261–263 passim.

[70] Promemoria des Hachenburgischen Kanzleirats Grün, 17. Dez. 1744: StA DT, L 41 a, 332, S. 8–18; Druckschrift »Kurtze Vorstellung derer Wohlhergebrachten Gerechtsame derer beyden Reichs-Gräflich Saynischen Häuser ...« von 1745: StA DT, L 41 a, 332, S. 71–75; Druckschrift »Dokumentierte Anweisung« über das doppelte Stimmrecht von Wied und Sayn (1745): StA DT, L 41 a, 332, S. 22–36; Anlagen S. 37–55; Druckschrift »Kurtzer Unterricht von derer beyden Reichs-Gräflich Wiedischen Regier-Häuser besondern Sitzen und Stimmen« (1746): StA DT, L 41 a, 332, S. 206–269.

[71] Verknüpfung des katholischen Aufnahmegesuchs für den Grafen von Waldbott-Bassenheim mit der Stimmrechtsfrage: Graf Friedrich Alexander von Neuwied an den jülichschen Kreisdirektorialgesandten von Grein, 17. Febr. 1790: StA DT, L 41 a, 263, S. 3–5.

[72] Graf von Virmont an das Grafenkollegium, 20. Aug. 1736: StA DT, L 41 a, 326, S. 200 f.

verfügte, ließ sich flankierende Schreiben zum Aufnahmebegehren verfassen.[73] Eine intensive Prüfung erfuhren die Familien, die nach ihrem Regierungsantritt nicht sofort Verbindung mit den Direktoren aufnahmen. So galten kurz vor dem Grafentag 1731 die Grafschaften Mylendonk und Gronsfeld als verwaist; die plettenbergische Kanzlei kannte die aktuellen Inhaber nicht.[74] Die übrigen Besitzerwechsel vollzogen sich, ohne daß darüber nennenswerte Korrespondenz überliefert ist; wir dürfen daher von der allgemeinen Zustimmung der Mitglieder zur Teilnahme der neuen Eigentümer an den Kollegialgeschäften ausgehen.[75]

1.4. EIN KURZER PERIODISIERUNGSABRISS DES GRAFENKOLLEGIUMS

Dieser Abschnitt soll in groben Zügen die Verfassungsentwicklung des Kollegiums nachzeichnen; auf Details kann nur in dem Maße eingegangen werden, wie diese für die späteren Phasen der Kollegialgeschichte bedeutsam geworden sind. Für die Rekonstruktion der Chronologie sei auf den grundlegenden Aufsatz von Hermann Kesting verwiesen.[76]

Die Geschichte des Grafenkollegiums läßt sich in drei annähernd gleich lange Epochen einteilen: Die erste dauerte von der Gründung des Kollegiums bzw. seiner Zulassung zu Sitz und Stimme im Reichsfürstenrat 1653 bis zur ersten Direktorialwahl 1697, die zweite bis zum letzten gemeinsamen Grafentag 1747, während die letzte die Zeit bis zum Untergang des alten Reiches 1806 umfaßte. Unter dem Blickwinkel der politischen Partizipation waren es zu Beginn nur sehr wenige Grafen, die das neue Recht wahrgenommen haben. Im Laufe des späten 17. Jahrhunderts stieg ihre Zahl an, bis zwischen 1697 und 1747 die höchste Beteiligung – vor allem auf den Grafentagen – festzustellen ist. Später wurde die Stimme von nur wenigen Grafenhäusern geführt, ohne daß die Fürstenhäuser, die nach 1663 die Stimme an sich gezogen hatten[77], ihren alten Einfluß hätten zurückgewinnen können. Die katholische Restauration unter Metternich nach 1784 war zu

---

[73] So schrieb der katholische Direktor Franz Georg von Manderscheid am 14. Febr. 1710 an seinen evangelischen Kollegen Friedrich Adolf zur Lippe zugunsten der Burggräfin von Kirchberg-Hachenburg: StA DT, L 41 a, 326, S. 142r–143v.

[74] Vgl. die Mitgliederliste der Kanzlei von 1731: FA Plettenberg-Nordkirchen, NB 43, S. 31. Die Unkenntnis des Direktoriums, wer zum Grafenkollegium gehörte, blieb auf die Reichspublizistik nicht ohne Auswirkungen: vgl. die beiden verschiedenen Mitgliederlisten bei MOSER, Neues Teutsches Staatsrecht, Bd. 3, S. 820 f. samt erläuternden Fußnoten (29 und 33 Mitglieder).

[75] Beispiele: Sayn-Altenkirchen (1741 von Sachsen-Eisenach an Brandenburg-Ansbach), Bentheim (1752/53 von Bentheim an Hannover), Wittem (1722 von Giech an Plettenberg), Schleiden und Saffenburg (1773 von v. d. Mark an Arenberg), Blankenheim-Gerolstein (1780 von Manderscheid an Sternberg).

[76] KESTING, in: Westf. Zs. 106 (1956), S. 175–246.

[77] Am 5. Jan. 1663 vereinbarten die drei Gesandten von Sachsen-Eisenach, Hessen-Kassel und Braunschweig-Celle, das westfälisch-gräfliche Votum, an dem ihre Herren Anteil hatten, mangels gräflicher Bevollmächtigter unter sich rotieren zu lassen: LHA KO, Best. 30, Nr. 3986/3, S. 418 f.; vgl. MOSER, Teutsches Staatsrecht, Bd. 38, S. 351 ff.; Bd. 39, S. 177 f.

stark von einer Person bestimmt, um als Indiz für ein wachsendes politisches Interesse des gesamten Standes an der Reichspolitik gewertet zu werden.

Der Jüngste Reichstag 1653/54 in Regensburg stellt den Anfang des Niederrheinisch-Westfälischen Reichsgrafenkollegiums dar. Die Idee einer vierten Kuriatstimme läßt sich bis ins Jahr 1615 zurückverfolgen, die konkreten Planungen bis ins Jahr 1645.[78] Der Streit wetterauischer und westfälischer Gesandter 1653 in Regensburg über die geringe Beitragsbereitschaft der norddeutschen Grafen zu den Kollegialkosten löste den Ausschluß ihrer Vertreter von den Beratungen aus.[79] Zwar konnte die kaiserliche Intervention, unterstützt durch die vorübergehende Suspension des wetterauischen Votums im Reichsfürstenrat, eine nochmalige Zwangseinigung herbeiführen; im Juli 1653 wurde jedoch der Antrag auf eine eigene Stimme für die westfälischen und rheinischen Grafen gestellt, dem der Kaiser im August, der Reichsfürstenrat im Oktober zustimmte.[80] Zu Beginn des Jahres 1654 nahm Graf Jost Maximilian von Gronsfeld als persönlich anwesendes Mitglied an der Introduktion in den Reichsfürstenrat teil; danach wurde die Stimme durch Gesandte abgegeben.[81]

Als 1663 der Reichstag wieder zusammentrat, war kein von allen Mitständen bevollmächtigter Gesandter anwesend, um das Votum der niederrheinisch-westfälischen Grafen abzugeben. Dafür verständigten sich verschiedene Gesandte des Reichsfürstenrates, deren Herren auch Mitglieder des Grafenkollegiums waren, die Stimme künftig einvernehmlich und alternierend zu führen. Jeder Gesandte sollte einen Monat lang abstimmen, nachdem vor jeder Sitzung eine kurze Beratung aller Berechtigten stattgefunden hatte.[82]

In den folgenden Jahren wurde dieser »Alternationsmodus« beibehalten. Zwar wurden verschiedene Male gräfliche Gesandte, die nach Regensburg kamen, in das Abstimmungsverfahren einbezogen, um auch einen Monat lang das Votum zu

---

[78] Vgl. die Überlegungen im wetterauisch-westfälischen Grafenverein während des Dreißigjährigen Krieges angesichts der fränkischen Stimmzuweisung 1595/1641: KESTING, in: Westf. Zs. 106 (1956), S. 177.

[79] Zum Reichstag 1653/54: StA DT, L 41 a, 102, S. 1–59; LÜNIG, Thesaurus juris, S. 862–864 mit Abdruck der amtlichen Dokumente; KESTING, in: Westf. Zs. 106 (1956), S. 178 f.

[80] Antrag der Grafen, 9. Juli 1653: StA DT, L 41 a, 102, S. 56 f.; Zustimmung des Kaisers, 13. Aug. 1653: LÜNIG, Thesaurus juris, S. 863; Zustimmung des Reichsfürstenrats, 14. Okt. 1653: LÜNIG, Thesaurus juris, S. 864.

[81] Gronsfeld war von Eröffnung des Reichstags an in Regensburg: HHStA Wien, MEA: Reichstagsakten, Fasz. 171, S. 230v. 247r. Vgl. Schreiben des Reichstagsgesandten v. Fischer an den Direktor Graf von Neuwied, 28. Mai 1779 (Anlage über die Kollegialgeschichte): StA DT, L 41 a, 138, S. 303–325.

[82] Alternationsturnus ab September 1663:
Sept. Sachsen-Eisenach (für Sayn-Altenkirchen)
Okt. Hessen-Kassel (Schaumburg)
Nov. Dänemark (Oldenburg)
Dez. Braunschweig-Wolfenbüttel (Blankenburg)
Jan. Hessen-Kassel (Ober-Hoya)
Febr. Braunschweig-Calenberg (Nieder-Hoya)
März Magdeburg (Barby)
April Manderscheid
LHA KO, Best. 30, Nr. 3986/3, S. 419 ff.

führen, doch die Dominanz der fürstlichen Mitstände trat sichtbar hervor.[83] Die ständig anwesenden Gesandtschaften profitierten schon von ihrem Informationsvorsprung gegenüber den Neuankömmlingen und ordneten die Grafenstimme ihren politischen Maximen unter. Bemühungen von verschiedenen Seiten, sowohl den konfessionell neutralen Status des Kollegiums zu bewahren – die zumeist evangelischen fürstlichen Mitstände hatten das Votum auch im Corpus Evangelicorum geführt – als auch eine Instanz zur zentralen Willensbildung in Form eines Direktoriums zu schaffen, blieben lange ohne Erfolg.[84]

Ende 1692 trafen sich Vertreter der Grafen zur Lippe, Bentheim, Tecklenburg und Rietberg in Warendorf, um die baldige Wahl eines Grafen zum Direktor nach dem Vorbild der übrigen Grafenkollegien zu vereinbaren.[85] Zur gleichen Zeit fertigte Graf Salentin Ernst von Manderscheid seinen Gesandten von Ludovici mit Instruktion und Vollmacht nach Regensburg ab.[86] Die westfälische Gruppe, später um die westerwäldischen Grafen verstärkt, und die Eifelgruppe, zu der neben den drei Linien des dominierenden Hauses Manderscheid die Grafen von Gronsfeld, Aspremont und von der Mark gehörten, stellten die beiden Kerne des Kollegiums dar. Bemerkenswert war auch die konfessionelle Orientierung: Die genannten Grafen aus Westfalen waren großenteils reformiert (Lippe, Bentheim-Tecklenburg-Rheda, Bentheim-Steinfurt), die Eifelgrafen dagegen katholisch, vor allem die dem Kölner und Straßburger Stiftsadel zugehörigen Manderscheid und Salm-Reifferscheidt.[87] Es ist jedoch falsch, schon in jener Zeit den Keim der späteren Kollegialspaltung zu vermuten. Im letzten Jahrzehnt des 17. Jahrhunderts stand der gemeinsame Kampf aller Grafen des Kollegiums gegen die angemaßten Rechte der Fürsten, die in der Kollegialkorrespondenz »Potentiores« genannt wurden, im Vordergrund.[88] Wenige Zusammentreffen genügten, um in den Jahren 1697–1700 ein Direktorium zu wählen und eine Kollegialverfassung zu verabschieden.[89] Da-

---

83 Ende 1666 votierte zeitweise der fränkisch-gräfliche Gesandte v. Bohn, 1671 bis 1673 der fürstlich Salmische Gesandte Hermes: StA DT, L 41 a, 138, S. 310 ff.; StA DT, L 41 a, 145, S. 645f.

84 Protest von Hildesheim und Salm gegen die fehlende Repräsentanz der katholischen Mitstände, 4. Nov. 1670: StA DT, L 41 a, 102, S. 233–236; Entsendung des Freiherrn von Plettenberg durch den Bischof von Münster nach Regensburg zur Unterstützung der katholischen Grafen 1688: KESTING, in: Westf. Zs. 106 (1956), S. 184; Schreiben einiger gräflicher Gesandter in Regensburg an den Grafen von Oldenburg vom 22. Jan. 1667, in dem die Dringlichkeit einer Direktorenwahl betont wurde: LÜNIG, Thesaurus juris, S. 877.

85 Vgl. den kleinen Beitrag von Hermann KESTING, Die Wahl des Grafen Friedrich Adolf zur Lippe zum Direktor des Westfälischen Grafenkollegiums (1698), in: Lippische Staatszeitung 15 (1943), Nr. 160 (12./13. Juni 1943).

86 Vgl. Denkschrift »Revision der sogenannten Prüfung des [...] Nachtrags zu der Geschichte der [...] Grafensache« (1782): StA DT, L 41 a, 145, S. 587–688, hier: S. 647 f.

87 In Westfalen war die Linie Bentheim-Bentheim 1668 unter dem Einfluß des Münsteraner Bischofs Christoph Bernhard von Galen wieder katholisch geworden; die Untertanen blieben jedoch evangelisch: KESTING, in: Westf. Zs. 106 (1956), S. 207, Anm. 133; vgl. Kap. 2.1.2. (S. 56). Zum Stiftsadel vgl. Kap. 8.2. (S. 286–307).

88 Der Manderscheider Reichstagsgesandte von Ludovici wies im Schreiben vom 16. Febr. 1697 an seinen Herrn darauf hin, daß wohl nur die Wahl eines Direktors die fürstliche Stimmrechtsanmaßung beenden könnte: StA DT, L 41 a, 317, S. 4; vgl. auch Kap. 3.1.–3.3. (S. 112–136).

89 Vgl. die Protokolle des Grafentages 1697: StA DT, L 41 a, 317, S. 1; Grafentag 1698: StA DT, L 41 a, 317, S. 18 ff.; Grafentag 1699: StA DT, L 41 a, 317, S. 113 ff.; Grafentag 1700: StA DT, L

bei wurde, im Gegensatz zum evangelischen Charakter der Stimme in Regensburg, vom Grundsatz der konfessionellen Parität ausgegangen. Höchstes beschlußfassendes Organ war der Grafentag: Er sollte möglichst einmal pro Jahr zusammentreten und jedem Grafen – oder seinem Gesandten – Gelegenheit zur Beratung und zur Stimmabgabe bieten. Seine Sitzungen sollten von einem Syndikus vorbereitet werden und in Köln, der Stadt der Kreistage, abgehalten werden. Den Ablauf eines Grafentages hat Johann Christian Lünig beschrieben[90]:

1. Ankunft der Gesandten; Anmeldung beim Direktor,
2. Zusammenkunft am verabredeten Ort,
3. Verpflichtung zur Verschwiegenheit (Grafen durch Handschlag, die Gesandten durch Eid),
4. Gebet des Sekretärs oder Syndikus,
5. Wiederholung des Einladungsschreibens; Prüfung der Vollmachten[91],
6. Einnahme der Plätze nach folgender Reihenfolge:
    a. Die Direktoren,
    b. Die Gründungsmitglieder nach Alter und Würde des Hauses,
    c. Neumitglieder nach Eintrittsdatum ,
       Grafen in Person gingen allen Gesandten vor,
7. Verlesung der Proposition[92],
8. Diskussion der einzelnen Punkte; Einsammlung der Voten nach jedem Punkt; Beschlußfeststellung,
9. Formulierung des Grafentagsabschieds,
10. Vorlage des Abschiedes; Zustimmung und Unterschrift,

41 a, 317, S. 152 ff. Die Verfassung ähnelte in vieler Hinsicht der der übrigen drei Kollegien: vgl. KESTING, Diss. 1916, S. 25 f.

[90] LÜNIG, Thesaurus juris, S. 1098: LÜNIG beschreibt einen wetterauischen Grafentag; aufgrund vieler Detailangaben dürfen wir von einem ähnlichen Ablauf ausgehen.

[91] Beispiel für eine Vollmacht: Schreiben des Grafen von Aspremont-Linden für seinen Gesandten Mertloch, 19. April 1702:

Mertloch soll
– den Sitz des Grafen einnehmen,
– die Proposition anhören,
– über dieselbe mitberaten,
– abstimmen
– »schließen« (das Schlußvotum miterstellen)
– sonstige Maßnahmen ergreifen.

Er ist befugt, jemand anderen mit seinen Aufgaben zu betrauen (sic!). Seine Maßnahmen will der Graf vollgültig anerkennen: StA DT, L 41 a, 317, S. 177.

[92] Beispiel für eine Proposition: Entwurf der Direktoren für den Grafentag am 2. Sept. 1699:

1. Beratung der Instruktion für den Direktor,
2. Beratung der Instruktion für den Gesandten,
3. Beratung der Instruktion für den Syndikus,
4. Beratung der Instruktion für den Kassierer,
5. Beratung über die Korrespondenz und Unionspläne mit den anderen Grafenkollegien,
6. Beratung über die Aufnahme neuer Mitglieder,
7. Beförderung, daß jeder Stand sein Pflichtkontingent fürs Kreisaufgebot selbst aufstellt, anstatt sich von größeren Ständen vertreten zu lassen,
8 Restpunkte des letzten Grafentages.

StA DT, L 41 a, 317, S. 134.

11. Dankgebet; Abschluß des Grafentages.

Die Stimmabgabe erfolgte nach der Reihe der Aufrufliste. Gelegentlich wurden auch schriftliche Voten vorher zugesandt, oder der Direktor war bevollmächtigt, für einen Mitstand abzustimmen.[93] Es galt das Mehrheitsprinzip; das altgermanische Recht, dem gemäß ein Unbeteiligter oder Überstimmter nicht an unangenehme Beschlüsse gebunden war, lebte jedoch im Bewußtsein der Mitstände fort.[94]

Der Tagungsort wurde jeweils in der Einladung mitgeteilt: In der Regel wurde in einem der zahlreichen Kölner Klöster getagt.[95] Von dem ursprünglichen Plan, jedes Jahr einen Grafentag abzuhalten, mußte man bald abgehen. Um Kosten für die Gesandten zu sparen, vereinbarte man, die Grafentage im Zusammenhang mit den Kreistagen in Köln durchzuführen.[96]

Die kunstvolle Verfassung des Kollegiums konnte aber nur wirkungsvoll werden, wenn es gelang, die Beschlüsse der Grafentage zur alleinigen Grundlage der Stimmabgabe in Regensburg werden zu lassen. Das Übergehen der fürstlichen Mitstände war der falsche Weg; dadurch bot sich nicht nur für diese eine Handhabe, die Beitragszahlungen zu verweigern, sondern auch im Reichsfürstenrat Obstruktion gegen die Grafenstimme zu üben.[97] Die Direktoren sahen das bald ein; Graf Friedrich Adolf zur Lippe schickte zur Verständigung mit den Herrschern in Ostfriesland, Dänemark-Oldenburg und Hannover-Celle einen adligen Rat als Botschafter nach Norddeutschland, um für die Anbindung des Stimmrechts an Direktorium und Grafentage zu werben. Parallel liefen die schriftlichen Verhandlungen mit Preußen. Schließlich bewirkte die Bevollmächtigung des preußischen Gesandten von Henning die Durchsetzung der neuen Verfassung.[98]

Mit diesem Übergangsprozeß, der durch die Vereinbarung einer festen Kollegialverfassung gekennzeichnet ist, endete die Phase der fürstlichen Stimmvertretung im Jahre 1702, um durch die zweite Phase der Kollegialgeschichte, die der Grafentage, abgelöst zu werden. Dies war die Zeit der größten Aktivität des Kollegiums und seiner Mitglieder: Die Tagungen beschränkten sich nicht allein auf die formelle Binnenverwaltung des Kollegiums (Beitragswesen, Besoldung der Mitarbei-

[93] Zum Aufrufverfahren: StA DT, L 41 a, 325, S. 155 f.; zur Stimmabgabe per Brief oder per Vollmacht an andere Grafen: SCHEIDEMANTEL/HÄBERLIN, Teutsches Staats- und Lehnrecht, Bd. 2, S. 355.

[94] So leiteten die Potentiores hieraus ihr Recht auf Beitragsverweigerung ab, da sie an den kostenträchtigen Beschlüssen nicht beteiligt waren. Zum Mehrheitsprinzip vgl. Otto GIERKE, Über die Geschichte des Majoritätsprinzips, in: Schmollers Jahrbuch 39 (1915), S. 565–587, hier: S. 568.

[95] Vgl. neben den Grafentagsprotokollen: MOSER, Neues Teutsches Staatsrecht, Bd. 3, S. 973; s. auch Kap. 3.2 (S. 125 f.).

[96] Die Kombinationsidee stammte von 1699: vgl. Zirkular der beiden Direktoren Graf Salentin Ernst von Manderscheid und Graf Friedrich Adolf zur Lippe an die Mitstände, 11. Juli 1699: StA DT, L 41 a, 326, S. 32r–33r; Erinnerung an diesen Modus durch die Gräfinnen Johanna Wilhelmine zur Lippe an Graf Friedrich Alexander von Neuwied, 25. April 1738: StA DT, L 41 a, 326, S. 215; vgl. KESTING, in: Westf. Zs. 106 (1956), S. 200 f.

[97] Das Druckmittel, im Reichsfürstenrat das Grafenvotum zu blockieren, war wesentlich wirkungsvoller und gefürchteter als die mehrfache Session der Potentiores im Kollegium: vgl. StA DT, L 41 a, 103 passim. Über die Bemühungen, mit den Fürsten zu einer Einigung zu gelangen: Schreiben des Syndikus Buck an Direktor Friedrich Adolf zur Lippe, 27. Juni 1699: StA DT, L 41 a, 326, S. 23–24v.

[98] Vgl. hierzu: KESTING, in Westf. Zs. 106 (1956), S. 188 f.

ter, Wahl der Direktoren etc.), sondern man beriet auch über weitergehende Zielsetzungen wie die große Grafenunion aller vier Kollegien, die die Zusammenfassung des gesamten Standes in einer schlagkräftigen Vereinigung bedeuten sollte.[99]

Zwischen 1697 und 1747 fanden 24 Grafentage oder Versammlungen mit Gra-
fentagscharakter statt; zu den regelmäßigen Teilnehmern gehörten die beiden
Stände, die zunächst die Direktorenstellen innehatten, Lippe und Manderscheid-
Blankenheim.[100] Häufig vertreten waren Sayn-Hachenburg, Bentheim, Steinfurt,
Schleiden und Saffenburg, Tecklenburg und Rietberg[101]; einige weitere Mitglieder,
wie die wiedischen Grafschaften, Salm-Reifferscheid, Virneburg, Mylendonk, Reichenstein und Reckheim, können zu den aktiven Teilnehmern gerechnet werden,
da sie auf zehn oder mehr Grafentagen vertreten waren. Von den restlichen Grafschaften ist allein Kerpen-Lommersum bemerkenswert: Die Grafen Schaesberg
ließen sich seit ihrer Aufnahme ins Kollegium 1731 bei jedem Grafentag repräsen-
tieren. Die fürstlichen Mitstände, sowohl die Potentiores Hannover, Dänemark-
Oldenburg, Sachsen-Eisenach und Hessen-Kassel als auch die katholischen
Schwarzenberg und Salm-Salm, waren selten anwesend und übten ihren Einfluß
über die Direktorialkorrespondenz aus.

Auf die Teilnahme des Grafenkollegiums an den Fragen der allgemeinen
Reichspolitik kann hier nur in Einzelfällen eingegangen werden; die Zusammensetzung dieses Kreises war so weit gespannt, daß es fast keinen Konflikt im Reich
gab, an dem nicht mindestens ein Mitglied des Kollegiums beteiligt war oder Interesse hatte.[102] Die Polarisierung der Reichsstände, verursacht vor allem durch die
österreichische Erbfolge, fand auch im westfälischen Grafenkollegium ihren Nie-
derschlag. Etwa ab 1730 drohte jede Entscheidung, z.B. die Syndikuswahlen oder
die Gesandtenbestellungen, ins konfessionspolitische Kreuzfeuer zu geraten, da
die katholischen Grafen traditionell mit der Politik der Reichsbistümer und des
Kaiserhauses sympathisierten, die kleineren evangelischen Reichsstände aber zwischen Kaisertreue und der Orientierung an den großen protestantischen Fürsten
Nord- und Ostdeutschlands schwankten, umso mehr, als Lippe, Schaumburg,
Sayn, Wied und Bentheim seit dem 17. Jahrhundert reformiert waren.[103] Der frühere Konsens, wie er unter den Direktoren Manderscheid und Lippe doch zeitweise bestanden hatte, wich gegenseitigem Argwohn, die jeweils andere Seite
wolle »Neuerungen« einführen. Graf Ludwig Peter von der Mark äußerte sich

[99] Über die Grafenunion vgl. Kap. 7.3. (S. 225–238). Kesting kommt hier zu einer sehr einseitig
negativen Bewertung der Arbeit im Kollegium, wenn er die »widerstrebenden und aufeinander
prallenden Interessen der Mitglieder« hervorhebt; KESTING, in: Westf. Zs. 106 (1956), S. 189.

[100] Von zwei Grafentagen, 1704 und 1713, liegen keine Teilnehmerlisten vor. Manderscheid
war auf den restlichen Grafentagen 21mal, Lippe 19mal vertreten.

[101] Die genannten Grafen erschienen auf 14 oder mehr Grafentagen durch Gesandte.

[102] Vgl. hierzu: KESTING, in: Westf. Zs. 106 (1956), S. 190–194.

[103] Vgl. die Aussagen über die »Zweite Reformation« in deutschen Kleinterritorien im 17.
Jahrhundert bei: Heinz SCHILLING, Konfessionskonflikt und Staatsbildung, Gütersloh 1981, S. 48.
Dazu auch der Tagungsband von Heinz SCHILLING (Hrsg.), Die reformierte Konfessionalisierung
in Deutschland – Das Problem der »Zweiten Reformation«, Gütersloh 1986.

dahingehend gegenüber dem protestantischen Direktor Neuwied, wogegen dieser beteuerte: »Nous convenons tous deux à condamner toute nouveauté.«[104]

Gegen Neuerungen wandte sich auch der preußische König Friedrich II., als 1747 Dortmund zum Tagungsort des Grafentages ausgewählt worden war; der Direktor Graf von Neuwied mußte den Grafentag schließlich nach Köln verlegen, nachdem noch weitere Proteste eingegangen waren.[105] Der Grafentag 1747 führte nach einer Sitzung zum völligen Eklat, als der preußische Gesandte von Diest[106] den ersten Rang nach den Direktoren beanspruchte, das doppelte Stimmrecht von Sayn und Wied anfocht, dem Aufrufzettel widersprach und später in die Protokollführung eingriff.[107] Der Graf von Neuwied unterbrach den Grafentag, um ihn nie wieder aufzunehmen.[108]

Kesting vereinfacht die Lage im Kollegium, wenn er das Ende der Grafentagsphase vorwiegend aus dem konfessionellen Gegensatz erklärt; dieser allein war zwar eine schwere Belastung, hätte aber nicht zur Spaltung führen müssen. Ebenso entscheidend war, daß die prominenten evangelischen Grafen sich nicht der preußischen Führung unterwerfen wollten, die eine unabwendbare Folge der mehrfachen preußischen Session gewesen wäre. In der Stimmrechtsfrage um Sayn und Wied konnte vor allem der Direktor Neuwied als persönlich Betroffener keine Konzessionen machen; neben der geminderten Würde seines Hauses im Falle der Stimmhalbierung drohte die katholische Majorität auf den Grafentagen, die künftige Besetzung aller Beamtenstellen mit Katholiken, der Übergang des Votums ins Corpus Catholicorum. So war für Friedrich Alexander von Neuwied die verfassungswidrige Lösung des Problems, nämlich die Stillegung der Institution Grafentag, die einzig greifbare. Die formale Kompetenz lag auf Neuwieds Seite, denn außer ihm als letztem lebenden Direktor konnte niemand einen Grafentag einberufen; die vorsätzliche Verhinderung der Neubesetzung des katholischen Direktoriums war jedoch nicht verfassungsgemäß.

Graf Friedrich Alexander von Neuwied und seine Parteigänger hatten diese Entwicklung schon vor dem letzten Grafentag für wahrscheinlich gehalten; sie errichteten einen »Engeren Korrespondenzverein«, der den Informationsaustausch zwischen den protestantischen Häusern gewährleisten und vor allem die Finanzierung des Reichstagsgesandten sicherstellen sollte. Ihm gehörten bald neben den wiedischen Grafschaften die Grafen Kirchberg, zur Lippe und von Schaumburg-Lippe sowie von Bentheim-Steinfurt an; weitere evangelische Mitglieder traten

---

[104] Brief von der Mark an Neuwied, 5. Jan. 1747 und Neuwied an von der Mark, 13. Jan. 1747: StA DT, L 41 a, 339, S. 1–4.

[105] Protestschreiben Friedrichs II. an Neuwied, 24. Febr. 1747: StA DT, L 41 a, 330, S. 407–409.

[106] Dieser Gesandte ist nicht mit seinem Amtsvorgänger gleichen Namens zu verwechseln, der Preußen 1705 und 1711 beim Grafentag vertreten hatte: vgl. Brief v. Diests an Friedrich II., 22. Aug. 1747, wo er von seinem »Antecessor« von Diest sprach, der zu Beginn des Jahrhunderts preußische Gesandter gewesen war: StA DT, L 41 a, 325, S. 159.

[107] Zum Ablauf dieses kurzen Grafentages: StA DT, L 41 a, 325, S. 1–264.

[108] Er habe keine Kraft, schrieb Neuwied an den Grafen von Manderscheid, weiterhin den preußischen Zumutungen im Kollegium zu widerstehen, wenn ihm nicht das ganze Kollegium dabei helfen würde: 22. Dez. 1747: StA DT, L 41 a, 325, S. 215.

nach und nach bei.[109] Zweck der Vereinigung war die Wahrung der kollektiven Standesrechte der alten fürstenmäßigen Reichsgrafen; die erst vor kurzem zu Grafen erhobenen Familien reichritterschaftlicher oder landsässiger Abkunft wollte man darunter nicht verstehen.[110] Die Beteiligten waren überzeugt, daß sie die Politik des Kollegiums wie bisher gegenüber dem Reichstag vertreten könnten.[111] In den folgenden Jahren wurden Korrespondenztage abgehalten, die der verfassungsmäßigen Konsolidierung dieses politischen Splittergremiums dienen sollten.[112] Viele Beschlüsse zur Hebung der Zahlungsmoral, zur überregionalen Zusammenarbeit der Grafen im Reich, zur Reintegration einzelner katholischer Häuser und zur Nachfolgeregelung im Direktorium wurden gefaßt; eine Steigerung der Handlungsfähigkeit des Kollegiums wurde aber auch bei dieser verminderten Mitgliederzahl nicht erreicht. Die katholischen Grafen verweigerten die Beitragsleistungen zu einem Gremium, an dessen Entscheidungen sie nicht teilhatten; eine eigene Organisation zur Überwindung der Mißstände konnten sie jedoch lange nicht schaffen. Ihre Aktivität beschränkte sich auf gelegentliche Appelle an den Grafen von Neuwied, doch bald wieder einen Grafentag einzuberufen, ohne darauf einzugehen, unter welchen Bedingungen dieser stattfinden sollte.[113]

Die letzten 35 Jahre der Kollegialgeschichte standen ganz im Zeichen des evangelischen Direktors Graf von Neuwied (nach seinem Tod 1791 ging die Initiative an den Gesandten von Fischer und den Direktorialrat Rotberg über) sowie des neuen katholischen Wortführers Franz Georg von Metternich (1746–1818). Die Auseinandersetzungen in der Schlußphase des Kollegiums werden in gesonderten Kapiteln behandelt[114], da das politische Handeln sich zunehmend auf diese beiden Personen beschränkte, während die Mitstände fast nur noch über Beitrags- und Besoldungsfragen stritten.

Der Untergang des Kollegiums vollzog sich in zwei Stufen: 1794 verloren alle linksrheinisch begüterten Grafen ihren Besitz an Frankreich; ihre Verluste wurden 1801 im Frieden von Lunéville vertragsmäßig anerkannt. Durch den Reichsdeputationshauptschluß 1803 wurden sie mit Besitzungen der ehemaligen schwä-

---

[109] Vgl. KESTING, in: Westf. Zs. 106 (1956), S. 214 ff. Zur Konferenz in Hachenburg, 8.–12. Aug. 1746: StA DT, L 41 a, 337, S. 13–58.

[110] Vertragsentwurf für die »Engere Korrespondenz« 1747: StA DT, L 41 a, 340, S. 39–53.

[111] Juristische Bedenken wurden durch die Druckschrift des Reichstagsgesandten von Pistorius zerstreut: »Gespräch zwischen Graf Trauttmann von ... Einem regierenden Grafen eines Alt-Reichs-Gräflich-Teutschen Hauses, und Francken von Grafentreu, Einem Reichs-Gräflichen Comitial-Gesandten« (1750): StA DT, L 41 a, 346, S. 5–20. Hier argumentierte von Pistorius, die Reichstagsstimme gehöre nicht dem Kollegium als Institution, sondern der Gemeinschaft aller Mitglieder. Die Einladungen ergingen an die einzelnen Mitglieder, nicht an das Kollegium als Ganzes. Wenn sich sonst niemand um die Reichstagsstimme kümmerte, konnte sie sogar ein Graf allein ausüben. Bei wenigen Grafen mußte Einvernehmen zwischen ihnen hergestellt werden. (Auf dieselbe Weise ist auch der alte Alternationsmodus von 1663–1702 legitimiert worden.).

[112] Konferenz in Neuwied, 11. Sept.–4. Okt. 1754: StA DT, L 41 a, 352, S. 1–13, Konferenz in Neuwied, 24. Aug.–21. Sept. 1772: StA DT, L 41 a, 357, S. 1–144.

[113] Brief des Mainzer Erzbischofs Friedrich Karl von Ostein an Neuwied, 25. Aug. 1752: StA DT, L 41 a, 331, S. 1; Brief des Grafen von Manderscheid an Neuwied, 27. März 1754: StA DT, L 41 a, 331, S. 11.

[114] Streit um die Teilnahme an der Reichskammergerichtsvisitationsdeputation: vgl. Kap. 3.3; Bevollmächtigungsstreit: vgl. Kap. 5.5; Zeremoniellstreit um die »Wir«-Form: vgl. Kap. 7.5.

bischen Reichsprälaten abgefunden und schieden aus dem rheinisch-westfälischen Verband aus.[115]

1806 wurden fast alle Grafschaften mediatisiert; auch die vormaligen katholischen Mitglieder, inzwischen im »Schwäbisch-Westfälischen Grafenkollegium« organisiert, verloren ihre Unabhängigkeit. Allein einige norddeutsche Grafschaften, namentlich im Weserbergland (Lippe, Schaumburg-Lippe und Pyrmont), konnten ihre Freiheit bewahren und 1815 als souveräne Mitglieder an der Gründung des Deutschen Bundes teilnehmen; die übrigen Grafen führten als »Standesherren« ein hochprivilegiertes Untertanendasein in den Großterritorien.[116]

---

[115] Akten zum Reichsdeputationshauptschluß 1803: StA DT, L 41 a, 315 passim.

[116] Zum Rheinbund und zur Mediatisierung: Hans KIEWNING, Die Auswärtige Politik der Grafschaft Lippe von dem Ausbruch der Französischen Revolution bis zum Tilsiter Frieden, Detmold 1903, S. 329; Volker PRESS, Das Römisch-Deutsche Reich – Ein politisches System in verfassungs- und sozialgeschichtlicher Fragestellung, in: Heinrich LUTZ/Grete KLINGENSTEIN (Hrsg.), Spezialforschung und »Gesamtgeschichte«, Wien 1981, S. 221–242, hier: S. 233. Zur Entstehung des Begriffs »Standesherren« und zur Konstituierung dieser sozialen Gruppe: Carl VOLLGRAF, Die teutschen Standesherren, Gießen 1824; Heinz GOLLWITZER, Die Standesherren, Göttingen 1957; Rolf SCHIER, Standesherren. Zur Auflösung der Adelsvorherrschaft in Deutschland (1815–1918), Heidelberg 1978.

KAPITEL 2

DIE MITGLIEDSTERRITORIEN DES KOLLEGIUMS

2.1. DIE VOLLMITGLIEDER

Schon die Bemerkungen im ersten Kapitel haben verdeutlicht, welche Probleme eine präzise Bestimmung der Kollegialmitglieder mit sich bringt. Es hat sich daher als nützlich erwiesen, jene reichsfreien Territorien, die in den Kollegialakten vorkommen, in drei Kategorien einzuteilen: in Vollmitglieder, zeitweilige Mitglieder und Antragsteller. Der Begriff der Vollmitglieder wurde angesichts der Tatsache, daß nur 15 Grafschaften dem Kollegium während seiner gesamten Dauer von 1653 bis 1806 angehört haben, erweitert: Ein Vollmitglied im Sinne dieser Klassifizierung ist ein Mitstand, der in mindestens zwei der drei Epochen[1] reguläres Mitglied war und von dem eine aktive Mitarbeit nachweisbar ist. Vollmitglied ist eine Grafschaft ferner, wenn sie von Gründung bis Auflösung dem Kollegium angehört hat, unabhängig von ihrer aktiven Teilnahme.[2]

Die Vollmitglieder wurden in sechs verschiedene regionale Gruppen unterteilt, um dieses recht voluminöse Kapitel zu strukturieren. Ausschlaggebend war die Zugehörigkeit zu einem Geschichtsraum; so gehören Schaumburg und Pyrmont wegen ihrer engen Verknüpfung mit der Grafschaft Lippe zu den westfälischen Grafschaften, auch wenn sie heute zum Bundesland Niedersachsen zählen. Bei den zeitweiligen Mitgliedern und bei den Antragstellern erwies sich eine Unterteilung wegen ihrer geringen Zahl als unnötig.

Die Beschreibung der Kollegialmitstände muß hier sehr beschränkt bleiben, um den Rahmen dieser Arbeit nicht zu sprengen. So stehen Angaben zur Geschichte der Besitzverhältnisse, Informationen zu den regierenden Familien im 17. und 18. Jahrhundert sowie kurze Mitteilungen über die Landesverfassung, über Größe und Einwohnerzahl sowie die Erträge für den Landesherrn im Vordergrund. Die Beschreibungen wurden in ihrem Umfang einander angenähert: Grafschaften wie Oldenburg, Lippe oder Schaumburg, die quellenmäßig reich repräsentiert und landesgeschichtlich gut erforscht sind, konnten verständlicherweise kursorisch abgehandelt werden, wogegen Informationen über Splitterbesitzungen wie Reichenstein oder Wittem erst mühsam zu recherchieren waren. Ein wichtiges Hilfsmittel, das allerdings kritisch gelesen werden muß, ist die »Neue Erdbeschreibung« von

---

[1] Epochen: 1653–1697/98; 1697/98–1747; 1747–1806 (vgl. Kap. 1.4., S. 27).

[2] Dies betrifft allein die Reichsgrafschaft Rheinstein, deren Mitgliedschaft zweifelsfrei war. Da Hannover und Brandenburg-Preußen sich nicht über den Besitz einigen konnten, wurde für Rheinstein nie eine Stimme abgegeben: vgl. Kap. 2.1.1. (S. 44 f.).

Anton Friedrich Büsching.[3] Hier sind die meisten Grafschaften und Herrschaften des Kollegiums aufgeführt, ihre Besitzer und einige Daten zu kriegerischen Ereignissen und der Landesstruktur angegeben. Von großem Nutzen als Einstiegsinformation waren neben dem unverzichtbaren Territorien-Ploetz und dem Lexikon der deutschen Geschichte von Taddey die Bände des Handbuchs der historischen Stätten Deutschlands, in dem sich alle Mitgliedsterritorien auffinden lassen.[4] Wertvolle Hinweise beinhaltet auch der »Rheinische Antiquarius« Christian von Strambergs.[5] Der Autor geht von verschiedenen Orten des Rheinlandes aus, um dort geschehene Ereignisse mit den damals handelnden Personen samt Familiengeschichte zu verknüpfen. Dieses Verfahren hat eine gewisse Unübersichtlichkeit zur Folge, welche sich jedoch durch die beigegebenen Hilfsmittel (Personen- und Ortsregister) beheben läßt. Diese Grundinformationen wurden mit Angaben aus landes- und territorialgeschichtlichen Arbeiten sowie aus Archivalien angereichert, um dem Leser neben den grundsätzlichen Ähnlichkeiten die doch beträchtlichen Unterschiede der Mitgliedsländer vor Augen zu führen.

2.1.1. Die niedersächsischen Grafschaften

Zu den niedersächsischen Grafschaften gehörten Oldenburg, Delmenhorst, Hoya, Diepholz, Spiegelberg, Hallermund und Rheinstein.

Die Grafschaft *Oldenburg* stand seit dem Mittelalter unter der Herrschaft der gleichnamigen Grafen. Das Territorium war mit fast 1700 qkm eines der größten des Kollegiums; mit der Grafschaft Delmenhorst hatte es im späten 18. Jahrhundert ca. 90.000 Einwohner; bei landesherrlichen Einkünften von fast 300.000 Rtl. p. a. stellte Oldenburg manches Fürstentum und manches Reichsbistum in den Schatten.[6] Der Landesherr galt ebenso wie die Untertanen, die im Dreißigjährigen Krieg kaum behelligt worden waren, als vergleichsweise wohlhabend.[7] Das gräfliche Haus besaß außer seinem Domänenland, das den größten Teil des Grundbe-

---

[3] Anton Friedrich BÜSCHING, Neue Erdbeschreibung, Bde. 1–17, Hamburg 1754–1803.

[4] Georg Wilhelm SANTE (Hrsg.), Territorien-Ploetz. Geschichte der deutschen Länder, Bde. 1–2, Würzburg 1964–1971; Gerhard TADDEY (Hrsg.), Lexikon der deutschen Geschichte. Personen. Ereignisse. Institutionen. Von der Zeitenwende bis zum Ausgang des Zweiten Weltkrieges, Stuttgart 1977; Handbuch der Historischen Stätten Deutschlands, Bde. 1–13, Stuttgart 1960–1975.

[5] Christian von STRAMBERG, Rheinischer Antiquarius, 3 Abteilungen mit 40 Bänden, Koblenz 1853 ff.

[6] SCHEIDEMANTEL/HÄBERLIN, Staats- und Lehnrecht, Bd. 3, S. 713 f. Vgl. auch Kurt HARTONG, Beiträge zur Geschichte des oldenburgischen Staatsrechts, Oldenburg 1958, S. 76 f, Zur Einwohnerzahl: Ludwig KOHLI, Handbuch einer historisch-statistisch-geographischen Beschreibung des Herzogthums Oldenburg und der Fürstentümer Lübeck und Birkenfeld, Bde 1–3. Bremen 1824–1826; hier: Bd. 1, S. 95 f.; vgl. die Kapitel von Friedrich-Wilhelm SCHAER und Albrecht ECKHARDT in: Albrecht ECKHARDT/ Heinrich SCHMIDT (Hrsg.), Geschichte des Landes Oldenburg. Ein Handbuch, Oldenburg 1987, S 173–228 und 271 321; zur Größe: Paul CASSER, Der Niederrheinisch-Westfälische Reichskreis (1500–1806), in: Hermann AUBIN/Eduard SCHULTE (Hrsg.), Der Raum Westfalen, Bd. 2.2, Berlin 1934, S. 35–72; hier: S. 40; vgl. Hdb. d. Hist. Stätten, Bd. 2, S. 360–362; TADDEY, S. 886.

[7] Eduard VEHSE, Geschichte der deutschen Höfe, Bd. 37, S. 324.

sitzes in der Grafschaft ausmachte, zwei weitere finanzielle Stützen: Den Weser-zoll von Elsfleth (seit 1623) und eine blühende Pferdezucht, die vorwiegend dem Export diente. Diese wirtschaftliche Unabhängigkeit des regierenden Hauses hatte dazu beigetragen, daß sich ein organisiertes Ständewesen in Oldenburg nicht ent-wickeln konnte: Der Adel war zahlenmäßig schwach und wohnte zerstreut, die Kirche war seit der Reformation domestiziert, und die beiden Städte Oldenburg und Delmenhorst befanden sich durch die Hofhaltung in einer Abhängigkeit vom Landesherrn.[8] Das Grafenhaus hatte die Entwicklung zum frühmodernen Territo-rialstaat schon im 16. und frühen 17. Jahrhundert vollzogen: Es gab eine ausgebil-dete Zentralverwaltung, bestehend aus Kanzlei und Geheimem Kammerkolle-gium; die Finanz-, Domänen- und Militärverwaltung war getrennt.[9] Um diese Territorialisierungserfolge nicht zu gefährden, richtete Graf Johann im Jahre 1603 die Primogeniturerbfolge ein.[10]

Alle neuzeitliche Rationalität konnte jedoch das Aussterben des oldenburgi-schen Grafenhauses 1667 nicht verhindern; die Grafschaft fiel an den dänischen König Friedrich III., einen Verwandten des letzten Grafen Anton Günther.[11] Die Dänen regierten Oldenburg als Nebenland: Der Statthalter des dänischen Königs unterstand der Deutschen Kanzlei in Kopenhagen, die Oldenburger Regierungs-kanzlei wurde zur Mittelbehörde.[12] Der Herrscher selbst ließ sich nur selten in der Provinz sehen. Neben Hannover, dessen Herrscher 1714 auf den englischen Thron berufen worden waren, war Oldenburg ein weiteres klassisches Beispiel für ein von auswärtigen Königen regiertes Land in Norddeutschland.[13] Oldenburg wurde von sechs dänischen Königen, die es beherrschten, als Einkommensquelle betrachtet; von den Staatseinnahmen flossen fast 90% nach Kopenhagen, nur der Rest wurde im Lande verbraucht.[14]

---

[8] Vgl. HARTONG, Oldenburgisches Staatsrecht, S. 54; Carl HAASE, Der Verwaltungsbezirk Ol-denburg, in: Ders. (Hrsg.), Niedersachsen. Territorien – Verwaltungseinheiten – geschichtliche Landschaften, Göttingen 1971, S. 155–178; hier: S. 162; Georg DROEGE, Die westfälischen Gebiete und Friesland westlich der Weser, in: JESERICH, Deutsche Verwaltungsgeschichte, Bd. 1, S. 720–740; hier: S. 738.

[9] Hermann LÜBBING, Die Grafschaft Oldenburg im Jahre 1667. Ein anonymer Bericht über die militärisch-politische Lage, über Verwaltung und Finanzen des Landes, in: Oldenburger Jahrbuch 54 (1954), S. 83–102; hier: S. 96 f.; DROEGE, Die westfälischen Gebiete, in: JESERICH, Deutsche Verwaltungsgeschichte, Bd. 1, S. 739; Heinz-Joachim SCHULZE, Landesherr, Drost und Rat in Ol-denburg, Niedersächsisches Jahrbuch 32 (1960), S. 192–235, passim.

[10] Testament des Grafen Johann vom 27. Sept 1603: HARTONG, Oldenburgisches Staatsrecht, S. 19.

[11] Hermann LÜBBING, Oldenburgische Landesgeschichte, Oldenburg 1953, S. 115. Mit dem Herzog von Holstein-Plön, der mit dem letzten Grafen um zwei Grade näher verwandt war als der dänische König, schloß man ein Abkommen: Herzog Joachim Ernst wurde für die Zession seines Anspruchs an Dänemark mit 300.000 fl. abgefunden: vgl. LÜBBING, ebd., S. 124.

[12] Zur dänischen Verwaltung in Oldenburg: LÜBBING, Oldenburgische Landesgeschichte, S. 125; VEHSE, Deutsche Höfe, Bd. 38, S. 1–4; HARTONG, Oldenburgisches Staatsrecht, S. 103; vgl. DROEGE, Die westfälischen Gebiete, in: JESERICH, Deutsche Verwaltungsgeschichte, Bd. 1, S. 739.

[13] HAASE, Verwaltungsbezirk Oldenburg, S. 165 f. Zu dem in Norddeutschland verbreiteten Phänomen der »Nebenländer« vgl. Kap.1.2. (S. 19).

[14] Reinhard OBERSCHELP, Politische Geschichte Niedersachsens 1714–1803, Hildesheim 1983, S. 111 f.; LÜBBING, Oldenburgische Landesgeschichte, S. 129.

1774 tauschte König Christian VII. von Dänemark Oldenburg mit den Herzögen von Holstein-Gottorp gegen das Herzogtum Holstein ein. Dabei spielte der russische Großfürst Paul, auch ein Sproß des holsteinischen Hauses, die ausschlaggebende Rolle, als er auf seinen Erbanspruch auf Holstein verzichtete. Nutznießer des Vertrages war Herzog Friedrich August von Holstein-Gottorp (jüngere Linie), der zu seinem Fürstbistum Lübeck nun auch Oldenburg erhielt.[15] Hatten die Dänen nur die Landeseinkünfte abgeschöpft, so stürzte die Mißwirtschaft des neuen Herrschers das zum Herzogtum erhobene Land bald in tiefe Verschuldung: Binnen 10 Jahren hatte Oldenburg 250.000 Rtl. Verbindlichkeiten, unter dem Nachfolger, Herzog Peter Friedrich Ludwig, stiegen sie zeitweise auf fast 600.000 Rtl. an.[16] Auch die Herzöge von Holstein führten Oldenburg zunächst als Nebenland; ihre Hauptresidenz war Eutin.[17]

1803 gehörte Oldenburg zu den Gewinnern des Reichsdeputationshauptschlusses, als es für die Aufhebung des Elsflether Zolls sowie die Zession einiger Ortschaften zwischen Lübeck und Travemünde an die Reichsstadt die münsterländischen Ämter Vechta und Cloppenburg sowie das Bistum Lübeck erhielt.[18] Der Herzog feilschte um das Amt Meppen, das ihm jedoch vorenthalten blieb gegen die Genehmigung, den Weserzoll weitere zehn Jahre erheben zu dürfen.[19] Nach der Inkorporation 1810 in das Grand Empire gewann Oldenburg 1815 seine Souveränität zurück und wurde zum Großherzogtum erhoben.[20]

In der Grafschaft *Delmenhorst* regierten seit dem 13. Jahrhundert Nebenlinien des oldenburgischen Grafenhauses.[21] In den späteren Jahrhunderten blieb Delmenhorst stets Gegenstand des politischen Handelns fremder Herrscher; ein eigenes Grafenhaus konnte sich nicht bilden. 1482 wurde das kleine Territorium vom Bischof von Münster, Heinrich von Schwarzburg, erobert; erst 1547 konnte Graf Anton I. von Oldenburg diesen Besitz wieder zurückgewinnen.[22] Von 1577 bis 1647 regierte wieder eine Nebenlinie der Oldenburger in Delmenhorst, ehe die

[15] Zu den komplizierten Verhandlungen: HARTONG, Oldenburgisches Staatsrecht, S. 76 f.; LÜBBING, Oldenburgische Landesgeschichte, S. 141; Oldenburg erhielt die Virilstimme Holsteins im Reichsfürstenrat. Vgl. auch Hermann SCHULZE (Hrsg.), Die Hausgesetze der regierenden deutschen Fürstenhäuser, Bde. 1–3, Halle 1862/63; hier: Herzogtum Oldenburg, Bd. 2, S. 436.

[16] OBERSCHELP, Politische Geschichte Niedersachsens, S. 112 f.

[17] DROEGE, Die westfälischen Gebiete, in: JESERICH, Deutsche Verwaltungsgeschichte, Bd. 1, S. 738 f.; HARTONG, Oldenburgisches Staatsrecht, S. 103.

[18] RDHS 1803, § 3, 8, 27: BUSCHMANN, Kaiser und Reich, S. 599, 603, 614 f.

[19] Oldenburg erhob den Zoll bis 1820: HARTONG, Oldenburgisches Staatsrecht, S. 20.

[20] Wiener Kongreß-Akte vom 9. Juni 1815: Vertrags-Ploetz, Bd. 2, 3. Teil, S. 258–261; vgl Territorien-Ploetz, Bd. 1, S. 378 f.

[21] Edgar GRUNDIG, Geschichte der Stadt Delmenhorst bis 1848. Die politische Entwicklung und die Geschichte der Burg, Delmenhorst 1979; Hdb. d. Hist. Stätten, Bd. 2, S. 109 f.; TADDEY, S. 235; VEHSE, Geschichte der deutschen Höfe, Bd. 37, S. 267 ff.

[22] LÜBBING, Oldenburgische Landesgeschichte, S. 61, 99, August FRESE, Der Prozeß um die Herrschaft Delmenhorst vor dem Reichshofrat und dem Reichskammergericht (1548–1685), Göttingen 1913; VEHSE, Geschichte der deutschen Höfe, Bd. 37, S. 274; zur Darstellung der Fehde von 1538–1547: Andreas SCHNEIDER, Der Niederrheinisch-Westfälische Kreis im 16. Jahrhundert, Düsseldorf 1985, S. 57–61.

Vereinigung stattfand.[23] Nach dem Westfälischen Frieden teilte Delmenhorst als ein oldenburgisches Amt das Schicksal des westlichen Nachbarn. In Oldenburg kolportierten die Zeitgenossen, aus den Delmenhorster Einkünften finanziere man Soldaten, Offiziere und Bedienstete.[24] Der Besitz sicherte den wechselnden Herrschern Oldenburgs ein allerdings umstrittenes doppeltes Stimmrecht im westfälischen Grafenkollegium; die daraus resultierenden politischen Möglichkeiten wurden jedoch weder vom Königreich Dänemark noch von den Holsteiner Herzögen (nach 1774) genutzt.

Die Grafschaft *Hoya* lag an der Westflanke der welfischen Kernlande zwischen Weser und Hunte. Seit dem 12. Jahrhundert regierten hier die gleichnamigen Grafen; nach ihrem Aussterben ging die Grafschaft in den Besitz der Herzöge von Braunschweig-Lüneburg über.[25] Die beiden Teilgrafschaften Oberhoya und Niederhoya wurden bis 1705 mehrfach unter den Linien des Herzogshauses ausgetauscht, bevor sie dauerhaft der Kurlinie zufielen.[26] Die lokalen Behörden wurden stets den Verwaltungen der besitzenden Linien unterstellt; die Jurisdiktion wurde zunächst vom Hofgericht und der Justizkanzlei Celle, zuletzt vom dortigen kurfürstlichen Oberappellationsgericht wahrgenommen.[27] Hoya wurde, ähnlich wie Delmenhorst, zu einem Nebenland in doppelter Hinsicht: Die Kurfürsten haben sich im 17. Jahrhundert wenig, im 18. Jahrhundert als englische Könige fast gar nicht mehr um Hoya gekümmert. Sie sahen diesen Zugewinn, ebenso wie den der früheren geistlichen Territorien Bremen und Verden (1719), als eine Hausmachterweiterung an, die die eigene Basis stärkte, aber nicht zu besonderer Fürsorge verpflichtete. Nach dem Erwerb der Kurwürde durch Herzog Ernst August im Vertrag vom 22. März 1692 mit Kaiser Leopold I.[28] lagen die welfischen Interessen in der großen europäischen Politik. 1714 fiel der Kurlinie die Erbfolge in Großbritannien zu; mit der Übersiedlung des Hofes nach London verlängerte sich der Instanzenweg von Hoya zum Landesherrn um eine weitere Stufe: Provinzialregierung Nienburg, Geheimer Rat Hannover, Deutsche Kanzlei London, Kurfürst (und König) waren nun die Etappen.[29]

[23] HARTONG, Oldenburgisches Staatsrecht, S. 18 f.; LÜBBING, Oldenburgische Landesgeschichte, S. 110.

[24] Die Einkünfte Delmenhorsts betrugen ca. 60.000 Rtl. p.a. (1667): LÜBBING, Oldenburgisches Jahrbuch 54 (1954), S. 96; die Größe Delmenhorsts betrug ca. 700 qkm: vgl. CASSER, Der Niederrheinisch-Westfälische Reichskreis, S. 40; vgl. Georg SELLO, Die territoriale Entwicklung des Herzogtums Oldenburg, Göttingen 1917, S. 431.

[25] Erbanfall 1582: Hdb. d. Hist. Stätten Bd. 2, S. 245 f.; TADDEY, S. 558 f.

[26] Vgl. BÜSCHING, Neue Erdbeschreibung, Bd. 3, S. 745.

[27] Ernst von MEIER, Hannoversche Verfassungs- und Verwaltungsgeschichte 1680–1866, Bde. 1–2, Leipzig 1898–99; hier: Bd. 1, S. 83 f.; vgl. Reinhard OBERSCHELP, Niedersachsen 1760–1820. Wirtschaft, Gesellschaft, Kultur im Land Hannover und seinen Nachbargebieten, Bde. 1–2, Hildesheim 1982; hier: Bd. 2, S. 104 f.

[28] Dieser Vertrag sah auf hannoverscher Seite die Leistung von 6.000 Soldaten für den Krieg gegen Frankreich, 500.000 Rtl. Gebühr für die Kurwürde und die Garantie der nächsten Kaiserwahlstimme für das Haus Habsburg vor. Dafür erteilte der Kaiser die Belehnung mit der Kurwürde und stellte Verhandlungen über eine lutherisch-katholische Kirchenunion in Aussicht: vgl. Oswald REDLICH, Weltmacht des Barock. Österreich in der Zeit Kaiser Leopolds I., 4. Aufl., Wien 1961, S. 346.

[29] OBERSCHELP, Politische Geschichte Niedersachsens, passim.

Die Interessen der Grafschaft wurden auch in der welfischen Zeit durch die gut organisierten Landstände vertreten. Nachdem die Stände ursprünglich in die Ober- und Niederhoyaer Landschaft geteilt waren, vereinigten sie sich durch den Unionsrezeß vom 27. Juli 1712.[30] Landsässig waren die Prälaten der Stifte Bassum und Heiligenrode, die allerdings schon seit der Reformationszeit nicht mehr berufen worden waren, die Ritterschaft sowie die Stadt Nienburg und einige sie umgebende Flecken.[31] Die Partizipation an der Ritterkurie war allein vom Besitz eines immatrikulierten Ritterguts abhängig, ungeachtet der persönlichen Standesqualität des Inhabers. Die ständische Verfassung in Hoya war gegenüber den übrigen welfischen Landen, wo bürgerliche Rittergutsbesitzer entweder vom Landtag überhaupt (in Bremen und Verden) oder wenigstens von der Deputationsfähigkeit ausgeschlossen waren (altbraunschweigische Lande), recht fortschrittlich. Es war folgerichtig, sich auch sozial in den Kreis der etablierten Ritterschaft zu integrieren.[32] Die regelmäßige ständische Arbeit vollzog sich in den Ausschüssen, von denen das Schatzkollegium und der landschaftliche Engere Ausschuß viermal pro Jahr tagten, der Größere Ausschuß zweimal.[33] An der Stimmabgabe des englischen Königs im Grafenkollegium haben die Stände nicht beratend teilgenommen; hier wurde nach übergeordneten Gesichtspunkten auf Empfehlung des Geheimen Rates in Hannover abgestimmt.

Die Grafschaft *Diepholz* wurde seit dem 11. Jahrhundert von den gleichnamigen Edelherren regiert. Das Geschlecht konnte sich zwischen den benachbarten Bistümern Minden und Osnabrück, wo es mehrfach die Oberhirten stellte, an der oberen Hunte einen zusammenhängenden Territorialkomplex aufbauen. 1512 wurde Diepholz dem Reich zu Lehen aufgetragen; 1531 nahmen die Edelherren den Grafentitel an. Das Geschlecht starb 1585 aus und hinterließ seinen Besitz den Herzögen von Braunschweig-Celle.[34] Der Übergang vollzog sich in drei Etappen. Die Welfenherzöge beließen zunächst der Witwe des letzten Grafen von Diepholz, Gräfin Margarethe, die selbständige Regierung ihrer Grafschaft bis zu ihrem Tode 1596. Danach wurde Diepholz in zwei sich allerdings überschneidende Regierungsbezirke geteilt; an ihrer Spitze standen der Landdrost von Lemförde und der Amtmann von Diepholz. Entscheidungen, die die gesamte Grafschaft betrafen, sollten von beiden gemeinsam getroffen werden. 1723 hob der Geheime Rat in Hannover die Landdrostenstelle auf; alle Amtmänner unterstanden künftig di-

---

[30] Unionsrezeß der Landstände: MEIER, Hannoversche Verfassungs- und Verwaltungsgeschichte Bd. 1, S. 83 f.

[31] BÜSCHING, Neue Erdbeschreibung, Bd. 3, S. 742.

[32] MEIER, Hannoversche Verfassungs- und Verwaltungsgeschichte, Bd. 1, S. 233 ff.

[33] Zum Proporz in den Ausschüssen: Schatzkollegium: 3 Landräte und gelehrte Schatzverordnete; landschaftlicher Engerer Ausschuß: 3 Landräte, 1 Ritter aus Oberhoya, 1 Ritter aus Niederhoya, 1 Freier, 1 Vertreter des Stadtrats Nienburg, 1 Vertreter aus der Stadt Hoya, 1 Vertreter aus Stolzenau; Größerer Ausschuß: 3 Landräte, 2 Ritter aus Oberhoya, 2 Ritter aus Niederhoya, 1 weiterer Ritter, 2 Freie, die 4 Bürgermeister aus Nienburg, Hoya, Stolzenau und Sühlingen: BÜSCHING, Neue Erdbeschreibung, Bd. 3, S. 743.

[34] Hdb. d. Hist. Stätten, Bd. 2, S. 114 f.; BÜSCHING, Neue Erdbeschreibung, Bd. 3, S. 757–761; TADDEY, S. 461.

rekt der Regierung des Kurfürstentums. Unterhalb der Ebene der Amtsleute wirkten Vögte und Untervögte.[35]

Wie Hoya verfügte auch Diepholz über eine landständische Verfassung. Ihre Bedeutung war jedoch sehr gering. Nach 1585 tagten die Stände noch einige Male, ohne auf den Landesherrn irgendeinen Einfluß auszuüben. Der Dreißigjährige Krieg beendete ihre Tätigkeit. 1818 wurde die Ritterschaft der Grafschaft Diepholz in die Landschaft von Hoya inkorporiert.[36]

Die Grafschaft *Spiegelberg*, östlich von Hameln gelegen, war schon im Mittelalter von welfischem Gebiet umschlossen. Seit dem 13. Jahrhundert regierten dort die Grafen von Spiegelberg als Lehnsträger der Herzöge von Braunschweig-Lüneburg ihren nur aus wenigen Dörfern bestehenden Besitz.[37] Mit dem Tod des Grafen Philipp in der Schlacht von St. Quentin gegen die Franzosen starb 1557 das Haus Spiegelberg aus. Die Grafschaft wurde von den Welfen nacheinander an eine Linie der lippischen Grafen (1557–1583), die Grafen von Gleichen (1583–1614) und zuletzt an die Grafen von Nassau-Diez-Oranien als Lehen vergeben.[38] Dabei achteten die Lehnsherren darauf, daß Spiegelberg nicht als Reichsafterlehen, sondern als mittelbares Lehen vergeben wurde: Die Landeshoheit verblieb bei Hannover, ebenso das Stimmrecht im Reich, Kreis und Grafenkollegium.[39] Die Rechte der Lehnsnehmer, besonders der Grafen und späteren Fürsten von Nassau, gingen kaum über grundherrliche Befugnisse hinaus. Der Fürst leistete in seiner Eigenschaft als Graf von Spiegelberg dem Herzog von Braunschweig-Lüneburg ebenso wie seine Untertanen die Lehnshuldigung. Die Spiegelberger Untertanen standen in allen Rechtsfragen, die über die erstinstanzliche Gerichtsbarkeit hinausgingen, vor braunschweigischen Gerichten; bei Appellationssachen verhielt es sich genauso. Kaplane und Pfarrer wurden in Hannover examiniert und auf die Calenberger Kirchenordnung vereidigt; auch die Kirchenvisitationen lagen in welfischer Hand. Die Spiegelberger Einwohner mußten hannoversche Truppen aufnehmen und Kontribution bezahlen; calenbergische Landesordnungen wurden auch in Spiegelberg publiziert. Immerhin war der Fürst von Nassau von der Teilnahme an den Calenberger Landtagen befreit; der Besitz dieses Reichslehens hat jedoch für seine wirklichen Kompetenzen keinerlei Bedeutung gehabt.[40] Das Kurhaus Hannover hat die rechtlichen Unterschiede im Besitz an Hoya, Diepholz und Spiegelberg nie betont, sondern seine Stimmen im Niederrheinisch-Westfälischen Reichsgrafenkollegium stets en bloc abgegeben. Die Berechtigung war

---

[35] Willi MOORMEYER, Die Grafschaft Diepholz, Göttingen 1938 (ND Osnabrück 1975), S. 81 f.

[36] MOORMEYER, Diepholz, S. 84. Die Stände waren so unbedeutend, daß Ernst von Meier behauptet, es habe überhaupt keine gegeben: MEIER, Hannoversche Verfassungs- und Verwaltungsgeschichte, Bd. 1, S. 84.

[37] Wilhelm HARTMANN, Die Grafen von Poppenburg-Spiegelberg. Ihr Archiv, ihre Genealogie und ihre Siegel, in: Niedersächsisches Jahrbuch für Landesgeschichte 18 (1941), S. 117–191. Hdb. d. Hist. Stätten, Bd. 2, S. 102 f.; TADDEY, S. 1150.

[38] Vgl. LÜNIG, Thesaurus juris, S. 127; Georg SCHNATH, Die Herrschaften Everstein, Homburg und Spiegelberg, Göttingen 1922, S. 53.

[39] MOSER, Neues Teutsches Staatsrecht, Bd. 3, S. 886; vgl. LÜNIG, Thesaurus juris, S. 127.

[40] SCHNATH, Everstein, Homburg und Spiegelberg, S. 54; BÜSCHING, Neue Erdbeschreibung, Bd. 3, S. 762 f.

unumstritten; der Fürst von Nassau-Diez-Oranien wurde weder in der Kollegial-korrespondenz erwähnt noch gar angeschrieben. Das Haus Nassau hat 1819 den Grundbesitz in Spiegelberg an das Königreich Hannover verkauft.[41]

Die alte Grafschaft *Hallermund* lag nördlich von Spiegelberg nahe der Stadt Springe. Seit dem 12. Jahrhundert herrschten dort die Grafen von Hallermund. Schon 1282 verloren sie ihre Stammburg an die welfischen Herzöge; der Mindener Bischof Wulbrand von Hallermund, der letzte seines Stammes (+1436), verkaufte 1411 seinen Familienbesitz an die Welfen.[42]

Nachdem die Grafschaft über Jahrhunderte integraler Bestandteil des Fürstentums Calenbergs gewesen war, erwachte zu Beginn des 18. Jahrhunderts das Bewußtsein für die alte Rechtsqualität dieses Reichslehens, als Kurfürst Georg Ludwig nach einer Möglichkeit suchte, den verdienten Mitarbeiter seines Vaters, Franz Ernst von Platen, zu ehren. Die Platen waren ein altes Rittergeschlecht aus Pommern, das sich im gesamten nordöstlichen Deutschland mit Gütern versehen hatte.[43] Die im welfischen Machtbereich angesiedelte Linie war 1630 zur Freiherrenwürde und 1689 zur Grafenwürde gelangt; letzteres vollzog sich im Rahmen einer Reihe von Gunsterweisungen, die Herzog Ernst August dem Franz Ernst von Platen erwies. Platen hatte 1673 Clara Elisabeth Freiin von Meisenbug geheiratet, die wenig später Mätresse des Herzogs wurde. Platen verdankte seine steile Karriere im hannoverschen Staatsdienst – er wurde Oberhofmarschall, Premierminister und 1682 Generalerbpostmeister[44] in den braunschweig-lüneburgischen Ländern – jedoch nicht nur der Bereitwilligkeit seiner Frau, sondern auch seinen eigenen Fähigkeiten: Für Georg Schnath war der Graf ein »gewiegter Diplomat und ein gewissenhafter, routinierter Beamter«.[45] Im Jahre 1704 belehnte Kurfürst Georg Ludwig den Grafen von Platen mit der Grafschaft Hallermund, allerdings unter der Auflage, daß:

»... unter seinen Lehens-Gerechtsamen nichts, als das Ius der Reichs-Gräflichen Immedietät und Voti et Sessionis bey Reichs-, Crays und anderen Versammlungen, zu verstehen sey, und er zu ewigen Zeiten an sothaner Grafschaft reditibus, Juribus, et pertinentiis keinen Anspruch zu machen noch sich deren Dicasteriis oder schuldigen Landesoneribus zu eximieren, vielmehr die Vota auf Reichskreis-

---

[41] Günter SCHEEL, Der Regierungsbezirk Hannover als geschichtliche Landschaft, in: Carl HAASE (Hrsg.), Niedersachsen. Territorien – Verwaltungseinheiten – geschichtliche Landschaften, Göttingen 1971, S. 51–84; hier: S. 70.

[42] Hdb. d. Hist. Stätten, Bd. 2, S. 430 ff.; vgl. auch Johann WOLF, Versuch die Geschichte der Grafen von Hallermund und der Stadt Eldagsen zu erläutern, Göttingen 1815, S. 1, 39 ff.; TADDEY, S. 483.

[43] Ernst Heinrich KNESCHKE (Hrsg.), Deutsches Adels-Lexikon, Bde. 1–9, Leipzig 1859–1870 (ND 1929), hier: Bd. 7, S. 168 ff.

[44] Zum Generalerbpostmeisteramt: WOLF, Grafen von Hallermund, S. 45–47.

[45] Platen: Georg SCHNATH, Geschichte Hannovers im Zeitalter der neunten Kur und der englischen Sukzession 1674–1714, Hildesheim 1976 (ND der Ausgabe von 1938), Bd. 1, S. 309. Zu Clara Elisabeth von Meisenbug: VEHSE, Geschichte der deutschen Höfe, Bd. 18, S. 57; Joachim LAMPE, Aristokratie, Hofadel und Staatspatriziat in Kurhannover, Bd. 1, S. 175 f.

versammlungen des jedesmal regierenden Landesherrn Intention und Gutfinden gemäß zu führen« habe.[46]

Dieser kurfürstliche Gnadenerweis diente beiden Seiten: Er steigerte Platens Ehrgefühl – der neue Graf nannte sich und sein Haus fortan »Grafen von Platen-Hallermund« – und verschaffte dem Kurfürsten eine weitere Stimme im Grafen-kollegium, ohne daß er die Reichslasten tragen oder gar wirklichen Grundbesitz abgeben mußte. Platen wurde der einzige Mitstand im westfälischen Kollegium, der nicht über reichsfreien Grund und Boden verfügte; er wurde jedoch ohne jeden Widerstand ins Grafenkollegium aufgenommen, nachdem Kaiser Joseph I. eine entsprechende Aufforderung an das Direktorium erlassen und die Grafschaft Hallermund in der Reichsmatrikel mit zwei Fußsoldaten pro simplo veranschlagt hatte.[47] Bald darauf wurde der Graf von Platen-Hallermund auch in den Reichs-fürstenrat als Mitstand der westfälischen Grafenbank aufgenommen.[48] Die gräfli-che Familie bevollmächtigte zumeist den Gesandten Kurhannovers, der schon Hoya, Diepholz und Spiegelberg vertrat, mit der Wahrnehmung »ihres« Votums am Grafentag. 1732 gab der hannoversche Hofrat von Eyben die vier Stimmen gemäß den Weisungen des Königs und Kurfürsten ab.[49] Die Abhängigkeit des Pla-tenschen Votums von der Weisung aus London war allgemein bekannt; so gab es 1754 Bedenken unter den Mitgliedern der Engeren Korrespondenz, ob man den Grafen von Platen zu diesem Verband zulassen sollte, zumal er neugräflich war und keine eigene Kanzlei unterhielt.[50] Platen trat zwar 1771 der Engeren Korre-spondenz bei, beteiligte sich jedoch kaum an den Diskussionen und Beitragslei-stungen.[51]

Die Grafschaft *Rheinstein* oder *Regenstein* lag am Ostrand des Harzes.[52] Um 1190 erbauten dort die Grafen von Blankenburg eine Burganlage. Nach der Nie-derlage in einer Fehde gegen den Bischof von Halberstadt im 14. Jahrhundert mußten die Grafen Rheinstein dem Stift zu Lehen auftragen. Als das Blankenbur-ger Grafenhaus 1599 ausstarb[53], fiel die Hauptgrafschaft an Braunschweig-Wolfen-büttel; der Bischof von Halberstadt zog dagegen Rheinstein als erledigtes Lehen

---

[46] LAMPE, Aristokratie, Hofadel und Staatspatriziat, S. 160; vgl. C.B. SCHARF, Statistisch-topo-graphische Sammlungen zur genauen Kenntnis aller das Kurfürstentum Braunschweig-Lüneburg ausmachenden Provinzen, 2. Aufl., Bremen 1791, S. 31; Moser kommentierte diese Belehnung mit dem Satz: »Schöne Reichsstandschaft!«: MOSER, Neues Teutsches Staatsrecht, Bd. 3, S. 845.

[47] Reskript von Kaiser Joseph I. vom 24.Dez. 1706: StA DT, L 41 a, 513, S. 1–3; vgl. Wilhelm HAVEMANN, Geschichte der Lande Braunschweig und Lüneburg, Bde. 1–3, Hannover 1853–1857 (ND 1974–1977); hier: Bd. 3, S. 456. Die Aufnahme ins Grafenkollegium erfolgte auf dem Grafen-tag 1708: StA DT, L 41 a, 513, S. 21–23; LÜNIG, Thesaurus juris, S. 756.

[48] Vgl. das kaiserliche Kommissionsdekret Josephs I. betreffs der Einführung des Grafen von Platen-Hallermund in den Reichsfürstenrat, 26. Juli 1708; LÜNIG, Teutsches Reichsarchiv, Bd. 11, S. 623.

[49] Grafentag Köln, 18. Sept. 1732: StA DT, L 41 a, 319, S. 590 f.; Stimmabgabe: S. 612.

[50] Vgl. StA DT, L 41 a, 352, S. 237.

[51] Schreiben des Grafen Georg Ludwig von Platen-Hallermund an den evangelischen Direktor Graf Friedrich Alexander von Neuwied, 21.Aug. 1771: StA DT, L 41 a, 368, S. 241 f.

[52] Zur Lage und Geschichte: Hdb. d. Hist. Stätten, Bd. 11, S. 386 f.; TADDEY, S. 130 f. (s. v. Blankenburg-Regenstein).

[53] Zu Blankenburg: vgl. auch Kap. 2.2. (S. 102).

ein. Bischof Leopold Wilhelm von Österreich belehnte während des Dreißigjährigen Krieges den Grafen von Tattenbach (auch Tettenbach) mit Rheinstein. Diese gräfliche Familie, ein altes österreichisches Geschlecht, übte in der Folgezeit die herrschaftlichen Rechte in Rheinstein aus, ohne daß sie in der Lage gewesen wäre, auch die reichsständischen Vertretungsrechte zu erlangen. Sie wurden von Braunschweig-Lüneburg und Brandenburg-Preußen beansprucht; letzteres hatte im Westfälischen Frieden das Bistum Halberstadt erhalten.[54] 1662 eroberten brandenburgische Truppen Rheinstein und bauten die Burg zu einer Festung aus; Braunschweig brachte den Streit vor das Reichskammergericht und erwirkte den Anspruch auf einen Teil der Grafschaft.[55] Da Brandenburg als besitzender Stand keine Zugeständnisse machen wollte, blieb der Konflikt in der Schwebe. Die Eroberung der Festung durch die Franzosen 1757 hatte die Schleifung der Burg zwei Jahre später zur Folge. Da es jedoch auch später keine Einigung gab, findet sich hier das Kuriosum, daß eine Grafschaft während der gesamten Dauer des westfälischen Grafenkollegiums unangefochtenes Mitglied war, ohne daß ein einziges Mal für sie ein Votum abgegeben werden konnte.

2.1.2. Die westfälischen Grafschaften

Zu den westfälischen Grafschaften gehörten Lippe, Schaumburg, Pyrmont (Weserbergland), Rietberg, Bentheim, Tecklenburg, Steinfurt, Gemen und Anholt.

Die Grafschaft *Lippe*, zwischen Teutoburger Wald und Weser gelegen, stellt einen bis in die Mitte des 20. Jahrhunderts erhaltenen geschlossenen geschichtlichen Raum dar. Diese Kontinuität verdankt diese mit 1200 qkm zwar recht große Grafschaft, die aber unter den Ständen des Reiches doch zu den Kleinterritorien gehörte, vor allem zwei Umständen, die Gerhard Benecke als »Zufälle« bezeichnet hat[56]:

Zum einen hatte das Haus der Edelherren zur Lippe (1529 Grafen, 1789 Fürsten) die fast ungebrochene Möglichkeit der dynastischen Erbfolge: Seit dem 12. Jahrhundert beerbte in 16 Generationen der Sohn den Vater. 1666 folgte eine Seitenlinie, die sich aber auch 8 Generationen lang direkt fortpflanzte (bis 1905).

---

[54] Zu den Grafen von Tattenbach: KNESCHKE, Deutsches Adelslexikon, Bd. 9, S. 137–139; Zedlers Universal-Lexicon, Bd. 41, Sp.1382–1391. 1664 legitimierten die Grafen einen Gesandten, am Reichstag ihre Rechte wahrzunehmen: Gesandtenliste vom 25. April 1664: StA DT, L 41 a, 132, S. 62. Graf Johann Erasmus von Tattenbach war als kaiserliche Statthalter in der Steiermark an der Adelserhebung gegen Kaiser Leopold I. 1669/1670 beteiligt und wurde am 1. Dez. 1671 hingerichtet: John P. SPIELMAN, Leopold I. Zur Macht nicht geboren, Graz u.a. 1981, S. 63 f. Zum anschließenden Streit um den Besitz der Grafschaft: LÜNIG, Teutsches Reichsarchiv, Bd. 22, S. 1722–1764; Andreas BIEDERBICK, Der deutsche Reichstag zu Regensburg nach dem Spanischen Erbfolgekrieg 1714–1724, Düsseldorf 1937, S. 32.

[55] Reichsgutachten vom 24. Juli 1716: PACHNER, Reichsschlüsse, Bd. 3, S. 697 f. MOSER, Neues Teutsches Staatsrecht, Bd. 3, S. 872.

[56] Gerhard BENECKE, Society und Politics in Germany 1500–1700, London, Toronto 1974, S. 41.

Zum anderen wurden bei den napoleonischen Umschichtungen und Besitzkonzentrationen im Weserbergland mit Lippe, Schaumburg und Waldeck-Pyrmont drei Grafschaften gewissermaßen »vergessen«; sie traten mit allen fürstenmäßigen Rechten 1815 in den Deutschen Bund ein.

So ist Lippe mit seiner bestens erhaltenen Quellenüberlieferung[57] ein Paradebeispiel für einen Kleinstaat im Reich; in dieser Hinsicht ist die Grafschaft für das Ancien Régime in Deutschland sehr viel typischer als die gut erforschten »Großmächte« Österreich oder Preußen.[58]

Obwohl die Edelherren zur Lippe erst im frühen 12. Jahrhundert erstmalig erwähnt wurden, deutet manches darauf hin, daß dieses Dynastengeschlecht – ursprünglich an der mittleren Lippe begütert – schon in karolingischer Zeit die Gegend um Blomberg im Weserbergland als Allodialbesitz erhalten hat. Auf diese Güter sind später nie lehnsherrliche Ansprüche erhoben worden.[59] Um diesen Besitz herum erwarben die Edelherren einige paderbornische Lehen am Ostrand des Teutoburger Waldes: Horn, Detmold, die Falkenburg, Lage und Lemgo.[60] Im frühen 16. Jahrhundert – die Territorialisierung war längst abgeschlossen – trug Edelherr Simon V. seinen Allodialbesitz um Brake, Varenholz und Lipperode dem hessischen Landgrafen zu Lehen auf, als bei anhaltender Kinderlosigkeit der Fortbestand seines Hauses gefährdet war.[61] Der vorzeitige Tod seiner Frau öffnete den Weg in eine neue Ehe, aus der Söhne hervorgingen.

Obwohl durch ein Familiengesetz von 1368 die Unteilbarkeit der lippischen Besitzungen festgelegt worden war, entstanden durch das Testament des Grafen Simon VI. von 1597 die drei Linien Detmold, Brake und Alverdissen. Dabei beschränkte sich der Erblasser nicht darauf, den beiden nachgeborenen Söhnen eine Apanage auszusetzen, sondern er wies ihnen jeweils Ämter zu, in denen sie Rechte erhielten, die über die eines Grundherrn weit hinausreichten. Der regierenden Linie blieb allein die Landeshoheit und das Vertretungsrecht dem Reich gegenüber vorbehalten.[62] Die Häupter der nachgeborenen Linien, »Erbherren« genannt, trugen in den folgenden Jahrhunderten zahllose Streitigkeiten mit der regierenden Linie aus und versuchten mehrfach, gerichtlich oder gewaltsam die Landeshoheit

---

[57] Der heutige Kreis Lippe, der mit der alten Grafschaft fast identisch ist, beherbergt nicht nur das Staatsarchiv Detmold, sondern auch die gut sortierte Landesbibliothek sowie verschiedene Museen.

[58] BENECKE, Society and Politics, S. 374; zur Landesgeschichte: Erich KITTEL, Geschichte des Landes Lippe, Köln 1957; die zweite Auflage von Kittels Werk kam unter dem Titel »Heimatchronik des Kreises Lippe« (Köln 1978) heraus.

[59] Zu diesen Hypothesen: H. August KRAWINKEL, Die Grundherrschaft in Lippe, in: Lipp. Mitt. 15 (1935), S. 82–162; hier: S. 92 f.; vgl. auch dort die Ausführungen über die lippische Agrarverfassung.

[60] Vgl. hierzu: MOSER, Neues Teutsches Staatsrecht, Bd. 9, S. 469.

[61] Zur Lehnsauftragung: Friedrich Wilhelm BARGE, Der Absolutismus in Lippe und Schaumburg-Lippe. Überblick und Vergleich, in: Lipp. Mitt. 37 (1968), S. 154–199; hier: S. 156. Die Lehnsabhängigkeit hatte für Lippe keine reale Bedeutung, etwa in Hinblick auf die Minderung der Landeshoheit.

[62] Vgl. Friedrich Wilhelm BARGE, Zur Geschichte des lippischen Absolutismus unter den Grafen Friedrich Adolf und Simon Henrich Adolf (1697–1734), in: Lipp. Mitt. 27 (1958), S. 103–144; hier: S. 113.

über ihren Besitz zu erlangen und damit die Grafschaft zu teilen.[63] Zwar starb die Linie Lippe-Brake im frühen 18. Jahrhundert aus, und ihr Besitz fiel an die Hauptlinie zurück, doch die gefährlichere Drohung entstand dadurch, daß die Linie Lippe-Alverdissen 1647 die halbe Grafschaft Schaumburg erbte und fortan versuchte, ihre lippischen Paragialämter unter die schaumburgische Landeshoheit zu bringen.

Nachdem die ärgsten Schäden des Dreißigjährigen Krieges überwunden waren, versuchten die Grafen Friedrich Adolf und Simon Henrich Adolf im ersten Drittel des 18. Jahrhunderts, eine absolutistische Regierungsweise im Lande einzuführen. Geprägt vom Vorbild west- und südeuropäischer Höfe, aber auch von den Fürstenresidenzen des Reiches[64], gaben beide Herrscher große Summen für militärische und höfische Prachtentfaltung aus, während eine merkantilistische Wirtschaftsförderung und eine Geldstabilitätspolitik in Ansätzen steckenblieben.[65] Beispielhaft für die Überziehung der eigenen Möglichkeiten war die Aufstellung dreier Kompanien Militär im Jahre 1697 durch Graf Friedrich Adolf.[66] Diese 500 Mann sollten, zusammen mit der ständischen Landmiliz und den Schützen der Städte, zur eigenen Landesverteidigung, zunächst aber zur Übernahme des westfälischen Kreiskontingentes dienen; bald wurden auch die Grafschaften Holzappel und Pyrmont von Lippe mitvertreten.[67]

Auch der Ausbau des Verwaltungswesens zielte in die Richtung eines absolutistischen Staatswesens. Schon im frühen 16. Jahrhundert wurde eine Kanzlei errichtet, 1593 ein ständiges Hofgericht.[68] Später wurden Hofgericht, Kammer und Konsistorium nachgeordnete Behörden der Kanzlei.[69] Diese Verwaltungsinstitutionen dienten dem Zweck, dem Landesherrn bei Aufrechterhaltung von Ruhe und Ordnung im Lande die Einkünfte zu verschaffen, die er für die Hofhaltung, Jagd und Militär benötigte. So war es folgerichtig, daß die Zahl der Beamtenstellen eher klein gehalten wurde zugunsten von Chargen wie Hoflakaien, Bereitern und Hofmusikern.[70] Aufklärerisches Gedankengut hinsichtlich der Verantwortung des Herrschers gegenüber seinen Untertanen zog in Lippe erst in der zweiten Hälfte

[63] Ebd., S. 119 f.

[64] Zu den Reisen Friedrich Adolfs: Marie WEERTH, Das Leben des Grafen Friedrich Adolf zur Lippe bis zu seiner Thronbesteigung, in: Lipp. Mitt. 7 (1909), S. 47–178.

[65] Zum lippischen Absolutismus: Friedrich Wilhelm BARGE, Die Grafschaft Lippe im Zeitalter der Grafen Friedrich Adolf und Simon Henrich Adolf 1697–1734, Diss. Bonn (masch.) 1953; ders., Zur Geschichte des lippischen Absolutismus, in: Lipp. Mitt. 27 (1958), S. 103–144.

[66] Friedrich Wilhelm BARGE, Die absolutistische Politik der Grafen Friedrich Adolf und Simon Henrich Adolf 1697–1734 gegenüber den Ständen, in: Lipp. Mitt. 26 (1957), S. 79–128; hier: S. 89.

[67] Ebd., S. 81–83.

[68] DROEGE, Die westfälischen Gebiete, in: JESERICH, Deutsche Verwaltungsgeschichte, Bd. 1, S. 737 f.

[69] Vgl. Friedrich Wilhelm SCHAER, Der Absolutismus in Lippe und Schaumburg-Lippe. Überblick und Vergleich, in: Lipp. Mitt. 37 (1968), S. 154–199; hier: S. 188 f.; BARGE, Die Grafschaft Lippe, S. 21–23.

[70] SCHAER, Absolutismus in Lippe, S. 196 f.; zur Rechtspflege in Lippe: Fritz VERDENHALVEN, Die Straffälligkeit in Lippe in der 2. Hälfte des 18. Jahrhunderts, in: Lipp. Mitt. 43 (1974), S. 62–144.

des 18. Jahrhunderts ein; der Beginn der Regierungszeit des Grafen Simon August darf hier als Wendepunkt betrachtet werden.

Bis zu seinem Regierungsantritt 1747 waren die Schulden, die teilweise noch aus dem Dreißigjährigen Krieg stammten, zu so beträchtlicher Höhe angewachsen, daß das Land nur knapp auswärtigen Interventionen entging[71]; die gescheiterte Fürstenstandserhebung 1720 – dem Grafen war es nicht gelungen, 5000 fl. Taxgelder aufzubringen – sowie die warnenden Schreiben der gräflichen Beamten von Piderit und Winckel aus dem Jahre 1725 belegen die dramatische Situation.[72] 1733 verpfändete Graf Simon Henrich Adolf das Amt Sternberg an Hannover und riskierte damit dessen Verlust; nur mit Mühe und einer hessischen Anleihe konnte sein Sohn Simon August 1771 den Rückkauf durchführen und dem Bentheimer Schicksal entgehen.[73] 1739 wurden in der Not von der Vormundschaftsregierung unter Gräfin Johanna Wilhelmine aus dem Hause Nassau-Idstein (1700–1756) unbewilligte Steuern zwangsweise eingetrieben, was auf Betreiben der Stände vom Reichskammergericht als ungesetzlich verboten wurde; eine Kreisexekution erfolgte jedoch nicht.[74] Graf Simon August setzte im Jahr 1750 eine Katasterkommission ein, um für die Kontribution und die Grundsteuer eine gerechte, fiskalisch brauchbare Veranlagung durchführen zu können. 17 Jahre lang zogen sich die Vermessungs- und Schätzungsarbeiten hin; danach entstand eine Steuerliste, die die Bauern in 11 Klassen einteilte und den Staatshaushalt wieder auf soliden Grund stellte.[75] Regierungsrat Hoffmann konnte von dieser Grundlage aus die Landesfinanzen in den Jahrzehnten nach 1770 schrittweise sanieren.[76]

Scharfen Widerstand sowohl gegen den barocken als auch gegen den aufgeklärten Absolutismus der lippischen Grafen leisteten die Landstände. Zu ihnen gehörten etwa 20 ritterschaftliche Familien, die die ca. 50 adligen Sitze der Grafschaft innehatten.[77] Neben dem Recht auf den Landtagsbesuch hatten die Ritter die Privilegien der Steuerfreiheit, das Fischerei- und Jagdrecht, die Exemtion von den städtischen und den Ämtergerichten sowie oft auf das Mühlenrecht. Sie leisteten dafür statt dem früheren Roß- und Ritterdienst den Repräsentationsdienst bei Empfängen und Festen der Grafen.[78]

Landsässig waren auch die Städte Lippstadt, Lemgo, Detmold, Salzuflen, Blomberg und Horn, die mit je zwei Abgesandten auf den Landtagen vertreten waren.

---

[71] SCHAER, Absolutismus in Lippe, S. 158–161.

[72] Hans KIEWNING, Der lippische Fürstenbrief von 1720, in: Lipp. Mitt. 1 (1903), S. 39–62; vor allem S. 54 ff.

[73] KITTEL, Heimatchronik des Kreises Lippe, S. 137; zu Bentheim: s. u. S. 55–57.

[74] Berbeli SCHIEFER, Die Steuerverfassung und die Finanzen des Landes Lippe unter der Regierung Graf Simon Augusts (1734–1782), in: Lipp. Mitt. 32 (1963), S. 88–132; hier: S. 92 f.

[75] Zum lippischen Steuerwesen: BARGE, Die Grafschaft Lippe, S. 28; SCHIEFER, Steuerverfassung und Finanzen, S. 105 f.

[76] SCHAER, Absolutismus in Lippe, S. 162; die Einkünfte beider lippischen Grafschaften beliefen sich auf ca. 200.000 Rtl. p. a. in der 2. Hälfte des 18. Jahrhunderts: vgl. SCHEIDEMANTEL/HÄBERLIN, Teutsches Staats- und Lehnrecht, Bd. 3, S. 296.

[77] Joachim HEIDEMANN, Die Grafschaft Lippe zur Zeit des beginnenden Absolutismus (1652–1697). Verfassung – Verwaltung – Auswärtige Beziehungen, in: Lipp. Mitt. 30 (1961), S. 15–76; hier: S. 26 f.; BARGE, Die Grafschaft Lippe, S. 96.

[78] HEIDEMANN, Lippe, 1961, S. 28.

Ihre Rechte bestanden aus der eigenen städtischen Gerichtsbarkeit, der freien Wahl des Stadtregiments sowie dem Grundeigentum an Äckern und Holzungen im städtischen Umfeld. Dafür leisteten sie eine Haussteuer (»Wortzins«) und eine Pacht für die Ackerländer (»Morgenkorn«) an den Landesherrn.[79] Wichtigstes Instrument der Stände war die 1686 eingerichtete »Landkasse«, ein Ausschuß, der die gräfliche Finanzverwaltung kontrollierte. Die Landkasse stellte damit ein ständiges Hemmnis der absolutistischen Bestrebungen der Grafen dar; sie konnte zwar die Verschuldung des Landes nicht verhindern, wohl aber, daß sie durch Enteignung der Untertanen behoben wurde.[80]

Lippe gehörte zu den aktivsten Teilnehmern an der Politik des Grafenkollegiums. Nicht nur während der Wahrnehmung des evangelischen Direktoriums durch die Grafen Friedrich Adolf und Simon Henrich Adolf, sondern auch zwischen 1734 und 1795 – als mit Fürst Leopold I. wieder ein Lipper Direktor wurde – war die Regierung dieses Territoriums stets über alle Bewegungen im Grafenkollegium orientiert. Dem Rat aus Detmold galt auch deshalb das Interesse, da der hohe Finanzbeitrag der Grafschaft (120 fl. pro simplo) zur Rücksichtnahme veranlaßte; die Grafen zur Lippe selbst haben ihren Beitrag nie als Druckmittel eingesetzt.

Die Turbulenzen um die Auflösung des Reiches überstand Lippe unter der Vormundschaftsregierung der Fürstin Pauline aus dem Hause Anhalt-Bernburg (1769–1820): Durch ihren Eintritt in den Rheinbund 1807 und dem rechtzeitigen Vertragsabschluß mit den Mächten der Heiligen Allianz im November 1813 entging Lippe den Mediatisierungswünschen Hannovers, Preußens und Hessen-Kassels.[81]

Die Grafschaft *Schaumburg* im Weserbergland zwischen Minden und Hannover gehörte seit dem hohen Mittelalter den gleichnamigen Grafen. Die 10 Ämter der Grafschaft standen ungeachtet der persönlichen Reichsfreiheit des regierenden Hauses in Lehnsabhängigkeit von Braunschweig-Calenberg, dem Bistum Minden und Hessen-Kassel.[82] Als 1640 der letzte Graf von Schaumburg starb, zog Braun-

[79] HEIDEMANN, ebd., S. 28 f.; vgl. BARGE, Die Grafschaft Lippe, S. 18 f.; BARGE, Absolutistische Politik, S. 96.

[80] Vgl. Hans CONTZEN, Die lippische Landkasse. Ein Beitrag zur Finanzgeschichte Lippes, in: Lipp. Mitt. 8 (1910), S. 1–44; SCHAER, Absolutismus in Lippe, S. 175. Das teuerste Projekt des lippischen Absolutismus, das Militär, konnte nur durchgesetzt werden, indem man den Adel von der Attraktivität der Offiziersstellen überzeugte; die Städte wehrten sich erbittert gegen das Vorhaben: BARGE, Absolutistische Politik, S. 86.

[81] Hans KIEWNING, Fürstin Pauline zur Lippe 1769–1820, Detmold 1930; ders., Auswärtige Politik, passim.

[82] Günther SCHMIDT, Die alte Grafschaft Schaumburg, Göttingen 1920; Walter MAACK, Die Grafschaft Schaumburg. Eine Darstellung ihrer Geschichte, Rinteln 1964; Hdb. d. Hist. Stätten, Bd. 2, S. 413; TADDEY, S. 1070; Dieter BROSIUS, Das Land Schaumburg-Lippe, in: Carl HAASE (Hrsg.) Niedersachsen. Territorien – Verwaltungseinheiten – geschichtliche Landschaften, Göttingen 1971, S. 85–93. Die Ämterverteilung vor 1640 war (in Klammern die Lehnsherren):
– Rodenberg, Hagenburg, Arensburg (Hessen-Kassel)
– Schaumburg, Sachsenhagen, Bückeburg, Stadthagen (Minden)
– Lauenau, Blumenau, Mesmerode (Calenberg);
vgl. dazu Hans RIBBENTROP, Graf Philipp zur Lippe, der Stammvater der Dynastie Schaumburg-Lippe, in Lipp. Mitt. 8 (1910), S. 52–83; hier: S. 62 ff.

schweig-Calenberg seine drei Ämter sofort als erledigte Lehen ein; die übrigen
Ämter wechselten in den folgenden Jahren mehrfach ihre Besitzer. Als kurz vor
Ende des Dreißigjährigen Krieges die mindensche Lehnshoheit völlig auf Hessen-
Kassel übergegangen war, einigten sich Graf Philipp von Lippe-Alverdissen[83] und
die hessische Landgräfin Amalie auf einen Teilungsvertrag: Hessen übernahm die
drei südlich gelegenen Ämter Rodenburg, Schaumburg und Sachsenhagen unter
eigene Verwaltung (Regierungssitz: Rinteln), während Philipp die Ämter Hagenburg, Arensburg, Bückeburg und Stadthagen als »Grafschaft Schaumburg lippischen Anteils« mit allen landesherrlichen Rechten verliehen bekam.[84]

Die Nachfolger der Landgräfin Amalie bedauerten die Belehnung der Lipper
mit der halben Grafschaft Schaumburg. Sie versuchten bei verschiedenen Anläs-
sen, die Integration des gesamten norddeutschen Territoriums unter eigener Verwaltung durchzuführen. In den Kriegen des Reiches gegen Ludwig XIV. bemühten sich die Landgrafen, das schaumburgische Kreiskontingent insgesamt zu stellen. Graf Friedrich Christian von Schaumburg Lippe (1655–1728) übertrug jedoch
den Verteidigungsauftrag gegen Zahlung von 300 Rtl. pro Monat an Hannover.[85]
Nach dem Tod des Grafen wandten die Hessen militärische Mittel an: Sie besetzten von Rinteln aus den lippischen Teil Schaumburgs mit dem Argument, sie
müßten einer Paderborner oder Münsteraner Besetzung der Grafschaft zuvor-
kommen. Nach dem Regierungsantritt des Grafen Albrecht Wolfgang
(1699–1748) rückten die Kontingente wieder ab.[86] 1787 nutzte Hessen den Umstand, daß Graf Philipp Ernst (1723–1787) unter Hinterlassung eines dreijährigen
Erben gestorben war, zur erneuten Besetzung der Grafschaft. Die Witwe des Verstorbenen, Gräfin Juliane, die selbst aus dem hessischen Hause stammte, leistete
entschlossen Widerstand gegen die nun offen geäußerten Mediatisierungsbestrebungen ihrer Vettern.[87] Die Gräfin klagte gegen den Landgrafen vor dem
Reichshofrat und gewann; Preußen und Hannover-England hatten schon zuvor
durch scharfe Demarchen den Landgrafen zum Einlenken bewogen. Die Truppen
verließen wieder das Land; der hannoversche Generalfeldmarschall Johann Lud-

[83] Graf Philipp war nicht nur über seine Mutter Elisabeth von Schaumburg mit diesem Grafenhaus verwandt, sondern seine Schwester Elisabeth war als Mutter des letzten Grafen von
Schaumburg, Otto, ebenfalls zu Ansprüchen berechtigt: vgl. SESt I, Tafel 151.

[84] Helge bei der WIEDEN, Schaumburg-lippischen Genealogie. Stammtafel der Grafen – später
Fürsten – zu Schaumburg-Lippe bis zum Thronverzicht 1918, Bückeburg 1969, S. 6; RIBBENTROP,
Graf Philipp, S. 64 f. Obwohl der Graf, wie auch seine Untertanen, auf den hessischen Landgrafen
vereidigt wurde, genoß er doch die volle Landeshoheit; eine Appellation an hessische Gerichte
war unzulässig: Friedrich WAHL, Verfassung und Verwaltung Schaumburg-Lippes unter dem Grafen Wilhelm. Von den Anfängen volkhaften Staatsdenkens im Zeitalter des Absolutismus, Stadthagen 1938, S. 15 ff.; vgl. StA Bückeburg, Familiaria 1, A XI, Nr. 1 und 1 b (Urkunden 1647 und
1652).

[85] Zur schaumburgischen Mediatisierungsangst: BENECKE, Society and Politics. S. 124–133.

[86] Ebd., S. 125; Friedrich Wilhelm SCHAER, Graf Friedrich Christian zu Schaumburg-Lippe als
Mensch und als Repräsentant des kleinstaatlichen Absolutismus um 1700, Bückeburg 1966, S. 172.

[87] Todesanzeige von Graf Philipp Ernst am 13. Febr. 1787 sowie Bericht über die folgenden Ereignisse: HHStA Wien, Reichskanzlei: Kleinere Reichsstände 330.

wig von Wallmoden[88] teilte sich künftig mit der Gräfin Juliane die Vormundschaft für den Erbgrafen Georg Wilhelm (1784–1860).[89]

Viel unangefochtener als die auswärtigen Beziehungen war die Landesherrschaft der Grafen nach innen. Die Stände der Grafschaft Schaumburg bestanden vor 1640 aus den drei Gruppen der Prälaten, der Ritter und der Städte Bückeburg, Stadthagen, Steinhude und Hagenburg.[90] Die Stände hatten das Recht, Kandidaten für die gräflichen Beamtenstellen zu präsentieren; zur Ausbildung eines wirklichen Indigenatrechtes kam es jedoch nicht. 1647 fielen alle Prälaturen an Hessen-Kassel; die Ritterschaft im lippischen Anteil bestand aus nur 5 Familien.[91] Dem gräflichen Haus kam sein ausgedehnter Grundbesitz zugute, der auf ca. 95% der landwirtschaftlichen Nutzfläche beziffert wurde; die daraus erzielten jährlichen Einnahmen stiegen im Laufe des 18. Jahrhunderts von ca. 35.000 auf fast 75.000 Rtl. an.[92]

Auf eine Steuerbewilligung durch die Stände waren die Grafen nicht angewiesen. Für die schaumburgische Ritterschaft führte die 1668 vollzogene Trennung von ihren Standesgenossen unter hessischer Herrschaft zum Rückfall in völlige Bedeutungslosigkeit. Nachdem Graf Friedrich Christian den Rittern die Anerkennung ihrer Privilegien verweigert hatte und ein Reichskammergerichtsprozeß 1702 gescheitert war, hörten alle Nachrichten von den Ständen auf.[93] Die fortdauernden Konflikte des gräflichen Hauses wurden künftig nur noch aktenkundig, wenn Familien auswandern mußten oder einzelne Adlige eine Existenz im Dienst fremder Fürsten suchten.[94]

Schon 1668 hatte Graf Philipp eine Primogeniturordnung erlassen, um die materielle Basis des Hauses vor Teilungen zu schützen; wurden doch einmal Summen benötigt, die das Landeseinkommen überstiegen, genügten dem Grafenhaus Anleihen, ohne daß man zu Verpfändungen greifen mußte.[95] Die Landeshoheit wurde über die Justizkanzlei – sie war oberstes Gericht und höchstes Verwaltungsorgan – sowie über die gräfliche Rentkammer ausgeübt.[96] 1765 wurden beide Behörden vereinigt; daneben bestand das Konsistorium für die Kirchen- und

---

[88] Zu Wallmoden: vgl. Kap. 2.1.3 (s. v. Gimborn-Neustadt, S. 64 f.).

[89] OBERSCHELP, Politische Geschichte Niedersachsens, S. 104; BROSIUS, Das Land Schaumburg-Lippe, S. 89.

[90] Karl Heinz SCHNEIDER, Die landwirtschaftlichen Verhältnisse und die Agrarreformen in Schaumburg-Lippe im 18. und 19. Jahrhundert, Rinteln 1983 (Schaumburger Studien 44), S. 18–26; WAHL, Verfassung und Verwaltung, S. 21 f.; vgl. SCHAER, Absolutismus in Lippe, S. 180 f.

[91] SCHAER, ebd., S. 181.

[92] Vgl. Carl Hans HAUPTMEYER, Souveränität, Partizipation und absolutistischer Kleinstaat. Die Grafschaft Schaumburg (-Lippe) als Beispiel, Hildesheim 1980, S. 172 und 179; SCHAER, Graf Friedrich Christian zu Schaumburg-Lippe, S. 142.

[93] SCHAER, Absolutismus in Lippe, S. 183 f.; WAHL, Verfassung und Verwaltung, S. 17 f.

[94] Die Familie Börries von Münchhausen mußte nach Braunschweig-Lüneburg auswandern: SCHAER, Graf Friedrich-Christian von Schaumburg-Lippe, S. 66–93; ders., Absolutismus in Lippe, S. 185 f.

[95] Zur Primogeniturordnung vom 3. Febr. 1668: SCHAER, Graf Friedrich Christian von Schaumburg-Lippe, S. 10; ders., Absolutismus in Lippe, S. 186 f.

[96] WAHL, Verfassung und Verwaltung, S. 43 ff.

Schulaufsicht, das auch eine Pfarrer- und Lehrerausbildungsstätte unterhielt.[97] Schon 1680 hatten die Grafen die schaumburgischen Ämter zusammengelegt; Schaumburg und Arensburg umfaßten nun die ganze Teilgrafschaft. Die vier Paragialämter in der Grafschaft Lippe entzogen sich dagegen jeder Verfassungsreform.[98] Der schaumburgische Absolutismus gipfelte in der Mitte des 18. Jahrhunderts in einer prunkvollen Hofhaltung in Bückeburg sowie in den Bemühungen, eigene militärische Einheiten zu bilden. Dazu diente ein Enrollierungssystem, das die männliche Bevölkerung ab der Konfirmation erfaßte (mit Ausnahme der Hoferben) und zu schweren Wirtschaftsschäden infolge der Flucht von Enrollierten aus dem Land führte.[99] Der militärische Nutzen der »Armee« war, wie in den übrigen Kleinstaaten des Reiches, äußerst begrenzt. Die Folge der hohen Repräsentationsausgaben war eine Verschuldung gegenüber Hannover, die erst unter Graf Wilhelm (1724–1777) wieder auf ein vertretbares Maß vermindert werden konnte. Die Vormundschaftsphase von 1787 bis 1807 überstand das Grafenhaus ohne substanzielle Einbußen; weder die französische Unterwerfung Hannovers 1803 noch die Mediatisierungsphase im Jahre 1806 beeinträchtigten die Landeshoheit, die 1807 durch den Beitritt zum Rheinbund eine Bestätigung erfuhr.[100] Dem Resümee Friedrich Wahls über die beiden lippischen Grafschaften ist nichts hinzuzufügen:

»Selbst nicht machtvoll genug, um diese Stellung (am Wesereintritt ins Flachland – d.Verf.) zum eigenen Nutzen auszubauen und erweitern zu können, verdanken diese Länder ihre Fortdauer einzig und allein der eifersüchtigen Rivalität der sie umgebenden Staaten. Eine geschickte Diplomatie der Herrscherhäuser tut das ihre, diese Neutralität ungefährdet aufrecht zu erhalten.«[101]

Die Grafschaft *Pyrmont* lag im Weserbergland zwischen der Grafschaft Lippe und der Stadt Hameln. Bis 1494 gehörte sie den Grafen von Pyrmont; in den folgenden 130 Jahren wechselte sie viermal den Besitzer und fiel endlich an die Grafen von Waldeck.[102] Dieses Geschlecht stammte von den Grafen von Schwalenberg ab und hatte sich im nordhessischen Bergland niedergelassen; um die Burg Waldeck und die Städte Arolsen und Wildungen gelang es ihnen, eine arrondierte

---

[97] Ebd., S. 38–41.

[98] SCHAER, Absolutismus in Lippe, S. 192.

[99] HAUPTMEYER, Souveränität, Partizipation und absolutistischer Kleinstaat, S. 95 f.; OBERSCHELP, Politische Geschichte Niedersachsens, S. 70 f.

[100] Vgl. zur Geschichte der Grafschaft Schaumburg während der Revolutionskriege und in der Ära Napoleons, vor allem bezüglich der Ausübung der Vormundschaft durch den Grafen Wallmoden: KIEWNING, Fürstin Pauline zur Lippe, S. 262.

[101] WAHL, Verfassung und Verwaltung, S. 32.

[102] Die zwischenzeitlichen Besitzer:
1494 – 1557 Grafen von Spiegelberg
1557 – 1583 Grafen zur Lippe
1583 – 1625 Grafen von Gleichen
seit 1625 Grafen von Waldeck
vgl. Handbuch der Hist. Stätten, Bd. 2, S. 29 f.; Hermann ENGEL, Die Geschichte der Grafschaft Pyrmont von den Anfängen bis zum Jahre 1668, Diss. München 1972, S. 19; vgl. zu den Beziehungen Pyrmonts zu westfälischen Grafenhäusern: Erich WISPLINGHOFF u.a. (Hrsg.), Geschichte des Landes Nordrhein-Westfalen, Würzburg 1973, S. 102.

Landesherrschaft zu errichten.[103] Neben Bergbaueinkünften (Goldgewinnung bis zum 17. Jahrhundert) zog das regierende Haus Gewinn aus den beiden florierenden Heilbädern Pyrmont und Wildungen. Ihre Kernlande hatten die Waldecker 1431/38 den Landgrafen von Hessen zu Lehen aufgetragen; die Verpflichtung, zu den hessischen Landtagen zu erscheinen, war ihrer Landeshoheit jedoch nicht abträglich, ebenso wenig wie die Unterstellung der Waldecker Untertanen unter hessische Obergerichte.[104] Die Grafen von Waldeck beteiligten sich an den verschiedenen Aktivitäten der Wetterauischen Grafeneinungen; für ihren Kernbesitz gehörten sie später der wetterauischen Grafenbank an.[105]

Die Besitzergreifung dieser Familie im Weserbergland ging nicht ohne heftige Auseinandersetzungen mit dem Bischof von Paderborn ab, der auf alten Lehnsrechten im Emmertal insistierte. Die Pyrmonter Fehde gipfelte in der Belagerung der Stadt durch Paderborner Söldner 1631, wobei der Burgturm mit dem Grafschaftsarchiv in Brand geschossen und völlig zerstört wurde. Erst 1668 gelang eine Übereinkunft, die den Grafen von Waldeck das Pyrmonter Becken und die Reichsrechte verschaffte, dem Bischof aber die Stadt Lügde sowie das Heimfallrecht bei Aussterben des Waldecker Mannesstammes sicherte.[106] Nach dieser Teilung besaß der Graf neben der Stadt Pyrmont zwei Kirchspiele und 10 Dörfer, freier Adelsbesitz ist nicht überliefert, so daß der Graf über das gesamte Territorium als Domanialbesitz verfügen konnte. Die Einkünfte beliefen sich, begünstigt durch den mineralischen Brunnen und das daran angeschlossene Salzwerk, auf ca. 30.000 Rtl. pro Jahr.[107] Das Engagement der Grafen von Waldeck im Westfälischen Grafenkollegium war sehr begrenzt; sie galten in der Korrespondenz des evangelischen Direktoriums als ein Mitstand, der sich um eine Virilstimme bemühte – hierzu hatten die Fürstenstandserhebungen von 1682 und 1711 die Voraussetzungen geschaffen – und dafür die Interessen des Kollegiums zu verraten bereit war.[108] Die Grafschaft Pyrmont überstand ebenso wie die 1803 zum Fürstentum mit Virilstimme im Reichsfürstenrat erhobene Grafschaft Waldeck die Wirren der napoleonischen Zeit ohne Schaden für ihre Souveränität.[109]

Die Grafschaft *Rietberg* lag in Westfalen zwischen Bielefeld und Lippstadt an der Ems. Die Fläche des Territoriums betrug im 18. Jahrhundert 216 qkm. Riet-

---

[103] Zu den Grafen: Jakob Christoph Carl HOFFMEISTER, Historisch-genealogisches Handbuch über alle Grafen und Fürsten von Waldeck und Pyrmont seit 1228, Cassel 1883; Ernst Heinrich KNESCHKE, Deutsche Grafen-Häuser der Gegenwart, Bde. 1–3, Leipzig 1852–1854; hier: Bd. 2, S. 619–621; vgl. TADDEY, S. 1255 (s.v. Waldeck-Pyrmont).

[104] Karl E. DEMANDT, Geschichte des Landes Hessen, Kassel, 2. Aufl., Basel 1972, S. 400 f.

[105] Rolf GLAWISCHNIG, Niederlande, Kalvinismus und Reichsgrafenstand 1559–1584. Nassau-Dillenburg unter Graf Johann VI., Marburg 1973, S. 11.

[106] Der Paderborner Bischof übernahm ferner die Ausstattung eventuell beim Heimfall unversorgter Töchter in Höhe von 20.000 Rtl. pro Person: MOSER, Neues Teutsches Staatsrecht, Bd. 3, S. 867; vgl. die detaillierten Passagen bei ENGEL, Geschichte der Grafschaft Pyrmont, passim.

[107] BÜSCHING, Neue Erdbeschreibung, Bd. 3, S. 76; ENGEL, Geschichte der Grafschaft Pyrmont, S. 124.

[108] Auflistung der Mitstände des Kollegiums mit besagtem Zusatz bei Waldeck-Pyrmont: StA DT, L 41 a, 352, S. 236.

[109] Zur Erhebung und der Verleihung der Virilstimme: RDHS 1803, § 32: BUSCHMANN, Kaiser und Reich, S. 618 ff.

berg bestand aus Stadt und Schloß Rietberg, dem Jagdschloß Holte, drei Kirchdörfern sowie 12 Bauernschaften; die Einwohnerzahl im 18. Jahrhundert kann auf
10.000 bis 11.000 geschätzt werden.[110] Im Hochmittelalter gehörte die Grafschaft
zu den verstreuten Besitzungen der Grafen von Arnsberg; die Konsolidierung als
eigenständiger Herrschaftsbezirk vollzog sich, als nach 1237 eine Arnsberger Linie
sich in Rietberg niederließ und sich nach der Burg nannte. 1353 wurde Rietberg
als freie Reichsgrafschaft von Kaiser Karl IV. anerkannt.[111] Die Grafen wirkten aktiv in der westfälischen Bistumspolitik mit und stellten verschiedene Male
Bischöfe in Minden, Paderborn, Münster und Osnabrück. Dadurch wurden sie in
zahlreiche Fehden verwickelt; 1456 war das Geschlecht so geschwächt, daß es
seine Grafschaft dem Landgrafen von Hessen zu Lehen auftragen mußte.[112]

Mit Graf Johann, der 1557 wegen seiner kriegerischen Ambitionen eine Kreisexekution über sich hatte ergehen lassen müssen, starb 1562 der Rietberger Mannesstamm aus. Die Grafschaft kam über die Erbtochter Walburgis in den Besitz
von Graf Enno III. von Ostfriesland, der hier seine Residenz nahm. Auch diese
Linie nahm den Namen »Grafen von Rietberg« an.[113] Als 1690 auch diese Familie
ohne männlichen Erben ausstarb, kam es zum Erbstreit zwischen Hessen-Kassel
(als Lehnsherrn) und den Familien, in die die Töchter des letzten Grafen eingehei-
ratet hatten. Den Sieg trug Gräfin Maria Ernestine Franziska davon, die seit 1699
mit Maximilian Ulrich von Kaunitz verheiratet war. Die Erbanfechtungen der
Konkurrentinnen wurde 1714 vom Reichshofrat abgelehnt.[114]

Die Kaunitz waren ein einflußreiches Rittergeschlecht in Mähren, deren Vorfahren schon in den Kriegen des böhmischen Königs Premysl Ottokar II. teilgenommen hatten. Nach ihrem Übertritt zum reformierten Glauben während der
Hussitenzeit verloren die Kaunitz bei der habsburgischen Reconquista Böhmens
nach 1620 einen großen Teil ihrer Güter; durch die Konversion zum Katholizismus konnten einzelne Mitglieder der Familie sich wirtschaftlich sanieren. In drei

---

[110] Vgl. die teilweise unterschiedlichen Angaben bei: Wilhelm KOHL, Westfälische Geschichte,
Bd. 1, Düsseldorf 1983, Tabelle S. 607; Hermann SCHERL, Die Grafschaft Rietberg unter dem Geschlecht der Kaunitz. Unter besonderer Berücksichtigung der Verwaltungsgeschichte, Diss. Innsbruck 1962, S. 4–7.

[111] Wolfgang LEESCH, Die Grafen von Rietberg aus den Häusern Arnsberg und Ostfriesland,
in: Westf. Zs. 113 (1963), S. 283–376; SCHERL, Die Grafschaft Rietberg, S. 10 f.; TADDEY, S. 1023.

[112] Georg Joseph ROSENKRANZ, Beiträge zur Geschichte des Landes Rietberg und seiner Grafen, in: Zeitschrift für vaterländische Geschichte und Altertumskunde Westfalens, N.F. 4 (1853),
S. 92–196; hier: S. 112; vgl. SCHERL, Die Grafschaft Rietberg, S. 11; Hdb. d. Hist. Stätten, Bd. 3, S.
644 f.

[113] Zu Graf Johann von Rietberg: Andreas SCHNEIDER, Der Niederrheinisch-Westfälische
Kreis, S. 90–103. Die Belehnung des Ostfriesen erfolgte 1585: SCHERL, Die Grafschaft Rietberg, S.
12; vgl. zur Rietberger Erbfolge vom 16. bis zum 18. Jahrhundert im Überblick: Hermann NOT-
TARP, Lebendige Heraldik, in: Ders., Aus Rechtsgeschichte und Kirchenrecht. Gesammelte Abhandlungen, hrsg. von Friedrich MERZBACHER, Köln, Graz 1967, S. 697–771; hier: S. 726 ff.

[114] Mit den Fürsten von Liechtenstein erfolgte 1726 die Vereinbarung, daß dieses Haus im Falle
des Aussterbens des Kaunitzschen Mannesstammes nachfolgen sollte; vgl. SCHERL, Die Grafschaft
Rietberg, S. 17–24.

Generationen vollzog sich der Aufstieg in den Reichsfürstenstand, zwei Generationen später starb das Geschlecht aus.[115]

Die Grafschaft Rietberg wurde von ihren mährischen Besitzern als entfernte Außenprovinz angesehen; der Kaunitzsche Kernbesitz in den Erblanden war beträchtlich größer als die Grafschaft. In Rietberg wurde eine Regierung unter einem Generalbevollmächtigten eingesetzt. Sie profitierte davon, daß sich aller Grund und Boden im Besitz des Grafenhauses befand; Landstände gab es nicht. Die Erträge aus den 107 steuerpflichtigen Bauernstellen sowie sonstigen Gefällen betrugen ca. 40.000 Rtl. pro Jahr.[116] Für die Familie Kaunitz war der Erwerb Rietbergs und die damit verbundene Reichs-, Kreis- und Kollegialmitgliedschaft ein Schritt auf ihrem Weg zur Spitze des österreichischen Hofadels; Maximilian Ulrichs Wahl einer ostfriesischen Gräfin als Ehepartnerin darf unter diesen Umständen als Zweckheirat betrachtet werden. Das Engagement der Kaunitz im Grafenkollegium war stets gering; Staatskanzler Wenzel Anton von Kaunitz soll seine Grafschaft nur ein einziges Mal besucht haben.[117] Allerdings war er in der Korrespondenz mit dem katholischen Direktor Graf von Metternich den Anliegen der katholischen Grafen gegenüber aufgeschlossen und hat mit seinen Möglichkeiten die Restitution ihrer Rechte im Jahre 1784 gefördert. Rietberg erhielt 1803 im Reichsdeputationshauptschluß eine Virilstimme im Reichsfürstenrat; 1807 wurde die Grafschaft jedoch vom Königreich Westfalen mediatisiert und fiel 1815 als Standesherrschaft in den preußischen Machtbereich.[118]

Die Grafschaft *Bentheim* lag zwischen dem Unterlauf der Ems und der Grenze der Niederlande; heute bildet sie einen gleichnamigen Kreis im Bundesland Niedersachsen. Um 1800 hatte Bentheim eine Fläche von 915 qkm und eine Einwohnerschaft von ca. 23.000 Personen, die zu über 90% reformiert waren.[119] Die Grafschaft gehörte seit dem 10. Jahrhundert dem alten Dynastengeschlecht der Grafen von Bentheim; nach deren Aussterben im Jahre 1421 übernahmen die Edelherren von Götterswick die Grafschaft und benannten sich nach ihr. Durch eine vorteilhafte Heiratspolitik gelang den Grafen eine beträchtliche Besitzerweiterung in Westfalen: Sie erwarben nacheinander die Grafschaften Steinfurt, Limburg (=Hohenlimburg an der Lenne) und Tecklenburg.[120] Es wurde jedoch versäumt, durch Vereinbarung einer Primogeniturordnung die zentrale Regierung dieser Territorien zu gewährleisten. Schon 1606 erfolgte die erste Erbteilung, der 1643

[115] Geschichte der Familie Kaunitz: SCHERL, Die Grafschaft Rietberg, S. 19 f.; S. 52–55; vgl. auch die Aussagen bei Grete KLINGENSTEIN, Der Aufstieg des Hauses Kaunitz. Studien zur Herkunft und Bildung des Staatskanzlers Wenzel Anton, Göttingen 1975, S. 1–46.

[116] ROSENKRANZ, Beiträge zur Geschichte des Landes Rietberg, S. 96 f.; vgl. auch zur Mißwirtschaft der gräflichen Verwaltung angesichts der dauernden Abwesenheit der Grafen: Otto MERX, Aus einem westfälischen Kleinstaate, in: Westfalen 1 (1909), S. 9–24.

[117] Vgl. Gerhard BENECKE, Society and Politics in Germany, S. 133–136.

[118] Zu Wenzel Anton: vgl. Kap. 3.3. (S. 132); zum RDHS 1803, § 32: BUSCHMANN, Kaiser und Reich, S. 619; Handbuch d. Hist. Stätten, Bd. 3, S. 645.

[119] Ernst FINKEMEYER, Verfassung, Verwaltung und Rechtspflege der Grafschaft Bentheim zur Zeit der hannoverschen Pfandschaft 1753–1804, Osnabrück 1967, S. 11; Hdb. d. Hist. Stätten, Bd. 3, S. 40 f.; vgl. Wilhelm KOHL, Westfälische Geschichte, Bd. 1, Tabelle S. 607; TADDEY, S. 108.

[120] Vgl. unten: Grafschaft Tecklenburg (S. 57 f.).

eine weitere folgte; das Haus Bentheim bestand fortan aus den drei Linien Bent-heim-Bentheim, Bentheim-Steinfurt und Bentheim-Tecklenburg-Rheda.[121]

Die mit diesen Teilungen erfolgte Schwächung des Geschlechts nutzte der mächtigste Territorialherr Westfalens, der Bischof von Münster. Unter Christoph Bernhard von Galen konnte Graf Ernst Wilhelm von Bentheim zur Konversion vom calvinistischen Bekenntnis zum Katholizismus genötigt werden (1668). Durch das Eingreifen der Niederlande wurden die bentheimischen Untertanen vor der Zwangsbekehrung durch münstersche Jesuiten bewahrt; der Bielefelder Vergleich von 1691 sicherte ihnen die freie Religionsausübung auch unter dem künftigen Herrscher, Graf Arnold Moritz Wilhelm, der seinem Onkel in den Katholizismus gefolgt war.[122]

Im 18. Jahrhundert erlosch die Selbständigkeit Bentheims. Graf Hermann Friedrich unterstand zunächst wegen seiner Jugend, dann wegen einer Geisteskrankheit fast zeitlebens einer auswärtigen Vormundschaftsregierung.[123] Nach seinem Tod 1731 übernahm der Kölner Kurfürst Clemens August unter Fortführung seiner Aufgaben die Vormundschaft für den minderjährigen Nachfolger; dazu mußte er zeitweise Militär in die Grafschaft Bentheim legen lassen, um einer preußischen Intervention zuvorzukommen.[124] Die neue Vormundschaft wurde erst 1746 mit der Volljährigkeitserklärung des nunmehr neunzehnjährigen Grafen Friedrich Karl beendete.[125]

Nach nur sechs Jahren mußte der Graf auf seine Landesherrschaft verzichten, da die Schulden, die während der Konflikte des 17. Jahrhunderts und der Vormundschaften astronomische Höhen erreicht hatten, zu Illiquidität des Landesherrn geführt hatten. Die bentheimischen Landstände, die aus der Ritterschaft[126], den Klöstern Frenswegen und Wietmarschen sowie aus den Städten Schüttorf, Bentheim, Nordhorn und Neuenhaus bestanden, hatten schon 1680 die desolate Finanzsituation zu einem für sie günstigen Vergleich genutzt: Die Landessteuern sollten nur zur Schuldentilgung verwendet werden dürfen, ein auf die Stände vereidigter Generaleinnehmer mußte eingestellt werden, neue Verschuldungen wurden untersagt; der Graf mußte noch weitere Privilegien konzedieren, darunter das Versprechen, jährlich einen Landtag einzuberufen.[127]

---

[121] Vgl. unten: Grafschaft Steinfurt (S. 58 f.) und Herrschaft Rheda (Kap. 2.3., S. 108 f.); Joseph GREIWING, Der Übergang der Grafschaft Bentheim an Hannover. Die Geschichte einer Pfandschaft, Münster 1934, S. 183; vgl. auch bei VEHSE, Geschichte der deutschen Höfe, Bd. 40, S. 295.

[122] KESTING, in: Westf. Zs. 106 (1956), S. 207, S. 133.

[123] FINKEMEYER, Grafschaft Bentheim, S. 14.

[124] KLINGENSTEIN, Der Aufstieg des Hauses Kaunitz, S. 231; Fürstlich Bentheimisches Archiv Burgsteinfurt, Inventar Rep. 22, S. 1; KESTING, in: Westf. Zs. 106 (1956), S. 207, S. 133; FINKEMEYER, Grafschaft Bentheim, S. 14.

[125] Johann Caspar MÖLLER, Geschichte der vormaligen Grafschaft Bentheim von den ältesten Zeiten bis auf unsere Tage, Lingen 1879 (ND 1975), S. 396–412; vgl. die Vollmacht der Vormundschaftsregierung für den Delegierten zum Grafentag 1740, Hofrat Gottfried Joseph Buschmann vom 6. Aug. 1740: StA DT, L 41 a, 322, S. 447.

[126] Berühmtester und mächtigster Mitstand der Ritterkurie war der Generalstatthalter der Niederlande, dem in Bentheim 120 Höfe gehörten: FINKEMEYER, Grafschaft Bentheim, S. 26.

[127] Die Stände und die Vereinbarung von 1680: KOHL, Westfälische Geschichte, Bd. 1, S. 623; FINKEMEYER, Grafschaft Bentheim, S. 25–30.

Die Zusagen nutzten den Ständen in der Folgezeit wenig, da sich die Vormundschaftsregierungen nicht daran gebunden fühlten und weitere Kredite aufnahmen.
Graf Friedrich Karl sah von vornherein die Hoffnungslosigkeit des Bemühens ein,
die zerrütteten Finanzen wieder zu sanieren; er trug die Grafschaft dem Kurfürsten von Hannover an, um eine Abtretung an Preußen oder an die Niederlande –
ohne Aussicht auf Wiedereinlösung – zu umgehen. Der Hauptvertrag vom 22.
Mai 1752 und Exekutionsrezeß vom 2. Juni 1753 beinhalteten die Verpfändung
der gesamten Grafschaft mit allen Rechten und Einkünften an Hannover für 30
Jahre gegen Übernahme der Landesschulden, Erhaltung der Landesverfassung und
Zahlung einer Apanage an den Grafen in Höhe von 20.000 Rtl. jährlich. Die beiden übrigen Linien des Hauses Bentheim verhielten sich unterschiedlich: Während
Bentheim-Steinfurt am 22. Juni 1752 in die Verpfändung einwilligte, protestierte
Bentheim-Tecklenburg-Rheda heftig.[128] Als das Projekt schon unterschriftsreif
war, bot der Bischof von Münster dieselben Konditionen unter Anerkennung der
bentheimischen Landeshoheit für den Grafen; dieser lehnte von Paris aus den
Vorschlag unter Hinweis auf dessen zweifelhafte Glaubwürdigkeit ab.[129] Das Direktorium des Niederrheinisch-Westfälischen Kollegiums korrespondierte künftig
mit der »Bentheimischen Pfandschafts-Regierung« unter dem »verordneten Landdrost« von Ompteda.[130] Während des Siebenjährigen Krieges konnte Graf Friedrich Karl im Gefolge französcher Truppen kurzzeitig in den Besitz seiner Grafschaft gelangen, während ihm die Auszahlung seiner englischen Pension gesperrt
wurde. Ende 1762 kam die Grafschaft wieder unter hannoversche Herrschaft,
unter der sie bis zur Besetzung Hannovers 1803 blieb.[131] Nach den Wirren der
napoleonischen Zeit wurde Bentheim der hannoverschen Landvogtei Osnabrück
zugeschlagen; eine Auslösung war bis dahin gescheitert und nach der
Mediatisierung aller bentheimischen Besitzungen illusorisch geworden.

Die Grafschaft *Tecklenburg* lag auf den nördlichen Ausläufern des Teutoburger
Waldes zwischen Münster und Osnabrück. Sie umfaßte 412 qkm bei einer Einwohnerzahl, die im 18. Jahrhundert zwischen 15.000 und 20.000 lag.[132] Seit dem
frühen 12. Jahrhundert regierten hier die Grafen von Tecklenburg; als die Grafen
von Schwerin 1329 die Grafschaft erbten, übernahmen sie deren Namen.[133] Dieses

---

[128] FINKEMEYER, Grafschaft Bentheim, S. 14–19; Zustimmung von Bentheim-Steinfurt: StA
OS, Rep. 117 VII B/120, S. 25 ff.

[129] Vgl. Extrakt aus der Frankfurter Zeitung vom 25. Juni 1753: FWA, Nr, Schrank 103, Gefach 62, Nr. 3.

[130] Vgl. Schreiben Omptedas an den Grafen von Neuwied, 24. Juli 1754: StA DT, L 41 a, 351,
S. 221.

[131] Zur Illustration: Vgl. Korrespondenz zwischen der Regierung in Hannover und der Pfand
schaftsregierung in Bentheim, 30. Nov. und 14. Dez. 1771: StA OS, Rep.120, Nr. 176, S. 1 f.;
9–10v.

[132] Vgl. KOHL, Westfälische Geschichte, Bd. 1, Tabelle S. 607; August Karl HOLSCHE, Histo-
risch-topographische-statistische Beschreibung der Grafschaft Tecklenburg nebst einigen speciellen
Landesverordnungen mit Anmerkungen als ein Beÿtrag zur vollständigen Beschreibung Westphalens, Berlin 1788, S. 98; S. 135.

[133] Hdb. d. Hist. Stätten, Bd. 3, S. 714 f.; BÜSCHING, Neue Erdbeschreibung, Bd. 3, S. 722–725;
Johann Dietrich von STEINEN, Westfälische Geschichte, Bde. 1–5, Lemgo 1755–1804; hier: Bd. 2,
S. 1027–1058.

Haus konnte zwar die Grafschaft Rheda erwerben, mußte aber nach verlorenen Fehden einige nördliche Ämter an das Bistum Münster abtreten.[134] 1557 starb das Tecklenburger Haus im Mannesstamm aus; unter Umgehung der Erbansprüche der Grafen von Solms-Braunfels kam Tecklenburg über die Gräfin Anna von Tecklenburg in den Besitz von Graf Everwin III. von Bentheim. Die Grafen klagten seit 1577 vor dem Reichskammergericht, bekamen aber erst 1686 recht: Bentheim wurde verurteilt, jeweils 3/8 Anteile der Grafschaften Tecklenburg und Rheda an die Grafen aus der Wetterau zu überlassen. Beide Häuser verglichen sich 1699, daß Solms 3/4 von Tecklenburg und 1/4 von Rheda, die Bentheimer dagegen 1/4 von Tecklenburg und 3/4 von Rheda erhielten; letztere Burg wurde auch zur Residenz der Grafen.[135] Die Grafen von Solms-Braunfels verkauften 1707 ihren Anteil an den preußischen König für 250.000 Rtl., da sie den exponierten Außenposten in Westfalen weder schützen noch nutzen konnten.[136]

Tecklenburg hatte von alters her neun Burgmänner (oder Kastellane), die mit ihren Familien die Militärämter erblich innehatten; sie trafen sich auf Versammlungen, die landständischen Charakter hatten.[137] Ein darüber hinausreichender landsässiger Adel war nicht vorhanden; die Prälaten und die Städte Tecklenburg und Lengerich besaßen ebenfalls keine Landstandschaft.[138] Die gräflichen Verwaltungsorgane (Regierungskanzlei und Kammer) unterlagen daher nur der Kontrolle der Burgmänner, die die Verschuldung der Grafschaft zur Stabilisierung der eigenen Macht ausnutzten.[139] Ihr Einfluß verschwand mit der Unterordnung der Regierungsorgane unter die Anordnungen aus Berlin nach dem preußischen Erwerb. Es gelang dem preußischen König Friedrich Wilhelm I., für Tecklenburg beim westfälischen Grafenkollegium zugelassen zu werden; der Einfluß Preußens hing aber an seiner Stellung als norddeutsche Vormacht, nicht an dieser einen Stimme. 1803 wurde Tecklenburg Bestandteil der preußischen Provinz Westfalen; 1815 wurde diese Zugehörigkeit bestätigt.

Die Grafschaft *Steinfurt* lag zwischen Münster und Enschede. Im späten 18. Jahrhundert betrug der reichsfreie Besitz, der wesentlich aus der Stadt und der Burg Steinfurt bestand, 65 qkm. Steinfurt wurde erstmals 1129 unter der Herrschaft der gleichnamigen Edelherren erwähnt.[140] Dieses Geschlecht erwarb 1357 die Freigrafschaft Steinfurt und den Schöffenstuhl Laer durch Edelherr Balduin II. als reichsunmittelbares Lehen; der neue Status wurde vom Bischof von Münster angefochten und stellte in den folgenden Jahrhunderten einen ständigen Streit-

---

[134] Otto NERLICH, Der Streit um die Reichsunmittelbarkeit der ehemaligen Herrschaft und späteren Grafschaft Steinfurt bis zum Flinteringischen Vertrage (1569), Hildesheim 1913, S. 107 f.; TADDEY, S. 1188.

[135] HOLSCHE, Grafschaft Tecklenburg, S. 77 f.; MOSER, Neues Teutsches Staatsrecht, Bd. 3, S. 889.

[136] Vgl. KOHL, Westfälische Geschichte, Bd. 1, S. 608.

[137] BENECKE, Society and Politics, S. 153–157.

[138] HOLSCHE, Grafschaft Tecklenburg, S. 149 f.

[139] DROEGE, Die westfälischen Gebiete, in: JESERICH, Deutsche Verwaltungsgeschichte, Bd. 1, S. 738.

[140] Vgl. KOHL, Westfälische Geschichte, Bd. 1, Tabelle S. 607

punkt zwischen beiden Herrschern dar.[141] Nach dem Aussterben der Herren von
Steinfurt fiel deren Besitz 1421 an die Grafen von Bentheim; diese erwirkten für
ihre Gebiete die Gesamtbelehnung.[142] Durch Erbteilung von 1454 entstanden zum
ersten Mal zwei bentheimische Linien, die Bentheim und Steinfurt getrennt regierten; 1487 schlossen sie eine Erbvereinigung, in der sich beide gegenseitig als Nachfolger einsetzten.[143] Steinfurt wurde 1495 zur freien Reichsgrafschaft erhoben; die
darauf folgenden Streitigkeiten mit dem Bischof von Münster wurden erst 1569 im
Flinteringischen Vertrag beigelegt: Die Reichsunmittelbarkeit der Grafen von
Bentheim-Steinfurt beschränkte sich fortan auf Stadt und Burg Steinfurt, während
der auswärtige Besitz der Linie unter münstersche Hoheit geriet, unbeschadet der
Nutzungsrechte. Das Reichskammergericht bestätigte 1582 diese Vereinbarung.[144]
Die Doppelstellung als Reichsstand und münsterscher Landstand hatte trotz mancher drohenden Gebärde keine nachteiligen Folgen für die Grafen; Steinfurt behauptete seine Reichsfreiheit trotz der Existenz des mächtigen Nachbarn.[145] Auch
zwischenzeitliche Besetzungen im Dreißigjährigen Krieg und unter der Herrschaft
Christoph Bernhards von Galen ließen den status quo unangetastet, der 1716 in
einem weiteren Vertrag nochmals bestätigt wurde.[146]

Nach der Blütezeit des Bentheimer Grafengeschlechts unter Graf Arnold
(1554–1606)[147], der neben Bentheim, Steinfurt, Tecklenburg und Rheda noch einige weitere Besitzungen hatte, verfiel die Macht durch die Aufteilung allen Besitzes unter fünf Erben. Nur zwei von ihnen hatten Söhne, unter denen weitere
Teilungen stattfanden. Letztlich bildeten sich drei Linien, von denen eine ständig
in Burgsteinfurt residierte (ihre Nachfahren wohnen noch heute dort).[148] Die Grafen von Bentheim-Steinfurt, wie sich diese Linie fortan nannte, verloren 1806 ihre
Reichsfreiheit; ihr Besitz fiel an das Großherzogtum Berg und kam 1815 als Standesherrschaft Steinfurt an Preußen.[149]

Die Reichsherrschaft *Gemen* lag nördlich der Stadt Borken im westlichen Münsterland; sie umfaßte im 18. Jahrhundert 21 qkm und hatte ca. 1.100 Einwohner.[150] Seit dem 11. Jahrhundert regierten die Edelherren von Gemen diesen
Besitz; 1492 wurden sie von den Grafen von Schaumburg beerbt.[151] Als diese 1638

141 NERLICH, Grafschaft Steinfurt, S. 48 f.

142 Ebd., S. 62.

143 Ebd., S. 67–70. Die Erbvereinigung kam 1528 zur Anwendung, als die Bentheimer Linie
ausstarb.

144 NERLICH, Grafschaft Steinfurt, S. 141–144.

145 Vgl. VEHSE, Geschichte der deutschen Höfe, Bd. 40, S. 302.

146 NERLICH, Grafschaft Steinfurt, S. 146–152.

147 Vgl. Rudolf RÜBEL, Graf Arnold von Bentheim-Steinfurt, in: Westfälische Lebensbilder, Bd.
9, S. 18–33.

148 Vgl. zur Genealogie: GREIWING, Der Übergang der Grafschaft Bentheim an Hannover, S.
183; SEStN IV, Tafeln 1–3.

149 Vgl. Hdb. d. Hist. Stätten, Bd. 3, S. 135–137.

150 Ebd., S. 250.

151 Hans LEENEN, Die Herrschaft Gemen in Bildern und Dokumenten, Münster 1981, S. 30.
Zur mittelalterlichen Geschichte von Gemen: Friedrich von LANDSBERG-VELEN, Geschichte der
Herrschaft Gemen, in: Zeitschrift für vaterländische Geschichte und Altertumskunde Westfalens,
Bde. 20, 28, 41 und 42, 1859–1884, Münster 1884, passim; TADDEY, S. 421.

vom Aussterben bedroht waren, nutzte die Fürstäbtissin von Elten und Vreden, Agnes von Limburg-Styrum[152], die Wechselfälle des Dreißigjährigen Krieges aus und setzte sich gewaltsam in den Besitz der Herrschaft. Sie übertrug diesen Zugewinn später ihrem Neffen Hermann Otto von Limburg-Styrum, der als Begründer dieser Linie des weitverzweigten Hauses in Gemen angesehen werden kann.[153] Graf Otto von Schaumburg konnte sich in den beiden letzten Jahren seines Lebens nicht mehr gegen diese Gewaltaktion wehren; seine Erben, die Grafen von Schaumburg-Lippe, sollten jedoch den Anspruch auf die westfälische Herrschaft bewahren.[154]

Das weitverzweigte Geschlecht der Grafen von Limburg-Styrum stammte von dem Abenteurer Friedrich von Isenberg ab, der 1225 mit einigen Rittern den Kölner Erzbischof Engelbert von Berg erschlug. Isenberg wurde geächtet und nach seiner Gefangennahme 1226 vor Köln gerädert; seine Burg auf dem Isenberg bei Hattingen/Ruhr wurde geschleift. Seine Söhne mußten Geschlechtsnamen und Wappen tauschen und wurden von einem Verwandten, dem Herzog von Limburg adoptiert.[155] Ungeachtet dieser Geschehnisse haben die Grafen von Limburg-Styrum später ihre Abkunft auf die alten Herzöge von Luxemburg und Limburg zurückgeführt, um dadurch ihren vermeintlich fürstenmäßigen Stand zu belegen; auch wurden von ihnen Ansprüche auf das Herzogtum Holstein erhoben, zu dessen Herrscherhaus verzweigte Verwandtschaftsbeziehungen bestanden.[156]

Eine Machtgrundlage zur Durchsetzung dieser Ansprüche bestand dagegen überhaupt nicht. Der reichsfreie Besitz der Grafen in Gemen war auf das Schloß und den gleichnamigen Flecken beschränkt; ein detaillierter Bericht über die Herrschaft von 1724 beschreibt, das gesamte »Territorium« habe einen Umfang von

---

[152] Die Gräfin Agnes (1563–1645) war 1577 ins Stift Elten eingetreten; nach dem Erwerb weiterer Pfründen wurde sie 1596 Pröpstin in Vreden. 1603 wählten die Konvente in Elten, Vreden und Borghorst sie zur Äbtissin. 1614 wurde sie auch ins Leitungsamt des Stifts Freckenhorst berufen. Nach spanischen und staatischen Plünderungen gelang unter ihr eine innere Reorganisation der geistlichen Einrichtungen; auch Reste protestantischer Gesinnung in den Stiften verschwanden während ihrer Amtszeit. Die Stärke ihrer Stellung zeigte sich 1619 in der Durchsetzung ihrer Nichte Juliane Elisabeth (1600–1641) als Coadjutorin in allen vier Stiften; die junge Gräfin starb jedoch vor ihrer Gönnerin: Hans Jürgen WARNECKE, Agnes von Limburg-Styrum (1563–1645), in: Westfälische Lebensbilder, Bd. 12, S. 1–22.

[153] Graf Hermann Otto war über seine Mutter Maria von Holstein-Schaumburg erbberechtigt; in der Rangfolge der Erbberechtigten stand er jedoch Graf Otto von Schaumburg nach: vgl. WARNECKE, Agnes von Limburg-Styrum, S. 15 f.

[154] Davon zeugen noch die zahlreichen Akten im StA Bückeburg, in denen die Grafen von Schaumburg-Lippe ihre Rechtstitel auf Gemen zusammengetragen hatten, um gegebenenfalls sofort prozessieren zu können: StA Bückeburg, Familiaria 1, A XXVII, Nr. 5.

[155] Fritz E. Freiherr von MEHRING, Geschichte der Burgen, Rittergüter, Abteien und Klöster in den Rheinlanden, Bde. 1–4 (12 Hefte), Köln 1833–1861 (ND Walluf 1973); hier: Heft 1, S. 111–113; Walter MÖLLER, Stammtafeln westdeutscher Adelsgeschlechter im Mittelalter, Bde. 1–3, Darmstadt 1922–1936; hier: Bd. 3, Tafel 86; zur Geschichte der Grafen von Isenberg-Limburg: Adam Lambert HULSHOFF/G. ADERS (Hrsg.), Geschichte der Grafen und Herren von Limburg und Limburg-Styrum, Bde. 1–4, Münster, Assen 1963–1968; hier: Bd. 1, S. 245–396, vor allem S. 255 ff.

[156] HHStA Wien, Staatskanzlei: Kleinere Reichsstände 517, S. 20–29.

»zwei Stunden« gehabt.[157] Gemen war nach diesem Bericht ein Weiberlehen: Nach Aussterben des Mannesstammes der früheren Besitzer folgten automatisch die Töchter. Dieser Status war von den Kaisern Ferdinand I. 1546 und Maximilian II. 1569 bestätigt worden. Der Flecken Gemen bestand aus ca. 100 Häusern, von denen 25 die sog. Burgfreiheit nahe dem Schloß genossen: Ihre Eigentümer waren von der allgemeinen Steuer, der Schatzung, ausgenommen, zahlten dafür aber bei Herrnfall und Mannfall 12 Rtl. Gebühr. Die Untertanen des Fleckens waren darüber hinaus zum Unterhalt der gräflichen Jagdhunde und zur Stellung der Schloßwache verpflichtet.

Der Graf war gleichzeitig Grundherr über zahlreiche hörige Bauern[158]; außerdem lagen noch Höfe fremder Grundherren im Herrschaftsdistrikt und unterstanden der Jurisdiktion des Grafen. Ungeachtet des katholischen Bekenntnisses des Grafen von Limburg-Styrum war Gemen von Angehörigen aller drei Konfessionen bewohnt. Die Geistlichen der drei Gemeinden wurden gemäß dem Selbstverständnis der jeweiligen Religionsgemeinschaft ausgewählt: Den katholischen Priester stellten die Franziskaner im Ort, den lutherischen Pfarrer wählte der Landesherr als Kirchenpatron aus. Die reformierte »Gemeinheit« hatte das Wahlrecht für ihren Seelenhirten. Der Magistrat des Fleckens setzte sich dagegen zu je 50% aus Katholiken und Protestanten zusammen. Der Graf übte die Landeshoheit mittels eines Obergerichts und eines Freigerichts sowie seiner Lehnskammer aus. Dabei unterstützten ihn ein Amtmann und ein Hofrichter, ein Stadtrichter mit zwei Assessoren sowie ein Rentmeister samt seinem Sekretär.[159] Die gräflichen Einkünfte wurden durch zwei Kornmühlen und eine Ölmühle um jährlich 2000 Rtl. vermehrt. Alle Jagd- und Fischereirechte lagen beim Landesherrn, der zudem noch private Jagden im münsterschen Gebiet besaß.

Aus diesem Bericht, dessen Autor und dessen Entstehungsumstände leider unbekannt sind, wird erkennbar, wie klein diese Besitzung war. Gerade in Westfalen werden die beträchtlichen Unterschiede zwischen den verschiedenen Grafschaften deutlich: Lippe und Bentheim waren kleine Fürstentümer mit allen ständischen und verwaltungsmäßigen Voraussetzungen, Gemen war eine Grundherrschaft. Die Gemener Reichsunmittelbarkeit – die Herrschaft war ursprünglich klevisches Lehen gewesen – wurde nur vom Münsteraner Bischof Friedrich Christian von Plettenberg 1702 anerkannt, während Preußen weiterhin von dem Bestehen der alten Bindung ausging.[160] Damit hatte die Familie Limburg-Styrum den Höhe-

---

[157] Bericht über die Reichsherrschaft Gemen von 1724: StA Bückeburg, Familiaria 1, A XXVII, Nr. 5.

[158] Büsching teilt sie in vier Bauerschaften auf: BÜSCHING, Neue Erdbeschreibung, Bd. 3, S. 782 f.

[159] Auch die Besoldung der Beamten wurde überliefert: Der Hofrichter von Bostell erhielt demnach 300 Rtl. p. a., der Rentmeister 120 Rtl. Der Richter und seine Assessoren wurden aus den Gerichtsgefällen besoldet.

[160] Im Rahmen eines Austausches lehnsherrlicher Rechte war 1667 in Neuß zwischen Münster und Preußen vereinbart worden, daß der Bischof für den Verzicht auf seine Rechte am Niederrhein die Lehnsherrschaft über Gemen erhalten sollte: Urkunde vom 11. Juli 1667: Wilhelm KOHL (Hrsg.), Akten und Urkunden zur Außenpolitik Christoph Bernhards von Galen (1650–1678), Bde. 1–3, Münster 1980–1986; hier: Bd. 2, S. 98–100. Der Vertrag wurde jedoch später nicht realisiert. Vgl. auch KOHL, Westfälische Geschichte, Bd. 1, S. 591; Winfried DOTZ-

punkt ihrer reichsrechtlichen Stellung erreicht. Im 18. Jahrhundert finden wir einige Mitglieder im kaiserlichen Dienst. Graf Philipp Ferdinand beschäftigte zeitweise den Reichshofrat, als er von Kaiser Joseph II. wegen hoher Verschuldung in Wien unter Arrest gestellt worden war. Der Reichshofrat protestierte gegen eine derartige Behandlung Hochadliger durch das Reichsoberhaupt.[161] Ein letztes Mal geriet Gemen und sein Herrschergeschlecht 1776 ins Blickfeld, als nach Niederlegung der Regentschaft durch den Speyerer Bischof August Philipp von Limburg-Styrum[162] Graf Simon August zur Lippe einen Handstreich gegen das Zwergterritorium wagte, um die alten Ansprüche des lippischen Gesamthauses durchzusetzen. 18 (!) lippische Soldaten rückten in Zivil ins gemensche Gebiet ein, streiften ihre Uniformen über und besetzten das Schloß; dort wurden sie jedoch selbst zu Gefangenen, als die Bürgerwehr, organisiert durch den Hofkammerrat Berghoff, das Schloß umzingelte und belagerte. Wenige Tage später wurde das Kontingent überwältigt und ins Münsterland abgeschoben. Die Intervention des klevischen Lehnshofes, der an die frühere Abhängigkeit Gemens vom Herzogtum Kleve erinnerte, führte zur völligen diplomatischen Niederlage Lippes, zumal auf preußisches Betreiben eine drohende Haltung der Fürsten des Niederrheinisch-Westfälischen Reichskreises spürbar geworden war.[163]

Mit dem Aussterben der Grafen von Limburg-Styrum fiel Gemen 1801 an den Freiherrn Aloys Sebastian von Bömelburg.[164] Von ihm ist kein Antrag auf Mitgliedschaft im Grafenkollegium überliefert, sei es, daß der Freiherr wegen fehlender Standesqualität eine Bewerbung für aussichtslos erachtet hat oder daß er nicht dem evangelischen Restverband angehören wollte. Gemen wurde 1806 von den Fürsten von Salm mediatisiert. Von 1810 bis 1813 gehörte die Herrschaft dem französischen Kaiserreich an und wurde 1815 in die preußische Provinz Westfalen inkorporiert.[165]

Die Herrschaft *Anholt* lag in der Nähe der niederrheinischen Stadt Emmerich an der Grenze zwischen dem Herzogtum Kleve, dem Bistum Münster und den niederländischen Generalstaaten; sie hatte die Ausdehnung von 14 qkm und zählte am Ende des 18. Jahrhunderts ca. 1.100 Einwohner.[166] Die Herrschaft wurde 1234 erstmals erwähnt, als die Herren von Zuilen dort ein Wasserschloß errichteten.

BAUER, Die deutschen Reichskreise in der Verfassung des Alten Reiches und ihr Eigenleben (1500–1806), Darmstadt 1989, S. 285.

[161] HHStA Wien, Reichshofrat: Vota ad Imperatorem 30 und 60; vgl. Peter LEYERS, Reichshofratgutachten an Kaiser Joseph II., Diss. Bonn 1976, S. 267; S. 297.

[162] Verzicht des Bischofs am 15. Juli und 28. Aug. 1775 beim Reichskammergericht: Hans LEENEN, Die Invasion des Grafen Simon August von Lippe-Detmold in die Herrschaft Gemen und die Blockade mit der Erstürmung der Burg durch Bürger und Bauern von Gemen im Jahre 1776, Gemen 1983, S. 5.

[163] Vgl. zum Ablauf der Ereignisse: LEENEN, Die Invasion in die Herrschaft Gemen, S. 6–21; vgl. auch KITTEL, Heimatchronik des Kreises Lippe, S. 136 f.

[164] Vgl. zu den letzten Jahren der Reichsfreiheit Gemens: LEENEN, Die Herrschaft Gemen, S. 106.

[165] Ebd., S. 106 ff.; Hdb. d. Hist. Stätten, Bd. 3, S. 250; TADDEY, S. 421.

[166] KOHL, Westfälische Geschichte, Bd. 1, Tabelle S. 607; vgl. zur Größe: Josef TINNEFELD, Die Herrschaft Anholt, Hildesheim 1913, S. 43.

1349 erhielt der Flecken Anholt Stadtrechte.[167] Durch Heirat kam Hermann von Gemen 1380 in den Besitz von Anholt; 1402 folgten ihm die Herren von Bronckhorst und Batenberg, denen 1431 die Anerkennung der Reichsunmittelbarkeit (Belehnung durch Kaiser Sigmund) gelang.[168] Anholt gehörte fortan zu den vollberechtigten Mitgliedern des Westfälischen Kreises, auch wenn der frühere Lehnsherr Geldern zwischenzeitlich Truppen im Land stationiert hatte (1512–1540).[169] 1641 heiratete Fürst Leopold Philipp Karl von Salm-Salm die Erbin Anholts, Gräfin Maria Anna von Bronckhorst.[170]

Die Geschichte der Grafen und Fürsten von Salm läßt sich bis ins 10. Jahrhundert zurückverfolgen. Das Geschlecht gehört wohl zu den fruchtbarsten Hochadelsfamilien in der alten Reichsgeschichte; entsprechend verwickelt sind die Teilungs- und Vereinigungsprozesse, die die unterschiedlichen Besitzungen im Laufe der Jahrhunderte durchliefen.[171] Ursprünglich war das gräfliche Haus im Moselgebiet und in den Ardennen begütert; Hermann von Salm war von 1081 bis 1088 Gegenkönig von Heinrich IV., eine Tatsache, die dem Geschlecht die Anerkennung des fürstenmäßigen Ranges garantiert. 1165 teilte sich das Haus in Obersalm (Vogesen) und Niedersalm (Ardennen). In die Niedersalmer Linie heiratete das Geschlecht der Herren von Reifferscheidt ein und bildete nach 1455 das Haus Salm-Reifferscheidt.[172] Das Obersalmer Haus vereinigte sich durch Heirat mit der Familie der Wild- und Rheingrafen aus dem Rheingau (1459), die sich seitdem »Grafen von Salm, Wild- und Rheingrafen« nannten.[173] Bei späteren Teilungen innerhalb des Salm-Rheingräflichen Hauses entstand eine Linie, die unter Philipp Otto (1575–1634) im Jahre 1623 in den Reichsfürstenstand erhoben wurde. Dessen Nachfahren hinterließen Anholt nach ihrem Aussterben 1738 ihrem Vetter Graf Nicolaus Leopold von Salm-Salm (1701–1770), der im Jahr darauf auch den Fürstenhut erhielt.[174]

Für die Fürsten von Salm war Anholt nicht von erheblicher Bedeutung für den Rang der Familie, da sie seit 1654 für ihre gefürstete Grafschaft Salm mit Sitz und Stimme in den Reichsfürstenrat aufgenommen worden waren. Anholt wurde aber in der folgenden Zeit mehr und mehr zur Hauptresidenz der Fürsten, die sich besonders in der Phase der Kriege Ludwigs XIV. am Niederrhein sicherer fühlten als in ihren von Kriegszügen betroffenen lothringischen Besitzungen.[175] Die Fürsten nahmen an den Aktivitäten des Grafenkollegiums nur sehr geringen Anteil. Ihre

---

[167] TINNEFELD, Die Herrschaft Anholt, S. 12, S. 24; vgl. Hdb. d. Hist. Stätten, Bd. 3, S. 24.

[168] TADDEY, S. 43.

[169] TINNEFELD, Herrschaft Anholt, S. 35. In der Reichsmatrikel von 1521 vertrat der Graf von Bronckhorst (Grafen und Herren Nr. 106) Gronsfeld und Anholt.

[170] Alfred BRUHNS, Art. »Salm. Grafen, Fürsten«, in: TADDEY, S. 1059. Der Erbfall trat 1649 mit dem Tod des Grafen Dietrich von Bronckhorst ein: TINNEFELD, Herrschaft Anholt, S. 41; vgl. SEStN IV, Tafel 98 ff.; Rheinischer Antiquarius, 2. Reihe, Bd. 4, S. 439.

[171] Zu Genealogie und Familiengeschichte: SESt III, Tafel 134–152. Vgl. auch Anton FAHNE, Die Grafen und Fürsten von Salm-Reifferscheidt, Bde. 1 2, Köln 1858–1866.

[172] SESt III, Tafel 148; vgl. auch Kap. 2.1.4 (s.v. Dyck, S. 77–79).

[173] Johann Wild- und Rheingraf (+1495) heiratete 1459 die Gräfin Johannette von Salm, die Erbin der halben Grafschaft Obersalm: SESt III, Tafel 134; vgl. Territorien-Ploetz, Bd. 1, S. 257.

[174] Vgl SESt III, Tafeln 138 und 139.

[175] Vgl. dazu: Rheinischer Antiquarius, 2. Reihe, Bd. 19, S. 152.

Interessenlage war zu verschieden von der der Grafen: Ihr fürstlicher Rang war unangefochten, und für eine ehrgeizige Politik fehlte ihnen jede territoriale Grundlage. Sie suchten ihr Betätigungsfeld im kaiserlichen Dienst; an den Grafentagen nahmen sie nur zweimal durch Gesandte teil, und Beiträge leisteten sie auch nicht. 1754 fügte ein neuwiedischer Kanzleisekretär der Mitgliedsliste des Kollegiums hinter Anholt den Beisatz ein: »... will kein Mitglied huÿus Collegii seÿn«.[176]

Nach dem Verlust der linksrheinischen Besitzungen in den Koalitionskriegen wurden die Fürsten von Salm mit den münsterschen Ämtern Bocholt und Ahaus entschädigt; das Anholter Wasserschloß wurde nun zur Residenz eines zusammenhängenden Landbesitzes. 1810 kam der salmische Besitz unter französische Herrschaft und wurde 1815 der preußischen Provinz Westfalen einverleibt.[177]

2.1.3. Die rechtsrheinischen Grafschaften

Zu den rechtsrheinischen Grafschaften zählen Gimborn-Neustadt, Wied-Neuwied, Wied-Runkel, Reichenstein, Sayn-Altenkirchen, Sayn-Hachenburg und Holzappel.

Die Grafschaft *Gimborn-Neustadt* lag im Oberbergischen Land im Umkreis der Stadt Gummersbach. Das Territorium bestand aus zwei Teilen mit unterschiedlicher Geschichte: dem Rittersitz Gimborn und dem märkischen Amt Neustadt (heute: Bergneustadt). Gimborn war im Mittelalter vom Kölner Stift St. Gereon lehnsabhängig; nach einigen Besitzerwechseln kam es 1550 per Heirat der Erbin Anna von Harff mit Graf Wilhelm II. von Schwarzenberg in den Besitz seiner Familie.[178]

Die fränkischen Herren von Schwarzenberg hatten sich seit dem frühen 15. Jahrhundert, vor allem durch Anhänglichkeit an die verschiedenen Kaiser, die Adelsränge bis in den Reichsfürstenstand emporgedient.[179] Die Stammburg Schwarzenberg im Steigerwald[180] wurde 1428 dem Reich zu Lehen aufgetragen; dafür erhob Kaiser Sigmund das Geschlecht in den Reichsfreiherrenstand. Im späten 16. Jahrhundert zeichnete sich Adolf von Schwarzenberg als österreichischer Feldmarschall in den Türkenkriegen aus und wurde 1599 in den Reichsgrafenstand erhoben. Seine Nachfahren, Graf Adam, der brandenburgische Kriegsratspräsident, und Graf Johann Adolf, der Reichshofratspräsident, erhielten für ihre Dienste nicht nur weitere Besitzungen – beispielsweise das märkische Amt Neu-

---

[176] Mitgliederliste 1754: StA DT, L 41 a, 352, S. 239.

[177] TADDEY, S. 43 und 1060; Territorien-Ploetz, Bd. 1, S. 403.

[178] Hbd. d. Hist. Stätten, Bd. 3, S. 256 f. (Gimborn); S. 191 (Bergneustadt); Karl Fürst zu SCHWARZENBERG, Geschichte des reichsständischen Hauses Schwarzenberg, Bde. 1–2, Neustadt a.d. Aisch 1963; hier: Bd. 1, S. 103; vgl. MERING, Geschichte der Burgen, Bd. 4, Heft 11, S. 7 f.; vgl. Johann Dietrich von STEINEN, Westfälische Geschichte, Bd. 2, S. 304–327.

[179] Zum Aufstieg: SCHWARZENBERG, Geschichte, passim; TADDEY, S. 1102; Friedrich von SYBEL, Chronik und Urkundenbuch der Herrschaft Gimborn-Neustadt, Gummersbach 1880.

[180] TADDEY, S. 1103; Rheinischer Antiquarius, 3. Reihe, Bd. 3, S. 771.

stadt und die fränkische Reichsherrschaft Erlach[181] –, sondern 1670 auch die Er-
hebung in den Reichsfürstenstand unter Zulassung zur Virilstimme im Reichsfür-
stenrat für die inzwischen gefürstete Grafschaft Schwarzenberg.[182] Die materiellen
Resultate der anhaltenden kaiserlichen Gunst sowie des allerhöchsten schlechten
Gewissens – Kaiser Karl VI. hatte 1732 seinen Oberststallmeister Fürst Adam von
Schwarzenberg bei der Jagd erschossen[183] – waren die Erhebung der Klettgauer
Güter zur gefürsteten Grafschaft sowie die Arrondierung der böhmischen Erbschaft um die Herrschaft Krummau (1723 Herzogtum), ein zusammenhängender
Besitz, der bis zum Ende des alten Reiches auf über 6.000 qkm anstieg.[184] Angesichts dieses Besitzes waren die 12 Bauerschaften samt der Burg Gimborn[185] eher
eine Nebensächlichkeit für die Fürsten, die daher nach potentiellen Käufern suchten, da die Grafschaft ohnehin wegen der Armut ihrer Bewohner keine nennens-
werten Einkünfte abwarf.[186] Versuche der Fürsten, die Ertragslage ihrer rheinischen Besitzungen zu verbessern, waren schon in der Mitte des 17. Jahrhunderts
gescheitert[187]; 1780/82 wurde die Grafschaft für 364.000 Rtl. an den Reichsgrafen
Johann Ludwig von Wallmoden verkauft.[188] Der norddeutsche Graf weigerte sich,
zusätzlich zum Kaufpreis auch noch die Schulden des Territoriums beim westfälischen Reichskreis und beim Grafenkollegium (zusammen 32.000 Rtl.) zu übernehmen; hiervon wurde er durch eine weitere Übereinkunft mit den Schwarzenberg auch befreit.[189] Fürst Johann Nepomuk Anton von Schwarzenberg legte den

[181] Kurfürst Georg Wilhelm von Brandenburg verlieh am 3. Nov. 1621 seinem Beamten Adam
von Schwarzenberg das Amt Neustadt und ließ die vereinigten Besitzungen zur unmittelbaren
Herrschaft Gimborn-Neustadt erklären; am 26. Nov. 1636 stimmte Kaiser Ferdinand II. der Belehnung zu: »Abhandlung über die reichsfreie Qualität des Amtes Neustadt«(1689): HHStA Wien,
Reichskanzlei: Kleinere Reichsstände 502, S. 43–50.

[182] Zur Standeserhebung des Grafen Johann Adolf von Schwarzenberg zum Reichsfürsten am
14. Juli 1670: Karl Friedrich von FRANK (Hrsg.), Standeserhebungen und Gnadenakte für das
Deutsche Reich und die Österreichischen Erblande bis 1806, Bde. 1–5, Senftenegg 1967–1974;
hier: Bd. 4, S. 286. 1671 wurde dem Fürsten das Große Palatinat verliehen, 1682 Gimborn-Neustadt zur Reichsgrafschaft erhoben.

[183] SCHWARZENBERG, Geschichte, Bd. 1, S. 162.

[184] Krummau war mehr als halb so groß wie das Bistum Münster; im Reich gelegen hätte es ein
respektables Fürstentum ausgemacht. Die Schwarzenberg wurden so zu einem der reichsten und
einflußreichsten Geschlechter am Wiener Hof. Vgl. auch TADDEY, S. 1102 (s. v. Schwarzenberg).

[185] MERING, Geschichte der Burgen, Bd. 4, Heft 11, S. 9 f.

[186] Ernst Branscheid gibt die Jahreserträge mit 5546 fl. an, was aber angesichts des späteren
Kaufpreises sehr wenig erscheint: Ernst BRANSCHEID, Beiträge zur Chronik von Bergneustadt,
Waldbröl 1937, S. 57.

[187] Ebd., S. 44–54; Landesvergleich, 14. März 1658, der den Status quo ante wiederherstellte.

[188] Die Angaben über den Preis sind unterschiedlich: Vgl. Joachim LAMPE, Aristokratie, Hofadel und Staatspatriziat in Kurhannover, Bd. 1, S. 168; BRANSCHEID, Bergneustadt, S. 57: 700.000 fl.
Gimborner Kassenmünzen; vgl. StA DT, L 41 a, 501, S. 8: 800.000 fl. Zustimmung des Reichshofrates zum Verkauf der Grafschaft, 20. Juni 1782: HHStA Wien, Reichshofrat 30, W III. Bericht
des Pfarrers Westhoff über die Übergabe Gimborns an den Gesandten des Grafen von Wallmoden
(1783): BRANSCHEID, Bergneustadt, S. 57.

[189] Kreisschulden: 11.232 fl.; vgl. Brief des Grafen von Wallmoden an den Kaiser, 13. April
1782: HHStA Wien, Reichskanzlei: Kleinere Reichsstände 502, S. 226; Grafenkollegialschulden:
21.000 fl.: Spezifikation des neuwiedischen Assessors von Frobenius, 1. Sept. 1782: StA DT, L 41
a, 501, S. 12; Schwarzenberg hatte an der Kollegialpolitik keinen Anteil genommen, der über die
gelegentliche Entsendung eines Grafentagsgesandten hinausging; vgl. die Betonung seines fürsten-

Erlös im Kauf der schwäbischen Reichsherrschaft Illeraichheim sowie weiterer Güter in Böhmen an.[190]

Die Familie von Wallmoden wurde im 13. Jahrhundert in der Hildesheimer Gegend erstmalig erwähnt; der Aufstieg in die Spitze der hannover-englischen Politik erfolgte erst, als König Georg II. Gefallen an der Frau Adam Gottfrieds von Wallmoden, Amalie Sophie, fand. Beide hatten ein langjähriges Verhältnis, und nach der Geburt des Sohnes Johann Ludwig 1736 entstand bald das Gerücht, nicht Adam Gottlieb, sondern der König sei der wahre Vater. Der junge Adelssproß folgte allerdings in die Rechte seines juristischen Vaters, dessen Namen er führte; König Georg II. wies alle Spekulationen von sich und erkannte ihn nicht als seinen Sohn an.[191] 1781 wurde Johann Ludwig von Wallmoden in den Reichsgrafenstand erhoben, was ihn in die Lage versetzte, die mit seiner gekauften Grafschaft verbundenen Rechte wirklich ausüben zu können.[192]

In Gimborn-Neustadt hatte der Graf von Wallmoden-Gimborn, wie er sich nach 1783 nannte, ebenso große Schwierigkeiten wie sein Vorgänger, Steuern und Gefälle einzuziehen. Hinzu traten zeremonielle Probleme, etwa bei der verordneten Staatstrauer für die verstorbene Gräfin Charlotte im Jahre 1783. Sechs Wochen lang wurden täglich drei Stunden die Glocken der Grafschaft geläutet – für eine »Landesmutter«, die sich fast ausschließlich in Hannover aufgehalten hatte.[193] Die Untertanen reagierten mit Unwillen und passivem Widerstand. Bald kursierten Gerüchte, der Graf solle seine Besitzungen dem preußischen Staat verkaufen.[194] Das Geschäft kam jedoch nicht zustande; die kleine Grafschaft verlor ihre Unabhängigkeit 1806, als sie ins Großherzogtum Berg eingegliedert wurde. 1815 kam sie in preußischen Besitz und wurde der Rheinprovinz zugeschlagen.[195]

Die Grafschaft *Wied* lag am westlichen Abhang des Westerwaldes und reichte ins Neuwieder Becken hinein bis an den Rhein.[196] 1129 baute das erste Geschlecht der Grafen von Wied die Burg Altwied; 1244 folgte das Geschlecht der Grafen von Isenburg-Braunsberg, 1462 die Herren von Runkel an der mittleren Lahn.

---

mäßigen Ranges: Schreiben der Direktorialkanzlei an den Residenten Fauth, 31. Dez. 1771: StA DT, L 41 a, 681, S. 535–541.

[190] Der Güterkauf der Schwarzenberg in Böhmen hatte inzwischen starke spekulative Züge angenommen. Der Registrator der böhmischen Landtafel, Johann Aloysius Mayer, sprach in seinem Bericht über die schwarzenbergischen Transaktionen vom 21. Aug. 1777 von der Notwendigkeit, beträchtliche Hypotheken tilgen zu müssen: HHStA Wien, Reichskanzlei: Kleinere Reichsstände 502, S. 272–291; vgl. Rheinischer Antiquarius, 3. Reihe, Bd. 3, S. 797 f.

[191] Zur Familiengeschichte: KNESCHKE, Deutsches Adelslexikon, Bd. 9, S. 461 f. Zur Spekulation über die Vaterschaft: LAMPE, Aristokratie, Hofadel und Staatspatriziat, S. 168; William von HASSELL, Das Kurfürstentum Hannover vom Basler Frieden bis zur preußischen Okkupation im Jahre 1806, Hannover 1894, S. 148; Amalie Sophie von Wallmoden wurde später in England mit dem Titel Lady Yarmouth ausgezeichnet: VEHSE, Geschichte der deutschen Höfe, Bd. 44, S. 300 f.

[192] FRANK, Standeserhebungen und Gnadenakte, Bd. 5, S. 182: Erhebungspatent Wien, 27. April 1781.

[193] Selbst der lutherische Pfarrer Westhoff hatte in diesem Fall Verständnis für den Widerwillen der Einwohner gegen derartige Akte der verordneten Anteilnahme: vgl. BRANSCHEID, Bergneustadt, S. 58 f.

[194] Vgl. StA DT, L 41 a, 509 passim; BRANSCHEID, Bergneustadt, S. 59.

[195] TADDEY, S. 442 (s. v. Gimborn und Neustadt).

[196] Handbuch d. Hist. Stätten, Bd. 5, S. 10 (s. v. Altwied) und S. 260 (s. v. Neuwied).

Beide Familien nahmen nach ihrem Herrschaftsantritt den Namen Grafen von Wied an.[197] Die Zeit größten Einflusses des wiedischen Hauses fiel ins 16. Jahrhundert, als zweimal der Kölner Erzstuhl mit Mitgliedern der Familie besetzt werden konnte.[198] Nach dieser Phase begann der Niedergang des Geschlechts, der durch die Landesteilung von 1581 verstärkt wurde. Neuwied und Runkel wurden künftig fast ständig getrennt regiert; das zweimalige Aussterben einer Linie (1612 und 1638) führte jedoch immer wieder zu neuen Teilungen. Es entstand ein Güterkomplex um die Grafschaft Runkel mit der Obergrafschaft Wied um die Residenz Dierdorf; der andere Komplex umfaßte die Untergrafschaft mit der Hauptstadt Neuwied.[199] Im 17. Jahrhundert wurden die wiedischen Besitzungen, wie die meisten Grafschaften im Rheinland, durch kriegerische Einwirkungen stark geschädigt; Graf Friedrich von Wied bot 1674 seine Lande dem Kaiser für 250.000 fl. vergeblich zum Kauf an, um sich mit dem Erlös in Südamerika neu zu begütern.[200] Erbschwierigkeiten am Ende des 17. Jahrhunderts führten 1687 zur zwölfjährigen Sequestrierung der Grafschaften durch Kurpfalz; hierauf folgte eine Vormundschaftsregierung der Grafen August zur Lippe-Brake und Johann Anton von Leiningen-Westerburg.[201] Zu Beginn des 18. Jahrhunderts wurden die Besitzverhältnisse auf eine Weise geregelt, die bis zur Mediatisierung bestand. Die Linie Wied-Wied residierte in Neuwied und besaß die Untergrafschaft; die Obergrafschaft mit der Stadt Dierdorf und die Grafschaft Runkel fielen an die Linie Wied-Runkel.

Die Neuwieder Linie konnte ungeachtet dauernder Kriegsgefahr – bis zum Siebenjährigen Krieg fanden in periodischen Abständen Truppendurchmärsche statt – ihre wirtschaftliche Situation auf eine Weise konsolidieren, daß der Bestand der Landesherrschaft nicht mehr bedroht war. Sinnbildlich für die vergleichsweise maßvolle Finanzpolitik war der Schloßbau in Neuwied: Man baute zunächst von 1710–1713 das Haupthaus, kaum größer als manches Adelspalais in Mainz oder Koblenz, und begann mit den freistehenden Flügelbauten, die jedoch erst nach und nach fertiggestellt wurden (Vollendung 1756). Zwei Wachpavillons von 1719/20 flankierten das Tor; die ursprünglich geplanten Verbindungstrakte zwischen Haupthaus und den Flügelbauten kamen nicht zur Verwirklichung und feh-

[197] Hellmuth GENSICKE, Landesgeschichte des Westerwaldes, Wiesbaden 1958, S. 144; S. 250–261. Zu Runkel: Hdb. d. Hist. Stätten, Bd. 4, S. 392. Vgl. zur mittelalterlichen Geschichte Wieds und Runkels die ausschmückenden Erzählungen Strambergs: Rheinischer Antiquarius, 3. Reihe, Bd. 3, S. 153–504.

[198] Hermann von Wied (reg. 1515–1547) und Friedrich von Wied (reg. 1562–1567): SESt IV, Tafeln 25 und 30. Vgl. auch August FRANZEN, Hermann von Wied, in: Rheinische Lebensbilder, Bd. 3, S. 57–78.

[199] Vgl. zu den Erbteilungen: GENSICKE, Westerwald, S. 331 f.; S. 336–338; Johann Stephan RECK, Geschichte der gräflichen und fürstlichen Häuser Isenburg, Wied, Runkel zwischen Koblenz und Andernach, von Julius Caesar bis auf die neueste Zeit, Weimar 1825, S. 249–251; vgl. auch Christian Hiskias Heinrich von FISCHER (Hrsg.), Geschlechtsregister der uralten reichsständischen Häuser Isenburg, Wied und Runkel, Mannheim 1775, passim.

[200] Dieser abenteuerliche Plan wurde jedoch bald fallengelassen: RECK, Geschichte der gräflichen und fürstlichen Häuser, S. 228.

[201] GENSICKE, Westerwald, S. 335.

len bis heute.[202] Diese innere Konsolidierung konnte nicht in außenpolitische Aktivität umgesetzt werden; Graf Friedrich Alexander von Neuwied (1706–1791)[203] war im Gegenteil 1742 froh, daß die kurpfälzische Okkupation der Grafschaften Sayn und Wied – der Kurfürst in Mannheim wollte die Schwäche seines kaiserlichen Verwandten zur Ausdehnung seiner Gerichtsbefugnisse ausnutzen – durch preußische Intervention ohne Verluste beendet werden konnte.[204] Der Erwerb der Herrschaft Isenburg, deren Besitzer 1664 ausgestorben waren, blieb trotz erwiesener Erbberechtigung aus, da der Kurfürst von Trier den Besitz als erledigtes Lehen eingezogen hatte; dennoch schickte Kurtrier dem Grafen von Neuwied die Aufforderung, 1/8 der Reichsabgaben für Isenburg zu bezahlen. Auf periodisch wiederholte Belehnungsbitten wurde dagegen in Koblenz nicht geantwortet; eine Klage am Reichshofrat wurde dilatorisch behandelt.[205] Mit dem Tod Friedrich Alexanders von Neuwied endete auch die Nachblütezeit der wiedischen Herrschaft, die dem Haus 1784 den Reichsfürstentitel beschert hatte.[206] Es folgte Fürst Friedrich Karl, dessen psychopathische Neigungen den Vater schon 1788 zu Überlegungen im Hinblick auf eine Änderung der Erbfolge bewogen haben sollen.[207] Nur ein Jahr nach dem Regierungsantritt hatte der Fürst sich mit allen Gruppen im Lande überworfen: seine Frau, Fürstin Maria Louise Wilhelmine von Wittgenstein-Berleburg, warf ihm Gewalttätigkeiten, die Begünstigung seiner Mätresse sowie die Veräußerung des Landesvermögens vor, die landesherrlichen Beamten beklagten sich über unsinnige Anordnungen und ungerechte Beurteilungen, die Stadtbevölkerung fühlte sich schikaniert und ungerecht besteuert, und die Bauern stritten mit dem Fürsten über Abgrenzung der Waldrechte.[208] Als der Fürst seine Frau aus dem Schloß verstieß, suchte diese Hilfe bei ihrem Bruder und dem Fürsten von Wied-Runkel; letztere klagten beim Reichskammergericht gegen den Au-

---

[202] Bau durch Julius Ludwig Rothweil: vgl. Magnus BACKES u.a. (Hrsg.), Kunsthistorischer Wanderführer Rheinland-Pfalz und Saarland, Stuttgart, Zürich 1971, S. 417 f.; zur Kriegsbedrohung: Karl BIERBRAUER, Johann Friedrich Alexander von Wied. Ein deutscher Reichsgraf in der Politik des 18. Jahrhunderts, Marburg 1927, S. 59.

[203] Vgl. Kap. 3.2. passim.

[204] Zur Okkupation: BIERBRAUER, Johann Friedrich Alexander von Wied, S. 59; Alexander Fürst zu SAYN-WITTGENSTEIN-SAYN (Hrsg.), Sayn, Ort und Fürstentum, Bendorf-Sayn 1979, S. 97; GENSICKE, Westerwald, S. 344; s. u. S. 71–73 (s. v. Sayn).

[205] FISCHER, Geschlechtsregister, S. 325; S. 367 f.; dieses Werk des Neuwieder Kanzleidirektors und späteren Reichstagsgesandten des Grafenkollegiums entstand zur juristischen Untermauerung der wiedischen Ansprüche auf Isenburg. Vgl. dazu die Karten bei GENSICKE, Beilage 7 und 8: Herrschaftsgebiete im Westerwald 1500 und 1789. Zum trierischen Anspruch auf die neuwiedische 1/8-Beteiligung an den Reichssteuern für Isenburg: Druckschrift »Actenmäßiger Unterricht von dem Rechts-Streite über die Reichs- und Crayß-Abgaben [...] von der Grafschafft Nieder Isenburg« (1771): StA München, FA Toerring-Jettenbach, MM 2, S. 1–94.

[206] FRANK, Standeserhebungen und Gnadenakte, Bd. 5, S. 215: Erhebung Wien, 29. Mai 1784.

[207] Vgl. das Psychogramm des Fürsten durch Christian von Stramberg, das trotz aller schwer nachweisbaren Ausschmückungen einen wahren Kern enthält: Rheinischer Antiquarius, 3.Reihe, Bd. 3, S. 438–446. Dazu neuerdings: Werner TROSSBACH, Fürstenabsetzungen im 18. Jahrhundert, in: ZHF 13 (1986), S. 425–454, hier: S. 444–453.

[208] RECK, Geschichte der gräflichen und fürstlichen Häuser, S. 275 f.; VEHSE, Geschichte der deutschen Höfe, Bd. 41, S. 246 f.; Werner TROSSBACH, »Im Kleinen ein ganz wohl eingerichteter Staat« – Aufgeklärter Absolutismus in der Grafschaft Wied-Neuwied, in: Journal für Geschichte 1985, Heft 5, S. 26–31; hier: S. 31.

tokrator von Neuwied. Das Gericht beauftragte den Fürsten Wilhelm von Nassau-Oranien mit der Visitation Neuwieds und stellte durch Beschluß vom 29. November 1792 den Fürsten unter Kuratel. Ein preußisches Exekutionskommando enthob ihn der Regierungsgewalt, als er dem Gerichtsbeschluß nicht Folge leisten wollte.[209]

Zwei Jahre lang wurde die Grafschaft Neuwied ruhig regiert; erst 1794 gelang es dem Fürsten, durch persönliches Auftreten vor dem Reichstag die Entmündigung rückgängig zu machen. Drei Jahre später konnte er nach Neuwied zurückkehren, wo es wieder zu Auseinandersetzungen kam; 1802 mußte Friedrich Karl endgültig zugunsten seines ältesten Sohnes abdanken.[210] Seine Frau ließ sich im gleichen Jahr von ihm scheiden und übernahm die Vormundschaftsregierung für Erbprinz Johann August Karl. Der abgedankte Fürst erhielt eine Leibrente von 15.000 fl. jährlich und zog sich nach Aufenthalten in Brüssel und Marseille nach Freiburg zurück.[211] Fürst Johann August Karl genoß nach Erreichen seiner Volljährigkeit 1804 seine Landeshoheit nur noch für zwei Jahre; 1806 wurde Neuwied von Nassau mediatisiert und fiel 1815 an die preußische Rheinprovinz.[212]

Die andere Linie des wiedischen Hauses konnte durch Graf Johann Ludwig Adolf 1726 die Herrschaft Kriechingen (bei Metz) erheiraten; 1765 wurde sie dafür ins Wetterauische Grafenkollegium aufgenommen.[213] Das reformierte Haus Wied-Runkel ließ im 18. Jahrhundert Neigungen erkennen, sich dem Katholizismus zu nähern; so trat Graf Karl Wilhelm Alexander 1744 zu diesem Bekenntnis über, um Propst von Mattighofen werden zu können[214]; Graf Johann Ludwig Adolf erlaubte 1755 dem Kapuzinerorden, in Dierdorf ein Kloster zu errichten, was auf Proteste bei den evangelischen Reichsständen stieß. Seine Untertanen fürchteten die Rekatholisierung des Landes und riefen Preußen um Hilfe an; der Graf ließ sich dadurch von seinem Plan nicht abbringen, beteuerte jedoch, er wolle die Religionsfreiheit der Untertanen nicht angreifen.[215] Auch die Linie Wied-Runkel wurde in den Reichsfürstenstand erhoben (1791), konnte sich aber der Landeshoheit unter dem neuen Rang nicht mehr lange erfreuen: Nachdem die Fürsten 1803 für das an

---

[209] Rheinischer Antiquarius, 3. Reihe, Bd. 3, S. 455; vgl. StA DT, L 41 a, 641, S. 1–14; zum Exekutionsauftrag des Niederrheinisch-Westfälischen Reichskreises: StA DT, L 41 a, 641, S. 23v (17. Dez. 1792).

[210] Wiedereinsetzung: Conclusum electorale vom 25. Juli 1796: StA DT, L 41 a, 645, S. 203; kaiserliches Ratifikationsdekret vom 12. Febr. 1797: StA DT, L 41 a, 645, S. 209 f. Zur Abdankung des Fürsten 1802: GENSICKE, Westerwald, S. 336.

[211] VEHSE, Geschichte der deutschen Höfe, Bd. 41, S. 254 f.; RECK, Geschichte der gräflichen und fürstlichen Häuser, S. 297; Rheinischer Antiquarius, 3. Reihe, Bd. 3, S. 498 f.; StA DT, L 41 a, 648 passim.

[212] Vincens M. LISSEK, Die Mediatisierung des Fürstentums Wied-Neuwied (1806–1848), in: Nass. Ann. 80 (1969), S. 158–239.

[213] Karl Wilhelm von LANCIZOLLE, Übersicht der deutschen Reichsstandschafts- und Territorial-Verhältnisse, Berlin 1830, S. 7 f.; vgl. VEHSE, Geschichte der deutschen Höfe, Bd. 41, S. 231.

[214] Rheinischer Antiquarius, 3. Reihe, Bd. 3, S. 418 ff.; vgl. Kap. 8.3., S. 315.

[215] RECK, Geschichte der gräflichen und fürstlichen Häuser, S. 260 f.; Johann Stephan PÜTTER, Historische Entwicklung der heutigen Staatsverfassung des teutschen Reiches, Teil 3, 2. Aufl., Göttingen 1788, S. 84 ff.; vgl. die umfangreiche Korrespondenz im Grafenkollegium zu diesem Komplex: StA DT, L 41 a, 1071–1075 (Zeitraum 1751–1782).

Frankreich abgetretene Kriechingen die kölnischen Ämter Altenwied und Neuen-
burg sowie die trierische Kellerei Villmar erhalten hatten, fiel ihr Besitz 1806 den
Fürsten von Nassau zu und kam 1815 ans Königreich Preußen.[216]

Die Herrschaft *Reichenstein* lag südwestlich von Altenkirchen im Westerwald;
hier bauten 1256 die Herren von Neuerburg eine Burg, die im frühen 14. Jahrhundert von den Herren von Reichenstein erweitert wurde.[217] Die Auseinandersetzungen der Herren mit ihren Nachbarn, vor allem mit den Kölner Erzbischöfen und den Grafen von Wied, endeten mit der Zerstörung der Burg. 1511 starb
das Geschlecht aus, und die Ruine fiel an die wiedischen Grafen.[218] Graf Johann
von Wied zog alle Gefälle der Herrschaft ein und schlug sie seinen Kellereien zu,
so daß nur noch die Burg mit ihrer Grundfläche dieses »Territorium« ausmachte.
Reichenstein stand zwar 1521 in der Matrikel des Wormser Reichstages[219], es ist
jedoch nicht überliefert, ob die Grafen von Wied die Reichsstandschaft dafür je
ausgeübt haben. Mit dem Einzug des Territorialitätsprinzips im späten 16. Jahrhundert fiel Reichenstein in Vergessenheit, bis sich 1687 ein Interessent für den
Erwerb reichsständischen Besitzes einfand: Freiherr Franz von Nesselrode.[220]

Die Nesselrode sind ein altes bergisches Ministerialengeschlecht, das im späten
14. Jahrhundert den Rittersitz Ehreshoven erheiratete. Zwischenzeitlich bildeten
sie drei Linien aus, von denen die älteste den Kauf Reichensteins anstrebte.[221] Die
Tätigkeit der Familie blieb nicht auf den bergischen Raum beschränkt: Mitglieder
finden sich im kurkölnischen, jülichschen und kaiserlichen Dienst. Die Familie
erwarb Güter in Jülich und in Ravensberg.[222] 1652 gelang Bertram von Nesselrode
aus der Steiner Linie der Aufstieg in den Reichsfreiherrenstand.[223]

Die Wiedische Sequestrierung durch Kurpfalz verzögerte die Verhandlungen
über den Verkauf von Reichenstein; erst am 31. Juli 1698 konnten Graf Ludwig
Friedrich von Wied und Freiherr Franz von Nesselrode den Kaufvertrag unter-
schreiben. Gegenstand der Transaktion war die Burg und die Herrschaft Reichenstein. Nesselrode interessierte sich nicht für die Rückgabe der ehemaligen Reichensteiner Güter, sondern für die mit dem reichsfreien Besitz verbundenen
Rechte. Für diese zahlte er 6.000 Rtl., von denen 2.000 sofort fällig wurden, 2.000

---

[216] Fürstenstandserhebung Wien, 22. Juli 1791: FRANK, Standeserhebungen und Gnadenakte,
Bd. 5, S. 215; TADDEY, S. 1294 (s. v. Wied).

[217] Handbuch d. Hist. Stätten, Bd. 5, S. 302 f.; TADDEY, S. 994 (s. v. Reichenstein); BÜSCHING,
Neue Erdbeschreibung, Bd. 3, S. 788.

[218] Das Anfallsdatum ist umstritten: BRUHNS (in: Taddey, a. a. O.) gibt 1511 an, GENSICKE
(Westerwald, S. 320 f.) datiert den Besitzerwechsel auf 1520–1523; Stramberg spricht von 1513:
Rheinischer Antiquarius, 3. Reihe, Bd. 3, S. 730–733.

[219] Vgl. Reichsabschied von 1521: Johann Christian LÜNIG, Das Teutsche Reichsarchiv, Bd. 1,
S. 784.

[220] Vgl. Schreiben des Freiherrn Franz von Nesselrode an Graf Friedrich von Wied, 22. Dez.
1687: FWA NR, Schrank 2, Gefach 5, Nr. 6, S. 36 (über die Frühphase der Verhandlungen).

[221] Die Nesselroder Linien: Stein, Landskron, Ehrenhoven. Vgl. KNESCHKE, Deutsches Adels-
Lexikon, Bd. 6, S. 471–474; ders., Deutsche Grafenhäuser der Gegenwart, Bd. 2, S. 153–155.

[222] Vgl. Wilhelm GÜTHLING, Zur Geschichte der Familie Nesselrode und ihrer Archive, in:
Zeitschrift des Bergischen Geschichtsvereins 63 (1935), S. 57–77; hier: S. 57; vgl. Oswald GER-
LICH, Zur Geschichte der rheinischen Adelsfamilien, Düsseldorf 1925, S. 16.

[223] Prag, 14. Okt. 1652: FRANK, Standeserhebungen und Gnadenakte, Bd. 3, S. 289 f.

weitere nach Aufnahme ins Grafenkollegium. Die letzte Rate sollte mit der Zulassung zum westfälischen Kreis folgen. Beide Vormünder des minderjährigen Wieder Grafen, August zur Lippe und Johann Anton von Leiningen-Westerburg, unterschrieben den Vertrag ebenfalls.[224] Franz von Nesselrode stellte am gleichen Tag vereinbarungsgemäß ein Kaufreversal aus, in dem er versicherte, nur das zu beanspruchen, was Gegenstand des Vertrages sei, und die Ruine der Burg nie wieder aufzubauen.[225] 1702 erhob Kaiser Leopold I. den neuen »Burgherrn« in den Reichsgrafenstand: Unter Wappen- und Namensbesserung durfte sich der Geehrte fortan Graf Franz von Nesselrode-Reichenstein nennen.[226] Der Neugraf hatte schon 1701 einen Aufnahmeantrag an das westfälische Grafenkollegium gestellt, in das er 1705 aufgenommen wurde. Der Reichsfürstenrat akzeptierte ihn im selben Jahr als vollberechtigtes Mitglied der westfälischen Grafenbank.[227] 1710 wurde Nesselrode auch in den westfälischen Reichskreis eingeführt.[228]

Die Nesselrode haben in der Folgezeit an den Grafentagen und an der Kollegialkorrespondenz sporadisch, an den Beitragszahlungen selten teilgenommen. Da sie aus der Herrschaft Reichenstein kaum Einkünfte zogen, konnten sie 1806 bei der Mediatisierung auch wenig verlieren; sie wurden zunächst nassauische, später preußische Standesherren.

Die Grafschaft *Sayn* lag südlich des Herzogtums Berg und westlich der nassauischen Besitzungen. Die Grafen von Sayn beherrschten seit dem Hochmittelalter das Hochland des Westerwaldes.[229] Der Ursprung des Geschlechts liegt im dunkeln; erste Namensträger tauchten 1139 in kurkölnischen Urkunden über Güter in Gymnich und Remagen auf, worin die Unterzeichner schon den Grafentitel führten. Hellmuth Gensicke vermutet, daß die Übersiedlung in den Westerwald in den darauffolgenden Jahrzehnten – möglicherweise durch Einheirat in das Haus der Herren von Isenburg – erfolgt ist.[230] Das Verhältnis zu den Grafen von Wied war durch eine Haßliebe geprägt: Es gab nahezu ebenso viele Fehden wie Heiraten zwischen den beiden Geschlechtern.

Das Haus der Grafen von Sayn war so fruchtbar, daß 1633, als der Senior der älteren Linie Sayn-Wittgenstein, Graf Ernst, starb, nicht nur ein weiteres männliches Mitglied seiner Linie – Graf Christian –, sondern auch noch die übrigen Linien Sayn-Wittgenstein-Berleburg und Sayn-Wittgenstein-Wittgenstein existier-

[224] Kaufbrief, 31. Juli 1698 (Konzept): FWA NR, Schrank 2, Gefach 5, Nr. 6, S. 36.

[225] Kaufreversal, 31. Juli 1698: FWA NR, Schrank 2, Gefach 5, Nr. 6, S. 38; zum gesamten Vorgang: GENSICKE, Westerwald, S. 320 f.

[226] Mit der Standeserhebung vom 3. Okt. 1702 ging die Verleihung des Prädikats »Hoch- und Wohlgeboren« einher: FRANK, Standeserhebungen und Gnadenakte, Bd. 3, S. 290.

[227] Kaiserliches Kommissionsdekret betreffs der Einführung des Grafen Nesselrode in den Reichsfürstenrat: 28. Dez. 1704. Prinzipalkommissar Kardinal von Lamberg leitete am 5. Febr. 1705 das Dekret an das kurmainzische Reichstagsdirektorium weiter: LÜNIG, Teutsches Reichs-Archiv, Bd. 11, S. 622 f.

[228] Vgl. die begleitende Korrespondenz des Grafenkollegiums zum Verkauf Reichensteins und zur reichsständischen Qualifikation Nesselrodes von 1689 bis 1711: StA DT, L 41 a, 1510 passim.

[229] Bau der Burg Hachenburg durch die Grafen im 12. Jahrhundert: Hdb. d. Hist. Stätten, Bd. 4, S. 124.

[230] GENSICKE, Westerwald, S. 149 f.

ten.[231] Es gelang jedoch der Gräfin Juliane aus dem Hause Erbach (+1670), die Vormundschaft über ihre beiden Töchter zu übernehmen und ihnen das Erbe des Vaters zu sichern, ein nach altem Erbrecht ungewöhnlicher Vorgang. 1652 fand die erste Teilung der Grafschaft in zwei Ländergruppen statt, die sich in Gemengelage befanden: Gräfin Ernestine brachte ihren Teil mit der Stadt Hachenburg in die Ehe mit Salentin Ernst von Manderscheid ein; die gemeinsame Tochter Magdalena Christina wurde durch ihre spätere Ehe mit Burggraf Georg Ludwig von Kirchberg die Stammutter des Geschlechts Kirchberg-Hachenburg. Die andere Hälfte der Grafschaft Sayn fiel 1652 Gräfin Johannette zu, die nach einer kurzen Ehe mit Landgraf Johann von Hessen-Darmstadt ihr Erbe mit der Residenz Altenkirchen dem zweiten Ehemann, Herzog Johann Georg von Sachsen-Eisenach, zuführte.[232]

Nach der letzten Erbteilung bestand die Grafschaft Sayn-Hachenburg aus der Residenzstadt, der Vogtei Rosbach, neun Kirchspielen und dem Bann Maxsayn; dazu kam der Teilbesitz am Grund Burbach, einer Samtherrschaft mit Nassau-Siegen.[233] Die alten Stände der Grafschaft Sayn, die Äbte von Marienstatt und Sayn, die Ritterschaft und die beiden Residenzstädte hatten im 17. und 18. Jahrhundert keine Bedeutung mehr; die Ritterschaft hatte sich größtenteils der rheinischen Reichsritterschaft angeschlossen.[234] Die Erbrechte der Burggrafen von Kirchberg wurden zwar 1741 durch Sayn-Wittgenstein nochmals angefochten; doch brachte die pfälzische Besetzung (s. u.) der Grafschaft keinen Herrscherwechsel.[235] Als später das Kirchberger Haus 1799 im Mannesstamm erlosch, konnte die Erbin, Burggräfin Louise Isabella von Kirchberg, ihren Teil der Grafschaft Sayn in die Ehe mit Fürst Friedrich Wilhelm von Nassau-Weilburg einbringen, ohne daß sich die früher befürchteten Erbstreitigkeiten einstellten.[236] Die Hachenburger Besitzer waren neben den lippischen Grafen und den beiden Wieder Linien die aktivsten protestantischen Mitglieder des Grafenkollegiums. 1806 wurde Hachenburg auch der Form nach ein weilburgisches Amt.

Die Halbgrafschaft Altenkirchen bestand neben der Residenzstadt und dem gleichnamigen Amt aus dem Amt Freusburg, der Stadt und dem Amt Friedewald sowie dem Amt Bendorf.[237] Die sächsische Fremdherrschaft – die Herzöge ließen

---

[231] Vgl. Tabelle »Verzweigung und Vererbung im Sayner Grafenhaus«: in LHA KO, Inventar Best. 30; SESt IV, Tafeln 74 und 75.

[232] Zu den Burggrafen von Kirchberg: H. F. AVEMANN, Vollständige Beschreibung des uralten und weitberühmten Geschlechts der Herren Reichsgrafen und Burggrafen von Kirchberg in Thüringen, Frankfurt 1747, S. 17 ff. Zum Erbgang und zu den hier nicht im einzelnen auszuführenden Umverteilungen: GENSICKE, Westerwald, S. 342–346; Fürst SAYN, Sayn. Ort und Fürstentum, S. 96 f.; Werner HASTENRATH, Das Ende des westfälischen Reichskreises 1776–1806, Diss. Bonn 1948, S. 49; Hdb. d. Hist. Stätten, Bd. 5, S. 8 (s. v. Altenkirchen).

[233] BÜSCHING, Neue Erdbeschreibung, Bd. 3, S. 671.

[234] Heinrich NEU, Heimatchronik des Kreises Altenkirchen, Köln 1956, S. 69 f.

[235] Vgl. GENSICKE, Westerwald, S. 345.

[236] Neben den Grafen von Sayn-Wittgenstein hatten sich auch die Fürsten von Salm-Salm Hoffnungen auf die Erbschaft gemacht; vgl. Schreiben des Grafen Franz Georg von Metternich an Fürst Wenzel Anton von Kaunitz, 15. März 1784: HHStA Wien, Staatskanzlei: Berichte aus dem Reich 154.

[237] BÜSCHING, Neue Erdbeschreibung, Bd. 3, S. 670.

Altenkirchen durch Räte regieren und zeigten sich fast nie – wurde nach drei Generationen durch die der Markgrafen von Brandenburg-Ansbach ersetzt. Die geplante Regierungsübernahme nach dem Aussterben der Sachsen 1741 wurde jedoch durch die kurpfälzische Intervention vom Sommer 1742 verzögert, mit der formal die Wittgensteiner Ansprüche durchgesetzt werden sollten, die aber vor allem der Ausweitung der pfälzischen Jurisdiktion nach Norden diente. Nach einer scharfen Demarche aus Berlin mußten die Truppen wieder weichen; Markgraf Karl Wilhelm Friedrich konnte sein Erbe antreten und wurde sofort im Grafenkollegium akzeptiert.[238] Sein Sohn, Markgraf Christian Friedrich Alexander, wurde zwar als der sparsamste Fürst gepriesen, der seine Länder – er hatte 1769 auch Bayreuth geerbt – von hohen Schulden befreite, doch nutzte er dazu u.a. die Altenkirchener Landeseinkünfte[239]; seine dortigen Untertanen sahen ihn genauso selten wie seine Vorgänger.

1791 übertrug der Fürst seine Länder der preußischen Verwaltung – Preußen hatte seit dem Hausvertrag von 1752 ohnehin ein Erbrecht nach dem Tod des kinderlosen Herrschers – und dankte am Ende des gleichen Jahres ab. Die letzten Jahre seines Lebens verbrachte er, getröstet durch eine jährliche Apanage von 300.000 fl., in England.[240] Preußen trat die rheinische Exklave 1802 im Rahmen eines Tauschgeschäftes an den Fürsten von Nassau-Usingen ab, der sie seinen Erblanden hinzufügte.[241]

Die Grafschaft *Holzappel* lag zwischen Koblenz und Limburg nördlich der Lahn. Bereits im 10. Jahrhundert wurde sie als im Kirchsprengel Montabaur befindlich erwähnt. Das ganze Mittelalter hindurch hielten die Grafen von Nassau in unterschiedlichen Linien Besitzanteile an der Herrschaft; zeitweilig waren die Grafen von Diez, von Katzenelnbogen, die Herren von Eppstein sowie die hessischen Landgrafen Mitbesitzer.[242]

1643 erwarb Graf Peter von Melander die Herrschaft. Zugehörige Bestandteile waren die nassauische Burg Laurenburg an der Lahn sowie 16 umliegende Dörfer. Das Gebiet wurde von Kaiser Ferdinand III. zu einer Reichsgrafschaft zusammengefaßt und als Lehen mit Sitz und Stimme unter den Grafen und Herren des Reiches ausgegeben.[243] Melander (1585–1648), unter seinem bürgerlichen Namen Eppelmann, stammte aus einer nassauischen Dienstmannenfamilie. Er hatte sich im Dreißigjährigen Krieg als Offizier in Venedig, der Schweiz und den Niederlanden emporgedient, ehe er 1633 hessischer Generalleutnant wurde. 1641 erhob ihn der Kaiser auf Wunsch des Pfalzgrafen Wolfgang Wilhelm von Neuburg in den Reichsgrafenstand. Im folgenden Jahr trat Melander im Range eines Feldmar-

---

[238] GENSICKE, Westerwald, S. 344; Fürst SAYN, Sayn. Ort und Fürstentum, S. 97 f.

[239] Günther SCHUHMACHER, Markgraf Alexander von Ansbach-Bayreuth (1736–1806), in: Fränkische Lebensbilder, Bd. 1, S. 313–336; hier: S. 323 f.

[240] Vgl. SCHUHMACHER, Markgraf Alexander, S. 331–334.

[241] Vgl. dazu: StA DT, L 41 a, 564 passim.

[242] Hdb. d. Hist. Stätten, Bd. 5, S. 142; zum Ringtauschprojekt während der Säkularisationsverhandlungen 1802: Matthias DAHLHOFF, Geschichte der Grafschaft Sayn, Dillenburg 1874, S. 44.

[243] TADDEY, S. 554 (s. v. Holzappel). Christian von Stramberg gibt als Kaufpreis 64.000 fl. an: Rheinischer Antiquarius, 2. Reihe, Bd. 3, S. 271 f.

schalls in den kaiserlichen Dienst, ohne daß ihm sein calvinistisches Bekenntnis dabei hinderlich gewesen wäre. 1647 wurde er Oberbefehlshaber der kaiserlichen Truppen und fiel im Jahr darauf in der Schlacht bei Zusmarshausen. Neben den Grafen von Salm, die durch Dienste im Dreißigjährigen Krieg in den Fürstenstand aufgestiegen sind, ist Melander ein weiteres Beispiel für einen sozialen Aufstieg durch Dienste und Verdienste in der kaiserlichen Armee.[244]

Die Witwe des Feldherrn, Gräfin Agnes, erwarb 1656 die Reichsherrschaft Schaumburg an der Lahn für 64.000 Rtl. von den Grafen von Leiningen-Westerburg und vereinigte sie mit Holzappel. Melanders Tochter brachte den Besitz in ihre Ehe mit Prinz Adolf von Nassau-Dillenburg ein. Da auch diese Ehe ohne Söhne blieb, fiel Holzappel-Schaumburg durch die Ehe der Tochter Charlotte 1692 an den Fürsten Lebrecht von Anhalt-Bernburg-Hoym, der so zum Begründer der Linie Anhalt-Bernburg-Schaumburg wurde.[245]

Die vereinigte Grafschaft Holzappel hatte trotz ihrer geringen Größe durch ihre reichen Blei- und Silberbergwerke beträchtliche Einkünfte; so konnte sich die fürstliche Familie einen repräsentativen Lebensstil und einen dauernden Aufenthalt im Lande leisten.[246] Die Fürsten gehörten ungeachtet ihres Standes zu den aktiven Teilnehmern an der Korrespondenz des Grafenkollegiums, nicht nur in der Epoche der Grafentage, sondern auch später zur Zeit der Engeren Korrespondenz. 1806 wurde Holzappel von Nassau mediatisiert; nach dem Aussterben des Hauses Anhalt-Bernburg-Schaumburg 1812 fiel die Standesherrschaft an das Haus Habsburg.[247]

2.1.4. Die Grafschaften am Niederrhein

Zu den Grafschaften am linken Niederrhein gehörten Mylendonk, Wickrath, Dyck, Kerpen-Lommersum und Rheineck.

Die Reichsherrschaft *Mylendonk* lag im Umfeld der Stadt Korschenbroich bei Mönchengladbach. Seit der ersten urkundlichen Erwähnung um 1200 sind zwar die Lehnsherren überliefert; wer jedoch zu jener Zeit die grund- und landesherrlichen Rechte ausgeübt hat, ist nicht bekannt.[248] Mylendonk hatte im 17. Jahrhun-

---

[244] TADDEY, S. 554 (s. v. Peter Melander, Graf von Holzappel); Rheinischer Antiquarius, 2. Reihe, Bd. 3, S. 273 f.; Herbert LANGER, Kulturgeschichte des Dreißigjährigen Krieges, Stuttgart u. a. 1978, S. 156; Wilhelm HOFMANN, Peter Melander, Reichsgraf von Holzappel, München 1882. Der soziale Mobilitätsschub gerade durch diesen Krieg wartet noch auf eine historiographische Untersuchung.

[245] Kauf von Schaumburg: HOFMANN, Peter Melander, S. 323. Zur Genealogie: SESt I, Tafel 118; Rheinischer Antiquarius, 2. Reihe, Bd. 3, S. 305.

[246] Christian von Stramberg schätzt die Hüttenerträge im späten 17. Jahrhundert auf 6.000 bis 8.000 Rtl. jährlich: Rheinischer Antiquarius, 2. Reihe, Bd. 3, S. 272.

[247] TADDEY, S. 54 (s. v. Holzappel); vgl. SEStN I, Tafel 77.

[248] Hdb. d. Hist. Stätten Bd. 3, S. 548; Jakob BREMER, Die unmittelbare Herrschaft Millendonk, Mönchengladbach 1939 (ND 1974); E. von SCHAUMBURG, Die ehemaligen reichsunmittelbaren Herrschaften Wickrath und Millendonk, in: AHVN, 31, 1877, S. 186–189; hier: S. 188 f.; die Lehnsherren: Limburg (bis 1263); Samtherrschaft Kurköln und Limburg (1263–1288); Geldern (1288–1387); Jülich (1387–1576/79); Geldern (1576/79–1700); danach reichsfrei.

dert ca. 1500 Einwohner; die jährlichen Erträge beliefen sich 1699 auf etwas weniger als 5000 Rtl. pro Jahr.[249]

1699 bot der damalige Besitzer, Herzog Karl Eugen von Croy, Mylendonk zum Verkauf an; die Herrschaft wurde von Gräfin Maria Gertrud von Berlepsch[250] erworben. Die Gräfin erwirkte die Belehnung durch Spanien und wenig später die Entlassung aus dem geldrischen Lehnsverband in die Reichsunmittelbarkeit.[251] Im Schnellverfahren vollzog sich die Aufnahme in den Westfälischen Reichskreis sowie ins Grafenkollegium, wo die Gräfin als vollberechtigtes Mitglied Anerkennung fand.[252] Die Familie Berlepsch führte in Mylendonk ein steuerintensives Regiment, zunächst, um die alten Landesschulden abzubauen, später jedoch zur Mehrung des Familienvermögens. Vereinzelter Widerstand wurde mit äußerster Härte verfolgt, einzelne Familien mußten sogar das Land verlassen.[253] Nach dem Tode der Gräfin führten ihre Erben die Landesregierung auf die gleiche Weise fort; schwere Zerwürfnisse in der Familie konnten erst 1731 mit dem Vergleich der beiden letzten erbberechtigten Enkel, Graf Philipp Anton und Gräfin Maria Karoline, beigelegt werden. Der kinderlose Graf sollte die Landesherrschaft bis zu seinem Tod ausüben; danach sollte der gesamte Besitz an die Kinder seiner Cousine fallen.[254] Schon im folgenden Jahr trat der Erbfall ein, als Graf Philipp Anton an den Folgen eines Kutschenunfalls starb.[255]

Gräfin Maria Karoline brachte Mylendonk in die Ehe mit dem kaiserlichen Diplomaten und späteren Reichshofratspräsidenten Graf Heinrich Karl von Ostein ein. Dessen Regierungsantritt wurde jedoch vom Kölner Domkapitel angefochten, das vom Westfälischen Reichskreis die Pfandschaft wegen 29.000 Rtl. ausstehender Schulden zugesprochen bekommen hatte. Der Mylendonker Amtmann Rudolf von Märken konnte durch persönlichen Einsatz die Kölner Besitzergreifung verhindern; den Grafen von Ostein gelang es später, durch disziplinierte Steuerpolitik die Herrschaft zu sanieren.[256] 1736 stellte der Graf von Ostein den Aufnahmeantrag für sein Geschlecht beim Niederrheinisch-Westfälischen Grafenkollegium; nach der erfolgreichen Prüfung seiner Standesqualität durch das Kollegium wurden die Vertreter des Grafenhauses zu den Grafentagen 1738, 1744 und 1747 zuge-

---

[249] Brief des Herzogs von Croy an die Gräfin von Berlepsch, (ohne Tag) 1699: Stadtarchiv Mönchengladbach, Best. 23, Nr. 11, S. 1–9; vgl. BREMER, Mylendonk, S. 86.

[250] Zur Gräfin von Berlepsch: vgl. Kap. 7.6. (S. 251).

[251] Belehnungsurkunde des Königs Karl II. von Spanien, 13. Juni 1699: Stadtarchiv Mönchengladbach, Best. 23, Urkunde 53; vgl. Rheinischer Antiquarius, 2. Reihe, Bd. 4, S. 439; S. 442; Erteilung des Dominium directum über Mylendonk durch König Karl II. von Spanien, 17. März 1700: BREMER, Mylendonk, S. 87.

[252] Vgl. BREMER, Mylendonk, S. 87: November 1701; zum Aufnahmeverfahren vgl. Kap. 1.3. (S. 21).

[253] Zur Finanzpolitik: BREMER, Mylendonk, S. 31–34; vgl. auch Bremers Aussagen zum überhöhten Reichssteueranschlag (16 fl. pro simplo): S. 91; S. 114.

[254] BREMER, Mylendonk, S. 103; dort finden sich auch einige Angaben zum Stammbaum der Berlepsch.

[255] BREMER, Mylendonk, S. 104.

[256] BREMER, Mylendonk, S. 128: Die Einkünfte Mylendonks stiegen von 3880 (1742) auf 14.395 Rtl. (1792) an.

lassen.[257] Nach 1742 führte der Mainzer Erzbischof Johann Friedrich Karl von Ostein die Vormundschaft für seinen minderjährigen Neffen Johann Maximilian und nahm auch dessen Vertretung im Grafenkollegium wahr.[258] Erst nach dem Tod des Erzbischofs 1763 trat Graf Johann Maximilian als letzter Landesherr Mylendonks und als letzter Sproß seines Hauses die Regierung an.[259]

1794 wurde Mylendonk von den französischen Revolutionstruppen besetzt; der Graf erhielt dafür im Reichsdeputationshauptschluß 1803 die Abtei Buxheim, aus deren Erträgen er noch mehrere Renten zahlen mußte.[260] Die Mediatisierung 1806 hat er nur um drei Jahre überlebt.

Die Herrschaft *Wickrath* lag südlich von Mönchengladbach, umschlossen vom Herzogtum Jülich. Um 1068 errichteten die Herren von Wickrath hier eine Burg und vereinigten einige umliegende Dörfer zu einem Besitzkomplex. 1310 kam Wickrath in geldrische Lehnsabhängigkeit; König Maximilian I. verlieh es 1488 als Reichslehen an seinen Rat Heinrich von Hompesch.[261] 1502 erbte Dietrich von Quadt die Reichsherrschaft; sein Sohn Johann nannte sich schon Freiherr von »Wykradt«.

Die Familie von Quadt leitete sich vom jülichschen Ritter Peter »der Quade« ab, der 1256 und 1280 als Zeuge auf Urkunden zu finden ist.[262] Schon im Spätmittelalter hatte sich das Geschlecht in zahlreiche Linien geteilt, von denen jedoch nur die Wickrather Linie die reichsgräfliche Qualität erwerben sollte.[263] 1557 trat Dietrich II. (reg.1566–1590) zum lutherischen Bekenntnis über; sein Enkel Wilhelm Thomas wurde 1664 in den Freiherrenstand erhoben.[264] Nach den leidvollen Erfahrungen mit voraufgegangenen Erbteilungen stiftete Freiherr Wil-

---

[257] Antrag auf Zulassung zu Sitz und Stimme auf dem Grafentag in Köln 1736: StA DT, L 41 a, 320, S. 7.

[258] Vgl. Anschreiben Neuwieds an den Erzbischof von Mainz, 29. Aug. 1752: StA DT, L 41 a, 331, S. 3; Mitgliederliste 1754: »Churmaintz für Mylendonk«: StA DT, L 41 a, 352, S. 241. 1762 hatten die Grafen von Ostein den Antrag auf Reaktivierung der Mitgliedschaft Mylendonks im Grafenkollegium gestellt: Schreiben des Gesandten von Pistorius an Neuwied, 13. April 1762: StA DT, L 41 a, 530, S. 1 f. 1766 wurde Mylendonk auf die Grafenbank des Reichsfürstenrates aufgenommen: MOSER, Neues Teutsches Staatsrecht, Bd. 3, S. 858; SCHEIDEMANTEL/HÄBERLIN, Teutsches Staats- und Lehnrecht, Bd. 3, S. 579.

[259] BREMER, Mylendonk, S. 105. Zur Familie der Grafen von Ostein, eines alten reichsritterschaftlichen Geschlechts aus dem Elsaß: KNESCHKE, Deutsches Adelslexikon, Bd. 7, S. 4 f.; SEStN VII, Tafel 163; zur Grafenstandserhebung: MOSER, Neues Teutsches Staatsrecht, Bd. 3, S. 857; FRANK, Standeserhebungen und Gnadenakte, Bd. 4, S. 18; zur Stellung in der Reichskirche vgl. die Auflistung der Domherren aus diesem Geschlecht: HERSCHE, Domkapitel, Bd. 1, S. 259.

[260] RDHS 1803, § 24: BUSCHMANN, Kaiser und Reich, S. 608.

[261] Hdb. d. Hist. Stätten, Bd. 3, S. 781; TADDEY, S. 1293 (s. v. Wickrath).

[262] Zum Folgenden: Joseph HUSMANN/Theodor TRIPPEL, Geschichte der ehemaligen Herrlichkeit bzw. Reichsherrschaft und der Pfarre Wickrath, Bde. 1–2, Giesenkirchen 1909–1911; hier: Bd. 2, S. 7–11; KNESCHKE, Deutsche Grafen-Häuser der Gegenwart, Bd. 2, S. 233; TADDEY, S. 971 (s. v. Quadt).

[263] Vgl. die Bemühungen Christian von Strambergs, die verwirrenden Familienverhältnisse zu systematisieren: Rheinischer Antiquarius, 3. Reihe, Bd. 9, S. 461 ff.; bei Schwennicke füllt das Geschlecht immerhin 12 Seiten und wird an Personenzahl nur von sehr wenigen Adelshäusern übertroffen: SEStN IV, Tafeln 74–85.

[264] Standeserhebung Regensburg, 14. Febr. 1664: FRANK, Standeserhebungen und Gnadenakte, Bd. 4, S. 129.

helm Thomas von Quadt 1669 einen Familienfideikommiß, der die Primogenitur im Mannesstamm, das standesgemäße Heiratsgebot und den Ausschluß der Töchter von der Erbfolge einschloß.[265]

Wann und unter welchen Umständen die Freiherren von Quadt dem westfälischen Grafenkollegium beitraten, ist unklar. In einer aus dem 17. Jahrhundert stammenden Liste der Direktorialkanzlei wurden sie als Gründungsmitglieder geführt.[266] Sicher ist bezeugt, daß die Reichsherrschaft Wickrath beim Grafentag 1704 mit einem Bevollmächtigten vertreten war[267]; Verhandlungen um einen späteren Wiederbeitritt bezogen sich allein auf die Tatsache, daß die Familie Quadt zwischenzeitlich kaum Interesse an der Kollegialpolitik gezeigt hatte und der Wunsch, wieder an der Korrespondenz teilzuhaben, automatisch mit dem Problem der rückständigen Beiträge gekoppelt wurde.[268] Erst 1752 hatte Wilhelm Otto Friedrich von Quadt durch seine Erhebung in den Reichsgrafenstand die standesgemäßen Voraussetzungen für seine Mitwirkung auch in der Engeren Korrespondenz geschaffen.[269]

Gegen Ende des alten Reiches bestand der Besitz der Grafen von Quadt neben dem Schloß Wickrath aus sechs Dörfern mit ca. 2.000 Einwohnern; der Grundbesitz betrug ca. 8.400 Morgen Ackerland. Die landesherrlichen Einkünfte dürften ca. 20.000 fl. betragen haben.[270] Wickrath wurde 1794 von französischen Revolutionstruppen besetzt; das gräfliche Haus wurde im Reichsdeputationshauptschluß 1803 mit der Abtei und Stadt Isny im Allgäu sowie einer Rente aus der Abtei Ochsenhausen entschädigt.[271] 1815 fiel Wickrath der preußischen Rheinprovinz zu.

Die Reichsherrschaft *Dyck* wurde 1094 erstmals erwähnt und lag im Grenzbereich zwischen Jülich, Kurköln und Geldern nahe bei Rheydt. Die Herren von Dyck schufen um ihre Burg aus den Kirchspielen Bedburdyck, Hemmerden und der Herrlichkeit Schelsen eine kleine Herrschaft; zunächst nur mit dem Vorsitz im Gericht begabt, errichteten sie im Laufe des Spätmittelalters ihre eigene Lan-

---

[265] Familienstiftung, 2. Nov. 1669: vgl. HUSMANN/TRIPPEL, Wickrath, Bd. 2, S. 11.

[266] Dies ist allerdings unwahrscheinlich, da erst 1664 die Erhebung in den Reichsfreiherrenstand erfolgte: vgl. StA DT, L 41 a, 102, S. 177.

[267] Anwesenheitsliste des Grafentages, 12. April 1704: StA DT, L 41 a, 317, S. 195.

[268] Vgl. die Wiederbeitrittsverhandlungen 1772–1803; StA DT, L 41 a, 621 und 622 passim.

[269] Wien, 17. April 1752: FRANK, Standeserhebungen und Gnadenakte, Bd. 4, S. 129.

[270] HUSMANN/TRIPPEL, Wickrath, Bd. 2, S. 20; vgl. MOSER, Neues Teutsches Staatsrecht, Bd. 3, S. 892 f.: Moser setzt die Bodenfläche Wickraths nur auf 3833 Morgen an. In den Entschädigungsverhandlungen 1801–1802 wurde Wickrath auf 3.500 Einwohner geschätzt: Vortrag vom 27. Juli 1801: StA Wertheim, FA Freudenberg, 103, K 39. Vgl. die Auflistung »Über Länderverlust und Zusage neuer Länder für die erblichen Regenten. Eine geographisch-statistische Noth- und Hülfstafel zur richtigen Beurteilung des Lunéviller Friedens vom 9. Februar 1801« (künftig: »Noth- und Hülfstafel«) (1801): SZA Prag, FA Metternich, Nr. 2255. Diese Tafel basiert auf der Selbstveranlagung der katholischen Mitglieder und muß daher von gelegentlich überzogenen Angaben über die Größe ihrer früheren Besitzungen ausgehen. Die Angaben zu Wickrath: 84 qkm, 3.500 Einwohner, 20.000 fl. jährliche Einkünfte.

[271] RDHS 1803, § 24: BUSCHMANN, Kaiser und Reich, S. 608 f.

deshoheit.[272] Als das Geschlecht der Herren von Dyck 1394 ausstarb, erbte die Familie der Herren von Reifferscheidt den Besitz im Niederrheingebiet.[273]

Die Herren von Reifferscheidt wurden zuerst 1173 mit Besitzungen in der Nordeifel erwähnt. Durch eine konsequente Heiratspolitik erwarben sie beträchtlichen Streubesitz in der Eifel und am Niederrhein. Das bedeutendste Erbe, die Grafschaft Niedersalm in den Ardennen (Anfall 1416), mußte allerdings zwei Generationen lang gegen Erbkonkurrenten behauptet werden, ehe die Familie – die sich fortan Salm-Reifferscheidt nannte – 1455 in ihren »ruhigen« Besitz kam.[274] Später erfolgte mit dem Anfall der kurkölnischen Herrschaft Alfter (bei Bonn) noch die Verleihung des kurkölnischen Erbmarschallamtes.[275] In Abgrenzung zum Haus der Grafen von Salm, das dem Mannesstamm der Wild- und Rheingrafen entstammte, ließ sich Graf Werner von Salm-Reifferscheid im Jahre 1628 das Prädikat »Altgraf« verleihen.[276] Seine Enkel teilten 1649 den Besitz in die Linien Salm-Reifferscheidt-Bedbur und Salm-Reifferscheidt-Dyck. Ungeachtet der Tatsache, daß Dyck weder einem Reichskreis angehörte noch förmlich in den Reichsfürstenrat aufgenommen worden war (infolge ungelöster Taxstreitigkeiten), war die Mitgliedschaft im Grafenkollegium zweifelsfrei. Die in Dyck residierende Linie war Gründungsmitglied im Grafenkollegium; ihre Vertreter nahmen seit 1699 mehrfach an Grafentagen teil. Unklar bleibt, warum für die Reichsherrschaft Reifferscheid kein Antrag auf förmliche Mitgliedschaft im Kollegium erhoben wurde.[277]

1794 wurde der linksrheinische Besitz der Grafen von französischen Truppen besetzt; 1803 erfolgte im Reichsdeputationshauptschluß die Zuweisung des früher kurmainzischen Amtes Krautheim (Franken) sowie einiger Renten.[278] 1804 wurde die ältere Linie des Geschlechts (Graf Franz Wilhelm) in den Reichsfürstenstand erhoben, ehe 1806 die Mediatisierung unter die württembergische Landeshoheit

---

[272] Hdb. d. Hist. Stätten, Bd. 3, S. 191; Jakob BREMER, Die unmittelbare Herrschaft Dyck der Grafen, jetzigen Fürsten zu Salm-Reifferscheidt, Mönchengladbach 1959; Heinke WUNDERLICH, Studienjahre der Grafen von Salm-Reifferscheidt (1780–1791). Ein Beitrag zur Adelserziehung am Ende des Ancien Régime, Heidelberg 1984; TADDEY, S. 287 (s.v. Dyck).

[273] Heirat Heinrichs II. von Reifferscheidt-Bedbur (+1376) mit der Erbin Richarde von Dyck: SESt III, Tafel 148.

[274] Vgl. Anton FAHNE, Geschichte der Grafen, jetzigen Fürsten von Salm-Reifferscheidt, Bde. 1–2, Köln 1858–1866; hier: Bd. 1, S. 7, 81; zu Reifferscheidt: Hdb. d. Hist. Stätten, Bd. 3, S. 629 f.

[275] Vgl. zum Komplex der Erbämter: Kap. 8.3. (S. 307–309); vgl. WUNDERLICH, Studienjahre der Grafen von Salm-Reifferscheidt, S. 17.

[276] Standeserhebung Prag, 28. Jan. 1628: FRANK, Standeserhebungen und Gnadenakte, Bd. 4, S. 218.

[277] Zur Kreisfreiheit: MOSER, Neues Teutsches Staatsrecht Bd. 3, S. 1486; Karl Ernst Adolf von HOFF, Das deutsche Reich vor der französichen Revolution und nach dem Frieden zu Lunéville, 2 Teile, Gotha 1801–1805; hier: Bd. 1, S. 44. Zum Anerkennungsstreit am Reichstag: BREMER, Dyck, S. 80 ff.; WUNDERLICH, Studienjahre der Grafen Salm-Reifferscheidt, S. 17; zum Besitzstand des Hauses in der Herrschaft Reifferscheid (Eifel): HStA Düsseldorf, Herrschaft Reifferscheid, A 1229; zur Familienstruktur: SESt III, Tfln. 149–152.

[278] Die Gesamtverluste der Grafen westlich des Rheins beliefen sich auf fast 200 qkm, 9100 Einwohner sowie jährliche Einkünfte in Höhe von 70.000 fl.: vgl. »Noth- und Hülfstafel«(1801): SZA Prag, FA Metternich, Nr. 2255. Zum RDHS 1803, § 3: BUSCHMANN, Kaiser und Reich, S. 600.

erfolgte.[279] Die Familie verkaufte 1826/38 ihre fränkischen Besitzungen und siedelte wieder ins Schloß Dyck über, dessen Grundeigentum unbeschadet der Entschädigung von 1803 bewahrt werden konnte.[280]

Die Grafschaft *Kerpen-Lommersum* bestand aus zwei voneinander getrennten Teilen: Kerpen lag südwestlich von Köln, Lommersum 30 km weiter südlich nahe bei Bonn. Die alte Reichsburg Kerpen[281] wurde 1122 erstmalig von Kurköln zerstört; in den folgenden Jahrhunderten wechselten Aufbauphasen mit Zerstörungen ab. Der Ort Lommersum[282] wurde im 11. Jahrhundert zuerst erwähnt; nach der Schlacht bei Worringen 1288 fielen beide Herrschaften an den Herzog von Brabant, der sie durch Burgmänner verwalten ließ. Die Territorien teilten das Schicksal Brabants: 1404 Anfall an Burgund, 1477 von Habsburg geerbt, 1521 der spanischen Linie der Habsburger zugeschlagen.[283] Die spanischen Könige gaben diesen niederrheinischen Kleinbesitz angesichts ihrer chronischen Geldnot mehrfach in Pfandbesitz, 1646 an die Herzogin von Chevreuse, 1655 an den Erzbischof von Köln.[284]

Der ohnehin schon unübersichtliche Besitzstand verkomplizierte sich 1704, als Kurfürst Johann Wilhelm von der Pfalz die beiden Herrschaften militärisch besetzen ließ und damit seinen Minister Johann Friedrich von Schaesberg belehnte. Die Schaesberg stammten als altes Rittergeschlecht aus dem limburgischen Landadel; durch Dienste und vorteilhafte Heiraten waren sie zu einer der reichsten Familien im Maasgebiet aufgestiegen.[285] Ein Vorfahre des pfälzischen Ministers mit gleichem Namen war 1637 in den Reichsfreiherrenstand erhoben worden[286]; diesem Vorbild wollte der jetzige Namensträger nicht nachstehen und bemühte sich, seine Verdienste um das Kurfürstentum nicht nur in materiellen, sondern auch in ideellen Belohnungen gewürdigt zu sehen.[287] Zunächst verlieh der Kurfürst ihm den Titel eines »Generalerbhofpostmeisters« (1706), dem die wirklichen Amtsbefugnisse erst noch folgen sollten.[288] Die Realisierung stieß jedoch auf scharfe Proteste des Hauses Thurn und Taxis, das bereits ein Postmonopol für das gesamte Reich

---

[279] Fürstenstandserhebung Wien, 7. Jan. 1804: FRANK, Standeserhebungen und Gnadenakte, Bd. 4, S. 218.

[280] TADDEY, S. 287 (s. v. Dyck); S. 1059 (s. v. Salm).

[281] Hdb. d. Hist. Stätten, Bd. 3, S. 389.

[282] Hdb. d. Hist. Stätten, Bd. 3, S. 477 f.; Joseph FRANKE (Hrsg.), Das Lommersumer Heimatbuch, Euskirchen 1959.

[283] TADDEY, S. 635 (s. v. Kerpen und Lommersum); vgl. FRANKE, Lommersumer Heimatbuch, S. 44.

[284] Vgl. FRANKE, Lommersumer Heimatbuch, S. 47 f.; Kurköln belehnte das Domkapitel mit den Herrschaften (1688) und erhielt beide seinerseits 1702 als Lehen von Brabant: Rheinischer Antiquarius, 3. Reihe, Bd. 13, S. 138 f.

[285] Leo PETERS, Geschichte des Geschlechts von Schaesberg bis zur Mediatisierung, Kempen/Niederrhein 1972.

[286] Ebersdorf, 3. Okt. 1637: FRANK, Standeserhebungen und Gnadenakte, Bd. 4, S. 232.

[287] Die Bedeutung Schaesbergs für Kurfürst Johann Wilhelm ist unbestritten; der Herrscher selbst hielt seine Besitzungen zeitweise für unregierbar, wenn Schaesberg fehlte: vgl. Leo PETERS, Johann Friedrich von Schaesberg, in: Rheinische Lebensbilder, Bd. 6, S. 71–88; hier: S. 73; zu seinen Diensten im Einzelnen: vgl. Kap. 8.3. (S. 315 f.).

[288] Verleihung des Generalpostmeisteramtes 1595 an Leonhard I. von Taxis; 1615 Erblehen der Familie: Vgl. TADDEY, S. 1200 (s. v. Thurn und Taxis).

seit 1595/1615 innehatte.[289] Da Johann Wilhelm seinen verdienten Mitarbeiter nicht brüskieren wollte und konnte, bot er ihm die Reichsherrschaften Kerpen und Lommersum im Tausch gegen das Postmeisteramt an. 1710 erfolgte die Belehnung Schaesbergs mit den beiden Herrschaften; im Jahr 1712 wurden die Besitzungen zur »vereinigten Reichsgrafschaft Kerpen-Lommersum« erhoben.[290] Der neue Besitz des Hauses Schaesberg, das 1706 in den Reichsgrafenstand aufgestiegen war[291], umfaßte in jedem Teil ca. 1.500 Einwohner. Seine Größe betrug 75 qkm, während man die Einkünfte am Ende des Jahrhunderts auf etwa 26.000 fl. schätzte.[292]

Der neue Reichsbesitz erwies sich für die Familie Schaesberg bald als Danaergeschenk. Zunächst forderte das Kölner Domkapitel die Auszahlung der auf der Grafschaft ruhenden Pfandschaft, später auch der bayerische Kurfürst Max Emanuel. Schaesberg hinterlegte auf Anordnung des Kaisers 100.000 Rtl. beim Magistrat der Stadt Köln bis zur Einigung der Gläubiger. 1723 erhielt das Domkapitel die Pfandsumme, ohne daß damit der Streit beigelegt war.[293] Anläßlich der Ausschreibung der Türkensteuer 1717 hatten die Untertanen schon an den Rat von Brabant appelliert und die Landeshoheit der Schaesberg in Frage gestellt. Der Rat in Brüssel griff diese Appellation auf und erklärte die Belehnung von 1710/1712 für rechtswidrig, da die Stände ihr nicht zugestimmt hätten.[294] Die Auseinandersetzungen zogen sich über Jahrzehnte hin und führten zur Spaltung der Bevölkerung in zwei Lager. 1739 wurde die Grafschaft von bayerischen Truppen besetzt, ohne daß dies die Probleme einer Lösung näherbrachte. Erst 1786 erfolgte ein Kompromiß: Graf August Joseph von Schaesberg verzichtete auf das jülich-bergische Erboberpostmeisteramt und erhielt dafür die Belehnung durch den Kaiser als Herzog von Brabant bestätigt.[295] Damit waren allerdings die Steuerauseinandersetzungen mit den eigenen Untertanen immer noch nicht beigelegt, die sich bis zur französischen Besetzung 1794 hinziehen sollten.[296]

Ungeachtet der lehnsrechtlichen Konflikte war Kerpen-Lommersum seit 1731 ordentliches Mitglied des Grafenkollegiums. Der Verlust seiner Lande links des Rheins begründete für den Grafen von Schaesberg einen Entschädigungsanspruch,

---

[289] Schreiben des Kaisers an Johann Wilhelm von der Pfalz, 27. Nov. 1708: PETERS, Johann Friedrich von Schaesberg, S. 78.

[290] FRANKE, Lommersumer Heimatbuch, S. 52; VEHSE, Geschichte der deutschen Höfe, Bd. 44, S. 79 f.; BÜSCHING, Neue Erdbeschreibung, Bd. 3, S. 788 f.; Rheinischer Antiquarius, 3. Reihe, Bd. 13, S. 138–140; Erhebung zur Reichsgrafschaft Kerpen-Lommersum durch Kaiser Karl VI. am 11. Febr. 1712: HStA Düsseldorf, Grafschaft Kerpen-Lommersum, Akten Nr. 39; FRANK, Standeserhebungen und Gnadenakte, Bd. 4, S. 232.

[291] FRANK, Standeserhebungen und Gnadenakte, ebd.

[292] Vgl. »Noth- und Hülfstafel«(1801): SZA Prag, FA Metternich, Nr. 2255; zum Kernbesitz kamen noch eine Reihe von Exklaven hinzu, z. B. 60 Morgen Land vor dem St. Severinstor in Köln: Rheinischer Antiquarius, 3. Reihe, Bd. 13, S. 136 f.

[293] PETERS, Johann Friedrich von Schaesberg, S. 79.

[294] PETERS, ebd., S. 80 f.

[295] Rheinischer Antiquarius, 3. Reihe, Bd. 13, S. 142–145.

[296] Vgl. Helmut GABEL, Kehrseiten des Wachstums. Ursachen und Verlauf des Steuerstreits in der Reichsgrafschaft Kerpen-Lommersum 1787–1794, in: Kerpener Heimatblätter 23 (1985), S. 298–311.

der im Reichsdeputationshauptschluß durch die Zuweisung des Ochsenhausenschen Amtes Thannheim (ohne das Dorf Winterrieden) abgegolten wurde.[297] Noch während der napoleonischen Zeit gelang es dem Grafen, durch Fürsprache der Kaiserin Josephine und des Herzogs von Arenberg die Aufhebung des Sequesters über die niederrheinischen Besitzungen zu erlangen. 1815 fiel Kerpen-Lommersum an die preußische Rheinprovinz.[298]

Die Burggrafschaft *Rheineck* war ursprünglich eine kurpfälzische Burg und lag über Niederbreisig am linken Rheinufer. Nach zwischenzeitlichem Besitz der Grafen von Salm gelangte die Burggrafschaft in kurkölnische Lehnsabhängigkeit (1164); die Erzbischöfe setzten dort Burggrafen ein, die sich nach der Burg nannten.[299] Der Grundbesitz Rheinecks war sehr klein und bestand im 18. Jahrhundert nur aus einigen Höfen am linken Rheinufer sowie einem Stadthaus in Andernach. Die Anzahl der hausgesessenen Untertanen – es waren 22 – läßt eine Bevölkerungszahl von kaum mehr als 100 erwarten. Die Einkünfte des Territoriums betrugen kurz vor der Französischen Revolution etwa 400 Rtl. jährlich.[300]

Burg Rheineck, die dem Kurrheinischen Kreis angehörte[301], wurde 1689 von den Franzosen unbewohnbar gemacht. Nach Versuchen der Rekonstruktion im frühen 18. Jahrhundert wurde sie 1785 nochmals eingeäschert, worauf man nur noch eine Wohnung für den Verwalter erbaute.[302]

1654 kaufte Graf Rudolf von Sinzendorf die Burggrafschaft von Johann Philipp von Warsberg für 7.000 Dukaten.[303] Das Geschlecht der Sinzendorf entstammte der oberösterreichischen Ritterschaft und wurde im 13. Jahrhundert erstmalig erwähnt. Die Mitglieder der Familie waren im Dienst der Habsburger zu vielen Besitzungen und Ehrungen gekommen: 1582 Edelherren, 1610 Freiherrenstand, 1648 Reichsgrafenstand.[304] Zum Besitz des Reichslehens Rheineck kam 1665 der Erwerb der Grafschaft Thannhausen in Ostschwaben und damit die Mitgliedschaft

---

[297] Aus den Erträgen mußten allerdings noch Renten an die Grafen von Sinzendorf (1.500 fl.) und an die Grafen von Hallberg (500 fl.) geleistet werden: RDHS 1803, § 24: BUSCHMANN, Kaiser und Reich, S. 609.

[298] Vgl. E. TODE, Chronik der Retersbeck-Schaesberg, Görlitz 1918, S. 187; Heinz GOLLWITZER, Die Standesherren, 2. Aufl., Göttingen 1964, S. 40.

[299] Hdb. d. Hist. Stätten, Bd. 5, S. 307; TADDEY, S. 1016 (s. v. Rheineck); ausführlich zur Geschichte Rheinecks: Rheinischer Antiquarius, 3. Reihe, Bd. 5, S. 490–596.

[300] Julius WEGELER, Beiträge zur Specialgeschichte der Rheinlande. Die Schlösser Rheineck und Olbrück, die Burgen zu Burgbrohl, Namedy und Wassenbach, die Schweppenburg und Haus Kray, 2. Aufl., Koblenz 1878, S. 63. Rheinischer Antiquarius, 3. Reihe, Bd. 5, S. 582 f.; Clemens Theodor PERTHES, Das deutsche Staatsleben vor der Revolution, Hamburg, Gotha 1845, S. 142.

[301] Vgl. Karl Adolf von HOFF, Das deutsche Reich vor der französischen Revolution, Bd. 1, S. 27.

[302] Alexander DUNCKER, Rheinlands Schlösser und Burgen (1857–83). Neu hrsg. von Winfried HANSMANN und Gisbert KNOPP, 2 Teile (Bildband und Kommentarband), Düsseldorf 1981; hier: Bd. 2, S. 138 f.

[303] WEGELER, Specialgeschichte der Rheinlande, S. 60; Belehnung durch Kurfürst Maximilian Heinrich von Köln am 30. Juni 1654: LHA KO, Best. 43, Nr. 257, S. 263–265.

[304] Vgl. FRANK, Standeserhebungen und Gnadenakte, Bd. 5, S. 9; das Privilegium denominandi, das Große Palatinat und das Münzrecht folgten. Hinzu traten noch eine Reihe von Erbämtern; Vgl. auch Kap. 8.1., S. 270 (Anm. 29) sowie Kap. 8.3., S. 308.

im Schwäbischen Grafenkollegium.[305] Dabei ging es dem Grafenhaus nicht um den Gütererwerb, sondern um die Verbesserung seiner Standesqualität als Stärkung seiner Position am Wiener Hof. Rheineck wurde von den Grafen selbst als so wenig ertragreich bezeichnet, daß manches Rittergut wertvoller gewesen sein dürfte.[306] Die Grafschaft Thannhausen wurde 1708 an die Grafen von Stadion verkauft, allerdings unter Beibehaltung des Titels.[307]

Auf den Grafentagen des Niederrheinisch-Westfälischen Grafenkollegiums war nur viermal ein Bevollmächtigter der Grafen von Sinzendorf erschienen; da das Geschlecht seinen Matrikelanschlag (12 fl. pro simplo) für überzogen hielt, leistete es überhaupt keine Beiträge.[308] Auf Zahlungsforderungen reagierte Graf Prosper von Sinzendorf 1755 mit Zweifeln, ob er überhaupt dem Kollegium angehöre; sein Besitz läge doch im Kurrheinischen Kreis.[309] 1777 wurde ein Antrag auf Matrikularmoderation gestellt und weiterhin auf Zahlung der Rückstände verzichtet.[310] Erst nach der Konstituierung des katholischen Kollegialteils unter dem Grafen Franz Georg von Metternich nahm Graf Prosper von Sinzendorf seine aktive Teilnahme am Kollegium wieder auf; er ließ den katholischen Grafentag 1787 in Koblenz mit einem Gesandten beschicken[311], war 1802 sowie bei den drei Treffen 1805 in Wien persönlich anwesend[312] und ließ den Grafentagsabschied der Ochsenhausener Konferenz 1805 unterzeichnen.[313] Zu jener Zeit war er nach dem Verlust Rheinecks 1794 an die Franzosen durch den Reichsdeputationshauptschluß 1803 in den Besitz des Dorfes Winterrieden in Schwaben (unter Erhebung in eine Burggrafschaft) gelangt; zusätzlich erhielt er eine Rente von 1.500 fl. jährlich[314], da er gegenüber der Reichsdeputation glaubhaft machen konnte, er habe am Rhein Vermögenseinbußen in Höhe von 4.480 fl. jährlich (!) erlitten.[315] Rheineck kam 1815 an die preußische Rheinprovinz.

---

[305] Aufnahme ins Kollegium 1677. Vgl. TADDEY, S. 1194 (s. v. Thannhausen); Constant von WURZBACH (Hrsg.), Biographisches Lexikon des Kaiserthums Oesterreich, Bd. 35, S. 14; Rheinischer Antiquarius, 3. Reihe, Bd. 5, S. 548–554; Stramberg weist Rheineck irrtümlich dem Schwäbischen Grafenkollegium zu (S. 548), korrigiert sich aber später selbst (S. 554).

[306] Vgl. Überlegungen bei MOSER, Neues Teutsches Staatsrecht, Bd. 3, S. 871 f.

[307] WURZBACH, Bd. 35, S. 14.

[308] Grafentagsteilnahme 1700, 1708, 1732 und 1740. Zur Beitragsverweigerung vgl. StA DT, L 41 a, 549 und 550 passim.

[309] Schreiben des Grafen von Sinzendorf an den Grafen von Neuwied, 9. Okt. 1755: StA DT, L 41 a, 549, S. 21–24.

[310] Druckschrift »... Wiederholtes Bitten um proponierte Moderation der Cameral-Praestandorum« (1777): StA DT, L 41 a, 550, S. 18–26.

[311] Grafentag, 4.–8. Juni 1787: SZA Prag, FA Metternich, Nr. 2330/1.

[312] Grafentag, 6. März 1802, Wien: SZA Prag, FA Metternich Nr. 2298; die Akten der Grafentage 1805 liegen unter Nr. 2294 im gleichen Bestand.

[313] Ochsenhausener Konferenz, 15. Juli – 10. Aug. 1805; SZA Prag, FA Metternich, Nr. 2292/2.

[314] Vgl. die Generalliste der reichsgräflichen Verluste auf dem linken Rheinufer (1801): SZA Prag, FA Metternich, Nr. 2312/1

[315] Die Rente sollte vom Grafen von Schaesberg gezahlt werden: RDHS 1803, § 24: BUSCHMANN, Kaiser und Reich, S. 609.

2.1.5. Die Grafschaften in der Eifel und im Nahegebiet

Zu dieser Grafengruppe gehörten Schleiden, Saffenburg, Virneburg, Blankenheim-Gerolstein, Winneburg-Beilstein und Bretzenheim/Nahe.

Die Grafschaft *Schleiden* lag südlich des Herzogtums Jülich am Nordrand der Eifel. Seit 1115 regierten dort die Edelherren von Blankenheim, die vor 1121 eine Burg errichteten und sich später Herren von Schleiden nannten. 1271 mußten die Edelherren den Herzog von Luxemburg als ihren Lehnsherren anerkennen. Nach dem Aussterben des Geschlechts 1435 folgte zunächst die fünfzehnjährige Herrschaft des Grafen Heinrich von Nassau-Diez; nach seinem Tod 1450 erbte Graf Dietrich von Manderscheid den Besitz; später residierte dort die Linie Manderscheid-Schleiden.[316] Die Grafen erweiterten den Besitz um Kronenburg und Neuerburg (1478), die Herrschaft Kerpen (1525)[317] und die Grafschaft Virneburg (1545). Graf Dietrich IV. (1481–1551) führte Schleiden zum lutherischen Bekenntnis.

Als Graf Dietrich VI. von Manderscheid-Schleiden 1593 starb, besetzte Graf Philipp von der Mark, der mit Dietrichs Schwester Katharina verheiratet war, die Grafschaft mit einem Truppenkontingent. Der zur Sicherung des Familienerbes heranrückende Graf Johann Gerhard von Manderscheid-Gerolstein wurde in einem Scharmützel von märkischen Soldaten erschlagen. Das Haus Manderscheid mußte unter demütigenden Bedingungen 1611 in die Abtretung der Grafschaften Schleiden und Saffenburg (s. u.) einwilligen.[318]

Graf Philipp von der Mark stammte aus einer Seitenlinie der westfälischen Grafen von der Mark, die fast ein Jahrhundert lang die drei großen niederrheinischen Herzogtümer Jülich, Kleve und Berg mit ihrem Stammbesitz vereinigt regiert hatten.[319] Durch die Verbindung mit dem Haus Arenberg hatte sich diese märkische Linie nach Westen ins Maasgebiet und die Ardennen orientiert und dort zahlreiche Besitzungen erworben. Die Grafen betrieben eine bewaffnete Schaukelpolitik zwischen Frankreich, Österreich, den aufstrebenden Niederlanden und dem Erzstift Köln.[320] Mit viel Gespür für politische Wechselfälle standen sie meistens auf der richtigen Seite: In der zweiten Hälfte des 16. Jahrhunderts hatte Graf Wilhelm II. von der Mark den aufständischen Niederlanden unter Wilhelm von Oranien

---

[316] Heinrich von Nassau-Diez hatte die ältere Erbtochter, Dietrich von Manderscheid die jüngere geheiratet: TADDEY, S. 1076 (s. v. Schleiden); Hdb. d. Hist. Stätten, Bd. 3, S. 668 ff.; vgl. auch BÜSCHING, Neue Erdbeschreibung, Bd. 3, S. 789.

[317] Die Herrschaft Kerpen in der Eifel ist nicht zu verwechseln mit der brabantischen Lehnsherrschaft Kerpen bei Köln: vgl. Hdb. d. Hist. Stätten, Bd. 5, S. 149.

[318] Zum gewaltsamen Erbübergang: Peter NEU, Manderscheid und das Reich, in: Rheinische Vierteljahresblätter 36 (1972), S. 53–70; hier: S. 61; vgl. Rheinischer Antiquarius, 3. Reihe, Bd. 1, S. 680 ff.

[319] Zur Genealogie: SEStN VI, Tafel 20; Heinrich NEU, Geschichte von Herrschaft und Stadt Schleiden, in: Schleiden. Vergangenheit und Gegenwart. (Hrsg. von der Stadt Schleiden), Schleiden 1975, S. 5–56; hier: S. 18.

[320] Strambergs Aussage von der durchgehenden Treue des märkischen Hauses gegenüber dem französischen Königtum ist nur für die Zeit der französischen Raubkriege und der Erbfolgekriege zutreffend: Rheinischer Antiquarius, 3. Reihe, Bd. 1, S. 614 f.; vgl. zu den Diensten der Grafen von der Mark: Kap. 8.3. (S. 320).

ein Reitergeschwader von 1.500 Mann gestellt[321]; Graf Philipp verstrickte sich später in eine Fehde mit dem Bischof von Lüttich und mußte den niederländischen Dienst quittieren, um seine Güter zu retten. Er wechselte die Seite, söhnte sich mit dem Bischof aus und nahm das katholische Bekenntnis, das sein Großvater abgelegt hatte, wieder an. Mit 2.000 Lütticher Soldaten versehen, wurde er auf seiten der Bayern in den Truchsessischen Krieg geschickt, wo er sich bewähren und 1589 das Kurkölnische Oberstallmeisteramt erwerben konnte.[322] Vor diesem Hintergrund wird verständlich, daß Philipp von der Mark von allen Erbaspiranten auf Schleiden zwar nicht die besten Rechte, aber die bei weitem stärkste Ausgangsbasis hatte. Er nutzte seine Chance, indem er Schleiden 1602 zur Reichsgrafschaft erheben ließ und zu Sitz und Stimme im Westfälischen Kreis zugelassen wurde; die Lehnsabhängigkeit von Luxemburg blieb allerdings bestehen.[323]

Im 17. Jahrhundert wurde Graf Ernst von der Mark ohne Widerspruch als Gründungsmitglied ins Niederrheinisch-Westfälische Reichsgrafenkollegium aufgenommen. Ein Erbstreit begünstigte seinen Übertritt ins französische Lager, als der »Große Rat« von Burgund die beiden Söhne des Grafen Ernst aus der morganatischen Ehe mit der Bauerntochter Katharina Reicherts nicht zur Erbschaft zulassen wollte. Nach der Einsetzung des Fürsten von Chimay als Erben von Schleiden besetzten die Truppen Ludwigs XIV. 1682 im Zuge der Reunionen die Grafschaft. Mit Abzug der Franzosen nach dem Frieden von Rijswijk 1697 nahm das Haus von der Mark wieder von seinen Ländern Besitz.[324] Noch einmal war der märkische Besitz von Schleiden bedroht, als der inzwischen zur Regierung gelangte Graf Ludwig Peter Engelbert während des Spanischen Erbfolgekrieges nach einem Felonieprozeß (wegen seiner Offizierstätigkeit in Frankreich) seiner Lehen von Kaiser Joseph I. enthoben und statt dessen Graf Hugo Franz von Königsegg-Rothenfels damit belehnt wurde. Schleiden und Saffenburg waren jedoch durchgehend von französischen Truppen besetzt, so daß Königsegg sie nicht betreten konnte. 1713 wurde der Graf von der Mark im Utrechter Frieden rehabilitiert; seine Mitgliedschaft im Westfälischen Kreis wurde nun akzeptiert.[325] Als 1742 während des Kaisertums Karls VII. der Versuch der Grafen gescheitert war, die Luxemburger Lehnshoheit abzuschütteln, folgte ab 1745 eine vorsichtige politische Annäherung an Österreich. Frankreichs abnehmende Stärke war so offenkundig, daß die Grafen von der Mark es vermieden, sich weiterhin auf Streitigkeiten mit den Lehnshöfen in Luxemburg und Brüssel einzulassen.[326]

1773 starb das Haus von der Mark im Mannesstamme aus; die Erbtochter, Gräfin Luise Margarethe, brachte Schleiden und Saffenburg in ihre Ehe mit Herzog

---

[321] Rheinischer Antiquarius, 3. Reihe, Bd. 1, S. 674.

[322] Heinrich NEU, Geschichte von Herrschaft und Stadt Schleiden, S. 18; vgl. zur Entwicklung der Reformation im Eifelgebiet: Karl Leopold KAUFMANN, Die Entwicklung der Reformation in der Eifel, in: AHVN, 188 (1931), S. 59–71.

[323] Peter NEU, Manderscheid und das Reich, S. 61: Dort finden sich auch Informationen über den Streit um die Reichsunmittelbarkeit und die Kreisstandschaft, die von Luxemburg nicht anerkannt wurden. Vgl. auch Heinrich NEU, Geschichte von Herrschaft und Stadt Schleiden, S. 19.

[324] Heinrich NEU, Geschichte von Herrschaft und Stadt Schleiden, S. 23; TADDEY, S. 1076.

[325] Heinrich NEU, Geschichte von Herrschaft und Stadt Schleiden, S. 23 f.

[326] Heinrich NEU, Geschichte von Herrschaft und Stadt Schleiden, S. 25.

Karl Maria Raimund von Arenberg ein. Die Arenberger erfreuten sich der Landeshoheit in Schleiden nur gut 20 Jahre; 1794 verloren sie ihre Besitzungen, wurden aber dafür mit dem münsterschen Amt Meppen sowie mit dem früher kurkölnischen Vest Recklinghausen entschädigt.[327] 1815 fiel Schleiden an die preußische Rheinprovinz.[328]

Die Herrschaft *Saffenburg* lag an der Ahr. In der zweiten Hälfte des 11. Jahrhunderts bauten die Herren von Saffenburg (auch Saffenberg) eine Burg; die zeitweilige Bedeutung des Geschlechts läßt sich daran ersehen, daß es die Hochstiftsvogtei über das Erzbistum Köln innehatte. Ende des 12. Jahrhunderts verfiel das Geschlecht; durch Erbteilungen wurde Saffenburg zur Heiratsmasse der Grafen von Sayn, der Grafen von Sponheim, der Herzöge von Kleve und der Herren von Neuenahr.[329] 1424 gelangte das Geschlecht der Herren von Virneburg in den Besitz der Herrschaft; nach deren Aussterben fiel das kleine Territorium mit der Grafschaft Virneburg 1545 an Graf Dietrich V. von Manderscheid-Schleiden.[330]

Von dieser Zeit an verknüpfte sich das Schicksal Saffenburgs mit dem Schleidens: Es wurde nach der Eroberung der Burg Schleiden durch Graf Philipp von der Mark 1593 ebenfalls dem Manderscheider Besitz entfremdet, blieb bis 1773 in märkischem Besitz und fiel dann dem Haus Arenberg zu.[331] Die Burg Saffenberg wurde 1704 zerstört; diese Tatsache sowie die frühere Veranlagung zur Reichssteuer zusammen mit der Grafschaft Virneburg wurde im 18. Jahrhundert als Argument für einen Antrag auf Matrikularmoderation verwendet.[332] Dieser ursprünglich gemeinsame Steueranschlag mit Virneburg – 1521 wurden bei Erstellung der Reichsmatrikel die regierenden Familien, nicht die Territorien genannt – führte dazu, daß Saffenburg keinem Reichskreis zugeordnet war, da man stillschweigend von der Zugehörigkeit des besitzenden Hauses zum Niederrheinisch-Westfälischen Reichskreis ausging.[333] Saffenburg wurde später als kreisfrei geführt; seine Mitgliedschaft im Grafenkollegium war jedoch unbestritten: Der Graf von der Mark war auf Grafentagen für Schleiden und Saffenburg mit doppeltem Stimmrecht vertreten. Ebenso unbestritten wie seine Teilnahmeberechtigung bei Grafentagen war Saffenburgs Lehnsabhängigkeit von Kurköln.[334] Dies sollte sich

---

[327] RDHS 1803, § 3: BUSCHMANN, Kaiser und Reich, S. 599.

[328] Zur Restitution von Schleidener Domänen an die Herzöge von Arenberg: s. unter Saffenburg.

[329] Hdb. d. Hist. Stätten, Bd. 5, S. 326; TADDEY, S. 1055 (s. v. Saffenburg); zur verwickelten Besitzstruktur vgl. auch: LHA KO, Best.44 Gesamtinventar Saffenburg; Rheinischer Antiquarius, 3. Reihe, Bd. 10, S. 141–155.

[330] Schwennicke zeigt in seiner Stammtafel des Hauses Manderscheid den Erwerb schon für 1479 auf: Heirat Graf Kunos mit Gräfin Mechthild von Virneburg. SESt V, Tafel 110.

[331] Über die Geschichte Saffenburgs unter den Häusern Manderscheid, Mark und Arenberg: Rheinischer Antiquarius, 3. Reihe, Bd. 10, S. 155–164.

[332] Hinweis im Schreiben des Rates Frohn an die Löwenstein-Wertheimische Regierung wegen der Matrikularmoderationsbemühungen für Virneburg und Saffenburg: StA Wertheim, FA Freudenberg, Nr. 103, K 10.

[333] Vgl. Reichsmatrikel 1521: LÜNIG, Teutsches Reichs-Archiv, Bd. 1, S. 764–768.

[334] Saffenburg war Reichsafterlehen und Weiberlehen: Kurköln mußte 1773 der märkischen Erbtochter Gräfin Luise Margarethe zugestehen, das Lehen ihrem Ehemann Herzog Karl Maria Raimund von Arenberg zuzuführen. Dieser wurde am 3. Juni 1776 belehnt (Datum des Lehns-

1794 nach dem Einmarsch der Franzosen ins Rheinland als vorteilhaft erweisen. Nach der Flucht der Familie Arenberg kehrte Herzogin Luise Margarethe bald in ihre früheren linksrheinischen Besitzungen zurück, wo sie durch intensive Bemühungen gegenüber den französischen Behörden die Sequestrierung aufheben lassen konnte. Hauptargumente waren nun, als der Nachweis des Fehlens landesherrlicher Rechte eine Familie wieder in den Besitz der Domäneneinkünfte bringen konnte, die Lehnsabhängigkeit von Köln und das Fehlen eines Anschlages in der Reichsmatrikel. Obwohl die Herzöge von Arenberg für ihre linksrheinischen Verluste im Münsterland entschädigt worden waren[335], behauptete sich die Herzogin auf ihren Familienstammgütern über zwei weitere Sequestrierungen hinweg. Sie konnte sogar die Versteigerung der Schleidener Güter durch die französische Verwaltung verhindern.[336] Als Schleiden und Saffenburg 1815 unter preußische Hoheit kamen, ermittelten die Koblenzer Behörden gegen die Herzöge von Arenberg wegen ungerechtfertigter Bereicherung: Sie hätten, so warf man ihnen vor, die Entschädigung in Meppen und Recklinghausen erhalten und auch noch ihre alten Güter zurückbekommen. Die Rechtslage wurde eindeutig zuungunsten der Herzöge festgestellt; König Friedrich Wilhelm III. beließ die Familie durch einen Gnadenakt von 1829 jedoch in ihrem doppelten Besitz, da er, wie er in der Begründung schrieb, die Greuel der Französischen Revolution nicht noch durch eigene Enteignungen verschlimmern wollte.[337]

Die Grafschaft *Virneburg* lag oberhalb der Stadt Mayen im Nettebachtal in der Eifel. Den pfalzgräflichen Eigenbesitz hatten die Grafen von Sayn als Lehen erworben und ihn wiederum an die Herren von Virneburg ausgegeben; letztere erreichten bereits im 11. Jahrhundert Grafenrang.[338] Die Virneburger konnten im 13. Jahrhundert einige Vogteirechte in ihren Besitz bringen (z.B. die Pellenz); sie gerieten jedoch in Konflikt mit der kurtrierischen Territorialpolitik und mußten vom Erzbischof schließlich ihre Grafschaft zu Lehen nehmen.

1545 starben die Virneburger Grafen aus und wurden von Graf Dietrich von Manderscheid beerbt.[339] Der Großbesitz dieser Manderscheider Linie wurde jedoch schon 1593 wieder geteilt, als der letzte Graf Dietrich VI. kinderlos starb.[340] Nach einigen Erbstreitigkeiten unter Dietrichs Geschwistern und Nichten setzten

briefes): Heinrich NEU, Differenzen um die Herrschaft Saffenburg und ihre Nachbargebiete, in: Jahrbuch für Geschichte u. Kunst des Mittelrheins 18/19 (1966/67), S. 116–127; hier: S. 116–118.

335 Vgl. Anm. 327.

336 Vgl. Heinrich NEU, Differenzen, S. 119–131; ders., Das Herzogtum Arenberg und die Grafschaft Schleiden im Spiegel alter Karten, in: Heimatkalender Schleiden 1967, S. 97–103 passim.

337 Heinrich NEU, Differenzen, S. 127.

338 Hdb. d. Hist. Stätten, Bd. 5, S. 387; Stammtafel der Grafen von Virneburg: SESt V, Tafel 33; TADDEY, S. 1243 (s. v. Virneburg).

339 Das Anfallsdatum ist in der Literatur umstritten: Karl Heinz Debus gibt in seinen beiden Artikeln über Schleiden und Saffenburg 1545 an: TADDEY, S. 1076 und 1055; Baron FREYTAG von LORINGHOVEN läßt Graf Kuno von Virneburg am 14. Febr. 1546 sterben: SESt V, Tafel 33; bei Kaufmann tritt der Erbfall gar erst 1549 ein: Karl Leopold KAUFMANN, Die Entwicklung der Reformation in der Eifel, S. 66.

340 Zur Kulturblüte, beispielsweise in der Tätigkeit von Johann Philipp Sleidanus und Johann Sturm in der Eifel: Willibrord WEINS, Manderscheid. Bilder aus der Vergangenheit des Landes und Adelsgeschlechts, Wittlich 1926, S. 44 f.

sich Gräfin Elisabeth und ihr Mann, Graf Christoph Ludwig von Löwenstein-Wertheim, 1615 durch.[341]

Das Geschlecht der Grafen von Löwenstein-Wertheim entsprang einer morganatischen Ehe zwischen Pfalzgraf Friedrich dem Siegreichen (1449–1476) und der Augsburger Bürgertochter Klara Dett.[342] Der dieser Ehe entstammende Sohn Ludwig wurde 1488/1494 mit den Besitzungen Löwenstein und Scharfeneck ausgestattet und erhielt die Würde eines Reichsgrafen.[343] Seine Nachfahren konnten den Familienbesitz vorteilhaft mehren: 1567 erheiratete Graf Ludwig II. die Grafschaft Wertheim am Main und erwarb eine Reihe weiterer Besitzungen im Odenwald und in den Niederlanden. Graf Ludwig vollzog auch den Übertritt seines Hauses zum lutherischen Bekenntnis.[344] Sein Sohn Ludwig III. hinterließ 1611 vier erwachsene Söhne. Um einer Erbteilung zu entgehen, wurde die gemeinschaftliche Regierung aller Söhne gemäß dem Familiengesetz von 1597 eingeführt: Künftig sollten alle volljährigen Erbberechtigten gleichberechtigt an der Verwaltung des Besitzes teilhaben, alle Lande unveräußerlich sein, die Belastung von Grund und Boden mit Hypotheken verboten werden. Das Familienstatut regelte darüber hinaus die Versorgung der Töchter und Witwen des Hauses.[345] Die Gemeinschaftsregierung wurde jedoch noch im gleichen Jahr beendet und die Teilung der Grafschaft vereinbart; die beiden ältesten Söhne des Erblassers erhielten die Belehnung mit der württembergischen Lehnsgrafschaft Löwenstein, die beiden jüngeren erbten den niederländischen Besitz.[346] Diese Zweiteilung der Familie verschärfte sich, als Graf Johann Dietrich, der Begründer der jüngeren Linie (später Löwenstein-Wertheim-Rochefort) als kaiserlicher Offizier 1610 zum Katholizismus konvertierte.[347] Sein Enkel, Graf Maximilian Karl, führte 1716 die Primogeniturerbfolge

---

[341] TADDEY, S. 1243; vgl. Rheinischer Antiquarius, 2. Reihe, Bd. 17, S. 743; zum Verschuldungszustand der Grafschaft: Peter NEU, Manderscheid und das Reich, in: Rheinische Vierteljahresblätter 36 (1972), S. 60.

[342] Zur Rekonstruktion der Familiengeschichte stellte mir Hermann Ehmer (seinerzeit StA Wertheim) dankenswerterweise Druckfahnen seines NDB-Artikels über das Haus Löwenstein-Wertheim zur Verfügung: Hermann EHMER, Art. »Löwenstein, Grafen und Fürsten zu«, in: NDB 15 (1986), Sp. 54–59. Der Name von Klara Dett wird auch mit Tetting, Dettin und Tot angegeben.

[343] Vgl. Paul SIEBERTZ, Karl, Fürst zu Löwenstein. Ein Bild seines Lebens und Wirkens, Kempten 1924, S. 1–6; Karl BOSL (Hrsg.), Bosls Bayerische Biographie. 8000 Persönlichkeiten aus 15 Jahrhunderten, Regensburg 1983, S. 224 f. (Friedrich der Siegreiche). Zur Grafschaft Löwenstein und ihrer Geschichte: Gerhard FRITZ, Die Geschichte der Grafschaft Löwenstein und der Grafen von Löwenstein-Habsburg vom späten 13. bis zur Mitte des 15. Jahrhunderts, Sigmaringen 1986.

[344] SIEBERTZ, Karl, Fürst zu Löwenstein, S. 4; Christl HUTT, Maximilian Carl Graf zu Löwenstein-Wertheim-Rochefort und der fränkische Kreis 1700–1702, Diss. Würzburg 1969, S. 49 f.; zur Vorgeschichte der Grafschaft Wertheim: Joseph ASCHBACH, Geschichte der Grafen von Wertheim von der ältesten Zeit bis zu ihrem Erlöschen im Mannesstamme im Jahre 1556, 2 Teile, Frankfurt/Main 1843; zur Mehrung des Familienvermögens: Werner BARFUSS, Hausverträge und Hausgesetze fränkisch-reichsgräflicher Familien (Castell, Löwenstein-Wertheim), Diss. Ostrau 1972, S. 99–102.

[345] »Statutum Gentilitium«, 28. Juni 1597: StA Wertheim, Rosenberger Urkundenarchiv, R-KS 1597, Juni 28; vgl. BARFUSS, Hausverträge und Hausgesetze, S. 99–102.

[346] BARFUSS, ebd., S. 104: Interims-Teilungsrezeß vom 29. Juli 1611.

[347] Vgl. EHMER, Löwenstein, S. 55.

in der katholischen Linie ein[348], wogegen die protestantische Linie bis zum Ausgang des 18. Jahrhunderts die Gesamtherrschaft pflegte. Dieses ungewöhnliche Regierungsmodell zeigte sich bis in die Kollegialkorrespondenz hinein: Alle an der Regierung beteiligten Grafen pflegten die Schreiben an die Direktoren zu unterzeichnen.[349]

Die evangelische Linie, die sich nach dem Zugewinn der Grafschaft Virneburg »Löwenstein-Wertheim-Virneburg« nannte, war seit spätestens 1698 Mitglied im westfälischen Kollegium. Zeitweise wurde in der neuwiedischen Direktorialkanzlei die altgräfliche Qualität der Grafen wegen ihrer morganatischen Abkunft in Frage gestellt[350]; auf die Wahrnehmung der politischen Rechte durch dieses Haus hatte das jedoch keinen Einfluß. Bis 1806, lange nach dem Verlust ihres Eifelbesitzes, nahmen die Grafen an der Korrespondenz des Kollegiums teil.[351]

Die Grafschaft Virneburg hatte 1794 eine Fläche von ca. 84 qkm, etwa 3.000 Einwohner und Einkünfte, die auf 17.600 fl. jährlich geschätzt wurden.[352] Eine Beschreibung von 1726 weist vier Kirchspiele mit zusammen 19 Dörfern aus. Hinzu kam das Tal Virneburg; die gleichnamige Burganlage war schon 1689 durch französische Truppen völlig zerstört worden.[353] Die Untertanen waren sämtlich leibeigen, die meisten dem Grafen, die übrigen dem Kölner Erzbischof. Jagd und Fischerei waren dem Landesherrn vorbehalten. Es gab in diesem Zwergterritorium keine Stände; das einzig nennenswerte Aktivlehen trugen die Herren von Bürresheim.[354] Die Finanzkraft der Grafschaft war gering, der Reichsmatrikelanschlag mit 40 fl. pro simplo stark überhöht.[355] Für die Grafen von Löwenstein-Wertheim lag der Nutzen des fernen Besitzes stark im ideellen Bereich, in der damit verbundenen Reichsstandschaft sowie in der Möglichkeit, die Freundschaft zu König Friedrich II. von Preußen zu fördern, indem man seinen Werbern die Virneburger Untertanen zur Verfügung stellte.[356]

1794 verlor die evangelische Linie des Hauses Löwenstein-Wertheim ihre linksrheinische Besitzung ebenso wie die katholische, seit 1711 gefürstete Linie ihre Güter in den Niederlanden.[357] Der Reichsdeputationshauptschluß 1803 brachte

---

[348] Zur testamentarischen Primogeniturerbfolgeverfügung vom 11. Juli 1716: BARFUSS, Hausverträge und Hausgesetze, S. 110.

[349] Die Gesamtherrschaft wurde zwar am 11. Febr. 1741 durch eine Primogeniturordnung ersetzt, doch sollte diese erst nach dem Tod der ausfertigenden Generation in Kraft treten: BARFUSS, Hausverträge und Hausgesetze, S. 114; vgl. auch MOSER, Neues Teutsches Staatsrecht, Bd. 3, S. 854.

[350] Denkschrift des Direktorialrats Thalmann, 11. Aug. 1749: StA DT, L 41 a, 347, S. 1 ff.

[351] Vgl. StA DT, L 41 a, 607–611 passim.

[352] »Vertrag über die Entschädigung der Grafen für linksrheinische Verluste«, 27. Juli 1801: StA Wertheim, FA Freudenberg, 103, K 39.

[353] Vgl. Hdb. d. Hist. Stätten, Bd. 5, S. 387 f.

[354] »Beschreibung der Grafschaft Virneburg nebst ihren Rechten und Lasten« (1726): StA Wertheim, FA Freudenberg, 105, A 2.

[355] Vgl. die Bemühungen der Grafen, im 18. Jahrhundert eine Matrikularmoderation bewilligt zu bekommen: StA Wertheim, FA Freudenberg, 103, K 10; 114, J 5; vgl. auch Kap. 6.1. (S. 189).

[356] Brief Friedrichs II. an die Grafen von Löwenstein-Wertheim, 3. Sept. 1740: StA Wertheim, FA Freudenberg, 114, J 9. Die Grafen hatten dagegen keine Einwände.

[357] Die Fürsten von Löwenstein-Wertheim-Rochefort hatten sich allerdings zeitig in Böhmen (Kreis Pilsen) begütert: BARFUSS, Hausverträge und Hausgesetze, S. 135.

beiden Linien eine Gebietsarrondierung in Franken aus Ämtern und Klöstern der früheren Hochstifte Mainz und Würzburg.[358] Nach der Mediatisierung 1806 fielen die wertheimischen Kernlande an die Großherzöge von Baden.[359]

Die Grafschaft *Blankenheim-Gerolstein* bestand aus zwei Teilen: Blankenheim grenzte nach Norden an das Herzogtum Jülich, im Westen an Schleiden; das sich südlich anschließende Gerolstein griff über das Kylltal hinweg in kurtrierische Gebiete.[360] Blankenheim wurde 1115 erstmals erwähnt; das dort herrschende Geschlecht konnte 1380 die Grafenwürde erwerben. 1415 folgte mit Wilhelm von Loen ein zweites Geschlecht, das den Namen der Herren von Blankenheim führte. 1468 starb auch dieses Haus aus; Graf Dietrich III. von Manderscheid konnte die Erbschaft antreten.[361] Gerolstein war eine Nebenburg des Blankenheimer Geschlechts und wurde zur Zeit Gerhards VI. von Blankenheim (1314–1350) errichtet. Nach dem Aussterben des zweiten Geschlechts der Herren von Blankenheim fiel Gerolstein ebenfalls den Grafen von Manderscheid zu.[362]

Das Geschlecht der Grafen von Manderscheid führte sich auf die Herren von Kerpen zurück, die im Spätmittelalter die Güter des ersten Manderscheider Geschlechts in ihren Besitz gebracht hatten.[363] Durch zahllose Erbschaften, vor allem im 15. Jahrhundert, stieg das Haus zur beherrschenden Macht in der Nordeifel auf; 1457 erfolgte die Erhebung in den Reichsgrafenstand. Die außerordentliche Fruchtbarkeit – mindestens sechs erwachsene Nachkommen pro Generation waren die Regel – begünstigte eine intensive Politik in den Domkapiteln von Köln und Straßburg, aber auch die Neigung zu Erbteilungen.[364] So setzte schon kurz nach dem letzten größeren Zugewinn, der Grafschaft Virneburg und der Herrschaft Saffenburg (1545), der Verfall des Geschlechts ein. 1593 starb die Schleidener Linie aus; der Besitz fiel an die Grafen von der Mark und von Löwenstein-Wertheim. Die Machterosion dokumentierte sich auch in einer zunehmenden Lehnsabhängigkeit von mächtigen Nachbarn: 1532 waren die Stammgrafschaft Manderscheid und Schleiden in luxemburgische Abhängigkeit geraten, 1546 folgte Kronenburg, 1548 Kail.[365] 1670 gerieten Blankenheim und Gerolstein in die Lehnsabhängigkeit von Jülich.[366] 1697 erlosch die Gerolsteiner Linie mit dem Tod

[358] RDHS 1803, § 14: BUSCHMANN, Kaiser und Reich, S. 605.

[359] TADDEY, S. 738 (s. v. Löwenstein-Wertheim); EHMER, Art. »Löwenstein, Grafen und Fürsten zu«, in: NDB 15, Sp.55.

[360] Hdb. d. Hist. Stätten, Bd. 3, S. 82–84 (Blankenheim); Bd. 5, S. 113 f. (Gerolstein).

[361] Vgl. SESt V, Tafel 110; TADDEY, S. 131 (s. v. Blankenheim)

[362] Vgl. TADDEY, 436 (s. v. Gerolstein); Batty DOHMS, Gerolstein in der Eifel, seine Landschaft, Geschichte und Gegenwart, Trier 1953, S. 13; Dohms nimmt 1115 als Gründungsdatum an.

[363] Zur Familie: TADDEY, S. 768 (s. v. Manderscheid); SESt V, Tafel 109; SEStN XI, Tafeln 3–8 mit umfangreicher genealogischer Literatur. Die Berufung auf einen Matfried von Manderscheid, der im Februar 845 von Kaiser Lothar mit dem Kylltal belehnt worden sein soll, gehört wohl ins Reich der Legende: Rheinischer Antiquarius, 3. Reihe, Bd. 10, S. 493.

[364] Die Alternative zu Erbteilungen, die Plazierung der Kinder in den Domkapiteln und anderen geistlichen Stiftungen, wurde lange mit großem Nutzen für das Haus betrieben: vgl. SEStN XI, Tafeln 3–8; s. auch Kap. 8.2, passim; vgl. Batty DOHMS, Gerolstein in der Eifel, S. 17 f.

[365] Peter NEU, Manderscheid und das Reich, S. 58; WEINS, Manderscheid, S. 52.

[366] Peter NEU, Geschichte und Struktur der Eifelterritorien des Hauses Manderscheid vornehmlich im 15. und 16. Jahrhundert, Bonn 1972, S. 121 f.

des Reichskammergerichtspräsidenten Graf Karl Ferdinand; nach früheren Verlusten erreichte man nun den Erbanfall an die Linie Blankenheim, die sich fortan »Manderscheid-Blankenheim-Gerolstein« nannte.[367] Mit der Linie in Kail schlossen die Besitzer von Blankenheim und Gerolstein 1728 einen Erbvertrag, der 1742 mit dem Aussterben auch dieser Linie wirksam wurde.[368]

Im 18. Jahrhundert bildete sich in Blankenheim eine Zentralverwaltung für die übriggebliebenen Manderscheider Besitzungen; ein Regierungsdirektor mit 5 Regierungsräten, 2 Sekretären und 2 Archivaren konnte die anfallende Arbeit ohne Schwierigkeit erledigen; hinzu kamen noch drei Hofkammerräte und zwei Sekretäre, die die gräflichen Grundeinnahmen verwalteten.[369] Der Grundbesitz der Grafen von Manderscheid-Blankenheim wurde gegenüber der Reichsdeputation 1801 auf ca. 420 qkm, die Einwohnerzahl auf 19.000 und die durchschnittlichen Jahreserträge auf 185.000 fl. beziffert.[370]

Im Niederrheinisch-Westfälischen Reichsgrafenkollegium spielte das Haus Manderscheid bis 1731 eine beherrschende Rolle: Nachdem die Manderscheider schon bei verschiedenen Grafeneinungen in der Eifel und im Westerwald mitgewirkt hatten, stellten sie mit Salentin Ernst (1630–1705) und Franz Georg (1669–1731) zwei Direktoren.[371] Das Interesse erlahmte, als es Graf Johann Wilhelm 1731 und 1737 nicht gelang, katholischer Direktor zu werden. Das Manderscheider Haus hatte dem Kollegium seit seiner Gündung 1653 angehört und war zeitweilig mit zwei Gesandten für Blankenheim und Gerolstein vertreten; auch den Jüngsten Reichsabschied hatte es für beide Linien getrennt unterzeichnet.[372] Später beriefen sich die Gesandten dieses Hauses aber nicht auf das Präjudiz, sondern führten für das Gesamthaus nur eine Stimme.

Das früher so kinderreiche Haus der Grafen von Manderscheid starb 1780 aus. Nachdem aus den drei Ehen des Grafen Johann Wilhelm fünf Töchter, aber kein Sohn hervorgegangen waren, mußte sein Bruder Joseph Franz Georg – neunundfünfzigjährig – aus den Domkapiteln in Köln und Straßburg ausscheiden, um durch die Heirat mit Gräfin Charlotte von Fugger den Bestand seiner Familie zu erhalten. Seine siebenjährige Ehe blieb jedoch kinderlos.[373] Wenige Jahre früher war auch in der Kailer Linie Graf Wolfgang Heinrich aus den Domkapiteln ausgetreten, um als letzter männlicher Erbe zu heiraten. Auch seine Ehe mit Maria Anna Truchsessin von Waldburg-Zeil blieb ohne einen Sohn. Diese Tatsache

---

[367] DOHMS, Gerolstein in der Eifel, S. 20.

[368] Erbvereinigung vom 21. Juli 1728; Zustimmung des Kaisers am 10. Jan. 1929: Rheinischer Antiquarius, 3. Reihe, Bd. 10, S. 541; WEINS, Manderscheid, S. 45.

[369] Peter NEU, Eifelterritorien des Hauses Manderscheidt, S. 268; vgl. die Ausführungen bei Christian von Stramberg, der in vier gräfliche Behörden einteilt: Kabinett, Regierungskanzlei, Hofkammer, Rentmeisterei (für 1764): Rheinischer Antiquarius, 3. Reihe, Bd. 10, S. 418.

[370] Vgl. »Noth- und Hülfstafel«(1801): SZA Prag, FA Metternich, Nr. 2255; Heinrich NEU kommt demgegenüber zu wesentlich geringeren Zahlen: Der letzte Graf von Sternberg-Manderscheid-Blankenheim, in: Heimatkalender Kreis Schleiden 1958, S. 28–35; hier: S. 31; vgl. auch die Aufzählung der Güter in den Teilbesitzungen bei: WEINS, Manderscheid, S. 50.

[371] Zum Direktorium und den Amtsträgern: Kap. 3.2. (S. 112 f.).

[372] Vgl. StA DT, L 41 a, 241, S. 1–5; vgl. DOHMS, Gerolstein in der Eifel, S. 20.

[373] SESt V, Tafel 113; über Joseph Franz Georg von Manderscheid vgl. Rheinischer Antiquarius, 3. Reihe, Bd. 10, S. 541 f.

kennzeichnet deutlich die schmale Gratwanderung zwischen standesgemäßer Versorgung der Nachkommenschaft und der Bedrohtheit durch Kinderlosigkeit mit der Folge des Aussterbens.[374]

Der gesamte Familienbesitz fiel über die älteste Tochter des Grafen Johann Wilhelm, Gräfin Augusta, an deren Ehemann Graf Philipp Christian von Sternberg. Er war ein böhmischer Hochadliger aus einem alten fränkischen Rittergeschlecht, das schon im Spätmittelalter nach Böhmen übergesiedelt war. Der Graf hatte sich seit seiner Heirat 1762 auf die Übernahme der Eifelbesitzungen vorbereitet, war sogar aus dem kaiserlichen Verwaltungsdienst ausgeschieden und an den Rhein gezogen, um die Verhältnisse des Landes zu studieren.[375] 14 Jahre nach seinem Regierungsantritt fiel die manderscheidische Erbmasse den französischen Revolutionstruppen zum Opfer; als Entschädigung wurden dem Ehepaar Manderscheid-Sternberg 1803 die schwäbischen Abteien Schussenried und Weißenau (unter Abzug einiger Renten) zugewiesen.[376] Der Graf lebte nach der Vertreibung zeitweise in Wien, wo er an den katholischen Grafentagen im März 1802 und im April 1805 persönlich teilnahm und auf den übrigen Treffen durch Gesandte vertreten war.[377] 1815 gingen Blankenheim und Gerolstein in der preußischen Rheinprovinz auf.

Die Grafschaft *Winneburg-Beilstein* war ebenso wie Blankenheim-Gerolstein ein Doppelterritorium. Die kleinere der beiden Herrschaften, Winneburg, war nach einer Burg nördlich von Cochem an der Mosel benannt.[378] Das seit etwa 1270 in Winneburg ansässige gleichnamige Edelherrengeschlecht erbte 1362 durch Heirat die Herrschaft Beilstein, die aus einer Burg nördlich von Zell an der Mosel sowie einigem Hinterland auf den Höhen des Hunsrücks bestand.[379] Dort hatten die Herren von Braunshorn-Beilstein schon seit dem 11. Jahrhundert aus Lehen des Reiches sowie Kurkölns, Jülichs und Triers ein zusammenhängendes Herrschaftsgebiet aufgebaut. Im Beilsteiner Krieg 1488 gerieten alle Lehnsrechte an den Erzbischof von Trier, der den ganzen Besitz als Reichsafterlehen ausgab. Mit dem Aussterben der Herren von Winneburg-Beilstein 1637 fiel das Gebiet an den Trierer Erzbischof Philipp Christoph von Sötern heim, der es seinem privaten Familienfideikommiß zuschlug.[380] Winneburg-Beilstein wurde jedoch 1652 wieder dem Trierer Stiftsbesitz zugeführt und als Lehen an die Freiherren von Metternich ausgegeben.

---

374 Zu Graf Wolfgang Heinrich: SESt V, Tafel 111; Peter HERSCHE, Die deutschen Domkapitel, Bd. 1, S. 253; vgl. WEINS, Manderscheid, S. 45.

375 Heinrich NEU, Der letzte Graf von Sternberg-Manderscheid-Blankenheim, S. 28 f. Zum Geschlecht der Grafen von Sternberg: WURZBACH Bd. 38, S. 252–293.

376 RDHS 1803, § 24: BUSCHMANN, Kaiser und Reich, S. 609.

377 Grafentag, 6. März 1802: SZA Prag, FA Metternich, Nr. 2298; Grafentag, 29. April 1805: SZA Prag, FA Metternich, Nr. 2294.

378 TADDEY, S. 1314 (s. v. Winneburg).

379 Hdb. d. Hist. Stätten, Bd. 5, S. 34 f.; TADDEY, S. 102 (s. v. Beilstein); zum Geschlecht der Herren von Winneburg und Beilstein: MÖLLER, Westdeutsche Adelsgeschlechter, Bd. 2, S. 202 f. (Tafel 83).

380 Vgl. LHA KO, Best. 45 Inventar Winneburg-Beilstein, S. 1.

Die Metternich waren ein mittelrheinisches Rittergeschlecht, das früher den Namen Hemberg getragen hatte und sich erst spät (13. Jahrhundert) nach dem Ort Metternich, westlich von Bonn, benannte. Der Aufstieg des Geschlechts aus der kurkölnischen Landsässigkeit vollzog sich in zwei Schritten: Zunächst dienten die Familienmitglieder, die dem rheinischen reichsritterschaftlichen Stiftsadel angehörten, in den Erzbistümern Mainz und Trier, wo sie mehrfach den Oberhirten stellten.[381] Im 18. Jahrhundert wurde das Geschlecht in zwei Generationen im kaiserlichen diplomatischen Dienst berühmt – und begütert.[382] Erzbischof Lothar von Trier (1599–1623) bereitete als tatkräftiges Mitglied der Katholischen Liga die Metternichsche Landnahme in Winneburg-Beilstein vor; Johann Reinhard von Metternich wurde 1635 in den Reichsfreiherrenstand erhoben.[383] Sein Sohn Lothar Friedrich erlebte als Bischof von Speyer (reg. 1652–1675), wie sein Geschlecht zu den höchsten Ehren des Reiches aufstieg: 1652 Belehnung mit Winneburg und Beilstein, 1653 Gründungsmitglied des Niederrheinisch-Westfälischen Reichsgrafenkollegiums mit Anerkennung der Reichsstandschaft, 1670 eigene Wahl zum Koadjutor des Mainzer Erzbischofs Johann Philipp von Schönborn und 1673 dessen Amtsnachfolger.[384] Während der kurzen Amtszeit Karl Heinrichs von Metternich als Mainzer Erzbischof (1679) wurden Freiherr Philipp Emmerich von Metternich in den Reichsgrafenstand erhoben und die beiden Moselterritorien zur Reichsgrafschaft »Winneburg-Beilstein« zusammengefaßt.[385]

Nur neun Jahre später wurde der Besitz des Geschlechts durch die einrückenden Franzosen völlig zerstört. Nach weiteren französischen Ein- und Durchmärschen in den Mosellanden stabilisierte sich erst in der zweiten Hälfte des 18. Jahrhunderts ein gräflicher Grundbesitz, dessen Erträge mit 46.000 fl. jährlich angegeben wurden.[386] Der Besitz der Grafen von Metternich fiel 1794 an Frankreich; 1803 wurde die Familie dafür mit der schwäbischen Abtei Ochsenhausen entschä-

---

[381] Unter den kirchlichen Würdenträgern waren drei Erzbischöfe und Kurfürsten: Lothar von Metternich in Trier (1599–1623); Lothar Friedrich in Mainz (1673–1675); Karl Heinrich, ebenfalls in Mainz (1679): vgl. SEStN IV, Tafel 49.

[382] Graf Franz Georg von Metternich, Fürst Clemens Wenzel von Metternich: SEStN IV, Tafel 50; Helmut MATHY, Franz Georg von Metternich, Meisenheim 1969. Stellvertretend für zahlreiche Biographien über Clemens Wenzel: Alan PALMER, Metternich, London 1972. Zur Familiengeschichte: WURZBACH, Bd. 18, S. 23–64; Eiflia Illustrata (1844), Bd. 2, 2, S. 31–77; Rheinischer Antiquarius, 1. Reihe, Bd. 4, S. 340–394.

[383] Standeserhebung Wien, 28. Okt. 1635: FRANK, Standeserhebungen und Gnadenakte, Bd. 3, S. 232.

[384] Vgl. MATHY, Franz Georg von Metternich, S. 19 f.

[385] Wien, 20. März 1679: FRANK, Standeserhebungen und Gnadenakte, Bd. 3, S. 232; zur kaiserlichen Förderungspolitik den prohabsburgischen Metternich gegenüber: Oswald REDLICH, Weltmacht des Barocks. Österreich in der Zeit Kaiser Leopolds I., 4. Aufl., Wien 1961, S. 117.

[386] Vgl. »Noth- und Hülfstafel«(1801): SZA Prag, FA Metternich, Nr. 2255: die Grundfläche betrug demnach ca. 140 qkm, die Einwohnerzahl ca. 6.400, vgl. dazu: LKA KO, Best.45, Nr. 132, S. 1–12; WURZBACH, Bd. 18, S. 61, der zu geringfügig höheren Werten kommt.

digt.[387] Die früheren Moselbesitzungen der Grafen von Metternich fielen 1815 an die preußische Rheinprovinz.

Die Reichsgrafschaft *Bretzenheim* lag am Unterlauf der Nahe nördlich von Bad Kreuznach. Seit dem Mittelalter stand sie unter kurkölnischer Lehnshoheit; die Edelherren von Falkenstein am Donnersberg übten hier die grundherrlichen Rechte aus. 1418 kam die Herrschaft in den Besitz der Grafen von Virneburg und Falkenstein, 1464 in den der Grafen von Daun und Falkenstein, die in Bretzenheim ein Schloß errichteten.[388] 1642 kaufte der kaiserliche Feldherr Alexander von Velen die Reichsherrschaft für 49.000 Rtl. von Graf Wilhelm Wyrich von Daun-Falkenstein.[389]

Die Grafen von Velen waren ein altes westfälisches edelfreies Geschlecht, dessen Besitzungen der Lehnshoheit des Bischofs von Münster unterlagen. Hermann von Velen erheiratete 1559 die Herrschaft Raesfeld im westlichen Münsterland (südlich von Borken) und sammelte weitere Güter.[390] Alexander von Velen (1599–1675) war es vorbehalten, das Geschlecht aus der Abhängigkeit von Münster zu befreien, indem er als kaiserlicher Offizier im Dreißigjährigen Krieg reüssierte. Nachdem sein Vater 1628 zum Freiherrn erhoben worden war, stieg er selbst 1641 in den Reichsgrafenstand auf.[391] Mit dem Erwerb Bretzenheims konnte Alexander von Velen den letzten Schritt zur Reichsstandschaft und damit in den Hochadel tun. Er ließ Bretzenheim 1664 zur freien Reichsherrschaft erheben und stellte den Antrag auf Zulassung zu Sitz und Stimme im westfälischen Grafenkollegium, das ihn aufnahm.[392] Die Mitgliedschaft Bretzenheims im Oberrheinischen Reichskreis hatte für die Aufnahme ins Grafenkollegium keine negative Bedeutung.[393]

[387] RDHS 1803, § 24: BUSCHMANN, Kaiser und Reich, S. 608. Vgl. dazu: Helmut MATHY, Die Verluste der Metternichs auf dem linken Rheinufer und ihre Entschädigung nach dem Reichsdeputationshauptschluß, in: Jahrbuch für Geschichte und Kunst des Mittelrheins 20/21 (1968/1969), S. 82–108.

[388] Hdb. d. Hist. Stätten, Bd. 5, S. 57 f.; vgl. Wilhelm AVENARIUS, Mittelrhein (mit Hunsrück, Eifel, Westerwald), Nürnberg 1974, S. 66 f.; LHA KO, Best. 37 Inventar Bretzenheim, S. 1; TADDEY, S. 157 (s. v. Bretzenheim); August HELDMANN, Die Reichsherrschaft Bretzenheim, Kreuznach 1896.

[389] Heinz KNUST, Alexander von Velen, Diss. Münster 1938, S. 41; Christian von Stramberg nennt 49.000 Rtl. als Kaufpreis: Rheinischer Antiquarius, 2. Reihe, Bd. 16, S. 258 f.; Heldmann gibt die Grundfläche mit 748 ha an und spricht von 2 Dörfern (S. 3). Der Kölner Kurfürst gab das Lehen an Velen für ihn und seine »männlichen Leibs-Lehnserben« aus; bei Ausbleiben derselben erfolgte automatisch der Heimfall: HELDMANN, Die Reichsherrschaft Bretzenheim, S. 34.

[390] KNUST, Alexander von Velen, S. 1 f.

[391] Erhebung zum Freiherrn: Wien, 12. Nov. 1628; Erhebung zum Reichsgrafen: Regensburg, 11. Okt. 1641: FRANK, Standeserhebungen und Gnadenakte, Bd. 5, S. 150; zur Person Velens vgl. Kap. 8.1. (S. 274).

[392] Erhebung Bretzenheims zur freien Reichsherrschaft am 5. April 1664 durch Kaiser Leopold I.: StA DT, L 41 a, 1803, S. 3 f. (Kopie der Erhebungsurkunde); vgl. L 41 a, 489, S. 37–40. Am 6. Mai 1664 wurde Bretzenheim ins Kollegium aufgenommen: Note von 1742/43: StA DT, L 41 a, 488, S. 11. Knust nennt irrtümlich 1653 als Datum für die Erhebung zur Reichsherrschaft: KNUST, Alexander von Velen, S. 41.

[393] Karl Adolf von HOFF, Das deutsche Reich vor der französischen Revolution, Bd. 1, S. 30; TADDEY, S. 157; Christian von Stramberg rechnet Bretzenheim dagegen zum Kurrheinischen Kreis: Rheinischer Antiquarius, 2. Reihe, Bd. 16, S. 258 f.

Unter den Nachkommen des Grafen versank das Geschlecht bald in Bedeutungslosigkeit, begünstigt durch unsolide Lebensweise und Mißwirtschaft. Der letzte Graf Alexander von Velen, der Urenkel des Generals gleichen Namens, schloß 1733 eine Erbvereinigung mit dem Grafen Otto Ernst von Limburg-Styrum ab, auf die sich dieser im Mai desselben Jahres nach dem Tod des Grafen berief.[394]

Kurfürst Clemens August von Köln sah sich nicht an irgendeine Erbvereinigung gebunden, die nicht vorher seine Zustimmung gefunden hatte. Für ihn war das Lehen wieder an Köln heimgefallen; er zog es Anfang 1734 förmlich ein und belehnte drei Monate später seinen Hofratspräsidenten, Graf Ambrosius Franz von Virmont, mit Bretzenheim.[395] Die Familie von Virmont stammte aus dem hessischen Niederadel; ihr früherer Name war Viermünden. Später hatten sich die Virmont in den kurkölnischen Ämtern Neuß und Kempen niedergelassen und um Anrath und Neersen einen beträchtlichen Güterbesitz erworben.[396] Durch kaiserliche und kurkölnische Dienste gelang 1621 der Aufstieg in den Reichsfreiherrenstand, 1664 der Erwerb der Reichsgrafenwürde.[397]

Der Besitz, den die Grafen von Virmont an der Nahe als Lehen erhielten, umfaßte neben Schloß und Flecken Bretzenheim noch die Dörfer Cruchenbach und Breitenbach sowie einige Güter um Winzenheim. Schloß Bretzenheim war schon 1689 beim Franzoseneinfall zerstört worden. Christian von Stramberg gibt die Größe der Herrschaft mit ca. 4.000 Morgen, knapp 1.000 Einwohnern und die jährlichen Einkünfte mit ca. 10.000 fl. an.[398]

Graf Ambrosius Franz von Virmont gelangte nicht in den ruhigen Besitz seines Lehens, da Otto Ernst von Limburg-Styrum im Februar 1736 die Herrschaft im Handstreich besetzte. Nach einer Aufforderung des Reichskammergerichts an die Untertanen, dem regulär belehnten Herrn die Treue zu halten, sowie nach einem kaiserlichen Mandat zog der Graf von Limburg-Styrum seine Truppen wieder zurück.[399] Der Streit um die Besitzrechte in Bretzenheim setzte sich im Grafenkollegium fort, als Limburg-Styrum die virmontische Stimmabgabe zu behindern versuchte. Ambrosius Franz hatte sich jedoch politisch so abgesichert, daß er

[394] Zum Geschlecht von Velen: SESt IV, Tafel 40 b; zum Erbvertrag: Rheinischer Antiquarius, 2. Reihe, Bd. 16, S. 258 f.; zum Niedergang des Geschlechts auch: KNUST, Alexander von Velen, S. 49–52.

[395] Besitzergreifung in Bretzenheim durch den kurkölnischen Hofrat Ernst, 9. oder 11. Jan. 1734: LHA KO, Best. 37, Urk. 130 passim; Besitzergreifung und Belehnung durch Virmont, 17. März 1734: LHA KO, Best. 37, Urk. 131 und 132; zu Graf Ambrosius Franz von Virmont vgl. Kap. 3.2. (S.121 f.).

[396] Gottfried KRICKER, Geschichte der Gemeinde Anrath, Kempen 1959, S. 134 f.; vgl. zur Familie: SEStN XI, Tafeln 1 und 2.

[397] Erhebung in den Freiherrenstand, Wien 11. Nov. 1621; Erhebung in den Reichsgrafenstand, o.O., 30. April 1664: FRANK, Standeserhebungen und Gnadenakte, Bd. 5, S. 161; vgl. SEStN XI, Tafel 2.

[398] Rheinischer Antiquarius, 2. Reihe, Bd. 16, S. 255 f.; vgl. KNUST, Alexander von Velen, S. 41; HELDMANN, Bretzenheim, S. 3.

[399] Der Limburgische Handstreich: Rheinischer Antiquarius, 2. Reihe, Bd. 16, S. 260; vgl. HELDMANN, Bretzenheim, S. 51–54.

nicht von der Stimmabgabe ausgeschlossen wurde und sogar 1738 seine Wahl zum Direktor betreiben konnte.[400]

Als 1744 mit Graf Ambrosius Franz auch das Geschlecht der Virmont ausstarb, verlieh Kurfürst Clemens August von Köln die Reichsherrschaft an den Freiherrn Karl Hermann von Roll zu Bernau, einem seiner Geheimen Räte. Die Familie der Herren von Roll war seit dem frühen 16. Jahrhundert im Schweizer Kanton Uri begütert. Später wurden Mitglieder der Familie für ihre Dienste beim Kaiser auch mit Reichslehen belohnt.[401] Freiherr Karl Hermann war der Neffe jenes unglücklichen Deutschordenskomturs Ignaz Roll zu Bernau, der 1733 bei Brühl in einem Duell mit dem Freiherrn von Beverförde erstochen wurde und damit die Staatskrise auslöste, die nicht nur dem Grafen Ferdinand von Plettenberg seine Entlassung aus dem Kölner Dienst brachte, sondern auch das Überschwenken des Kurfürsten aus dem kaiserlichen ins bayerisch-französische Lager zur Folge hatte.[402]

Freiherr Karl Hartmann von Roll trat bald nach seiner Belehnung in Verhandlungen mit dem westfälischen Grafenkollegium ein. Sein Wunsch nach Aufnahme wurde jedoch wegen zu geringer Standesqualität, wegen der weiterhin drohenden limburgischen Ansprüche und wegen der Angst der Mitglieder in der Engeren Korrespondenz vor Neuaufnahmen katholischer Mitstände abgelehnt.[403]

1773 verkaufte der Freiherr von Roll die Reichsherrschaft Bretzenheim an den Kurfürsten und Pfalzgrafen Karl Theodor, der für seinen unehelichen Sohn Carl August eine standesgemäße Ausstattung suchte.[404] Nachdem der Kurfürst seinem Sohn – an legitimen Erben fehlte es ihm – den reichsunmittelbaren Besitz verschafft hatte, ließ er 1781 eine neue »Bayerische Zunge« des Malteserordens stiften und mit zuvor eingezogenen Gütern des Jesuitenordens ausstatten, um Carl August auch in die strahlende Stellung eines Großpriors eintreten zu lassen.[405] Der reichlich beschenkte Sohn hatte schon 1775 den Aufnahmeantrag ans Grafenkol-

---

[400] Protestschreiben des Grafen von Limburg-Styrum an den Grafen von Virmont, 17. Nov. 1744: StA DT, L 41 a, 488, S. 27–29; zur Argumentation im Erbfolgestreit vgl. auch die Relation des neuwiedischen Direktorialrats Broescke vom 30. Mai 1744, in der 13 Argumente zuungunsten von Virmont aufgezählt werden: StA DT, L 41 a, 329, S. 1 ff.

[401] Ludwig Rochus SCHMIDLIN, Genealogie der Freiherren von Roll, Solothurn 1914, S. XIII.

[402] Max BRAUBACH, Die österreichische Diplomatie am Hofe des Kurfürsten Clemens August von Köln (1740–1756), Teil 1, in: AHVN 111 (1927), S. 1–80; hier: S. 21; Roll zu Bernau-Affäre 1733: vgl. Max BRAUBACH, Ferdinand von Plettenberg, in: Westfälische Lebensbilder, Bd. 9, S. 34–51; hier: S. 45.

[403] Bericht des Rates Scheffer an den Grafen von Neuwied, 27. Mai 1747: StA DT, L 41 a, 335, S. 9–11; Sonderinstruktion des Grafen von Neuwied an Rat Scheffer, o. Tag 1747: StA DT, L 41 a, 336, S. 27–29; Brief des Grafen von Neuwied an den Kurfürsten von Köln, 19. Juni 1747, mit der Begründung der Ablehnung: StA DT, L 41 a, 488, S. 82 f.; vgl. 488 passim.

[404] Die Mutter war die Mannheimer Tänzerin Josephine Seiffert, die der Kurfürst zur Gräfin von Heydeck hatte erheben lassen: SEStN III, Tafel 223. Außer dem Sohn bekam Kurfürst Karl Theodor von der Gräfin Heydeck noch mehrere Töchter; eine von ihnen, Friederike, wurde später Fürstäbtissin von Lindau, ehe sie sich zur Heirat durchrang. Rheinischer Antiquarius, 2. Reihe, Bd. 16, S. 261–268. Bretzenheim wurde von den Freiherren von Roll für 125.000 fl. gekauft: HELDMANN, Bretzenheim, S. 62. Später kaufte Kurfürst Karl Theodor auch die Landeshoheit über Bretzenheim von Kurköln für 300.000 fl. (29. Juli 1791): HELDMANN, Bretzenheim, S. 67.

[405] Ludwig HÄUSSER, Geschichte der Rheinischen Pfalz, Bde. 1–2, Heidelberg 1845 (ND Pirmasens 1970); hier: Bd. 2, S. 966 f.; HELDMANN, Bretzenheim, S. 66.

legium gestellt; da an seiner Standesqualität kein Zweifel mehr bestand, seitdem ihn Kaiser Joseph II. im Jahr zuvor in den Reichsgrafenstand erhoben hatte[406], sicherte selbst der Fürst von Neuwied dem Probanden 1790 die baldige Erledigung seines Anliegens zu.[407] Obwohl der inzwischen zum Fürsten erhobene Carl August von Heydeck-Bretzenheim 1790 in den katholischen Kollegialteil aufgenommen worden war, erfolgte eine Mehrheitsentscheidung im evangelischen Kollegium nicht mehr. Bald sollte es sich ohnehin als vorteilhaft herausstellen, nicht als Reichsstand zu gelten, da dies Verhandlungen mit den 1794 eingerichteten französischen Behörden im linksrheinischen Deutschland zur Aufhebung der Sequester günstig beeinflußte.[408] Im Reichdeputationshauptschluß 1803 erhielt der Fürst für Bretzenheim und Winzenheim die Stadt und das gefürstete Damenstift Lindau als Entschädigung.[409] 1815 fiel Bretzenheim an die Provinz Rheinhessen des Großherzogs von Hessen-Darmstadt.

2.1.6. Die Grafschaften im Maasgebiet

Zu den Grafschaften im Maasgebiet gehörten die Grafschaft Gronsfeld, die Reichsherrschaft Wittem und die Grafschaft Reckheim.

Die Grafschaft *Gronsfeld* lag im Herzogtum Limburg südöstlich von Maastricht; sie bestand aus zwei nur wenige Kilometer auseinanderliegenden Kirchdörfern.[410] Gronsfeld wurde bereits 1063 im Zusammenhang mit Herman van Gruelis genannt. Zu Beginn des 14. Jahrhunderts spaltete sich die reichsunmittelbare Herrschaft Richold ab.[411] Nachdem Gronsfeld in den Besitz der Herren von Bronckhorst gekommen war, wurde es 1498 zur Baronie und 1580 zur Grafschaft erhoben; mit letzterem war der Erwerb der Reichsfreiheit verbunden. Das Geschlecht der Bronckhorst nannte sich fortan »Grafen zu Bronckhorst und Gronsfeld«.[412] Der bedeutendste Sproß dieses Geschlechts, Graf Jost Maximilian (1598–1662), hatte sich im Dreißigjährigen Krieg als Offizier in verschiedenen Dienstverhältnissen bis zum Rang eines Generalfeldzeugmeisters emporgearbeitet. Später hatte er durch seine Anwesenheit am Jüngsten Reichstag 1653/54 maßgeb-

---

[406] Grafenstandserhebung Esseg, 17. Aug. 1774: FRANK, Standeserhebungen und Gnadenakte, Bd. 2, S. 200; Fürstenstandserhebung Wien, 19. Dez. 1789: ebd.; vgl. HELDMANN, Bretzenheim, S. 67.

[407] Brief des Fürsten von Neuwied an den Fürsten von Bretzenheim, o. Tag 1790: LHA KO, Best. 30, Nr. 3955/1, S. 119 f.; Zulassung Bretzenheims zum katholischen Kollegialteil, 20. Juli 1790: HELDMANN, Bretzenheim, S. 67.

[408] Bericht des Kanzleidirektors Rotberg, März 1802; StA DT, L 41 a, 495, S. 7 ff.

[409] RDHS 1803, § 22: BUSCHMANN, Kaiser und Reich, S. 607; HELDMANN, Bretzenheim, S. 69.

[410] Vgl. Karte »Der nördliche Teil des Bistums Lüttich ...« (1789), in: Eduard von ERMEN u. a. (Hrsg.), Limburg en Kaart en Prent. Historisch cartografisch Overzicht van belgisch en nederlands Limburg, Tielt, Weesp, 1985, S. 28 f.; TADDEY, S. 467 (s. v. Gronsfeld).

[411] Zur Reichsherrschaft Richold: TADDEY, S. 1021.

[412] Rheinischer Antiquarius, 2. Reihe, Bd. 4, S. 397 f.; BÜSCHING, Neue Erdbeschreibung, Bd. 3, S. 772; vgl. auch: KNESCHKE, Deutsches Adels-Lexikon, Bd. 9, S. 241 f.

lichen Anteil an der Gründung des Niederrheinisch-Westfälischen Reichsgrafenkollegiums.[413]

Als das Geschlecht der Grafen von Gronsfeld 1719 ausstarb, erbten die in Bayern ansässigen Grafen von Toerring-Jettenbach die Besitzungen an der Maas.[414]
Die Toerring waren eines der ältesten bayerischen Adelsgeschlechter; seit dem 14.
Jahrhundert übten sie das Erbjägermeister- und Banneramt des Herzogtums aus.[415]
1566 wurde die Familie in den Freiherrenstand erhoben; 1630 erfolgte die Verleihung der Reichsgrafenwürde, ohne daß damit der Erwerb reichsfreien Besitzes
verbunden gewesen wäre.[416] Nach dem Erbfall verwalteten die Grafen von Toerring Gronsfeld von ihren Gütern in Bayern oder von München aus, wo sie oft
Ämter in der bayerischen Verwaltung oder Diplomatie innehatten. Die Anweisungen aus Süddeutschland nahm in Gronsfeld der gräfliche Rat entgegen, der mit
seinem Sekretär die Zweipersonenverwaltung dieses Reichslehens von der Größe
eines Rittergutes ausübte.[417]

Ungeachtet ihrer Winzigkeit war die Mitgliedschaft Gronsfelds im Grafenkollegium unbestritten. Der Herrscherwechsel 1719 ließ zwar eine Pause in der Vertretung entstehen, doch spätestens 1738 besuchte wieder ein Bevollmächtigter für
Gronsfeld den Grafentag.[418] Nach der langen Abstinenz der katholischen Grafen
von den Kollegialgeschäften nahm der Graf von Toerring an den Reorganisations-
bemühungen des Grafen Franz Georg von Metternich für den katholischen Kollegialteil regen Anteil: Er beschickte die katholischen Grafentage 1787, 1805 und
den Schwäbischen Unionstag 1806.[419] Zu diesem Zeitpunkt hatte das Geschlecht
den limburgischen Besitz schon lange eingebüßt; für die Abtretung Gronsfelds an
Frankreich wurde die Familie Toerring mit der Reichsabtei Gutenzell entschädigt.[420] Gronsfeld kam 1815 an das Königreich der Niederlande.

[413] Helmut LAHRKAMP, Jost Maximilian von Gronsfeld, in: Rheinische Lebensbilder, Bd. 1, S.
66–82; ders., Art. »Jost Maximilian, Graf von Bronckhorst und Gronsfeld«, in: NDB 7 (1966), Sp.
128 f.; TADDEY, S. 467 (s. v. Gronsfeld, Jost Maximilian); vgl. zur Person und Karriere: Kap. 3.1.
(S. 112 f.).

[414] Die Gemahlin des letzten Grafen von Gronsfeld vererbte die Grafschaft an ihren Neffen
Graf Max Emanuel von Toerring-Jettenbach: BÜSCHING, Neue Erdbeschreibung, Bd. 3, S. 772;
vgl. LÜNIG, Thesaurus juris, S. 895.

[415] BOSL, Bosls Bayerische Biographie, S. 782; vgl. KNESCHKE, Deutsche Grafenhäuser der Gegenwart, Bd. 2, S. 568 f.; ders., Deutsches Adels-Lexikon, Bd. 9, S. 241.

[416] Freiherrenstandserhebung, Augsburg, 3. Juni 1566; Grafenstandserhebung, Regensburg, 21.
Okt. 1630: FRANK, Standeserhebungen und Gnadenakte, Bd. 5, S. 114.

[417] Vgl. Instruktionen für den Sekretär Brummer, 8. Juni 1752: StA München, FA Toerring-Jettenbach, M 5; vgl. den Hinweis in der Neuwieder Mitgliederliste von 1754: StA DT, L 41 a, 352,
S. 239.

[418] Grafentagsprotokoll Aug. 1738: StA DT, L 41 a, 320, S. 73–321; hier: S. 261. Vehse datiert
den Erbanfall und die Stimmberechtigung fälschlicherweise erst auf 1746 im Zusammenhang mit
der Heirat des Grafen Max Emanuel von Toerring mit der Erbgräfin Maria Josepha von Gronsfeld: VEHSE, Geschichte der deutschen Höfe, Bd. 43, S. 235 (die Hochzeit war schon 1745).

[419] Grafentag, Koblenz, 8. Juni 1787: SZA Prag, FA Metternich, Nr. 2330/1; Erste Ochsenhausener Konferenz, 15. Juli – 10. Aug. 1805: ebd., Nr. 2292/2; Zweite Ochsenhausener Konferenz, 6. Febr. 1806: ebd., Nr. 2292/1.

[420] Reichsdeputationshauptschluß 1803: § 24: BUSCHMANN, Kaiser und Reich, S. 609. Der Verlust von Gronsfeld wurde auf ca. 56 qkm, 1900 Einwohner und 10.800 fl. geschätzt: »Noth- und

Die Reichsherrschaft *Wittem* lag einige Kilometer westlich von Aachen im Herzogtum Limburg.[421] Im 14. Jahrhundert stattete Herzog Johann III. von Brabant seinen unehelichen Sohn Johann mit dem Erbgut Wittem aus. Der Besitz bestand aus dem gleichnamigen Schloß und sechs umliegenden Kirchdörfern mit einer Grundfläche von etwas über 100 qkm.[422] Johanns Urenkel Friedrich verkaufte Wittem als brabantisches Lehen an Dietrich von Palant.[423] 1520 erhob Kaiser Karl V. Wittem zur freien Reichsherrschaft.[424] In der Folgezeit wechselten die Besitzer von Wittem schnell: Florenz von Cuylenburg, Philipp Theodor von Waldeck, die Herren von Bretzlach (1717–1720) und die Grafen von Giech (1720–1722) hatten die Reichsherrschaft jeweils nur wenige Jahre inne.[425] Trotz der häufigen Wechsel konnte sich der Rechtsstatus Wittems weiter verbessern: 1667 wurde sie dem Niederrheinisch-Westfälischen Reichsgrafenkollegium als freie unmittelbare Reichsherrschaft inkorporiert[426], und 1689 erfolgte die Entlassung aus dem Brabanter Lehnsverband.[427]

Die fränkischen Grafen von Giech, die kurz vor der Aufnahme ins fränkische Grafenkollegium wegen ihrer Herrschaften Thurnau und Peesten standen[428], verkauften Wittem 1722 an den Freiherrn Ferdinand von Plettenberg für den vorteilhaften Preis von 211.500 Rtl.[429]

Die Plettenberg waren ein altes westfälisches Rittergeschlecht, das im 13. Jahrhundert im Lennetal begütert war, sich später aber im Münsterland ansiedelte. Es gehörte dem westfälischen Stiftsadel an und hatte durch den Erwerb zahlreicher Kanonikate in Norddeutschland, vor allem aber durch die Bischofswahl Friedrich Christians (1644–1706) im Jahre 1688 in Münster, ein beträchtliches Vermögen angesammelt, das nun zum Erwerb reichsständischer Würden eingesetzt werden konnte.[430] Der Bischof hinterließ nicht nur eine reiche Barschaft, sondern vererbte seinem Neffen Ferdinand auch die Herrschaft Nordkirchen mit dem im Bau be-

---

Hülfstafel« (1801): SZA Prag, FA Metternich, Nr. 2255; vgl. HOFF, Das deutsche Reich vor der französischen Revolution, Bd. 1, S. 184.

[421] Vgl. Karte »Der nördliche Teil des Bistums Lüttich ...« von 1789, in: ERMEN, Limburg in Kaart en Prent, S. 28 f.

[422] TADDEY, S. 1318 (s. v. Wittem); HOFF, Das deutsche Reich vor der französischen Revolution, Bd. 1, S. 185.

[423] BÜSCHING, Neue Erdbeschreibung, Bd. 3, S. 777.

[424] TADDEY, S. 1318.

[425] Zum Besitzerwechsel: BÜSCHING, Neue Erdbeschreibung, Bd. 3, S. 777 f.

[426] Goltstein-Spezifikation des Direktorialrats Rotberg, 13. Juli 1793 (Anlage): StA DT, L 41 a, 1807, S. 4–17.

[427] MOSER, Neues Teutsches Staatsrecht, Bd. 3, S. 895.

[428] Die Grafen von Giech wurden 1726 ins Kollegium der fränkischen Grafen aufgenommen: TADDEY, S. 441 (s. v. Giech); zur Genealogie des Geschlechts, das im Westfälischen Kollegium keine Rolle spielte: SESt V, Tafel 100.

[429] Westfälisches Archivamt Münster: FA Plettenberg-Nordkirchen, Urk. 2993 (Regest): 10. Juni 1722.

[430] Zu Plettenberg: KNESCHKE, Deutsche Grafen-Häuser der Gegenwart, Bd. 2, S. 209 f.; KOHL, Westfälische Geschichte, Bd. 1, S. 611; Heinz REIF, Westfälischer Adel 1770–1860. Vom Herrschaftsstand zur regionalen Elite, Göttingen 1979; Friedrich KEINEMANN, Das Domkapitel zu Münster im 18. Jahrhundert, Münster 1967, S. 4, 227 f.; HERSCHE, Domkapitel, Bd. 1, S. 262.

findlichen Wasserschloß gleichen Namens.[431] Das Geschlecht der Plettenberg war bereits 1668 in den Freiherrenstand erhoben worden; Ferdinand von Plettenberg konnte zwei Jahre nach dem Erwerb des teuren Maasbesitzes auch die Taxgebühren für seine Standeserhöhung zum Reichsgrafen aufbringen.[432] 1732 wurde auch Wittem in den Rang einer Reichsgrafschaft erhoben.[433]

Mit dem Tod Ferdinand von Plettenbergs war der Aufstieg seines Geschlechts abgeschlossen.[434] Seine Nachfahren konnten den Besitz nur noch konsolidieren. Von Nordkirchen aus regierten sie ihre Güter, wenn sie sich nicht in kaiserlichen oder kölnischen Diensten befanden. Wie wenig das innere Verhältnis zur Grafschaft Wittem vorhanden war, zeigt der Verkauf eines Teils dieses Territoriums, der Herrschaft Schlenacken, an den Grafen von Goltstein aus Gefälligkeit, um auch ihm den Erwerb der Reichsstandschaft zu ermöglichen.[435]

Mit den übrigen linksrheinischen Ländern des Reiches ging Wittem 1794/1801 an Frankreich über. Bei den Verhandlungen der Reichsdeputation 1801/02 wurde Wittem mit 3600 Einwohnern und einer Jahreseinnahme von 36.000 fl. beziffert.[436] 1803 erhielten die Grafen von Plettenberg als Entschädigung die Abteien Mietingen und Sulmingen sowie eine Rente von 6.000 fl. von den Grafen von Ostein.[437] Wittem fiel an das Königreich der Niederlande (1815).

Die Grafschaft *Reckheim* lag nördlich von Maastricht am linken Ufer der Maas.[438] Reckheim gehörte im Mittelalter dem gleichnamigen Edelherrengeschlecht; nach dessen Aussterben wechselten im Spätmittelalter die Besitzer häufig, ehe die Herrschaft 1540 vom Freiherrn von Quadt-Wickrath erworben wurde.[439] Die Quadt verkauften Reckheim schon 1556 an die Grafen von Aspremont-Linden.[440]

Reckheim war ein zusammenhängender Güterkomplex von ca. 120 qkm; in der Stadt Reckheim, im Kloster Hoichten sowie in den Dörfern Weset, Grimme, Me-

---

[431] Über die Plettenberger Politik der ökonomischen Sanierung: vgl. Rheinischer Antiquarius, 2. Reihe, Bd. 11, S. 756.

[432] Erhebung zum Freiherrn, Neustadt, 19. April 1668; Erhebung zum Reichsgrafen, Wien, 8. Dez. 1724: FRANK, Standeserhebungen und Gnadenakte, Bd. 4, S. 85.

[433] TADDEY, S. 1318.

[434] Über Graf Ferdinand von Plettenberg: vgl. Kap. 3.2. (S. 118 f.).

[435] Vgl. auch Kap. 2.3., S. 109 (s. v. Schlenacken).

[436] »Noth- und Hülfstafel« (1801): SZA Prag, FA Metternich, Nr. 2255; vgl. HOFF, Das deutsche Reich vor der Revolution, Bd. 1, S. 185 mit vergleichbaren Werten.

[437] RDHS 1803, § 24: BUSCHMANN, Kaiser und Reich, S. 608.

[438] Vgl. Karte »Der nördliche Teil des Bistums Lüttich ...« von 1789: ERMEN, Limburg in Kaart en Prent, S. 28 f.

[439] Raphaël VERBOIS, Geschiedenis van Rekem en zijn keizerlijk Graafschap, Rekem 1972; M.J. WOLTERS, Notice historique sur l'ancien comte imperial de Reckheim dans la province actuelle de Limbourg, Gand 1848, S. 29. Zwischendurch besaßen die Geschlechter Bronckhorst, Fauquemont, Diepenbeck, Sombreffe, Piermont, von der Mark, Hemin-Liétard und Vlodorp die Grafschaft für einen Zeitabschnitt: WOLTERS, Reckheim, S. 11.

[440] BÜSCHING, Neue Erdbeschreibung, Bd. 3, S. 773; Rheinischer Antiquarius, 3. Reihe, Bd. 9, S. 475.

cheln und Wucht lebten im 18. Jahrhundert gut 5.000 Einwohner. Die Erträge der
Landesherrschaft wurden 1801 auf 50.000 fl. geschätzt.[441]

Die Grafen von Aspremont-Linden waren ein altes gräfliches Geschlecht aus
Lotharingien; der Begründer, Graf Siegfried, der schon von Karl Martell 680 belehnt worden sein soll, gehört sicher in den Bereich der Legende. Die unversorg-
ten Söhne erhielten Stiftskanonikate in Köln, Lüttich und Straßburg, während die
Töchter des Geschlechts oft als Dignitäre im Stift Münsterbilsen überliefert
sind.[442] Das Haus hatte die Wirren der Reformationszeit auf katholischer Seite
durchgestanden und verfügte über ausgezeichnete Kontakte zum kaiserlichen Hof.
Graf Hermann von Aspremont-Linden kämpfte auf bayerischer Seite im Truchsessischen Krieg und half, die Gegenreformation in Norddeutschland durchzuführen.[443] Im 17. und 18. Jahrhundert lebten die Grafen zumeist in Wien, wo sie hohe
politische und höfische Ämter bekleideten.[444] Neben der fortdauernden Verbundenheit mit dem habsburgischen Haus spielten die verwandtschaftlichen
Beziehungen zu den Armeeführern der Kriege im Maasgebiet eine Rolle. 1667
wurde eine Tochter des Grafenhauses mit dem niederländischen Kommandeur
von Maastricht, Claudius von Tilly, verheiratet, wovon man sich den Schutz der
Reichsgrafschaft während der französischen Expansionsphase versprach.[445]

Reckheim wurde 1623 zur Reichsgrafschaft erhoben; wann das Geschlecht diese
Würde erwarb, oder ob es sie schon seit unvordenklicher Zeit führte, ist ungewiß.
Überliefert sind nur zwei Bestätigungen des gräflichen Ranges 1676 und 1677.[446]
Die Grafen waren für Reckheim Gründungsmitglieder des westfälischen Grafenkollegiums; an den Grafentagen nahmen sie seit dem späten 17. Jahrhundert teil,
ebenso an den Zusammenkünften der katholischen Grafen in der Vorbereitungs-
phase des neuen »Schwäbisch-Westfälischen Grafenkollegiums«.[447] 1794 um ihren
reichsfreien Besitz gebracht, erhielten die Grafen von Aspremont-Linden 1803 die
schwäbische Reichsabtei Baindt sowie eine Rente von den Grafen von Metternich

---

[441] HOFF, Das deutsche Reich vor der französischen Revolution, Bd. 1, S. 184; »Noth- und
Hülfstafel« (1801): SZA Prag, FA Metternich, Nr. 2255; die letzte Quelle gibt 7000 Einwohner an;
die 3000 Einwohner bei von Hoff sind wohl etwas zu gering; vgl. die Ortschaften bei BÜSCHING,
Neue Erdbeschreibung, Bd. 3, S. 773; M.P.F. WEDDINGEN, Kurze Beschreibung der Reichsgrafschaft Reckheim, in: Neues Westphälisches Magazin Bd. 3, Heft 9, Lemgo 1792, S. 20–22.

[442] Stammtafeln: SEStN VII, Tafel 106 und 107; vgl. KNESCHKE, Deutsche Grafen-Häuser der
Gegenwart, Bd. 2, S. 33 f.

[443] WOLTERS, Reckheim, S. 32.

[444] Mitglieder des Hauses waren Wirkliche Geheime Räte, Diplomaten, Gouverneure und Ge-
nerale: vgl. Kap. 8.1. passim.

[445] Die Korrespondenz der Familie, die im Familienarchiv Aspremont-Linden in Wien ist,
handelt vorwiegend vom Knüpfen von Kontakten zwecks Sicherung des bedrohten Besitzes; die
Schäden für Reckheim waren dennoch immer wieder groß: HHStA Wien, Archiv Aspremont-
Linden, Kartons 1, 2, 7, 8.

[446] Erhebung Reckheims: TADDEY, S. 986 (s. v. Reckheim); Schannat nennt dagegen 1622 als
Datum für die Erhebung: Johann Friedrich SCHANNAT/Georg BÄRSCH, Eiflia Illustrata oder geo-
graphische und historische Beschreibung der Eifel, Bde. 1–3, Köln, Aachen 1824–1855; hier: Bd. 2,
S. 726 f.; Bestätigung der Grafenstandserhebungen: Wien, 16. März 1676 und ebd., 15. Juli 1677:
FRANK, Standeserhebungen und Gnadenakte, Bd. 1, S. 34.

[447] Vgl. hierzu die Verhandlungen in Kap. 3.6. (S. 145–147).

zugewiesen.[448] Der frühere Besitz des Geschlechts an der Maas fiel 1815 an das Königreich der Niederlande.

2.2. DIE ZEITWEILIGEN MITGLIEDER

Zeitweilige Mitglieder im Sinne dieser Definition sind Mitstände, die in nur einem der drei Zeitabschnitte ordentliche Mitglieder gewesen sind oder deren aktive Teilnahme an der gräflichen Politik in nicht mehr als einer Phase nachzuweisen ist. Hierzu gehören die Territorien Barby, Blankenburg, Rantzau, Ostfriesland, Nassau und Pyrmont (Eifel).

Die Grafschaft *Barby* lag nordwestlich des Zusammenflusses von Elbe und Saale im Süden des Magdeburger Erzstifts.[449] Kaiser Otto II. schenkte 974 dem Stift Quedlinburg die Burg Barby an der Elbe; im 12. Jahrhundert wurde damit das Geschlecht der Grafen von Arnstein belehnt, das in diesem Raum eine eigene Landesherrschaft aufbaute. Eine Seitenlinie der Grafen von Arnstein nannte sich später Herren von Barby; sie trug den größten Teil ihres Besitzes 1356 dem Kurfürsten von Sachsen zu Lehen auf. Ihre übrigen Lande befanden sich schon im Besitz des Erzbischofs von Magdeburg und der Fürsten von Anhalt.[450] 1497 wurden die Herren von Barby in den Reichsgrafenstand erhoben; 1521 veranschlagte sie die Wormser Reichsmatrikel mit einem Reiter und vier Fußsoldaten und zählte sie der Gruppe der Grafen und Herren zu.[451]

Obwohl die Grafen von Barby Mitglieder des Obersächsischen Kreises waren, wurden sie 1653 ins Niederrheinisch-Westfälische Grafenkollegium aufgenommen.[452] Die Grafenfamilie starb jedoch schon 1659 aus, und ihre Burg fiel an die sächsische Linie Weißenfels.[453] Das sächsische Haus nahm zwar ab 1663 am Alternationsmodus im Reichsfürstenrat teil, zeigte jedoch an der Konsolidierung der gräflichen Organisation ab 1697 kein Interesse.[454] Während der Grafentage 1702 und 1706 wurde Barby nochmals erwähnt und seine Einladung erwogen; danach sah man die Stimme der Grafschaft als ruhend an.[455]

Barby bestand neben dem Burgamt aus drei weiteren Ämtern: Rosenburg, Walternienburg und Mühlingen.[456] Die beiden letzten Ämter wurden an Anhalt-Zerbst als Lehen vergeben; Rosenburg mußte Brandenburg als erledigtes Lehen

---

[448] RDHS 1803, § 24: BUSCHMANN, Kaiser und Reich, S. 608.

[449] Vgl. Karte »Deutschland zur Zeit des Dreißigjährigen Krieges«, in: Johann Gustav DROYSEN, Allgemeiner historischer Handatlas, Bielefeld und Leipzig 1886, S. 42 f.

[450] Hdb. d. Hist. Stätten, Bd. 11, S. 31–33; TADDEY, S. 85 (s. v. Barby)

[451] LÜNIG, Teutsches Reichsarchiv, Bd. 1, S. 767; HOFF, Das deutsche Reich vor der französischen Revolution, Bd. 1, S. 41.

[452] Vgl. Mitgliederlisten von 1653: LHA KO, Best. 30, Nr. 3986/2, S. 237 f.; StA DT, L 41 a, 102, S. 63 und 77; LÜNIG, Thesaurus juris, S. 863 f.

[453] Vgl. TADDEY, S. 85.

[454] Eintritt Sachsen-Magdeburgs 1663 in die Alternation: LHA KO, Best. 30, Nr. 3986/3, S. 419 ff.; vgl. StA DT, L 41 a, 138, S. 309.

[455] Vgl. StA DT, L 41 a, 247 passim.

[456] Daher steht in den Mitgliederlisten gelegentlich der Doppelname »Barby-Mühlingen«.

zurückgegeben werden.[457] Nachdem der preußische und der sächsische Anteil 1807 vorübergehend dem Königreich Westfalen zugeschlagen worden waren, fielen 1815 beide Ämter an das Königreich Preußen.

Die Grafschaft *Blankenburg* lag südlich des Bistums Halberstadt im östlichen Harz.[458] Die Blankenburg wurde um 1100 erbaut und von König Lothar von Süpplingenburg an die Grafen von Blankenburg als Lehen gegeben. Als Parteigänger der Welfen erhielten die Blankenburger weitere Besitzungen von diesem Geschlecht und trugen ihm auch ihre Burg zu Lehen auf (1137). Zwar wurde die Blankenburg 1182 nach dem Sturz Heinrichs des Löwen zerstört, doch bald wiedererrichtet. Als 1599 die letzte Blankenburger Linie ausstarb, zog Herzog Heinrich Julius von Braunschweig-Wolfenbüttel die Besitzung als erledigtes Lehen seines Hauses sowie des Stifts Halberstadt ein, dessen Bischof er war.[459] 1690 wurde aus Blankenburg durch Herzog Anton Ulrich eine Sekundogenitur gebildet und die Grafschaft 1707 zum Fürstentum erhöht; 1731 fiel sie jedoch wieder an die Hauptlinie Braunschweig-Wolfenbüttel zurück, mit der sie fortan vereinigt blieb.[460]

Die Grafschaft Blankenburg gehörte seit 1653 dem Niederrheinisch-Westfälischen Reichsgrafenkollegium an.[461] Die Gesandten der Herzöge von Braunschweig-Wolfenbüttel nahmen für Blankenburg an der Stimmalternation zwischen 1636 und 1702 teil.[462] Die Beteiligung der Herzöge erlosch nach Konstituierung des Direktoriums 1697/98; zwar beschwerte sich Herzog Ludwig Rudolf im Jahre 1703 beim evangelischen Direktor Friedrich Adolf zur Lippe, er sei nicht wie die übrigen Grafen angeschrieben worden[463], doch nahm weiterhin kein Gesandter für Blankenburg an den Grafentagen teil. Nach 1705 waren auch die Reichstagsgesandten des Herzogs nicht mehr für die Grafschaft legitimiert, da die Fürstenstandserhebung bevorstand und künftig für Blankenburg eine Virilstimme geführt werden sollte.[464]

Die Grafschaft *Rantzau* lag nordwestlich von Hamburg innerhalb des Herzogtums Holstein.[465] Sie ging aus der alten Grafschaft Pinneberg hervor, die nach dem Aussterben der Grafen von Schaumburg 1640 zwischen Dänemark und den Herzögen von Holstein aufgeteilt worden war.[466] Herzog Friedrich III. von Holstein

---

[457] Vgl. TADDEY, S. 85.

[458] Hdb. d. Hist. Stätten, Bd. 2, S. 49–51; vgl. Bd. 11, S. 46 f.; Karte »Deutschland zur Zeit des Dreißigjährigen Krieges«, in: DROYSEN, Historischer Handatlas, S. 42 f.

[459] TADDEY, S. 131 (s. v. Blankenburg-Regenstein).

[460] TADDEY, ebd.; Handbuch der Hist. Stätten, Bd. 2, S. 37; vgl. auch OBERSCHELP, Politische Geschichte Niedersachsens, S. 9; Ludwig Albrecht GEBHARDI, Genealogische Geschichte der erblichen Reichsstände, Bd. 1, S. 277.

[461] Vgl. Mitgliederlisten von 1653: StA DT, L 41 a, 102, S. 63 u. 72: LHA KO, Best. 30, Nr. 3986/2, S. 237.

[462] Vgl. Dez. 1663: LHA KO, Best. 30, 3986/3, S. 419 ff.

[463] Schreiben des Grafen Friedrich Adolf zur Lippe an Graf Salentin Ernst von Manderscheid, 7. Okt. 1703: StA DT, L 41 a, 102, S. 193–195.

[464] MOSER, Neues Teutsches Staatsrecht, Bd. 3, S. 828.

[465] Karte »Deutschland zur Zeit des Dreißigjährigen Krieges«, in: DROYSEN, Historischer Handatlas, S. 42 f.

[466] TADDEY, S. 943 (s. v. Pinneberg); Hdb. d. Hist. Stätten, Bd. 1, S. 213 f.

verkaufte 1649 die beiden an ihn gefallenen Ämter Barmstedt und Elmshorn an den Grafen Christian von Rantzau für 101.000 Rtl.[467] Der Besitz, der neben der Stadt Elmshorn 26 Dörfer, ca. 8.000 Untertanen und eine Fläche von 250 qkm umfaßte, wurde 1650 von Kaiser Ferdinand III. anläßlich des Besuchs von Graf Christian von Rantzau in Wien zur reichsunmittelbaren Grafschaft Rantzau zusammengefaßt und erhoben.[468]

Die Grafen von Rantzau waren ein altholsteinisches Geschlecht, das 1226 im Zusammenhang mit der gleichnamigen Burg erstmals erwähnt wurde. Zu Anfang des 14. Jahrhunderts teilte sich das Haus in zwei Linien, von denen sich später zahlreiche Zweige abspalteten; die Reichsgrafenwürde wurde 1650 jedoch nur der sog. Dänischen Linie verliehen, die als dänische Statthalter in Schleswig und Holstein mehrere Jahrhunderte hindurch tätig war und dort die Einführung der Reformation begünstigt hatte.[469] Die Familie erwarb große Besitztümer in den dänischen Landen; vom kunstsinnigen Heinrich von Rantzau (1526–1598) wird berichtet, er habe für Kultur und Wissenschaft in seinen Besitzungen jährlich 5.000 Rtl. ausgegeben.[470] 1653 wurde Rantzau Gründungsmitglied im Grafenkollegium.[471] Die Mitgliedschaft wurde jedoch nicht ausgeübt: Weder schickten die Grafen Gesandte an den Grafentag, noch nahmen sie nach 1698 an der Direktorialkorrespondenz teil.[472] Die Abstinenz wurde sicher durch die schnell schwindende Bedeutung der gräflichen Linie gefördert; der Sohn des ersten Grafen setzte den dänischen König als Allodialerben ein, während seine beiden Söhne sich durch die Diplomatie des holsteinischen Hauses entzweien ließen.[473] 1715 wurde Graf Christian Detlef während eines Aufenthaltes in Berlin vom preußischen König wegen nicht näher bekannter Vergehen für fünf Jahre inhaftiert.[474] Sein Bruder Wilhelm Adolf führte währenddessen die Regierungsgeschäfte; an einer Frei-

---

[467] Karl von RANTZAU, Das Haus Rantzau. Eine Familien-Chronik, Celle 1865, S. 76; TADDEY, S. 978 (s. v. Rantzau).

[468] Zu den Abmessungen der Grafschaft: RANTZAU, Das Haus Rantzau, S. 159; zum Grafen Christian von Rantzau vgl. Kap. 8.2. (S. 306 f.) u. Kap. 8.3. (S. 321 f.); zur Erhebung Rantzaus zur Reichsgrafschaft: FRANK, Standeserhebungen und Gnadenakte, Bd. 4, S. 140.

[469] Zur Genealogie: SESt V, Tafel 102; RANTZAU, Das Haus Rantzau, Genealogische Tafel VIII. Zur Geschichte des Geschlechts: Hdb. d. Hist. Stätten, Bd. 1, S. 169 f. Johann von Rantzau, der 1521 für Dänemark als Beobachter auf dem Wormser Reichstag war, hat dort Luther persönlich kennen und schätzen gelernt: RANTZAU, Das Haus Rantzau, S. 79.

[470] RANTZAU, Das Haus Rantzau, S. 77 f. Volker Press weist auf die Rolle hin, die das Geschlecht beim lukrativen Handel mit Rindern in Norddeutschland gespielt hat: Volker PRESS, Führungsgruppen in der deutschen Gesellschaft im Übergang zur Neuzeit (um 1500), in: Hanns Hubert HOFMANN/Günther FRANZ (Hrsg.), Deutsche Führungsschichten in der Neuzeit. Eine Zwischenbilanz, Boppard 1980, S. 29–78; hier: S. 42.

[471] Vgl. Mitgliederverzeichnisse 1653: StA DT, L 41 a, 102, S. 63 und 77; LHA KO, Best. 30, Nr. 3986/2, S. 237 f.

[472] Vgl. MOSER, Neues Teutsches Staatsrecht, Bd. 3, S. 868 f.

[473] Zur Erbübertragung vom 10. Aug. 1669 – die kaiserliche Bestätigung erfolgte am 17. Juli 1671 – vgl. LÜNIG, Teutsches Reichsarchiv, Bd. 22, S. 856 f.; zum Bruderzwist: RANTZAU, Das Haus Rantzau, S. 176–181.

[474] Scharfe kaiserliche Proteste, die Rechtsprechung über Reichsunmittelbare stehe ihm allein zu, blieben wirkungslos: LÜNIG, Thesaurus juris, S. 913; Julius Friedrich MALBLANK, Anleitung zur Kenntnis der deutschen Reichs- und Provincial-, Gerichts- und Kanzley- Verfassung und Praxis, Bde. 1–4, Nürnberg, Altdorf 1791; hier: Bd. 4, S. 312 f.

lassung seines Bruders hatte er kein Interesse, da ihn dies die Landesherrschaft gekostet hätte. Als Graf Christian Detlef 1720 endlich zurückkehren konnte, kam es
zu bewaffneten Auseinandersetzungen; Wilhelm Adolf warb schließlich vier Soldaten an, die den Bruder während einer Jagd am 10. Nov. 1721 ermordeten.[475]

Nach vergeblichen Bemühungen, die Tat als Jagdunfall auszugeben, wurde Graf
Wilhelm Adolf im Jahre 1722 von der dänischen Regierung festgenommen und in
Rendsburg inhaftiert. Wie schon bei der Verhaftung seines Bruders griff auch hier
der Kaiser ein und protestierte gegen diesen Übergriff gegenüber einem Reichsunmittelbaren, der allein der kaiserlichen Justiz unterstand.[476] Der dänische König
ließ sich jedoch nicht davon abbringen, Rantzau den Prozeß zu machen. Am 9.
April 1726 wurde Wilhelm Adolf von Rantzau von einem dänischen Gericht der
Anstiftung zum Mord für schuldig befunden und zum Tode verurteilt. Angesichts
seines verdienstvollen Namens wandelte der König die Strafe in eine lebenslängli-
che Haft um.[477] Rantzau wurde in die Zitadelle von Kopenhagen verlegt, wo er
1734 starb. Die Grafschaft Rantzau wurde von Dänemark mediatisiert, ohne daß
die Reichsrechte dafür weiterhin wahrgenommen wurden.[478]

Die Grafschaft *Ostfriesland* lag zwischen dem Unterlauf der Ems und der Grafschaft Oldenburg im norddeutschen Küstenbereich. Nach einer mittelalterlichen
Geschichte, die sich von der im übrigen Deutschland durch ihre starken genossen-
schaftlichen Züge unterschied, wurde in Ostfriesland erst um 1430 die dauerhafte
Landesherrschaft des Geschlechts Cirksena erreicht.[479] Die Brüder Edzard und Ulrich von Cirksena konnten sich gegenüber einer Anzahl von regionalen Häuptlin-
gen durchsetzen; Ulrich wurde 1464 zum Reichsgrafen erhoben und mit Ostfriesland als einem Reichslehen belehnt.[480] 1514 bis 1517 konnten sich die Grafen in
der »Sächsischen Fehde« gegen den Reichsstatthalter von Friesland, Herzog
Albrecht von Sachsen, und später gegen seinen Sohn Georg behaupten und ihre
Landeshoheit festigen; Kaiser Maximilian I. erkannte ihren Rechtsstatus 1517
nochmals an.[481] Nach 1519 trat Ostfriesland zum Luthertum über, geriet aber später durch die Nähe zu den calvinistischen Niederlanden teilweise unter reformierten Einfluß. Nach 1570 führten Familienstreitigkeiten im regierenden Hause zu
einem Kondominat der Stände, die bis 1744 das Steuer- und Finanzwesen kontrol-
lierten; das reformierte Emden wurde, unterstützt durch die Niederlande, de facto
selbständig.[482]

---

[475] RANTZAU, Das Haus Ratzau, S. 181 f.

[476] LÜNIG, Thesaurus juris, S. 914 ff.

[477] Anonymer Bericht aus Kopenhagen, 30. April 1726: StA DT, L 41 a, 248, S. 1 f.

[478] RANTZAU, Das Haus Rantzau, S. 182 ff.; Malblank, Verfassung und Praxis, Bd. 4, S. 313.
Zur Geschichte des Geschlechts auch die juristische Schrift: Kuno Graf zu RANTZAU-BREITEN-
BERG, Nachrichten, die Grafschaft Rantzau, deren Besitz und Rechtszustand betreffend, Heidel-
berg 1840.

[479] Zur mittelalterlichen Geschichte Ostfrieslands vgl. Taddey, S. 901 (s. v. Ostfriesland); vgl.
Heinrich REIMERS, Ostfriesland bis zum Aussterben seines Fürstenhauses, Wiesbaden 1925 (ND,
2. Aufl., Wiesbaden 1968); Hdb. d. Hist. Stätten, Bd. 2, S. 23-25.

[480] TADDEY, S. 206 (s. v. Cirksena).

[481] TADDEY, S. 1054 (s. v. Sächsische Fehde); S. 294 (s. v. Edzard I.)

[482] TADDEY, S. 896: Der »Osterhusische Akkord« vom 24. Mai 1611 gilt als die »Magna Charta
der ostfriesischen Stände«. Dazu kritisch: Bernd KAPPELHOFF, Absolutistisches Regiment oder

1653 war Ostfriesland Gründungsmitglied des Niederrheinisch-Westfälischen Grafenkollegiums.[483] Die Mitgliedschaft kam jedoch nicht zum Tragen, da Graf Enno Ludwig schon 1654 und nach seinem Tod sein Bruder Georg Christian 1662 in den Reichsfürstenstand erhoben wurden. Aufgrund eines kaiserlichen Kommissionsdekretes beschloß der Reichsfürstenrat am 9. Sept. 1667 die Aufnahme Ostfrieslands mit Sitz und Stimme; die Introduktion erfolgte sechs Tage später.[484]

Nach dem Aussterben des Hauses Cirksena 1744 besetzte Preußen das Fürstentum Ostfriesland mit Truppen, die schon seit 1682 infolge eines Schutzabkommens mit der Stadt Emden dort stationiert worden waren; in Aurich wurde eine Provinzialverwaltung eingerichtet.[485]

Die Grafschaft *Nassau* erstreckte sich vom Oberlauf der Sieg bis in die Rhein-Main-Gegend um Wiesbaden. Das Geschlecht der Grafen von Nassau führte sich auf den mainzischen Vogt Rupert zurück, der von 1079 bis 1089 im Siegerland amtierte.[486] Zu Beginn des 12. Jahrhunderts wurde das Lahngebiet von der Laurenburg und der Burg Nassau kontrolliert. Nach der Besitzarrondierung sowie dem Sammeln von Gerichtsprivilegien teilte sich das Haus 1255 in eine nördlich der Lahn begüterte Linie unter Otto sowie eine südliche Linie unter Walram. Die ottonische Linie expandierte nach Vianden in Luxemburg (1331), ins Herzogtum Brabant (1403) und nach Orange an der Rhône (1530). Das politische Wirken des Grafen Johann VI. in den Konfessionsauseinandersetzungen im Rheinland und das militärische Wirken Wilhelms des Schweigers im Unabhängigkeitskampf der Niederlande verschafften dem Geschlecht internationales Ansehen und langfristig die niederländische Statthalterschaft und 1815 das Königtum. Die walramische Linie konnte ihren Besitz um die Grafschaft Saarbrücken erweitern (1381).[487]

Nachdem sich infolge des Streits mit Graf Johann von Nassau-Idstein die westfälischen Grafen 1653 aus dem wetterauischen Verband gelöst hatten, wurden auch die Nassauer Grafen aus der ottonischen Linie unter den Mitgliedern des

Ständeherrschaft? Landesherr und Landstände in Ostfriesland im ersten Drittel des 18. Jahrhunderts, Hildesheim 1982, bes. S. 14–19.

[483] Mitgliedsliste 1653: StA DT, L 41 a, 102, S. 28 und 63; LHA KO, Best. 30, Nr. 3986/2, S. 237 f.

[484] MOSER, Neues Teutsches Staatsrecht, Bd. 3, S. 70; Ludwig Albrecht GEBHARDI, Genealogische Geschichte der erblichen Reichsstände, Bd. 1, S. 275.

[485] Vgl. zur komplizierten Erbrechtslage: Taddey, S. 901. Zur Einordnung in die Politik der vierziger Jahre: Friedrich MEISENBURG, Der deutsche Reichstag während des Österreichischen Erbfolgekrieges 1740–1748, Dillingen 1931, S. 70–73; KLINGENSTEIN, Der Aufstieg des Hauses Kaunitz, S. 80.

[486] GENSICKE, Westerwald, S. 278–289, 346–350; Karl E. DEMANDT, Geschichte des Landes Hessen, S. 270–327; vgl. auch Coenraad TAMSE (Hrsg.), Nassau und Oranien. Statthalter und Könige der Niederlande, Göttingen, Zürich 1985.

[487] Ulrich REULING, Die territoriale Entwicklung Nassaus (Karte 15 a–b), in: Fred SCHWIND (Hrsg.), Geschichtlicher Atlas von Hessen. Text- und Erläuterungsband, Marburg 1984, S. 76–83. Zu Johann von Nassau: Rolf GLAWISCHNIG, Niederlande, Kalvinismus und Reichsgrafenstand 1559–1584. Nassau-Dillenburg unter Graf Johann VI: Marburg 1973. Zur Rolle des Grafen Wilhelm von Nassau in den Niederlanden: Horst LADEMACHER, Geschichte der Niederlande. Politik, Verfassung, Wirtschaft. Darmstadt 1983, S. 52–74; Klaus VETTER, Wilhelm von Oranien. Eine Biographie, Berlin (-Ost) 1987; vgl. auch: TADDEY, S. 839 (s. v. Nassau); Hdb. d. Hist. Stätten, Bd. 5, S. 248 f.

neuen Kollegiums geführt.[488] Da aber zwischen 1650 und 1664 alle Linien des Hauses in den Reichsfürstenstand erhoben wurden, nahmen sie an der Politik der Grafenkollegien nur noch sporadisch teil; eine Session oder Stimmabgabe im westfälischen Kollegium ist nicht überliefert.[489]

Beim Wiener Kongreß erhielt die walramische Linie die um Säkularisierung und Mediatisierung erweiterten deutschen Besitzungen als geschlossenes Großherzogtum; die ottonische Linie wurde in den Niederlanden ansässig. Das Haus Nassau-Oranien starb zwar 1912 im Mannesstamm aus, stellt jedoch bis heute die Königinnen der Niederlande. Die großherzogliche Linie, 1866 depossediert, »regiert« bis heute in Luxemburg.[490]

Die Herrschaft *Pyrmont* (Eifel) lag über dem mittleren Elztal nahe Münstermaifeld. Als Erbauer der Burg Pyrmont wurden die Herren von Schönberg um 1225 erwähnt. Das Geschlecht der Herren von Pyrmont wurde 1495 in den Freiherrenstand erhoben und 1525 von den Herren von Eltz beerbt. Die Besitzergreifung durch die Freiherren von Waldbott-Bassenheim vollzog sich in zwei Schritten: 1652 erwarben sie die Hälfte der Herrschaft, 1710 kauften sie den Rest hinzu.[491]

Die Familie Waldbott-Bassenheim war ein altes Rittergeschlecht aus Flandern, das sich schon im 12. Jahrhundert auf Schloß Bassenheim in der Eifel niedergelassen hatte. Die Waldbott-Bassenheim waren in viele Linien gespalten; ihre zahlreiche Nachkommenschaft wurde in geistlichen Stiftungen versorgt, so daß das Geschlecht zum reichsritterschaftlichen mittelrheinischen Stiftsadel gezählt werden kann. 1628 erwarb Franz Caspar von Waldbott-Bassenheim die Würde eines Freiherrn; Franz Emmerich Wilhelm wurde 1720 in den Reichsgrafenstand erhoben.[492] Neben den mediaten und reichsritterschaftlichen Gütern war der reichsfreie Besitz sehr gering: Pyrmont bestand nach einer Auflistung 1798 aus dem Schloß, 11 Höfen, zwei Mühlen und 80 Feuerstellen. Graf Johann Maria Rudolf von Waldbott-Bassenheim gab seine Einnahmeverluste aus Pyrmont zwischen 1793 und 1798 mit 15.000 fl. an, also mit einem Jahresverlust von ca. 3.000 fl.[493]

Die Mitgliedschaft Pyrmonts im westfälischen Grafenkollegium war umstritten. 1654 wurde der Reichsabschied wegen Pyrmont unterzeichnet; die Bemühungen des besitzenden Hauses, ins Grafenkollegium aufgenommen zu werden, waren jedoch nur im katholischen Teil unter Metternich von Erfolg gekrönt; Moser, der von den evangelischen Angaben ausging, vermeldet das Scheitern dieses Vorha-

---

[488] Vgl. Mitgliedsliste im LHA KO, wo die Linien Nassau-Siegen, Nassau-Diez und Nassau-Dillenburg einzeln aufgeführt sind: Best. 30, Nr. 3986/3, S. 237.

[489] Zur Fürstenstandserhebung: DEMANDT, Geschichte des Landes Hessen, S. 315; GENSICKE, Westerwald, S. 348; KNESCHKE, Deutsche Grafen-Häuser der Gegenwart, Bd. 1, S. 272.

[490] TADDEY, S. 839.

[491] Hdb. der Hist. Stätten, Bd. 5, S. 298; Bernhard GONDORF, Burg Pyrmont in der Eifel. Ihre Geschichte und ihre Bewohner, Köln 1983, S. 49 f.

[492] KNESCHKE, Deutsche Grafen-Häuser der Gegenwart, Bd. 2, S. 612–614; vgl. HERSCHE, Domkapitel, Bd. 1, S. 286; auch Kanonikate in Eichstädt und Münster kamen vor. Erhebung in den Freiherrenstand, Wien, 16. April 1638; Grafenstandserhebung, Laxenburg, 23. Mai 1720; FRANK, Standeserhebungen und Gnadenakte, Bd. 5, S. 182.

[493] GONDORF, Burg Pyrmont, S. 43 und 89.

bens wegen zu geringer Standesqualität.[494] Es war erstaunlich, daß die Grafen erst 1774 einen Aufnahmeantrag stellten, obwohl sie sich schon früher auf das Präjudiz von 1654 hätten berufen können. Nun kam von seiten der evangelischen Fürsten in Berlin, Ansbach und Hannover Widerspruch; auch eine Aufnahme wegen der Herrschaft Olbrück scheiterte.[495]

Ungeachtet der ungeklärten Rechtslage konnten die Grafen von Waldbott-Bassenheim 1803 für ihre Verluste im Rheinland die Abtei Heggbach in Oberschwaben erwerben.[496] Pyrmont wurde 1815 mitsamt der übrigen Eifel der preußischen Rheinprovinz inkorporiert.

2.3. DIE ANTRAGSTELLER

Eine kurze Erwähnung verdienen auch die Antragsteller, die Besitzer jener Grafschaften, die zwar für ihre Reichslehen um die Aufnahme ins Kollegium gebeten haben, jedoch nicht vollgültig zugelassen worden sind. Der wichtigste Antragsteller, der Kurfürst von Brandenburg und König in Preußen, wurde bereits im Kapitel 1.3. in seiner politischen Bedeutung für das Kollegium vorgestellt. Da es bei seinen Forderungen allein um das Stimmrecht auf Grafentagen, nicht um irgendeinen Bezug zu den Territorien, ging, für die er die Session wünschte, erübrigt sich eine Vorstellung im einzelnen. Die Grafschaften, die das Haus Hohenzollern-Brandenburg besaß, wirkten nur in sehr geringem Maße prägend auf ihre Besitzer, die sie vor allem unter fiskalischen und gesamtstrategischen Gesichtspunkten betrachteten.[497] Die übrigen Anträge, die sich auf die Grafschaften und Herrschaften Rheda, Schlenacken, Fagnolles, Edelstetten und Lösenich beziehen, werden im folgenden aufgeführt.

Die Reichsherrschaft *Rheda* wurde nach dem letzten gescheiterten Grafentag 1747 vom evangelischen Direktor von Neuwied umworben, ins Kollegium einzutreten, um die Zahl der Beitragszahler zu erhöhen.[498] Rheda, in Ostwestfalen am

---

[494] MOSER, Neues Teutsches Staatsrecht, Bd. 3, S. 868. Nach Lünigs Verzeichnis hatten die Waldbott-Bassenheim schon am Reichstag 1521 teilgenommen und waren mit einem Reiter veranschlagt worden: LÜNIG, Teutsches Reichs-Archiv, Bd. 1, S. 767.

[495] Vgl. Vortrag Rotbergs, 24. Jan. 1789: StA DT, L 41 a, 543, S. 1–18; vgl. L 41 a, 542–545 passim. Die von Italiaander und Kneschke für 1787 datierte Zulassung zu Sitz und Stimme im Kollegium bezieht sich auf den katholischen Teil unter Graf Franz Georg von Metternich: Rolf ITALIAANDER, Burg Pyrmont in der Eifel, Pyrmont, Hamburg 1965, S. 40, S. 54; KNESCHKE, Deutsches Adels-Lexikon, Bd. 9, S. 441; für Pyrmont wurden 1788 Beiträge zum katholischen Kollegialteil geleistet: Kassenspezifikation 1789, StA München, FA Toerring-Jettenbach, MM 6. König Georg III. von England lehnte die Zulassung Pyrmonts zum Kollegium mit dem Argument ab, das RKG habe das Territorium als nicht hinreichend qualifiziert bezeichnet: Schreiben des Königs an den Fürsten von Neuwied, 24. Okt. 1788: LHA KO, Best. 30, Nr. 3954/1, S. 101.

[496] RDHS 1803, § 24: BUSCHMANN, Kaiser und Reich, S. 608.

[497] Es handelte sich dabei außer um die Grafschaft Tecklenburg, für die Brandenburg schließlich zur Session zugelassen werden sollte, um die Grafschaften Mark, Ravensberg, Moers, Lingen und Ascanien: vgl. Kap. 1.3. (S. 22–24).

[498] Vgl. die Reise des Kanzleidirektors Thalmann nach Detmold, Bückeburg und Rheda 1755. StA DT, L 41 a, 355 passim.

Oberlauf der Ems gelegen, war im Mittelalter seit dem Bau der Burg 1221 für einige Jahrzehnte Residenz der Edelherren zur Lippe, ehe diese nach einer verlorenen Fehde gegen den Grafen von Tecklenburg 1364/65 weichen mußten.[499] 1557 fiel Rheda mit der Grafschaft Tecklenburg an das Haus Bentheim, das später die Linie Bentheim-Tecklenburg-Rheda stiftete. Die Herrschaft bestand aus der Stadt und dem Schloß Rheda, dem Kirchspiel Gütersloh, dem Dorf Lette sowie den Klöstern Clarholz und Herzebrock; die Größe getrug um 1800 ca. 216 qkm bei etwas mehr als 11.000 Einwohnern.[500] Die Bentheimer Linie gewann im frühen 17. Jahrhundert die Grafschaft Limburg an der Lenne[501], mußte aber 1696 ein Kammergerichtsurteil mit der Aberkennung ihrer alleinigen Besitzrechte hinnehmen; durch Tauschvereinbarungen mit dem Grafen von Solms-Braunfels und dem preußischen König kamen die Grafen von Bentheim schließlich unter Verlust Tecklenburgs in den alleinigen Besitz Rhedas.

Nach 1770 wurde im Grafenkollegium intensiv über eine Aufnahme Rhedas diskutiert; Graf Moritz Casimir von Bentheim-Tecklenburg-Rheda beantragte förmliche seine Aufnahme, legte seine Lehnsabhängigkeit von Münster sowie die Steuerverweigerung der Stifte Marienfeld, Clarholz und Herzebrock dar – als Argument, Rheda nicht zu Beitragsleistungen heranzuziehen – und ließ eine umfangreiche Ausarbeitung über die Geschichte und die Standesqualität der Reichsherrschaft erstellen.[502] Obwohl bis nach 1780 Verhandlungen über dieses Projekt stattfanden, kam es zu keiner Aufnahme Rhedas ins Kollegium, nicht zuletzt wegen des befürchteten Widerstandes der katholischen Mitstände.

Die Herrschaft *Schlenacken* lag in der Nähe der Grafschaft Wittem und war 1728 vom Grafen Ferdinand von Plettenberg zu seinem Maasbesitz hinzugekauft und mit diesem vereinigt worden. 1771 erwarb der Graf von Goltstein die Herrschaft und stellte im Jahre 1773 dafür den Aufnahmeantrag.[503] Das Geschlecht der Grafen von Goltstein (auch Goldstein) stammte aus dem Mährischen, hatte aber schon im Hochmittelalter Besitz am Niederrhein erworben und dorthin seinen Wohnsitz verlagert. Mitglieder der Familie dienten bei den Herzögen von Jülich, Geldern oder in den Niederlanden, was dem Geschlecht weitere Güter in den Lan-

---

[499] Hdb. d. Hist. Stätten, Bd. 3, S. 633 f.; TADDEY, S. 1015 (s. v. Rheda); Franz MÜHLEN, Schloß und Herrschaft Rheda, Münster 1979 (Westfälische Kunststätten, Heft 6). Rheda wurde nach der Tecklenburger Fehde als Nebenland der Grafen von Tecklenburg betrachtet und erhielt in der personalistisch gestalteten Reichsmatrikel von 1521 keinen eigenen Anschlag; daher blieb die Grafschaft auch später kreisfrei; vgl. LÜNIG, Teutsches Reichs-Archiv, Bd. 1, S. 767: »Graf Conrads von Deckelburg Erben: 2 zu Roß und 9 zu Fuß«.

[500] BÜSCHING, Neue Erdbeschreibung, Bd. 3, S. 729 f.; KOHL, Westfälische Geschichte, Bd. 1, Tabelle S. 607.

[501] Zu Limburg: MÖLLER, Stammtafeln westdeutscher Adelsgeschlechter, Bd. 3, S. 210 f. (Tafel 86); TADDEY, S. 719 (s. v. Limburg); Harm KLUETING, Ständewesen und Ständevertretung in der westfälischen Grafschaft Limburg im 17. und 18. Jahrhundert, in: Beiträge zur Geschichte Dortmunds und der Grafschaft Mark 70 (1976), S. 109–201, bes. S. 119–123.

[502] Schreiben des Grafen Moritz Casimir an den Grafen von Neuwied, 8. März 1770 und 21. Sept. 1773; StA DT, L 41 a, 484, S. 5 f.; S. 13–51; vgl. L 41 a, 484 passim.

[503] Spezifikation des Grafen von Goltstein über die Herrschaft Schlenacken, 13. Juli 1793: StA DT, L 41 a, 1807, S. 4–17.

den der Dienstherren einbrachte. Im 17. Jahrhundert stiegen die Goltstein zunächst zu Freiherren, 1694 zu Reichsgrafen auf.[504]

Der Antragsteller selbst war kurpfälzischer Statthalter in Jülich und Berg; so unterstützten Kurpfalz und Münster seinen gleichzeitig beim Reichskreis eingereichten Antrag auf Immatrikulation.[505] Graf Friedrich Alexander von Neuwied ließ eine Zustimmung von seiner Seite sofort mit dem saynischen und wiedischen Stimmrecht verknüpfen; die Regierungen der Potentiores Hannover und Berlin waren gegen Goltsteins Beitritt wegen fehlender Standesqualität seines Territoriums.[506] Doch auch ohne den förmlichen Erwerb der Reichsstandschaft wurde der Graf von Goltstein im Reichsdeputationshauptschluß 1803 entschädigt: Er erhielt eine Geldrente in Höhe von 1850 fl. pro Jahr.[507]

Die Grafschaft *Fagnolles* lag im Fürstbistum Lüttich in den westlichen Ardennen[508]; das Splitterterritorium hatte nach Christian von Stramberg eine Fläche von kaum 30 qkm, auf der ein kleines Dorf ohne Kirche sowie eine Burgruine standen. Der Ertrag wurde dennoch mit etwas über 5.000 fl. jährlich beziffert.[509] Die Herren von Ligne »regierten« über diesen Besitz seit dem 11. Jahrhundert, waren 1549 Reichsgrafen und 1601 Reichsfürsten geworden.[510]

Schon 1664 sollen die Ligne versucht haben, ins Grafenkollegium aufgenommen zu werden, ohne daß dies in den Archiven der prominenten gräflichen Mitstände verzeichnet worden wäre. 1770 wurden die Bemühungen wieder aufgenommen, als Kaiser Joseph II. Fagnolles zur Reichsgrafschaft erhoben hatte.[511] 1772 stellte Fürst Karl Lamoral von Ligne den Aufnahmeantrag beim Niederrheinisch-Westfälischen Reichskreis, ein Jahr später beim Grafenkollegium.[512] Das Verfahren zog sich wegen der auch in diesem Fall durchgeführten Verknüpfung mit der Stimmrechtsproblematik bis 1786 hin, ehe der Fürst zum Kreis zugelassen werden konnte; der katholische Teil des Grafenkollegiums nahm Ligne 1788 als neues Mitglied auf, der evangelische Teil trat dem Beschluß eher halbherzig bei. Kaiser

---

[504] Vgl. Johann Dietrich von STEINEN, Westfälische Geschichte, Bd. 3, S. 636–651; KNESCHKE, Deutsche Grafen-Häuser der Gegenwart, Bd. 1, S. 274 f.

[505] Schreiben des Hofrats Hauth an den Grafen Simon August zur Lippe, 21. Dez. 1772: StA DT, L 41 a, 1806, S. 2.

[506] Zirkular des Grafen von Neuwied, 13. Febr. 1773; Fürstlich Bentheimisches Archiv Burgsteinfurt, Best. E, Nr. 296. Hannover empfahl dilatorische Behandlung und wies auf das schwebende Verfahren am Kreis hin: Reg. Hannover an die Pfandschaftsregierung Bentheim, 8. April 1773: StA OS, Rep. 120, Nr. 178, S. 3 f. Schließlich lehnte Preußen als kreisausschreibender Fürst die Aufnahme Goltsteins ab: Mitteilung des Grafen zur Lippe an den Grafen von Neuwied, 23. Mai 1773: StA DT, L 41 a, 606, S. 4; vgl. zum gesamten Vorgang: StA DT, L 41 a, 606, S. 2–13.

[507] RDHS 1803, § 24: 1700 fl. von Buxheim (Grafen Ostein), 150 fl. von Schussenried (Grafen Sternberg-Manderscheid); BUSCHMANN, Kaiser und Reich, S. 609.

[508] Karte »Niederrheinisch-Westfälischer Reichskreis 1794«, in: Geschichtlicher Handatlas von Westfalen, Münster 1982.

[509] Rheinischer Antiquarius, 3. Reihe, Bd. 1, S. 717.

[510] Victor KLARVILL (Hrsg.), Der Fürst von Ligne, Erinnerungen und Briefe, Wien 1920, S. 2 f.

[511] MOSER, Teutsches Staatsrecht, Bd. 38, S. 187; SCHEIDEMANTEL/HÄBERLIN, Teutsches Staats- und Lehnrecht, Bd. 3, S. 288 ff.

[512] Antragstellung beim Kreis, o. T. 1772: StA DT, L 41 a, 497, S. 1–10; Brief Lignes an Graf Bentheim-Steinfurt, 27. März 1773: Fürstlich Bentheimisches Archiv Burgsteinfurt, Best. E, Nr. 297.

Joseph II. stellte das Kommissionsdekret über die vollzogene Aufnahme des Fürsten ins Kollegium am 21. März 1789 aus.[513] Zur Introduktion in den Reichsfürstenrat kam es wegen der zwei schnell aufeinander folgenden Kaiserwahlen und der anschließenden Revolutionskriege nicht mehr, so daß der Fürst von Ligne zwar nicht alle Hürden zur vollen Reichsstandschaft überstiegen hatte, jedoch von den Antragstellern der erfolgreichste war.

Für den Verlust Fagnolles wurde Ligne folgerichtigerweise auch 1803 mit der Abtei Edelstetten entschädigt.[514] Fürst Karl Lamoral verkaufte Edelstetten schon 1804 an den Fürsten von Esterhazy.[515]

Die Grafschaft *Edelstetten*, das frühere weltliche adlige Damenstift, lag in der Markgrafschaft Burgau bei Augsburg. Damit gehörte es nicht zu den zur Mitgliedschaft berechtigten Grafschaften Norddeutschlands, aber zu den Antragstellern in Metternichs geplantem »Schwäbisch-Westfälischen Kollegium«, das die katholischen Grafen des alten Kollegiums, die in Schwaben entschädigt worden waren, vereinigen sollte. Edelstetten bestand aus einem Flecken und zwei Dörfern mit zusammen 1.300 Einwohnern, doch Esterhazy zahlte dafür eine Rente von 11.000 fl. an die Familie Ligne und 3.000 fl. zusätzlich auf Lebenszeit an Fürst Karl Lamoral.[516] 1806 wurde Edelstetten von Bayern mediatisiert.[517]

Die Reichsherrschaft *Lösenich* lag bei Bernkastel an der Mosel und bestand nur aus einigen Dörfern; das Einkommen wurde auf jährlich ca. 1.500 fl. geschätzt.[518] Seit 1789 bemühten sich die Grafen von Kesselstadt (auch Kesselstatt), für die Herrschaft ins Grafenkollegium zu gelangen und der Matrikel der Rheinischen Reichsritterschaft zu entgehen.[519] Die Kesselstadt waren ein altes rheinisches Adelsgeschlecht, das vor allem kurtrierische Hofdienste leistete; so hatten sie das Erbkämmerer- und Landhofmeisteramt des Stifts inne. Auch in den rheinischen Domkapiteln kamen sie sehr häufig vor.[520]

Nach dem Antrag stellte der Graf von Neuwied wieder die Stimmrechtsfrage Sayn/Wied. Das Beratungsverfahren unter den Grafen zog sich lange hin, ohne zu einer definitiven Antwort zu kommen. In den Kollegialakten wird 1792 zum letzten Mal von Beratungen zu diesem Thema gesprochen, ohne daß sich ein baldiger

---

[513] Zu den Einzelheiten: StA DT, L 41 a, 498, S. 1–47; kaiserliches Kommissionsdekret, 21. März 1789: LHA KO, Best. 30, Nr. 3957, S. 3 ff.

[514] RDHS 1803, § 11: BUSCHMANN, Kaiser und Reich, S. 603.

[515] VEHSE, Geschichte der deutschen Höfe, Bd. 40, S. 276.

[516] HOFF, Das deutsche Reich vor der französischen Revolution, Bd. 2, S. 233.

[517] Vgl. Mitgliederverzeichnis der ersten Ochsenhauser Konferenz, 15. Juli – 10. Aug. 1805: SZA Prag, FA Metternich, Nr. 2292/2.

[518] Oskar BRUNKOW (Hrsg.), Die Wohnplätze des deutschen Reiches, 1. Abt.: Königreich Preußen, Berlin 1884, Bd. 3, S. 222; vgl. Schreiben des Hofrats Fauth an den Grafen von Wied-Runkel, 31.3.1789: LHA KO, Best. 35, Nr. 2081, S. 1–7; Hdb. d. Hist. Stätten, Bd. 5, S. 210 f.

[519] Wilhelm FABRICIUS, Erläuterungen zum Geschichtlichen Atlas der Rheinprovinz, Bd. 2: Die Karte von 1789, Bonn 1898 (ND Bonn 1965), S. 496 f.

[520] KNESCHKE, Deutsche Grafen-Häuser der Gegenwart, Bd. 1, S. 424 f.; Zedlers Universallexicon, Bd. 15, Sp. 515; zu den Diensten: GSCHLIESSER, Der Reichshofrat, S. 339; HERSCHE, Die deutschen Domkapitel, S. 185.

Erfolg abgezeichnet hätte.[521] Der Graf von Kesselstadt wurde beim Reichsdeputationshauptschluß nicht entschädigt.

[521] Schreiben der Bentheimischen Pfandschaftsregierung an die Regierung in Hannover, 29. Mai 1789. Fürstlich Bentheimisches Archiv Burgsteinfurt, Best. E, Nr. 301; vgl. Schreiben des Grafen von Neuwied an den Grafen zur Lippe, 9. Juni 1789: StA DT, L 41 a, 1803, S. 37 f.; vgl. Schreiben des Hofrats Fauth (Zirkular), 18. Aug. 1789: Verwunderung darüber, daß Graf Kesselstadt noch keinen Aufnahmeantrag beim Kreis gestellt hat: StA DT, L 41 a, 1803, S. 39; Korrespondenzverzeichnis von 1792 im Kollegialarchiv: StA DT, L 41 a, 95 passim.

KAPITEL 3

DAS DIREKTORIUM

3.1. DIE ENTSTEHUNG UND DIE ART DES AMTES

Das Direktorenamt war ein Wahlamt mit rein administrativen Befugnissen: Um die Meinungen der an der Kuriatstimme beteiligten Grafen einzuholen und zu einem Votum zu bündeln, sollte ein Mitglied des Kollegiums gewählt werden. Eine Herrschaftsfunktion war von vornherein ausgeschlossen, eine Treuepflicht der Mitglieder gegenüber dem Direktor – wie etwa der Reichsstände gegenüber dem Kaiser – bestand nicht. Der Begriff des Direktoriums kommt noch an anderer Stelle in der Reichsverfassung vor: bei den Vorsitzenden der Reichstagskurien. Dort war jedoch der Vorsitz an ein bestimmtes Territorium gebunden – ein Direktor in einem Grafenkollegium war dagegen frei wählbar.

Als die Kuriatstimme des Niederrheinisch-Westfälischen Reichsgrafenkollegiums 1653 beim Reichstag zugelassen worden war, übernahmen die Grafen Johann von Rietberg (+1660) und Jost Maximilian von Gronsfeld (1598–1662), die als einzige Mitglieder persönlich am Reichstag anwesend waren, die Stimmabgabe.[1] Auch wenn eine förmliche Wahl oder Bevollmächtigung der beiden Grafen nie stattfand, galten sie später als die ersten Direktoren des Kollegiums. Während Graf Johann von Rietberg ein eher unbekannter westfälischer Potentat war, hatte Jost Maximilian von Gronsfeld im Dreißigjährigen Krieg große Verdienste um die katholische Liga als General erworben; nach Ende des Krieges ging er in den kaiserlichen diplomatischen Dienst.[2] Wenn auch seine Beziehung zum Kaiserhof nicht allein den entscheidenden Durchbruch beim Stimmrechtserwerb bewirkt hat, so

---

[1] Zu den Verhandlungen 1653: StA DT, L 41 a, 1761, S. 112 ff.; Anmerkungen zum Jüngsten Reichstag im Grafenprotokoll Köln, März 1697: StA DT, L 41 a, 317, S. 16; vgl. die tendenziöse Bewertung in der Streitschrift: »Kurzgefaßte Antwort auf die in der Reichsgräflich-Catholischen Deputations-Streitigkeit jüngsthin [...] herangekommenen Schrift« (1775): FWA NR, Schrank 103, Gefach 75, Nr. 10.

[2] Graf Johann von Rietberg: SESt III, Tafel 67; Graf Jost Maximilian von Gronsfeld: Helmut LAHRKAMP, Jost Maximilian von Gronsfeld (1598–1662), in: Rheinische Lebensbilder, Bd. 1, S. 66–82; ders., Jost Maximilian Graf von Bronckhorst und Gronsfeld, in: NDB 7 (1966), S. 128 f.; Rheinischer Antiquarius, 2. Reihe, Bd. 4, S. 398; Ludwig BITTNER/Lothar GROSS (Hrsg.), Repertorium der diplomatischen Vertreter aller Länder seit dem Westfälischen Frieden, Bd. 1: 1648–1715, Oldenburg 1936, S. 159. Gronsfeld verfaßte über seine Militärzeit in den Jahren 1634–1642 eine Autobiographie: »Comoedia Gronsfeldiana, quae postea fortunae Inconstantia in Tragoediam mutata (etc.)«: StA München, FA Toerring-Jettenbach, M 1; vgl. dazu: Helmut LAHRKAMP, Die Kriegserinnerungen des Grafen Gronsfeld, in: Zeitschrift des Aachener Geschichtsvereins 71 (1959), S. 77–104.

ist sie dem inzwischen kurbayerischen Feldmarschall doch sicherlich zugute gekommen.

Nach Abschluß des Reichstags zogen sich die anwesenden Reichsstände ebenso wie die Gesandten zurück. Da beide Stimmführer der westfälischen Grafen vor Beginn des Immerwährenden Reichstages 1663 gestorben waren, trat zunächst eine längere Vakanz ein. Die evangelischen fürstlichen Mitstände des Kollegiums übernahmen zwar die Stimmabgabe, konnten sich jedoch auf keinen neuen Direktor verständigen; der Plan, die Herzogin Johannette von Sachsen-Eisenach (1626– 1701), die die Grafschaft Sayn-Altenkirchen als mütterliches Erbe in ihre Ehe mit Herzog Johann Georg eingebracht hatte, zur Direktorin zu küren, scheiterte am Widerstand des fünfundachtzigjährigen Herzogs August von Braunschweig-Wolfenbüttel, der sich weigerte, sich einem weiblichen Direktor zu unterstellen.[3]

Bis ins letzte Jahrzehnt des 17. Jahrhunderts schwebte die Direktorialfrage, bevor einige Mitstände zunächst in zwei getrennten Gruppen über eine Organisierung ihres Verbandes zu diskutieren begannen. Eine Gruppe westfälischer Grafen (Lippe, Bentheim, Rietberg) traf sich im November 1692 in Warendorf und beschloß, einen Direktor nach Absprache mit den übrigen Grafen zu wählen. Der Amtsinhaber sollte die Mitglieder zu Tagungen einladen und Beschlüsse herbeiführen können. Lippe übernahm es, die Verfassungsentwürfe der anderen Grafenkollegien schriftlich anzufordern, um eine reguläre Verfassung erstellen zu können und verabschieden zu lassen.[4] Das Haupt der anderen Gruppe war Graf Salentin Ernst von Manderscheid (1630–1705), Besitzer zahlreicher Grafschaften und Herrschaften in der Eifel. Er unterhielt mit Johann Ludovici einen eigenen Reichstagsgesandten in Regensburg und versorgte die Kollegialmitstände im linken Rheinland mit politischen Informationen. Der Graf hatte durch seine erste Ehe mit Ernestine von Sayn-Wittgenstein vorübergehend die Grafschaft Sayn-Hachenburg erworben, die dem Geschlecht jedoch in Ermangelung männlicher Nachkommen aus dieser Ehe wieder verlorenging.[5] Graf Salentin Ernst erwarb sich um seine Länder Verdienste als Förderer von Schulen und Hospitälern sowie durch gezielte Wirtschaftsmaßnahmen für das Eisengewerbe in Jünkerath; seine ökologischen Kenntnisse beweist die Buschordnung von 1652, die die Rekultivierung von gerodeten Waldstücken regelte.[6] 1694 trat der Graf von der Landesherrschaft zurück und widmete sich von seinem Altersruhesitz Jünkerath aus vor allem der Reichspolitik. Schon früher hatte er am Unionsprojekt zur Grafendefen-

[3] Vgl. Bericht über die Einrichtung der Stimmalternation (1663): LHA KO, Best. 30, Nr. 3986/3, S. 419 ff.

[4] Protokoll des Warendorfer Treffens, 23. Nov. 1692: StA DT, L 41 a, 1762, S. 36–38; vgl. KESTING, in: Westf. Zs. 106 (1956), S. 184 f.

[5] Heinrich NEU, Graf Salentin Ernst von Manderscheid, in: Heimatkalender Schleiden, 2 (1952), S. 57–63; hier: S. 57; vgl. Helmut MÜLLER, Stammtafeln der Essener Äbtissinnen des 16. Jahrhunderts, in: Das Münster am Hellweg, 22 (1969), S. 13–23; hier: S. 23.

[6] Stiftungen an das Blankenheimer Hospital, Aug. 1681: LHA KO, Best. 29, Urk. 1922; 30. März 1687: LHA KO, Best. 29, Urk. 1940. Schulförderungsmaßnahmen: Peter NEU, Geschichte und Struktur der Eifelterritorien des Hauses Manderscheidt, S. 282; Wirtschaftsförderung: ebd., S. 215 f.; eine weitere Verordnung im selben Bereich, 14. Nov. 1663: LHA KO, Best. 710, Nr. 877/1, S. 850.

sion 1679 unter dem Grafen Georg Friedrich von Waldeck teilgenommen; wenn Graf Friedrich Adolf zur Lippe ihn 1698 in einem Schreiben einen »in rebus imperii wolversirte(n) Herr(n)« nannte, so war dies mehr als nur ein Kompliment.[7]

Auch der Gesandte Ludovici hatte die Verfassungen der übrigen Grafenkollegien untersucht und seinem Herrn die Alternativen für die Gestaltung des Direktorenamtes vorgestellt: Man könne, so schlug er vor, zwischen einem Direktor auf Zeit (wie in Franken) oder zwei Direktoren auf Dauer (wie in Schwaben) wählen; auch die Einsetzung von Adjunkten käme in manchen Direktorien vor. Von vornherein war es klar, daß die wählbaren Personen aus dem Kreis der Grafen altgräflicher Abkunft stammen würden, die eine eigene Kanzlei führten, denn so würden es die anderen Kollegien auch halten.[8]

Nach diesen Vorüberlegungen informierte Graf Manderscheid die übrigen Mitstände durch Reichstagsberichte über die mißbräuchliche Abgabe der Grafenstimme durch einige wenige Reichsfürsten und forderte zur regen Teilnahme am verfassungsgebenden Grafentag auf.[9] Im November 1698 trafen sich – nachdem sich im Laufe eines Jahres schon zweimal kleinere Gesandtengruppen getroffen hatten – die Vertreter von 14 Grafschaften, um durch die Verabschiedung der Kollegialgrundsätze und die Anerkennung der Direktorialwahl die Reichstagsstimme wieder ihrem eigentlichen Zweck zuzuführen.[10] Die Entscheidung für zwei Direktoren war schon im Vorfeld vollzogen worden und erfuhr nun eine Bestätigung. Die Grafen zur Lippe und von Manderscheid hatten als Stimmführer der beiden regionalen Grafengruppen beide auf den Vorsitz spekuliert. So war es folgerichtig, einer Kampfabstimmung mit ungewissem Ausgang zu entgehen und von beiden Seiten ein Doppeldirektorium – mit wechselseitiger Wahlunterstützung – anzustreben.[11] Dabei hatte der lippische Gesandte die Passage in seiner Instruktion, bei Wahl seines Herrn ins Leitungsamt für lebenslange Amtsdauer zu stimmen, bei der Wahl eines anderen Grafen indes nur für dreijährigen Turnus. Das Wahlbündnis Lippe-Manderscheid setzte sich durch, ebenso die Wahl auf Le-

---

[7] Rücktritt 1694: Peter NEU, Manderscheid, S. 57; zur Grafendefension: ders., Die »Eyfflische Union«. Ein Defensivbündnis Eifler Grafen im 17. Jahrhundert, in: Landeskundliche Vierteljahrsblätter 32 (1986), S. 3–16; LHA KO, Best. 29 A, Nr. 47–50; Brief des Grafen Friedrich Adolf zur Lippe an den Grafen Salentin Ernst von Manderscheid, 26. März 1698: LHA KO, Best. 29 A, Nr. 50.

[8] Gutachten Ludovicis, hier als Anlage des Zirkularschreibens des Grafen von Manderscheid, 22. Nov. 1697: StA DT, L 41 a, 317, S. 9–10. Die Verfassungen der übrigen Kollegien im Überblick: Johann Christian LÜNIG, Theatrum Ceremoniale historico-politicum oder Historisch- und Politischer Schauplatz aller Ceremonien, Bde. 1–2 Leipzig 1719/1720; hier: Bd. 1, S. 1099; ders., Thesaurus juris, S. 888; Johann Stephan PÜTTER, Institutiones iuris publici, 3 Teile, Bayreuth 1791–1793; hier: Bd. 1, S. 128 f.; KESTING, Diss. 1916, S. 27.

[9] Graf von Manderscheid an ausgewählte Grafen des Kollegiums, 22. Nov. 1697: StA DT, L 41 a, 317, S. 7–9; Graf von Manderscheid an Graf Friedrich von Wied-Runkel, 27. Nov. 1697: StA DT, L 41 a, 1, S. 2v–3v; zur lippischen Korrespondenz vor dem Grafentag 1698: StA DT, L 41 a, 1762, S. 90 ff.

[10] Unterlagen zum Grafentag 1698 in Köln: StA DT, L 41 a, 317, S. 18 ff.

[11] Die Wahl der Direktoren wurde schon im März 1698 durchgeführt: Hermann KESTING, Die Wahl des Grafen Friedrich Adolf zur Lippe zum Direktor des Westfälischen Grafenkollegiums (1698), in: Lippische Staatszeitung 15 (1943), Nr. 160 (12./13. Juni 1943).

benszeit.[12] Beide Direktoren waren der ursprünglichen Planung nach für ihre Herkunftsregion gewählt worden: Der lippische Graf sollte dem rechtsrheinisch begüterten Teil des Kollegiums vorstehen, Graf Manderscheid den Grafen, deren reichsfreier Besitz im linken Rheinland lag.[13] Es ist im nachhinein bemerkenswert, daß die konfessionelle Seite dieser Entscheidung 1698 nicht diskutiert wurde; daß dieser Punkt übersehen wurde, kann als unwahrscheinlich angenommen werden. Viel naheliegender war, daß die linksrheinischen Grafen überwiegend dem katholischen Bekenntnis anhingen, die rechtsrheinischen mehrheitlich dem protestantischen Glauben zuneigten, sodaß territoriale und konfessionelle Gliederung weitgehend zusammenfielen. Zudem überwog damals die gemeinsame Frontstellung gegen die Reichsfürsten; eventuelle konfessionelle Streitigkeiten verblaßten gegenüber der ständischen Selbstbehauptung.

Der Grafentag folgte den Anregungen der beiden Direktoren, die als Voraussetzung für das hohe Amt die altgräfliche Abstammung, die Eigenschaft eines regierenden Herrn über eine wirkliche Grafschaft sowie den Besitz einer eigenen Kanzlei forderten. Zu den Aufgaben der Direktoren zählte die Abwicklung der Korrespondenz mit den Mitständen, die Vorbereitung der Grafentage sowie die Einladung dazu unter Mitteilung der Tagesordnung und die Durchführung der gräflichen Versammlungen möglichst unter persönlicher Anwesenheit. Grafentage sollten einmal jährlich in Köln zusammentreten; die Leitung wechselte von Sitzungstag zu Sitzungstag unter den beiden Direktoren, wobei unbeschadet des Ranges der dienstältere Direktor die Eröffnungssitzung zu leiten hatte. Zur Durchführung ihrer Aufgaben mußten die Direktoren Mitarbeiter einstellen: einen Reichstagsgesandten, einen Syndikus für die Koordination und einen Kanzlisten zur Durchführung der Schreibarbeiten. Da diese Beamten des Kollegiums besoldet werden mußten, war auch noch das Amt eines Kassierers zu besetzen, der die Beiträge der Mitstände einzufordern, zu verbuchen und ihrem Bestimmungszweck zuzuführen hatte. Meistens wurde das Kassiereramt später vom Syndikus selbst ausgeübt. Alle zusätzlichen Sachaufwendungen sollten den Direktoren erstattet werden; ein persönliches Honorar wurde nicht diskutiert – das Direktorium war ein Ehrenamt. Letztlich wurden die Grafen zur Lippe und von Manderscheid verpflichtet, auch die Kreiskonvente und -deputationen beobachten zu lassen, damit sie die Mitglieder jederzeit über alle wichtigen politischen Geschehnisse im Reich auf dem laufenden halten konnten.[14]

Der Grafentag brachte den beiden Direktoren zunächst nur die Anerkennung durch die Standesgenossen im Kollegium; die fürstlichen Mitstände, die die gräflichen Emanzipationsbemühungen mit Argwohn betrachten, wollten ihren eingespielten Alternationsturnus bei der Stimmabgabe am Reichstag nicht verändern, umso weniger, als sie von den Grafen nicht an den Konstitutionsverhandlungen

[12] Instruktionen des lippischen Gesandten Schelkens, 17. Jan. 1698: StA DT, L 41 a, 1762, S 127 f.

[13] Vgl. KESTING, in: Westf. Zs. 106 (1956), S. 187.

[14] Übernahme der Aufgaben aus dem Zirkularschreiben des Grafen von Manderscheid, 22. Nov. 1697: StA DT, L 41 a, 317, S. 12; Protokoll des Grafentages Nov. 1698 sowie Muster der Instruktion an die Direktoren: StA DT, L 41 a, 1, S. 5 f.; StA DT, L 41 a, 317, S. 59–62.

beteiligt worden waren. Ein Umgehen der fürstlichen Mitgliedschaft war jedoch
rechtlich wie praktisch undurchführbar, wie Erkundigungen bei den anderen Grafenkollegien ergaben.[15] Wirkungsvollstes Druckmittel der Fürsten war ihre ständige Repräsentanz in Regensburg im Reichsfürstenrat, wo sie bei Mißliebigkeiten
das westfälisch-gräfliche Votum blockieren konnten; am Reichstag war es Brauch,
umstrittene Stimmen in den Ruhestand (Quieszenz) zu versetzen, bis der Streit
bereinigt war. Diese Stimmsuspendierung, die schon der gräflich-wetterauischen
Stimme während des Streits 1653 widerfahren war, hätte das Ende der jungen Vertretung der westfälischen Grafen am Reichstag bedeuten können.[16]

Die Jahre nach 1698 standen im Zeichen intensiver diplomatischer Bemühungen, den Direktoren die Kontrolle über das Votum zu verschaffen. Eine Reise des
lippischen Gesandten Johann Moritz von Donop an die Fürstenhöfe nach Aurich,
Oldenburg und Celle ebnete den Weg für die Anerkennung der neuen Kollegialverfassung. In die vollen Rechte trat das Direktorium allerdings erst durch den
Schachzug ein, mit der Stimmabgabe den preußischen Reichstagsgesandten Heinrich Henning zu beauftragen, der mit der Autorität seines kurfürstlichen und königlichen Herrn 1702 den Alternationsturnus beenden konnte.[17] König Friedrich
I. in Preußen stimmte durch Schreiben vom 12. Dezember 1702 der neuen Verfassung mit allen stimmrechtlichen Konsequenzen zu, behielt sich jedoch die ständige Mitwirkung an der Kollegialpolitik vor.[18] Die übrigen fürstlichen Stände, die
in der Frühphase des Spanischen Erbfolgekrieges wichtigere Probleme hatten, als
sich über das gräfliche Stimmrecht zu streiten, erklärten daraufhin ebenfalls ihr
Einverständnis mit dem neuen Modus.

3.2. DIE WAHL DER DIREKTOREN

Im März 1698 wurde neben Graf Salentin Ernst von Manderscheid der junge
Graf Friedrich Adolf zur Lippe (1667–1718) zum Direktor des Kollegiums gewählt; er hatte erst im Jahr zuvor die Landesherrschaft angetreten und war im Alter von 31 Jahren mehr als eine Generation jünger als sein Amtskollege. Er hatte
die übliche hochadlige Erziehung genossen und war unter französischen Erziehern
und den Eindrücken einer ausgiebigen Kavalierstour nach London und Paris ein
Bewunderer des französischen Königtums geworden.[19] Nach 1686 nahm er an
zwei Feldzügen gegen die Türken teil, um im Pfälzischen Erbfolgekrieg im Heer

---

[15] KESTING, in: Westf. Zs. 106 (1956), S. 188.

[16] In Regensburg waren die Herzogtümer Jülich, Kleve und Berg seit dem Erbfolgestreit 1609
bis zum Ende des alten Reiches in Quieszenz; Brandenburg und Pfalz-Neuburg konnten sich nicht
auf den Verzicht des Gesamtanspruches verständigen: vgl. Reichsmatrikel von 1755 in: Gerhard
OESTREICH, Verfassungsgeschichte vom Ende des Mittelalters bis zum Ende des alten Reiches, 2.
Aufl., München 1976 (Gebhardt, Hdb. z. deutschen Geschichte, Bd. 11), S. 139.

[17] Zu den Details: Lippische Kollegialkorrespondenz 1699–1704: StA DT, L 41 a, 1762 und
1763 passim; KESTING, in: Westf. Zs. 106 (1956), S. 188 f.

[18] Schreiben König Friedrichs I. an Henning, 12. Dez. 1702; StA DT, L 41 a, 103, S. 109.

[19] Marie WEERTH, Das Leben des Grafen Friedrich Adolf zur Lippe bis zu seiner Thronbesteigung 1667–1697, in: Lipp. Mitt. 7 (1909), S. 47–178; BARGE, Die Grafschaft Lippe, S. 2.

der niederländischen Generalstaaten zu dienen, die er von seinen Studien in Leiden und Utrecht kannte. Ihm ging die Integration des Grafenkollegiums nicht weit genug; schon bald nach seinem Regierungsantritt schlug er eine Union aller gräflichen Kollegien im Reich vor, damit ein gemeinsames stehendes Heer eingerichtet und finanziert werden könnte. In Lippe hob er selbst drei Kompanien aus, was ihm das Mißtrauen der kleineren Stände Westfalens eintrug und seine Wahl zum niederrheinisch-westfälischen Kreisoberst verhinderte.[20]

Die beiden ersten Direktorialneuwahlen 1705 und 1719 fanden ohne größere Auseinandersetzungen statt. Nach dem Tod des Grafen Salentin Ernst von Manderscheid folgte im Oktober 1705 sein Sohn Franz Georg.[21] Diese Wahl war ein Vertrauensbeweis der gräflichen Mitglieder aufgrund der Verdienste seines Vaters. 1719 folgte auch Graf Simon Henrich Adolf zur Lippe seinem im Jahr zuvor verstorbenen Vater im Amt. Beide Gründungsdirektoren hatten durch ihren ausgleichenden Einfluß den Zusammenhalt des Kollegiums gefestigt; ihren Söhnen trauten die Mitstände eine erfolgreiche Fortsetzung der Arbeit zu. Kennzeichnend war auch die Art der Präsentation des jungen lippischen Grafen: Franz Georg von Manderscheid hielt während des Grafentages 1719 eine Laudatio auf den verstorbenen Amtskollegen und schlug im Anschluß daran dessen Sohn als Nachfolger vor; die anwesenden Gesandten folgten dem Vorschlag.[22]

Graf Franz Georg von Manderscheid (1669–1731) war nach der Übernahme der Landesregierung in seinen Eifelterritorien 1694 schon elf Jahre Landesherr, bevor er nach dem Tod seines Vaters auch die Außenpolitik übernahm.[23] Er übte nicht nur das kurkölnische Erbhofmeisteramt – das seine Familie schon lange innehatte – aus, sondern bekleidete auch das Amt eines kurpfälzischen »Ersten Geheimen Conferential- und Etats-Minister(s)«; daneben war er kaiserlicher Wirklicher Geheimer Rat.[24] Im Auftrag des Kaisers wie des pfälzischen Kurfürsten unternahm er zahlreiche diplomatische Missionen; Direktor des Westfälischen Reichskreises, wie in der Literatur gelegentlich behauptet, war er jedoch nur in seiner Eigenschaft als kurpfälzischer Kreisdirektorialgesandter.[25]

Über Graf Simon Henrich Adolf zur Lippe (1694–1734) ist recht wenig bekannt. Er hat nach seiner Kavalierstour keine fremden Dienste angenommen, sondern sofort die Regierung in Detmold angetreten. Sein Vater hatte vorsorglich schon 1716 die Venia aetatis für den Sohn beim Kaiser beantragt und sie auch im

---

[20] BARGE, Die Grafschaft Lippe, S. 42; ders., Die absolutistische Politik, S. 79–128; hier: S. 89; vgl. dazu zusammenfassend: BARGE, Geschichte des Absolutismus, S. 103–144.

[21] Grafentag Oktober 1705: StA DT, L 41 a, 317, S. 216–260; die Administrationsregierung in Altenkirchen hatte dies gegenüber ihrem Gesandten Avemann schon am 16. Okt. 1705 als wahrscheinliches Ergebnis des Grafentages bezeichnet: LHA KO, Best. 30, Nr. 3948/2, S. 15 f.

[22] Grafentag, November/Dezember 1719: StA DT, L 41 a, 317, S. 784–791.

[23] SESt V, Tafel 113; Rheinischer Antiquarius, 3. Reihe, Bd. 10, S. 541; DOHMS, Gerolstein in der Eifel, S. 18.

[24] Vgl. seine Titulatur im Erbeinigungsvertrag des Manderscheider Gesamthauses vom 24. Juli 1728: HStA Düsseldorf, Mikrofilmbestand Manderscheid, Film A 5; vgl. Korrespondenz des Grafen aus Heidelberg und Düsseldorf: LHA KO, Best. 29 A, Nr. 52.

[25] DOHMS, Gerolstein in der Eifel, S. 18.

November desselben Jahres erhalten.[26] Die Regierungszeit des Grafen Simon Henrich Adolf stellte zwar den Höhepunkt lippischer absolutistischer Prachtentfaltung, aber auch den Tiefpunkt der Landesfinanzen dar. Wie oben schon erwähnt[27], scheiterte der Versuch des Grafen, 1720 die Erhebung in den Reichsfürstenstand zu erlangen, um damit mit seiner Frau, der gebürtigen Prinzessin Johannette Wilhelmine von Nassau-Idstein, dem Rang nach gleichzuziehen.[28]

1731 trat im Niederrheinisch-Westfälischen Reichsgrafenkollegium wieder eine Vakanz ein, als Graf Franz Georg von Manderscheid starb (25. Mai). Die Gewohnheit, das Direktorium in den Häusern Lippe und Manderscheid zu belassen, brach nun ab, da der Manderscheider Erbfolger, Graf Johann Wilhelm (1708–1772), mit 23 Jahren als zu unerfahren in Reichsangelegenheiten galt. Von einer Manderscheider Kandidatur war auch keine Rede; es bewarben sich stattdessen Graf Ferdinand von Plettenberg und Graf Ludwig Peter von der Mark (1674–1750). Der Graf von Plettenberg hatte sich schon vor dem Tod Franz Georgs in einem Schreiben an die Grafen von Löwenstein-Wertheim gewandt mit der Bitte, seine Kandidatur bei der demnächst anstehenden Wahl zu unterstützen.[29] Auch mit dem Direktor Graf zur Lippe muß Plettenberg eine Vereinbarung hergestellt haben, denn dieser schlug im Schreiben an den Grafen von Wied-Runkel ein allgemeines Zirkular an alle Mitstände mit der Bitte um Stimmabgabe für Plettenberg vor.[30] Inzwischen hatte sich auch Graf Ludwig Peter von der Mark bei einigen Mitständen beworben.[31] Angesichts der Geschwindigkeit, mit der Plettenberg seinen »Wahlkampf« organisierte, fiel der Graf von der Mark trotz vereinzelter Zusagen bald zurück und mußte noch vor dem Grafentag 1732 seine Kandidatur aufgeben. Wie sehr dieses Verfahren dem Stil der Zeit entsprach, zeigt das Schreiben König Georgs II. an seinen Kreistagsgesandten, Legationsrat Schrader, im Mai 1731, in dem auf den Brauch hingewiesen wurde, daß der Kandidat für ein hohes Amt es nicht bei einer Bewerbung dem Leiter des wählenden Gremiums gegenüber beließ, sondern sich an alle Wähler einzeln wandte, um sie durch Komplimente und die Versicherung, sich bei Gelegenheit erkenntlich zu zeigen, zur Zustimmung zu veranlassen.[32] Schon am 23. August konnte Graf Simon Henrich

---

[26] Verleihung der Venia aetatis am 29. Nov. 1716: HHStA Wien, Reichshofrat: Venia aetatis 8; SESt I, Tafel 146.

[27] Vgl. Kap. 2.1.2. (S. 48 f.).

[28] Vgl. SESt V, Tafel 32; s. auch KITTEL, Heimatchronik des Kreises Lippe, S. 137.

[29] Graf von Plettenberg an die Grafen von Löwenstein-Wertheim, 4. Mai 1731: StA Wertheim, Freudenbergisches Archiv, 103, K 34.

[30] Schreiben Simon Henrich Adolfs zur Lippe an den Grafen von Wied-Runkel, 4. April und 20. Juni 1731: StA DT, L 41 a, 1, S. 16–20; Graf zu Lippe schlug auch dem Grafen von Neuwied die Wahl Plettenbergs vor, »mithin dero hohen eigenschafften nach sich im Stande befinden Unserm Gräffl.Collegio viel nutzen zu schaffen ...«; ders. an Graf Friedrich von Neuwied, 20. Juni 1731: StA DT, L 41 a, 1, S. 16. Man spekuliert in Detmold auf die Beziehungen Plettenbergs zum Bonner Hof.

[31] Schreiben des Grafen Ludwig Peter von der Mark an Graf Albrecht Wolfgang von Schaumburg-Lippe, 30. April 1731: StA Bückeburg, Familiaria 2, Nr. 755. Der Graf von der Mark stand in französischen Kriegsdiensten; vgl. zu seiner Person Kap. 8.3. (S. 320).

[32] Brief Georgs II. von England an Legationsrat Schrader, 15. Mai 1731: Archiv Plettenberg-Nordkirchen, NB 43, S. 53; der König stimmte dem Gesuch Plettenbergs zu.

Adolf dem Kandidaten Plettenberg mitteilen, daß nach schriftlicher Antwort der stimmberechtigten Stände die Mehrheit für die Wahl gesichert sei.[33] Auf dem Grafentag 1732 in Köln erfolgte die förmliche Wahl des Grafen zum neuen Direktor des Kollegiums.[34]

Ferdinand von Plettenberg (1690–1737) entstammte dem münsterländischen Stiftsadel. Seinen gräflichen Rang verdankte er der Fürsprache des wittelsbachischen Kurfürsten von Köln, Clemens August, dessen Wahlen in fünf Bistümern er maßgeblich unterstützt hatte.[35] Im kurkölnischen Dienst reüssierte Plettenberg zum Obristkämmerer und Ersten Minister, bevor er 1733 einer Intrige zum Opfer fiel.[36] In der Reichspolitik hatte er sich für die Anerkennung der Pragmatischen Sanktion eingesetzt, die 1732 am Reichstag in Regensburg (gegen die französisch-bayerische Partei) angenommen wurde.[37]

Nach dem Tod des Grafen Simon Henrich Adolf zur Lippe 1734 ergaben sich erstmals Probleme bei der Neuwahl des rechtsrheinischen-evangelischen Direktors. Die Bemühungen der lippischen Vormundschaftsregierung unter Gräfin Johannette Wilhelmine zur Lippe, das Direktorium für den minderjährigen Grafen Simon August zu übernehmen, wurden nur interimistisch bis zur Entscheidung des nächsten Grafentags anerkannt.[38] Im Januar 1736 meldete sich Graf Friedrich Alexander von Neuwied als Gegenkandidat für das Amt des Direktors, im August desselben Jahres auch Graf Albrecht Wolfgang von Schaumburg-Lippe (1699–1748).[39] Ohne eine vorherige Verständigung versammelten sich die gräflichen Ge-

[33] Graf Simon Henrich Adolf zur Lippe an Graf Ferdinand von Plettenberg, 23. Aug. 1731: Archiv Plettenberg-Nordkirchen, NB 43, S. 3 f.; Plettenberg wurde aufgefordert, sich von seinem Herrn, dem Kölner Kurfürsten Clemens August, noch die Stimme für Bentheim geben zu lassen, die wegen der Vormundschaft für Graf Hermann Friedrich von Köln geführt wurde.

[34] Grafentag, Köln, Sept. 1732: StA DT, L 41 a, 319, S. 593 f.; es hatte sich eingebürgert, daß der ältere Direktor diesen Titel führte, der jüngere sich dagegen Kondirektor nannte. Damit war keine Rangabstufung verbunden – der jüngere war nicht der Stellvertreter des älteren –, so daß beide Begriffe oft synonym gebraucht wurden.

[35] Friedrich KEINEMANN, Das Domkapitel zu Münster im 18. Jahrhundert, Münster 1967, S. 143; S. 150 ff.; vgl. auch den Bericht des hannoverschen Diplomaten Marquis de Nomis über Plettenberg, 31. Dez. 1718: StA OS, Rep. 100, Abschnitt I, Nr. 228. Max BRAUBACH, Kurköln. Gestalten und Ereignisse aus zwei Jahrhunderten rheinischer Geschichte, Münster 1949, S. 202 ff.

[36] Plettenberg war 1720 mit dem münsterschen Erbhofmarschallamt ausgezeichnet worden: Belehnung am 9. April 1720: Archiv Plettenberg-Nordkirchen, Urk. Nr. 2973. Ein Jahr später erfolgte die Ernennung zum Großkomtur des St. Michaelsordens (25. Mai 1721): Archiv Plettenberg-Nordkirchen, Urk. Nr. 2977. Zur Intrige von 1733: Max BRAUBACH, Ferdinand von Plettenberg (1690–1737), in: Westfälische Lebensbilder Bd. 9, S. 34–52, hier: S. 44; ders., Kurköln, S. 208 ff.

[37] Reichspolitik: BRAUBACH, Kurköln, S. 206. Plettenberg versuchte in der Folgezeit, ein kaiserliches Amt zu erlangen. Nachdem eine frühere Bewerbung um das Amt des Reichsvizekanzlers (Plettenberg an den Kurfürsten von Mainz, 28. Juli 1729: Archiv Plettenberg-Nordkirchen, VB 374, S. 19–22) gescheitert war, wurde der Graf 1737 zum kaiserlichen Botschafter bei der Kurie in Rom ernannt. Ehe er sein Amt antreten konnte, starb er plötzlich; Gerüchte wiesen auf eine mögliche Vergiftung hin; BRAUBACH, Kurköln, S. 214; ders., Plettenberg, S. 49.

[38] Korrespondenz der Gräfin Johannette Wilhelmine zur Lippe mit dem Grafen von Wied-Runkel, 30. Juli 1735: StA DT, L 41 a, 1, S. 22 f.; 15. Aug. 1735; StA DT, L 41 a, 1, S. 24.

[39] Kandidatur Neuwied: Schreiben des Grafen an Plettenberg, 26. Jan. 1736: StA DT, L 41 a, 1, S. 29; Antwort Plettenbergs, 13. Febr. 1736: StA DT, L 41 a, 1, S. 30; Kandidatur Schaumburg-Lippes: Zirkularschreiben des Grafen an Plettenberg, von d. Mark, Manderscheid, Sayn-Hachen-

sandten im August 1736 in Köln zur Direktorialwahl: Lippe erhielt 13 Stimmen, 10 Stimmen fielen auf Burggraf Georg Friedrich von Kirchberg (1683–1749), der vorher gar nicht kandidiert hatte, und zwei weitere Stimmen lauteten »auf einen regierenden Herrn«, also gegen den lippischen Grafen. Da später die Stimme für die Grafschaft Bretzenheim, ebenfalls gegen Lippe, schriftlich nachgereicht wurde, entstand der Auslegungskonflikt, ob die relative Mehrheit für Lippe reiche, wie Plettenberg, der lippische Gesandte, Preußen[40] sowie deren Anhänger glaubten, oder ob eine Neuwahl erforderlich sei, wie die Gegenpartei um Neuwied und Hachenburg annahm.[41] Die lippische Partei stellte am 21. August 1736 in einem Rundschreiben ihren Wahlsieg fest; am Tag darauf protestierten die Opponenten, auch die Potentiores Kurhannover und Hessen-Kassel. Die Streitigkeiten zogen sich über Monate hin, und es war schwer vorstellbar, wie unter diesen Umständen der nächste Grafentag stattfinden sollte.[42]

Der Wahlstreit hatte fatale Konsequenzen: Die Unfähigkeit, sich schon im Vorfeld auf dem Korrespondenzweg auf einen neuen Direktor zu einigen, wurde von Preußen genutzt, um innerkollegiale wie allgemein-reichspolitische Ziele zu fördern. Sowohl die mehrfache Session wie auch die Kontrolle der Regensburger Stimmabgabe strebte man in Berlin nun verstärkt an. Der kaiserliche Hof in Wien sah sich seinerseits veranlaßt, dem drohenden preußischen Einflußzuwachs entgegenzutreten: Kaiser Karl VI. hatte am 8. August 1736 dem Kollegium einen Brief geschickt, in dem er die Mitstände aufforderte, den Grafen von Neuwied, der sich schon um das kaiserliche Haus verdient gemacht hatte und von dem man am ehesten annahm, er werde sich Preußen gegenüber behaupten können, zu wählen. Der Brief traf jedoch erst unmittelbar vor dem Wahlakt in Köln ein und konnte die Doppelwahl nicht verhindern.[43] Die Gefahr, vor der die Grafen von Manderscheid und Lippe stets gewarnt hatten, die exzessive Ausfechtung innerer Streitigkeiten und die darauf folgende Abhängigkeit von den Fürsten, war nun real ge-

burg, Neuwied, Wied-Runkel, Bentheim-Steinfurt, Kaunitz-Rietberg, 5. Aug. 1736: StA Bückeburg, Familiaria 2, Nr. 755.

[40] Preußen und Lippe hatten vorher vereinbart, daß im Falle eines von Preußen unterstützten lippischen Sieges die volle Session aller preußischen Grafschaften angestrebt werden sollte; ferner sollte vor jeder Stimmabgabe in Regensburg ein Benehmen mit der Berliner Regierung hergestellt werden: KESTING, in: Westf. Zs. 106 (1956), S. 209.

[41] Grafentagsprotokoll August 1736: StA DT, L 41 a, 320, S. 11 ff.; Bericht des Gesandten Broescke an Gräfin Johannette Wilhelmine, 16./17. und 20./21. Aug. 1736: StA DT, L 41 a, 1, S. 32–49.

[42] Siegesmitteilung des Gesandten von Cronenberg, 21. Aug. 1736: StA DT, L 41 a, 1, S. 36; Proteste der Gesandten Hannovers und Hessen-Kassels, 22. Aug. 1736: StA DT, L 41 a, 320, S. 21 ff.; Protest Sayn-Hachenburgs gegen die Verfälschung des Protokolls, 22. Aug. 1736: StA DT, L 41 a, 320, S. 79–81; Rechtfertigung Plettenbergs: StA DT, L 41 a, 320, S. 108–123; Druckschrift »Wahrer und Acten-mäßiger Bericht ...«: FWA NR, Schrank 103, Gefach 60, Nr. 9; Protestschreiben Georgs II. von England an Plettenberg, 22. Okt. 1736: StA DT, L 41 a, 1, S. 59; Solidarität des Königs an Sayn-Hachenburg, 8. Nov. 1736: StA DT, L 41 a, 1, S. 58; Landgraf von Hessen-Kassel an den Grafen von Neuwied (mit Wahlzusage), 29. Dez. 1736: FWA NR, Schrank 103, Gefach 61, Nr. 20.

[43] Kaiser Karl VI. an das Grafenkollegium, 8. Aug. 1736: StA DT, L 41 a, 1, S. 31; Graf von Plettenberg an den Kaiser, 31. Okt. 1736: HHStA Wien, Reichskanzlei: Kleinere Reichsstände 330.

worden: Durch die Uneinigkeit der Grafen war dem Einfluß der beiden konfessionellen und machtpolitischen Vormächte des Reiches der Weg ins Kollegium geebnet worden; die Polarisierung der Mitstände und ihre Integration in die jeweiligen
politischen Blöcke sollte nur noch eine Frage der Zeit sein.

Mitten in diesem aufgeschobenen Konflikt starb im März 1737 der Graf von
Plettenberg. Das Grafenkollegium wurde nun von einem umstritten gewählten
Direktor, dem knapp zehnjährigen Grafen Simon August zur Lippe (1727–1782)
»geleitet«, war also de facto führungslos.[44] Für die katholische Direktorenstelle
bewarb sich Graf Johann Wilhelm von Manderscheid, der 1731 zu jung gewesen
war, um dem Vater direkt zu folgen, der sich jedoch nun im Alter von 29 Jahren
nach sechsjähriger Regierungserfahrung in seinen Landen die Amtsführung zu-
traute.[45] Im Vorfeld des Grafentages von 1738 gelang schließlich doch, von
Preußen und dem Kaiser unterstützt, ein Kompromiß. Graf Friedrich Alexander
von Neuwied wurde neuer evangelischer Direktor, der lippische Junggraf trat zurück, erhielt aber für sich und sein Haus eine Exspektanz auf das nächste Freiwer-
den dieser Direktorenstelle, also für die Zeit nach dem Grafen von Neuwied.[46]
Diese Einigung auf dem Korrespondenzweg wurde auf dem Grafentag 1738 mehrheitlich verabschiedet.[47]

Auch das andere Direktorium konnte wiederbesetzt werden. Auf Vorschlag des
neuwiedischen Vertreters wurde der Graf Ambrosius Franz von Virmont für dieses Amt ins Gespräch gebracht, dessen Haus erst vier Jahre zuvor eine reichsunmittelbare Besitzung (Bretzenheim) erworben hatte. Die Anerkennung der virmontischen Session mußte gegen den Widerspruch des plettenbergischen Vertreters durchgesetzt werden; der neuwiedische Direktorialgesandte ließ die gräflichen
Vertreter abstimmen und überwand so den Einspruch.

Der ebenfalls kandidierende Graf von Manderscheid wurde übergangen und der
Graf von Virmont gewählt.[48] Durch ihr gemeinschaftliches Rundschreiben nah-

---

[44] Graf Simon August zur Lippe sollte später als der Herrscher der Aufklärung in Lippe Anerkennung finden; ihm gelang es, nach Erteilung der Venia aetatis 1747 die Landesschulden zu ver-
mindern und die gräfliche Herrschaft zu festigen, ohne die Stände zu unterdrücken, indem er sich
auf seine schiedsrichterliche Rolle beschränkte. Die eigene Einsicht in seine durchschnittliche
Herrscherbegabung veranlaßte ihn, seine Staatsdiener mit großer Sorgfalt auszuwählen: Die Er-
nennungen von Hillensberg und Hoffmann erwiesen sich als Glücksgriffe. Bei seinem Tod 1782
übernahm die Vormundschaftsregierung für den Grafen Leopold ein gefestigtes Staatswesen:
Berbeli SCHIEFER, Simon August Graf zur Lippe, in: Westfälische Lebensbilder, Bd. 8, S. 67–83.

[45] Schreiben Manderscheids an den Grafen von Wied-Runkel, 2. Juli 1737: StA DT, L 41 a, 1, S.
63 f.; an die Grafen von Löwenstein-Wertheim, 2. Juli 1737: StA Wertheim, Freudenbergisches
Archiv 103, K 34; Manderschied hob, adligem Denken gemäß, die Verdienste seiner unmittelbaren Vorfahren um dieses Kollegium hervor.

[46] KESTING, in: Westf. Zs. 106 (1956), S. 210 f.

[47] Grafentag, Aug. 1738: StA DT, L 41 a, 321, S. 9 ff.

[48] Direktorialwahl 1738: StA DT, L 41 a, 321, S. 16 ff.; S. 69 ff.; vgl. L 41 a, 1, S. 68 f. Vorschlag
Virmonts durch Neuwied: Protokoll 1738: StA DT, L 41 a, 321, S. 17; Protest des plettenbergischen Vertreters gegen die Session: ebd., S. 8. Das virmontische Votum war schon auf dem Grafentag 1736 angefochten worden: Promemoria zum Wahlstreit 1736: StA DT, L 41 a, 1, S. 48–59.
Die Tatsache, daß der Vertreter des Grafen von Nesselrode schon bei der Abstimmung über die
virmontische Session erklärte, daß er instruiert sei, Virmont zum katholischen Kondirektor zu
wählen, deutet auf eine vorherige Absprache auf dem Korrespondenzwege hin: L 41 a, 32, S. 22.

men die Grafen von Neuwied und Virmont die Wahl an; sie bestätigten die Rechtmäßigkeit des Verfahrens und beteuerten, sich für die Verwirklichung der Grafenunion mit den anderen Kollegien einsetzen zu wollen.[49] Damit war die Verfas-
sungskrise, wenigstens vorläufig, gebannt; eine bedrohliche Situation, wie sie sich
etwa aus der Wahl eines fürstlichen Mitstandes ergeben hätte, war verhindert
worden.[50]

Graf Ambrosius Franz von Virmont (1682–1744) war im nördlichen Erzstift
Köln begütert; erst 1734 hatte er die Reichsherrschaft Bretzenheim an der Nahe als
kurkölnisches Lehen erhalten und damit die Qualifikation als Reichsstand geschafft.[51] Der Graf stand seit spätestens 1714 (Ernennung zum Hofrat) im Dienst
des Kurfürsten von Köln, wo er zum Geheimen Rat und Hofratspräsidenten, später zum Staats- und Konferenzminister aufstieg.[52] Nachdem er schon 1716 eine
kaiserliche Gesandtschaft nach Berlin angeführt hatte, wurde er 1731 zum katholischen Reichskammergerichtspräsidenten ernannt und siedelte von Bonn nach
Wetzlar über.[53] Zu seinem Amtsvorgänger im katholischen Direktorium, dem
Grafen von Plettenberg, der auch in Bonn sein Vorgesetzter gewesen war, hatte er
einen engen brieflichen Kontakt; in den Kollegialangelegenheiten orientierte er
sich schnell, was auf eine gute Kenntnis der Grafen- und Reichsverfassung hindeutet. 1739 erteilte Kaiser Karl VI. ihm eine Exspektanz auf die Kammerrichterstelle
in Wetzlar[54]; drei Jahre später konnte er das höchste richterliche Amt im Reich
antreten, starb jedoch schon im November 1744 an Herzversagen nach einem
Maskenball in Wetzlar.[55]

War das Direktorium des Grafen von Virmont nur eine sechsjährige Episode,
so sollte sein evangelischer Kollege ein Menschenalter lang dem Kollegium vorstehen. Graf Friedrich Alexander von Neuwied (1706–1791), aus einem alten reichsadligen Geschlecht, wurde noch vor dem preußischen Aufstieg zur europäischen
Großmacht Direktor des Grafenkollegiums. Als er nach dreiundfünfzig Amtsjah-

---

[49] Gemeinsames Rundschreiben der Grafen Ambrosius Franz von Virmont und Friedrich Alexander von Neuwied, 30. Aug. 1738: StA DT, L 41 a, 326, S. 237–238.

[50] 1739 amtierte der Landgraf von Hessen-Kassel und schwedische König Friedrich als Direktor
des Wetterauischen Grafenkollegiums; vgl. Korrespondenz des Landgrafen mit dem Schwäbischen
Grafenkollegium, 21. Nov. und 26. Dez. 1739: StA DT, L 41 a, 327, S. 137–141, S. 149 f.

[51] Kernbesitz der Grafen von Virmont waren die beiden Herrschaften Neersen und Anrath
(nördlich von Mönchengladbach): Gottfried KRICKER, Geschichte der Gemeinde Anrath, Kerpen
1959, S. 134 ff.; Peter VANDER, Schloß und Herrschaft Neersen, Kempen 1975, passim; vgl. auch:
Paul-Günter SCHULTE, Ambrosius Franz von Virmont (1682–1744), in: Heimatbuch des Kreises
Viersen 35 (1984), S. 27–38; zum Streit um Bretzenheim vgl. Kap. 2.1.5. (S. 94 f.).

[52] KRICKER, Gemeinde Anrath, S. 147.

[53] Ernennung zum Reichskammergerichtspräsidenten, 19. März 1731: Heinz DUCHHARDT,
Reichskammerrichter Franz Adolf Dietrich von Ingelheim (1659/1730–1742), in: Nass. Ann. 81
(1970), S. 173–202; hier: S. 200. Virmont hatte seine Güter größtenteils verpachtet: vgl. Stadtarchiv
Mönchengladbach, Best. 23, Urk. 85, 88, 91.

[54] Weisung des Kaisers an den Kurfürsten von Mainz, 7. Dez. 1739: HHStA Wien, Mainzer
Erzkanzlerarchiv: RKG-Akten 197 b, Nr. 11.

[55] Ernennung zum Kammerrichter, 24. Okt. 1742: KRICKER, Gemeinde Anrath, S. 148; zur
Amtsführung: Rudolf SMEND, Das Reichskammergericht, Bd. 1: Geschichte und Verfassung,
Weimar 1911 (ND Aalen 1965), S. 256; zum Tod des Grafen am 19. Nov. 1744: KRICKER, Ge-
meinde Anrath, S. 151; Peter VANDER, Schloß und Herrschaft Neersen, S. 66.

ren starb, standen die Koalitionskriege und damit der Untergang des Reiches unmittelbar bevor.[56] Friedrich Alexander hatte seine Kavalierstour nach Paris und
Wien mit diplomatischen Tätigkeiten verbunden[57]; seine Hoffnung auf ein presti-
geträchtiges Amt, etwa das eines Reichskammergerichtspräsidenten, wurde jedoch
nicht erfüllt.[58] Nach dem Tod seines Vaters 1737 wandte sich der Graf der inneren
Verwaltung seines Territoriums zu, wo er kleinabsolutistische Prachtentfaltung[59]
mit aufklärerisch-toleranter Wirtschafts- und Religionsgesinnung verband.[60]

In der Außenpolitik war Graf Friedrich Alexander weniger erfolgreich als bei
seiner innenpolitischen Strukturförderung. Im Siebenjährigen Krieg stand er aus
Angst vor einer unnachgiebigen Rekatholisierung im Falle eines österreichischen
Sieges auf preußischer Seite, was sein Land nicht vor Zerstörungen bewahrte.[61] In
seiner Kollegialpolitik war der Graf an einer rationalen Interessenvertretung seines
Standes gegenüber konkurrierenden Gesellschaftsschichten interessiert; das numerische Anwachsen der katholischen Mitglieder im Kollegium sah er mit Sorge, da
er fürchtete, zwischen die konfessionellen und machtpolitischen Fronten im
Reich zu geraten. Der unten noch zu schildernde Streit um die kaiserlichen Krönungsgeschenke belastete den Kontakt zum Wiener Hof aufs schwerste, und erst
der Beginn der Alleinregierung Josephs II. – die Gemeinsamkeit an aufkläreri-

---

[56] Friedrich Alexander von Neuwied gehört zu den deutschen Kleinpotentaten, die einer Biographie unter neueren Fragestellungen würdig wären. Die Arbeit von Karl Bierbrauer kann dies
trotz ihrer überwiegend zutreffenden diplomatiegeschichtlichen Würdigung des Grafen nicht leisten: Karl BIERBRAUER, Johann Friedrich Alexander von Wied, Marburg 1927.

[57] Teilnahme am Kongreß von Soissons 1728: VEHSE, Geschichte der deutschen Höfe, Bd. 41,
S. 236; BIERBRAUER, Friedrich Alexander von Wied, S. 9 ff. Vermittlung des Präliminarfriedens
zum Wieder Vertrag von 1737 zwischen Frankreich und Österreich: Max BRAUBACH, Friedensvermittlung in Europa 1735, in: Historisches Jahrbuch 70 (1951), S. 190–237; ders., Prinz Eugen
von Savoyen, Bde.1–5, München 1963–65; hier: Bd. 5, S. 312. Komplimente des Kaisers: Karl VI.
an Prinz Eugen, 27. und 30. Aug. 1735: HHStA Wien, Staatskanzlei: Große Korrespondenz 90 b.

[58] BRAUBACH, Friedensvermittlung in Europa 1735, S. 232; Friedrich von der WENGEN, Graf
Karl zu Wied, königlich preußischer Generalleutnant, Gotha 1890, S. 16.

[59] Nachdem sein Vater zwischen 1710 und 1713 das Schloß in Neuwied hatte bauen lassen,
schuf Friedrich Alexander die »Armee« des Kleinstaates, bestehend aus zwei 1745 und 1752 aufge-
stellten Bataillonen. Dies führte zu Widerstand in der Bevölkerung bis hin zu Prozessen vor dem
Reichskammergericht: Viktor MÜLLER, Das alte wiedische Militärwesen, in: Heimatkalender des
Landkreises Neuwied 1970, S. 41–44; Werner TROSSBACH, »Im Kleinen ein ganz wohl eingerichteter Staat« – Aufgeklärter Absolutismus in der Grafschaft Wied-Neuwied, in: Journal für Geschichte 1985, Heft 5, S. 26–31; hier: S. 29 f.

[60] Während in den angrenzenden Trierer und Kölner Gebieten das katholische Bekenntnis
noch obligatorisch war, lebten in Neuwied nicht nur die drei Konfessionen des Westfälischen
Friedens mit den Juden friedlich beieinander, sondern auch die Herrnhuter Brüdergemeine, die
Mennoniten und die Inspirierten durften ungestört ihrem Kult nachgehen. Der Religionsfreiheit
entsprach die Pressefreiheit. Die aufgeklärte »Neuwieder Zeitung« erwirtschaftete jährlich 15.000
fl. Gewinn: VEHSE, Geschichte der deutschen Höfe, Bd. 41, S. 234 ff. Die Folge der liberalen Gei-
steshaltung des Grafen war die Ansiedlung verschiedener Gewerbebetriebe von Unternehmern,
die anderswo vertrieben worden waren: Der Kunstschreiner David Roentgen (ein Herrnhuter),
der mennonitische Uhrmacher Peter Kinzing, der Juwelier Stradel, ein Inspirierter aus Württemberg zogen ebenso ins Rheintal wie die Blechfabrik Remy-Borensfeldt; vgl. Hans Wilhelm STUPP,
Die rechtsgeschichtliche Entwicklung der Stadt Neuwied, Diss. Bonn 1959; Wolfram KURT, Die
wirtschaftsgeschichtliche Entwicklung der Stadt Neuwied, Diss. Köln 1927.

[61] BIERBRAUER, Friedrich Alexander von Wied, S. 38 ff.

schen Gedanken spielte hier wohl eine wichtige Rolle – konnte das Verhältnis zum Reichsoberhaupt soweit entspannen, daß 1784 die Erhebung in den Reichsfürstenstand gelang.[62]

Im Niederrheinisch-Westfälischen Grafenkollegium ließ der Tod des Grafen von Virmont im November 1744 die nächste Vakanz eintreten. Nachdem schon die beiden vorangegangenen Grafentage 1740 und 1744 die schweren Zerwürfnisse der Kollegialmitstände offenbart hatten, geriet jetzt auch die Neuwahl des katholischen Nachfolgers in den Sog der Auseinandersetzungen. Die protestantischen Mitglieder waren sich zunächst einig, möglichst bald zur Wahl zu schreiten, bevor die katholischen Grafen auf die Idee kämen – wie man in Hachenburg schon befürchtete – , den Mainzer Erzbischof Johann Friedrich Karl von Ostein, den Vormund von Mylendonk, als Kandidaten aufzubauen.[63] Graf Friedrich Alexander von Neuwied hatte unterdessen Kontakt mit dem jungen Friedrich Karl von Bentheim-Bentheim aufgenommen, der als katholischer Landesherr über reformierte Untertanen eine moderate Haltung in Konfessionsfragen erwarten ließ. Bentheim hielt sich zwar mit seinen zwanzig Jahren für zu jung, doch Neuwied sicherte ihm seine (väterliche) Unterstützung nicht nur zur Wahl, sondern auch zur gemeinsamen Amtsführung zu.[64]

Im Januar 1747 bewarb sich Graf Johann Wilhelm von Manderscheid erneut für das katholische Direktorium; in Neuwied sah man seine Kandidatur mit Sorge.[65] Graf Friedrich Alexander setzte seine Bemühungen fort, für den Grafen von Bentheim auf dem Korrespondenzwege die Mehrheit zur Wahl zu gewinnen, um erst dann den nächsten Grafentag auszuschreiben.[66] Die Antworten kamen so schleppend ein, daß Neuwied offen über seinen Rücktritt nachdachte.[67] Auch Mander-

---

[62] Zu den kaiserlichen Krönungsgeschenken vgl. Kap. 7.1. (S. 215–217). Standeserhebung, Wien, 29. Mai 1784: FRANK, Standeserhebungen und Gnadenakte, Bd. 5, S. 215; BIERBRAUER, Friedrich Alexander von Wied, S. 57.

[63] Befürchtung des Burggrafen von Kirchberg-Hachenburg, 6. Dez. 1744: StA DT, L 41 a, 1, S. 80 f.; Brief Neuwieds an den Markgrafen von Brandenburg-Ansbach, 30. Dez. 1744: StA DT, L 41 a, 1, S. 83; Drängen des Freiherrn von Quadt auf baldige Neuwahl, 30. Dez. 1744: StA DT, L 41 a, 1, S. 84 f.; Graf von Wied-Runkel an den Direktor Graf von Neuwied, 13. Jan. 1745: StA DT, L 41 a, 1, S. 86. Weitere Schreiben gingen von den Grafen von Löwenstein-Wertheim, den Grafen von Schaesberg und den Grafen von der Mark ein: Jan. 1745, ebd., S. 87–90.

[64] Friedrich Karl von Bentheim (1725–1803) hatte sich am 9. Jan. 1745 an den Grafen von Neuwied gewandt: StA DT, L 41 a, 1, S. 90 a; Neuwied antwortete am 12. Jan. 1747 mit der Unterstützungszusage: StA DT, L 41 a, 1, S. 105; vgl. den weiteren Schriftverkehr zwischen beiden im Januar und Februar 1747: StA DT, L 41 a, 1. S. 107–115.

[65] Graf von Manderscheid an Neuwied, 15. Jan. 1747: StA DT, L 41 a, 1, S. 106; Gutachten des Gesandten von Pistorius, 13. Febr. 1747: Pistorius meinte, man solle einen Kandidaten wählen, der 1) aus einem alten reichsgräflichen Hause stamme, der 2) eine vollständig eingerichtete Regierungskanzlei besitze und der 3) frei von auswärtigen Diensten sei: StA DT, L 41 a, 1, S. 120. Johann Wilhelm von Manderscheid war kurpfälzischer Generalleutnant und entsprach schon dadurch nicht den genannten Bedingungen: vgl. DOHMS, Gerolstein in der Eifel, S. 18 f.

[66] Schreiben des Grafen von Neuwied an die Regierungen in Oldenburg und Altenkirchen, 24. Febr. 1747: StA DT, L 41 a, 1, S. 121; Rundschreiben an alle Mitglieder, 5. März 1747: StA DT, L 41 a, 1, S. 124.

[67] Zum Wunsch zurückzutreten: Schreiben Neuwieds an den Grafen von Manderscheid, 20. März 1747: StA DT, L 41 a, 1, S. 131. Zusagen zu Bentheim gingen ein von Anhalt-Bernburg-

scheid sammelte seine Anhänger; Neuwied gegenüber drückte er seine Loyalität aus[68], ohne daß dies die Bedenken im Westerwald ausräumen konnte. Im April 1747 offenbarte der Graf von Neuwied, daß er grundsätzliche Vorbehalte gegen Manderscheids Kandidatur habe; in einem Schreiben an den Kandidaten selbst äußerte er seine Befürchtungen, eine engere Kooperation der katholischen Grafen im Kollegium, die in der letzten Zeit immer deutlichere Züge annehme, müsse die Einheit des Kollegialverbandes sprengen. Die Gefahr würde umso größer, je näher der künftige Direktor bei Köln wohnen würde, da er den gesamten katholischen Apparat für seine Zwecke in Anspruch nehmen könne.[69] Gegenüber seinem Wunschkandidaten Bentheim schrieb Neuwied mit noch drastischeren Worten, er betrachte die Camarilla in Köln als »la peste de notre Collège«; wenn man sich von diesen Leuten entzweien ließe, so sei der Einfluß des Grafenkollegiums dahin und fremde Interessen würden sich der Reichstagsstimme bemächtigen.[70]

Die Bedeutung Kölns für den norddeutschen Katholizismus ist bisher in historischen Untersuchungen nur am Rande erwähnt worden; eine zusammenhängende Analyse über die sozialen und politischen Trägerschichten dieser Verhältnisse steht noch aus. Für das Grafenkollegium, das für gewöhnlich in Köln seine Grafentage abhielt, waren die Auswirkungen des katholischen Charakters der Stadt ganz unmittelbar. Köln hatte nicht nur eine katholische Bürgerschaft, sondern war auch Sitz des kurkölnischen Domkapitels. Die Kanonikate waren, abgesehen von einigen Priesterpräbenden mit minderen Partizipationsrechten, hochadligen Kapitularen vorbehalten: Es sammelte sich dort, wie in Straßburg, der stiftsmäßige Hochadel des Reiches, vor allem aus gräflichen Geschlechtern.[71] Entsprechend war das kirchlich-kulturelle Umfeld in der Stadt: Im späten 18. Jahrhundert soll Köln annähernd 150 Kirchen und Kapellen gehabt haben; die Zahl der Klöster und Stifte betrug mehr als 50.[72] Über tausend Kleriker hielten sich ständig in der Domstadt auf, und die Zahl der Häuser in geistlichem Besitz ging in die hunderte. Zahlreiche rheinische Klöster besaßen in Köln Stadthöfe, und manche Äbte resi-

---

Schaumburg, Bentheim-Steinfurt, Lippe, Schaumburg-Lippe, Brandenburg-Ansbach, Preußen und dem Mainzer Erzbischof Johann Friedrich Karl von Ostein: StA DT, L 41 a, 1, S. 125–135.

[68] Graf von Manderscheid an Neuwied, 7. April 1747: StA DT, L 41 a, 1, S. 136

[69] Graf von Neuwied an Manderscheid, 9. April 1747: StA DT, L 41 a, 1, S. 137.

[70] Graf von Neuwied an Graf von Bentheim, 31. Mai 1747: StA DT, L 41 a, 1, S. 155 f.; vgl. KESTING, in: Westf. Zs. 106 (1956), S. 211; schon im Februar hatte sich der Gesandte von Pistorius für die Wahl Bentheims eingesetzt mit der Begründung, damit die »Sachen aus denen Händen derer Cöllnischen Advocaten gehalten blieben« (14. Febr. 1747): StA DT, L 41 a, 1, S. 118 f.

[71] Zur Bürgerschaft: Ingrid NICOLINI, Die politische Führungsschicht in der Stadt Köln gegen Ende der reichsstädtischen Zeit, Köln, Wien 1979; Clemens von LOOZ-CORSWAREM, Die politische Elite Kölns im Übergang vom 18. zum 19. Jahrhundert, in: Heinz SCHILLING/ Herman DIEDERIKS (Hrsg.), Bürgerliche Eliten in den Niederlanden und in Nordwestdeutschland, Köln 1985, S. 421–444. Dort auch über wirtschaftliche Indolenz und religiöse Intoleranz: S. 421. Zum Klerus: Max BRAUBACH, Kölner Domherren im 18. Jahrhundert, in: Zur Geschichte und Kunst im Erzbistum Köln. Festschrift für Wilhelm Neuss, Düsseldorf 1960, S. 233–258; HERSCHE, Domkapitel, Bd. 1, S. 104.

[72] Johann Hermann DIELHELM, Rheinischer Antiquarius oder Ausführliche Beschreibung des Rheinstroms, 2. Aufl., Leipzig, Frankfurt 1739, 1776, S. 775–805; zit. nach: Joseph BAYER (Hrsg.), Köln um die Wende des 18. und 19. Jahrhunderts (1770–1830). Geschildert von Zeitgenossen, Köln 1912, S. 15 f.

dierten hier ständig, anstatt sich in ihren Klöstern aufzuhalten.[73] Auch der rheinische Stiftsadel hatte sich seit dem Mittelalter mit Baulichkeiten in Köln versehen: Die Grafen von Manderscheid besaßen den großen Manderscheider Hof (Am Neumarkt), wo sie stets im Winter residierten[74]; der Hof der Grafen von Salm-Reifferscheidt lag »Aufm Eigelstein«, ein weiteres Haus befand sich in der Trunkgasse.[75] In der Sternengasse lag der Gronsfelder Hof[76], und auch die Familie Nesselrode besaß ein Palais in Köln.[77] Diese Edelbürger der Stadt hatten zusätzliche Kanonikate in den hochadligen Stiften St. Gereon und St. Ursula in ihrer Hand; zusammen mit der Jesuitenuniversität und der päpstlichen Nuntiatur bildeten sie eine zweite Elite in der Stadt neben dem bürgerlichen Rat, unter dessen Regiment sie sich nicht zu beugen brauchten. Köln war für sie nicht nur die Bastion ihres Glaubens in der Nachbarschaft protestantischer Territorien, sondern auch die Fliehburg ihrer materiellen Habe in Krisenzeiten: Oft genug sollten auch im Zeitalter der Erbfolgekriege die katholischen Familien des Rheinlandes ihren beweglichen Besitz, vor allem ihre Archive, in der Stadt vor herannahenden Feinden in Sicherheit bringen müssen.[78]

Aus der Sicht Friedrich Alexanders von Neuwied kam hinzu, daß das katholische Direktorium, zweimal hintereinander mit Dienstleuten des Kölner Erzbischofs besetzt, beinahe die traditionelle Stimmenmehrheit der protestantischen Stände im Kollegium durch Neuaufnahmen katholischer Grafen gebrochen hatte.[79]

Eine Fortsetzung dieses Trends würde mittelfristig zur katholischen Majorität und damit zur Beendigung der Fiktion, daß die Reichstagsstimme einen evangelischen Charakter habe, führen; Neuwied hoffte das durch die Wahl eines nicht im Eifelraum wohnenden katholischen Grafen zu erreichen. Als er wirklich die schriftliche Zustimmung der Mehrheit aller Mitglieder für seinen Kandidaten Bentheim bekommen hatte, schrieb er den Grafentag für Juni 1747 aus.[80] Den

[73] Für die Häuser des Zisterzienserordens ist dieses Phänomen bereits untersucht worden: Gerd STEINWASCHER, Die Zisterzienserstadthöfe in Köln, Bergisch Gladbach 1981, S. 159–162.

[74] BAYER, Köln um die Wende des 18. und 19. Jahrhunderts, S. 196; Heinrich NEU, Der letzte Graf von Sternberg-Manderscheid-Blankenheim, in: Heimatkalender Schleiden 1958, S. 29.

[75] BAYER, Köln um die Wende des 18. und 19. Jahrhunderts, S. 205; Heinke WUNDERLICH, Studienjahre der Grafen Salm-Reifferscheidt, 1984, S. 24.

[76] BAYER, Köln um die Wende des 18. und 19. Jahrhunderts, S. 200; Rheinischer Antiquarius, 2. Reihe, Bd. 4, S. 409.

[77] Wilhelm GÜTHLING, Zur Geschichte der Familie Nesselrode und ihrer Archive, in: Zeitschrift des Bergischen Geschichtsvereins 63, S. 57–77; hier: S. 58.

[78] Als Beispiel sei hier die Anweisung des Mainzer Erzbischofs Johann Friedrich Karl von Ostein an seinen Amtmann von Märken erwähnt, das Archiv Mylendonk zur Sicherheit vor den Franzosen nach Köln bringen zu lassen (21. Okt. 1758): Stadtarchiv Mönchengladbach, Best. 23, Nr. 1, S. 1; vgl. BREMER, Mylendonk, S. 114 f. Zusammenfassend zur Ansammlung gegenreformatorischer Kräfte in Köln seit der Errichtung der bayerischen Sekundogenitur: Katalog »Kurköln« – Land unter dem Krummstab, Kevelaer 1985, S. 202 ff.

[79] Die Grafen von Plettenberg und Virmont hatten ihre Tätigkeit in diesem Sinne verstanden; vgl. auch die vertrauliche Korrespondenz zwischen beiden: Archiv Plettenberg-Nordkirchen, U 703 passim, 5467 passim.

[80] Zustimmende Schreiben an Graf Friedrich Alexander von Neuwied, April/Mai 1747: StA DT, L 41 a, 1, S. 138–150; die vom Grafen Otto Ernst von Limburg-Styrum (1688–1754) lancierte

Grafen Friedrich Karl von Bentheim informierte er über die eingegangenen Schreiben und bat ihn, zum Grafentag einen bevollmächtigten Rat zu schicken, der auch gleich als Leiter der späteren Direktorialkanzlei vorgestellt werden konnte.[81] Der Grafentag in Köln brachte schon am Eröffnungstag den Rangstreit des preußischen Gesandten von Diest mit fast dem gesamten Kollegium; die Tagung wurde durch den Direktor unterbrochen, um nie wiederaufgenommen zu werden.[82] Die folgenden Maßnahmen des Grafen von Neuwied, noch eine satzungsgemäße Wahl durchzuführen, trugen deutlich die Züge eines Rückzugsgefechts. Neuwied deutete dem Kandidaten Bentheim an, das katholische Direktorium vorläufig unbesetzt zu lassen[83], zumal jetzt massive kaiserliche Unterstützung für den Grafen von Manderscheid spürbar wurde.[84] Eine persönliche, aber eher halbherzige briefliche Vorstellung Neuwieds bei Manderscheid wurde von diesem nur mit Floskeln zurückgewiesen: An eine Spaltung des Kollegiums sei nicht gedacht, von einer Factio der katholischen Grafen könne keine Rede sein.[85] Schließlich verliefen die Bemühungen im Sande; im August 1751 begab sich Graf Friedrich Karl von Bentheim in französische Dienste und stand für die fruchtlose Kandidatur nicht mehr zur Verfügung.[86]

Die Phase der Direktorialwahlen durch das Gesamtkollegium war hiermit abgeschlossen; der Graf von Neuwied sollte fortan, gestützt auf einen kleinen Kreis konfessionsverwandter Grafen, die Reichstagsstimme führen, ohne daß sich zunächst von katholischer Seite dagegen Widerstand rührte. Zur Erhaltung dieses Zustandes wollte der Graf einen neuen Grafentag verhindern, um nicht die numerische Unterlegenheit der Protestanten offenbar werden zu lassen. Der Wahl eines katholischen Direktors war er entschlossen, entgegenzutreten, und für jedes Zugeständnis an die Katholiken wollte er die volle Anerkennung des saynischen und wiedischen Stimmrechts einhandeln. Diese Vorstellungen des Grafen Friedrich Alexander von Neuwied bestimmten sowohl den Briefverkehr der protestantischen Grafen als auch die Diskussionen des Engeren Korrespondenztages vom 24. August bis 21. September 1772 in Neuwied.[87] Zur Illustration seien die Konfe-

Kandidatur drang nicht durch; Schreiben des Grafen an Neuwied, 26. April 1747: StA DT, L 41 a, 1, S. 143.

[81] Schreiben des Grafen von Neuwied an den Grafen von Bentheim, 19. Mai und 2. Juni 1747: StA DT, L 41 a, 1, S. 151 f.; S. 157.

[82] Zum Vorgang vgl.: Kap.1.4. (S. 33); die Gesandten von Neuwied und Hachenburg hatten Anweisung, den Grafentag zu verzögern, falls nicht alles nach Wunsch liefe; sollte ein Mißerfolg unmittelbar bevorstehen, sollten die Gesandten den Grafentag sprengen: Instruktion vom 11. Juni 1747: StA DT, L 41 a, 251, S. 148; vgl. KESTING, in: Westf. Zs. 106 (1956), S. 216.

[83] Bentheim verwahrte sich gegen diese verfassungswidrige Idee: Brief an Neuwied, 2. Aug. 1747: StA DT, L 41 a, 340, S. 70.

[84] Briefwechsel Bentheim und Neuwied, 24. Juli und 5. Aug. 1747: StA DT, L 41 a, 1, S. 172, 174 f.

[85] Briefwechsel zwischen Neuwied und Manderscheid: 22. Dez. 1747; 12. Jan. 1748: StA DT, L 41 a, 1, S. 193, 194 f.

[86] Schreiben Bentheims an Neuwied, 15. Aug. 1751: StA DT, L 41 a, 1, S. 200; vgl. zur Geschichte der Direktorwahlen den »Actenmäßigen Bericht« (ca.1752): StA DT, L 41 a, 1, S. 207 f.

[87] Anwesend waren die Grafen (bzw. deren Vertreter) von Neuwied, Wied-Runkel, Brandenburg-Ansbach, Sayn-Hachenburg, Holzappel und Lippe. Der Graf von Neuwied war zudem zur

renzbeschlüsse aufgeführt, die die Grafenstimme zu einem protestantischen »Erbhof« machten und dadurch die Teilung des Kollegiums von 1784 vorwegnahmen[88]:

1. Wer seine Beiträge nicht gezahlt hat, wird nach wiederholter Mahnung vom Stimmrecht suspendiert.

2. Eine Einladung der katholischen Mitstände zur Engeren Korrespondenz unterbleibt; sollte aber ein katholischer Mitstand von sich aus Interesse zeigen, so kann er gegen Beitragsbeteiligung wieder zugelassen werden.

3. Die Kooperation mit den evangelischen Kollegien in Franken und der Wetterau soll verstärkt werden; durch Vollzug der Grafenunion soll die Reichstagsstimme mehr Gewicht bekommen.

4. Zwar wird ein neuer Grafentag grundsätzlich befürwortet, doch wegen der Gefahr erneuter Stimmrechtsauseinandersetzungen nicht gefördert. Die Gesandtschaftsalternation nach Konfessionen am Reichstag wird aufgehoben.

5. Die fürstlichen Mitstände Brandenburg-Ansbach und Anhalt-Bernburg-Schaumburg werden als pünktliche Beitragszahler akzeptiert. Preußen, Hannover-England, Dänemark und Hessen-Kassel sollen schärfer als bisher zur Beitragsleistung aufgefordert werden. Ihre weitere Teilnahme am Kollegialverband ist jedoch aus Gründen des konfessionellen Gleichgewichts in Zukunft nötig.

6. Die Neuwahl eines katholischen Direktors soll erst erfolgen, wenn die katholischen Mitstände ihre rückständigen Beiträge entrichtet haben.

7. Zum Schutz gegen eine katholische Majorisierung durch Neugrafen ohne standesgemäße Matrikelausstattung soll entweder die Stimmenzahl der Engeren Korrespondenz-Mitglieder erhöht werden oder den weniger begüterten Grafen das Votum decisivum aberkannt werden (dazu weitere Vorschläge).

8. Den Gläubigern der Kollegialschulden sollen katholische Familien mit Beitragsrückständen direkt angewiesen werden, damit sie von ihnen ihre Außenstände eintreiben können.

9. Die evangelischen Grafen können zwar die Bildung einer katholischen Suborganisation nicht verhindern, doch soll die Reichstagsstimme stets im Besitz der Protestanten bleiben.

10. Nachfolger des Grafen von Neuwied als Direktor wird der Graf zur Lippe. Sollte zum Zeitpunkt des Ablebens von Neuwied in Detmold eine Vormundschaftsregierung herrschen, so tritt ein Interimsdirektorium ein.

11. Direktorialrat Schanz übt künftig das Amt eines Kollegialsyndikus in Personalunion aus.

12. Als Nachfolger für den Reichstagsgesandten von Pistorius wird der neuwiedische Kanzleidirektor von Fischer designiert. Es soll versucht werden, ihm auch die Vollmachten der beiden übrigen protestantischen Grafenkollegien zu verschaffen.

Es entsprach ganz dem entschlossen antikatholischen Tenor dieses Vertrages, daß der Direktorialrat Schanz im November 1772 das drohende Aussterben des

Wahrnehmung der Interessen von Waldeck, Bentheim-Steinfurt und Löwenstein-Wertheim beauftragt: StA DT, L 41 a, 357, S. 1.
[88] Vgl. Protokoll des Korrespondenztages: StA DT, L 41 a, 357, S. 9–144.

Manderscheider Hauses mit der genugtuenden Bemerkung quittierte, er hoffe, Kurpfalz werde die Reichsstandschaft der Grafschaften Blankenheim und Gerolstein anfechten, damit auf Dauer eine katholische Stimme im Kollegium wegfiele.[89]

Nachdem der evangelische Teil der Kollegialmitstände nicht mehr zur Wahl eines katholischen Direktors bereit war, blieb es der Initiative des Grafen Franz Georg von Metternich überlassen, aus der Mitte der katholischen Mitglieder heraus eine eigene Grafenorganisation zu konstituieren.[90] Die protestantischen Grafen konnten sich nach dem Tod des inzwischen zum Fürsten erhobenen Friedrich Alexander von Neuwied nur noch zur Wahl des lippischen Fürsten Leopold entschließen, der seinen Kollegialteil von 1795–1802 führte.[91]

3.3. DAS VERHÄLTNIS ZWISCHEN DEN BEIDEN DIREKTOREN

Das Verhältnis zwischen den ersten vier Direktoren des Kollegiums aus den Häusern Manderscheid und Lippe gestaltete sich genauso freundschaftlich, wie die brieflichen Kontakte zwischen den Familien im 17. Jahrhundert gewesen waren: In Ermangelung handfester Interessengegensätze waren beide Seiten entschlossen, die anfallenden Probleme einvernehmlich zu lösen. Nach ihrer Wahl 1698 vereinbarten Salentin Ernst von Manderscheid und Friedrich Adolf zur Lippe ein persönliches Gespräch, um die noch offengebliebenen Fragen des letzten Grafentages zu klären. Als Tagungsort wurde die bergische Stadt Wipperfürth ausgewählt, wo die beiden Direktoren am 27. November 1699 zusammentrafen.[92] Themen der Besprechung waren die Bevollmächtigung der Reichstagsgesandten – jeder der beiden Direktoren hatte einen Gesandten in Regensburg[93] – sowie die Durchsetzung der neuen Kollegialverfassung gegenüber den fürstlichen Mitständen.

In den folgenden Jahren verkehrten beide Direktoren schriftlich miteinander, wogegen der Kontakt zu den Mitständen jedoch eher selten war. Weitere Treffen auf höchster Ebene sind nicht überliefert; auch die Grafentage wurden entgegen ursprünglichen Absichten nicht von den Direktoren, sondern von bevollmächtigten Direktorialgesandten geleitet. Das Schreiben des Grafen Franz Georg von Manderscheid an seinen Kollegen Simon Henrich Adolf zur Lippe vom April

---

[89] Direktorialrat Schanz an die Regierung in Altenkirchen: LHA KO, Best. 30, Nr. 3994, S. 1–12.

[90] S. u. S. 131–135.

[91] Der Fürst folgte ohne Wahl nach dem Rücktritt seines Vormundes, Graf Ludwig Henrich Adolf zur Lippe, vom Interimsdirektorium; die näheren Umstände Kap. 3.4. (S. 137 f.).

[92] Akten zu diesem Treffen: StA DT, L 41 a, 1762, S. 341–353; Kesting nennt irrtümlich den 27. Okt. als Tagungstermin: KESTING, in: Westf. Zs. 106 (1956), S. 187.

[93] Die Gesandten von May (Manderscheid) und Schäffer (Hessen-Kassel) sollten zunächst wöchentlich in der Stimmabgabe alternieren. Weitere Punkte ihrer gleichlautenden Instruktionen waren das Einsetzen für das Wohl von Kaiser und Reich sowie für den Nutzen des Grafenstandes, besonders der westfälischen Grafenbank: Instruktion vom 27. Nov. 1699: StA DT, L 41 a, 317, S. 130–132; vgl. Hermann KESTING, Die Wahl des Grafen Friedrich Adolf zur Lippe zum Direktor des Westfälischen Grafenkollegiums (1698), in: Lippische Staatszeitung 15 (1943), Nr. 160 (12./13. Juni 1943).

1731 darf als abschließende Würdigung einer nicht in allen Punkten erfolgreichen, aber doch insgesamt gelungenen Kooperation angesehen werden. Manderscheid hob die Verfassungsgebung und die Durchsetzung des Stimmrechts unter der Leitung des gewählten Direktoriums hervor, erinnerte an den gemeinsamen Kampf gegen die Vorherrschaft des fürstlichen Elements im Kollegium; er bedauerte jedoch eine Zunahme der konfessionellen Streitigkeiten in den Verhandlungen. In der konfessionellen Parität sah der Graf – der schon einen Monat später sterben sollte – die vordringlichste Aufgabe der Zusammenarbeit zwischen beiden Direktoren; es war ein Vermächtnis an seinen Nachfolger.[94]

Das Zusammenwirken zwischen Graf Simon Henrich Adolf und dem neuen katholischen Direktor, Graf Ferdinand von Plettenberg, gestaltete sich ebenfalls wenig problematisch, zumal Lippe sich für die Wahl des Westfalen Plettenberg ausdrücklich eingesetzt hatte.[95] Die nur dreijährige Zusammenarbeit wies keinerlei Unstimmigkeiten auf, doch sollte die nach 1734 folgende evangelische Handlungsunfähigkeit durch die umstrittene Wahl des minderjährigen Grafen Simon August zur Lippe eine Stärkung des katholischen Elements im Kollegium zur Folge haben. Hinzu traten die personelle Kontinuität im katholischen Direktorium – Plettenberg und Virmont hatten ein recht persönliches Verhältnis seit der Zeit ihres gemeinsamen Dienstes in Bonn[96] – sowie der sich am Stimmrecht der Grafschaften Sayn und Wied entzündende Streit. Die Wahl des Grafen Friedrich Alexander von Neuwied 1738 zum evangelischen Direktor ließ auf die Phase des Wahlstreits eine Verschärfung dieses Stimmrechtskonflikts folgen: Neuwied war unter keinen Umständen bereit, hier Konzessionen zu machen, da er es als persönliche Herabwürdigung empfunden haben muß, seine Stimme mit dem Vetter aus der Linie Wied-Runkel teilen zu müssen; überdies hätte die Maßnahme den evangelischen Kollegialteil zwei Stimmen gekostet, die ihn zu einer Minderheitenfraktion degradiert hätte. Die katholische Präsenz hatte sich nicht nur durch die beiden genannten Direktoren verstärkt, sondern war durch Neuaufnahmen katholischer Mitstände (zuletzt die Grafen von Schaesberg 1731) sowie das zunehmende Fernbleiben der fürstlichen evangelischen Mitglieder von den Grafentagen auch zu einer numerischen Bedrohung geworden.

Graf Friedrich Alexander von Neuwied konnte zwar seine Korrespondenz mit dem Grafen von Virmont von konfessionellen und politischen Spannungen freihalten, wobei Virmonts vermittelnde Haltung sicherlich durch seine Erfahrung als Reichskammergerichtspräsident und Kammerrichter begünstigt wurde.[97] Die Briefe im Fürstlich Wiedischen Archiv zu Neuwied deuten aber darauf hin, daß die

---

[94] Schreiben des Grafen Franz Georg von Manderscheid an den Grafen Simon Henrich Adolf zur Lippe, 11. April 1731: StA DT, L 41 a, 103, S. 145–154; zu den früheren Klagen der Direktoren über die geringe Beteiligung der Mitstände an der Korrespondenz: Manderscheid an Lippe, 16. Jan. 1702; Lippe an Manderscheid, 15. Febr. 1702: StA DT, L 41 a, 1763, S. 241; 242 f.

[95] S. oben S. 118 f.

[96] Vgl. die französische Korrespondenz zwischen beiden im Archiv Plettenberg-Nordkirchen, U 703 passim und 5467 passim.

[97] Graf Virmont wurde während seiner Kammerrichterzeit wegen seiner Bemühungen um eine gewissenhafte Amtsführung von katholischen Reichsständen heftig attackiert; vgl. SMEND, Das Reichskammergericht, Bd. 1, S. 254–256.

Spaltung von den konfessionellen Gruppen, nicht in erster Linie von den Direktoren, in die Grafenpolitik getragen worden ist[98]; die genannten Probleme der Kollegialverfassung und die reichspolitischen Umstände im Österreichischen Erbfolgekrieg (1740–1748) waren dafür vornehmlich verantwortlich. Der Graf von Neuwied geriet schnell in den Ruf, ein überzeugter preußischer Parteigänger zu sein; dies war nur in dem Maße der Fall, wie er einen österreichischen militärischen Sieg nicht wünschte. Neuwieds Behinderungen der Eintreibung österreichischer Quartiergelder 1747/48 in seinen Landen untergrub jedoch das Vertrauen des kaiserlichen Hofes und der katholischen Grafen seines Kollegiums in ihn vollends.[99] Es war folgerichtig, wenn Neuwied zuletzt die Wahl eines katholischen Direktors ablehnte.

Mehr als 25 Jahre lang konnte Graf Friedrich Alexander von Neuwied die niederrheinisch-westfälische Grafenstimme ohne katholische Partizipation ausüben, bevor die katholischen Grafen des Kollegiums einen Stimmführer fanden, der sich mit Engagement bemühte, die früheren Rechte seines Konfessionsteils zu restituieren. Es war Graf Franz Georg von Metternich-Winneburg, der zwar noch bis 1784 auf seine förmliche Wahl zum Direktor warten mußte, der aber dieses Amt schon seit 1770 zielstrebig ansteuerte und in dieser Absicht Kontakt mit Neuwied aufnahm.

Graf Franz Georg von Metternich (1746–1818), der Vater des späteren Staatskanzlers, entstammte einer ehemals reichsritterschaftlichen rheinischen Familie, die im 17. Jahrhundert mehrfach Bischofssitze mit ihren Mitgliedern besetzen konnte; durch deren Förderung stieg das Haus schließlich bis in den Reichsgrafenstand auf. Der Vater Johann Hugo Franz von Metternich starb schon 1750; die Jugend des Grafen Franz Georg stand unter der Vormundschaft des Trierer Erzbischofs Franz Georg von Schönborn sowie einiger von ihm beauftragter Prälaten.[100] Der junge Graf studierte in Mainz, erprobte seine juristischen Fähigkeiten in Wetzlar, Regensburg und Wien und bereiste 1767 auch Italien.[101] 1768 trat er in den Hofdienst des Trierer Erzbischofs Clemens Wenzeslaus von Sachsen, der ihn wenig später zum Staats- und Konferenzrat für auswärtige Angelegenheiten ernannte. 1770 kam Metternich erstmals mit dem Niederrheinisch-Westfälischen Reichsgrafenkollegium in näheren Kontakt, als der Direktor Graf von Neuwied eine Gesandtschaft an den Kaiser vorbereitete: Metternich erklärte sich sofort bereit, in Begleitung des neuwiedischen Direktorialrates von Fischer nach Wien zu reisen.[102] Fischer drückte in seinem Schreiben an Graf Friedrich Alexander seinen Eindruck von dem jungen Metternich deutlich aus: Metternich engagiere sich mit Eifer für die Grafensache; es sei allerdings etwas Behutsamkeit von seiner Seite nötig, um alles in die rechte Bahn zu lenken. Metternich rede überdies dauernd vom

---

[98] Vgl. Korrespondenz im FWA NR, Schrank 103, Gefach 61, Nr. 5 und 6; Vermittlungsvorschlag Neuwieds an Virmont zur Lösung der Verfassungsprobleme, 29. Okt. 1744: StA DT, L 41 a, 1, S. 70 ff.
[99] Zum Erscheinungsbild des Grafen in Wien: HHStA Wien, Reichskanzlei: Kleinere Reichsstände 537.
[100] Zum weiteren: Helmut MATHY, Franz Georg von Metternich, Meisenheim 1969, S. 21.
[101] Vgl. WURZBACH, Bd. 18, S. 60–62.
[102] Schreiben Neuwieds an Metternich, 30. Jan. 1770: StA DT, L 41 a, 923, S. 61.

»Kondirektorium«(!).[103] Metternich erscheint in diesem Bericht als eine aktive Persönlichkeit, die mit Entschlossenheit für ihre Überzeugung eintritt. Diese Haltung wird in weiteren Beispielen der folgenden Jahre deutlich, sei es in seiner Kritik an zaudernden Fürsten[104] oder als Plädoyer für eine entschlossene prokatholische Lösung eines schwebenden Erbfolgestreites.[105] Bei einer derartigen Grundhaltung war es auf Dauer kaum zu vermeiden, daß Metternich sich auch Gegner schuf[106]; die nächsten Jahre sollten jedoch insgesamt im Zeichen eines kometenhaften Aufstiegs im kaiserlichen diplomatischen Dienst stehen, in den der Graf 1774 eingetreten war und der ihn über das Amt eines kaiserlichen Ministers am Niederrheinisch-Westfälischen Reichskreis und bei den rheinischen Erzbischöfen sowie einige Wahlbotschaftertätigkeiten bei geistlichen Fürstenwahlen ins kaiserliche Ministerium nach Brüssel führte. 1797 wurde er kaiserlicher Plenipotentiarius am Friedenskongreß in Rastatt.[107]

Eine Schlüsselfigur für Metternichs Aufstieg war sicher Fürst Wenzel Anton von Kaunitz, der österreichische Staatskanzler. Er hatte für den jungen Rheinländer die Rolle eines väterlichen Freundes übernommen, der ihm auch bei kritischen Äußerungen in seiner Umgebung die Unterstützung nicht versagte, ihn jedoch bei allzu ehrgeizigen Plänen – etwa den Bemühungen um das Kammerrichteramt oder die Reichsvizekanzlerschaft – zu zügeln verstand.[108]

Anlaß zur Mission nach Wien war ein für die Zeitgenossen bemerkenswertes Ereignis: Eine Gruppe von Reichsständen, das Schwäbische Grafenkollegium, hatte eines ihrer politischen Rechte, die Vertretung in der Reichskammergerichtsvisitationsdeputation (2.Klasse) an den kurfürstlichen Reichsstand Bayern abgetreten; die Abtretung ließ sich zwar damit begründen, daß Bayern als Besitzer zweier schwäbischer Grafschaften Mitglied des Grafenkollegiums war, doch soll der Kurfürst Druck auf die gräflichen Direktoren ausgeübt haben.[109] Die Reichskammer-

---

[103] Schreiben Fischers an Neuwied, 21. Febr. 1770: StA DT, L 41 a, 923, S. 191.

[104] 1774 karrikierte Metternich den Trierer Erzbischof im Zusammenhang mit den Thorner und Essener Koadjutorinnenwahlen als eine Person, die »von jesuitischen Skrupeln angekränkelt« sei; er sprach auch von »Gewissenszärtlichkeiten des Kurfürsten«: MATHY, Metternich, S. 43; Brief Metternichs an Colloredo, 20. Juni 1774: HHStA Wien, Staatskanzlei: Berichte aus dem Reich 120, S. 159.

[105] 1784 schlug er dem Fürsten von Kaunitz vor, man solle angesichts des Erbfolgestreites um die Grafschaft Sayn-Hachenburg – der Fürst zu Salm-Salm meldete alte Rechte an – eine kaiserliche Sequestrationskommission einsetzen, die die evangelische Grafschaft ganz uneigennützig einem katholischen Herrn zuschieben sollte: Brief an Kaunitz, 15. März 1784: HHStA Wien, Staatskanzlei: Berichte aus dem Reich 154.

[106] Äußerungen seiner Gegner dürften wohl für die recht negativen Würdigungen des Grafen als Alkoholiker, Verschwender, Intrigant und schlechter Menschenkenner mitverantwortlich gewesen sein: vgl. MATHY, Metternich, S. 135; PALMER, Metternich, S. 18 f.

[107] Vgl. MATHY, Metternich, passim. Metternich schrieb selbst an Colloredo, er habe den »glühendsten Wunsch«, dem Kaiser dienstbar zu sein (15. Juli 1797): HHStA Wien, Große Korrespondenz 48 (zit. nach MATHY, Metternich, S. 212).

[108] MATHY, Metternich, S. 138 f.; vgl. auch die zahllosen Berichte Metternichs sowie Kaunitz' Antworten in HHStA Wien, Staatskanzlei: Berichte aus dem Reich 1774–1790 sowie Weisungen in das Reich (für denselben Zeitraum).

[109] Bayern besaß die Grafschaften Wiesensteig und Mindelheim: Peter Christoph STORM, Militia Imperialis – Militia Circularis. Reich und Kreis in der Wehrverfassung des deutschen Südwe-

DIVITES DIMISIT INANES

IVSTVS MAXIMILIANVS
COM. à BRONCKHORST, IN GRONSFELDT, ẟ EBER
STEIN, S.C.M.CAM. pri MARESCH.GEN.lis et COLON ellus,
Elia: Widesmann ad Vivum delin: et sculp: Vienna.1651

Abb. 1 Jost Maximilian Graf von Gronsfeld
1598–1662

Abb. 2 Salentin Ernst Graf von Manderscheid
1630–1705

Abb. 3 Friedrich Graf zur Lippe
1667–1718

Abb. 4 Simon Heinrich Adolf Graf zur Lippe
1694–1734

ILLVSTRISSIMVS ET EXCELLENTISSIMVS DOMINVS DO MINVS FERDINANDVS S R I COMES DE PLETTENBERG
ET WITTEM, LIBER BORO IN EYS ET SCHLENACKEN, DOMINUS DYNASTIARUM COSEL NORDKIRCHEN,
MEINHÖVEL DWENSBEG, CAPELLE, NEUBURG, GOL PEN, MERGERADEN, BOLSUM, HEMERICH, KENTEN,
QUADRAT, ULMEN, NECNON ALROTH BUXFORT GEISBECK, HASELBURG, GROTENHAUS, SUTHOLTZ,
LACKE & ELECTORATUS COLONIENSIS CAME RARIUS HÆREDITARIUS, PRINCIPATUS MONAS
TERIENSIS HÆREDITARIUS MARESCHALLUS, AUREI VELLERIS EQUES, SACRÆ, CÆ SAREÆ,
REGIÆ q, CATHOLICÆ MAIESTATIS CONSILIA RIUS ACTUALIS INTIMUS, EIUSDEMQUE AD
CURIAM ROMA NAM ORATOR.

Martin de Mertens Pinxit   Johan steinalen Sculps

Abb. 5 Ferdinand Graf von Plettenberg
1690–1737

Abb. 6 Simon August Graf zur Lippe
1727–1782

Abb. 7   Ambrosius Graf von Virmont
1682–1744

Abb. 8   Friedrich Alexander Graf (1784 Fürst) von Wied-Neuwied
1706–1791

Abb. 9 Franz Georg Graf von Metternich
1746–1818

Abb. 10 Leopold I. Fürst zur Lippe
1767–1802

ABBILDUNGSNACHWEIS

gerichtsvisitation war eine 1508 erstmalig durchgeführte Kontrolle des höchsten Reichsgerichts durch eine Reihe von Reichsständen.[110] Im Jüngsten Reichsabschied 1654 war ein Modus festgelegt worden, der allen Ständen, aufgeteilt in fünf Klassen, Gelegenheit geben sollte, im Alternierungsverfahren an der Kammergerichtsvisitation teilzunehmen.[111] Im Mai 1767 trat die 1. Klasse der RKG-Visitationsdeputation zusammen und begann ihre Arbeit; sie sollte ein Jahr später von der 2. Klasse abgelöst werden, was sich jedoch durch Streitigkeiten unter den Reichsständen verzögerte. Die schwäbischen Grafen, ohnehin seit längerem in den Reichssachen nicht mehr aktiv, boten neben ihrer Stimme in der 2. Klasse der RKG-Visitationsdeputation hinaus auch ihren Sitz in der 3. Klasse dem Kaiser an, so daß praktisch die Vertretung gräflicher Rechte durch die beiden mächtigsten katholischen Fürstenhäuser des Reiches eintrat.[112] Erst der geschlossene Widerstand der drei übrigen Reichsgrafenkollegien veranlaßte den bayerischen Kurfürsten 1774, von der Wahrnehmung der schwäbischen Stimme Abstand zu nehmen; jetzt war jedoch ein Platz in der Deputation frei, und Graf Franz Georg von Metternich bewarb sich darum beim Mainzer Reichstagsdirektorium, diese Stimme für die katholischen Grafen des westfälischen Kollegiums wahrnehmen zu dürfen; nachdem der Kurfürst aus Wien ein zustimmendes Votum erhalten hatte, lud er Metternich am 4. Juni 1774 ein.[113]

Diese Aktion brachte die politischen Rechte der katholischen Grafen im Kollegium wieder zur Geltung; Graf Friedrich Alexander von Neuwied schloß trotz großer Bedenken nach Vorabsprachen mit dem Burggrafen von Kirchberg ein Abkommen mit Metternich, das letzteren zur Teilnahme an der Deputation berechtigte.[114] Neuwieds Annahme, einen Vertrag mit den katholischen Grafen schließen zu können, ohne den Konsens der evangelischen fürstlichen Mitstände seines Kollegiums eingeholt zu haben, erwies sich schon in der ersten Sitzung der Deputation als Illusion: Die protestantischen Fürsten verweigerten dem katholischen Subdelegaten von Hertwig die Aufnahme ins Gremium.[115] Der Streit ließ sich

stens (1648–1732), in: James A. VANN/Steven W. ROWAN (Hrsg.), The Old Reich. Essays on German Political Institutions 1495–1806, Brüssel 1974, S. 77–103; hier: S. 81. Die schwäbischen Grafen hatten schon 1766 ihre Stimme in der ersten Visitationsklasse an Kurpfalz abgetreten. 1768 wurde das bayerische Ansinnen an sie herangetragen; vgl. zu den reichspolitischen Umständen Theo ROHR, Der deutsche Reichstag vom Hubertusburger Frieden bis zum bayerischen Erbfolgekrieg (1763–1778), Diss. Bonn 1968, S. 269. Dort auch über den Gesamtzusammenhang der RKG-Visitationsverhandlungen: S. 266–283.

[110] Dietrich Heinrich Ludwig Freiherr von OMPTEDA, Geschichte der vormaligen ordentlichen Cammergerichts-Visitationen und der 200-jährigen fruchtlosen Bemühungen zu deren Wiederherstellung, Regensburg 1792, S. 32 f.

[111] Vgl. die Klassenaufteilung: JRA 1654, §§ 132, 201 205. BUSCHMANN, Kaiser und Reich, S. 513; S. 545–547; vgl. OMPTEDA, Cammergerichts-Visitationen, S. 208–225.

[112] Österreich war wegen der Grafschaft Hohenems Mitglied im schwäbischen Kollegium: vgl. StA DT, L 41 a, 920 passim.

[113] OMPTEDA, Cammersgerichts-Visitationen, S. 293; zu Colloredos Schreiben an den Kurerzkanzler: ROHR, Reichstag, S. 270.

[114] Konferenz in Neuwied, 18. Juli 1774: StA DT, L 41 a, 936, S. 119–126; Abkommen zwischen Neuwied und Metternich, 19. Juli/20. Aug. 1774: StA DT, L 41 a, 937, S. 19–26.

[115] Instruktion Hertwigs, (Aug.) 1774: SZA Prag, FA Metternich, Nr. 2240, S. 2–5; OMPTEDA, Cammergerichts-Vistationen, S. 293; vgl. PÜTTER, Historische Entwicklung der heutigen Staats-

umso weniger lösen, als Metternich mit Unterstützung der geistlichen Kurfürsten
sowie des Kaiserhofes bald immer deutlicher die Einrichtung einer katholischen
westfälischen Grafenbank forderte. Um dieser Forderung Nachdruck zu verleihen, blockierte der kaiserliche Gesandte im Juli 1775 bei Antritt der 3. Klasse die
westfälische evangelische Grafenstimme.[116]

Der weitere Streit um die Reichskammergerichtsvisitation – die bald ergebnislos scheiterte – kann hier nicht ausgeführt werden; für das Grafenkollegium war
bedeutsam, daß dem Grafen von Metternich gelungen war, durch den Erwerb einer Teilkompetenz dieses Gremiums in die Rolle des katholischen Sprechers hin-
einzuwachsen. Nach diesem Erfolg war es folgerichtig, daß Metternich das Direktorenamt auch formell anstrebte; beide Seiten formierten nun ihre Kräfte: der Graf
von Neuwied die Engere Korrespondenz, um den Zustand von 1772 zu behaupten, Metternich dagegen die rheinischen geistlichen Fürsten sowie seine
Freunde am Wiener Hof, um den Zustand von vor 1744 wiederherzustellen.[117]
Metternichs Rundschreiben an die katholischen Grafen vom 2. Februar 1778 zeigte ihn schon deutlich in der Rolle eines Administrators des Amtes, zu dessen Erringung er erst noch die verfassungsmäßigen Voraussetzungen schaffen mußte: Er
forderte Beiträge ein, die für den Aufenthalt des Subdelegaten von Hertwig in
Wetzlar gezahlt werden mußten. Im gleichen Schreiben kündigte er an, wie er
dem katholischen Kollegialteil zur Rückgewinnung der alten Rechte verhelfen
wollte: Durch Gespräche mit der katholischen Fraktion des Reichstags, vor allem
mit den katholischen Kurfürsten, wollte er hintertreiben, daß der nächste Reichstagsgesandte des Niederrheinisch-Westfälischen Reichsgrafenkollegiums wieder
ein Protestant würde.[118]

Es gelang Franz Georg von Metternich tatsächlich, aus dem Amtsantritt des
neuen Reichstagsgesandten von Fischer ein Politikum ersten Ranges zu machen,
das den Reichstag für fünf Jahre handlungsunfähig machte.[119] Während der Streit
in Wien, Regensburg, Berlin und Mainz ausgetragen wurde, unterhielten die Grafen von Metternich und Neuwied rege Verbindungen mit dem Ziel, den Verfas-
sungskonflikt innerhalb ihres Kollegiums auf einvernehmliche Weise zu beheben.
Metternichs Wunsch, ein eigenes Kollegium zu gründen, wurde in Neuwied als
unrealistisch betrachtet[120]; die Andeutungen Metternichs, sich allein von den katholischen Mitständen zum Direktor küren zu lassen, erschienen allmählich weniger besorgniserregend als die Drohung, die Reichstagsstimme vollends zu verlieren.[121] 1782 formulierte Metternich die Forderung nach völliger Gleichstellung
beider Kollegialteile nicht nur in rechtlicher, sondern auch in organisatorischer
Hinsicht: Die katholischen Mitstände sollten ihren Status wie vor 1744 wiederer-

verfassung des teutschen Reiches, Bd. 3, S. 144 f. Die Begründung der evangelischen Gesandten:
von Hertwig habe keine Vollmacht, die von allen Grafen des Kollegiums unterzeichnet sei.

[116] Vgl. StA DT, L 41 a, 939 und 940 passim; OMPTEDA, Cammergerichts-Visitationen, S. 294.

[117] Zum Zerfall der Visitation: OMPTEDA, Cammergerichts-Visitationen, S. 296 f.; zur Ausweitung
des Grafenstreites: StA DT, L 41 a, 941–955 passim.

[118] Zirkular Metternichs vom 2. Febr. 1778: Archiv Plettenberg-Nordkirchen, Nr. 5467, S. 3–4.

[119] Zum reichsgräflichen Bevollmächtigungsstreit 1779–1784: vgl. Kap. 5.5. passim (S. 178–186).

[120] Notiz Rotbergs, 25. Okt. 1780: StA DT, L 41 a, 141, S. 438.

[121] Gesandter von Fischer an Direktor Neuwied, 2. Nov. 1781: StA DT, L 41 a, 359, S. 102 f.

halten bei voller Teilhabe an der politischen Willensbildung und umfassender Information. Das Direktorium sollte künftig aus zwei getrennt (von ihren Konfessionsteilen) gewählten Direktoren bestehen; alle Personalstellen sollten ebenfalls doppelt besetzt und durch getrennte Kassen autonom bewirtschaftet werden.[122]

Nach zweijährigen Verhandlungen, bei denen sich beide Grafen mehrfach persönlich in Neuwied und in Koblenz getroffen hatten, wurde der Kollegialvergleich im Frühjahr 1784 unterzeichnet. Er sah die völlige Trennung aller Kompetenzen in zwei Unterkollegien vor, denen die beiden Direktoren vorstanden; verbindende Elemente waren die gegenseitige Informationspflicht für Wahlergebnisse und Beschlüsse sowie der Alternationsmodus der Gesandten in Regensburg (von Materie zu Materie)[123]; weitere Gegenstände, die eine gemeinsame Erörterung erforderten, wollte man zu gegebener Zeit regeln, beispielsweise die Aufnahme neuer Mitstände, das Verhalten bei Religionswechseln der regierenden Grafen oder bei RKG-Visitationen.[124] In einer Konferenz im Juli 1784 konnte zwischen den Grafen auch über die übrigen Punkte, außer den Beitragsrückzahlungen der katholischen Grafen seit 1744, Einigung erzielt werden; sie wurden im »Nachtrag zum Vergleich« niedergelegt.[125] Dieser Vertrag wurde den Mitständen beider Konfessionen sowie Kurmainz als Reichstagsdirektor zugesandt; ungeachtet einiger Beschwerden der fürstlichen Mitstände im Kollegium, die wieder vor vollendete Tatsachen gestellt worden waren, wurden beide Gesandte in Regensburg angenommen. Der evangelische Gesandte von Fischer, der den Losentscheid um die erste Stimmabgabe gewonnen hatte, nahm sein Amt am 10. Januar 1785 wahr.[126] Kurz darauf teilte Metternich dem Grafen von Neuwied mit, er sei offiziell zum katholischen Direktor des Grafenkollegiums gewählt worden.[127]

Nachdem die unmittelbaren Konfliktpunkte fortgefallen und Metternichs Ehrgeiz befriedigt war, gestaltete sich das Verhältnis zwischen beiden Direktoren in der Endphase der Regierungszeit des Grafen von Neuwied harmonisch; beide Seiten arbeiteten gemeinsam an der Durchsetzung ihres Standpunkts in der Frage der Vollmachtausstellung in der Wir-Form sowie in der Verteidigung eines angemessenen gräflichen Zeremoniells.[128]

Eine systematische Zusammenarbeit zwischen dem Grafen Franz Georg von Metternich und den evangelischen Interimsdirektoren oder dem Fürsten Leopold zur Lippe hat nicht mehr stattgefunden. Der katholische Graf war mit der Vertretung der kaiserlichen Interessen in Brüssel und später in Rastatt beschäftigt; zudem gab es den katholischen Kollegialteil nach der französischen Rheinlandbesetzung von 1794 nur noch in personeller Hinsicht. Abschließend läßt sich jedoch

---

122 Schreiben Metternichs an Neuwied, 22. März 1782: StA DT, L 41 a, 162, S. 1–6.

123 Vergleich, 21. März und 24. April 1784: StA DT, L 41 a, 86, S. 327–329; L 41 a, 165, S. 253–260; zur Zustimmung des Corpus Evangelicum, 8. Mai 1784: PÜTTER, Historische Entwicklung des heutigen Staatsverfassung des teutschen Reiches, Bd. 3, S. 153.

124 »Puncta deliberanda« von Rotberg, 14. Juni 1784: StA DT, L 41 a, 163, S. 449–452.

125 Konferenz, 17. Juni 1784: StA DT, L 41 a, 2, S. 2; L 41 a, 362, S. 6–12; L 41 a, 164, S. 249–252.

126 Vgl. StA DT, L 41 a, 165–167 passim.

127 Schreiben Metternichs an Neuwied, 4. März 1785: StA DT, L 41 a, 2, S. 4.

128 Zur Vollmachtausstellung in der Wir-Form: vgl. Kap. 7.5. (S. 246–250).

sagen, daß die Hauptkonflikte des Kollegiums nicht auf persönlichen Rivalitäten
der Direktoren beruht haben; alle Personen in diesem Amt haben praktikable
Kompromisse angestrebt, selbst wenn sie mit größeren Opfern verbunden waren.
Die schwierigsten äußeren Umstände hatte ohne Zweifel Graf Friedrich Alexander von Neuwied; er hat sich jedoch in seinen Verhandlungen mit dem Grafen
von Metternich trotz schwerer Anfeindungen seitens der evangelischen Fürsten
zu einer Haltung verstanden, die dem Kollegium für zwei weitere Jahrzehnte wenigstens die formale politische Partizipation am Reich garantierte.

3.4. DIE ÜBERBRÜCKUNG VON VAKANZEN DURCH INTERIMSDIREKTOREN

Die Verfassung des Niederrheinisch-Westfälischen Grafenkollegiums war so gestaltet, daß im Normalfall nach dem Tod eines der beiden Direktoren der überle-
bende Kollege das Wahlverfahren für die Amtsnachfolge leiten sollte; bei jährlichen Grafentagen, wie ursprünglich geplant, wäre dies auch kein Problem gewesen. Die Abstände zwischen den Grafentagen wurden jedoch länger, da die Vorbereitung mehr Zeit beanspruchte als angenommen.[129] 1737 trat die erste Vakanz in
dem Sinne ein, daß beide Direktorenstellen unbesetzt bzw. nicht angemessen besetzt waren. Die beiden Grafen von Kirchberg-Hachenburg und von Kaunitz-Rietberg ermächtigten sich selbst, als »vorsitzende regierende Grafen« den Grafentag
einzuberufen und neue Direktoren wählen zu lassen.[130] Die Berechtigung beider
Grafen leitete sich von der Überlegung her, daß sie die Inhaber der beiden ältesten
und damit ranghöchsten Grafschaften jeder Konfession im Kollegium – Sayn und
Rietberg – seien.

Diese Denkfigur des »vorsitzenden regierenden Hauses« erlangte gegen Ende
der Regierungszeit des Grafen Friedrich Alexander von Neuwied wieder Bedeutung, als es darum ging, eine Autorität für die Lösung der Nachfolgefrage im Leitungsamt zu finden.[131] Die Nachfolgeüberlegungen setzten schon 1787 ein, als
Graf Ludwig Henrich Adolf zur Lippe sich anbot, im Vakanzfalle des evangelischen Direktoriums für seinen minderjährigen Neffen die interimistische Verwaltung des Amtes zu übernehmen.[132] Es begann eine rege Korrespondenz über die
rechtliche und politische Einschätzung der Situation: Eigentlich sei nur ein regierender Graf wählbar, andererseits habe Lippe seit 1738 eine Exspektanz auf das
Amt, da die damalige Vormundschaftsregierung zurückgetreten sei.[133]

[129] In den 50 Jahren zwischen 1697 und 1747 fanden 24 Grafentage statt; die längste Pause betrug 11 Jahre (zwischen 1720 und 1731).
[130] MOSER, Neues Teutsches Staatsrecht, Bd. 3, S. 974; vgl. KESTING, in: Westf. Zs, 106, S. 210.
[131] Unmittelbare Bezüge: Memorandum Rotbergs, 9. Sept. 1791: LHA KO, Best. 30, Nr.
3967/2, S. 3; Überlegungen Rotbergs nach dem Tod Fürst Leopolds I., 29. April 1802: LHA KO,
Best. 30, Nr. 3967/1, S. 93–97.
[132] Graf Ludwig Henrich Adolf zur Lippe an Graf Friedrich Alexander von Neuwied, 22. Okt.
1787: StA DT, L 41 a, 3, S. 2 f.
[133] Gutachten über den lippischen Anspruch (Rotberg), 15. Nov. 1787: StA DT, L 41 a, 3, S.
5–18. Trotz einiger Bedenken äußerten sich im Laufe des Jahres 1788 Brandenburg-Ansbach, Eng-

So schien die lippische Nachfolge im evangelischen Direktorium – wie 1738
und 1772 vertraglich vereinbart – gesichert zu sein, als Leopold I. am 6. Juni 1789
die Venia aetatis von Kaiser Joseph II. erteilt bekam und im selben Jahr in den
Reichsfürstenstand erhoben wurde.[134] Leopold zur Lippe (1767–1802) hatte bis
dahin die übliche Ausbildung durchlaufen[135]; nach Abschluß seiner Kavalierstour
hatte er die Regierung seiner Grafschaft eben erst begonnen, als er an einem rät-
selhaften Gemütsleiden erkrankte. Der Fürst überwarf sich nicht nur mit seinem
Kanzler von Hoffmann, der außer Landes fliehen mußte, sondern schoß mit Pi-
stolen auf Kühe und Pferde, unternahm rasende Ritte und verfolgte die Diener-
schaft mit blankem Säbel durch das Detmolder Schloß. Die Landstände und die
Familie des Fürsten riefen das Reichskammergericht an, das den Herrscher am 4.
Dezember 1790 unter Kuratel stellte. Die Stände wurden mit der Wahl eines Vormundes beauftragt; sie entschieden sich für den Onkel des Fürsten, Graf Ludwig
Henrich Adolf zur Lippe.[136]

Damit war die Hoffnung auf einen problemlosen Wechsel dahin, und die Diskussion der Mitstände über die Nachfolge des vierundachtzigjährigen Friedrich
Alexander von Neuwied wurde wieder aufgenommen. Obwohl der Reichstagsgesandte von Fischer weiterhin an der Idee eines Interimsdirektoriums des Grafen
zur Lippe festhielt, wurde bis zum Ableben des Fürsten von Neuwied am 7. August 1791 keine abschließende Regelung getroffen.[137] Am Tag nach dem Tod des
Fürsten übernahm Direktorialrat Rotberg die Initiative und schickte dem Grafen
Johann August von Kirchberg-Hachenburg ein Memorandum, das zwar den lippischen Anspruch auf das Amt betonte, jedoch den Burggrafen zur Wahrnehmung
seiner Aufgabe als »vorsitzender regierender Herr« aufforderte.[138] Der Graf bot
das Interimsdirektorium zunächst dem jungen Fürsten Friedrich Karl von Neuwied an, übernahm es nach dessen Ablehnung aber selbst.[139] Graf Ludwig Henrich Adolf zur Lippe hielt die Hachenburger Amtsübernahme zwar für dankens-
wert, betonte jedoch weiterhin seine Bereitschaft zur Führung des Interimsdirek-

land-Hannover, Preußen, Hessen-Kassel, Anhalt-Schaumburg, Bentheim-Steinfurt und Waldeck
für die Zulassung der lippischen Vormundschaftsregierung zum Interimsdirektorium: StA DT, L
41 a, 3, S. 42–65.

134 Antrag Leopolds zur Lippe an Kaiser Joseph II. mit Zustimmung der eigenen Stände, 27.
Juli 1789: HHStA Wien, Reichshofrat: Venia aetatis 8; Erteilung der Venia aetatis am 6. Aug.
1789: Ebd.

135 KITTEL, Chronik des Kreises Lippe, S. 185.

136 KITTEL, ebd.; vgl. die Veröffentlichung des »Hamburgischen unpartheiischen Correspon-
denten« (Nr. 208) vom 21. Dez. 1790: StA DT, L 41 a, 3, S. 73. Die Nachrichten aus Detmold
dienten den Reichstagsgesandten in Regensburg zur Erheiterung: vgl. KIEWNING, Fürstin Pauline
zur Lippe, S. 53.

137 Brief Fischers an Neuwied, 26. Febr. 1791: StA DT, L 41 a, 3, S. 80 f.

138 Memorandum Rotbergs, 8. Aug. 1791: StA DT, L 41 a, 4, S. 5–14.

139 Angebot an Friedrich Karl von Neuwied, 12. Aug. 1791: StA DT, L 41 a, S. 39–44; Antritt
des Interimsdirektoriums durch den Burggrafen von Kirchberg (Zirkular an die Mitstände), 9.
Sept. 1791: StA DT, L 41 a, 4, S. 161 ff.; zur Handhabung des Kanzleimodus zwischen Kirchberg
(Hachenburg) und Rotberg (Neuwied): StA DT, L 41 a, 4, S. 35 ff.; 47 f.; vgl. KIEWNING, Auswärtige Politik, S. 9.

toriums[140]; hinzu kamen Befürchtungen von verschiedenen Seiten, der Burggraf von Kirchberg könne wegen seines vorgerückten Alters – er war 77 Jahre alt – das Amt ohnehin nicht allzulange ausüben.[141] Der Gesandte von Fischer befürwortete die Übersiedlung der Kanzlei nach Detmold und die Beauftragung der lippischen Vormundschaftsregierung mit den Direktorialaufgaben. Seiner Meinung nach dürfte die Entscheidung über die Wahl des Direktors nicht von der Frage nach dem Alter oder der Unmündigkeit des Kandidaten abhängig gemacht werden, »zumal es bey der Führung des Direktorii nicht auf persönliche Amtsverrichtung ankommt, sondern alles von den verpflichteten Räthen nach zugefallenen Stimmen der übrigen hohen Mitglieder geschiehet, mithin kein einziges sagen kann, daß ein nicht selbst regierender Herr ein Direktorium in Ansehung seiner Person ausübe ...«[142]

Diese Überlegungen wurden von Direktorialrat Rotberg den evangelischen Ständen mitgeteilt, die im Frühjahr 1791 – mit Ausnahme Waldecks – der Übertragung des Interimsdirektoriums an die lippische Vormundschaftsregierung zustimmten.[143] Mit dem Antritt des Interimsdirektoriums durch Graf Ludwig Henrich Adolf zur Lippe im Sommer 1792 war die Personaldiskussion beendet; der Graf ließ die Geschäfte durch den Direktorialrat Rotberg wahrnehmen und organisierte mit diesem zusammen den Umzug der Kanzlei von Neuwied nach Detmold.[144] Nachdem Fürst Leopold von seiner Krankheit genesen war und in einem Vertrag mit Vormund und Landständen in ein ständisches Kondominat eingewilligt hatte, trat Graf Ludwig Henrich Adolf am 30. März 1795 von seiner Vormundschaft zurück.[145] Dreieinhalb Jahre nach dem Tod des Fürsten von Neuwied hatte der evangelische Teil des Kollegiums wieder einen regulären Direktor.[146]

3.5. DAS ENDE DES EVANGELISCHEN DIREKTORIUMS

Die kurze Direktorialzeit des Fürsten Leopold zur Lippe war geprägt vom Rastatter Friedenskongreß (1797–1799) sowie der Korrespondenz über die Besetzung der dem Hochadel reservierten Richterstellen im Reichskammergericht und im

---

[140] Graf Ludwig Henrich Adolf zur Lippe an Burggraf von Kirchberg, 16. Sept. 1791: StA DT, L 41 a, 5, S. 15–24; FWA NR, Schrank 103, Gefach 69, Nr. 9.

[141] Sayn-Altenkirchener Administrationsregierung an den Markgrafen Christian Alexander von Brandenburg-Ansbach, 17. Sept. 1791: LHA KO, Best. 30, Nr. 3967/1, S. 12–22.

[142] Schreiben Fischers an Rotberg, 1. Okt. 1791: StA DT, L 41 a, 5, S. 29–34; Zitat: S. 32.

[143] Zustimmung der Potentiores England-Hannover (24. April 1792), Preußen (13. Mai 1792) und Hessen-Kassel (22. Mai 1792): StA DT, L 41 a, 5, S. 267–280. Bedenken des Fürsten Friedrich von Waldeck: Schreiben an Burggraf Johann August von Kirchberg, 17. Jan. 1792: StA DT, L 41 a, 5, S. 165 f.

[144] Vgl. Kap. 4.5. (S. 159 f.).

[145] Vertrag des Fürsten Leopold zur Lippe mit Vormund und Ständen, 13. Dez. 1794: StA DT, L 41 a, 529, S. 43–45; Rücktritt des Grafen Ludwig Henrich Adolf zur Lippe von der Vormundschaft und dem Interimsdirektorium, 30. März 1795: StA DT, L 41 a, 6, S. 3 ff.; Austausch von Dankes- und Glückwunschadressen: StA DT, L 41 a, 6, S. 24–71.

[146] Zum kurzen Interimsdirektorium der Fürstin Louise Isabella von Nassau-Weilburg: s. unten S. 139.

Reichshofrat mit Reichsrittern.[147] Der frühe Tod des Fürsten Leopold am 4. April 1802 ließ die Nachfolgefrage wiederentstehen; Vorkehrungen für diesen Fall waren in keiner Weise getroffen worden, so daß sich eine längere Vakanz abzeichnete. Nach der schriftlichen Information aller Mitstände durch Direktorialrat Rotberg signalisierten Fürst Friedrich Karl von Neuwied und Fürstin Louise Isabella von Nassau-Weilburg (1772–1827), die Erbin Hachenburgs, ihren Verzicht auf die Übernahme des Interimdirektoriums; ihre Länder seien durch den Krieg so schwer betroffen, daß sie die finanziellen Lasten des Amtes nicht tragen könnten.[148] Die folgenden Monate waren geprägt von einer regen Spekulation über die Lösung der Nachfolgefrage; obwohl Rotberg es für unwahrscheinlich hielt, daß das Kollegium eine Frau zum Direktor wählen würde, waren die Fürstinnen zur Lippe und von Nassau-Weilburg die aussichtsreichsten Kandidatinnen.[149] Keine von beiden war jedoch selbst bereit zu amtieren; mit Komplimenten und der Erklärung, selbst völlig überfordert zu sein, sicherten sie sich gegenseitig die volle Unterstützung bei der Wahl zu.[150] Nachdem die Fürstin von Nassau-Weilburg mehrere Monate bestürmt worden war, wenigstens ihre Pflichten als »vorsitzende regierende Fürstin« für die Grafschaft Sayn-Hachenburg wahrzunehmen und die Organisation der nächsten regulären Wahl zu übernehmen, erklärte sie sich im August 1803 bereit, das Interimsdirektorium anzutreten. Das reguläre Amt wolle sie nicht tragen, selbst wenn sie dafür die erforderliche Mehrheit erhielte.[151]

---

[147] Friedenskongreß in Rastatt: vgl. StA DT, L 41 a, 1180 bis 1207 passim, vor allem zum Aspekt der reichsgräflichen Selbstbehauptung. Besetzung höchstrichterlicher Stellen: StA DT, L 41 a, 844 passim. Die übrigen Akten aus der Zeit Fürst Leopolds handeln von Routinevorgängen in der Direktorialkanzlei sowie von Entschädigungsbemühungen für den Legationskanzlisten Seelig in Regensburg: StA DT, L 41 a, 46 bis 49 passim; 232 passim.

[148] Zirkular Rotbergs an die Mitstände, 5. April 1802; StA DT, L 41 a, 7, S. 2 ff.; Fürst Friedrich Karl von Neuwied an Rotberg, 21. April 1802 (enthält Hinweis auf den Verzicht der Fürstin von Nassau-Weilburg): StA DT, L 41 a, 7, S. 11; zu Fürstin Louise Isabella von Nassau-Weilburg aus dem Hause der Burggrafen von Kirchberg: DAHLHOFF, Geschichte der Grafschaft Sayn, S. 52. Eine andere Möglichkeit, Vakanzen aus dem Weg zu gehen, war der Vorschlag des Grafen von Manderscheid, der 1738 nach Vorbild des Wetterauischen Grafenkollegiums die Einrichtung zweier Adjunktenstellen mit dem Recht der unmittelbaren Nachfolge einzurichten. Der Vorschlag wurde jedoch auf den nächsten Grafentagen nicht aufgegriffen: Manderscheid an Neuwied, 28. April 1738: StA DT, L 41 a, 326, S. 214.

[149] Mutmaßungen Rotbergs gegenüber Fürst Friedrich von Wied-Runkel, 6. Mai 1802: FWA NR, Schrank 103, Gefach 68, Nr. 13; Graf Ludwig Wilhelm von Bentheim-Steinfurt an Rotberg, 17. Mai 1802: StA DT, L 41 a, 7, S. 32 (für Lippe); Bentheimische Pfandschaftsregierung an Rotberg, 6. Febr. 1803: StA DT, L 41 a, 8, S. 4 (für Weilburg).

[150] Korrespondenz zwischen Detmold und Weilburg. 8. Juni, 23. Sept., 9. Okt. 1802: StA DT, L 41 a, 7, S. 49; L 41 a, 1723, S. 112–115; L 41 a, 8, S. 22. Schreiben Rotbergs an die Fürstin von Nassau-Weilburg, 8. Aug. 1802: FWA NR, Schrank 103, Gefach 68, Nr. 13.

[151] Unterstützungsschreiben durch Neuwied, Wied-Runkel, Steinfurt, Wallmoden-Gimborn und Hannover-England: StA DT, L 41 a, 8, S. 19–24; nur der Berliner Hof war an einer Aussetzung der Direktorialwahl bis zur Regelung der Entschädigungsfrage interessiert, wie Markgraf Christian Friedrich Alexander von Brandenburg-Ansbach der Verwaltung in Altenkirchen mitteilte (30. Juli 1802): LHA KO, Best. 30, Nr. 3967/1, S. 109. Annahme des Interimsdirektoriums durch die Fürstin von Nassau-Weilburg, 15. Aug. 1803: StA DT, L 41 a, 8, S. 51; vgl. L 41 a, 1723, S. 181; KIEWNING, Auswärtige Politik, S. 9 f.

Die Wahl der Fürstin änderte nichts an der Tatsache, daß sich weiterhin kein Mitstand zur Übernahme des verfassungsmäßigen Direktoriums bereiterklären wollte. Die Bemühungen liefen jetzt in Detmold (Rotberg) und in Weilburg (Fürstin Louise Isabella) weiter, um endlich die schon wieder 15 Monate dauernde Führungslosigkeit und Handlungsunfähigkeit des Grafenkollegiums zu beenden. Fürstin Pauline zur Lippe erklärte nochmals und definitiv ihre Ablehnung einer eventuellen Wahl.[152] Überlegungen wurden angestellt, das westfälische Kollegium wieder mit dem wetterauischen zu vereinigen, umso mehr, als einige Mitstände inzwischen eine Virilstimme im Reichsfürstenrat erhalten hatten und zweifelten, ob sie dem Grafenkollegium weiterhin angehören würden.[153]

In dieser Situation bot Rotberg das Direktorium sogar dem soeben erst volljährig gewordenen Fürsten Johann August Karl von Neuwied an; dieser lehnte jedoch die Übernahme des Amtes ebenfalls ab und befürwortete stattdessen die Wahl Lippes, da dort die Kanzlei sei. Falls dies nicht möglich sei und auch eine Fusion mit der Wetterau, die bisher keinen Anklang gefunden hatte, unterbleiben sollte, schlug der Fürst vor, dem Grafen von Bentheim-Steinfurt das Direktorium anzutragen, der wohl geneigt sei, das Amt zu übernehmen.[154]

Direktorialrat Rotberg griff diese Idee sofort auf und sondierte in Schreiben an die Mitstände die Bereitschaft, den Grafen Ludwig Wilhelm von Bentheim-Steinfurt (1756–1817) zum Direktor zu wählen.[155] Der Kandidat erklärte im März zwar definitiv seine Bereitschaft zur Amtsübernahme, wollte aber vorher die Kollegialkasse ausgleichen lassen. Sollte sich dies als problematisch gestalten, so müßten zunächst Sonderausgaben ausgeschrieben werden, da er nicht in der Lage sei, alle Kollegialkosten allein zu bestreiten.[156] Als im Herbst 1805 die zustimmenden Voten der Mitstände in der Detmolder Kanzlei einliefen, trat die Fürstin von Nassau-Weilburg von ihrem Interimsdirektorium zurück, da sie die Nachfolgefrage für gelöst ansah. Sie bat jedoch darum, bevor man zur Wahl schritte, die lippische Fürstin nochmals zum Verzicht aufzufordern, damit der Weg für Bentheim frei würde.[157]

Mitten in der bedrohlichen politischen Zuspitzung des Spätherbstes 1805 – der nassau-weilburgische Rat von Gagern hatte den Mitgliedern des Grafenkollegiums soeben empfohlen, selbst Verbindungen nach Paris zur Sicherung der eigenen po-

---

[152] Fürstin Pauline zur Lippe an Fürstin Louise Isabella von Nassau-Weilburg, 6. Sept. 1803: StA DT, L 41 a, 1723, S. 183; vgl. KESTING, in: Westf. Zs. 106 (1956), S. 227.

[153] Fürstin Louise Isabella von Nassau-Weilburg an Fürstin Pauline zur Lippe, 4. Jan. 1804: StA DT, L 41 a, 1723, S. 254. Eine Virilstimme erhielten von den Kollegialmitständen: Nassau-Weilburg, Waldeck, Löwenstein-Wertheim sowie die katholischen Kaunitz-Rietberg und Ligne-Edelstetten: RDHS 1803, § 32; BUSCHMANN, Kaiser und Reich, S. 617–620.

[154] Rotberg an Neuwied, 1. Juni 1804: StA DT, L 41 a, 9, S. 5; zu Fürst Johann August Karl von Neuwied vgl. GENSICKE, Westerwald, S. 336. Antwort des Fürsten an Rotberg, 16. Juni 1804: StA DT, L 41 a, 9, S. 35.

[155] Schreiben Rotberg an die Mitstände, Herbst und Winter 1804/05: StA DT, L 41 a, 9, S. 65 ff.

[156] Schreiben Bentheim-Steinfurt an Rotberg, 12. März und 22. April 1805: StA DT, L 41 a, 9, S. 63 f., 79.

[157] Rücktritt der Fürstin von Nassau-Weilburg: Schreiben an Rotberg, 18. Okt. 1805: StA DT, L 41 a, 9, S. 104 f.

litischen Existenz aufzunehmen[158] – stellte Direktorialrat Rotberg die Mehrheit der brieflich abgegebenen Stimmen für den Grafen von Bentheim fest; nun müßten nur noch die Potentiores um Zustimmung gebeten werden, um das große Werk der Neuwahl zu vollenden.[159] Wenige Tage später setzte die Regierung von Nassau-Weilburg die Schreiben an England-Hannover, Preußen und Hessen-Kassel auf, um deren Zustimmung zu erwirken.[160] In Detmold ging jedoch nur die Zustimmung des Kurfürsten von Hessen-Kassel ein; die beiden anderen Großmächte beantworteten die Schreiben in Erwartung einer baldigen Lösung in ihrem Sinne nicht mehr.[161]

Nachdem am 6. August 1806 das Reich durch Kaiser Franz II. für aufgelöst erklärt worden war, erlosch auch jede Korrespondenz über Personalfragen. Die Akten aus der späteren Zeit handelten ausschließlich von nicht eingelösten finanziellen Ansprüchen ehemaliger Mitarbeiter des Grafenkollegiums.

3.6. DAS DIREKTORIUM DES GRAFEN VON METTERNICH ÜBER DEN KATHOLISCHEN KOLLEGIALTEIL

Graf Franz Georg von Metternich hatte durch die Verbindungen seiner Familie wie durch seine äußerst umfangreiche Privatkorrespondenz[162] schon in recht jungem Alter ein sehr weitgespanntes Netz an persönlichen Beziehungen zu Würden- und Amtsträgern aller Art geschaffen; er war entschlossen, diese Kontakte zur Erreichung seines Ziels, des katholischen Direktoriums, zu nutzen. Seine Vereinbarung mit dem Grafen von Neuwied 1774 war eine Etappe auf diesem Weg. Obwohl Metternich zunächst nur Beauftragter für die Wahrnehmung eines bestimmten Bereichs der Kollegialaufgaben war, ließ er eine Spezifikation über die Teilnahmebereitschaft der katholischen Mitstände des Kollegiums anfertigen; dabei wurde ihm das Ausmaß der Erosion bewußt, der der katholische Kollegialteil unterlegen war, seit er 1747 in Inaktivität gefallen war. Rietberg und Gimborn-Neustadt schrieben schon seit Jahren nicht mehr, Rheineck und Anholt waren dem Vernehmen nach aus dem Kollegium ausgetreten, Bretzenheim war seit 1744 nicht mehr in Händen eines reichsständischen Hauses, Wittem und Kerpen-Lommersum galten als zahlungsunfähig.[163] Von Seiten der Mitstände, die sich schon früher

[158] Gagern an die gräflichen Mitglieder des Kollegiums, 5. Nov. 1805: StA DT, L 41 a, 9, S. 114.

[159] Rotberg an die Regierung in Hachenburg, 8. Nov. 1805; StA DT, L 41 a, 9, S. 123 ff.

[160] Regierung Nassau-Weilburg an die Fürstlichen Mitstände England-Hannover, Preußen und Hessen-Kassel, 26. Nov. 1805: StA DT, L 41 a, 9, S. 132.

[161] Zustimmung des Kurfürsten von Hessen-Kassel, 4. März 1806: StA DT, L 41 a, 9, S. 141.

[162] Vgl. die zahlreichen Folianten mit Metternich-Korrespondenz im HHStA Wien, Staatskanzlei: Berichte aus dem Reich sowie im SZA Prag, FA Metternich; allein der Schriftwechsel über die Reichskammergerichtsvisitationsdeputation von 1775 umfaßt zwei große Folianten: Nr. 2267/1 + 2.

[163] Nichts wurde über die restlichen neun katholischen Grafschaften ausgesagt: Gronsfeld, Reckheim, Winneburg-Beilstein, Blankenheim-Gerolstein, Gemen, Mylendonk, Schleiden und Saffenburg, Reifferscheid-Dyck. Sie stellten die korrespondierenden Mitstände dar, auf denen der katholische Kollegialteil beruhte: Spezifikation vom Aug. 1774: StA München, FA Toerring-Jettenbach, MM 3.

als die aktivsten Vertreter des katholischen Elements im Grafenkollegium gezeigt hatten, wurde Metternich ermuntert: Im Januar 1775 erkannte Graf Johann Friedrich Karl von Ostein ihn als »Direktor des katholischen Teils« an und erteilte ihm die Vollmacht zur Instruktion und Bevollmächtigung des Subdelegaten zur RKG-Visitationsdeputation.[164] Graf Franz Joseph von Manderscheid betonte, man müsse endlich ohne Zustimmung aus Neuwied handeln und einen eigenen Gesandten nach Wien schicken; auch wenn es zu Friktionen käme, sei die baldige Wahl eines katholischen Direktors unverzichtbar.[165]

Während des Regensburger Bevollmächtigungsstreites favorisierte Graf Metternich schon früh den Plan einer Kollegialteilung, da er die Chancen für einen tragfähigen Kompromiß auf der bisherigen Basis gering einschätzte. Im Oktober 1781 erläuterte er dem Grafen von Toerring-Jettenbach drei Modelle zur Lösung:

1. Austritt der katholischen westfälischen Grafen aus dem Kollegialverband und Fusion mit den katholischen Grafen des fränkischen Kollegiums,

2. Einrichtung einer neuen Grafenkurie speziell für die katholischen Grafen vom Niederrhein und aus Westfalen,

3. Austausch der katholischen und evangelischen Mitglieder des Niederrheinisch-Westfälischen Grafenkollegiums und des Rheinischen Prälatenkollegiums unter Bildung zweier konfessionell einheitlicher Corpora.[166]

Aus begreiflichen Gründen setzte sich Metternich zunächst für den zweiten Vorschlag ein; dieser hebe auch das Ansehen des Grafenstandes. Die Ausstattung beider Kollegialteile mit jeweils eigenen Mitarbeitern und Kassen noch vor der künftigen Verfassungsentscheidung hielt er für unverzichtbar.

Nach der erfolgten Teilung des Kollegiums konnte Metternich sich im Februar 1785 offiziell von den katholischen Grafen zum Direktor wählen lassen.[167] Auch hier wandte er wieder ein technisches Verfahren an, das sich schon in der Frage der Reichstagsbevollmächtigung als sehr zeitsparend und juristisch eindeutig erwiesen hatte: Er ließ seine Kanzlei Wahl-, Instruktions- und Bevollmächtigungsschreiben als Vordrucke konzipieren und diese den Mitständen zur Unterzeichnung zustellen. Nach Genehmigung und Unterschrift der katholischen Grafen hatte Metternich eine Reihe jeweils gleichlautender Schreiben als eigene Legitimation zur Hand.[168]

Metternich wollte es jedoch nicht dabei belassen, Direktorium, Kanzlei und Gesandtschaft in alter Form wiederhergestellt zu haben, sondern strebte auch die

[164] Graf Johann Friedrich Karl von Ostein an Graf Franz Georg von Metternich, 18. Jan. 1775: SZA Prag, FA Metternich, Nr. 2253 (irrtümlich wurde der Brief zwischen die Korrespondenz von Februar 1786 einsortiert.).

[165] Graf Franz Joseph von Manderscheid an Graf Metternich, 15. Okt. 1777: SZA Prag, FA Metternich, Nr. 2313.

[166] Graf von Metternich an den Grafen von Toerring-Jettenbach, 1. Okt. 1781: StA München, FA Toerring-Jettenbach, MM 3.

[167] Vgl. Mitteilungen an den Reichstagsgesandten von Haimb und den evangelischen Direktor Fürst von Neuwied, 28. Febr. 1785: SZA Prag, FA Metternich, Nr. 2253; 4. März 1785: StA DT, L 41 a, 2, S. 4.

[168] Erster Nachweis der Verwendung von Vordrucken: Standardisierte Vollmacht für Graf Metternich, 2. Febr. 1778: Archiv Plettenberg-Nordkirchen, Nr. 5467, S. 5.

Restitution der Grafentage gemäß den alten Verfassungsgrundsätzen an. Im April 1787 lud er die Mitstände seines Kollegialteiles nach Koblenz ein. Die wichtigsten der dreizehn Tagesordnungspunkte waren die Behandlung der Aufnahmeanträge des Grafen von Waldbott-Bassenheim und des Fürsten von Ligne, die gemeinschaftliche Abwehr protestantischer Nachzahlungsforderungen für ausgefallene Beiträge und die Bestrebungen, künftig einen Reichskammergerichtsassessor seitens des Kollegialteils zu präsentieren. Daneben wollte man das katholische Kassenwesen mit einer eigenen Matrikel, vierteljährlichen Einzahlungsterminen und Kassenrevisionen einrichten und Maßnahmen gegen säumige Zahler diskutieren.[169] Umstritten war die konfessionelle Zuordnung eines Mitstandes, der als Katholik eine protestantische Untertanenschaft regierte. Auf Metternichs Anfrage in Neuwied hatte Fürst Friedrich Alexander im Juli 1784 entschieden, daß in der Regel die Konfession des Landesherrn für die Mitgliedschaft in einem der beiden Kollegialteile entscheidend sei, sofern keine anderslautenden Verträge vorlägen.[170] Seine Entscheidung entsprach damit der Haltung des Corpus Catholicorum nach 1648, da Übertritte von Landesherren nur vom evangelischen zum katholischen Bekenntnis vorgekommen sind; die evangelischen Fürsten gingen indes bei der Zuordnung lieber von der »Landeskonfession« der Untertanen aus.[171]
Der katholische Grafentag fand in den ersten Junitagen in Koblenz statt. Es waren allerdings nur sechs Mitstände vertreten, und Metternich mußte die Beschlußunfähigkeit feststellen: Zur Mehrheit hätten mindestens acht Stimmen gehört.[172] Die Anwesenden kamen jedoch überein, alle Tagesordnungspunkte zu diskutieren und das Protokoll den übrigen Mitständen zur schriftlichen Genehmigung vorzulegen. Von den abwesenden Grafen kam auch in den folgenden Wochen die schriftliche Zustimmung, so daß der Grafentag nachträglich die Bedeutung einer verfassungsgebenden Versammlung des katholischen Teils erhielt.[173] Ein Jahr später konnte Metternich seinen Gesandten in Regensburg, von Haimb, anweisen, den Reichsständen die vollzogene Aufnahme des Grafen von Waldbott-Bassenheim mitzuteilen.[174] Von seiten der Protestanten gab es jedoch Widerstand gegen

---

[169] Einladung und Tagesordnung, 23. April 1787: SZA Prag, FA Metternich, Nr. 2293; vgl. StA München, FA Toerring-Jettenbach, MM 5.

[170] Protokoll Rotbergs, 17. Juli 1784: StA DT, L 41 a, 292, S. 1–6. Verwickelt war die Lage in Bentheim: Der Landesherr, der in Paris lebte, war katholisch, die Untertanen und der Pfandnehmer evangelisch. Bentheim leistete Beiträge zum evangelischen Kollegialteil: Notiz Rotbergs, 28. Jan. 1788: StA DT, L 41 a, 292, S. 17–21.

[171] Vgl. Brief Fischers an Fürst Friedrich Alexander von Neuwied, 29. Okt. 1788: StA DT, L 41 a, 292, S. 25–32; vgl. PÜTTER, Historische Entwicklung der heutigen Staatsverfassung des teutschen Reiches, Bd. 2, S. 337–341 (hier werden nach dem Dreißigjährigen Krieg 51 Fälle verzeichnet, in denen reichsständische Personen zum Katholizismus konvertiert sind; Übertritte von Katholiken zum Protestantismus hat Pütter nicht aufgeführt).

[172] Vertreten waren neben dem persönlich anwesenden Metternich der Fürst von Salm-Salm sowie die Grafen von Toerring-Jettenbach, von Ostein, von Schaesberg und von Sinzendorf: Protokoll von 8. Juni 1787: SZA Prag, FA Metternich, Nr. 2330/1.

[173] Z.B. Schreiben des Fürsten von Kaunitz an Graf Metternich, 17. Okt. 1787: SZA Prag, FA Metternich, Nr. 2293. Als Termin für den Grafentag wird hier der Zeitraum 8.–16. Juni 1787 genannt; der Grafentagsabschied ist jedoch auf den 8. Juni datiert.

[174] Graf Metternich an von Haimb, 8. Juni 1788: SZA Prag, FA Metternich, Nr. 2253.

den Probanden, nachdem der Fürst von Ligne, ebenfalls von Metternich als Neu-
mitglied vorgeschlagen, zwar die Zustimmung aus Neuwied, nicht aber die des
Corpus Evangelicorum in Regensburg erhalten hatte.[175]

Die finanzielle Lage des katholischen Kollegialteils war, wenn man den Kassen-
abrechnungen für die Jahre 1788 bis 1790 Glauben schenken darf, besser als die
der protestantischen Grafen. 1788 nahm das Kollegium 3.410 fl. ein; bei Ausgaben
von 3.172 fl. blieb ein Überhang von 238 fl. Diese Bilanz wurde vor allem durch
die von Metternich angeregten Aufnahmegebühren für Neumitglieder (Fürsten
1.500 fl.; Grafen: 500 fl.) erreicht; Fürst Ligne und Graf Waldbott-Bassenheim hatten mehr als die Hälfte dieses Betrages aufgebracht.[176] Auch 1789 wurde ein Überhang von 165 fl. erwirtschaftet, obwohl der katholische Teil 1.206 fl. Taxgebühren
an den Kaiser für die Anerkennung des Alternationsvergleiches von 1784 bezahlen
mußte.[177] Die Kassenbilanz für 1790 wies bei Einnahmen von 2.215 fl. und Ausgaben von 1.697 fl. einen Überschuß von 518 fl. aus.[178] Mit dem Wegfall der materiellen Grundlage fast aller katholischen Mitstände durch die französische Rheinlandbesetzung von 1794 verschlechterte sich die Kassenlage deutlich; die seitdem
anfallenden Repräsentationskosten mußte Graf Franz Georg von Metternich vorwiegend aus eigenen Mitteln bestreiten.[179]

Die Jahre nach 1794 waren für die katholischen Grafen von der Sorge erfüllt,
für ihre Verluste auf der linken Rheinseite nicht angemessen entschädigt zu werden, nachdem sich bereits Gerüchte verdichteten, Kaiser Franz II. sei bereit, diese
Gebiete an Frankreich abzutreten. Dabei kursierten die unterschiedlichsten Verzeichnisse über die Höhe der Verluste und damit die Höhe der Entschädigungsan-
sprüche. Jeder Reichsstand war bemüht, seine reichsfreien Güter im linksrheinischen Gebiet gegenüber der Reichsdeputation möglichst groß und ertragreich dar-
zustellen, gegenüber den französischen Behörden aber die Reichsstandschaft zu
verleugnen, um die Sequester möglichst bald aufheben zu lassen. In dieser Arbeit
wird, ungeachtet der wirklichen Verhältnisse – die Wahrheitsfindung wäre eine eigene Arbeit wert –, die Verlusttabelle der Metternichschen Direktorialkanzlei von
1801 verwendet; sie gewährt bei den im einzelnen vorkommenden Übertreibun-
gen wenigstens eine ungefähre Relation der Abtretungen zwischen den verschiedenen gräflichen Ständen.[180]

Das Entschädigungsgeschäft war auch eines der Hauptthemen des Grafentages
im März 1802 in Wien, wo sich Graf Metternich persönlich mit den Fürsten von

---

[175] Vgl. Korrespondenz zwischen der Direktorialkanzlei in Koblenz und dem Reichstagsgesandten von Haimb, 25. Juli, 27. Aug. und 4. Sept. 1788: SZA Prag, FA Metternich Nr. 2253; zu
Ligne: vgl. Kap.2.3. (S. 110); zu Waldbott-Bassenheim: vgl. Kap. 2.2. (S. 106 f.).

[176] Kassenspezifikation für 1788: StA München, FA Toerring-Jettenbach, MM 6.

[177] Zur Anerkennung des Alternationsvergleiches: RHR-Agent Bittner an Neuwied, 4. März
1789: StA DT, L 41 a, 167, S. 245–250; über Metternichs Bemühungen in Wien: RHR-Agent
Marck an den Grafen von Wied-Runkel, 4. März 1789: StA DT, L 41 a, 167, S. 255–258.

[178] Kassenspezifikation für 1790. SZA Prag, FA Metternich, Nr. 2262/4

[179] Zur Weiterentwicklung des Kassenwesens: SZA Prag, FA Metternich, Nr. 2262/1–5.

[180] »Über Länderverlust und Zusage neuer Länder für die erblichen Regenten. Eine geographisch statistische Noth- und Hülfstafel zur richtigen Beurteilung des Lunéviller Friedens vom 9.
Febr. 1801« (zit.: Noth- und Hülfstafel): SZA Prag, FA Metternich, Nr. 2255.

Kaunitz-Rietberg, von Ligne, von Bretzenheim sowie mit den Grafen von Aspremont-Linden, von Sternberg-Manderscheid und von Sinzendorf traf.[181] Zusätzlich
hatten der Herzog von Arenberg und der Graf von Plettenberg ihre Stimmen dem
Direktor übertragen. Franz Georg von Metternich stellte einen eigenen Entschä-
digungsplan für die Kollegialmitstände vor, der allerdings über allgemeine Forderungen nicht hinausging (z.B. Gleichstellung der Grafen mit den Fürsten etc.).
Außerdem schlug er vor, den Legationsrat Rieff zur Reichsdeputation zu entsenden, um dort die gräfliche Präsenz herzustellen. Die anwesenden Mitglieder
stimmten Metternichs Plänen zu.[182]

Es sollte der letzte Grafentag der »Niederrheinisch-Westfälischen Reichsgrafen
katholischen Anteils« sein; von den alten Mitgliedern wohnten nach der Entschädigung von 1803 nur noch die Fürsten von Kaunitz-Rietberg, die Fürsten von
Salm-Anholt und die Grafen von Nesselrode-Reichenstein in Westfalen, während
die übrigen Geschlechter in Süddeutschland begütert waren.[183] Metternich sah in
der nun nötig gewordenen Namensänderung des Kollegialteiles die Chance, auch
eine eigene Reichstagsstimme zu erlangen: Es bot sich die freigewordene Stimme
der Schwäbischen Prälatenkurie an, deren Güter die Grafen ja schon erhalten hatten. Metternich meldete im März 1803 seinen Anspruch darauf an.[184] Während er
in der Öffentlichkeit die Rechtsverstöße der Reichsfürsten angriff[185], förderte er
durch Gespräche und Schreiben den Aufbau des neuen »Schwäbisch-Westfälischen
Reichsgrafenkollegiums«; dieses geographische Unikum sollte die in Schwaben
entschädigten Opfer des Lunéviller Friedens mit den in Westfalen verbliebenen
katholischen Reichsgrafen verbinden. Zur Vorbereitung der neuen Kollegialgründung traf Metternich sich im Frühjahr 1805 dreimal mit den persönlich in Wien
anwesenden Fürsten und Grafen, die seinem Kollegialteil angehört hatten und an
einer Mitgliedschaft in der neuen Institution interessiert waren. Am 6. März fand
das erste Treffen statt; man kam überein, das Projekt des »Schwäbisch-Westfälischen Grafenkollegiums« zügig zu fördern sowie den förmlichen Austritt aus dem
alten Niederrheinisch-Westfälischen Grafenkollegium zu erklären. Über eine Re-
form der Kollegialkasse im Vergleich zum früheren katholischen Kollegialteil
wurden nur unverbindliche Erklärungen abgegeben. Das Verhältnis zu den protestantischen Grafen in Westfalen und Franken wurde zwar diskutiert, jedoch ohne
greifbares Ergebnis.[186]

---

181 Grafentag, 6. März 1802 (Anwesenheitsliste): SZA Prag, FA Metternich, Nr. 2298.

182 Grafentagsprotokoll, 6. März 1802: SZA Prag, FA Metternich, Nr. 2255.

183 Das ehemals kurmainzische Amt Krautheim, das die Familie von Salm-Reifferscheidt als
Entschädigung erhalten hatte, lag im Gegensatz zu allen übrigen süddeutschen Entschädigungslän-
dern nicht im Schwäbischen, sondern im Fränkischen Reichskreis.

184 Druckschrift Metternichs, 9. März 1803: StA DT, L 41 a, 316, S. 3 f.

185 Metternichs Aufforderung an von Haimb, weiterhin alle Rechtswidrigkeiten laut zu mißbil-
ligen, 18. Mai 1803: SZA Prag, FA Metternich, Nr. 2255.

186 Grafentag in Wien, 6. März 1805. Anwesende: Fürst Metternich – er war 1803 in den
Reichsfürstenstand erhoben worden –, Fürst Ligne, Fürst Sinzendorf, Graf Aspremont-Baindt,
Gesandte von Graf Plettenberg und Graf Sternberg-Blankenheim: SZA Prag, FA Metternich, Nr.
2294.

Am 29. Mai traf man erneut zusammen. Fürst Metternich hielt ein Grundsatz-
referat über die Ergebnisse der territorialen Umgruppierungen: 10 alte katholische
gräfliche Familien waren aus dem Rheinland nach Schwaben umgesiedelt und dort
entschädigt worden, die Grafen von Salm-Reifferscheidt wohnten jetzt im Fränkischen Reichskreis.[187] Der Herzog von Arenberg wurde nach Westfalen verpflanzt,
wo die Grafen von Nesselrode sowie die Fürsten von Salm und Kaunitz geblieben
waren. In Schwaben hatte es inzwischen schon den ersten Besitzerwechsel gegeben: Der Fürst von Ligne hatte seine Abtei Edelstetten an den Fürsten Nikolaus
von Esterhazy verkauft. Nach Metternichs Ansicht war damit der Fürst von
Esterhazy neues Mitglied im Kollegium; Ligne zeigte auch als Personalist weiterhin Interesse an einer Beteiligung an der Kollegialpolitik. Schließlich erklärte man
das alte westfälische Grafenkollegium katholischen Anteils für aufgelöst.[188]

Wenige Tage später traf die Wiener Arbeitsgruppe erneut zusammen. Metternich informierte die Anwesenden, er habe alle neuen schwäbischen Grafen zur
künftigen Zusammenarbeit und zur Gründungstagung des neuen Kollegiums
schriftlich eingeladen. Bevor jedoch in Regensburg die Übertragung der Prälaten-
stimme auf die Grafen verabschiedet sei, müsse man im Modus der Stimmalternation im Reichsfürstenrat fortfahren.[189] Metternich hatte den Direktorialrat von
Rieff beauftragt, einen Verfassungsentwurf vorzubereiten, der sich am Schwäbischen Grafenkollegium orientieren sollte; diesen Entwurf werde er den Mitständen beim nächsten Zusammentreffen im Juli in Ochsenhausen vorlegen. Unklar
war nur noch die Aufnahme der protestantischen Antragsteller Quadt und Wartenberg; Metternich befürwortete für sie eine Aufnahmegebühr von 3.600 fl.[190]

Metternichs Engagement, das schon im Februar von Mitständen als vorbildlich
gelobt worden war[191], bewirkte, daß zur Ochsenhausener Konferenz im Juli und

---

[187] Im einzelnen: Aspremont (Baindt), Waldbott-Bassenheim (Heggbach), Metternich (Ochsenhausen), Ostein (Buxheim), Plettenberg (Mietingen und Sullmingen), Schaesberg (Thannheim),
Sinzendorf (Winterrieden), Sternberg-Manderscheid (Schussenried und Weißenau), Toerring-Jettenbach (Gutenzell), Ligne (Edelstetten).

[188] Grafentag in Wien, 29. April 1805: StA DT, L 41 a, 316, S. 5–12; SZA Prag, FA Metternich,
Nr. 2294. Zur Aufnahme Esterhazys: HOFF, Das deutsche Reich vor der französischen Revolu-
tion, Bd. 2, S. 233; Fürst Esterhazy wurde im Dezember 1805 mit einem Matrikularbeitrag von 31
fl. pro simplo veranschlagt: Archiv Plettenberg-Nordkirchen, Nr. 2934, S. 3; Johann Christoph
ALLMAYER-BECK, Art.«Esterhazy» in: NDB 4 (1959), Sp. 633. Anwesende am Grafentag: Fürsten
Metternich, Sinzendorf, Ligne; Graf Sternberg; Gesandte für Aspremont-Baindt, Plettenberg und
Salm-Salm. Graf von Ostein hatte Metternich bevollmächtigt.

[189] Kesting geht von einer Halbierung der Reichstagsstimme aus; woher er diese Information
hat, ließ sich nicht herausfinden: KESTING, in: Westf. Zs. 106 (1956), S. 226. Martin Sagebiel übernahm den Hinweis auf die Stimmteilung; einen Quellenbeleg führt aber auch er nicht an: SAGE-
BIEL, Archiv des Niederrheinisch-Westfälischen Grafenkollegiums, S. IX. In allen Quellen, die mir
für den Zeitraum nach 1795 vorgelegen haben, ist vom Modus der Stimmalternation die Rede, und
es gibt keinen Grund, daran zu zweifeln, daß er bis zum Ende des alten Reichs bestanden hat.

[190] Grafentag in Wien, 6. Mai 1805: Anwesend waren Fürst Metternich, Fürst Sinzendorf, Graf
und Gräfin Sternberg, ferner die Gesandten von Fürst Esterhazy, Graf Aspremont und Graf Plettenberg. Der Graf von Ostein ließ sich durch Metternich vertreten: SZA Prag, FA Metternich,
Nr. 2294.

[191] Graf Gobert von Aspremont-Baindt schrieb an Metternich, 16. Febr. 1805: »Wirklich setzten Eure Fürstlich Gnaden und Liebden Höchstdero für die frohe Nachwelt so rühmlich erworbenen Verdiensten die verdiente Krone auf, wenn unter Höchstdero rastloser Direktion dieses

August 1805 die Gesandten von 11 Grafschaften erschienen, um das neue Kollegium feierlich zu gründen.[192] Die anwesenden Gesandten bekräftigten die reichsgräflichen Rechte ihrer Herren auf politische Selbstorganisation im Hinblick auf die Gründung dieses neuen Verfassungsorgans; ferner wählten sie die Gräfin von Sternberg-Manderscheid zur Kondirektorin sowie den Grafen von Toerring-Jettenbach und den Fürsten von Sinzendorf zu Adjunkten. Zentrale Beschlußvorlage war die aus 68 Paragraphen bestehende Verfassung des »Schwäbisch-Westfälischen Grafenkollegiums«, die von den Mitgliedern angenommen wurde.[193] Im Dezember 1805 folgte die erste Zahlungsaufforderung an die Mitstände.[194]

Parallel zur Kollegialneugründung verliefen die Bemühungen der mindermächtigen Stände Schwabens, darunter auch die Angehörigen der beiden Grafenkollegien, gemeinsame Schritte des Widerstandes gegen die Großmachtsambitionen Badens und Württembergs zu ergreifen. Diese Bemühungen sollten in einer »Schwäbischen Union« gipfeln; die Aktionen der Teilnehmer waren getragen vom Vertrauen auf Hilfe und Unterstützung durch den Kaiser gegen die Feinde der Reichsverfassung.[195] Im Februar 1806, als in Bayern, Baden und Württemberg schon kleinere reichsunmittelbare Gebiete mit Militär besetzt und mediatisiert wurden[196], trafen sich nochmals einige schwäbische Fürsten und Grafen in Ochsenhausen, gaben ein Bekenntnis zur Reichsverfassung ab und vereinbarten, ein Komitee nach München und ständige Beobachter an die übrigen Fürstenhöfe zu schicken, um dort zur Mäßigung gegenüber reichsständischen Rechten zu mahnen.[197] Das Komitee wurde wirklich nach München abgefertigt, kehrte jedoch ohne verbindliche Zusagen zurück.[198]

Die Arbeit der »Schwäbischen Union« manifestierte sich endlich in einer Denkschrift, die das Recht der Grafen auf die Reichsstandschaft und ihre Verdienste

wichtige Organisationsgeschäft zu Reiffe und zu Stande gebracht wird.«: SZA Prag, FA Metternich, Nr. 2291/1.

[192] Anwesende der Konferenz zu Ochsenhausen, 15. Juli bis 10. Aug. 1805: Gesandte von Metternich, Sternberg, Toerring-Jettenbach, Aspremont, Plettenberg, Ostein, Schaesberg, Sinzendorf, Waldbott-Bassenheim, Esterhazy, Ligne: SZA Prag, FA Metternich, Nr. 2292/2.

[193] Grafentagsprotokoll und Verfassung des neuen Kollegiums: SZA Prag, FA Metternich, Nr. 2292/2.

[194] Syndikus von Rieff an die Mitglieder des Schwäbisch-Westfälischen Grafenkollegiums, 2. Dez. 1805: Archiv Plettenberg-Nordkirchen, Nr. 2934, S. 3–8.

[195] Schreiben eines nicht identifizierbaren Grafen an den Fürsten von Hohenzollern-Hechingen, April 1805: »... müssen wir dem Schutze, den uns das Reichsoberhaupt schon ohnehin so nachdrücklich angedeihen läßt, auch durch eigene Vereinte Mitwirkung entgegen gehen.«: SZA Prag, FA Metternich, Nr. 2291/1 und 2. Zur »Schwäbischen Union«: Thomas SCHULZ, Die Mediatisierung des Adels, in: WÜRTTEMBERGISCHES LANDESMUSEUM STUTTGART (Hrsg.), Baden und Württemberg im Zeitalter Napoleons, Bd. 2, Stuttgart 1987, S. 157–174, bes. S. 163–165.

[196] Bericht des Amtmanns Klung an Graf Plettenberg über Mediatisierungsmeldungen in Süddeutschland, 9. Febr. 1806: Archiv Plettenberg-Nordkirchen, Nr. 2934, S. 18–22.

[197] Treffen in Ochsenhausen, 6. Febr. 1806. Anwesend waren Fürst Maximilian Wunibald von Waldburg-Zeil sowie die Gesandten von Metternich, Oettingen-Spielberg, Schwarzenberg, Waldburg-Wolfegg, Waldburg-Wurzach, Fugger-Glött, Fugger-Babenhausen, Windischgraetz, Waldbott-Bassenheim, Plettenberg, Königsegg-Aulendorf, Toerring-Gutenzell, Ostein, Wartenberg, Schaesberg und Quadt: SZA Prag, FA Metternich, Nr. 2291/1.

[198] Das Komitee reiste im März 1806 nach München: SZA Prag, FA Metternich, Nr. 2295/1.

durch Jahrhunderte für das Reich hervorhob. So sehr der Glaube der mindermächtigen Stände an die schützende Macht des Kaisers oder gar – wie die Druckschrift formulierte – an die Völkerrechtstreue Napoleons sich als Illusion erwies, so recht hatten sie mit der Warnung, sich in Schutzverhältnisse der größeren Reichsfürsten zu begeben, da diese sich nur auf den Zeitgeist der Machtexpansion stützten, ohne zu bedenken, wie schnell sie selbst das Opfer Mächtigerer werden konnten.[199]

Am 1. August 1806 fielen mit dem Inkrafttreten der Rheinbundakte alle reichsrechtlichen Hemmungen der süddeutschen »Großmächte« fort; die mindermächtigen Stände in weiten Teilen des Reiches verloren ihre Souveränität und die Neuuntertanen des württembergischen Königs auch einige persönliche Freiheiten.[200] Wie ein Nachhall vergangener reichsständischer Zeiten lesen sich die Versuche Metternichs, von den süddeutschen Königen die ausstehenden Beiträge für die mediatisierten Gebiete zu erheben; die Bemühungen blieben erfolglos.[201]

---

[199] Druckschrift »Erläuterungen über die Zeit-Umstände in Bezug auf die Minder-Mächtigen Fürsten und Stände des deutschen Reiches« (April 1806): SZA Prag, FA Metternich, Nr. 2295/2.

[200] Die württembergischen Standesherren verloren ihre Wahlfreiheit des Wohnortes, das Recht auf auswärtige Dienste, das Recht, das Land ohne königliche Genehmigung zu verlassen; sie wurden zu einer drei- bis viermonatigen Residenz pro Jahr in Stuttgart verpflichtet: GOLLWITZER, Die Standesherren, S. 54. Auf die Huldigung der Untertanen gegenüber dem neuen Landesherrn folgte oft direkt die Zwangsrekrutierung für dessen Armee: vgl. Bericht des Amtmanns Klung an den Grafen von Plettenberg, 28. Nov. 1806: Archiv Plettenberg Nordkirchen, Nr. 2934, S. 29–33; Entrüstung Metternichs über die Zwangsmaßnahmen in Württemberg (an Graf Stadion), 2. Febr. 1807: HHStA Wien, Reichskanzlei: Kleinere Reichsstände 355: Metternich, S. 194–197.

[201] Vgl. SZA Prag, FA Metternich, Nr. 2262/5.

KAPITEL 4

DER SYNDIKUS UND DIE DIREKTORIALKANZLEI

4.1. DER SYNDIKUS

Zur Unterstützung der Direktoren bei der Abwicklung der formalen Tätigkeit im Kollegium war schon in den Gründungsverhandlungen 1697–1698 die Schaffung der Stelle eines Syndikus geplant. Vor allem sollte die schriftliche Korrespondenz über seine Person laufen; daneben hatte er bei der Vorbereitung und Durchführung der Grafentage eine Schlüsselrolle. 1698 wurde erstmals eine Instruktion für den Syndikus verfaßt, aus der sich seine Aufgaben im einzelnen ersehen lassen: Er sollte nach seiner Wahl durch die Mehrheit der Grafen seinen Wohnsitz in Köln nehmen; die deutsche Abstammung wurde vorausgesetzt. Der Kandidat für das Amt mußte Kenntnisse in der Geschichte und Verfassung des Reiches nachweisen und sollte ein ordentliches Prädikat eines rechtswissenschaftlichen Studiums vorlegen. In konfessionspolitischer Hinsicht war er zu Neutralität verpflichtet. Zu seinen Aufgaben auf Grafentagen gehörte das Vortragen der Proposition, die Protokollführung sowie die Formulierung der Beschlüsse im Zusammenwirken mit den Direktoren. Zwischen den Grafenversammlungen hatte er regelmäßige Korrespondenz mit dem Reichstagsgesandten in Regensburg zu pflegen; über alle Neuigkeiten sollte er die Direktoren unverzüglich informieren, während er seine Kenntnisse vor Außenstehenden sorgfältig geheimzuhalten hatte. Schließlich wurde ihm auferlegt, den Schriftwechsel in einem Archiv aufzubewahren, zu dem er ständig Zugang hatte.[1] Der Grafentag 1713 erweiterte seine Kompetenzen noch geringfügig, indem er ihn aufforderte, Vorschläge zum gemeinen Besten und zur Abwendung von Schaden für das Kollegium zu machen.[2] Alle späteren Instruktionen bezogen sich auf diesen Aufgabenkatalog.

Aus ökonomischen Gründen vereinigte man von Beginn der Kollegialverfassung an das Syndikusamt mit dem des Kassierers, was die Kompetenzen des Inhabers noch erhöhte. Der Kassierer sollte gemäß seiner Instruktion von 1699 die vom Grafentag bewilligten Gelder nach Maßgabe der Grafenmatrikel ausschreiben, einfordern, treulich verwalten und zum Besten des Kollegiums ausgeben und verrechnen. Blieb ein Mitstand seine Zahlungen ganz oder teilweise schuldig, so sollte ihn der Kassierer den Direktoren melden. Auf den Grafentagen mußte jeweils ein Kassenbericht über die Finanzlage des Kollegiums verlesen und Rechen-

---

[1] Instruktion für den Syndikus, Nov. 1698: StA DT, L 41 a, 317, S. 63–65; vgl. MOSER, Neues Teutsches Staatsrecht, Bd. 3, S. 995.

[2] Instruktion für den Syndikus, 20. Mai 1713: StA DT, L 41 a, 318, S. 522 ff.

schaft abgelegt werden. Den Direktoren gegenüber sollte der Kassierer stets in der Lage sein, Auskünfte über den finanziellen Spielraum geben zu können, damit sie Möglichkeiten für Dispositionen hatten. Ebenso wie der Syndikus wurde auch der Kassierer auf Fleiß, Treue und Gewissenhaftigkeit im Wirtschaften vereidigt.[3] Da es zur festen Gewohnheit geworden war, beide Ämter zu koppeln, fertigte man 1740 für den Syndikus von Meinerzhagen nur noch eine Instruktion an, die die Aufgaben beider Ämter zusammenfaßte.[4]

In einem Kollegium, das schon wegen seiner regionalen und konfessionellen Heterogenität zwei Direktoren eingesetzt hatte, war die Einrichtung einer Syndikusstelle mit so zentralen Aufgaben bei einem ernsteren Konflikt eine strukturelle Schwachstelle. Dies sollte sich vor allem bei den nach 1730 zunehmenden konfessionellen Spannungen des Kollegiums herausstellen: Trotz der Verpflichtung des Amtsinhabers auf konfessionspolitische Neutralität war es für die Zeitgenossen klar, daß der Syndikus einem der beiden Bekenntnisblöcke angehören mußte. In den Augen der Gegenpartei hatte die Gruppe, die den Syndikus stellte, ein politisches Übergewicht im Kollegium. Seit der Einrichtung des Amtes hatte es nur katholische Inhaber gegeben; die Grafen von Manderscheid sorgten ohne großes Aufsehen dafür, daß Personen ihres Vertrauens in diese Schlüsselstellung gelangten, zumal der Amtssitz Köln einem katholischen Syndikus die Tätigkeit erleichterte. Hieronymus Buck (amtierte 1697–1713) und Johann Jakob von Broich (amtierte 1713–1729) hatten ihre Tätigkeit ohne Einwände der evangelischen Mitstände ausführen können; als jedoch von katholischer Seite den Anwesenden des Aachener Grafentages 1731 mit Maximilian Heinrich Ley der dritte katholische Kandidat in Folge präsentiert wurde, widersprachen die protestantischen Gesandten und erreichten, daß ihnen für die Zustimmung zu Leys Wahl die Alternation der Syndikusstelle zugestanden wurde. Der Gewählte selbst legte drei Tage nach seiner Wahl Protest gegen die künftige Alternation ein; es sei auch in Zukunft nach dem Mehrheitsprinzip zu verfahren.[5]

So zeichnete sich im Vorfeld der nächsten Vakanz der Syndikusstelle ein Machtkampf der Konfessionen ab, bei der die katholische Anschauung über die religiöse Zugehörigkeit des Syndikus im Widerspruch zur protestantischen Idee der konfessionellen Parität innerhalb des Kollegiums stand. Der Konflikt wurde nach dem Tod Maximilian Heinrichs von Ley 1740 auf dem Grafentag im gleichen Jahr ausgetragen.[6] Die katholischen Grafen hatten den Sohn des Verstorbenen, Felix Adam von Ley, aufgeboten; massiver Druck der fürstlichen Reichsstände und die Verärgerung vieler protestantischer Grafen über den Versuch, mit dem Syndikusamt einen katholischen »Erbhof« zu begründen, führten zu einer knap-

---

[3] Instruktion für den Kassierer, Sept. 1699: StA DT, L 41 a, 317, S. 147; Beispiele für eine Eidesformel (1731): StA DT, L 41 a, 319, S. 177–179.

[4] Instruktion für den Syndikus, 31. Aug. 1740: StA DT, L 41 a, 322, S. 485–493.

[5] Memorandum des Direktorialrates Thalmann über das Syndikusamt, 20. Sept. 1754: StA DT, L 41 a, 10, S. 187–196; Akten zum Grafentag 1731: StA DT, L 41 a, 319, S. 93–290; vgl. KESTING, in: Westf. Zs. 106 (1956), S. 195.

[6] Maximilian Heinrich von Ley war der Sohn des städtischen Kölner Syndikus und gräflich Manderscheid-Blankenheimischen Direktorialrats Adam Maximilian von Ley: Memorandum Thalmann (1754): StA DT, L 41 a, 10, S. 189.

pen Mehrheit für den Gegenkandidaten Abraham von Meinerzhagen.[7] Der in Leiden promovierte Jurist galt zwar als guter Beamter der Zukunft, hatte jedoch noch
keine praktische Erfahrung; der neuwiedische Kanzleirat Broescke wandte sich
auch gegen Meinerzhagen mit dem Argument, er verstehe weder etwas von Gra-
fensachen noch vom Kurialstil, da er die meiste Zeit seines Lebens in den republi-
kanischen Niederlanden verbracht habe. Außerdem sei zu befürchten, daß ein
Mann von seinen Ambitionen nicht lange für das geringe Gehalt im Grafenkollegium dienen wolle, sondern dies als vorübergehende Tätigkeit bis zur Berufung in
andere Dienste ansähe.[8]

Die katholischen Grafen fochten die Wahl an und waren erst auf schärfsten
Druck seitens der fürstlichen Mitstände bereit, Meinerzhagen am 1. September
1740 vereidigen zu lassen.[9] Der Syndikus schwor treue Dienste und die Kenntnis-
nahme der Instruktion sowie den gewissenhaften Umgang mit den ihm anvertrau-
ten Geldern. Er haftete mit seinem Grundbesitz für die ordentliche Erfüllung der
Dienstpflichten; auch sein Vater war für die Dauer der Dienstzeit verpflichtet,
keine Güter zu verkaufen oder zu verpfänden(!).[10] Die Widrigkeiten des Amtsan-
tritts zogen sich für den Syndikus durch seine gesamte Dienstzeit; die katholischen Grafen, vor allem der katholische Direktor Ambrosius Franz von Virmont,
brachten Meinerzhagen unverhohlenes Mißtrauen entgegen. Virmont beschwerte
sich sogar im Sommer 1741, ihm seien vom Syndikus offizielle Dokumente nicht
zugeleitet worden.[11] Der Grafentag 1744 eskalierte zum Kesseltreiben gegen
Meinerzhagen, als ihm die katholischen Grafen vorwarfen, er habe sich geweigert,
das Protokoll der 2. Sitzung zu vollenden, und er habe bei drei Sitzungen unent-
schuldigt gefehlt.[12] Meinerzhagen rechtfertigte sich, er sei in der 2. Sitzung vom
Hachenburgischen Gesandten aufgefordert worden, das Protokoll zu schließen,
nachdem die Gesandten von Neuwied und Lippe den Raum verlassen hätten; für
zwei weitere Sitzungen habe er sich beim virmontischen Direktorialgesandten
entschuldigt, und die 6. Sitzung habe er versäumt, da ihm der Reichstagsgesandte
von Pistorius, der dem Grafentag beiwohnte, gesagt habe, die Sitzung sei verschoben worden.[13]

Schon aus diesen beiden gegenteiligen Aussagen wird deutlich, daß angesichts
derartiger Spannungen, wie sie sich auf den Grafentagen 1740, 1744 und 1747 zeigten, ein Syndikus gleich welcher Konfessionsangehörigkeit dazu verurteilt war,

---

[7] Daß die konfessionellen Lager noch nicht völlig geschlossen waren, zeigt die Tatsache, daß
Rietberg, Wittem und Rheineck für Meinerzhagen stimmten: Wahl am 27. Aug. 1740: StA DT, L
41 a, 332, S. 90; Grafentagsakten 1740: StA DT, L 41 a, 321, S. 262–528; Memorandum Thalmann
(1754): StA DT, L 41 a, 10, S. 187–196.

[8] Brief Broesckes an Graf von Neuwied, 26. Juni 1740: StA DT, L 41 a, 333, S. 53–56.

[9] König von Dänemark an die Direktoren, 29. Aug. 1740: StA DT, L 41 a, 11, S. 39–40; König
von England an die Direktoren, 19. Aug. 1740: StA DT, L 41 a, 11, S. 44; zur Vereidigung: StA
DT, L 41 a, 322, S. 293–295.

[10] Treueid von Meinerzhagens, 1. Sept. 1740: StA DT, L 41 a, 322, S. 495 f.

[11] Zu den Klagen Meinerzhagens gegenüber dem Grafen von Neuwied: StA DT, L 41 a, 11, S.
56–64; Virmonts Vorwurf gegen Meinerzhagen, 17. Juli 1741: StA DT, L 41 a, 11, S. 61.

[12] Beschwerden der katholischen Stände über Meinerzhagen, 4. Juli 1744: StA DT, L 41 a, 324,
S. 178–180.

[13] Brief Meinerzhagens an das Kollegium, 14. Juli 1744: StA DT, L 41 a, 324, S. 170–177.

einer Seite als Sündenbock zu dienen.[14] Meinerzhagen wurde noch während des
Grafentages vom katholischen Kollegialteil für abgesetzt erklärt, eine Maßnahme,
die jedoch keine rechtskräftige Gültigkeit erlangte. Da der Syndikus allein über
den evangelischen Direktor von Neuwied bezahlt wurde, konnte er bis Anfang
1747 – allerdings ohne nennenswerte Aufgaben – amtieren. Danach wurde er ins
klevische Landrentmeisteramt berufen; sein Dankschreiben an den Grafen von
Neuwied im Februar 1747 läßt annehmen, daß das Haus Wied ihn bei der preußischen Regierung unterstützt hatte, diesen Posten zu erhalten.[15]

Um die freie Stelle des Syndikus bewarben sich 1747 der neuwiedische Direktorialrat Scheffer und der gronsfeldische Deputierte Görtz.[16] Eine Wahl fand jedoch
nach dem schnellen Abbruch des Grafentages 1747 nicht mehr statt, obwohl die
Gesandten zum Grafentag auf Anregung des Reichstagsgesandten von Pistorius
zur Wahl instruiert waren.[17] Der Plan, einen neuen Syndikus zu wählen, beschäftigte den evangelischen Direktor Neuwied noch einige Jahre. Auf der Neuwieder
Konferenz der evangelischen Grafen (Engere Korrespondenz) im September 1754
wurde das Thema noch anhand eines Memorandums des neuwiedischen Regie-
rungsdirektors Thalmann diskutiert.[18] Da jedoch die beiden Grundvoraussetzun-
gen, die Thalmann nannte, die Anerkennung der Alternation der Amtsträger und
Anerkennung des wiedischen und saynischen doppelten Stimmrechts, nicht zu erreichen waren, ließ man die Frage offen; de facto führte der jeweilige Direktorialrat in Neuwied die Amtsgeschäfte des Syndikus mit.[19]

4.2. DIE STELLUNG DES DIREKTORIALKANZLEIRATES

Erst mit der Dauervakanz des Syndikusamtes nach 1747 begann die Direktorialkanzlei, ihre Rolle als Schaltzentrale der innerkollegialen Prozesse zu spielen.
Zwar hatten die verschiedenen Direktoren des Kollegiums in der Phase der Grafentage auch Räte ihrer Verwaltung mit den besonderen Aufgaben der Direktorialkorrespondenz beauftragt, doch die Entstehung einer speziellen, nur für die Gra-
fensachen zuständigen Kanzlei läßt sich erst in der Neuwieder Verwaltung unter
Graf Friedrich Alexander nach 1750 beobachten. Erste Überlegungen wurden jedoch schon früher angestellt, wie ein Schreiben des wetterauischen Direktorialrats
Spener vom Februar 1739 belegt: Spener erläuterte den Gang der Amtsgeschäfte in
Hanau, schilderte die Kompetenzen, die ein Direktorialrat haben mußte (Kenntnisse in Grafenangelegenheiten, besonders des eigenen Kollegiums; Kenntnisse im
Aufbauen eines Archivs) und betonte, daß die Tätigkeit nicht neben einer anderen

---

[14] Vgl. zum Grafentag 1744 auch die Aussagen bei KESTING, in: Westf. Zs. 106 (1956), S. 212 f.
Die gegenseitigen Schuldzuweisungen verlagerten sich später auf die Direktorialebene: Vgl. Virmont an Neuwied, 15. Sept. 1744: StA DT, L 41 a, 11, S. 67 f.

[15] Dankschreiben Meinerzhagen an Neuwied, 23. Febr. 1747: StA DT, L 41 a, 11, S. 82–83.

[16] Bewerbung Görtz' an Neuwied, 8. Mai 1747: StA DT, L 41 a, 11, S. 129; Bewerbung Scheffers an Neuwied, 6. Febr. 1747: StA DT, L 41 a, 11, S. 106.

[17] Bericht von Pistorius' an Neuwied, 7. April 1747: StA DT, L 41 a, 1, S. 138.

[18] Memorandum Thalmanns, 20. Sept. 1754: StA DT, L 41 a, 10, S. 189–196.

[19] Vgl. Konferenz von Neuwied, Sept. 1754: StA DT, L 41 a, 11, S. 135 ff.; L 41 a, 352, S. 144 f.

Verwaltungstätigkeit ausgeübt werden könne, sondern eine Vollzeitbeschäftigung darstelle. In der Regel lese er als Direktorialrat die eingehende Korrespondenz und mache dann dem Direktor einen »ohnmaßgeblichen Vorschlag«, wie zu verfahren sei; der Graf von Hanau sei diesen Vorschlägen weitgehend gefolgt.[20]

Unter dem Direktorialrat Johann Christian Thalmann war der Kanzleimodus in Neuwied voll entwickelt; Thalmann sortierte und las die Post und erstattete dem Grafen mittwochs morgens um 10.00 Uhr Bericht; die Entscheidungen des Grafen wurden dann von ihm in Anweisungen für die Kanzlisten umgesetzt.[21] Die große Selbständigkeit, mit der die Direktorialräte ihre Arbeit versahen, erforderte für die gräflichen Direktoren eine sorgfältige Auswahl der Personen: Spener hatte sich in Hanau hinreichend qualifiziert, Thalmann und sein Nachfolger Friedrich Christian Schanz entstammten der Neuwieder Verwaltung und waren dem Grafen persönlich bekannt, bevor sie berufen wurden.[22] Im Frühjahr 1775 trat wieder eine Vakanz ein; auf die Stelle des Direktorialrates bewarben sich Johann Gottlieb von Faust und Johann Adolf Rotberg. Letzterer stand als Regierungsrat im löwenstein-wertheimischen Dienst und war systematisch vom lippischen Grafen und seiner Regierung als Kandidat aufgebaut worden.[23] Rotberg war wirtschaftlich unabhängig und bot sogar an, ein Vierteljahr unbesoldet zu arbeiten, wenn er die Stellung bekäme.[24] Neuwied schlug Rotberg den Mitständen vor, die in wenigen Wochen zustimmten; sie übernahmen sogar Rotbergs Umzugskosten von Wertheim nach Neuwied.[25]

Rotberg siedelte 1793 mit der Direktorialkanzlei von Neuwied nach Detmold um[26], wo er schnell das Vertrauen des wiedergenesenen Fürsten Leopold zur Lippe gewann. Die Korrespondenz zwischen beiden verdeutlicht, daß der Fürst, der in der Ausübung seiner Landesherrschaft stark beschränkt war, sich auch in der Kollegialpolitik vom selbstbewußten Rotberg lenken ließ.[27] Das hielt Leopold

[20] Schreiben Speners an den Burggrafen von Kirchberg, 1. Febr. 1739: StA DT, L 41 a, 10, S. 43–65; Gutachten über die Aufgaben des Direktorialrates: ebd., S. 67–106, bes. S. 76 f. Spener bewarb sich später um die Stelle des Direktorialrates in Neuwied (1750): StA DT, L 41 a, 10, S. 167–172.

[21] Mandat Neuwieds an Thalmann, 25. Okt. 1753: StA DT, L 41 a, 12, S. 1; Rotberg schilderte das Vortragen genauso: Memorandum über den Ablauf der Geschäfte, 18. April 1795: StA DT, L 41 a, 47, S. 8–12.

[22] Thalmann übte die Geschäfte von 1754 bis ca. 1757/58 aus, Schanz von 1767 bis 1775: vgl. Akten zum Bewerbungsverfahren Schanz im Juli 1767: StA DT, L 41 a, 51, S. 2 ff.

[23] Bewerbung Rotbergs, 2. April 1775: StA DT, L 41 a, 54, S. 1–3; Empfehlungsschreiben des Grafen Simon August zur Lippe an Neuwied, 29. März 1775: StA DT, L 41 a, 54, S. 5 f.; Empfehlungsschreiben des Detmolder Kanzleidirektors Hoffmann an Neuwied, 24. März 1775: StA DT, L 41 a, 54, S. 17. Sein Bruder Theodor Christian war lippischer Regierungsrat.

[24] Angebot Rotbergs an Neuwied, 30. Juli 1775: StA DT, L 41 a, 54, S. 33–35.

[25] Zirkular Neuwieds, 19. Aug. 1775: StA DT, L 41 a, 54, S. 39–42; Gehaltszahlung und Umzugskostenerstattung verzögerten sich später, und Rotberg protestierte dagegen (29. März 1776): StA DT, L 41 a, 54, S. 105–111; vgl. KIEWNING, Auswärtige Politik, S. 23.

[26] Vgl. Kap. 4.4. (S. 159 f.); zu den Vorverhandlungen mit der lippischen Regierung: StA DT, L 41 a, 4, S. 291–296.

[27] Zum vertrauten Verhältnis: Handschreiben Leopolds an Rotberg, 3. Sept. und 13. Nov. 1795: StA DT, L 41 a, 46, S. 250 und 291. Ein weiteres Schreiben beginnt mit der Anrede: »Liebster Herr Direktorialrat!« (10. Mai 1799).

jedoch nicht davon ab, in Fällen, in denen er die Privilegien seines Direktorialrates bedroht sah, energische Anweisungen zu seinen Gunsten zu erteilen. So war
Rotberg von militärischen Einquartierungen befreit, woran auch die Versuche der
Stadt Detmold, einen Soldaten bei ihm unterzubringen, nichts änderten.[28] Im
April 1795 versuchte die fürstliche Regierung, die Direktorialkanzlei in ihre Abhängigkeit zu bringen: Der Geheime Regierungssekretär Clausing untersagte Rotberg, sich künftig mündlich an den Fürsten zu wenden. Rotberg verwahrte sich
dagegen in einem Schreiben an Fürst Leopold und berief sich auf das in Neuwied
üblich gewesene Verfahren.[29] Der Fürst gab Rotberg recht und wies die Regierung
zurück; er werde die Räte unterrichten, wenn er dies für richtig halte, teilte Leopold Clausing mit. In die Kollegialsachen hätten sich die Beamten nicht einzumi-
schen; Anweisungen an den Direktorialrat seien unstatthaft.[30] Weitere Versuche
der Regierung, die Direktorialkanzlei zu »mediatisieren«, schlugen ebenfalls fehl.

Rotbergs lange Amtszeit verschaffte ihm auch zu den übrigen Mitständen des
Kollegiums ein vertrautes Verhältnis. So bat er den Fürsten Karl von Wied-Runkel, seinen Sohn in eine feste Planstelle einzuweisen; dieser werde sich durch Fleiß
und Treue auszeichnen.[31] Beim Burggrafen von Kirchberg-Hachenburg, seinerzeit
Interimsdirektor, stellte Rotberg im September 1791 einen nicht näher begründe-
ten Urlaubsantrag, der vom Burggrafen genehmigt wurde.[32] Ein weiterer Urlaub
wurde dem Direktorialrat 1799 zur Beerdigung seines Bruders in Wetzlar genehmigt.[33] 1803 stellte Rotberg den Antrag, sich wegen der Regelung von Familienan-
gelegenheiten fünf oder sechs Wochen nach Frankfurt und Mannheim begeben zu
dürfen. Die Fürstin von Nassau-Weilburg genehmigte auch diese Reise.[34]

Die Führungskrise des Kollegiums nach 1802 überließ Rotberg auch die Aufgaben des Direktors; da von der Interimsdirektorin aus Weilburg nur recht wenige
Anweisungen kamen, übernahm der Direktorialrat selbst die Initiative. Zu Beginn
des Jahres 1803 korrespondierte er selbständig mit dem Direktor des katholischen
Kollegialteils, Graf Franz Georg von Metternich, über Maßnahmen zur Vertretung der Gesamtinteressen des Grafenstandes über die konfessionellen Grenzen
hinweg.[35]

Nach Auflösung des Reiches wohnte Direktorialrat Rotberg noch einige Zeit in
Detmold, ohne jedoch dort in die Verwaltung übernommen zu werden. Später er-

---

[28] Protestschreiben Rotbergs an Leopold, 22. Nov. 1794: StA DT, L 41 a, 63, S. 2–7.

[29] Protest Rotbergs an Leopold, 20. April 1795: StA DT, L 41 a, 47, S. 13 f.

[30] Mandate Leopolds vom 29. April 1795 und 3. Febr. 1796: StA DT, L 41 a, 47, S. 13 f. und 37
f.; vgl. KIEWNING, Auswärtige Politik, S. 24. f.

[31] Rotberg an Fürst Karl von Wied-Runkel, 6. Mai 1802: FWA NR, Schrank 103, Gefach 68,
Nr. 13.

[32] Rotberg an den hachenburgischen Rat Wredow, 28. Sept. 1802; Genehmigung durch den
Burggrafen von Kirchberg, 1. Okt. 1791: StA DT, L 41 a, 173, S. 23 f. und 25.

[33] Urlaubsgesuch Rotbergs an Leopold, 7. Mai 1799: StA DT, L 41 a, 50, S. 2 f.

[34] Antrag Rotbergs, 10. Aug. 1803: StA DT, L 41 a, 50, S. 6; Nassau-Weilburgische Regierung
an Rotberg, 22. Aug. 1803: StA DT, L 41 a, 50, S. 12. Reiseerlaubnis hatte schon der Syndikus von
Meinerzhagen beantragt und erhalten: vgl. Schriftwechsel mit dem Grafen von Neuwied wegen
einer Reise nach Berlin, 1./2. Aug. 1746: StA DT, L 41 a, 11, S. 80 f.

[35] Schreiben Rotbergs an Metternich, 28. Jan. und 16. Febr. 1803: SZA Prag, FA Metternich,
Nr. 2312/3.

hielt er den lippischen Anteil seines Ruhegehaltes nach Wetzlar überwiesen, wo er 1827 starb.[36]

Der katholische Kollegialteil hat nach 1784 keine besondere Direktorialkanzlei ausgebildet; die Geschäfte wurden von dem in Koblenz ansässigen metternich-schen Kanzleirat Karl Kaspar von Hertwig wahrgenommen. Rotberg und Hertwig hatten sich bei den zahlreichen Treffen ihrer Herren in Neuwied und Koblenz persönlich kennen und schätzen gelernt; Hertwig drückte 1791 in einem Schreiben an Rotberg anläßlich des Todes Friedrich Alexanders von Neuwied sein großes Bedauern darüber aus, daß nun die Verlegung der evangelischen Direktorialkanzlei bevorstünde und man sich danach wohl aus den Augen verlöre.[37] Hertwigs Rolle gegenüber Metternich war der des evangelischen Direktorialrates vergleichbar; seine Entwürfe und Vorschläge zum politischen Handeln der katholischen Grafen waren in seiner kurzen Amtszeit sehr zahlreich.[38]

Die Direktorialkanzleiräte gaben dem evangelischen Teil des Grafenkollegiums die Möglichkeit, sich kontinuierlich am politischen Leben im Reich zu beteiligen; sie kannten die Spitzfindigkeiten des Reichsrechts meist besser als ihre Herren und waren als deren Berater unverzichtbar. Kaum einmal wurde eine Entscheidung gegen die Warnung eines Direktorialrates getroffen. So genoß die doch recht kleine Direktorialkanzlei gegenüber den anderen Behörden in Neuwied und Lippe eine vergleichsweise starke Protektion.

4.3. DIE STELLUNG DER SEKRETÄRE UND KOPISTEN

Die Direktorialkanzlei war eine gewachsene, keine systematisch eingerichtete Behörde; ein fester Personalplan hat dort nicht für längere Dauer bestanden. Unter dem Direktorialrat lassen sich zwei Kompetenzbereiche ausmachen, einer für den laufenden Schriftverkehr (Assessor, Sekretäre, Expedient, Kopist und Diener) und einer für den ruhenden Schriftverkehr (Registrator, Archivar). Diese Ämter waren nicht mit jeweils einer Person besetzt, sondern in der Regel kumuliert; so übte der Direktorialrat Rotberg in der Schlußphase des Kollegiums auch die Tätigkeit des Assessors aus und erhielt dafür ein erhöhtes Gehalt. Allein die Kopiertätigkeit war auf mehrere Personen verteilt. Einige Mitarbeiter der Direktorialkanzlei waren gleichzeitig im Sold der neuwiedischen »Armee«: Leutnant Johann Jakob von Frobenius tat zeitweise als Assessor Dienst, der Feldwebel Simon Ebelshauser und Sergeant Kohl wurden zu Kopierarbeiten herangezogen.[39] Mitunter

---

[36] In den Akten des StA Detmolds wurde Rotberg als Pensionsempfänger zusammen mit der Bundesversammlungsgesandtschaft geführt: StA DT, L 77 A, 3514, S. 157. Über Rotbergs Ableben »im 2.Quarthal 1827«: Bericht des Landrezeptors Kellner, 11. Jan. 1828: StA DT, L 77 A, 3515, S. 3.

[37] Hertwig an Rotberg, 18. Aug. 1791: StA DT, L 41 a, 4, S. 127. Hertwig betätigte sich später als Verleger der Reichstagsberichte der katholischen Gesandten seines Kollegialteiles: »Hertwigs periodische Staatsschrift« (1796–1798): StA München, FA Toerring-Jettenbach, MM 8 und MM 9.

[38] Wirklicher Direktorialrat – auch dem Titel nach – war von Hertwig erst ab 1785: SZA Prag, FA Metternich, Nr. 2252 und 2253.

[39] Direktorialkassenrechnung, 1772/1773: StA DT, L 41 a, 376, S. 317.

wurden auch einfache Soldaten als Boten eingesetzt: So brachten Daniel Boecking und Henrich Flint Briefe nach Bad Ems und Koblenz und erhielten dafür Botenlohn.[40]

Das Assessorenamt wurde von 1771 bis 1782 durch Johann Jakob Frobenius verwaltet; er hatte schon 1767 die Direktorialkasse übernommen, versuchte aber, sie an einen anderen Mitarbeiter abzugeben, da sie durch ihr Zusammenwachsen mit der neuwiedischen Landkasse unübersichtlich geworden war.[41] Gegen eine Zusatzvergütung von 100 fl. pro Jahr blieb Frobenius jedoch in seiner Funktion. Bei seinem Amtsantritt 1771 wurde er zu Treue, Verschwiegenheit und Gehorsam verpflichtet; ihm wurden die Aufsicht über die ein- und ausgehende Post, die Ordnung des Archivs, die Bereithaltung aller aktuellen Entscheidungsgrundlagen sowie das Titularbuch anvertraut.[42]

Der ihm untergebene Sekretär war für Signieraufgaben und Aktenvermerke zuständig; er fertigte die Vorlagen über Personenstandsänderungen in den gräflichen Familien an, die dann ins Titularbuch eingetragen wurden. Bei Kollegialsitzungen des Direktors Graf von Neuwied mit seinem Direktorialrat war der Sekretär als Protokollant anwesend.[43] Aus den Protokollnotizen formulierte der Sekretär die Brieftexte, die er nach der Fehlerkorrektur dem Grafen vorlegte. Die vollständig formulierten Briefe wurden, wenn sie an alle Grafen gesandt werden sollten, von den Kopisten oder Skribenten vervielfältigt; für diese Tätigkeit war keine spezielle Qualifikation erforderlich außer einer lesbaren Handschrift. So wurden Kopisten z. B. auch aus der Armee übernommen[44]; ihr Dienst begann um 8.00 Uhr morgens, endete um 17.00 Uhr nachmittags und war von einer zweistündigen Mittagspause unterbrochen.[45] Beschwerden über fehlenden Diensteifer sind selten; nur 1776 beschwerte sich Leutnant von Frobenius darüber, daß die Kopisten nach dem Schreiben nicht noch einmal Kopie und Original miteinander verglichen. Es seien mehrfach Fehler und Auslassungen vorgekommen, wogegen die Kopisten beteuerten, sie würden ordentlich arbeiten. Graf Friedrich Alexander erließ 14 Tage später eine Anweisung, die das Korrekturlesen zur Pflicht machte.[46]

Ein wichtiger Punkt der Direktorialkanzlei war das Bemühen um Geheimhaltung der einzelnen Vorgänge, um nicht Informanten der Fürsten oder der Reichsritter mit Neuigkeiten zu versorgen. Graf Friedrich Alexander von Neuwied ordnete 1754 an, daß alle Vervielfältigungen künftig im Schloß stattzufinden hätten; vermutlich hatten sich einige Skribenten Arbeit mit nach Hause genommen.[47]

---

[40] Direktorialkassenrechnung, 1774: StA DT, L 41 a, 337, S. 10 und 216–220.
[41] Frobenius an Neuwied, 27. März 1770: StA DT, L 41 a, 12, S. 99.
[42] Instruktion für Frobenius, 19. Febr. 1771: StA DT, L 41 a, 72, S. 3–16.
[43] Instruktion für den Sekretär Karl Jakob von Low, 1. Aug. 1781: StA DT, L 41 a, 69, S. 17 ff.; vgl. auch Instruktion für den Sekretär Johann Franz Ludwig Mülmann, 1. März 1754: StA DT, L 41 a, 12, S. 8–13.
[44] Der Unteroffizier Christian Gottlieb Roesgen wurde zum Kopisten ernannt: Direktorialkanzleiprotokoll, 30. Jan. 1764: StA DT, L 41 a, 12, S. 64.
[45] Memorandum Rotberg, 2. Okt. 1784: StA DT, L 41 a, 74, S. 13.
[46] Eingabe Frobenius, 29. Nov. 1776: StA DT, L 41 a, 33, S. 1; Genehmigung Neuwied: ebd. (Dorsalvermerk).
[47] Mandat des Grafen von Neuwied, 5. Febr. 1754: StA DT, L 41 a, 12, S. 3.

Auch in den Amtseiden spielte das Juramentum taciturnitatis eine bedeutende Rolle. Schon eine Eidesformel, die im Wetterauischen Grafenkollegium gebräuchlich war, enthielt die Verpflichtung, keine Informationen zu verbreiten, keine Kopien auszuhändigen, keine Fragen über Kollegialsachen zu beantworten und alle Unterlagen sorgfältig aufzubewahren.[48] Der Eid wurde nicht auf die Dienstzeit beschränkt, sondern auf Lebenszeit geleistet: »bis in meine Grube«, so versprach der Kanzlist Heinrich Friedrich Christoph Clemens am 30. Juni 1772, wolle er die Geheimnisse des Kollegiums für sich behalten.[49] Diese Pflicht tauchte auch im weiteren Verlauf in den Instruktionen, Anstellungspatenten und Treueiden der Kanzleibediensteten regelmäßig auf.[50]

Die kleinen Pannen des Kanzleialltags sind in den Quellen nur sehr selten überliefert. Vorkommnisse, wie die Beschwerde Rotbergs bei der Post in Detmold darüber, daß ein Brief aus Burgsteinfurt statt der üblichen fünf Tage diesmal dreizehn Tage benötigt hatte, müssen wohl weniger selten gewesen sein, als die Quellen vermuten lassen. Die Drohung Rotbergs, das kaiserliche Oberpostamt Deutz zu informieren, führte zu schnellen Recherchen durch den Postmeister Runnenberg, die ergaben, daß das Schreiben in Münster acht Tage lang unbearbeitet gelegen hatte.[51] Die Klage des Grafen von Wallmoden-Gimborn, er sei angesichts seiner langen Abwesenheit von seinen reichsunmittelbaren Landen von den dortigen Beamten nicht über die Collegialia informiert worden und habe u.a. deshalb seinen Oberamtsdirektor Brandes wegen Pflichtverletzung entlassen, hatte möglicherweise ihre Begründung im Versehen Rotbergs, der den Grafen von Wallmoden im Postverteiler für die Zirkularschreiben einzutragen vergessen hatte. Einige Schreiben waren in der Tat nicht an Wallmoden abgesandt worden.[52]

Eine weitere Widrigkeit rührte nicht vom Fehlverhalten der Mitarbeiter oder beauftragter Institutionen her, sondern resultierte aus den Witterungsverhältnissen. Schon im Herbst 1788 hatte der Kopist Roesgen beim Fürsten von Neuwied um die Zuteilung eines halben Klafters Brennholz gebeten, um im Winter die Direktorialkanzlei heizen zu können. Der Fürst hatte sich jedoch lange in Schweigen gehüllt und erst am 10. Januar 1789 das Gesuch abgelehnt »wegen Holzmangel überhaupt«.[53] Erst eine scharfe Frostperiode Ende Januar ließ den Fürsten einlenken und auf nochmalige Bitte Roesgens Holz bereitstellen.[54]

---

[48] Verschwiegenheitsverpflichtung vom 17. Sept. 1738: StA DT, L 41 a, 320, S. 233 f.

[49] Eidesleistung, 30. Juni 1772: StA DT, L 41 a, 13, S. 2.

[50] Instruktion an die Kanzlisten, Köln, Grafentag 1740: StA DT, L 41 a, 322, S. 362; Diensteid des Kanzlisten Johann Adam Frera, 15 Jan 1742: StA DT, L 41 a, 328, S. 357; Patent für den Sekretär Johann Franz Ludwig Mülmann, 1. März 1754: StA DT, L 41 a, 12, S. 6 f.

[51] Korrespondenz Rotbergs mit der Post in Detmold, Juli 1802: StA DT, L 41 a, 43, S. 62 f.

[52] Klage des Grafen von Wallmoden-Gimborn an Rotberg, 20. Aug. 1802: StA DT, L 41 a, 7, S. 81. Beispiele für Zirkularschreiben Rotbergs, die nicht an Wallmoden verschickt worden sind: StA DT, L 41 a, 7, S. 12, 19, 23, 50, 75.

[53] Anfrage Roesgens an Neuwied, 18. Okt. 1789: StA DT, L 41 a, 442, S. 5; Antwort Neuwieds, 10. Jan. 1789: StA DT, L 41 a, 442, S. 6.

[54] Roesgen an Neuwied und Antwort Neuwieds, 30. Jan. 1789: StA DT, L 41 a, 442, S. 7. Möglicherweise ist diese Bemerkung der Holzverknappung schon ein Vorbote der Streitigkeiten zwischen dem Sohn Fürst Friedrich Karl und den Bauern in Neuwied um die Holznutzungsrechte

4.4. DAS DIREKTORIALARCHIV UND DIE BIBLIOTHEK

Erste Überlegungen, die anfallenden schriftlichen Unterlagen des Kollegiums zu sammeln und zu archivieren, gab es schon während des Grafentages im November 1698. Dort wurde die Registrierung der Akten dem Syndikus übertragen, der aus Gründen der Sicherheit und Zuverlässigkeit das Archiv in einem der zahlreichen Klöster und Stifte in Köln hinterlegen sollte.[55] Das Syndikusarchiv umfaßte jedoch nur einen Teil der Korrespondenz; die Direktoren sammelten die bei ihnen eingehenden Schriftstücke in ihren Hausarchiven, und auch der Reichstagsgesandte mußte bald eine eigene Aktenaufbewahrung einrichten.

Zu einer systematischen Aktenvereinigung ist es weder in der Zeit des Kollegiums gekommen, noch hat man nach 1806 – mangels Interesse – die Archivalien gesammelt. Es war nach 1738 schon schwierig gewesen, Aktentransfers durchzuführen, wie der neue Direktor Neuwied erfahren mußte, als er die Direktorialakten seiner Amtsvorgänger aus Detmold haben wollte.[56] Die Verhandlungen zwischen beiden Häusern zogen sich über Jahre hin, nicht nur, weil das lippische Haus die Mehrausgaben seiner Direktorialzeit ersetzt haben wollte, sondern auch, weil das Heraustrennen der Grafenangelegenheiten aus dem Bestand der allgemeinen Korrespondenzakten des Hauses sich als problematisch erwies.[57]

Nachdem eine zweite Aufforderung Neuwieds nach Detmold zunächst nur mit der Übersendung der Archivinventare der Syndici Broich, Ley und Buck beantwortet worden war, regte der Reichstagsgesandte von Pistorius die Vereinigung aller vier Teilarchive des Kollegiums an, um den Mühen ständiger Aktennachfragen und -verschickungen zu entgehen.[58] Die Rechtsstreitigkeiten im Kollegium um Stimmrechte und konfessionellen Proporz motivierten den Direktor Graf von Neuwied, den Ausbau des Archivs voranzutreiben.[59] Von früheren Direktoren aus den Familien Lippe, Manderscheid, Plettenberg und Virmont sowie von den Angehörigen der Syndici konnten zahlreiche Aktenpakete erworben werden, oft nur gegen finanzielle Befriedigung alter Ansprüche.[60] Verlorene Grafentagsprotokolle wurden unter der Mithilfe der Regierungen in Dierdorf (Wied-Runkel) und Hachenburg kopiert und den Akten hinzugefügt. Zwischen 1753 und 1755 verfer-

nach 1791, die der Entmündigung des Fürsten vorausgingen: vgl. TROSSBACH, »Im Kleinen ein ganz wohl eingerichteter Staat«, S. 29 f.

[55] Protokoll des Grafentages, Nov. 1698: StA DT, L 41 a, 317, S. 33, S. 46.

[56] Schreiben Neuwieds an die lippische Vormundschaftsregierung, 24. Dez. 1738: StA DT, L 41 a, 84, S. 1.

[57] Der Korrespondenzbestand des lippischen Hauses mit anderen gräflichen Familien wurde erst während der Neuverzeichnung des Archivbestandes unter Archivrat Kiewning 1902–1904 der Kollegialüberlieferung angefügt: StA DT, L 41 a, 1720–2136: vgl. SAGEBIEL, Archiv des Niederrheinisch-Westfälischen Grafenkollegiums, S. XI.

[58] Kanzleirat Broescke an Geheimrat Piderit in Detmold, 3. Dez. 1740: StA DT, L 41 a, 84, S. 3 ff.; Anregung von Pistorius, 26. Febr. 1745: StA DT, L 41 a, 84, S. 47 f.

[59] Vgl. zum Archivausbau insgesamt: SAGEBIEL, Archiv des Niederrheinisch-Westfälischen Grafenkollegiums, S. IX–XI.

[60] Vgl. dazu Kap. 6.3. passim (S. 196–207).

tigten die Kanzleibeamten Schanz und Thalmann einen Generalindex der Sachen und Betreffe, mittels dessen sich der Zugriff auf die drei Sachgruppen des chronologisch geordneten Archivs beträchtlich erleichterte.[61]

1763 war eine Sendung von Kopien noch fehlender Reichstagsakten gekauft worden. Daraufhin modifizierte Direktorialrat Schanz nach 1764 die Kollegialregistratur.[62] 1766 begann Regierungsassessor von Bode, ein neues Repertorium der Archivalien anzufertigen, eine Arbeit, die sich bis 1771 hinzog.[63] Nach der Übernahme der Direktorialkanzlei durch Rotberg 1775 wurden die Akten nochmals nach verbessertem Schema registriert; obwohl das Archiv bis zur Auflösung des Kollegiums nicht vollständig nach einem logischen Ordnungsschema gestaltet werden konnte, war es immerhin so brauchbar, daß Rotberg für seine langen Rechtsgutachten doch immer Belegstellen aus allen Phasen der Kollegialgeschichte fand.[64]

Nach dem Tod des Fürsten von Neuwied 1791 stellte sich analog zur Nachfolgefrage die des Transfers aller Archivalien in die Residenz des neuen Direktors. Da Fürst Leopold zur Lippe die Exspektanz seines Hauses auf das evangelische Direktorenamt von 1738 – sie war 1772 bestätigt worden – geltend machen konnte, stand der Umzug nach Detmold bevor. Die dortige Regierung wurde aufgefordert, die zum Transport erforderlichen Mittel zunächst vorzuschießen.[65] Die Durchführung des Umzuges streckte sich allerdings bis Juli 1793 hin, nachdem der Reichstagsgesandte von Fischer schon im November 1792 angesichts der Kriegsgefahr im Rhein-Mosel-Gebiet zur Eile gemahnt hatte.[66] Rotberg sorgte in seinen Schreiben nach Detmold dafür, daß sowohl seiner Familie als auch dem Kanzlisten Schinck an der neuen Wirkungsstätte angemessene Wohnungen bereitgestellt wurden; sein Antrag, die eigene Reise in einer prunkvollen französischen Emigrantenkarosse zurücklegen zu dürfen und das Gefährt hinterher dem lippischen Marstall zu verkaufen, wurde jedoch von Detmold abgelehnt.[67] Der Transport der Akten begann am 11. Mai und wurde durch die beiden Fuhrleute Johann Merle und Philipp Jakob Gieser aus Neuwied durchgeführt. Am 26. Mai 1793 konnte

[61] Diskussion zwischen Schanz und Thalmann über den Generalindex, Sept. 1753: StA DT, L 41 a, 84, S. 61.

[62] Korrespondenz der Direktorialkanzlei 1763/64: StA DT, L 41 a, 84, S. 79–88.

[63] Vorlage und Genehmigung der Registratur durch den Grafen, 25./26. Febr. 1771: StA DT, L 41 a, 84, S. 127.

[64] Vgl. StA DT, L 41 a, 87–92; vgl. SAGEBIEL, Archiv des Niederrheinisch-Westfälischen Grafenkollegiums, S. X f.

[65] Briefwechsel zwischen dem Burggrafen von Kirchberg und der lippischen Vormundschaftsregierung, Nov. 1791: StA DT, L 41 a, 93, S. 1 ff.; die lippische Regierung zahlte 1793 auch den Direktorialvorschuß von 1.500 fl.: Hoffmann an Rotberg, 26. Febr. 1793: StA DT, L 41 a, 38, S. 28 f.

[66] Fischer an Rotberg, 1. Nov. 1792: StA DT, L 41 a, 38, S. 12; zur flankierenden Korrespondenz der evangelischen Mitglieder von Juli 1792 – Juli 1793: StA DT, L 41 a, 5, S. 291 ff.

[67] Der Wagen hatte ursprünglich 3.000 fl. gekostet, wurde aber für 600 fl. in Koblenz angeboten: Rotberg an Regierung Detmold, 2. Jan. 1793: StA DT, L 41 a, 38, S. 14–17; ablehnende Antwort durch Regierungspräsident Hoffmann, 22. Jan. 1793: StA DT, L 41 a, 38. S. 18; zur Wohnungsbeschaffung: Briefe Hofmanns und Clostermanns an Rotberg, 26. Febr. und 14. April 1793: StA DT, L 41 a, 38, S. 28 f., S. 36.

Regierungssekretär Clausing aus Detmold das vollständige Eintreffen aller Archivkisten vermelden.[68] Den Transportunternehmern hatte die lippische Regierung Zollfreibriefe ausgestellt, da Regierungsunterlagen als Fürstengut von Zoll- und Wegegeldern befreit waren.[69] Im Juli 1753 folgte das Personal, nachdem Rotberg seine Reise wegen der Erkrankung seiner Tochter kurzfristig um vier Wochen hatte verschieben müssen.[70]

In Detmold wurde das Archiv keinen weiteren Revisionen mehr unterzogen. Direktorialrat Rotberg, der der Kanzlei bis zum Untergang des Reiches vorstand, gab die Archivalien später ans lippische Landesarchiv ab, wo sie, da keine standesherrliche Familie darauf Ansprüche erhob, bis heute mit der lippischen Überlieferung zusammen aufbewahrt werden.[71]

Während das Kollegialarchiv ausgebaut wurde, machte Direktorialrat Thalmann 1755 den Vorschlag, die gräfliche Bibliothek in Neuwied um eine Abteilung »Direktorialbibliothek« zu erweitern. Thalmann hatte schon Gespräche mit dem Buchhändler Franz Varrentrapp in Frankfurt aufgenommen, der eine Grundausstattung staatsrechtlicher Werke zusammenstellen wollte.[72] Graf Friedrich Alexander reagierte jedoch mit Zurückhaltung, vor allem im Hinblick auf die hohen Kosten, die man den ohnehin zahlungsunwilligen Mitständen begreiflich machen müßte. Im Jahre 1773 beantragte Direktorialrat Schanz die Anschaffung von Schauroths Reichstagsaktenedition, um wenigstens eine breitangelegte reichsrechtliche Quellensammlung zu besitzen.[73] Was in der Zwischenzeit auf Anregung der Kanzlei angeschafft worden war, läßt sich heute nicht mehr ermitteln; die neuen Bücher dürften wohl in die gräflich-neuwiedische Bibliothek eingereiht worden sein, wo sie potentiell allen Mitarbeitern der Regierung offenstanden. Nur die Großeinkäufe wurden in die Kollegialakten aufgenommen, neben dem Schauroth etwa der Staatskalender von Varrentrapp, den Direktorialassessor von Frobenius am 5. Dezember 1778 beantragte und der wenig später auch gekauft wurde.[74]

Das Kanzleipersonal in Neuwied erhielt in seinen Bibliotheksbestrebungen die Unterstützung des Reichstagsgesandten von Pistorius, der sich in seiner langen Tätigkeit in Regensburg eine respektable Bibliothek zusammengekauft hatte: Nach seinem Tod wurden 1779 608 Werke aus seinem Nachlaß durch die Buchhandlung Montag in Regensburg öffentlich versteigert. Man hatte eigens ein Heft

---

[68] Der Archivtransfer kostete 530 fl. 6 Kr.; vgl. Korrespondenz: StA DT, L 41 a, 93, S. 9–119.

[69] Regierungsrat Clausing an Rotberg, 24. März 1793: StA DT, L 41 a, 93, S. 15; Gegenzeichnung in Neuwied, 5. Juli 1793: StA DT, L 41 a, 93, S. 126.

[70] Notiz Detmold, 17. Juni 1793; ärztliches Attest durch Dr. Francis Place, 1. Juli 1793: StA DT, L 41 a, 38, S. 51, 55.

[71] KIEWNING, Auswärtige Politik, S. V; SAGEBIEL, Archiv des Niederrheinisch-Westfälischen Grafenkollegiums, S. IX.

[72] Brief Thalmanns an Neuwied, 18. März 1755 mit der Auflistung einiger Bücher und Serien: FWA NR, Schrank 103, Gefach 68, Nr. 4.

[73] Schanz an Neuwied, 22. Dez. 1773: StA DT, L 41 a, 99, S. 2.

[74] SCHAUROTH, Eberhard Christian Wilhelm von, Vollständige Sammlung aller Conclusorum, Schreiben und anderer übrigen Verhandlungen des hochpreislichen Corporis Evangelicorum, Bde. 1–3, Regensburg 1751–1753; Johann Friedrich VARRENTRAPP (Hrsg.), Des Heiligen Römischen Reichs vollständiger genealogischer und schematischer Kalender, Jahrgänge 1768–1803; Antrag Frobenius, 5. Dez. 1778: StA DT, L 41 a, 99, S. 4.

drucken lassen, in dem die Werke zur Orientierung der Interessenten aufgelistet waren; die Auktion war auf eine Dauer von sechs Tagen angesetzt.[75] Graf Friedrich Alexander wies den Gesandten von Fischer an, für ein Quantum von 50 fl. brauchbare Werke aus dem Nachlaß für die Direktorialbibliothek zu erstehen; in keinem Fall sollte er mehr als 75 Prozent des Ladenpreises bieten.[76] Fischer konnte einige Tage später melden, er habe nur 23 fl. für Einkäufe ausgeben können, da bei der starken Nachfrage alle anderen Werke für mehr als 75 Prozent des Ladenpreises verkauft worden seien.[77]

Direktorialrat Rotberg hatte inzwischen die Mitstände der »Engeren Korrespondenz« auf die zu erwartenden zusätzlichen Kosten aufmerksam gemacht.[78] Diese reagierten mit Unwillen; bei den wenigen zahlenden Mitgliedern müsse auf derartige Ausgaben verzichtet werden; man solle damit bis zum Ausgleich der Kasse warten, wurde aus Hachenburg signalisiert.[79] In Detmold verwahrte man sich ebenfalls gegen Sonderausgaben. Die Regierung teilte mit, man habe soeben Mosers Staatsrecht und eine Reihe anderer Werke besorgt und sei gern bereit, die in Neuwied benötigten Informationen mitzuteilen. Da aber in absehbarer Zeit der Umzug des Archivs und der Bibliothek bevorstehe, sei man darüber hinaus zu keinen Zugeständnissen bereit.[80] Graf Friedrich Alexander von Neuwied gab in der Folgezeit jedoch mehrfach dem Drängen der Direktorialkanzlei nach und ließ die Bücher auf eigene Rechnung beschaffen.[81]

Am 8. Juli 1788 schloß Neuwied mit seinem katholischen Kollegen Metternich eine Übereinkunft, jährlich 100 fl. für Buchanschaffungen in den beiden Kanzleien bereitzustellen. Beide Seiten sollten Verzeichnisse der gewünschten Bücher anfertigen, um Doppelausgaben zu vermeiden; die Bibliotheken sollten künftig für beide Seiten benutzbar sein.[82] Bis zum Tod des Fürsten von Neuwied setzten sich die Einkäufe fort; auch in Detmold konnte Rotberg noch einige Werke erwerben, bevor der Tod des Fürsten Leopold 1802 das Interesse der gräflichen Regierungen an der Kanzlei sinken ließ und die Mittel versiegten.[83]

1806 wurden die Bestände der Direktorialbibliothek zusammen mit dem Archiv ins Landesarchiv übernommen. Sie befinden sich heute in der Bibliothek des Staatsarchivs Detmold. Eine Inventur, die Martin Sagebiel 1975 anhand einer Bestandsliste des Fürstlich Wiedischen Archiv Neuwied durchführte, ergab, von einem Titel abgesehen, die Vollzähligkeit der Bücher.[84]

---

[75] StA DT, L 41 a, 99, S. 6–33.

[76] Neuwied an Fischer, 7. Juli 1779: StA DT, L 41 a, 99, S. 36.

[77] Antwort Fischers mit Spezifikation der gekauften Bücher, 21. Juli 1779: StA DT, L 41 a, 99, S. 42 f.

[78] Rotberg an Lippe, Kirchberg-Hachenburg und Wied-Runkel, 7. Juli 1779: StA DT, L 41 a, 99, S. 36 f.

[79] Burggraf von Kirchberg an den Grafen von Neuwied, 13. Juli 1779: StA DT, L 41 a, 99, S.39.

[80] Graf Simon August zur Lippe an Neuwied, 20. Juli 1779: StA DT, L 41 a, 99, S. 41.

[81] Vgl. die Verhandlungen 1784: StA DT, L 41 a, 100, S. 1–11.

[82] Bibliotheksabkommen, 8. Juli 1788: StA DT, L 41 a, 100, S. 12 f.

[83] Einkäufe unter Fürst Friedrich Alexander von Neuwied, 1788–1791: StA DT, L 41 a, 100, S. 20 ff.; Bücherbestellungen Rotbergs, 15. März 1801: StA DT, L 41 a, 101, S. 2.

[84] Bestandsliste Neuwied: FWA NR, Schrank 103, Gefach 62, Nr. 4; SAGEBIEL, Archiv des Niederrhein-Westfälischen Grafenkollegiums, S. XIII.

KAPITEL 5

DIE VERTRETUNG DER NIEDERRHEINISCH-WESTFÄLISCHEN GRAFEN AUF DEM REICHSTAG

5.1. PROLOG: ZUR INSTITUTION DES »IMMERWÄHRENDEN REICHSTAGS« 1663–1806

Es kann nicht Aufgabe dieses Kapitels sein, den zahlreichen verfassungsrechtlichen und historischen Beschreibungen des deutschen Reichstages hier eine weitere hinzuzufügen; auch ein umfassender Literaturbericht ist nicht beabsichtigt, sondern eine knappe Skizzierung der Möglichkeiten, die diese Institution den korporativ verfaßten niederrheinischen und westfälischen Reichsgrafen bot.[1] Weder die formalisierte Sicht der rechtsgelehrten Zeitgenossen[2] noch die Instrumentalisierung des Verfassungskörpers des Heiligen Römischen Reiches durch die europäischen Mächte[3] deckte sich mit ihrem Reichstagsbild. Sie empfanden den Reichstag als das windstille Auge im Wirbelsturm der Zentralisierung, der die größeren Staaten Europas durchwehte. Die Reichsverfassung war das Fundament, auf dem der Reichstag ruhte. Sie hatte nicht nur ein beträchtliches Alter, sondern auch ein großes Beharrungsvermögen erreicht: Es war beinahe unmöglich, sie auf dem Ver-

---

[1] Zum Reichstag: ARETIN, Heiliges Römisches Reich, Bd. 1, S. 51–67; Anton SCHINDLING, Der Westfälische Friede und der Reichstag, in: Hermann WEBER (Hrsg.), Politische Ordnungen und soziale Kräfte im Alten Reich, Wiesbaden 1980, S. 113–153; J. HÖXTER, Die Vorgeschichte und die beiden ersten Jahre des »Immerwährenden Reichstags« zu Regensburg, Diss. Heidelberg 1901; Gerhard GRANIER, Der deutsche Reichstag während des Spanischen Erbfolgekrieges, Diss. Bonn 1954; Andreas BIEDERBICK, Der deutsche Reichstag zu Regensburg nach dem Spanischen Erbfolgekrieg 1714–1724, Düsseldorf 1937; Friedrich MEISENBURG, Der Deutsche Reichstag während des österreichischen Erbfolgekrieges 1740–1748, Dillingen 1931; Theo ROHR, Der deutsche Reichstag vom Hubertusburger Frieden bis zum bayerischen Erbfolgekrieg (1763–1778), Diss. Bonn 1967; Johannes SCHICK, Der Reichstag zu Regensburg im Zeitalter des Baseler Friedens 1792–1795, Dillingen 1931; Peter CORTERIER, Der Reichstag und sein Verfahren in der zweiten Hälfte des 18. Jahrhunderts, Diss. Karlsruhe 1972.

[2] Staatsrechtslehrer des 18. Jahrhunderts über den Reichstag: LÜNIG, Teutsches Reichs-Archiv, Bd. 1, 3. Teil, S. 3–17; MOSER, Neues Teutsches Staatsrecht, Bd. 4, S. 1–76; Johann Stephan PÜTTER, Institutiones iuris publici, Bd. 1, S. 184–205; vergleichend: Friedrich Hermann SCHUBERT, Die deutschen Reichstage in der Staatslehre der frühen Neuzeit, Göttingen 1966.

[3] »In Regensburg wurde die Richtung der Reichspolitik, wenn man überhaupt von einer solchen sprechen darf, von der Hauspolitik des Kaisers, ferner von England, Dänemark und Schweden in ihrer Eigenschaft als deutsche Reichsstände, von Frankreich und Rußland als Bürgen deutscher Friedensschlüsse, und nicht zuletzt von Brandenburg im Interesse seiner preußischen und polnischen Erwerbungen vorgeschrieben.«: KIEWNING, Auswärtige Politik, S. 141 (stellvertretend für viele).

fahrenswege zu verändern, wenn nicht alle oder fast alle Mitstände die Veränderung unterstützten. Die Reichsverfassung und die Reichstagstradition stammten aus einer Zeit, die vor dem Denken in vorwiegend nationalen Kategorien lag. Nicht das logische Argument gab den Ausschlag für politisches Handeln des Reichstages, sondern der Hinweis darauf, daß das, was eine Partei wollte, früher schon »in Übung« gewesen war.

Die Argumentationsfigur des bewußten Rückbezuges auf das Althergebrachte war zwar keine Garantie gegen Neuerungen in restaurativer Verkleidung, wie sie von den großen Reichsständen – auch dem Kaiserhaus – oft eingebracht wurden, sie sicherte jedoch dem politischen Verfahren eine Stetigkeit und Langsamkeit, die die kleinen Stände vor Überrumpelung schützte und ihre kollektiven Existenzsicherungsmechanismen mobilisieren half, bevor die zum Territorialstaat strebenden größeren Mächte vollendete Tatsachen schaffen konnten. Die Formel, die Graf Friedrich Alexander von Neuwied dem über Verfassungsänderungen im Grafenkollegium besorgten Grafen Ludwig Peter von der Mark 1747 schrieb: »Nous convenons tous deux à condamner toute nouveauté«[4] steht sinnbildlich für ein herrschendes Denken, das zwar für alle Stände des Reiches beispielhaft belegt werden könnte, das aber den Interessen der kleinen Stände, hier der Reichsgrafen, in besonderem Maße entsprach.

Schon vor der Gründung des Niederrheinisch-Westfälischen Reichsgrafenkollegiums war die illustre Versammlung des Kaisers und der Kurfürsten, Reichsfürsten, der Städte sowie der Grafen und Herren längst durch einen Gesandtenkongreß, auf dem eine vergleichsweise kleine Zahl von Juristen den Anweisungen ihrer fürstlichen Auftraggeber gemäß ihre Stimme ablegte, ersetzt worden. Da die Anzahl der Fürsten, die Virilstimmen im Reichstag besaßen, infolge des Konzentrationsprozesses abnahm, und daher mehrere Gesandte eine Reihe von Stimmen führten, verengte sich die Gesandtenzahl im 18. Jahrhundert weiter. Gegen Ende des Reiches ist bei 8 Kurfürstentümern, 100 Fürstenratsstimmen und 51 Reichsstädten mit einer Zahl von nur etwa 30 Gesandten zu rechnen, die sich untereinander persönlich gut kannten.[5]

Die ranghöchste aller Personen am Reichstag, sowohl dem persönlichen Stand nach als auch in ihrer Amtsstellung, war der kaiserliche Prinzipalkommissar. Er ging allen Gesandten, auch den kurfürstlichen und den ausländischen, im Zeremoniell vor, denn er vertrat den Kaiser als Reichsoberhaupt; die Reichsverfassung schrieb vor, daß er ein Reichsfürst sein mußte, was auch durchgehend beachtet worden ist.[6] Obwohl der Prinzipalkommissar nicht an den Sitzungen des Reichstages teilnahm – Ausnahme war die Eröffnungssitzung 1663, als er die Proposition vorgetragen hatte – und eher zeremonielle Aufgaben im Rahmenprogramm der Reichstagssessionen hatte, unterhielt er zusammen mit dem kaiserlichen Konkommissar eine Kanzlei, von der aus sowohl die Korrespondenz mit dem Wiener

---

[4] Brief des Grafen von Neuwied an Graf von der Mark, 13. Jan. 1747: StA DT, L 41 a, 339, S. 3.
[5] SCHICK, Reichstag, S. 17; Aretin nennt nur 20 Gesandte: ARETIN, Heiliges Römisches Reich, Bd. 1, S. 66.
[6] Reichsabschied 1543, § 17: SCHMAUSS/SENCKENBERG, Sammlung der Reichsabschiede, Bd. 2, S. 486; CORTERIER, Reichstag, S. 48–50.

Hof geführt als auch informelle Verbindungen mit den Reichsständen gepflegt wurden.[7]

Die Kanzleien der Reichsstände bestanden außer den Gesandten in der Regel aus zwei weiteren Bediensteten, dem Legationssekretär und dem Legationskanzlisten.[8] Der Legationssekretär wurde für die gehobenen Botengänge – etwa die Vereinbarung eines Vorstellungstermins seines Gesandten beim Mainzer Direktorialgesandten oder beim Prinzipalkommissar – sowie die Protokollführung im Gremium, in dem sein Gesandter Sitz und Stimme hatte, verwendet. Der Legationskanzlist übernahm die übrigen Botengänge, schrieb die Berichte des Gesandten an seinen Fürsten in sauberer Schrift ab und nahm an der »Dictatur«, der Verlesung allgemeiner Nachrichten und Termine durch den kurmainzischen Gesandtschaftssekretär, teil.[9]

Neben den drei Direktorien, die durch den Gesandten des Kurfürsten von Mainz als Erzkanzler des Reiches geführt wurden – Gesamtdirektorium des Reichstags, Direktorium im Rat der Kurfürsten, Direktorium des Corpus Catholicorum –, gab es noch drei weitere Direktoren: im Reichsfürstenrat alternierte der Vorsitz zwischen den Gesandten Österreichs und Salzburgs; beide wechselten von Beratungsgegenstand zu Beratungsgegenstand ab.[10] Dem Kollegium der Reichsstände stand der Abgeordnete der Stadt vor, wo der Reichstag stattfand. Seit 1663 führte der Vertreter des Regensburger Magistrats – abgesehen von der Phase zwischen 1742 und 1745 – den Vorsitz im Städterat.[11] Das sechste Direktorium, das des Corpus Evangelicorum, führte der Gesandte des Kurfürsten von Sachsen; bis 1784 galt das westfälische Grafenkollegium als evangelisch und damit als diesem Corpus angehörig.[12] Die protestantischen Reichsstände trafen sich alle vierzehn Tage mittwochs im Rathaus zu den Sessionen ihres Corpus; die Versammlung war kurienübergreifend. Eine Abstufung der Mitstände über den persönlichen Rang der entsendenden Fürsten hinaus gab es nicht, da von einer übergreifenden Solidarität gegenüber den Katholiken ausgegangen wurde.[13] Der kursächsischen Aufsicht unterstand auch der Erbmarschall Graf von Pappenheim, der in Ausübung dieses sächsischen Lehnsamtes – vom kurfürstlichen Erzmarschallamt

---

[7] Zum Personal des Prinzipalkommissars und der Reichstagsgesandtschaften vgl. die zeitgenössische anonyme Handschrift aus dem späten 18. Jahrhundert im HHStA Wien, Handschrift W 287, passim; hier: S. 1–3v.

[8] Dies war die Minimalbesetzung; Kurmainz wich wegen seiner drei Direktorien mit 2 Legationskanzlisten von dieser Norm ständig ab: HHStA Wien, Hsch. W 287, S. 3v–5.

[9] HHStA Wien, Hsch. W 287, S. 5v; CORTERIER, Reichstag, S. 56.

[10] Corterier, Reichstag, S. 58.

[11] HHStA Wien, Hsch. W 287, S. 6.

[12] Vgl. Ulrich BEISTLER, Die Stellung des Corpus Evangelicorum in der Reichsverfassung, Diss. Tübingen 1968; zum Kuriosum, daß Kursachsen trotz seines katholischen Landesherrn (seit 1697 im Zusammenhang mit der polnischen Königswahl) den evangelischen Konfessionsteil führte: Adolph FRANTZ, Das katholische Direktorium des Corpus Evangelicorum, Marburg 1880.

[13] Vgl. Johann Stephan PÜTTER, Historische Entwicklung der heutigen Staatsverfassung des Teutschen Reiches, Bd. 2, S. 240–247; vgl. auch: Martin HECKEL, Itio in partes. Zur Religionsverfassung des Heiligen Römischen Reichs Deutscher Nation, in: ZRK-KA 64 (1978), S. 180–308; vgl. HHStA Wien, Hsch. W 287, S. 4–5; CORTERIER, Reichstag, S. 109–125; vgl. ARETIN, Heiliges Römisches Reich, Bd. 1, S. 63.

hergeleitet – polizeiliche Befugnisse zur Sicherheit des Gesandtschaftspersonals in der Reichstagsstadt hatte. Er führte fürstliche Mitstände in den Reichsfürstenrat ein, wo er das Recht besaß, die Stimmen aufzurufen. Weitere Rechte, etwa die Gerichtsbarkeit über die Angestellten der Reichstagsgesandten, waren umstritten.[14]

Ungeachtet des für die gräflichen Mitglieder beträchtlichen Aufwandes war die Reichstagsvertretung der Grafenkollegien für die politische Arbeit von eher untergeordneter Bedeutung. Schon die Introduktion eines gräflichen Gesandten vollzog sich, im Gegensatz zur festlichen Ankunft eines Fürstenvertreters oder des Prinzipalkommissars, in der Stille. Nach der Legitimation beim kurmainzischen Direktorialgesandten wurde die Reichmarschallskanzlei – wegen der Einladung zur nächsten Session – sowie das Direktorium des Reichsfürstenrates über die Rechtmäßigkeit der Beglaubigung informiert.[15] Der Gesandte besuchte nach und nach den Prinzipalkommissar, die Direktorialgesandten der einzelnen Gremien sowie die verschiedenen Gesandten selbst, die später ihrerseits mit einer Gegenvisite antworteten.[16] Den Höhepunkt seiner Beachtung fand das Niederrheinisch-Westfälische Grafenkollegium am Regensburger Reichstag in der Phase des gräflichen Bevollmächtigungsstreits, der den gesamten Reichstag für fünf Jahre (1780–1785) handlungsunfähig machte.[17]

5.2. DIE AUFGABEN DES REICHSTAGSGESANDTEN

Während ein fürstlicher Gesandter von seinem Herrn mit einem Beglaubigungsschreiben und einer Instruktion versehen in Regensburg eintraf, mußte der Kandidat eines Grafenkollegiums erst ein Wahlverfahren bestehen; danach stellte ihm der Direktor seiner Grafenbank ein Beglaubigungsschreiben aus, das ihn als rechtmäßigen, dem Mehrheitswillen der Mitglieder entsprechenden Vertreter legitimierte. Dieses Verfahren wurde vom kurmainzischen Reichstagsdirektorium kontrolliert; es war zwar möglich, daß ein Graf, der Mitglied eines der vier Kollegien war, allein einen Gesandten legitimierte[18], doch drohte bei Einspruch eines der anderen berechtigten Mitglieder die Suspension des Stimmrechts bis zur Klärung des Streits.[19]

---

[14] CORTERIER, Reichstag, S. 57; SCHICK, Reichstag, S. 18.

[15] Johann Christian LÜNIG, Theatrum Ceremoniale historico-politicum, oder Historisch- und Politischer Schauplatz aller Ceremonien, Bde. 1–2, Leipzig 1719/1720; hier: Bd. 1, S. 1077.

[16] Vgl. Julius Berhard von ROHR, Einleitung zur Ceremoniel-Wissenschaft der grossen Herren, Berlin 1733, S. 396 ff.

[17] CORTERIER, Reichstag, S. 123 f.; vgl. Kap. 5.5. passim (S. 178–186).

[18] Dieser Fall trat im November 1774 in der 2. Klasse der RKG-Visitationsdeputation ein, wobei die katholischen Deputierten – unterstützt durch den Subdelegierten der Stadt Ulm – den Vertreter der katholischen westfälischen Grafen zuließen, obwohl er nur durch Franz Georg von Metternich bevollmächtigt worden war: PÜTTER, Historische Entwicklung der heutigen Staatsverfassung, Bd. 3, S. 144 f. Im Rheinischen Prälatenkollegium nahm der Abt von Werden ebenfalls allein das Stimmrecht wahr, wogegen kein Mitstand protestierte: Fritz WOLFF, Die Vertretung der Reichsabteien Essen und Werden auf den Reichstagen des 16. bis 18. Jahrhunderts, in: Das Münster am Hellweg 22 (1969), S. 134–154.

[19] Zur Stimmrechtssuspendierung: Vgl. MOSER, Neues Teutsches Staatsrecht, Bd. 4, S. 175–181.

In der Instruktion des Gesandten Pistorius 1742 stand die Durchsetzung der eigenen Vertretungsberechtigung an erster Stelle. Danach sollte der Gesandte sich zur Erbmarschallskanzlei und zum Prinzipalkommissar begeben, um seine erste Visite abzuleisten. Diese Besuche waren keine rechtliche Verpflichtung, sondern ein Akt der Höflichkeit und des üblichen Zeremoniells gegenüber dem Kaiser und dem Kurfürsten von Sachsen als Erzmarschall des Reiches. In der Regel gab der Rangniedrigere die erste Visite, d. h. er besuchte den Ranghöheren zuerst; daraufhin erfolgte die Gegenvisite; in der Geschichte des Reichstags hatte es um die Visiten schon zahlreiche Streitigkeiten gegeben.[20]

Die dritte Forderung der Gesandtschaftsinstruktion bezog sich auf die Residenzpflicht am Ort des Reichstags. Pistorius wurde angewiesen, sich stets in Frankfurt aufzuhalten – dort tagte der Reichstag unter Kaiser Karl VII. – es sei denn, er hätte eine Erlaubnis seiner Auftraggeber, die Stadt zu verlassen. Eine weitere Beschränkung entstand ihm aus der Pflicht, keine anderen als die drei gräflichen Stimmaufträge (für die Wetterau, für Franken und Niederrhein-Westfalen) zu übernehmen. Der Gesandte sollte nicht in einen Loyalitätskonflikt geraten, wenn er etwa noch reichsfürstliche oder kurfürstliche Voten zu vertreten hätte; man befürchtete auch eine Vernachlässigung der Pflichten gegenüber den Grafenkollegien.[21] Wichtigste Aufgabe des Gesandten war die intensive Kommunikation mit den Direktoren der drei gräflichen Kollegien. Der normale Berichtsturnus war einmal wöchentlich, meistens nach einer der montags und freitags stattfindenden Reichstagssitzungen; bei außerordentlichen Ereignissen wurden zusätzliche Berichte angefertigt.[22]

Die Aufgaben der Gesandten des Niederrheinisch-Westfälischen Grafenkollegiums gingen über diese klassischen Aufgaben eines Diplomaten weit hinaus. Während die Reichsfürsten in vielen Fällen an ihren Höfen Räte besoldeten, die vornehmlich die »Außenpolitik« ihres Territoriums koordinierten, verfügten weder die gräflichen Mitglieder des Kollegiums noch die Direktoren über derartige Experten. Damit stieg die Bedeutung jedes einzelnen Gesandten für seinen Auftraggeber: Er vollstreckte nicht nur den Willen eines von seinen Räten informierten Fürsten, sondern hatte in der Regel an der Willensbildung selbst bedeutenden Anteil. Es war üblich, daß der Gesandte seinen Lagebericht mit eigenen Vorschlägen versah, meist in die Formel »ohnmaßgebliche Bedenken« gekleidet.

Die gräflichen Herren empfanden dies keinesfalls als aufdringlich, sondern in hohem Maße hilfreich. Auf dem »Gemeinsamen Grafentag« im Herbst 1731 in Frankfurt – anwesend waren vier Gesandte der Direktoren aller Grafenkollegien im Reich – setzten die Vertreter gleich fertige Schreiben auf, wie sich die Direktoren mit größter Aussicht auf Erfolg an den Kaiser zu wenden hätten: »Ohnmaß-

[20] CORTERIER, Reichstag, S. 53; Instruktion des Gesandten von Pistorius, 9. April 1742: StA DT, L 41 a, 104, S. 199–206; zur Ersten Visite: vgl. Kap. 7.7. (S. 259 f.).

[21] Instruktion des Gesandten von Pistorius, ebd.; selbstverständlich war der Hinweis, er solle sich bei den drei Stimmen jeweils gemäß der entsprechenden Instruktion verhalten.

[22] Reichstagssitzungen: CORTERIER, Reichstag, S. 71; Berichtsturnus: vgl. die Zusammenstellung der Reichstagsberichtsduplikate ab 1794: StA DT, L 41 a, 178–187 passim; die übrigen Berichte der Gesandten des westfälischen Kollegiums wurden im Direktorialarchiv zu den betreffenden Sachgruppen geordnet.

gebliches Projekt Schreibens wie ahn Kaÿs. Maÿ [...] zu schreiben wäre«.[23] Die gräflichen Direktoren mußten nur noch unterzeichnen. 1784 verfaßte auch der westfälische Gesandte von Fischer für den Grafen von Neuwied einen Entwurf, wie die fürstlichen Mitstände des Corpus Evangelicorum auf die Schädlichkeit des Alternationsplans aufmerksam gemacht werden könnten.[24] Graf Friedrich Alexander hat den Entwurf kopieren lassen, unterschrieben und an die Fürsten abgesandt.[25] Die Gesandten verfaßten jedoch nicht nur eigene Memoranden und Entwürfe, sondern erhielten auch Schreiben der Direktoren vor dem Absenden an die Mitstände zum Gegenlesen zugeleitet. 1746 begutachtete Pistorius die Tagesordnung für den Grafentag im folgenden Jahr, die ihm die Direktorialkanzlei zwecks Einholung seines fachkundigen Urteils zugeleitet hatte, als »recht wohl gerathen«.[26]

Neben der geheimen Korrespondenz zwischen Regensburg und Neuwied kam es auch zu einer öffentlichen publizistischen Wirksamkeit des Reichstagsgesandten. Der Gesandte von Fischer wurde 1780 von Kurbrandenburg aufgefordert, in einer staatsrechtlichen Schrift eine Publikation des Wiener Staatsrechtslehrers und kaiserlichen Günstlings Johann von Pacassi zu widerlegen. Dieser hatte die Notwendigkeit für die mindermächtigen Reichstände hervorgehoben, sich in ihrer Politik ans habsburgische Kaiserhaus anzulehnen, anstatt mit den großen Reichsständen Preußen und Hannover-England zu kollaborieren. Das Argument des brandenburgischen Gesandten war, die kleinen evangelischen Stände müßten sich dagegen wehren, daß diese Meinung Einzug ins allgemeine Staatsrecht fände.[27] Fischer konnte wegen des von ihm noch nicht vollständig erschlossenen Gesandtschaftsarchivs – er amtierte noch keine zwei Jahre in Regensburg – die Aufgabe nicht selbst übernehmen, obwohl er daran Interesse hatte; er bat jedoch die Neuwieder Kanzlei, diese Anregung aufzugreifen. Graf Friedrich Alexander befürwortete das Projekt im Grundsatz, wollte jedoch zunächst ein Exemplar des Pamphlets zugeschickt bekommen.[28] Fischer hatte sich schon fünf Jahre zuvor als Rechtshistoriker bestätigt, als er in einem größeren genealogischen Werk den Anspruch des Grafenhauses Neuwied auf die Erbschaft der Niedergrafschaft Isenburg, der von Kurtrier bestritten wurde, nachwies; er verfügte über die notwendige Erfahrung, derartige Schriften zu verfassen. Sein Vorgänger Pistorius hatte im Jahre 1750 ebenfalls ein größeres Werk verfaßt über die Unterschiede zwischen alt- und neugräflichen Häusern.[29]

---

[23] Es handelte sich um die Durchsetzung der gräflichen Sperrfreiheit in Wien: Gemeinsamer Grafentag, 17. Okt. 1731: StA DT, L 41 a, 319, S. 503.
[24] Anlage zum Schreiben Fischers an Neuwied, 22. Febr. 1784: StA DT, L 41 a, 156, S. 98 f.
[25] Ausfertigung durch Rotberg, 10. März 1784: StA DT, L 41 a, 156, S. 124–129.
[26] Brief Pistorius an Neuwied, 16. April 1746: StA DT, L 41 a, 330, S. 243.
[27] Fischer an Neuwied, 20. Okt. 1780: StA DT, L 41 a, 99, S. 45 f.; vgl. zu Pacassi: ARETIN, Heiliges Römisches Reich, Bd. 1, S. 95 u. 129.
[28] Rotberg an Fischer, 7. Dez. 1780: StA DT, L 41 a, 99, S. 47.
[29] Christian Hiskias Heinrich von FISCHER (Hrsg.), Geschlechtsregister der uralten Reichsständischen Häuser Isenburg, Wied und Runkel, Mannheim 1775; von Pistorius »Gespräch zwischen Graf Trautmann von ..., Einem regierenden Grafen eines Alt-Reichs-Gräflich-Teutschen Hauses, Und Francken von Grafentreu, Einem Reichs-Gräflichen Comitialgesandten, Worinnen Ver-

Ein rechtsgelehrter und in Reichsdingen erfahrener Gesandter ließ sich durch
die Direktoren vorzüglich zu kleineren diplomatischen Missionen an fürstliche
Höfe entsenden. Nachdem die beiden wiedischen Linien sich schon 1744 für den
Fall verständigt hatten, daß mit den katholischen Grafen keine Einigung mehr zu
erzielen sei, schickten sie den Gesandten Pistorius nach dem gescheiterten Grafentag vom Juni 1747 nach Bentheim und Detmold, um die dortigen evangelischen
Stände zur Teilnahme an der »Engeren Korrespondenz« zu ermuntern.[30] Nach der
Hachenburger Konferenz im September 1747 reiste Pistorius auch nach Wertheim, um die Grafen von Löwenstein-Wertheim als zahlende Mitglieder zur Teilnahme zu motivieren.[31] Einen zweiten Besuch in Wertheim im Oktober 1754, wie
ihn Graf Friedrich Alexander wünschte, lehnte der Gesandte ab; er schrieb dem
Direktor, eine Initiative zum aktuellen Zeitpunkt sei unzweckmäßig, da die finanzielle Bereitschaft der Grafen am Main sehr gering sei. Zunächst sollten die Grafen
von Bentheim-Steinfurt und Lippe fest in die Engere Korrespondenz eingebunden
sein; dann käme auch noch die Bentheimer Linie in Rheda als künftiger Mitstand
in Frage.[32] Dieser Fall unterstreicht die starke Position, die der gräfliche Gesandte
gegenüber seinem Herrn besaß.

In der Frage der Geheimhaltung von Briefen zwischen Direktorialkanzlei und
Gesandtschaftskanzlei war Fischer im Februar 1780 zur Eigeninitiative veranlaßt,
als er den Verdacht schöpfte, seine Korrespondenz werde durch die kaiserliche
Post überwacht. Dem Direktor Neuwied teilte er mit, daß die Briefe ab sofort etwas verspätet mit unbekanntem Absender in Neuwied eintreffen würden, da sie
über eine Deckadresse geleitet würden.[33] Ein Jahr später beklagte sich Fischer, daß
auch Briefe des Grafen von Neuwied an ihn kontrolliert worden wären; die Überprüfung des Siegels durch den absendenden Kanzlisten sollte später den Verdacht
bestätigen.[34] Nun wurden auch in Neuwied Pläne erwogen, wie man die Korrespondenz gerade in der kritischen Phase des gräflichen Bevollmächtigungsstreits
vor der Neugier der kaiserlichen Regierung und der katholischen Reichsstände
schützen könne.[35] Im April 1784 schlug Fischer zwei Deckadressen, den Agenten
Schneider in Frankfurt und den Hauptmann und Oberkriegskommissar von
Braun in Nürnberg, vor, über die man die Schreiben schicken könne, da sie ver-
trauenswürdig seien. Die Anweisungen Neuwieds wurden künftig wie üblich ver-
siegelt und an Fischer, Regensburg adressiert, nur wurden sie in einem zweiten
Umschlag zunächst an den Deckadressaten geschickt. Dieser sollte nach dem Öff-

schiedene Betrachtungen über die eigentliche Natur und Beschaffenheit deren Reichsgräflichen
Votorum Curiatorum vorgetragen werden« (1750): StA DT, L 41 a, 346, S. 5–20.
  [30] Korrespondenz zwischen von Pistorius und Neuwied, Aug.–Dez. 1747: StA DT, L 41 a, 340,
S. 75–207.
  [31] Pistorius an Neuwied, 31. Okt. 1747: StA DT, L 41 a, 340, S. 191–197; vgl. KESTING, in:
Westf. Zs. 106 (1956), S. 215.
  [32] Briefe des Gesandten von Pistorius an Neuwied, 29. Okt. und 5. Nov. 1754: StA DT, L 41 a,
354, S. 163–166, 177–179.
  [33] Fischer an Neuwied, 7. Febr. 1780: StA DT, L 41 a, 140, S. 409.
  [34] Fischer an Neuwied, 18. März 1781: StA DT, L 41 a, 33, S. 8.
  [35] Diskussion in Neuwied, 31. März 1781: StA DT, L 41 a, 33, S. 8v (Dorsalvermerk).

nen des Briefes an einem inliegenden Zettel den Sinn des Umwegs erkennen und die Schreiben weiterleiten.[36]

In seiner Tätigkeit ging ein gräflicher Reichstagsgesandter deutlich über das hinaus, was von einem Diplomaten einer größeren Macht erwartet wurde. Der Gesandte des westfälischen Kollegiums stellte in der Fülle seiner verschiedenen Aufgaben eine Art kollektiven Außenministers für die Mitstände seines Kollegiums dar.

5.3. DIE BESTELLUNG UND DIE AMTSFÜHRUNG DER GESANDTEN

Der Alternationsturnus der fürstlichen Mitglieder des Grafenkollegiums fand seine rechtliche Begründung in der Tatsache, daß die Reichsgrafen nicht als Korporation, sondern als einzelne Hochadlige das Recht auf Teilnahme am Reichstag besaßen; allein das Stimmrecht war beschränkt, wobei es durchaus rechtmäßig erschien, wenn allein die interessierten Grafen die Stimme führten, solange von den übrigen Berechtigten dagegen kein Widerspruch erfolgte.[37] So war die Stimmvertretung durch einzelne Fürsten – in ihrer Eigenschaft als Besitzer von Grafschaften – ebenso rechtmäßig wie die Legitimation von Gesandten durch eine Reihe von gräflichen Mitständen; im späten 17. Jahrhundert hatten mehrere Grafen Gesandte nach Regensburg entsandt oder dort anwesende bevollmächtigt.[38]

Die Grafen waren meistens nur für kurze Zeit am Reichstag vertreten, um die hohen Repräsentationskosten zu sparen. Erschwert wurde die Koordination der Grafen untereinander, wenn einzelne Grafen die Gesandten befreundeter fürstlicher Häuser bevollmächtigten, anstatt mit allen Grafen gemeinsam einen gräflichen Gesandten zu beauftragen und zu besolden.[39]

Die Solidarität der gräflichen Kollegialmitglieder, die zur kontinuierlichen Beteiligung am Stimmrecht nötig gewesen wäre, fehlte bis in die letzten Jahre des 17. Jahrhunderts. Auch nach der ersten regulären Direktorenwahl konnte keine einheitliche Reichstagsvertretung organisiert werden, da Lippe an Schäffer festhielt, Manderscheid aber auf den erfahrenen Ludovici nicht verzichten wollte. Die Chance zur Bevollmächtigung nur eines Gesandten bot sich, als Ludovici Mitte des Jahres 1698 starb; als jedoch Kurfürst Lothar Franz von Mainz die Dienste seines Bamberger Gesandten, Freiherrn von Zellner, anbot, einigten sich beide

---

[36] Fischer an Neuwied, 27. April 1784: StA DT, L 41 a, 34, S. 1 f.

[37] Vgl. Druck »Gespräch zwischen Graf Trautmann von [...] und Francken von Grafentreu « (1750): StA DT, L 41 a, 346, Druckseite 9.

[38] Vertreten waren: Sayn, Oldenburg, Bentheim, Lippe, Manderscheid-Blankenheim, Salm-Reifferscheidt, Metternich, Velen, Rantzau und Tattenbach-Rheinstein: vgl. Gesandtenliste des Reichstags: StA DT, L 41 a, 132, S. 60 61v; beim Kurmainzer Reichstagsdirektorium wurden ferner Gesandte der Fürsten von Schwarzenberg sowie der Grafen von Sinzendorf und Gronsfeld akkreditiert: vgl. gräfliche Gesandtenliste: HHStA Wien, MEA: Reichstagsakten, Fasz. 191 a; der Alternationsmodus wurde nur kurzzeitig von Kurmainz angefochten (Winter 1663/64); er spielte sich später wieder ein: vgl. KESTING, in: Westf. Zs. 106 (1956), S. 182 f.

[39] Bentheim bevollmächtigte den brandenburgischen Gesandten Neumann (1664) und den hannoverschen Gesandten Hettinger (1668): StA DT, L 41 a, 132, S. 60v.

Direktoren auf die Ernennung des Gesandten Georg Kasimir von May, der den Deutschen Orden vertrat, um nicht in eine zu enge Bindung mit Kurmainz oder einem anderen Kurfürsten zu geraten.[40] May führte die Grafenstimme im wöchentlichen Wechsel mit dem Gesandten Schäffer.[41]

Nach Schäffers Tod 1701 einigten sich die evangelischen Grafen darauf, den preußischen Gesandten Heinrich Henning mit der Stimmabgabe zu beauftragen; es war den Direktoren bewußt, daß der Alternationsturnus der fürstlichen Mitstände sich am leichtesten beseitigen ließe, wenn man ein fürstliches Haus auf seine Seite ziehen könnte. Die Entscheidung für Henning verstärkte jedoch nicht nur die preußischen Bemühungen, selbst im Kollegium zu Sitz und Stimme zu gelangen, sondern verursachte den ersten Konfessionsstreit, als sich die katholischen Grafen über das betont proevangelische Verhalten des Gesandten beschwerten.[42] Dennoch vertrat Henning nach dem Rücktritt des katholischen Gesandten May 1702 für 10 Jahre das Grafenkollegium in Regensburg allein.

1712 übernahm der katholische Gesandte Christoph Ignatius Planer von Plan die Reichstagsgesandtschaft der westfälischen Grafen; er führte schon seit 1698 die schwäbische Grafenstimme und übernahm später noch die Stimmen für die Fürsten von Salm und die Bischöfe von Konstanz und Trient.[43] Über seine Amtsführung ist recht wenig bekannt; auf ihn trifft wohl die Bemerkung Kestings zu, der Gesandte schicke keine regelmäßigen Berichte und würde auch nicht instruiert.[44] Planer von Plan starb im Juni 1732.[45] Nach seinem Tod konnte zwischen den beiden Konfessionsgruppen keine Einigung erzielt werden, welche von ihnen den nächsten Gesandten stellen durfte: Während die Protestanten meinten, die Alternationsvereinbarung für die Beamtenstellen würde nun sie begünstigen, strebten die Katholiken ohne Rücksicht auf die Kosten zur Doppelvertretung von vor 1701 zurück. Die Auseinandersetzungen um diesen Punkt dauerten bis 1742; es ist nicht bekannt, daß während dieser Zeit einmal die Grafenstimme am Reichstag abgegeben worden wäre.[46]

---

[40] Angebot des Kurfürsten von Mainz, 20. Sept. 1698: StA DT, L 41 a, 103, S. 13 f.; vgl. ebd. S. 21.

[41] Vgl. KESTING, in: Westf. Zs. 106 (1956), S. 187.

[42] Vgl. Graf von Manderscheid an den Gesandten May, 8. Nov. 1702: StA DT, L 41 a, 103, S. 75–77. Heinrich Henning (oder Henniges) war preußischer Reichstagsgesandter für die fürstlichen Voten, während der Gesandte Graf Ernst von Metternich das kurfürstliche Votum führte; Henning galt als sehr erfahren, hatte aber ein hitziges Temperament, was die Klagen mancher katholischer Grafen verständlich macht: GRANIER, Reichstag, S. 12 f.

[43] Interimistisch ist er auch für Hildesheim und Münster bevollmächtigt worden: HAUSMANN, Repertorium der diplomatischen Vertreter, Bd. 2, S. 93, 95, 202, 359, 402, 456, 471.

[44] KESTING, in: Westf. Zs. 106 (1956), S. 196. Zu Planer von Plan: Klage über das Ausbleiben seines Gehaltes, 6. Juli 1722: StA DT, L 41 a, 1772, S. 50. 1729 beschwert sich der preußische Resident Pollmann in Köln über Planer von Plan beim Grafen Simon Henrich Adolf zur Lippe wegen prokatholischer Agitation in Regensburg; Preußen würde auf Planers Abberufung drängen und den Alternationsvertrag für die Reichstagsgesandten bezüglich ihrer Konfession am liebsten gekündigt sehen (10. Dez. 1729): StA DT, L 41 a, 1773, S. 321 f.

[45] Schreiben der Hanauer Kanzlei an den Grafentag, 1. Juli 1732: StA DT, L 41 a, 319, S. 664 f.

[46] Über den Streit: Memorandum Fischers, 28. Mai 1779 (Anlage zum Schreiben an Neuwied): StA DT, L 41 a, 138, S. 318 f.; Befürwortung des Doppelgesandtschaftsmodus in Regensburg: Graf von Manderscheid an den Grafen zur Lippe, 11. April 1731: StA DT, L 41 a, 103, S. 145–154.

1742 berief der evangelische Direktor Graf von Neuwied den Reichstagsgesandten des Fränkischen Reichsgrafenkollegiums, Wilhelm Friedrich Pistorius (1702–1778), zum Nachfolger des Gesandten Planer von Plan.[47] Pistorius stammte aus dem fränkischen Rüdenhausen, wo sein Vater Kanzleidirektor bei der dortigen Linie der Grafen von Castell war. Nach der Gymnasialzeit in Rothenburg und dem Studium in Jena und Gießen[48] war Pistorius von 1724–1729 Hofmeister beim jungen Grafen von Rechtern in den Niederlanden. 1729 wurde er Hofrat in der Hohenloheschen Regierung in Weikersheim, 1731 Hofrat der Grafen von Erbach, wo er nach verschiedenen auswärtigen Missionen 1737 zum Kanzleidirektor aufstieg. Seit 1742 vertrat er das Fränkische Grafenkollegium am Reichstag; nachdem er im selben Jahr auch von den westfälischen Grafen bevollmächtigt worden war, übernahm er 1746 auch das Votum für die wetterauischen Grafen.[49]

Der neue Gesandte war zunächst auf Initiative des Grafen von Neuwied nach Rücksprache mit einigen evangelischen Grafen verpflichtet worden; der Versuch, diese Personalentscheidung beim Grafentag 1744 genehmigen zu lassen, ging in den allgemeinen Turbulenzen der Sitzungen unter, ohne daß dies Pistorius' Stellung geschadet hätte.[50] Der Franke war durch seine frühere Verwaltungsarbeit in Grafen- und Reichsangelegenheiten sehr erfahren; seine Fähigkeiten werden noch durch die Tatsache unterstrichen, daß sowohl Kurbrandenburg (für Magdeburg) als auch Brandenburg-Ansbach (1762) versuchten, ihn als Gesandten zu verpflichten. Graf Friedrich Alexander von Neuwied verbot die Erweiterung des Tätigkeitsbereichs jedoch unter Hinweis auf drohende Loyalitätskonflikte.[51]

In Regensburg war Pistorius als lautstarker Vertreter der reichsgräflichen wie auch der protestantischen Interessen bekannt. Er unterstützte den Grafen von Neuwied in der Politik, den Einfluß der katholischen Grafen im Kollegium auf längere Sicht einzudämmen. So schlug er vor, einen evangelischen Grafen schon zu Lebzeiten Neuwieds zum Nachfolger zu designieren, um einer Vakanz vorzubeugen. Über die konfessionelle Alternation in der Gesandtschaftsbesetzung sollte man hinweggehen, äußerte er schon 1751. Eine Beteiligung der katholischen Grafen an der Gesandtschaft und damit am Stimmrecht wollte er an die völlige Rückzahlung aller Beitragsrückstände knüpfen.[52] So kann es kaum verwundern, daß vom Corpus Catholicorum und vom kaiserlichen Hof Proteste gegen das ungebührliche und »anstößige« Verhalten des westfälischen Grafengesandten laut wur-

---

[47] Pistorius wurde dem Hanauer Direktorialrat Spener vorgezogen: vgl. Bewerbung Speners an Neuwied, 6. April 1742: StA DT, L 41 a, 104, S. 79–81; Pistorius sandte schon am 20. April 1742 das Formular mit der fränkischen Bevollmächtigung als Vorlage für die Erstellung der westfälischen: StA DT, L 41 a, 104, S. 91 f.
[48] Vgl. Universitätsmatrikel Gießen, in die von Pistorius am 31. Okt. 1722 aufgenommen wurde: Otfried PRAETORIUS/Friedrich KNÖPP (Hrsg.), Die Matrikel der Universität Gießen, Teil 2: 1708–1807, Neustadt/Aisch 1957, S. 12.
[49] Lebenslauf von Pistorius' (1779 erstellt in der Direktorialkanzlei): StA DT, L 41 a, 203, S. 273–276.
[50] Vgl. Protokoll des Grafentages 1744: StA DT, L 41 a, 323, S. 1 ff.
[51] Neuwied an Pistorius, 12. Dez. 1762: StA DT, L 41 a, 191, S. 26; vgl. L 41 a, 191 passim.
[52] Memorandum Pistorius, 29./30. Dez. 1951: StA DT, L 41 a, 349, S. 21–49.

den, vor allem in der gespannten Lage des Frühjahrs 1757.[53] In seiner Stimmabgabe wurde Pistorius jedoch nicht behindert.

Der angegriffene Gesundheitszustand des Gesandten ließ schon 1764 erste
Überlegungen zustandekommen, wie man im Falle einer Vakanz der Stelle verfahren sollte. Gemeinsam war die Grundüberzeugung der evangelischen Grafenkollegien in Franken, Westfalen und der Wetterau, daß ein gemeinsamer Gesandter
nicht nur die Kosten senken würde, sondern auch einer fruchtbaren Zusammenarbeit des gesamten Grafenstandes am dienlichsten sei; hier konnte sich eine Forderung der Grafenunionsakte von 1738 verwirklichen. Da jedes Kollegium aber am
liebsten einen Kandidaten aus dem Dienst der eigenen Mitstände präsentieren
wollte, kam es zu langen Diskussionen, an denen Pistorius selbst 14 Jahre lang
mitwirken konnte.[54] Die verschiedensten Pläne tauchten auf: Pistorius selbst
schlug seinen Adoptivsohn August von Seydewitz vor – den könne er gleich ein-
arbeiten[55] –, weitere Kandidaten meldeten sich, unter denen der nassau-usingen-
sche Rat von Savigny und der neuwiedische Regierungsdirektor von Fischer die
größten Chancen hatten.

In den Jahren nach 1770 bekamen die Gespräche eine zusätzliche Bedeutung, als
mit wachsender Aktivität der katholischen Grafen im Rheinland wie in Franken
die Einforderung einer katholischen Gesandtschaft nach Pistorius drohte, wie sie
im westfälischen Kollegium satzungsgemäß war. Obwohl Pistorius sich 1772 beschwerte, die dauernden Diskussionen würden ihn in seiner Ehre kränken, stellte
sich allmählich der Konsens heraus, den Kanzleidirektor von Fischer zu akzep-
tieren, auch wenn aus Hannover auf das ordnungsgemäße Wahlverfahren nach Erledigung der Stelle verwiesen wurde.[56]

Als Pistorius im Dezember 1778 starb, war es nicht das fränkische Kollegium,
das aus der gemeinsamen Übereinkunft ausschwenkte, obwohl es lange mit der
Zustimmung gezögert hatte, sondern das wetterauische, das den Gesandten Grün
bevollmächtigte. Graf Friedrich Alexander von Neuwied bevollmächtigte dagegen
seinen Kanzleidirektor Fischer.[57] Christian Heinrich Hiskias von Fischer (1731–
1796) stammte aus dem Hohenloher Land, wo sein Vater in Ingelfingen Geheimer
Rat war. Nach dem Gymnasialbesuch in Öhringen und dem Studium in Erlangen,
Jena, Halle und Leipzig war er pädagogischer Begleiter zweier Isenburger und eines Hohenloher Prinzen an der Universität Marburg. 1758 wurde er Geheimer

[53] Pistorius an die drei protestantischen gräflichen Direktoren, 28. Mai 1757, mit der Klage
über katholischen und kaiserlichen Widerstand gegen seine Person: FWA NR, Schrank 103, Gefach 61, Nr. 20.
[54] Pistorius an Neuwied, 19. Juli 1764 mit Hinweis auf die wetterauische Anregung, einen
Nachfolger zu designieren: StA DT, L 41 a, 128, S. 3; vgl. L 41 a, 128–131 passim.
[55] Pistorius an Neuwied, 24. Aug. 1765: StA DT, L 41 a, 128, S. 14–18; trotz der Zustimmung
der beiden lippischen Häuser zog Pistorius den Plan drei Jahre später wegen verbreiteter Widerstände zurück: Schaumburg-Lippe an Neuwied, 27. Aug. 1766; Lippe an Neuwied, 28. Aug. 1766:
StA DT, L 41 a, 128, S. 50–53; Pistorius an Neuwied, 11. Mai 1767: StA DT, L 41 a, 128, S. 59.
[56] Pistorius an Neuwied, 10. Febr. 1772: StA DT, L 41 a, 129, S. 605 f.; in Hannover hielt man
nichts von vorausschauenden Personalplanungen: Regierung Hannover an Pfandschaftsregierung
Bentheim, 17. Febr. 1773: StA OS, Rep. 120, Nr. 176, S. 53–61v; König Georg III. an Regierung
Hannover, 5. März 1773: StA OS, Rep. 120, Nr. 176, S. 76.
[57] Vgl. StA DT, L 41 a, 131 passim; Diensteid für Fischer, 8. Jan. 1779.

Rat in Isenburg-Wächtersbach, 1760 Hofrat in Hohenlohe-Neuenstein. 1764 berief ihn der Graf von Neuwied zum Kanzleidirektor.[58] Es war dem Grafen von Neuwied gelungen, einen Mann mit ähnlichem Lebenslauf wie Pistorius zu verpflichten, aber auch mit vergleichbaren Fähigkeiten: Trotz angegriffener Gesundheit verteidigte Fischer die gräflichen Interessen in Regensburg mit Engagement und Geschick, erwarb sich die Anerkennung seiner Auftraggeber und der protestantischen Fürsten sowie das Mißtrauen der kaiserlichen Vertreter.[59] Auch vom wetterauischen Kollegium wurde er zunächst angefeindet; eine vermutlich vom Gesandten Grün initiierte Intrige gegen Fischer – Grün wäre gern selbst Vertreter aller Grafenstimmen geworden – erschwerte dem westfälischen und fränkischen Gesandten seine Tätigkeit noch über den nervenzehrenden Bevollmächtigungsstreit hinaus.[60] Ironischerweise sollte Fischer 1791 seinen wetterauischen Kollegen nach dessen Tod selbst im Amt »beerben« und damit die gemeinsame Vertretung der protestantischen Grafen wiederherstellen.[61]

Der katholische Teil des westfälischen Grafenkollegiums hatte 1779 den Gesandten Johann Ernst Edler von Haimb bevollmächtigt, ohne daß der Sprecher, Graf Franz Georg von Metternich, dazu gemäß der Verfassung des Kollegiums befugt gewesen wäre.[62] Das Mainzer Reichstagsdirektorium erkannte Haimb jedoch an und leitete damit den gräflichen Bevollmächtigungsstreit ein. Nachdem der Direktorialvergleich von 1784 Metternich auch den Weg zur förmlichen Kondirektorenwahl geebnet hatte, führte er seine Korrespondenz mit Haimb ebenso wie sein protestantischer Kollege. Haimb, der schon für Corvey und Eichstädt bevollmächtigt war, äußerte sich im Gegensatz zu seinen Zeitgenossen in recht knappen und übersichtlichen Berichten und kam damit den Interessen seines Auftraggebers (und des heutigen Historikers) sehr entgegen.[63]

Der Gesandte von Haimb sicherte sich seinen Platz in der »katholischen Konferenz«, dem Corpus Catholicorum des Reichstags, und schlug ein Dankgeschenk an den Mainzer Erzbischof für dessen Unterstützung im Bevollmächtigungsstreit vor, was Metternich jedoch ablehnte, da nur eine bestehende Stimme geteilt, keine

---

[58] Leichenpredigt durch Pfarrer Benedikt Friedrich Springer, 12. Dez. 1796: StA DT, L 41 a, 212, S. 47 f.; S. 109–114.

[59] KIEWNING, Auswärtige Politik, S. 25 f. Schon 1770 war er bei einer diplomatischen Mission in Konflikt mit dem Reichsvizekanzler geraten: zu den näheren Umständen vgl. Fischer an Neuwied, 6. Dez. 1770: StA DT, L 41 a, 198, S. 3 f.; Graf Wolfgang von Isenburg-Birstein an Neuwied, 29. Jan. 1771: StA DT, L 41 a, 198, S. 50 f.; Graf Simon August zur Lippe an Neuwied, 22. Jan. 1771: StA DT, L 41 a, 198, S. 55.

[60] Fischer wurde kurz nach seinem Dienstantritt plötzlich von allen gefragt, warum er denn schon wieder demissionieren wollte; einige Gesandte baten ihn, doch zu bleiben. An eine Abberufung war dagegen gar nicht gedacht. Vgl. Fischer an Neuwied, 19. April 1779: StA DT, L 41 a, 138, S. 53–55.

[61] Fischer an Neuwied, 10. Nov. 1791: StA DT, L 41 a, 211, S. 155–161; vgl. L 41 a, 211 passim.

[62] PÜTTER, Historische Entwicklung der heutigen Staatsverfassung des teutschen Reiches, Bd. 3, S. 153; Otto Friedrich WINTER, Repertorium der diplomatischen Vertreter aller Länder seit dem Westfälischen Frieden, Bd. 3: 1764–1815, Graz, Köln 1965, S. 102.

[63] Vgl. seine Berichte von 1784–1791: SZA Prag, FA Metternich, Nr. 2247/1–7; ARETIN, Heiliges Römisches Reich, Bd. 1, S. 67.

neue geschaffen worden sei.[64] Haimb verhielt sich in dem delikaten Verhältnis der
beiden Konfessionsteile im Kollegium wie im Reich diplomatisch, als er den Vorschlag Fischers unterstützte, die Auslosung für den Beginn der alternierenden
Stimmvertretung in Koblenz oder Neuwied durchzuführen; Fischer habe darum
gebeten, berichtete er, um dem gefürchteten Zusammentreffen mit dem österreichischen Gesandten von Borié aus dem Weg zu gehen.[65] Im Hinblick auf die Diskriminierung der Reichsgrafen am Reichstag war Haimb dagegen weniger sensibel;
Metternich kritisierte ihn mehrfach, über kleine Zurücksetzungen im Zeremoniell
nicht berichtet zu haben. Haimb selbst war als Vertreter reichsfürstlicher Stimmen von antigräflichen Maßnahmen nicht betroffen.[66]

Als Haimb im August 1791 starb, wurde dem katholischen Direktorialrat von
Hertwig die Gesandtenstelle angeboten; dieser lehnte jedoch, auch unter Hinweis
auf die ungenügende Besoldung, den Auftrag ab.[67] Metternich ließ schließlich den
Gesandten des Bischofs von Chur, Johann Nepomuk von Wolf, mit der Wahrnehmung der Geschäfte beauftragen; Fischer kam mit dem neuen Amtskollegen
zu einer entspannten Zusammenarbeit.[68]

Im evangelischen Kollegialteil wurde seit 1785 über Fischers Nachfolge diskutiert[69]; erst 1792 kamen die drei Grafenkollegien Westfalens, Frankens und der
Wetterau überein, den isenburgischen Geheimen Rat Johann Jakob Helferich von
Mollenbec zum Nachfolger Fischers zu designieren.[70] Die westfälischen Mitstände
stimmten dem Vorschlag des Interimsdirektors Burggraf von Kirchberg zu und
wählten Mollenbec. Der Nachfolgeakt vollzog sich im Januar 1797 ohne Probleme[71]; die Reichsstände beschäftigten sich mit Friedensverhandlungen in Rastatt
und Säkularisierungskonzepten in Paris. Mollenbec verfaßte bis 1806 wöchentli-
che Berichte, die allerdings angesichts der Vakanz im Direktorium nur noch vom
Direktorialrat Rotberg zur Kenntnis genommen wurden.[72]

---

[64] Vgl. Metternich an Haimb, 25. Aug. 1784: SZA Prag, FA Metternich, Nr. 2253.
[65] Haimb an Metternich, 10. Dez. 1784: SZA Prag, FA Metternich, Nr. 2253.
[66] Metternich an von Haimb, 9. Juli und 17. Aug. 1788: SZA Prag, FA Metternich, Nr. 2253.
[67] Das Einkommen betrug nur 600 fl.; der protestantische Gesandte verfügte mit allen Zulagen
über 3.000 fl. allein aus Mitteln des westfälischen Kollegiums: vgl. Kap. 6.3. (S. 196); Hertwig an
Rotberg, 27. Aug. 1791: StA DT, L 41 a, 175, S. 8.
[68] Fischer an Neuwied, 30. Nov. 1791: StA DT, L 41 a, 175, S. 13; WINTER, Repertorium der
diplomatischen Vertreter, Bd. 3, S. 62. Johann Nepomuk von Wolf (1743–1829) war 1763 Domherr in Regensburg geworden; neben weiteren geistlichen Ämtern vertrat er mehrere katholische
Reichsstände in Regensburg. 1822 wurde er Bischof von Regensburg: Carl MEICHELBECK, Geschichte der Stadt Freising und ihrer Bischöfe. Neuausgabe und Fortsetzung durch Anton BAUM-
GÄRTNER, Freising 1854, S. 598–600. Wolf vertrat das Kollegium bis 1801; danach war die Stelle
wegen der Verfassungsverhandlungen um das »Schwäbisch-Westfälische Grafenkollegium« vakant.
[69] Vgl. Fischer an Neuwied, 3. Sept. 1785: StA DT, L 41 a, 363, S. 90 f.; 27. Sept. 1785: StA DT,
L 41 a, 209, S. 5–12.
[70] Offenbacher Konferenz, 28. Jan. 1792: StA DT, L 41 a, 211, S. 265–274. Anwesend waren:
Mollenbec (wetterauische Grafen), Braun (fränkische Grafen), Rotberg (westfälische Grafen evangelischen Anteils).
[71] Zirkular Hachenburg, 17. Febr. 1792: StA DT, L 41 a, 211, S. 275–281; anschließend die Zustimmung der Mitstände. Amtsantritt Mollenbecs in Regensburg: Legationskanzlist Seelig an Fürst
zur Lippe, 19. Jan. 1797: StA DT, L 41 a, 181, S. 8 f.; vgl. L 41 a, 212 passim.
[72] Vgl. StA DT, L 41 a, 181–187 passim.

5.4. DIE GESANDTSCHAFTSKANZLEI

Die personelle Ausstattung der Gesandtschaftskanzlei gehörte zu den Bereichen, die das Grafenkollegium zu keiner Zeit seines Bestehens in einer Weise garantieren konnte, die eine optimale Interessenvertretung in Regensburg gewährleistet hätte. Zum normalen Personalbestand eines Gesandten, der sich ständig in Regensburg aufhielt, gehörte ein Legationssekretär und ein Legationskanzlist; diese beiden hatten präzise, im Geschäftsgang des Reichstages übliche Tätigkeitsbereiche[73]; hinzu traten weiterhin Schreiber, Boten und Diener.

Diese Mindestausstattung war für das Ansehen des Gesandten wie für das seines Herrn von großer Bedeutung; zum fürstlichen und gräflichen Rang eines Potentaten gehörten Freigebigkeit, Großzügigkeit, der Anschein von materieller Sorglosigkeit.[74] Dieses vermißten die fürstlichen Gesandten bei ihren Kollegen, die die Grafenkollegien vertraten: Von Fischer beschrieb, daß 1780 sein Stab aus zwei Schreibern und einem Boten bestünde. Die Schreiber seien völlig überlastet, und weitere Kopisten könnten wegen der erforderlichen Geheimhaltung nicht stundenweise, sondern nur vollzeitlich angestellt werden. Das Geld für den Unterhalt der beiden Pferde werde am Tisch abgespart; die Feste, die andere Gesandte gäben, könne er nicht veranstalten. Dies alles, so war die Quintessenz, würde den Geschäften beträchtlich schaden.[75]

Beispielhaft wurde die fehlende Fähigkeit der Grafen, den Wunsch nach angemessener Repräsentation ihres Standes gegenüber dem Reich zu erfüllen und dafür die erforderlichen Geldmittel bereitzustellen, in der Diskussion um die Einrichtung der Stelle eines Legationssekretärs für den Gesandten von Pistorius. Bereits 1742 wurde von dieser Notwendigkeit gesprochen, kurz nach dem Amtsantritt des Gesandten.[76] Konfessionelle Streitigkeiten – Pistorius war von den katholischen Grafen nie offiziell bestätigt worden – hemmten zunächst eine Entscheidung. Nach der Trennung der Kollegialteile war neben den zusätzlichen Kosten ein weiteres Argument für die Zurückhaltung der Mitglieder, daß Pistorius schon einen fränkischen Legationssekretär beschäftigte; ein Gesandter mit drei Stimmen, so war die Überzeugung vieler Grafen, könne auch mit einem Legationssekretär für drei Kollegien auskommen.[77] Pistorius wies dagegen auf die vermehrte Arbeit hin, die durch die dreifache Ausfertigung der allgemeinen Relationen sowie die spezielle Bedienung aller Direktoren hervorgerufen werde. Der fränkische Sekre-

---

[73] Vgl. Kap. 5.1. (S. 164).

[74] Vgl. Hubert Christian EHALT, Ausdrucksformen absolutistischer Herrschaft. Der Wiener Hof im 17. und 18. Jahrhundert, München 1980, S. 77; vgl. Thorstein VEBLEN, Theorie der feinen Leute. Eine ökonomische Untersuchungen der Institutionen, München 1981 (Original New York 1899), S. 62–83.

[75] Fischer an Neuwied, 30. Dez. 1780: StA DT, L 41 a, 135, S. 38 f.

[76] Graf Virmont an Neuwied, 9. Sept. 1742: StA DT, L 41 a, 107, S. 5.

[77] Vgl. die Diskussion hierzu: StA DT, L 41 a, 107 passim.

tär mußte eigenhändig alle Geheimberichte verfassen und war damit völlig überlastet.[78]

Graf Friedrich Alexander von Neuwied versuchte aus einer Anzahl von Bewerbern den Frankfurter Sekretär Johann Wilhelm Bender als Kandidaten aufzubauen.[79] Die Diskussion darüber verlief jedoch in den folgenden Monaten stockend, ohne daß wirkliche Maßnahmen ergriffen worden wären. Auf der Hachenburger Konferenz wurde das Thema wieder diskutiert, wobei der förmliche Beschluß der Planstelleneinrichtung gefaßt werden konnte.[80] In der Folgezeit gelang jedoch die Umsetzung erneut nicht, obwohl sich der Bruder des wetterauischen Legationssekretärs, Ludwig Friedrich von Savigny, um das Amt bewarb.[81] Bis 1777 bestand die Hoffnung auf Abhilfe, doch Pistorius selbst schlug eine andere Lösung vor: Mit Rücksicht auf seine baldige Dienstbeendigung sollte man die Stelle erst von seinem Nachfolger besetzen lassen; vorläufig sei ein Archivar nötiger, und den wolle Pistorius auf eigene Rechnung einstellen.[82]

Während die Stellenbesetzung des Legationssekretärs nach Dienstantritt des Gesandten von Fischer 1779 auf unbestimmte Zeit verschoben wurde – bis zum Ende des Reiches sollte es zu keiner Lösung kommen[83] –, führten die seit 1777 angestrengten Bemühungen, einen Legationskanzlisten speziell für die niederrheinisch-westfälischen Grafen einzustellen, zum Erfolg.[84] Fischer betonte 1779 die Dringlichkeit des Antrags und führte als Tätigkeiten auf: Expedieren der Briefe, Aktensammeln, Führung des Repertoriums, Entgegennahme der Diktate im Rathaus, Überbringen von Botschaften zwischen den Gesandtschaften. Fischer bot an, den künftigen Kanzlisten in seinem Haus in Regensburg wohnen zu lassen; er wolle auch eine Mischfinanzierung seines Gehaltes mit den fränkischen Grafen vermitteln.[85] Zwei Jahre später konnte der frühere Schreiber im hohenloheschen Amt Künzelsau, Johann Georg Seelig, in diese Stelle eingewiesen werden.[86] Seelig, der ein Jahr nach seinem Dienstantritt eine Heiratserlaubnis von Neuwied er-

[78] Pistorius an Fischer, 14. Juli 1745: StA DT, L 41 a, 107, S. 77–79.

[79] Bewerbung Benders, 18. Jan. 1744: StA DT, L 41 a, 107, S. 37–39; Befürwortung dessen Wahl durch Neuwied, 9. Mai 1746 (Zirkular): StA DT, L 41 a, 107, S. 121 f.; weitere Bewerber 1743/44: StA DT, L 41 a, 107, S. 17–75.

[80] Hachenburger Protokoll 1772, Tagesordnungspunkt 22: StA DT, L 41 a, 108, S. 6; die Besoldung sollte 500 fl. jährlich betragen.

[81] Bewerbung, 18. Jan. 1773: StA DT, L 41 a, 108, S. 7 f.; sein Bruder Carl Heinrich Ernst von Savigny unterstützte ihn mit dem Hinweis, die Führung des westfälischen Gesandtschaftsarchivs sei nicht mehr zu schaffen, wenn nicht bald personelle Entlastung erfolgen würde: Carl Heinrich Ernst von Savigny an Neuwied, 18. Febr. 1773: StA DT, L 41 a, 108, S. 12.

[82] Pistorius an Neuwied, 24. Febr. 1777: StA DT, L 41 a, 108, S. 69 f.

[83] Die katholische Gesandtschaft soll, den Verlautbarungen Metternichs zufolge, mit dem Legationssekretär Dessou ausgestattet worden sein; von Haimb sollte ihn in seine Aufgaben einweisen. Da Dessou in späteren Berichten nicht wieder auftaucht, ist seine wirkliche Tätigkeit zweifelhaft: Metternich an von Haimb, 20. Febr. 1786: SZA Prag, FA Metternich, Nr. 2253.

[84] Antragsverfahren durch Pistorius, 1777: StA DT, L 41 a, 135, S. 1–37.

[85] Fischer an Neuwied, 17. Juli 1779: StA DT, L 41 a, 108, S. 156–159.

[86] Bewerbung Seeligs an Neuwied, 11. Juli 1781: StA DT, L 41 a, 224, S. 3 f.; Unterstützung durch Fischer, ebd. ; Zustimmung Lippes zur Stelleneinrichtung, 16. Jan. und 15. Mai 1781: StA DT, L 41 a, 135, S. 82, 160; Instruktionsentwurf Rotbergs, 30. Juni 1781: StA DT, L 41 a, 224, S. 17–22. Besoldung Seelig: 250 fl. jährlich.

hielt[87], sollte später zu einem tragischen Versorgungsfall des Grafenkollegiums werden.[88]

Während der Reichstag jeden Sommer eine Sitzungspause von 10 bis 12 Wochen einlegte[89], stand den Bediensteten des Grafenkollegiums kein förmlicher Urlaub zu. Wünsche nach Dienstbefreiung mußten gegenüber den Direktoren begründet, die Dauer der Abwesenheit präzise festgelegt werden. Die rechtzeitige Bevollmächtigung eines anderen Gesandten, in der Zwischenzeit Handlungen für das Grafenkollegium durchführen zu können, war die Voraussetzung jedes Urlaubsantritts. 1746 wurde der Gesandte Mecklenburgs mit der Wahrnehmung der Geschäfte beauftragt, im folgenden Jahr der hessische Gesandte.[90] 1760 ließ sich von Pistorius beurlauben, um zu einer Hauskonferenz über Reichsangelegenheiten zum Grafen von Schönberg zu fahren.[91] Im Jahr darauf bat Pistorius um »politischen« Urlaub: Mitten im Siebenjährigen Krieg hatte der Kaiser wieder einen Römermonat ausschreiben lassen; da die meisten Grafen der Engeren Korrespondenz mit Preußen – zumindest in diesem Fall – sympathisierten, aber eine öffentliche Brüskierung des Kaisers, dem die Mehrheit ohnehin gewiß war, nicht wollten, schlug Pistorius vor, die Stimme gar nicht abzugeben.[92] 1768 ließ Pistorius sich durch den Gesandten von Sachsen-Weimar vertreten, und 1776 bat er um einige Wochen Urlaub, da er von den Grafen von Ortenburg in einer unübersichtlichen Erbangelegenheit um Rat gebeten worden war; Hilfe konnte er ihnen nur leisten, wenn er Einsicht in ihr Hausarchiv bekam.[93]

Waren die Urlaubsanträge des Gesandten von Pistorius oft durch politische Missionen begründet, so mußte sein Nachfolger von Fischer aus gesundheitlichen Gründen mehrfach den Dienst unterbrechen. In den Jahren 1785 bis 1787 sind drei Anträge überliefert, eine Bäderkur in Karlsbad einnehmen zu dürfen; jedesmal wurde sein Antrag mit den besten Genesungswünschen genehmigt.[94] 1796 stellte er auch an den Fürsten zur Lippe einen Antrag auf Urlaub zu einer Kur im Kloster Heilsbronn, damit sich seine »Gicht, Podagra und Chiragra« wieder etwas legen würden; der Fürst stimmte auch in diesem Fall zu.[95] Die Gründe für die beiden überlieferten Urlaubsgesuche des Gesandten von Mollenbec 1797 und 1801

---

[87] Heiratserlaubnis, 30. Dez. 1782: StA DT, L 41 a, 224, S. 35.

[88] Vgl. Kap. 6.3. (S. 198 f.).

[89] Pistorius an die Direktoren des wetterauischen und fränkischen Grafenkollegiums, 14. Mai 1748 (Kopie an Neuwied): StA DT, L 41 a, 341, S. 83a.

[90] Pistorius an Neuwied, 23. Juni 1746: StA DT, L 41 a, 115, S. 1–7; 14. März 1747: StA DT, L 41 a, 115, S. 13–15.

[91] Schönberg gehörte dem Wetterauischen Reichsgrafenkollegium an: Pistorius an Neuwied, 1. Aug. 1760: StA DT, L 41 a, 115, S. 41 f.; Genehmigung Neuwieds, 8. Aug. 1760: StA DT, L 41 a, 115, S. 44.

[92] Pistorius an Neuwied, 16. März 1761: StA DT, L 41 a, 115, S. 49–52.

[93] Urlaub 1768: StA DT, L 41 a, 115, S. 85–90; Pistorius an Neuwied, 15. Juli 1776: StA DT, L 41 a, 116, S. 1 f.; Genehmigung Neuwieds, 13. Aug. 1776: StA DT, L 41 a, 116, S. 3.

[94] Fischers Anträge: 9. Juni 1785, 20. Juli 1786, 6. Juni 1787: StA DT, L 41 a, 173, S. 1–4, 9–12, 17–19; Neuwieds Antworten: 18. Aug. 1785, 22. Juni 1786, 14. Juni 1787: StA DT, L 41 a, 173, S. 5, 13 f., 21.

[95] Fischer an Fürst Leopold, 19. Juli 1796: StA DT, L 41 a, 117, S. 1; Lippes Genehmigung, 10. Aug. 1796: StA DT, L 41 a, 117, S. 2.

sind nicht bekannt; die Belange der Grafen wurden im ersten Fall durch den Gesandten Holstein-Oldenburgs, im zweiten Fall durch den Württembergs vertreten.[96]

Urlaubsanträge des Gesandtschaftspersonals an die Direktoren sind nicht überliefert; einiges spricht jedoch dafür, daß die betreffenden Personen sich nicht beim Direktor, sondern beim Gesandten abmeldeten. Die diesbezügliche Korrespondenz müßte sich im Gesandtschaftsarchiv befinden, das bis 1770 eine Anhäufung von Akten dargestellt hatte und erst in der Folgezeit unter Pistorius' Leitung geordnet wurde, um dem Nachfolger die Amtsübernahme zu erleichtern. Pistorius hatte dabei den Vorteil, fehlende und unvollständige Unterlagen aus den Archiven der fränkischen und wetterauischen Gesandtschaft kopieren lassen zu können.[97] Dabei wuchsen die Archive der Wetterau und Westfalens soweit zusammen, daß sich die 1779 erforderliche Trennung als sehr problematisch erwies; nach mehreren scharfen Briefwechseln zwischen den Direktoren und einigen Konflikten zwischen Fischer und dem wetterauischen Legationssekretär von Savigny wurden 1780 die Bestände wieder aufgeteilt.[98] Das westfälische Gesandtschaftsarchiv wurde 1796 dem neuen Gesandten von Mollenbec übergeben und überstand auch die beiden französischen Besetzungen Regensburgs im Jahre 1800 unbeschadet.[99] Nach dem Ende des Reiches, 1807, wurde der Gesandtschaftsbestand vom fränkischen Legationskanzlisten Petrasch geordnet und verzeichnet.[100] Danach verliert sich vom Archiv jede Spur.

5.5. REICHSTAGSVERTRETUNG UND KABINETTSPOLITIK AM BEISPIEL DES GRÄFLICHEN BEVOLLMÄCHTIGUNGSSTREITES

Der gräfliche Bevollmächtigungsstreit am Reichstag ist ein Beispiel, wie über eine vergleichsweise marginale Auseinandersetzung der beiden Konfessionslager im westfälischen Grafenkollegium durch Gewinnung mächtiger Verbündeter im Reich schließlich die Funktionsfähigkeit des gesamten Verfassungskörpers Reichstag für fünf Jahre gestört wurde. Unter diesem Blickwinkel ist er auch beispielhaft für die politische Kultur im Reich des späten 18. Jahrhunderts. Der Bevollmächtigungsstreit ist sowohl von den Zeitgenossen als auch in der Historiographie als einer der zahlreichen Zusammenstöße der Konfessionsparteien, an ihrer Spitze Österreich und Preußen, dargestellt worden; letztere wurden als die treibenden

---

[96] Vgl. StA DT, L 41 a, 117, S. 3 f.

[97] Vgl. StA DT, L 41 a, 132 passim.

[98] Fischer an Neuwied, 10. Juli und 10. Aug. 1779: StA DT, L 41 a, 133, S. 81–83, 95–106; Protest Neuwieds beim wetterauischen Direktorium, 20. Sept. 1779: StA DT, L 41 a, 133, S. 129–170; Trennungsankündigung durch den wetterauischen Direktor Fürst von Isenburg, 24. Nov. 1779: StA DT, L 41 a, 133, S. 179–185.

[99] Berichte Mollenbecs an Fürst Leopold zur Lippe, 23. Juli und 30. Dez. 1800: StA DT, L 41 a, 188, S. 192 f.; S. 209 f.

[100] Repertorium über sämtliche in dem reichsgräflich-westfälischen Gesandtschaftsarchiv in Regensburg sich befindenden Akten: LHA KO, Best. 30, Nr. 3961.

Kräfte in dieser Auseinandersetzung angesehen, die Grafen als ihre Marionetten betrachtet.[101]

Die Durchsicht der Akten beider Konfessionsgruppen im Grafenkollegium läßt den Streit vor einem anderen Hintergrund erscheinen.[102] In der Analyse der Beteiligung des Grafenkollegiums an der RKG-Visitation wurde deutlich, daß Graf Franz Georg von Metternich ein Engagement für die Mitstände seiner Konfession zeigte, das weit über das der übrigen katholischen Grafen und auch über das der früheren katholischen Direktoren hinausreichte.[103] So ließ Metternich in seinem Vergleich von 1774 mit dem Grafen von Neuwied die Passage aufnehmen, daß dadurch nicht nur die Vertretung der katholischen Grafen in der RKG-Visitationsdeputation gelöst sei, sondern auch das vakante katholische Direktorium bald wiederbesetzt werden sollte.[104]

Wegen der Konflikte, die das Auftreten des Subdelegaten Hertwig in Wetzlar hervorrief, steckte Metternich in einem ausführlichen Zirkular vom Januar 1775 an die katholischen Grafen seine weiteren Ziele im westfälischen Grafenkollegium ab: Angesichts der Streitigkeiten sei die Behandlung auf dem Reichstag vorauszusehen. Da er, Metternich, sich nicht auf einem ordentlichen Grafentag wählen lassen könne – die evangelischen Potentiores, die jetzt in Wetzlar Hertwig bekämpften, seien großenteils Mitglieder und würden seine Wahl hintertreiben –, so solle man ihn außerhalb eines Grafentags als Interimsdirektor bevollmächtigen. Als nächstes sollte ein Vorstoß unternommen werden, am Reichstagsvotum katholischerseits teilzuhaben, das bisher nur vom Grafen von Neuwied und seinen Freunden ausgeübt werde. Dazu wäre die Bevollmächtigung eines Gesandten, etwa den des Schwäbischen Grafenkollegiums, das richtige Mittel. Dieser müsse eine Vereinbarung mit dem evangelischen Gesandten des Grafen von Neuwied herbeiführen; bei Unmöglichkeit soll er die Quieszenz der Stimme anstreben. Zur Verstärkung seines Vorhabens kündigte Metternich an, er werde die katholischen fürstlichen Stände, die Fürsten von Kaunitz, Schwarzenberg sowie den Herzog von Arenberg um Unterstützung bitten.[105]

Dieses Schreiben verdeutlicht die Ausgangslage: Metternich war entschlossen, seine guten Familienbeziehungen zu den geistlichen Kurhöfen sowie sein kaiserliches Amt einzusetzen, um die, wie er es sah, protestantische Stimmrechtsusurpation zu beenden und die Religionsparität im Niederrheinisch-Westfälischen Grafenkollegium wiederherzustellen. Es war ihm bewußt, daß dieses Vorhaben nicht

---

[101] Johann Stephan PÜTTER, Institutiones iuris publici, Bd. 1, S. 129 f.; ders., Historische Entwicklung der heutigen Staatsverfassung des Teutschen Reiches, Bd. 3, S. 152–154; ARETIN, Heiliges Römisches Reich, Bd. 1, S. 148 f.

[102] Vgl. die Archivalien: StA DT, L 41 a, 138–160 passim. (Korrespondenz des protestantischen Direktoriums mit dem Gesandten Fischer). Korrespondenz Metternichs mit Kaunitz: HHStA Wien, Staatskanzlei: Berichte aus dem Reich, 133, 136, 142, 146, 152, 154, 155, 156; Weisungen in das Reich 246–248; Korrespondenz Metternichs mit den katholischen Mitständen: SZA Prag, FA Metternich, Nr. 2252, 2253, 2313–2316.

[103] Vgl. Kap. 3.3. (S. 129–136).

[104] Es war daran gedacht, das de facto-Abkommen Metternichs zu legalisieren: Vergleich Sommer 1774: HHStA Wien, Staatskanzlei: Berichte aus dem Reich 133.

[105] Zirkular Metternichs, 16. Jan. 1775: HHStA Wien, Staatskanzlei: Berichte aus dem Reich 133.

nur zum Konflikt mit den protestantischen Grafen im Kollegium, sondern auch mit den evangelischen Reichsfürsten am Reichstag führen würde, von denen die mächtigsten, Preußen, Hannover-England und Dänemark, als Kollegialmitstände unmittelbar betroffen waren.[106] Da Metternich sowohl von seinen Reisen als auch durch seine diplomatische Tätigkeit für Kurtrier und den Wiener Hof die Reichsverhältnisse gut kannte, muß man zu dem Schluß kommen, daß er die komplizierten Konfessionsverhältnisse sowie die damit verbundenen Parteien für seine Zwecke instrumentalisieren wollte. Nur durch einen großen Konflikt, bei dem die Koalition der katholischen Grafen mit den Bischöfen und dem Kaiserhof wirklich zustande kam, bestand eine Aussicht auf Erfolg.

Dem Fürsten von Kaunitz gegenüber bezeichnete Metternich als Zeitpunkt für seine Offensive den Wechsel in der gräflich-westfälischen Reichstagsgesandtschaft. Die Neubesetzung mit einem katholischen Gesandten wollte Metternich – mit Unterstützung durch alle katholischen Machthaber – zum Prüfstein für die Verfassungsmäßigkeit des Kollegiums machen. Vorsorglich legte er die fertig formulierte Verwahrung gegen eine erneute protestantische Bevollmächtigung seinem Schreiben als Kopie bei.[107] Die übrigen katholischen Höfe, vor allem die der Bischöfe, hatte Metternich, wie er in verschiedenen Schreiben andeutete, ebenfalls ausführlich informiert.

Das evangelische Direktorium des Grafen von Neuwied blieb in der Vorphase des Konflikts recht blaß. Zwar hatte man von Metternichs Vorhaben durch dessen eigene Ankündigung Kenntnis erhalten[108], doch konkrete Vorbereitungen für den Erledigungsfall der Gesandtschaft waren nur in personeller, nicht aber in politischer Hinsicht getroffen worden. Man zog sich auf den Rechtsstandpunkt zurück, das westfälische Grafenkollegium sei ein evangelisches Kollegium, und frühere Grafentagsbeschlüsse seien durch die lange Abstinenz der katholischen Grafen längst überholt.[109] Metternich dagegen vertrat die Ansicht, das Kollegium sei wegen seiner beinahe paritätischen Zusammensetzung ebenso wie wegen seines Doppeldirektoriums und der verfassungsmäßigen Konfessionsalternation im Syndikus- und Gesandtenamt ein Collegium mixtum.[110]

Ende Dezember 1778 starb der Gesandte von Pistorius. Metternich stellte eine Vollmacht – vorher hatten ihn acht katholische Mitstände dazu ermächtigt – für den Gesandten von Haimb aus, der sie in Regensburg vorlegte und auch von Kurmainz akzeptiert wurde. Neuwied bevollmächtige Fischer; Metternich wertete das

---

[106] Metternich sah Preußen, Holstein, England-Hannover und Hessen als die Hauptgegner an; mit Neuwied glaubte er, sich einigen zu können, wenn der Druck stark genug werden würde: vgl. Metternich an Kaunitz, 2. Mai 1775: HHStA Wien, Staatskanzlei: Berichte aus dem Reich 133.

[107] Metternich an Kaunitz, 17. März 1776: HHStA Wien, Staatskanzlei: Berichte aus dem Reich 133.

[108] Metternich an Neuwied, 30. Dez. 1778: StA DT, L 41 a, 221, S. 108. Metternich hoffte in diesem Schreiben auf eine gütliche Einigung und auf verfassungsmäßiges Verhalten Neuwieds.

[109] Die konfessionelle Zuordnung wurde auch von den evangelischen Staatsrechtslehrern der Zeit geteilt: PÜTTER, Historische Entwicklung der heutigen Staatsverfassung des Teutschen Reiches, Bd. 2, S. 351 f.; SCHEIDEMANTEL/HÄBERLIN, Teutsches Staats- und Lehnrecht, Bd. 2, S. 354.

[110] Metternich an Neuwied, 23. Jan. 1779: StA DT, L 41 a, 222, S. 10–14.

als Beweis, daß die Protestanten zum Verfassungsbruch entschlossen seien.[111] Um dem drohenden Eklat gleich von einer breiten Basis aus zu begegnen, machte sich Metternich auch zum Anwalt der unterrepräsentierten fränkischen katholischen Grafen: Er stehe in ständigem Kontakt zum Anführer der fränkischen Katholiken, Fürst Karl Albrecht von Hohenlohe-Schillingsfürst, schrieb er an Kaunitz.[112] Metternichs Vorgehen in den nächsten Monaten bestand in weiteren Gesprächs- und Vermittlungsangeboten an den Grafen von Neuwied sowie in der diplomatischen Vorbereitung der Einführung Haimbs als gräflich-katholisch-westfälischer Gesandter ins Corpus Catholicorum.[113]

Inzwischen hatte man sich während der Schlußphase der Teschener Friedensverhandlungen auch in Preußen zu Erklärungen bezüglich des Grafenstreites genötigt gesehen: Dort befürchtete man die Einrichtung einer fünften katholischen Grafenstimme, die alle Grafen umfassen sollte, die außerhalb Schwabens in der konfessionspolitischen Diaspora lebten. Die Bestrebungen, das westfälische Kollegium in ein Corpus mixtum zurückzuverwandeln, war man entschlossen zu bekämpfen.[114]

Der Graf von Neuwied und der Gesandte von Fischer schienen die preußische Unterstützung wohl von vornherein nicht für stark genug gehalten zu haben, um den bisherigen Besitzstand aufrechterhalten zu können. Schon im April 1779 erörterte Fischer die politische Gesamtlage in allen Aspekten und kam zu dem Ergebnis, daß es kaum mehr als zwei realistische Lösungen gäbe:
1. Das getrennte Stimmrecht, was die Einrichtung einer fünften Grafenbank bedeuten würde;
2. das alternierende Stimmrecht zweier Gesandter der beiden Konfessionen im Kollegium.[115]
Direktorialrat Rotberg erweiterte diese beiden Lösungswege um einen dritten, die Austauschvariante katholischer Grafen gegen evangelische Prälaten der rheinischen Prälatenbank.[116] Diese drei Entwürfe blieben das Arsenal des protestantischen Direktoriums bis zum Schluß des Streits am Reichstag 1785; in den Präferenzen galt die fünfte Grafenstimme als am angenehmsten, auch wenn man sie als unerreichbar ansah. Die Austauschvariante hielt Neuwied auch für akzeptabel; er schlug sie im Mai 1779 dem preußischen Kabinettsminister Hertzberg als ein mehrheitsfähiges Modell unter den protestantischen Grafen vor.[117] Die Stimmrechtsalternation wollte man nach Möglichkeit vermeiden.

---

[111] Metternich an Kaunitz, 10. Jan. 1779: HHStA Wien, Staatskanzlei: Berichte aus dem Reich 142; Anerkennung Haimbs: Fischer an Neuwied, 28. Dez. 1779: StA DT, L 41 a, 140, S. 7.

[112] Metternich an Kaunitz, 15. Jan. 1779: HHStA Wien, Staatskanzlei: Berichte aus dem Reich 142.

[113] Metternich an Neuwied, 22. April 1779: LHA KO, Best. 30, Nr. 3966/1, S. 1–3; Metternich an Kaunitz, 14. Aug. 1779: HHStA Wien, Staatskanzlei: Berichte aus dem Reich 142.

[114] Preußische Gesandtschaft an Neuwied, 1. und 10. April 1779: StA DT, L 41 a, 138, S. 3–5; S. 35 f.

[115] Memorandum Fischers, 21. April 1779: StA DT, L 41 a, 138, S. 77–93.

[116] Gutachten Rotbergs, 14. Mai 1779: StA DT, L 41 a, 138, S. 123–197, bes.: S. 170 f.

[117] Neuwied an Hertzberg, 21. Mai 1779: StA DT, L 41 a, 138, S. 259–263. Es ist interessant, daß das Hilfeersuchen Neuwieds an Preußen erst in dem Moment abgeschickt wurde, als man zwischen dem Direktor, dem Gesandten Fischer und dem Direktorialrat Rotberg alle Varianten

Die Wiener Staatkanzlei betrachtete die Aktivitäten Metternichs mit Interesse, aber ohne Engagement. Allein im Briefwechsel zwischen Kaunitz und Metternich spielte der Konflikt eine Rolle; in den Weisungen an die übrigen kaiserlichen Minister finden sich keine Hinweise darauf vor Ende 1781. Wenn sich überhaupt jemand im kaiserlichen Lager für die Auseinandersetzung zu der frühen Zeit interessiert hat, so waren es die beiden kaiserlichen Gesandten in Regensburg, Ferdinand Graf von Trauttmansdorff und Egidius Freiherr von Borié. Kaunitz selbst übermittelte die Einschätzung an Metternich, dem kaiserlichen Hof sei der Streit, so sehr er möglicherweise auch dem Ruf des Kaisers schaden könnte, letztlich ganz egal.[118] Er schlug vor, die Bestätigung des Alternationsbeschlusses von 1698 und 1702 zu erwirken sowie die Stimmrechtsalternation zweier Gesandter in Regensburg vertraglich mit dem Grafen von Neuwied zu vereinbaren; als Druckmittel sollte Metternich anstreben, die Reichstagsstimme des westfälischen Kollegiums bis zur Einigung suspendieren zu lassen.[119]

Mitten in diese Frontstellung hinein fiel das Ereignis, das den Grafenstreit für alle offensichtlich zu einem politischen Konflikt ersten Ranges machen sollte. Die fürstlichen evangelischen Stände hatten Fischer im Februar 1780 dazu ermutigt, erstmals seit seiner Bevollmächtigung an einer Sitzung des Reichsfürstenrates teilzunehmen.[120] In der Session vom 18. Februar widerstand Fischer zunächst dem Versuch Boriés, ihn auf der Sekretärsbank zu plazieren, mit Hilfe der fürstlichen Stände. Danach gab er im Anschluß an den wetterauischen Gesandten sein Votum für Franken und für Westfalen ab, gefolgt vom Gesandten von Haimb, der für die katholischen westfälischen Grafen votierte. Die evangelischen Stände erklärten Haimbs Votum für nichtig, worauf jede der konfessionellen Gruppen ein eigenes Protokoll gemäß ihrem Rechtsverständnis anfertigte und unterzeichnete.[121] Der österreichische Direktorialgesandte von Borié, schon nicht mehr Herr der Situation, erklärte, er könne unter diesen Umständen den Reichsfürstenrat nicht weiter leiten, bis der Konflikt gelöst sei; damit war die Sitzung beendet. Die Obstruktion des Direktorialgesandten lähmte ab diesem Zeitpunkt den Geschäftsgang des Reichstags.[122]

Der Grafenstreit hatte neben der politischen auch eine persönliche Dimension, indem sich die österreichischen Gesandten mit Fischer auf das erbittertste verfein-

---

durchgespielt hatte. Von einer Fernsteuerung durch Preußen kann keine Rede sein; Preußen wollte zu dieser Zeit noch den Status quo ante erhalten.

[118] Kaunitz an Metternich, 12. Okt. 1781: HHStA Wien, Staatskanzlei: Weisungen in das Reich 247.

[119] Kaunitz an Metternich, 19. April 1781: HHStA Wien, Staatskanzlei: Weisungen in das Reich 247.

[120] Fischer an Neuwied, 1. und 12. Febr. 1780 (mit Anlagen): StA DT, L 41 a, 140, S. 367–370, 429–437.

[121] Fischer an Neuwied, 18. Febr. 1780: StA DT, L 41 a, 140, S. 445–449.

[122] Leopold von RANKE, Die deutschen Mächte und der Fürstenbund. Deutsche Geschichte von 1780 bis 1790, Bde. 1–2, Leipzig 1871–1872; hier: Bd. 1, S. 32; ARETIN, Heiliges Römisches Reich, Bd. 1, S. 148 f.; KESTING, in: Westf. Zs. 106 (1956), S. 223; zum Verlauf des Grafenstreits: Karl Wilhelm von LANCIZOLLE, Übersicht über die deutschen Reichsstandschafts- und Territorial-Verhältnisse, Berlin 1830, S. XXII; SCHICK, Reichstag. S. 28 f.; REISER, Adliges Stadtleben im Barockzeitalter, S. 105.

deten. Nachdem schon 1770 Konflikte zwischen Reichsvizekanzler Colloredo und Fischer anläßlich dessen Wienreise wegen des schwäbischen Stimmabtretungsstreites entstanden waren[123], überwarf der Gesandte sich nach seinem Dienstantritt mit Trauttmansdorff und Borié. Letzterer galt zwar als exzellenter Kenner des Reichsrechts, war aber oft zu wenig kompromißfähig in schwierigen politischen Konfliktfällen. Borié hatte erklärt, er wolle mit Fischer nicht im Rat sitzen, noch weniger Geschäfte mit ihm betreiben.[124] Als Graf Trauttmansdorff 1780 beim Reichstag eintraf, ließ er seine Ankunft bei Fischer gar nicht erst anzeigen; die vom böhmischen Gesandten veranstalteten Dienstagsgesellschaften gingen ohne Fischer vonstatten. Zwar intervenierten einige katholische (!) Gesandte bei Trauttmansdorff, worauf dieser ein Einlenken signalisierte, doch wurde auch von den meisten übrigen Katholiken Fischer gegenüber offene Verachtung zur Schau getragen.[125]

Nach dem Beginn der Inaktivität des Reichsfürstenrats folgten fünf Jahre ohne reguläre Sitzungen, in denen die verschiedenen Lager versuchten, eine gemeinsame Formel zur Beilegung zu finden. Der kaiserliche Hof, vertreten durch seine beiden Gesandten, wandte eine Hinhaltetaktik an, die den Eindruck erwecken konnte, ihm sei die Handlungsunfähigkeit in Regensburg willkommen, um der eigenen Großmachtpolitik ungestört durch Widerstände aus dem Reich nachgehen zu können. Zwar äußerte sich Borié gegenüber seinem Kollegen Trauttmansdorff im Oktober 1783 dahingehend, es könne für den Kaiser nicht von Vorteil sein, wenn der Reichstag zerfiele; in seinem Verhalten leistete er jedoch der fortgesetzten Paralysierung dieser Versammlung Vorschub in einer Art, die möglicherweise nicht das Resultat fehlender Übersicht, sondern einer bestimmten, mit Colloredo abgestimmten Taktik war.[126] In der Folgezeit wurden Vorschläge zur Einleitung bilateraler Gespräche zwischen Kurmainz und Preußen gemacht, denen sich Borié ebenfalls in den Weg stellte.[127]

---

[123] Vgl. Kap. 5.3. (S. 173, Anm. 59).

[124] RANKE, Die deutschen Mächte und der Fürstenbund, Bd. 1, S. 37, 46; ARETIN, Heiliges Römisches Reich, Bd. 1, S. 59; Charakteristik Boriés durch Trauttmansdorff: Bericht Trauttmansdorffs an Kaunitz, 20. Mai 1785: HHStA Wien, Staatskanzlei: Kurböhmische Reichstagsgesandtschaft Regensburg, Nr. 127 (= ARETIN, Heiliges Römisches Reich, Bd. 2, Aktenstück 19, S. 107–119; hier: S. 114 f.).

[125] Fischer an Neuwied, 16. März 1781 (Anlage). StA DT, L 41 a, 142, S. 74 f.; vgl. L 41 a, 141 passim; kennzeichnend für die Verachtung, die Trauttmansdorff Fischer entgegenbrachte, ist die Tatsache, daß der böhmische Gesandte seinen Kollegen im Memorandum vom Mai 1785 gar nicht erst erwähnte, obwohl Fischer durchgehend in Regensburg gewesen war: Bericht Trauttmansdorff an Kaunitz, 20. Mai 1785 (vgl. Anm. 124).

[126] Aretin stellt Boriés Verhalten als »Ungeschicktheit« dar und stützt sich dabei auf ein Schreiben Trauttmansdorff vom 16. Okt. 1783, in dem Borié den Schaden andeutet, der dem Kaiser durch ein Zerfallen des Reichstags entstünde: ARETIN, Heiliges Römisches Reich, Bd. 1, S. 148 f.; Bd. 2: Schreiben Boriés: Aktenstück 17, S. 92–101. Möglicherweise gab es eine alternative Strategie, auf die sich auch Kaunitz' Vorwürfe gegen Colloredo beziehen könnten: Kaunitz an Trauttmansdorff, 9. Jan. 1784: HHStA Wien, Staatskanzlei: Weisungen an die kurböhmische Reichstagsgesandtschaft. Vgl. auch SCHICK, Reichstag, S. 29.

[127] Fischer über Boriés Obstruktion (an Neuwied), 28. Juli 1781 und 23. April 1782: StA DT, L 41 a, 143, S. 114–136; S. 145; S. 527–530. Kurmainz benötigte aus eigenen Gründen eine Reichstagsentscheidung, förderte also eine schnelle Beilegung des Konfliktes: ebd.

Die gräflichen Kollegien unterhielten ihre eigene Korrespondenz zum Grafenstreit. Fürst Wolfgang Ernst von Isenburg-Birstein ließ es sich als wetterauischer
Direktor nicht nehmen zu sagen, er habe den Konflikt kommen sehen und sich
daher für den Gesandten Grün als wetterauischen Vertreter eingesetzt.[128] Graf
Friedrich Alexander von Neuwied schwieg zu diesem Vorwurf und ließ in seiner
Direktorialkanzlei Druckschriften anfertigen, die die katholischen Publikationen
widerlegen sollten.[129]

In Mainz hatte man inzwischen durch Vermittlung von Metternich einen Entwurf erarbeitet, der dem fränkischen Kollegium zwar seine alte Form beließ, im
westfälischen Kollegium aber die Alternation im Stimmrecht einführte.[130] Im
Herbst 1782 äußerte auch Preußen die Meinung, daß dieser Kompromiß annehm-
bar sei.[131] Es zeigte sich allerdings, daß Preußen gerade nicht die unumstrittene
Vormacht der Protestanten war, denn der Streit setzte sich noch weitere zwei
Jahre fort, bevor dieses Modell in fast unveränderter Form allgemein akzeptiert
wurde. Zunächst wehrten die protestantischen Grafen sich nochmals erbittert gegen den kurmainzischen Vorschlag; die Korrespondenz zwischen Neuwied und
Berlin konnte das Projekt der fünften Grafenbank nochmals ins Gespräch bringen.[132]

1783 verstärkte sich bei den Reichsfürsten beider Konfessionen der Eindruck,
daß die Inaktivität des Reichstags allein dem Kaiser nützte und daher von seinen
Gesandten auch aufrechterhalten würde. Die Durchsetzung der neuen Diözesan-
einteilung in Österreich vor allem zu Lasten des Reichsbistums Passau[133] stärkte
den Einigungswillen auf der Grundlage der Stimmrechtsalternation für die westfälischen Grafen.[134] Da dem Grafen von Metternich diese Lösung sehr recht war –
er hatte das ganze Jahr 1783 hindurch diesen Vorschlag favorisiert[135] –, fehlte
allein die Zustimmung des kaiserlichen Hofes, um den Streit zu beenden. Kaunitz
umriß dessen Haltung: Der Kaiser wolle unparteiisch bleiben und sei der Auffas-

---

[128] Fürst von Isenburg-Birstein an Neuwied, 14. Nov. 1781: StA DT, L 41 a, 143, S. 246 f.

[129] Beispielsweise: Druckschrift Boriés für die Katholiken: Fischer an Neuwied, 8. Mai 1782
(Anlage): StA DT, L 41 a, 146, S. 1–7; StA DT, L 41 a, 145, S. 587–668; Druckschrift Rotbergs
(1782): StA DT, L 41 a, 147, S. 69–174; Druckschrift »Vorschläge zur gütlichen Beilegung der Gra-
fenirrungen« (1782) der katholischen Stände: StA DT, L 41 a, 147, S. 291 ff.

[130] Fischer an Neuwied, 3. Aug. 1782: StA DT, L 41 a, 147, S. 295–302.

[131] Hertzberg an Neuwied, 18. Sept. 1782: StA DT, L 41 a, 148, S. 206 f. Hertzberg warf Neuwied vor, sein Vergleich mit Metternich in der RKG-Visitationssache hätte diese unerfreuliche Situation erst herbeigeführt.

[132] Zusage der preußischen Regierung an Neuwied, 11. Nov. 1782. StA DT, L 41 a, 149, S.
457–459; vgl. Fischer an Neuwied, 12. Febr. 1783: StA DT, L 41 a, 151, S. 219 f.

[133] Passau war mit dem Tod des Bischofs Leopold Ernst von Firmian am 13. Febr. 1783 vakant.
Kaiser Joseph II. trennte die österreichischen Diözesanteile ab und schuf daraus die neuen Bistü-
mer Linz und St. Pölten, nicht ohne reiche Liegenschaften zu beschlagnahmen: ARETIN, Heiliges
Römisches Reich, Bd. 1, S. 140.

[134] Vgl. Hofrat Becmann (neuwiedischer Gesandter in Göttingen) an Neuwied, 17. Dez. 1783
über die Stimmung der hannoverschen Regierung: StA Dt, L 41 a, 154, S. 465–467; Haltung
Preußens: Fischer an Neuwied, 1. Dez. 1783: StA DT, L 41 a, 154, S. 317–324; Haltung Kursach-
sens: Fischer an Neuwied, 27. Dez. 1783: StA DT, L 41 a, 155, S. 1.

[135] Vgl. Metternich an Kaunitz, 24. Febr., 7. März, 3. April 1783: HHStA Wien, Staatskanzlei:
Berichte aus dem Reich 152.

sung, er habe nichts damit zu tun, da er in seiner höchstrichterlichen Eigenschaft nicht angerufen worden sei (?). Seine Solidarität gelte den katholischen Ständen. Preußen sei der Urheber des Streits, habe die Lösung verschleppt, da man dort ein besonderes Interesse des Kaisers an der Aktivität des Reichstags vermute. Kaunitz betonte, er überlasse das weitere Vorgehen Metternichs Geschicklichkeit.[136] Metternich antwortete Kaunitz voller Zufriedenheit über die Einigung der Reichsstände sowie über seine eigenen Verhandlungen mit dem Grafen von Neuwied, die kurz vor dem Abschluß stünden. Die fehlende Zustimmung des kaiserlichen Hofes interpretierte er allerdings – ebenso wie die protestantischen Reichsstände – als absichtliche Verzögerung zur Förderung von Nebenabsichten.[137]

Im Mai 1784 setzte sich auch in Neuwied die Einsicht durch, daß das Alternationsmodell nicht mehr zu umgehen war. Die Bestrebungen zielten jetzt darauf ab, die beiden Gesandten von Materie zu Materie alternieren zu lassen, da man ein abwechselndes Votum »ad dies vitae« für untunlich hielt. Die evangelischen Fürsten konnten immerhin das fränkische Kollegium vor der Einrichtung desselben Modus bewahren, sahen den ganzen Vorgang aber als Niederlage an, die sie nicht hatten verhindern können.[138] Am 13. Juli 1784 konnte Metternich in seinem Bericht an Kaunitz stolz den Vergleich mit Neuwied präsentieren; er drängte nun auf schnelle Einigung im Reich, da er nach eigenem Dafürhalten einen optimalen Kompromiß gefunden hatte, den er nicht mehr durch zusätzliche äußere Einflußnahme gefährden wollte.[139] Nachdem der österreichische Gesandte Borié im August 1784 ein letztes Störmanöver gestartet hatte, das ihm den Zorn fast aller katholischen Gesandten einbrachte, übernahm Graf Trauttmansdorff die Schlußverhandlungen mit dem vom Corpus Evangelicorum ausgewählten hannoverschen Gesandten Baron von Ompteda, die im Jahre 1785 zum Abkommen über die Beilegung des Grafenstreites führten.[140]

Der Grafenstreit war weder in seiner Entstehung noch in seiner Beilegung ein Streit zwischen Berlin und Wien; die gräflichen Kollegialmitglieder wurden aber durch ihre Unfähigkeit (oder Unwilligkeit), die verschiedenen Ansichten unter sich zu regeln, ins Kraftfeld der großen Politik gezogen. Die beiden Führungsmächte förderten die Polarisierung; dies entsprach den politischen Verhältnissen der Zeit. Hatte die Schwäche des Kaisertums 1730 bis 1745 die Einigung der protestantischen Grafen begünstigt, so konnte nun die von Metternich begründete Zweckkoalition der katholischen Mindermächtigen ihre Handlungsfähigkeit be-

---

[136] Kaunitz an Metternich, 27. März 1784: HHStA Wien, Staatskanzlei: Weisungen in das Reich 248.

[137] Metternich an Kaunitz, 21. Mai 1784: HHStA Wien, Staatskanzlei: Berichte aus dem Reich 154.

[138] Vgl. Äußerungen protestantischer Gesandter gegenüber Fischer: Fischer an Neuwied, 8. und 13. Mai 1784: StA DT, L 41 a, 157, S. 78 f.; S. 89–92. Ein katholischer Vorschlag, mit der fränkischen Gesandtschaft ebenso zu verfahren, lag schon vor: Geheimes Konferenzprotokoll des Corpus Catholicorum, 13. Mai 1784: StA DT, L 41 a, 158, S. 25–30.

[139] Metternich an Kaunitz, 13. Juli 1784: HHStA Wien, Staatskanzlei: Berichte aus dem Reich 155.

[140] Boriés letzter Störversuch: Fischer an Neuwied, 14. Aug. 1784: StA DT, L 41 a, 159, S. 19 f.; Abkommen: vgl. Fischer an Neuwied, durch Rotberg vorgetragen am 28. Jan. 1785: StA DT, L 41 a, 160, S. 1–8 (Anlagen: S. 9–25).

weisen. Letztlich stellte die von den Protestanten als Niederlage betrachtete Kompromißlösung mit den katholischen Reichsständen, vor allem Kurmainz, die Weichen für den im selben Jahr gegründeten Fürstenbund.[141]

---

[141] Zum Fürstenbund 1785: ARETIN, Heiliges Römisches Reich, Bd. 1, S. 162–198.

KAPITEL 6

DIE KASSENANGELEGENHEITEN

6.1. DIE ERSTELLUNG DER BEITRAGSMATRIKEL

Zur Garantie der politischen und militärischen Handlungsfähigkeit hatte das
Heilige Römische Reich ein Beteiligungsverfahren entwickelt, das die Stellung von
Soldaten wie die Zahlung von Steuern regelte. Diese Reichsmatrikeln sind seit
dem Jahre 1422 belegt; sie dienten nicht nur der Sicherstellung der materiellen und
personellen Grundlagen der kaiserlichen Romzüge, sondern regelten auch erstmals
in schriftlicher Form, wer dem Reich als unmittelbarer Stand angehörte und wer
nicht.[1]

Die Reichsunmittelbaren waren – de jure – zur Leistung von Rat und Hilfe
verpflichtet; sie taten dies, indem sie dem Kaiser 4.000 Mann zu Roß und 20.000
Mann zu Fuß stellten, die ihn für sechs Monate nach Rom begleiteten. Wer keine
Soldaten stellen konnte oder wollte, leistete seinen Beitrag in Form einer Zahlung:
für einen Reiter 12 fl., für einen Soldaten 4 fl. Die Leistung der einfachen Matriku-
larpflicht für einen Monat erhielt den Namen »Römermonat« und wurde später
eine fiskalische Verrechnungseinheit.[2] Die Matrikel, die im Idealfall präzise die
Zahlungpflichtigen ausweisen sollte, wies jedoch zahlreiche Schwächen auf, da einige Stände zu Unrecht aufgeführt waren, andere fehlten; hinzu kam, daß Kaiser
Friedrich III. im 15. Jahrhundert Stände nach politischen Erwägungen zum
Reichstag lud, nicht jedoch nach althergebrachten Rechten unterschied. So blieb
die Reichsstandschaft vorerst eine politische Größe, anstatt sich in einen rechtlich
fixierten Anspruch zu verwandeln.[3]

Im späten 15. Jahrhundert scheiterte der Versuch, durch die Einführung einer
allgemeinen Steuer, des Gemeinen Pfennigs, eine Finanzgrundlage für eine ständige Reichsarmee zu schaffen, am Widerstand der Reichsstände.[4] Man kehrte zum
Matrikelmodell zurück und verabschiedete 1521 auf dem Wormser Reichstag die
»allzeit neueste Matrikel«, die in der Tat – trotz einiger späterer Modifikationen –

[1] MOSER, Neues Teutsches Staatsrecht, Bd. 4, S. 1131–1133.
[2] Vgl. MOSER ebd.; Winfried SCHULZE, Reichstag und Reichssteuern im späten 16. Jahrhundert, in: ZHF 2 (1975), S. 43–58.
[3] Zu diesem Punkt: Dominicus ARUMAEUS, Commentarius juridico-historico-politicus de comitiis Romano-Germanici imperii, Jena 1630, Kap. 8, §§ 37 ff., 60; vgl. Friedrich Hermann SCHU-
BERT, Die deutschen Reichstage in der Staatslehre der frühen Neuzeit, S. 463 f.
[4] Die Ordnung des Gemeinen Pfennigs, 7. Aug. 1495: BUSCHMANN, Kaiser und Reich, S.
188–194; die Ordnung des Reichsregiments, 2. Juli 1500: ebd., S. 195–214. Vgl. CONRAD, Deutsche Rechtsgeschichte, Bd. 2, S. 122; BOLDT, Deutsche Verfassungsgeschichte, Bd. 1, S. 256 f.

die Grundlage des Reichssteuerwesens bis zum Ende des alten Reiches geblieben ist.[5] Erhob der Reichstag künftig den Grundanschlag von 4.000 Reitern und 20.000 Fußsoldaten (oder 51.269 fl.), so nannte man dies ein »Simplum«; es konnte, nach Maßgabe der militärischen Erfordernisse, vervielfacht werden (Duplum, Triplum etc.).[6]

Die Reichsmatrikel ist von den Ständen stets als notwendiges Übel aufgefaßt worden; allein diese Tatsache wird auch später ihre Übernahme in die Kreissteueranschläge bewirkt haben. Von Steuergerechtigkeit war sie weit entfernt. Schon Moser beklagte, es seien wohl politische Gründe ausschlaggebend gewesen, als die Kurfürsten von Mainz, Trier, Köln, Pfalz, Sachsen und Brandenburg denselben Anschlag erhalten hätten, ungeachtet ihrer unterschiedlichen Wirtschaftskraft.[7] Trotz zahlloser Proteste gegen zum Teil gravierende Ungerechtigkeiten – vor allem den Städten gegenüber[8] – wurde die Matrikel 1582 per Reichsabschied bestätigt.[9] Künftig blieb als einziger Weg, den als zu drückend empfundenen Lasten zu entgehen, der Antrag an den Reichstag auf Matrikularmoderation.[10]

Nach den Erfahrungen des Dreißigjährigen Krieges und angesichts der doppelten Bedrohung durch das französische und türkische Expansionsstreben verständigten sich die Reichsstände 1681 in der Reichsdefensionalordnung auf eine Erhöhung des Matrikelanschlags. Das Simplum erbrachte nun 12.000 Reiter und 40.000 Fußsoldaten; die Truppenaushebung wurde den Reichskreisen übertragen, die auch die Offiziere und Stabsoffiziere benannten.[11] Dem Reichstag blieb die Auswahl der Reichsgenerale nach dem konfessionellen Proporz.[12] Die Kreise ihrerseits verteilten die auf sie fallenenden Lasten nach der nur unwesentlich veränderten Matrikel auf die Mitstände: Dieser Anschlag wurde 1698 auch vom Niederrheinisch-Westfälischen Reichsgrafenkollegium als Grundlage seiner Beitragserhebungen angewendet.[13]

Noch bevor die gräflichen Mitstände zur Matrikel veranschlagt worden waren, hatten die Grafen von Löwenstein-Wertheim sowohl ihre fränkischen Besitzungen als auch die Grafschaft Virneburg durch Reichsbeschluß im Steueranschlag ab-

---

[5] Reichsmatrikel, 15. und 17. Mai 1521 zu Worms: vgl. Hanns Hubert HOFMANN (Hrsg.), Quellen zum Verfassungsorganismus des Heiligen Römischen Reiches Deutscher Nation 1495–1815, S. 40–51; LÜNIG, Teutsches Reichs-Archiv, Bd. 1, S. 764–768.

[6] CONRAD, Deutsche Rechtsgeschichte, Bd. 2, S. 123; genaugenommen waren es 4202 Reiter und 20.063 Soldaten: HOFMANN, Quellen, S. 51; zur Handhabung des Matrikularwesens in der Verteidigungspolitik des 16. Jahrhunderts: Winfried SCHULZE, Reich und Türkengefahr, München 1976, passim.

[7] MOSER, Neues Teutsches Staatsrecht, Bd. 4, S. 1133.

[8] Die Städte hatten behauptet, sie hätten der Reichsmatrikel von 1521 nicht zugestimmt: MOSER, ebd., S. 1133. Beipiel: Die Stadt Lemgo war mit 4 Reitern und 22 Soldaten höher veranlagt als die ganze Grafschaft Lippe mit 4 Reitern und 18 Soldaten: vgl. HOFMANN, Quellen, S. 48, 51.

[9] Zum Reichsabschied 1582: MOSER, Neues Teutsches Staatsrecht, Bd. 4, S. 1135; eine weitere Bestätigung erfolgte 1594: CONRAD, Deutsche Rechtsgeschichte, Bd. 2, S. 129

[10] Vgl. MOSER, Neues Teutsches Staatsrecht, Bd. 4, S. 1169 ff.

[11] CONRAD, Deutsche Rechtsgeschichte, Bd. 2, S. 125; vgl. Reichsarmatur 1681, in: HOFMANN, Quellen, S. 232–243.

[12] CONRAD, ebd., S. 129–132 (mit Quellen- und Literaturhinweisen).

[13] Kreisanschläge: MOSER, Neues Teutsches Staatsrecht, Bd. 4, S. 1182; LÜNIG, Teutsches Reichsarchiv, Bd. 1, S. 772–783 über die neuen Matrikularanschläge.

senken lassen.[14] Das Beispiel fand schnell Nachahmung, denn beim Grafentag 1698 erklärten die Vertreter von Bentheim und Rietberg, ihre Eingruppierung sei ebenfalls zu hoch, und sie bäten um Moderation.[15] Zur Begründung wurden nicht nur inzwischen eingetretene Besitzumwälzungen – Erbteilungen, Landabtretungen etc. – angeführt, sondern vor allem die desolate wirtschaftliche Situation der Grafschaften, die im Rheinland schon durch den Dreißigjährigen Krieg stark verschuldet waren und durch dauernde französische Einfälle während der Raub- und Erbfolgekriege völlig zahlungsunfähig wurden.

Die Grafen von Löwenstein-Wertheim gingen in ihrem Antrag für die Grafschaft Virneburg am weitesten, als sie im September die völlige Aussetzung der Zahlungspflicht forderten. In dem Antragsschreiben hieß es, Schulden häuften sich auf Schulden, da Kredite aus dem Spanischen Erbfolgekrieg noch nicht zurückgezahlt worden seien; die Franzosen hätten schon wieder 2.100 Rationen Heu, Hafer und Stroh sowie 1.600 Livres erpreßt und forderten noch weitere Leistungen.[16] Der Antrag wurde jedoch nicht bewilligt; es gelang aber 1757, auch am Kreistag den Matrikularanschlag Virneburgs von 15 fl., der im Reich und im Grafenkollegium schon lange akzeptiert worden war, durchzusetzen.[17] Eine derartige Diskrepanz zwischen den Anschlägen nach der Grafen- und der Kreismatrikel bestand auch im Fall der Grafschaft Schaumburg. Hier zahlte Hessen im Kollegium 60 fl., im Kreis nur 52 fl. 46 2/3 Kreuzer; die Grafen von Schaumburg-Lippe zahlten dagegen im Kollegium 40 fl. und im Kreis 47 fl. 13 1/3 Kreuzer. Hessen befürwortete, den Kreisanschlag auch auf das Kollegium zu übertragen.[18]

In der zweiten Hälfte des 18. Jahrhunderts setzten sich die Moderationsanträge fort. Reckheim wurde 1769 von 12 fl. auf 6 fl. herabgesetzt, Mylendonk im gleichen Jahr von 16 fl. auf 5 fl. 20 Kreuzer.[19] Graf Prosper von Sinzendorf stellte am 20. Febr. 1755 alle Zahlungen für Rheineck ein.[20] Ohne Erfolg blieben die Bemühungen des Grafen von Neuwied, seine eigene Steuerlast zu senken.[21]

Ungeachtet der Einsicht in das Ungenügen des herkömmlichen Steuersystems wurden auch in der Engeren Korrespondenz die alten Anschläge der Mitgliedsterritorien zugrundegelegt. Ein Simplum betrug, bei vollständiger Einnahme der Beiträge von 13 Mitständen, 475 fl., gerade genug, um den Direktorialrat ein halbes

[14] Matrikularmoderation für Löwenstein-Wertheim, 26. Okt. 1678 und 20. Mai 1682: PACHNER von EGGENSTORFF, Reichsschlüsse, Bd. 2, S. 163 f.; MOSER, Neues Teutsches Staatsrecht, Bd. 4, S. 1316; für Virneburg: PACHNER von EGGENSTORFF, Reichsschlüsse, Bd. 2, S. 555 und 616 (4. Juni 1685 und 19. Juni 1687).
[15] Grafentagsprotokoll, Nov. 1698: StA DT, L 41 a, 317, S. 33, 44v.
[16] Grafen von Löwenstein-Wertheim, an die Reichsstände, 27. Sept. 1735: StA Wertheim, Freudenbergisches Archiv 103 K 10; der Erfolg des Antrags ist unbekannt; die Grafen zahlten später jedoch wieder Beiträge zur Engeren Korrespondenz.
[17] Bericht des Gesandten Frohn an die Regierung in Wertheim, 4. Aug. 1757: StA Wertheim, Freudenbergisches Archiv 103 K 10.
[18] Hessische Regierung an die Direktoren, 18. Febr. 1744: StA DT, L 41 a, 246, S. 69 f.
[19] Reckheim: StA DT, L 41 a, 257, S. 19–58; SZA Prag, FA Metternich, Nr. 2262/1, S. 14; Mylendonk: StA DT, L 41 a, 257, S. 59–181; SZA Prag, FA Metternich, Nr. 2262/1.
[20] Erklärung Sinzendorfs, 20. Febr. 1755: StA DT, L 41 a, 257, S. 15; Rheineck war schon 1727 von 12 auf 2 fl. moderiert worden: MOSER, Neues Teutsches Staatsrecht, Bd. 4, S. 1302.
[21] Versuche Neuwieds 1753–1757: StA DT, L 41 a, 257, S. 1–14.

Jahr lang zu besolden.[22] Daher wurde vereinbart, einen festen finanziellen Vorschuß zu leisten, den Direktorialvorschuß; er sollte 4 Simplen betragen und dem Direktor vorab Handlungsfähigkeit verschaffen.[23] Nach diesem Modus wurde auch bis zum Ende des Kollegiums verfahren; bei den unter den Mitgliedern üblichen Zahlungsrückständen muß es als ein überdurchschnittliches Ergebnis angesehen werden, daß sogar 1806 mit 928 Rtl. noch deutlich mehr als die Hälfte des Direktorialvorschusses wirklich eingenommen wurde.[24]

Eine völlig neue Matrikel haben nur die katholischen Grafen um Franz Georg von Metternich auf der Grundlage ihres neuen »Schwäbisch-Westfälischen Kollegiums« vereinbart. Sie setzten die einzelnen Territorien nach einem Anschlag ein, der den wirklichen Wirtschaftserträgen wesentlich näher kam als die alte Reichs- und Kreismatrikel.[25] Zur Verwirklichung ist Metternichs Plan allerdings nicht mehr gelangt, auch wenn im Dezember 1805 die Mitstände erstmals zur Zahlung aufgefordert worden sind.

6.2. DIE ERHEBUNG DER BEITRÄGE

Ein beträchtlicher Teil der niederrheinisch-westfälischen Grafenakten besteht aus Unterlagen über die Einziehung der Kollegialbeiträge; dieser essentielle Teil der gräflichen Selbstverwaltung zieht sich durch die Korrespondenz von der Wahl der ersten Direktoren bis lange nach Ende des Reiches, als noch versucht wurde, letzte Rückstände einzutreiben. Die Einnahmen aus der Direktorialkanzlei liegen von 1767 bis 1807 lückenlos dokumentiert vor und geben damit einen Einblick in die Spätphase des Kassenwesens.[26] Nicht darin enthalten sind die Besoldungsanteile für den Gesandten; er erhielt sein Gehalt direkt von den Mitständen. Die diesbezüglichen Unterlagen sind nach 1806 verschwunden.[27]

Eine quantitative Untersuchung ist an dieser Stelle nicht vorgesehen, obwohl die Quellen erlauben würden, serielle Daten zu erheben. Ergebnis wären jedoch allenfalls Informationen über die Zahlungsmoral einzelner Mitstände sowie der

[22] Matrikel 1786: Bericht Rotbergs vom 4. Sept. 1786: Beteiligt waren Neuwied, Wied-Runkel, Sayn-Altenkirchen, Sayn-Hachenburg, Lippe, Schaumburg-Lippe, Bentheim, Steinfurt, Virneburg, Holzappel, Pyrmont, Hallermund, Wickrath: StA DT, L 41 a, 423, S. 113 f.
[23] Auch nach Wegfall der Beiträge aus Hallermund und Wickrath brachte der Direktorialvorschuß für 1798 bei vollständiger Bezahlung 2.097 fl.: Bericht Rotbergs, 3. Nov. 1797: StA DT, L 41 a, 425, S. 12.
[24] Beitragssätze 1803 (Rotberg): StA DT, L 41 a, 8, S. 115; Direktorialkassenabrechnung 1806: StA DT, L 41 a, 460, passim (mit Belegen).
[25] Matrikelanschlag: katholischer Syndikus an die Mitglieder des Schwäbisch-Westfälischen Grafenkollegiums, 2. Dez. 1805; Archiv Plettenberg-Nordkirchen, Nr. 2934, S. 3v. Verteilung: Toerring 22 fl. (pro simplo), Aspremont 22 fl., Metternich 22 fl., Plettenberg 21 fl., Sternberg 60 fl., Ostein 26 fl., Schaesberg 29 fl., Sinzendorf 17 fl., Waldbott-Bassenheim 18 fl., Esterhazy 31 fl., Ligne 31 fl.
[26] Direktorialkassenrechnung, 1767–1807: StA DT, L 41 a, 374–403, 460.
[27] Über die Besoldung des Gesandten sind wir nur aus der allgemeinen Direktorialkorrespondenz unterrichtet: vgl. Pistorius an Neuwied, 17. Okt. 1753, über den zwischen ihm und Lippe vereinbarten Zahlungsmodus: StA DT, L 41 a, 351, S. 33v–34r.

Grad der Abhängigkeit des Kollegialverbandes von einzelnen Zahlern: Beides läßt sich auch ohne die exakten Daten ermitteln. Erschwert würde eine quantitative Arbeit neben der fehlenden Ertragsperspektive von der großzügigen Buchführung der Kanzlei, wo die Addition von Zahlenkolonnen selten zu richtigen Ergebnissen führte. So wurde der Schlußsatz einer Kassenrechnung im Jahre 1754 zum Leitsatz für das Rechnungswesen des Kollegiums insgesamt: »Errare calculi semper tamen salvo«.[28] Zu einer quantitativen Auswertung hätte ferner die Prüfung der Finanzkraft der Mitgliedsterritorien gehört; Rahmendaten in den Kollegialakten, wie die Schätzung der Gesamteinkünfte aller Kollegialmitstände durch den Gesandten von Fischer auf 1,5 Millionen fl.[29], erwiesen sich als unbrauchbar für eine Einordnung der Einzelangaben in einen größeren Zusammenhang.

Das reguläre Finanzbewilligungsverfahren im Grafenkollegium begann mit dem Hinweis der Direktoren an alle Mitglieder (z.B. durch Proposition eines Grafentages), daß Kosten angefallen waren oder anfallen würden. Diesem Hinweis über die Gesamtkosten war in der Regel eine Aufschlüsselung nach dem Matrikelanschlag der einzelnen Mitgliedsterritorien beigefügt, so daß jeder Graf die Anzahl der zu bewilligenden Simplen entnehmen konnte. Der Zustimmung der Mitglieder per majora (im Umlaufverfahren oder durch einen Grafentagsbeschluß) folgte die Zahlungsaufforderung des Direktoriums, worauf die Grafen im Idealfall zahlten. Die Direktorialkanzlei verbuchte die Eingänge und stellte Quittungen aus.[30]

Der Regelfall war jedoch der unvollkommene Eingang der Mitgliedsbeiträge. Es gab keinen einzigen Mitstand, der alle Beiträge, die im Laufe der Geschichte des Kollegiums erhoben worden sind, wirklich bezahlt hat; dagegen gab es Stände, die nie eine Zahlung geleistet haben.[31] Dem entsprachen Klagen, die ein Jahrhundert lang über den materiellen Zustand des Kollegiums angestimmt wurden: Schon im Protokoll des Grafentages 1700 wurde unter dem zweiten Tagesordnungspunkt die Säumigkeit einiger Mitstände hervorgehoben.[32] Die erste schriftliche Mahnung, rückständige Beiträge in Höhe von 234 fl. zu bezahlen, erging im August 1703 an den Grafen Friedrich Wilhelm von Neuwied.[33]

Auf dem Grafentag 1711 nahm das Kassenwesen schon einen beherrschenden Raum in den Verhandlungen ein; drei der ersten acht Beratungspunkte beschäftigten sich mit Finanzfragen.[34] Eine im Vorfeld des Grafentages 1740 erstellte Spezifikation vermittelt einen Eindruck von den erhobenen und den wirklich eingegan-

---

[28] Kassenbilanz 1754: StA DT, L 41 a, 352, S. 314.

[29] Fischer an Neuwied, 24. Nov. 1782: StA DT, L 41 a, 161, S. 1. Fischer spezifiziert hier nicht, welche Einkommensanteile der Potentiores in diese Rechnung eingehen. Zu den Einkünften von England, Preußen und Dänemark vgl. die Studie von Peter Claus HARTMANN, Das Steuersystem der europäischen Staaten am Ende des Ancien Régime, Zürich, München 1979 (Beiheft zur Francia 7).

[30] Vgl. StA DT, L 41 a, 105, passim; zur Kassenmoral der Reichsstände: Julius Friedrich MALBLANK, Anleitung zur Kenntnis der deutschen Reichs- und Provinzial-, Gerichts- und Kanzleiverfassung und Praxis, Bd. 2, S. 527 ff.

[31] Beispielsweise Oldenburg, Delmenhorst und Rheinstein.

[32] Grafentagsprotokolle, 9. Nov. 1700: StA DT, L 41 a, 317, S. 154v.

[33] Graf Salentin Ernst von Manderscheid an Graf Friedrich Wilhelm von Neuwied, 19. Aug. 1703: StA DT, L 41 a, 367, S. 5 f.

[34] Grafentagsprotokoll 1711: StA DT, L 41 a, 317, S. 334.

genen Beiträgen: Von den 1698 bis 1732 bewilligten 27 ²/₃ Simplen, also ca. 38.000
fl., wurden weniger als ein Drittel, 11.200 fl., wirklich geleistet.[35] Nur das Haus
Manderscheid – als Direktor – sowie die Familien von der Mark (für Saffenburg)
und Schaesberg (für Kerpen-Lommersum – erst seit 1731 Mitglied!) hatten ihre
Beiträge vollständig entrichtet; Bentheim erreichte 90 Prozent, Lippe immerhin 86
Prozent. Die Fürsten von Schwarzenberg, die Grafen von Aspremont-Linden und
von Löwenstein-Wertheim hatten mehr als die Hälfte ihrer Steuerschulden bezahlt. Die größten Rückstände wiesen neben den Totalverweigerern[36] die Fürsten
von Salm, von Anhalt-Schaumburg sowie die Grafen von Neuwied, von Limburg-
Styrum, von Velen und von Sinzendorf auf; sie hatten bis dahin auch noch keine
Beiträge geleistet.[37] Weitere Rechnungen sowohl aus den Kanzleien der Direktoren als auch der Syndici belegen mit meist geringfügig veränderten Daten denselben Sachverhalt.[38]

Besondere Zurückhaltung, wenn es um Zahlungen ging, zeigten die fürstlichen
Mitstände des Kollegiums. Auf die Bemühungen der beiden ersten Direktoren, die
Potentiores am Aufbau der Kollegialverfassung nicht zu beteiligen, wurde schon
hingewiesen.[39] 1699 wurden die Fürsten erstmals zum Grafentag eingeladen und
zur Zahlung eines Simplums aufgefordert.[40] Die Teilnahme von Gesandten der
fürstlichen Mitglieder war – außer im Fall Preußens – selten. Der Einfluß wurde
auf dem Korrespondenzwege gegenüber den Direktoren geltend gemacht. Syndikus Buck hob schon auf dem Grafentag 1704 hervor, daß die Beitragsleistung der
Potentiores so gering sei, daß dadurch die Besoldung der Mitarbeiter gefährdet
werde.[41] Vorstöße der Direktoren, an den Höfen der Fürsten an die Zahlung der
Rückstände zu erinnern, wurden meistens mit Schweigen beantwortet. Gelegentlich wurde das Argument vorgebracht, das betroffene Haus habe an der Kollegialgründung nicht mitgewirkt und den Steuern nicht zugestimmt, also sei es auch
nicht zu Zahlungen verpflichtet.[42] König Friedrich II. von Preußen stimmte 1746
einem Vorhaben des Grafen von Neuwied zu – es handelte sich um die Einrichtung der Legationssekretärsstelle in Regensburg –, lehnte jedoch jede Beteiligung
an den Gehaltskosten ab: Der Legationssekretär sei, wie das übrige Personal des
Kollegiums, zur Vertretung reichsgräflicher Interessen eingestellt worden – er
solle nun auch von den Grafen finanziert werden, denn Preußen sei ohnehin in
Regensburg präsent.[43] Ihre konsequente Haltung, sich an Zahlungen nicht zu
beteiligen, haben die Potentiores, von sehr geringen Beiträgen Hannovers und

[35] Ein Simplum ergab bei der damaligen Mitgliederstruktur 1370 fl. 40 Kr.: vgl. StA DT, L 41 a,
333, S. 108 f.

[36] Vgl. Anm. 31.

[37] Kassenspezifikation 1698–1732 (1740): StA DT, L 41 a, 333, S. 108 f.

[38] Z.B. Kassenrechnung des Syndikus von Meinerzhagen, 19. April 1742: StA DT, L 41 a, 366,
S. 237–243.

[39] KESTING, in: Westf. Zs. 106 (1956), S. 188; vgl. Kap. 3.1. (S.112–116).

[40] Graf Salentin Ernst von Manderscheid an Gesandten May, 1. Juli 1699: StA DT, L 41 a, 246,
S. 5–8.

[41] Syndikus Buck; vgl. Grafentagsprotokoll, 12. April 1704: StA DT, L 41 a, 317, S. 196.

[42] Oldenburgische Regierung an den Grafen von Neuwied, 7. Dez. 1740 und 17. Dez. 1746: StA
DT, L 41 a, 367, S. 135–137; L 41 a, 107, S. 131 f.

[43] Friedrich II. von Preußen an Grafen von Neuwied, 3. Juni 1746: StA DT, L 41 a, 107, S. 123.

Hessen-Kassels in den ersten Jahren des Kollegialverbandes abgesehen, bis zum Ende des Reiches beibehalten.[44] Wenn König Friedrich von Schweden aus dem Hause Hessen-Kassel 1739 den Wunsch signalisierte, »zu dessen (= des gräflichen Kollegiums) Vergnügen etwas beizutragen«, so war damit allenfalls ideelle Unterstützung, jedenfalls keine Finanzierungshilfe gemeint.[45]

Heutigen Historikern fällt es leicht, bei den Territorialstaaten des 18. Jahrhunderts im Reich Rationalität und Egoismus vorauszusetzen und dagegen das auf Recht und Herkommen gegründete Reich als schwach und unterlegen zu betrachten. Wie sehr das rechtsstaatliche Denken doch auch noch die Vorstellung der großen Fürstenhäuser geprägt hat, zeigen die Beispiele, in denen zusätzliche Grafschaften in den Besitz der Fürsten gerieten. 1752 erwarb der englische König und Kurfürst von Hannover die Grafschaft Bentheim als Pfandschaft, verbunden mit allen reichsständischen Rechten.[46] Die Pfandschaftsregierung in Bentheim fühlte sich der Tradition, Beiträge an das Grafenkollegium zu entrichten, verpflichtet und fuhr mit den Überweisungen fort. Neue Verpflichtungen wurden dagegen abgelehnt.[47] Der preußische König, der wegen Tecklenburg keine Leistungspflicht akzeptiert hatte, zahlte nach dem Anfall von Ansbach und Bayreuth 1791 die Beiträge für die Grafschaft Sayn-Altenkirchen weiter. Die preußische Regierung in Ansbach unter Hardenberg betonte 1794, die künftigen Zahlungen würden sich auf die hergebrachten vier Simplen beziehen; damit müsse das Grafenkollegium, das viel zu sehr über Personalsachen und viel zu wenig über gräfliche Rechte und Prärogativen verhandle, auskommen.[48] 1797 wurde dennoch eine Zusatzabgabe bewilligt, als die Witwe des Gesandten Fischer um eine Pension bat.[49]

Das chronische Kassendefizit stärkte den Ruf nach einem Vollstreckungsmodus, mit dem man säumige Schuldner zur Zahlung zwingen konnte. Seit dem Grafentag 1713 waren verschiedene Ideen im Gespräch, von denen sich 1732 der Ausschluß von Sitz und Stimme bis zur völligen Nachzahlung durchsetzte.[50] Zu einer energischen Handlung rangen sich die Direktoren auch jetzt nicht durch; der Graf von Hallermund wurde nur gerügt und nicht zum ersten Opfer eines Ausschlusses ausersehen.[51] Es ist zu berücksichtigen, daß den Grafen alle Mittel fehlten, spürbaren Druck auf derartige Mitstände auszuüben: Der persönliche Stand eines Grafen war ererbt oder vom Kaiser verliehen und nicht durch das Kollegium zu suspen-

---

[44] Das Kassenprotokoll vom 6. Juli 1740 wies Hessen mit 554 fl. 10 Kr. und England-Hannover für alle Grafschaften mit 648 fl. aus. Tecklenburg hatte vor der preußischen Besitzergreifung 551 fl. geleistet; dabei blieb es auch: StA DT, L 41 a, 246, S. 51 f.

[45] König Friedrich von Schweden an Neuwied, 25. Sept. 1739: StA DT, L 41 a, 246, S. 31–33.

[46] Vgl. Kap. 2.1.2. (S. 57).

[47] Bentheimische Pfandschaftsregierung an Direktorialkanzlei Neuwied, 5. Juni 1772: StA DT, L 41 a, 238, S. 123–130: Die Zahlung einer Sonderzuwendung an den wetterauischen Legationssekretär von Savigny wurde abgelehnt.

[48] Preußische Regierung in Ansbach an Direktorialrat Rotberg, 28. Okt. 1794: StA DT, L 41 a, 419, S. 89 f.

[49] Preußische Regierung in Ansbach an Direktorialkanzlei Detmold, 22. April 1797: StA DT, L 41 a, 213, S. 173.

[50] Grafentagsproposition, Mai 1713: StA DT, L 41 a, 318, S. 470; Grafentagsbeschluß, 10. Okt. 1732: StA DT, L 41 a, 319, S. 701.

[51] Rüge des Grafentages an den Grafen von Hallermund 1732: StA DT, L 41 a, 319, S. 624.

dieren. Die Territorien wiederstanden jeder Pfändung; Prozesse dauerten zu lange[52], und militärische Zwangsmaßnahmen scheiterten an der übergeordneten Landfriedenssicherung des Reichs und der Kreise.

Zusätzliche Risiken bargen Maßnahmen gegen die fürstlichen Mitstände, die am Reichstag immer die Möglichkeit besaßen, die Grafenstimme bei Unregelmäßigkeiten anzufechten.[53] Einige Stände versuchten an die Beitragsleistungen Bedingungen zu knüpfen: Fürst Nikolaus Leopold von Salm-Salm forderte die Unterstützung seiner Position im Salmischen Erbstreit vor dem Reichskammergericht und dem Reichstag. Er wollte zahlen, wenn er nach Unterstützung durch das Grafenkollegium gewinnen würde.[54] Graf Wenzel Anton von Kaunitz ließ dem Grafen von Neuwied mitteilen, er werde seine Rückstände (von fast 1.000 fl.) zahlen, wenn ein allgemeiner Grafentag die Beschwerden der katholischen Grafen geprüft und den alten verfassungsmäßigen Zustand wiederhergestellt hätte.[55] Damit drückte Kaunitz aus, was auch die übrigen katholischen Grafen zur Voraussetzung für die Erneuerung ihrer Zahlungsbereitschaft gemacht hatten.[56]

Als der Graf von Neuwied und der Burggraf von Kirchberg nach 1747 die Engere Korrespondenz als Beratungsorgan für den Direktor zur Abgabe der Reichstagsstimme aufbauten, waren sie von der Hoffnung getragen, in einem kleineren Kreis mit stärkerer konfessioneller wie standesmäßiger Homogenität würden die Finanzprobleme leichter zu lösen sein. Die evangelischen Mitstände in Burgsteinfurt, Bückeburg, Detmold und Wertheim mußten jedoch erst durch Besuche des Gesandten von Pistorius bewegt werden, dem Bündnis beizutreten und »beizuhalten«, also zu bezahlen.[57] Nach jahrelangen Vorbereitungen bekam die Engere Korrespondenz 1772 auf der Neuwieder Konferenz eine Finanzverfassung. Die Mitstände einigten sich darauf, eine feste jährliche Leistung von drei Simplen zu übernehmen, um die Personalkosten abzusichern.[58] Graf Friedrich Alexander von Neuwied hatte dieses Verfahren befürwortet, um der Verpflichtung zu entgehen, dauernd Vorschüsse aus seiner Landkasse leisten zu müssen, was sowohl sein Ver-

---

[52] Graf Neuwied drohte 1748 den säumigen Mitständen an, der Gesandte von Pistorius würde sein Gehalt einklagen, wenn die Zahlungen länger ausblieben: Neuwied an Mitstände, 2. Mai 1748: StA DT, L 41 a, 106, S. 291–294.

[53] Ein derartiger Fall ist nicht vorgekommen. Vgl. auch KESTING, in: Westf. Zs. 106 (1956), S. 199 f.

[54] Hinweis im Privatschreiben Friedrich Alexanders von Neuwied an seinen Bruder Karl, 3. Febr. 1744: StA DT, L 41 a, 105, S. 105–108.

[55] Neuwied an Kaunitz, 1. April 1748 (Zahlungsaufforderung): StA DT, L 41 a, 106, S. 163–165; Johann von Binder (Kaunitz' Verwalter in Rietberg) an Neuwied, 7. April 1748: StA DT, L 41 a, 106, S. 271–274. Zu Binder: GSCHLIESSER, Reichshofrat, S. 395 f.

[56] Pistorius meinte, man müsse diese Front zur Änderung der Kollegialverfassung beizeiten angreifen: Pistorius an Neuwied, 23. April 1748: StA DT, L 41 a, 106, S. 277–279.

[57] Reisen: Vgl. Pistorius an Neuwied, 3. April 1748: StA DT, L 41 a, 106, S. 267 f.; Graf von Neuwied an Graf von Wied-Runkel, 16. August 1749: StA DT, L 41 a, 347, S. 37 f.

[58] Ausschußsitzung der Neuwieder Konferenz, 8. Sept. 1772: StA DT, L 41 a, 357, S. 227–240. Die Idee einer festen Kasse mit Dauerzahlungen der Mitstände war schon 1748 vom Grafen Metternich geäußert worden: Metternich an Neuwied, 20. Mai 1748: StA DT, L 41 a, 106, S. 303 f.

mögen schädigte als auch die Buchführung in der Landkasse in Unordnung brachte.[59]

Weder die Einladung an die beiden fürstlichen Mitstände, die man noch für zahlungswillig hielt, Brandenburg-Ansbach und Anhalt-Bernburg-Schaumburg[60], noch die Erhöhung des jährlichen Direktorialvorschusses auf vier Simplen 1773 konnte das Kassenwesen vollständig sanieren.[61] Rückstände blieben an der Tagesordnung, und manche Mitglieder, wie Waldeck-Pyrmont, Platen-Hallermund, Quadt-Wickrath und Schaumburg-Lippe stellten die Zahlungen manchmal für mehrere Jahre ein.[62] Die übrigen Mitstände weigerten sich verständlicherweise, die Beitragsausfälle durch zusätzliche eigene Zahlungen zu ersetzen; der Erfolg einiger Grafen, sich ungestraft aus der Mitverantwortung zu stehlen, untergrub die Beitragswilligkeit der übrigen. Weitere Reformversuche, die Eintreibung der Rückstände der katholischen Grafen[63], die Erhebung jährlicher Beiträge von 5.000 fl. oder 5 ½ Simplen[64] sowie die Vorauszahlung der Abgaben im Halbjahresturnus mißlangen. Die regelmäßigen Zahlungen aus Detmold, Hachenburg, Neuwied und Dierdorf konnten zuletzt den Kollaps der Kollegialfinanzen nicht mehr aufhalten, der 1792 eintrat.[65] In den letzten 14 Jahren der Kollegialgeschichte besserte sich die Finanzlage nicht mehr; kriegsbedingt gingen die meisten Raten beim Absender gar nicht erst mehr ab.[66] Versuche, ausstehende Raten nach 1806 noch einzutreiben, erwiesen sich durchgängig als wirkungslos.[67]

Die Einnahmen des katholischen Kollegialteils hatten bis 1785 einen ebenso niedrigen Stand wie die des evangelischen Kollegiums in der Schlußphase des Reichs. Der katholische Gesandte Haimb soll nach Aussagen Fischers in den ersten sieben Jahren seiner Tätigkeit am Reichstag nur 600 fl. jährlich erhalten ha-

[59] Bericht des Direktorialrates Schanz, 15. April 1773: StA DT, L 41 a, 417, S. 1 f.; zum Verfahren mit der Landkasse: StA DT, L 41 a, 413, S. 1 f., S. 24.

[60] Einladung zur Neuwieder Konferenz, 31. Okt. 1771: StA DT, L 41 a, 356, S. 35.

[61] Einführung des 4. Simplums: Bentheimische Pfandschaftsregierung an Regierung Hannover, 5. Febr. 1773: StA OS, Rep. 120, Nr. 176, S. 49–50v.

[62] Kassenabrechnung mit Qualifizierung der Mitstände: Vortrag Rotbergs, 24. Sept. 1778: StA DT, L 41 a, 422, S. 42–45. Schaumburg-Lippe hatte von 1779–1795 keine Beiträge geleistet: vgl. Legationskanzlist Seelig an Rotberg, 19. Aug. 1801: StA DT, L 41 a, 217, S. 121. Der Graf von Platen galt als insolvent: Fischer an Neuwied, 18. Nov. 1780: StA DT, L 41 a, 514, S. 63 f.; vgl. Graf von Platen an Graf von Neuwied, 11. Juli 1783: StA DT, L 41 a, 514, S. 77–81.

[63] Frobenius hatte 1782 eine Rechnung aufgestellt, die den katholischen Mitständen eine Schuld von 206.843 fl. auflud (1744–1781 als Berechnungszeitraum): »Summarischer Extrakt«, 23. April 1782: StA DT, L 41 a, 371, S. 82; vgl. Fischer an Neuwied, 16. Aug. 1784: StA DT, L 41 a, 373, S. 9–13.

[64] Memorandum Rotbergs, 30. Juli 1785: StA DT, L 41 a, 430, S. 20.

[65] Über Hachenburg: Vorschußabrechnung Frobenius, 21. Mai 1782: StA DT, L 41 a, 573, S. 139–141; über Lippe: Bericht Rotbergs, 13. März 1792: StA DT, L 41 a, 423, S. 299–301; vgl. Bericht Rotbergs, 4. Okt. 1796: StA DT, L 41 a, 424, S. 50–52.

[66] Vgl. zur Kassenlage: Zirkularschreiben Fürst Leopolds zur Lippe an die Mitstände, 3. Jan. 1801: StA DT, L 41 a, 426, S. 5 f.; Rotberg an die Regierung Bentheim-Steinfurt, 9. Juli 1805: StA DT, L 41 a, 9, S. 91 ff.

[67] Rotberg an Rechtsnachfolger der früheren Grafen sowie an Schaumburg-Lippe und Waldeck, 31. Jan. 1807: StA DT, L 41 a, 416, S. 74 ff.; Mollenbec an Regierung Nassau in Wiesbaden, 1. Juni 1807: StA DT, L 41 a, 127, S. 91; Nassauische Regierung an Rotberg, 27. Okt. 1807: StA DT, L 41 a, 62, S. 134.

ben; 6.000 fl. blieb ihm sein Auftraggeber schuldig.[68] Die Finanzsituation konsolidierte sich um 1790 vorübergehend, zerfiel jedoch 1794 mit dem Verlust der materiellen Grundlage fast aller Mitstände.[69]

6.3. DIE AUSGABEN DER KOLLEGIALKASSE

Direkt nach der Konstituierung des Niederrheinisch-Westfälischen Grafenkollegiums am Reichstag 1653/54 fielen mit den Taxgeldern für die Einrichtung der vierten Kuriatstimme die ersten Ausgaben an: 3.500 fl. wollte die Reichshofkanzlei von allen beteiligten Grafen gemeinsam erhalten.[70] Wie diese Gebühr aufgebracht worden ist, wurde nicht überliefert; es erscheint allerdings fraglich, ob der Vorschlag des Grafen von Gronsfeld, jeden Mitstand mit 152 fl. 15 Kr. gleichmäßig zu belasten, angenommen worden ist.[71]

Der Hauptkostenfaktor waren die Personalkosten, wobei der Gesandte etwas mehr Gehalt bekam als alle übrigen Bediensteten des Kollegiums zusammen. Kostenlos war nur die »Arbeit« der Direktoren, die lediglich im Jahre 1699 eine Reisekostenabrechnung zur Zahlung an die Mitstände sandten.[72] Wohl in Unkenntnis der beträchtlichen Repräsentationskosten war das Gesandtengehalt 1699 auf 200 Rtl. für jeden der Gesandten May und Schäffer beschränkt worden.[73] Damit ließen sich nur Gesandte besolden, die als Vertreter anderer Reichsstände bereits ein volles Salär empfingen. Nachdem man 1742 dazu übergegangen war, mit Pistorius einen nur den Grafenkollegien verpflichteten Gesandten zu bestellen, mußte die Finanzierung sichergestellt werden, die sich auf 2500 fl. jährlich belief.[74]

Als 1744/47 die katholischen Mitstände aus der Finanzierung ausstiegen, wurde die Umlegung der Kosten auf nur wenige Grafenhäuser erforderlich. Es kam Pistorius zugute, daß er auch das wetterauische und das fränkische Grafenkollegium vertrat und von diesen ebenfalls besoldet wurde. Pistorius klagte auch nur über

---

[68] Fischer an Neuwied, 28. Sept. 1785: StA DT, L 41 a, 223, S. 1 f.; Fischer bat darum, sich für Haimb zu verwenden, was Neuwied am 11. Febr. 1786 auch in einem Schreiben an Metternich tat: SZA Prag, FA Metternich, Nr. 2262/2.

[69] Vgl. Kassenspezifikation des katholischen Kollegialteils (1790): SZA Prag, FA Metternich, Nr. 2262/4.

[70] Taxgelder 1654: 1.900 fl. für die 19 Reichshofräte, 200 fl. für den RHR-Präsidenten, 100 fl. für den Reichsvizekanzler, 500 fl. für den Referendar (wegen seiner Mühe und seines Fleißes), 100 fl. für den Sekretär Schröder, 25 fl. für den Kanzlisten, 25 fl. für Handschuhe der Gesandten aus Oldenburg und Lippe, die Gelder einsammeln sollten, 400 fl. für ein Kleinod an die Tochter des RHR-Präsidenten, 250 fl. an den Mainzer Kanzler Lassert (wegen Förderung des Projektes): MOSER, Neues Teutsches Staatsrecht, Bd. 3, S. 1004 f.

[71] MOSER, ebd., S. 1005.

[72] Reisekostenrechnung von 24 fl. für die Fahrt und Unterbringung beider Direktoren in Wipperfürth, 27. Nov. 1699: StA DT, L 41 a, 318, S. 828.

[73] Grafentagsprotokoll, 2. Sept. 1699: StA DT, L 41 a, 317, S. 120v; selbst diese zu niedrigen Besoldungen gingen nicht in vollem Umfang bei den Gesandten ein, wie die Klagen der folgenden Jahre bewiesen: May ans Direktorium, 15. Dez. 1701; Henning ans Direktorium, 12. April 1706: StA DT, L 41 a, 105, S. 3 f.; S. 21–27.

[74] Bis 1747 entstanden schon 15.304 fl. Gehaltsrückstände für Pistorius: Auflistung der Ansprüche, 12. Juli 1747; StA DT, L 41 a, 353, S. 215–218.

die Säumigkeit mancher westfälischer Grafen, geriet jedoch nicht in existentielle Schwierigkeiten, da das wetterauische Kollegium pünktlich zahlte, das fränkische zumindest zufriedenstellend.[75] Das Gehalt des Gesandten wurde später auf 3.000 fl. erhöht; entsprechende Besoldung erhielt auch sein Nachfolger Fischer nach 1779.[76] Der Gesandte Mollenbec, der das Kollegium nach 1796 in Regensburg vertrat, war nach 1803 von der völligen Erosion des Kassenwesens genauso betroffen wie seine Kanzlei; am 3. November 1806 schrieb er seinen letzten Bericht an Rotberg, teilte ihm die völlige Untätigkeit aller Reichsgremien sowie die materielle Not seiner Mitarbeiter mit und kündigte die Einstellung der Berichte an.[77]

Die Errichtung der Planstelle für einen Legationssekretär war vor allem an der Schwierigkeit gescheitert, 500 fl. jährlich an Gehalt für ihn aufzubringen. 1763 wurden 240 fl. an den fränkischen Legationssekretär ausgezahlt; der Burggraf von Kirchberg wollte dies in einen dauernden Gehaltszuschuß umwandeln, scheiterte aber an der Verweigerung seiner Mitstände.[78] 1779 wurden den Legationssekretären der fränkischen und wetterauischen Grafen, Loder und von Savigny, Zuschüsse von jeweils 150 fl. bewilligt.[79] Eine feste Besoldung wurde daraus ebensowenig wie aus dem Gehaltszuschuß für den wetterauischen Subdelegaten Grün, der in Wetzlar an der RKG-Visitation teilgenommen hatte.[80] 1779 wurden die Bemühungen um die Einrichtung der Legationssekretärsstelle eingestellt, als der Gesandte Fischer mitteilte, 500 fl. seien zuwenig Gehalt. Er rechnete vor, daß ein einfaches »Logis« in Regensburg bereits 100 fl. koste, ein Bediensteter, den jeder Sekretär hätte, weitere 200 fl., und daß man jährlich etwa 300 fl. für Bekleidung investieren müsse. Hinzu kämen Ausgaben für Essen, Gesellschaften sowie Trinkgelder. 800 fl. müßten wenigstens veranschlagt werden; der fränkische Legationssekretär Loder, der 675 fl. erhielte, müsse jährlich 400 fl. aus eigenem Vermögen zusetzen, um standesgemäß leben zu können. Einen Legationssekretär so zu halten, daß er nur überleben, aber nicht wie die übrigen Sekretäre leben könne, sei »der Würde des hohen Standes zuwider ...«.[81]

Die Gehälter in der Direktorialkanzlei waren wesentlich niedriger, da hier hohe Repräsentationskosten fortfielen. Direktorialrat Schanz hatte 1773 ein jährliches Gehalt von 300 Rtl. bezogen, sein Assessor von Frobenius 224 Rtl.[82]; kurz vor dem Dienstantritt Rotbergs wurde das Gehalt auf 800 fl. erhöht.[83] Als 1780 die Assessorenstelle frei wurde, übernahm Rotberg mit Einwilligung Neuwieds die

---

[75] Pistorius an Neuwied, 21. Dez. 1753: StA DT, L 41 a, 351, S. 69v–70r; spätere Klage Pistorius' an Neuwied, 2. Sept. 1773: StA DT, L 41 a, 199, S. 34 f.

[76] Entwurf Fischers zum Einzugsmodus des Gesandtschaftsgehalts, 22. März 1799: StA DT, L 41 a, 121, S. 75; zur halbjährlichen Überweisung des Gesandtschaftsanteils der Grafen von Neuwied vgl. Dienstanweisung des Grafen Friedrich Alexander an den Kassierer Kleber, 28. Juli 1749: StA DT, L 41 a, 344, S. 173.

[77] Letzter Bericht des Gesandten Mollenbec, 3. Nov. 1806: StA DT, L 41 a, 219, S. 93 f.

[78] Vgl. Burggraf von Kirchberg an Neuwied, 2. April 1763: StA DT, L 41 a, 236, S. 57.

[79] Zahlungsmatrikel 15. Mai 1779 (Frobenius): StA DT, L 41 a, 239, S. 93.

[80] Grün erhielt 1769 330 Rtl.: StA DT, L 41 a, 374, S. 132.

[81] Fischer an Neuwied, 17. Juli 1779: StA DT, L 41 a, 108, S. 156–159; vgl. über eigene Ausgaben: Fischer an Neuwied, 22. März 1781: StA DT, L 41 a, 135, S. 114–125.

[82] Besoldung 1773: StA DT, L 41 a, 376, S. 317.

[83] Besoldung 1778: StA DT, L 41 a, 379, S. 6.

zusätzliche Arbeit samt dem Gehalt von 300 fl.[84] In Detmold erhielt Rotberg nach 1793 ebenfalls 1.100 fl. jährlich, da die Assessorenstelle unbesetzt blieb.[85] Das Gehalt war Rotberg allerdings immer noch zu gering; er wies auf die zunehmend höheren Kosten durch Kriege und Teuerungen hin. Eine nochmalige Gehaltserhöhung fand jedoch bis 1806 nicht statt.[86] Rotberg war damit eines von vielen Opfern eines Lohnsystems, das periodische Anpassungen an konjunkturelle Entwicklungen ebensowenig kannte wie die rechtliche Garantie eines Gehaltsanspruches; wie bei den übrigen Lohnabhängigen seiner Zeit vollzogen sich wirtschaftliche Krisen zu seinen Lasten, ohne daß er eine Möglichkeit gehabt hätte, darauf anders als mit Bitten und Klagen zu reagieren.[87]

Die übrigen Mitarbeiter der Direktorialkanzlei erhielten zunächst kein Festgehalt, sondern wurden nach Arbeitseinheiten bezahlt. Die Kopisten bekamen pro geschriebenen Bogen fünf Kreuzer; auch die Botengänge wurden einzeln vergütet.[88] Da jedoch die Menge der zu schreibenden Bogen zwischen 1771 und 1780 stetig abnahm, waren sinkende Einkünfte für die Kopisten die Folge. Diese beschwerten sich darüber und forderten die Umstellung auf ein festes Gehalt, was ihnen 1784 bewilligt wurde.[89] Da der Graf von Neuwied bei Gehaltsdefiziten seiner Kanzlisten die erste Anlaufstelle war, leistete er oft Gehaltsvorschüsse, bis die übrigen Stände gezahlt hatten; das Geld wurde der schon erwähnten Landkasse, manchmal auch der Militärkasse entnommen.[90] Bis 1793 fehlten in der Landkasse 1.569 fl. 30 Kr., die aus der Kollegialkasse zurückerstattet werden sollten.[91]

Entgingen die Kanzlisten in Neuwied einer bedrohlichen Finanzsituation, so hatte der Legationskanzlist Seelig in Regensburg, von Anfang an mit nur 250 fl. jährlich ausgestattet, unter existentiellen Sorgen zu leiden. Er besaß keinerlei ma-

---

[84] Rotberg an Neuwied, 10. Mai 1784 und 23. Dez. 1786: StA DT, L 41 a, 57, S. 1 f.; S. 77 f.

[85] Vgl. Vorträge Rotbergs, 2. Sept. 1793: StA DT, L 41 a, 40, S. 4–7; 16. Okt. 1793: StA DT, L 41 a, 419, S. 18.

[86] Von den bewilligten 1.100 fl. hatte Rotberg nach eigenen Angaben nur ca. 800 fl. erhalten; 1794 und 1795 mußte er 400 fl. aus eigenem Vermögen zusetzen: Rotberg an Fürst Leopold zur Lippe, 2. Jan. 1796: StA DT, L 41 a, 59, S. 53–58.

[87] Vgl. Rotbergs jahrelange Bemühungen um eine Gehaltserhöhung 1784–1806: StA DT, L 41 a, 57–62 passim.

[88] Vgl. Vortrag Rotbergs in Detmold, 2. Sept. 1793: StA DT, L 41 a, 40, S. 4–7; Botenlohn des Soldaten Daniel Broecking, 1774: StA DT; L 41 a, 377, S. 14; S. 220; weitere Beispiele für Kopiergeldabrechnungen, März 1754: StA DT, L 41 a, 12, S. 51; 1773: StA DT, L 41 a, 376, S. 317; 1778: StA DT, L 41 a, 379, S. 6.

[89] Tabelle über Kopierausgaben 1771–1780: StA DT, L 41 a, 73, S. 15; die Jahresausgaben sanken von 622 fl. (1771) auf 297 fl. (1780). Vgl. Korrespondenz der Mitstände 1782/83: StA DT, L 41 a, 73, S. 23 ff.; Brief der Kopisten Roesgen und Schinck an Neuwied, 2. Okt. 1784: StA DT, L 41 a, 74, S. 1 f.; beide erhielten daraufhin ein Festgehalt, das zusammen 427 fl. betrug, da beide in einem Haushalt wohnten (Schinck war Roesgens Schwiegersohn). Als Roesgen 1791 starb, erhielt Schinck 330 fl. mit der Auflage, davon 66 fl. an die Witwe Roesgen auszuzahlen: StA DT, L 41 a, 40, S. 5v–6r.

[90] Vgl. Kap. 6.2. (S. 194 f.).

[91] Vgl. Rotberg an den wiedischen Landrentmeister Kohlscheid, 6. März 1793: StA DT, L 41 a, 418, S. 76 f.; vgl. dazu: Instruktion des Kanzleirats Mülmann, 1. März 1754: StA DT, L 41 a, 12, S. 13; Direktorialkassenrechnung 1769: StA DT, L 41 a, 374, S. 133; Anleihen bei der Militärkasse, 25. Febr. 1774: StA DT, L 41 a, 417, S. 57.

terielle Rücklagen und war schon bis 1783 zu 200 fl. Zuschüssen gezwungen.[92] Die Weigerung des Grafen von Bentheim-Steinfurt, zum Gehalt beizutragen, da er der Stelleneinrichtung nicht zugestimmt hatte, erschwerte die Lage Seeligs zusätzlich.[93] 1784 scheiterte der Versuch des Grafen von Neuwied, eine Gehaltszulage für Seelig durchzusetzen[94]; persönliche Konflikte zwischen Fischer und seinem Kanzlisten verschärften das schon angespannte Klima in Regensburg.[95] 1792 war Seelig nicht mehr kreditwürdig und benötigte kurzfristig 300 fl., um seine Schuldzinsen zahlen zu können; seine Lage führte er auf das Mißverhältnis zurück, wegen der unbesetzten Legationssekretärsstelle dessen Arbeit und dessen Repräsentationspflichten zu haben, aber nur das Gehalt, das »einem Livrierten angemessen« sei, zu erhalten.[96]

Im Juli 1794 verfaßte Rotberg ein Gutachten an die Mitstände, das auf den Ernst der Situation in aller Klarheit hinwies: Das Kollegium habe durch die Unterbezahlung Seeligs seit 1781 fast 8.000 fl. gespart, die ein voller Legationssekretär sonst mehr gekostet hätte; nun müsse man einen Teil dieses Geldes zusetzen, damit der Kanzlist dienstfähig erhalten werden könnte.[97] Auf das Schreiben hin erklärten sich einige Mitstände zu einer Gehaltserhöhung bereit; sie konnte aber Seeligs Zwangslage ebensowenig bessern wie seine Ernennung zum »Registrator« im gleichen Jahr.[98] Obwohl Seelig 1798 auch fränkischer Legationskanzlist wurde[99], änderte sich an seiner Situation bis zu seinem frühen Tod 1804 nichts mehr; seine Witwe beantragte eine Pension beim westfälischen Grafenkollegium, um wenigstens die Schulden zurückzahlen zu können, die ihr Mann hinterlassen hatte.[100]

Schulden oder drohende Verschuldung infolge zu geringer Besoldung kamen auch bei Neuwieder Beamten vor: Die Kanzlisten Johann Conrad Valentin Werner (1758) und Franz Ludwig Mülmann (1759) quittierten ihren Dienst, als ihnen materielle Einbußen größeren Ausmaßes drohten und die Anträge, besser besoldete Stellen zu erhalten, abgelehnt worden waren.[101] Der Kanzlist Johann Casimir

[92] Seelig an Neuwied, 24. Nov. 1781 und 21. Nov. 1782: StA DT, L 41 a, 224, S. 28; 225, S. 24; 12. Febr. 1783: StA DT, L 41 a, 225, S. 26.

[93] Graf Ludwig von Bentheim-Steinfurt an Graf zur Lippe, 10. Dez. 1703: StA DT, L 41 a, 227, S. 173–175.

[94] Zirkular Neuwieds, 24. Nov. 1784: StA DT, L 41 a, 229, S. 5 f. Nur Lippe und Wied-Runkel erklärten ihre Bereitschaft, zahlten jedoch nicht, als keine Einigung mit den übrigen Ständen erfolgte.

[95] Disziplinschwierigkeiten: Fischer an Neuwied, 18. Dez. 1789: StA DT, L 41 a, 230, S. 1 f.; Mißfallensäußerungen des Grafen von Neuwied: Rotberg an Seelig, 24. Dez. 1789: StA DT, L 41 a, 230, S. 5.

[96] Seelig an Rotberg, 24. Febr. 1792 und 15. Dez. 1792: StA DT, L 41 a, 231, S. 8 f., 18 f.

[97] Gutachten Rotbergs, 7. Juli 1794: StA DT, L 41 a, 232, S. 1–12.

[98] Rotberg an Seelig, 5. Sept. 1795: StA DT, L 41 a, 234, S. 26.

[99] Seelig an Rotberg, 10. Jan. 1798: StA DT, L 41 a, 232, S. 226.

[100] Seelig starb am 12. Sept. 1804 im Alter von 47 Jahren an den Folgen einer Lungenentzündung; vgl. StA DT, L 41 a, 235, S. 2 f.; S. 4; S. 42; vgl. KESTING, in: Westf. Zs. 106 (1956), S. 199.

[101] Zu Werner: StA DT, L 41 a, 82, S. 11–57; zu Mülmann: StA DT, L 41 a, 12, S. 52–54.

Schinck bat 1793 in Detmold um einen Gehaltsvorschuß, da er 100 fl. Schulden – verursacht durch die große Teuerung in Neuwied – gemacht hatte.[102]

Bei der langsamen Erfüllung finanzieller Altforderungen kam es gelegentlich dazu, daß Beamte, die schon lange nicht mehr im Kollegium ihren Dienst versahen, rückständige Zahlungen anmahnten; in manchen Fällen erhoben sogar die Erben dieser Personen Ansprüche. 1740 meldeten sich die Erben des 1713 verstorbenen Syndikus Hieronymus Buck mit einer Gehaltsforderung von 2.171 fl.[103] Die Direktoren vereinbarten, 1.200 fl. als einmalige Abfindung anzubieten; diese Summe wurde auch ausgezahlt, damit die Erben die restlichen Syndikusakten herausgaben. Auch die Erben von Johann Jakob von Broich, dem 1729 gestorbenen Syndikus, forderten eine Gehaltsnachzahlung in Höhe von fast 2.000 fl. beim Grafenkollegium ein. 1742 signalisierte das Direktorium die Bereitschaft, die Hälfte als Abfindung zu zahlen. Es sind jedoch keine Gelder überwiesen worden, denn 1754 meldete sich das Kölner Klemensseminar mit der Broichschen Forderung; die Erben hatten den Anspruch als Donativ an das Seminar abgetreten. 1769 wollte Neuwied die vereinbarte Summe nochmals um die Hälfte reduzieren, was am Widerstand des Seminars scheiterte. 1773 hatte immer noch nur ein Teil der Mitstände gezahlt. Danach verlieren sich die Informationen; eine vollständige Leistung dürfte nicht erfolgt sein.[104]

Der Gesandte Christoph Ignatius Planer von Plan machte 1731 einen Gehaltsrückstand von 5.308 fl. geltend[105]; seine Witwe stimmte 1741 dem Angebot einer Kürzung gegen Zusage auf Zahlung binnen Jahresfrist zu; 2.500 fl. sollte sie noch erhalten.[106] Bis 1750 wurde jedoch kein Gulden gezahlt, wie die Witwe mit Verbitterung bemerkte.[107] Später wandten sich verschiedene Personen – ein Graf von Montfort, ein Graf Truchseß von Waldburg-Zeil und zuletzt der Fürstbischof Ferdinand Christoph von Chiemsee[108] – an den Grafen von Neuwied unter Hinweis darauf, sie seien von der Erbin als Vermittler bemüht worden. Graf Friedrich Alexander verwies sie an die katholischen Kollegialmitstände, damit sie aus deren hinterzogenen Beiträgen zufriedengestellt würden.[109] Der Graf hatte kein Interesse, nach dem Konfessionsstreit nun Gehaltsrückstände an die Hinterbliebenen eines katholischen Gesandten zu zahlen, während sich die katholischen Grafen des Kollegiums jeder Zahlung enthielten.

Die Auszahlung rückständigen Gehaltes an den evangelischen Syndikus Abraham von Meinerzhagen vollzog sich demgegenüber günstig. Meinerzhagen hatte 1754 eine Summe von 347 fl. 31 Kr. gefordert und wollte dafür die noch bei ihm

---

[102] Schinck an die Lippische Regierung, 25. April 1793: StA DT, L 41 a, 28, S. 39; Hoffmann an Rotberg, 28. Mai 1793: StA DT, L 41 a, 38, S. 50.

[103] Johann Anton Buck an Grafen von Neuwied, 6. Juli 1741: StA DT, L 41 a, 67, S. 1 f.; Meinerzhagen an Neuwied, 30. Aug. 1741: StA DT, L 41 a, 67, S. 11 f.

[104] Zur Broichschen Forderung 1729–1773: vgl. StA DT, L 41 a, 65 und 66 passim.

[105] Auflistung, 18. April 1731: StA DT, L 41 a, 189, S. 1v–2r.

[106] Korrespondenz 1741: StA DT, L 41 a, 189, S. 10 f., 13, 22; vgl. dazu: StA DT, L 41 a, 322, S. 467.

[107] Witwe Planer von Plan an Neuwied, 27. Mai 1750: StA DT, L 41 a, 189, S. 24 f.

[108] Fürstbischof von Chiemsee an Graf von Neuwied, 22. Juni 1780: StA DT, L 41 a, 190, S. 2 f.

[109] Vgl. Neuwied an Pistorius, 12. Jan. 1752: StA DT, L 41 a, 189, S. 56 f.

befindlichen Archivalien herausgeben.[110] Nachdem zunächst niemand erkennbar auf sein Schreiben reagiert hatte – Zahlungsbelege wie schriftliche Antworten fehlen in den Unterlagen –, versuchte es der frühere Syndikus 1768 ein zweites Mal.[111] Graf Friedrich Alexander von Neuwied konnte erreichen, daß Meinerzhagen bis 1769 die Anteile von sechs Mitständen erhielt; die übrigen wurden ein zweites Mal aufgefordert, bald zu zahlen.[112] Sicher ist, daß Wied-Runkel ebenfalls zahlte; Meinerzhagen war zufrieden und lieferte die Akten aus.[113]

Über Gehaltsnachforderungen hinaus wurden Bitten um Gnadengehälter von den Witwen verstorbener Beamter an das Grafenkollegium herangetragen. Die Witwe des Direktorialrates Schanz bat 1776 um Auszahlung von Rückständen und zwei Jahre später um die Bewilligung einer Unterhaltszahlung, da sie ihr gesamtes Vermögen während der Amtsführung ihres Mannes habe zusetzen müssen.[114] Das Gesuch Neuwieds an die Mitstände, etwas zu bewilligen, wurde unterschiedlich aufgenommen. Während Kirchberg-Hachenburg, Löwenstein-Wertheim und Bentheim-Steinfurt zustimmten, lehnten andere Mitglieder ab. Der Graf von Schaumburg-Lippe hielt es für unerklärlich, daß ein bürgerlicher Haushalt mit 800 fl. jährlich nicht auskommen könne.[115] Eine einvernehmliche Regelung unter den Grafen ließ sich nicht finden, und Frau Schanz mußte sich mit der Teilunterstützung durch Neuwied, Hachenburg, Lippe, Steinfurt und Virneburg begnügen.[116] Direktorialrat Rotberg verfaßte hierzu 1785 ein Memorandum, das die materiell bedrängte Lage der Familie Schanz erläuterte; sein Fazit war, daß das Grafenkollegium eine Rente von 100 fl. jährlich wohl aufbringen müßte für die Witwe eines Mannes, der den Grafen sein Leben lang treue Dienste geleistet habe.[117]

Die größte finanzielle Absicherung hatte der Gesandte Pistorius genossen. Schon zu Lebzeiten hatte er für seine Frau eine Rente ausgehandelt.[118] Als er 1778 starb, wurde der Antrag seiner Frau auf dreimonatige Lohnfortzahlung nicht gewährt, aber die Pension ausgezahlt. In den folgenden Jahren wurde die Pension jeweils neu beantragt und gezahlt; noch 1790 erfolgten Leistungen an die Witwe.[119]

---

[110] Meinerzhagen an Graf Neuwied, 27. April 1754: StA DT, L 41 a, 68, S. 1–3.

[111] Meinerzhagen an Direktorialrat Schanz, 14. Juni 1768: StA DT, L 41 a, 68, S. 11.

[112] Tabelle über bisherige Zahlungen (Schanz), 11. Mai 1769: StA DT, L 41 a, 68, S. 113; Rundschreiben an säumige Mitglieder, 13. Mai 1769: StA DT, L 41 a, 68, S. 115 ff.

[113] Zahlung Wied-Runkel, 24. Mai 1769: StA DT, L 41 a, 68, S. 121.

[114] Frau Schanz an Neuwied, 20. Sept. 1776 und 20. Jan. 1778: StA DT, L 41 a, 52, S. 4; S. 26 f.

[115] Graf von Schaumburg-Lippe an Neuwied, 17. Febr. 1779: StA DT, L 41 a, 52, S. 44 f.

[116] Frau Schanz wurde später von Verwandten materiell unterstützt: Bericht Frobenius' an Neuwied, 13. Sept. 1782: StA DT, L 41 a, 52, S. 77.

[117] Memorandum Rotbergs, 28. Juli 1785: StA DT, L 41 a, 53 passim.

[118] Pensionsantrag Pistorius' an Neuwied, 26. Juni 1756: StA DT, L 41 a, 194, S. 1–4; Bewilligung mit 14 fl. Zuschlag von Neuwied, 14. Sept. 1762: StA DT, L 41 a, 194, S. 47.

[119] Frau von Pistorius an Neuwied, 28. Dez. 1778: StA DT, L 41 a, 195, S. 5–8; Überweisung der Neuwieder Rate, 14. Juni 1780: StA DT, L 41 a, 195, S. 45 f.; Zahlungsaufforderung Rotbergs an die Mitstände, 27. Febr. 1790: LHA KO, Best. 30, Nr. 3975, S. 1–3. Rotberg bezeichnete Frau von Pistorius als wohlhabend, da ihr Mann ein beträchtliches Vermögen hinterlassen habe: Memorandum Rotbergs, 28. Juli 1785: StA DT, L 41 a, 53, S. 1–6.

Auch der Gesandte von Fischer hatte versucht, zu Lebzeiten für seine Frau eine Versorgungszusage zu erhalten.[120] Während das fränkische Kollegium dem Wunsch entsprach, lagen von den westfälischen Grafen erst einzelne Zusagen vor, als Fischer 1796 starb. Frau von Fischer beantragte daraufhin die Unterstützung und erhielt von Lippe 100 fl. bestätigt; auch die übrigen Stände schlossen sich mit Zahlungen an.[121]

Zusätzlich zu ihrem Gehalt benötigten die Reichstagsgesandten Mittel für ihre Umzüge sowie für ihre Dienstreisen. Die »Aufzugskosten« des Gesandten von Pistorius 1742 nach Regensburg betrugen ca. 1.000 Rtl., da die Ankunft eines neuen Gesandten mit repräsentativem Pomp begangen und gefeiert wurde.[122] Seinem Nachfolger Fischer wurden 1779 ebenfalls 1.000 Rtl. bewilligt, die jedoch nur teilweise eingingen.[123] Als 1798 der Gesandte Mollenbec sein Amt in Regensburg antrat, überwiesen ihm die Mitstände (bis auf Löwenstein-Wertheim) die Beiträge binnen eines Jahres.[124]

Sondermittel für Dienstreisen erhielten Direktorialrat Thalmann (Besuch der westfälischen Grafen in Detmold, Bückeburg, Rheda, Rietberg sowie des Landgrafen von Hessen-Kassel) und der Gesandte von Pistorius für die Anreise von Regensburg nach Neuwied zum Engeren Korrespondenztag 1754.[125] Kanzleidirektor von Fischer unternahm 1770 eine Reise an den Wiener Hof wegen der Deputationsfrage der schwäbischen Grafen. Dabei entstanden ihm Reise- und Repräsentationskosten in Höhe von 2.900 fl., die auf die drei evangelischen Grafenkollegien umgelegt wurden. Die Beiträge der fränkischen und wetterauischen Grafen gingen in kurzer Zeit ein, und auch die westfälischen Grafen hatten nach einem Jahr immerhin über 70 Prozent der Gelder aufgebracht.[126]

Über diese Sondermittel hinaus erhielten die Gesandten zusätzliche Repräsentationsgelder beim Ableben eines Kaisers (Trauergeld). Pistorius sollte 1745 250 fl. von jedem der drei evangelischen Kollegien bekommen; 1765 glaubte er, mit 150 fl. pro Kollegium auszukommen.[127] Bei den Trauerfällen 1790 und 1792 wurde dem Gesandten Fischer und dem Legationskanzlisten jeweils ein Betrag von 220 fl. seitens des westfälischen Kollegiums bewilligt.[128]

[120] Fischer an Neuwied, Sept. 1788: StA DT, L 41 a, 213, S. 9.

[121] Zusage Lippes, 25. Jan. 1797: StA DT, L 41 a, 213, S. 115; vgl. 213, S. 116 ff. Frau von Fischer starb 1801: StA DT, L 41 a, 213, S. 189.

[122] Rechnungslegung der Reichstagsgesandtschaft (1746): StA DT, L 41 a, 337, S. 105–110.

[123] Verteiler für die Aufzugskosten Fischers, 5. Jan. 1779: StA DT, L 41 a, 206, S. 1; Auflistung Rotbergs, 30. April 1779: StA DT, L 41 a, 206, S. 29 f.; Wied-Runkel zahlte seine Rate am 6. Jan. 1787: StA DT, L 41 a, 207, S. 1 f.

[124] Bericht Mollenbecs an Lippe, 23. Juli 1798: StA DT, L 41 a, 218, S. 74.

[125] Reise Thalmanns, 13. Dez. 1754 bis 19. Sept. 1755: Ausgaben 559 Rtl. 85 Mgr. 2 Pf.: FWA NR, Schrank 103, Gefach 62, Nr. 22; Reise Pistorius, Aug. 1754: 139 fl. 23 Kr.: FWA NR, Schrank 103, Gefach 62, Nr. 21.

[126] Die evangelischen Grafen hatten 85 Prozent, die katholischen, ungeachtet der Spannungen, 70 Prozent noch im Jahr 1770 geleistet; vgl. »Designation« des Kanzleiassessors von Frobenius, 18. Nov. 1770: StA DT, L 41 a, 404, S. 43.

[127] Vereinbarung der Grafenkollegien, 1. Febr. 1745: StA DT, L 41 a, 113, S. 1; Pistorius an Neuwied, 31. Okt. 1765: StA DT, L 41 a, 113, S. 33.

[128] Rotberg an Fischer, 12. April 1790 und 30. Juli 1792: StA DT, L 41 a, 114, S. 19; S. 80.

Eine bedeutende Rolle innerhalb der Kollegialfinanzen spielten die Geschenke und Gratifikationen an verdiente Mitarbeiter, Beauftragte und Förderer der Grafenkollegien; dabei war die Grenze zwischen Geschenk und Bestechung fließend. Ein großer Teil der Gratifikation ging an die Beamten des Kollegiums. Der Gesandte von Fischer wurde 1780 für seinen Einsatz im Bevollmächtigungsstreit mit mehreren hundert Gulden belohnt[129], der Direktorialrat Rotberg erhielt für seine Memoranden zum Streit um die Vollmachtausstellung in der Wir-Form[130] über 2.600 fl. an Gratifikationen.[131] Mit den katholischen Grafen um Metternich kam Direktor Graf von Neuwied überein, wechselseitig die beiden Direktorialräte zu belohnen; so zahlten Lippe, Löwenstein-Wertheim, Kirchberg und Bentheim bis 1794 Gratifikationen an von Hertwig, während Rotberg 180 fl. von den katholischen Grafen erhielt.[132]

Unter den Mitarbeitern der Gesandtschaftskanzlei, die keine Gelegenheit hatten, sich Meriten um das Wohl des Grafenkollegiums zu erwerben, war es Brauch, zu Weihnachten den Direktoren des Kollegiums ein Glückwunschschreiben zu übermitteln und sie darin um ein Neujahrsgeschenk zu bitten.[133] Es handelte sich dabei um eine kleinere Vergütung von ca. 10 fl. Dem Legationskanzlisten wurden 1786 11 fl. als Neujahrsgeschenk verehrt; der Graf von Neuwied legte die Summe dem ersten Halbjahresgehalt des Beamten bei.[134] Seelig weitete die Neujahrsbitten auf andere Mitstände aus; nachdem die Grafen von Wied-Runkel und Kirchberg-Hachenburg ihm ebenfalls 11 fl. zahlten, beantragte er 1790 auch das Geschenk von der Detmolder Regierung.[135] Nicht von Erfolg gekrönt war der Antrag des Archivrats Melsbach, für seine Rechnungsführung in der Direktorialkanzlei eine Gratifikation zu erhalten. Nach zwei Anfragen lehnten die Mitstände eine Zahlung ab.[136]

---

[129] Zirkular Neuwieds, 6. Mai 1780: StA DT, L 41 a, 208, S. 17–27; Antworten der Mitstände folgten.

[130] Vgl. Kap. 7.5. (S. 244–248).

[131] Vorschlag der Regierung der Grafen von Solms in Rödelheim, 28. Sept. 1788: StA DT, L 41 a, 198, S. 10; vgl. L 41 a, 298–301 passim. Rotberg selbst hatte seine Verdienste in einer Druckschrift hervorgehoben und alle Grafenhäuser um eine Gratifikation gebeten: »Unterthänigstes Promemoria«, 20. Mai 1701: StA DT, L 41 a, 299, S. 36–39; sogar Kurhannover bewilligte 20 Dukaten, obwohl der Kurfürst im Hinblick auf die Titulaturen eher Gegenpart der Grafen war: Regierung Hannover an Regierung Bentheim, 20. Sept. 1791. StA OS, Rep. 120, Nr. 180, S. 12.

[132] Note Rotbergs, 24. Jan. 1794: StA OS, Rep. 120, Nr. 180, S. 36; vgl. Korrespondenz 1791–1794: StA DT, L 41 a, 308 passim; vgl. Verhandlungen über Gratifikationen wegen des Alternationsrezesses: StA DT, L 41 a, 177 passim.

[133] Antrag der Kanzlisten in Regensburg an Neuwied, 25. Dez. 1747: StA DT, L 41 a, 118, S. 1–4.

[134] Zahlungsmodus: Fischer an Neuwied, 16. März 1782: StA DT, L 41 a, 119, S. 37; Neujahrsgeld für Seelig: Rotbergs Vortrag: StA DT, L 41 a, 120, S. 6 (29. März 1786).

[135] Vgl. Anfrage des Kanzleirats Clausing, Detmold, bei Rotberg über den Brauch der Neujahrsgeschenke, 4. April 1790: StA DT, L 41 a, 120, S. 14; Antwort Rotbergs, 21. April 1790: StA DT, L 41 a, 120, S. 15; über den Beitrag der Grafen von Kirchberg: Wredow an Rotberg, 10. Mai 1790: StA DT, L 41 a, 120, S. 17.

[136] Anträge Melsbachs, 8. April 1770, 19. Aug. 1772: StA DT, L 41 a, 446, S. 3 f.; FWA NR, Schrank 103, Gefach 62, Nr. 19; Absagen der Mitstände 1790: vgl. StA DT, L 41 a, 467, S. 8–10.

Gratifikationen für außerhalb der Kollegialdienste stehende Personen sind schon für 1731 überliefert; auf dem gemeinsamen Grafentag in Frankfurt wurde angeregt, die Juristen Lünig und Pistorius mit einer »Remuneration« zu bedenken.[137] 1742 schlug Graf Ernst von Montfort in einem Schreiben an den Direktor Virmont vor, den Reichshofrat von Ickstatt wegen seines Engagements in der Grafenunionssache mit einem Geschenk von 2.000 fl. zu belohnen.[138] 1779 regte Fischer an, dem brandenburgischen Gesandten Baron von Schwarzenau ein Geschenk von 1.000 fl. zu überreichen, damit er seinen Einfluß geltend mache, um die Suspendierung der westfälischen Grafenstimme zu verhindern.[139] Drei Jahre später war es Fischer gelungen, ein freundschaftliches Verhältnis zum kurpfälzischen Gesandten von Brentano aufzubauen; da dieser sich auch für gräfliche Angelegenheiten interessierte, befürwortete Fischer, ihn mit einem Fäßchen Tokaier zu erfreuen.[140] Das Faß wurde in Ungarn bestellt und per Schiff nach Regensburg gebracht; Neuwied schoß die Kosten vor, um sie bei nächster Gelegenheit von seinem Beitragsteil abzuziehen.[141]

Für ihr Engagement im Vollmachtstreit wurden die Reichshofratsagenten von Harder, Fischer von Ehrenbach[142], Freiherr von Jacoby-Kloest[143], von Alt[144] und von Stockmayer[145] durch Geldgeschenke ausgezeichnet. Graf Karl Christian zur Lippe-Weißenfeld wünschte sich als Reichshofrat für die glückliche Beendigung des Zeremoniellstreites eine Besoldung »ad dies vitae« durch das westfälische Grafenkollegium. Diese unrealistische Forderung wurde in der Folgezeit allerdings im Kollegium nicht behandelt und, um den Grafen nicht zu brüskieren, auch nicht beantwortet.[146]

Der dritte große Ausgabenbereich neben den Gehältern und den Geschenken war der der Sachausgaben in der Direktorialkanzlei. Hierunter fielen vor allem die Postgebühren für die laufende Korrespondenz mit den Gesandten einerseits und den Mitständen andererseits.[147] Das Porto für einen Brief betrug zwischen 4 und 8 Kr., abhängig von Gewicht und Entfernung[148]; größere Versandstücke, beispiels-

---

[137] Eine Auszahlung ist in diesem Fall nicht überliefert: Gemeinsamer Grafentag Frankfurt: StA DT, L 41 a, 319, S. 387.

[138] Auch hier ist der Ausgang ungewiß: Montfort an Virmont, 27. März 1742: StA DT, L 41 a, 243, S. 161 f.

[139] Fischer an Neuwied, 4. Mai 1779: StA DT, L 41 a, 136, S. 1 f.; vgl. L 41 a, 136 und 137 passim.

[140] Fischer an Neuwied, 24. Nov. 1782: StA DT, L 41 a, 161, S. 1.

[141] Rechnung für das Faß (80 fl.) und den Transport (16 fl. 16 Kr.), 10. Jan. 1783: StA DT, L 41 a, 161, S. 6; vgl. L 41 a, 161 passim.

[142] Harder, Fischer von Ehrenbach: vgl. StA DT, L 41 a, 288, S. 67 f.

[143] Freiherr von Jacobi-Kloest, preußischer Gesandter in Wien: vgl. StA DT, L 41 a, 296, S. 32–38.

[144] Alt: vgl. StA DT, L 41 a, 295, S. 1–5.

[145] Stockmayer: vgl. StA DT, L 41 a, 303, S. 56–65.

[146] Kanzleinotiz Rotbergs, 28. Nov. 1789: StA DT, L 41 a, 302, S. 17–18.

[147] Die Post wurde mit dem Schiff von Neuwied zum Hauptpostamt nach Koblenz transportiert und kam dort in den Verteilungsbetrieb des Unternehmens Thurn und Taxis: vgl. Befehl an den Marktschiffer Michael Reiffenschneider, eine monatliche Rechnung zu legen, 4. Febr. 1786: StA DT, L 41 a, 34, S. 16.

[148] Vermerk über Postgebühren 1755: FWA NR, Schrank 103, Gefach 62, Nr. 22.

weise juristische Drucke aus Regensburg, konnten erheblich höhere Gebühren verursachen.[149] Die Direktorialkanzlei gab zwischen 1741 und 1769 nach Berechnungen des Direktorialrates Schanz 7.963 fl. 47 1/2 Kr. für Briefporto aus; das entsprach durchschnittlichen Jahresausgaben von fast 300 fl.[150] In der Schlußphase der Kollegialgeschichte entstanden auch gegenüber der Post Verbindlichkeiten, die nur nach häufigen Mahnungen bezahlt wurden.[151] 1797 betrug der Zahlungsrückstand bereits 45 Rtl. in einem halben Jahr; er stieg 1800 auf 93 Rtl. an.[152] Noch zwei Jahre nach Untergang des Reiches wurden von der Detmolder Post Portokosten in Höhe von 15 Rtl. 19 Mariengroschen 3 Pf. eingefordert; ob die lippische Vormundschaftsregierung sie allerdings gezahlt hat, ist fraglich.[153]

Die Direktorialkanzlei verbrauchte von 1741–1769 2.523 fl. für Schreibmaterialien[154]; gelegentlich fielen Kosten für Aktenschränke, Brennholz sowie Öl und Lichter an.[155] In der Gesandtschaftskanzlei gab man 1772 32 fl. 54 Kr. für den Druck eigener juristischer Schriften aus[156]; 1774 beantragte Pistorius 15 bis 20 fl. zur Anschaffung von Aktenkisten, um alle Archivalien sachgerecht lagern zu können.[157]

Mehrere Male verschuldete sich das Grafenkollegium bei Schutzjuden und Bankiers, um kurzfristig Mittel für kaiserliche Krönungsgeschenke oder Gratifikationen zu erhalten. Während der Zweck der Kreditaufnahme schnell vergessen war, zog sich die Korrespondenz über die Rückzahlung der Schulden über viele Jahre hin. Das bedeutendste Beispiel, der Wechsel an den Frankfurter Bankier Wolf Fränkel über 6.010 fl. im Jahre 1711/12, wurde von Hermann Kesting schon eingehend als Beispiel für die finanzielle Handlungsunfähigkeit des Kollegiums gewürdigt.[158] Die Verhandlungen über die Rückzahlung zogen sich über alle Grafen-

---

[149] Seelig zahlte für Sendungen von 1–2 Pfund (Regensburg-Frankfurt) 32 Kr., für 3–4 Pfund 1 fl. 4 Kr.: Seelig an Rotberg, 28. Juni 1797: StA DT, L 41 a, 112, S. 27.

[150] Praktisch schwankten die Ausgaben stark: 1745 benötigte man nur 161 fl., 1752 dagegen 447 fl.: Gutachten Schanz, 20. Dez. 1770: StA DT, L 41 a, 368, S. 79.

[151] Mitteilung des Postamtes Neuwied, 1. Mai 1784, daß seit acht Tagen die Bezahlung für Sendungen rückständig sei: StA DT, L 41 a, 423, S. 3.

[152] Kaiserlicher Postmeister Runnenberg, Detmold, an Rotberg, 9. Aug. 1797: StA DT, L 41 a, 455, S. 1; Runnenberg an Fürst Leopold zur Lippe, 4. Jan. 1800: StA DT, L 41 a, 455, S. 48.

[153] Runnenberg an die Lippische Vormundschaftsregierung, 13. Aug. 1808: StA DT, L 41 a, 455, S. 88.

[154] Gutachten Schanz', 20. Dez. 1770: StA DT, L 41 a, 368, S. 79; eine Spezifikation von 1770 führt auf, daß darunter nicht nur die verschiedenen Papiersorten, sondern auch Federkiele, Bleistifte, Siegelwachs, Streusand, Bindfaden und Heftgarn fielen: StA DT, L 41 a, 369, S. 29 f.

[155] Aktenschränke 1783: 13 fl. 36 Kr.: StA DT, L 41 a, 442, S. 1; 4 Klafter Brennholz: 50 fl.: Anfrage des Kammerrevisors Witthauer, 10. Jan. 1787: StA DT, L 41 a, 442, S. 3; Öl und Lichter 1786–1788: 10 fl. 18 Kr.: Rotberg, 10. Juni 1789: StA DT, L 41 a, 442, S. 8.

[156] Spezifikation Pistorius, 28. Dez. 1772: StA DT, L 41 a, 199, S. 7 f.

[157] Anfragen Pistorius an Neuwied, 30. Dez. 1773 und 8. Febr. 1774: StA DT, L 41 a, 133, S. 1–3, 11; Zustimmung des Grafen von Neuwied, 18. Febr. 1774: StA DT, L 41 a, 133, S. 17.

[158] KESTING, in: Westf. Zs. 106 (1956), S. 191–193.

tage hinweg; noch 1772 hatten einige Grafschaften ihre Raten nicht bezahlt, obwohl inzwischen hohe Zinsen entstanden waren.[159]

Ein weiterer Kredit wurde 1742 durch den Direktor Graf von Virmont beim kurtrierischen Kücheninspektor Koch aufgenommen; das Kollegium benötigte 1.060 fl., um den eigenen Anteil zum Krönungsgeschenk für Kaiser Karl VII. bezahlen zu können; vom Wohlwollen dieses Kaisers versprach man sich die Anerkennung der Grafenunion.[160] Der Wechsel wurde 1743 fällig, aber prolongiert. Bis 1755 hatte sich die Gesamtschuld samt Zinsen schon auf 2.056 fl. 54 Kr. verdoppelt.[161] Nach 1770 wurden Teile der Schuld zurückbezahlt, als Graf Neuwied vor allem an die katholischen Mitstände appellierte, wenigstens in diesem Fall von einem Beitragsboykott abzusehen.[162] 1776 waren ca. 1.000 fl. gezahlt worden[163]; von den restlichen Außenständen ist nur der Eingang der Rate aus Neuwied überliefert; Graf Friedrich Alexander verband seine Zahlung mit der Auflage, sie bei einer geistlichen Stiftung in Koblenz als Kapital anzulegen, um damit dem katholischen Schuldiener in Neuwied eine Gehaltsaufbesserung zu verschaffen.[164]

Graf Ambrosius Franz von Virmont hatte 1743 eine weitere Verschuldung des Kollegiums bewirkt, als er einen Wechsel über 533 Rtl. an den Frankfurter Bankier Firnhaber ausstellte, um das Dankgeschenk an den schwäbischen Gesandten von Körndorf wegen seines Engagements in der Grafenunionssache zu bezahlen.[165] Auch hier stockte die Rückzahlung, so daß Firnhaber das Grafenkollegium vor dem Reichshofrat verklagte. Er erhielt zwar ein günstiges Mandat, das das Kollegium zur sofortigen Zahlung aufforderte[166], aber eine vollständige Abtragung der Schuld ist nicht überliefert, obwohl einige Mitstände im Lauf der Jahre 1754 und 1755 ihre Raten überwiesen.[167]

Die Großzügigkeit der Kollegialmitstände im Bewilligen von Geldern und die Kleinlichkeit beim Bezahlen wirkten sich jedoch nicht nur zum Nachteil auswärtiger Gläubiger aus. Hauptbetroffener war der Graf und spätere Fürst Friedrich Alexander von Neuwied selbst, der nach Angaben seiner Kanzlei zwischen 1741 und 1781 63.888 fl. in die Kollegialkasse vorgeschossen hatte, ohne davon etwas zurückerstattet bekommen zu haben.[168] So sehr man mit Kesting manche Fehler der Grafen bedauern kann, so sehr muß man aber auch den Gewinn an Prestige

---

[159] Die Annahme Kestings, daß die Familien Aspremont-Linden, Limburg-Styrum, Velen und Nesselrode damit von Fränkel abhängig geworden seien, ist jedoch übertrieben: KESTING, ebd., S. 193.

[160] Zum Gesamtvorgang 1742–1749: vgl. StA DT, L 41 a, 462–464 passim.

[161] Auflistung in der Direktorialkanzlei, 2. Okt. 1755: StA DT, L 41 a, 462, S. 72.

[162] Überweisung der Manderscheider Rate: Manderscheid an Neuwied, praes. 16. Juli 1773: StA DT, L 41 a, 463, S. 19.

[163] Rechnung Rotbergs, 17. Aug. 1776: StA DT, L 41 a, 46, S. 73–77.

[164] Vgl. Empfangsbestätigung der vier katholischen Gemeindevorsteher in Neuwied, 21. Sept. 1779: StA DT, L 41 a, 464, S. 17 f.

[165] Virmont an Neuwied, 16. Juni 1743: StA DT, L 41 a, 465, S. 1–3.

[166] RHR-Mandat, 21. Febr. 1754: StA DT, L 41 a, 465, S. 37–39.

[167] Darunter war auch Neuwied: Befehl an die Wiedische Rentkammer, 8. Juli 1754: StA DT, L 41 a, 465, S. 105.

[168] Vgl. Berechnung der Beitragsrückstände 1741–1781 (Frobenius): FWA NR, Schrank 103, Gefach 61, Nr. 3; vgl. KESTING, in: Westf. Zs. 106 (1956), S. 199 f.

hervorheben, den der Neuwieder Graf durch sein Amt erfuhr; er war nicht nur in Regensburg vertreten und bestens informiert, sondern erfuhr auch von den Reichsständen je nach Standort Anerkennung oder Skepsis. Somit hatte sich für ihn, ungeachtet seines Ärgers über die Mitstände, die Investition nach den Maßstäben seiner Zeit gelohnt.[169]

[169] Obwohl nicht zur kaiserlichen Klientel gehörig, wurde er 1784 in den Reichsfürstenstand erhoben.

KAPITEL 7

DIE EINORDNUNG DER NIEDERRHEINISCH-WESTFÄLISCHEN REICHSGRAFEN IN DIE ADLIGE SOZIALORDNUNG DER FRÜHEN NEUZEIT

7.1. DAS VERHÄLTNIS ZUM KAISER

Die Stellung des Kaisers im Reich nach dem Westfälischen Frieden ist Gegenstand zahlreicher Überlegungen gewesen. Sie wurde unter rechtsgeschichtlichen, sozialgeschichtlichen sowie gesamteuropäisch-machtpolitischen Gesichtspunkten analysiert.[1] Amt und Personen des Kaisertums aus der Sicht der kleineren Reichsstände und der Reichsritterschaft sind allerdings bis heute nicht aus den Quellen untersucht worden. Auch in dieser Arbeit steht nicht das Kaiserbild im Vordergrund, sondern seine Bedeutung für die politischen und sozialen Interessen der Reichsgrafen.

Seit der burgundischen Erbschaft geriet das Haus Habsburg in die Doppelrolle, zum einen eine europäische Großmacht in seinen Erblanden zu sein, zum anderen dem Heiligen Römischen Reich über viele Generationen hinweg den Kaiser zu stellen. Zwei Versuche, diese Situation machtpolitisch aufzulösen, scheiterten unter Karl V. und Ferdinand II. Kaiser Ferdinand III. mußte mit der Unterzeichnung des Westfälischen Friedens 1648 den völligen Verzicht auf jede Machtpolitik im Reich, d.h. gegen die Reichsverfassung, zugestehen. Eine künftige Politik des Kaisers konnte daher nur unter Betonung seiner Rolle als oberster Hüter der Reichsverfassung stattfinden. Für diese Politik fand Ferdinand III., wie seine Nachfolger, bald die Unterstützung der kleineren, mindermächtigen Stände im Reich, vor allem der neuen katholischen Klientel aus Reichsbischöfen, kleinen (Neu-)Fürsten, Grafen, Prälaten und Reichsstädten.[2] Politische und militärische Aktivität zeigten die Kaiser in ihrer Balkan- und Italienpolitik, wo zwischen 1683 und 1711 erstaunliche Erfolge erzielt werden konnten, nicht zuletzt mit Hilfe der Verbündeten im Reich: In Italien beerbte man die ausgestorbene Linie des eigenen Hauses und gewann Mailand, auf dem Balkan besiegte man die Türken, alles gegen den Widerstand Frankreichs. Für Erfolge auf diesem Gebiet war man in Wien zunehmend

---

[1] Hermann CONRAD, Deutsche Rechtsgeschichte, Bd. 2, S. 66–74: Rudolf VIERHAUS, Deutschland im Zeitalter des Absolutismus, Göttingen 1978, S. 119–128; ARETIN, Heiliges Römisches Reich, Bd. 1, S. 11–19; Lothar GROSS, Die Reichspolitik der Habsburger, in: Neue Jahrbücher für deutsche Wissenschaft 13 (1937), S. 197–213.

[2] Über die neue politische Klientelbildung der Kaiser: SCHINDLING, Der Westfälische Frieden und der Reichstag, passim; vgl. ders., Reichstag und europäischer Frieden, in: ZHF 8 (1981), S. 159–177.

bereit, Interessen des Reiches zu opfern: zunächst in Italien, wo Reichslehen in Fortfall gerieten[3], später auch an der Westgrenze des Reiches[4]; unter Joseph II. wurde die Entfremdung des Kaisers vom Reich schließlich ein durchgängiges Phänomen.[5]

Von diesem Trend waren die Reichsgrafen wie alle anderen kleinen Stände im Reich betroffen. Das Reich war ein Rechtsverband, der nur mit dem Kaiser existieren konnte.[6] Wenn der Erzieher von Joseph II., Christian August von Beck, das Reich als einen zum Untergang bestimmten Anachronismus darstellte und den künftigen Kaiser zur Trennung vom Reich aufforderte, führte er durch diese Worte als eine self-fulfilling-prophecy den Untergang in der Tat herbei.[7] Den kleinen Ständen war diese Tendenz in Wien nicht bekannt; der »allerdurchlauchtigste, großmächtigste und unüberwindlichste Kaiser«, wie ihn die Titulatur der Zeit bezeichnete[8], hatte inzwischen alle drei dadurch zum Ausdruck gebrachten Eigenschaften verloren, die letzten beiden schon länger, die erste mit Joseph II.

Die Möglichkeiten des Kaisers, sich im Reich fortdauernden Einfluß zu verschaffen, der zumindest zur Verteidigung nach außen ausgereicht hätte, waren so schlecht nicht, wie zumeist angenommen wird. Der weitaus größte Teil der Reichsstände war entweder wegen seiner rückständigen Territorialisierung auf den Kaiser als Schirmherrn angewiesen[9] oder zumindest durch ihn in einem Streitfall disziplinierbar, wie die Herrscherabsetzungen 1708 in Nassau-Siegen und 1728 in Mecklenburg sowie die Entmündigungen der Fürsten zur Lippe 1790 und von Neuwied 1792 beweisen.[10] Hiermit korrespondierte das Bewußtsein der Reichsgrafen von der Notwendigkeit zur eigenen Treue gegenüber Kaiser und Reichsverfassung, »bey welcher gewiß alles ruhig, glücklich und vergnügt bestehen könnte, wenn sie ihrem Geiste nach von allen Mitgliedern getreu erfüllt und gehalten

---

3 PÜTTER, Institutiones iuris publici, Bd. 1, S. 34; Charles W. INGRAO, Josef I. Der »vergessene« Kaiser, Graz u. a. 1982, S. 135; Karl Otmar Freiherr von ARETIN, Kaiser Josef I. Zwischen Kaisertradition und österreichischer Großmachtpolitik, in: HZ 215 (1972), S. 529–606.

4 Vgl. Max BRAUBACH, Friedensvermittlung in Europa 1735, in: Historisches Jahrbuch 70 (1951), S. 190–237 (über die Abtretung Lothringens an Frankreich).

5 ARETIN, Heiliges Römisches Reich, Bd. 1, S. 15 ff.

6 Zum Reich der kleinen Stände: Anton RAUCH, Kaiser und Reich im Jahrhundert nach dem Westfälischen Frieden, Diss. München 1933, S. 9; S. 14; Hans Erich FEINE, Die Einwirkungen des absolutistischen Staatsgedankens auf das deutsche Kaisertum im 17. und 18. Jahrhundert, in: ZRG-GA, N. F. 42 (1921), S. 476; Eberhard WEIS, Reich und Territorien in den letzten Jahrzehnten des 18. Jahrhunderts, in: Helmut BERDING/Hans-Peter ULLMANN (Hrsg.), Deutschland zwischen Revolution und Restauration, Kronberg/Taunus, 1981, S. 43–64; hier: S. 43; S. 45.

7 ARETIN, Heiliges Römisches Reich, Bd. 1, S. 13.

8 Zu Kaiserbild und Kaisertitulatur: vgl. Peter BURKE, Helden, Schurken und Narren. Europäische Volkskultur in der frühen Neuzeit, München 1985, S. 163 f.

9 Vgl. Volker PRESS, Die Erblande und das Reich von Albrecht II. bis zu Karl VI. (1438–1740), in: Robert A. KANN/Friedrich A. PRINZ (Hrsg.), Deutschland und Österreich, Wien 1980, S. 44–88; hier: S. 82.

10 Friedrich HERTZ, Die Rechtsprechung der höchsten Reichsgerichte im römisch-deutschen Reich und ihre politische Bedeutung, in: MIÖG 69 (1961), S. 331–358. Werner TROSSBACH, Fürstenabsetzungen im 18. Jahrhundert, in: ZHF 13 (1986), S. 425–454. Vgl. Druckschrift »Beiträge zu der Erläuterung des 3. und 4. Paragraphen des 1. Artikels der kaiserlichen Wahlkapitulation« (1795 – betrifft die Regierungsenthebung eines Fürsten): StA DT, L 41 a, 529, S. 3–40.

würde«.[11] Der Begriff für diese reichstreue Haltung war die »patriotische Gesinnung«, die sowohl unter den Grafen als Leitbild als auch von kaiserlicher Seite den kleinen Ständen gegenüber als Postulat gebraucht wurde.[12]

Von den zahlreichen Rechtsakten, die dem Kaiser exklusiv vorbehalten waren[13], sollen hier drei in ihren Auswirkungen auf die westfälischen Reichsgrafen näher untersucht werden: die Standeserhöhungen, die Erteilungen der Venia aetatis sowie die Appellationsprivilegien. Dem Kaiser allein stand das Recht zu, Titel und Prädikate von Reichs wegen zu vergeben; er galt staatsrechtlich als die Quelle aller Würden (fons dignitatum).[14] Eine Zustimmung der Reichsstände war für den Akt der Standeserhöhung zum Reichsritter, Reichsfreiherrn, Reichsgrafen oder Reichsfürsten nicht erforderlich; die kaiserlichen Wahlkapitulationen verpflichteten das Reichsoberhaupt nur dazu, würdige Personen zu erhöhen und keinem Aufsteiger in einen neuen Stand größere Privilegien zu verleihen, als die Arrivierten hatten[15], Bedingungen, die dem Kaiser recht viel Spielraum ließen. Allerdings war es ihm nicht gestattet, die standeserhöhten Personen in eine reichsständische Kurie zu befördern: Hier hatte sich nicht nur das ständische Mitspracherecht, sondern auch der Territorialisierungsgedanke durchgesetzt, wenn vom Probanden gefordert wurde, zunächst ein reichsunmittelbares Lehen zu erwerben, für das er dann Mitglied in dem entsprechenden Corpus werden durfte.[16]

Ursprünglich war eine Standeserhöhung die Belohnung für eine außergewöhnliche Leistung eines Dienstmannes. So wurden die Grafen von Schwarzenberg 1670 in den Fürstenstand erhoben, weil sie im kaiserlichen Dienst erfolgreich tätig waren.[17] Beide Familien wurden jedoch erst als Reichsstände mit Stimmrecht an-

---

[11] Vgl. Fürstenspiegel der Truchsesse von Waldburg-Zeil: Wilhelm MÖSSLE, Fürst Maximilian Wunibald von Waldburg-Zeil-Trauchburg (1750–1818), Stuttgart 1968, S. 21.

[12] Vgl. StA DT, L 41 a, 5, S. 77; vgl. auch das Schreiben des Grafen Ludwig Henrich Adolf zur Lippe an Burggraf Johann August von Kirchberg, 17. Nov. 1791: ebd., S. 75–82.

[13] Auflistung der kaiserlichen Reservatrechte: Otto ROSE, Der Adel Deutschlands und seine Stellung im deutschen Reich und in dessen Einzelstaaten, Berlin 1883, S. 27 f.; Gerhard OESTREICH, Geist und Gestalt des frühmodernen Staates, Berlin 1969, S. 266; PÜTTER, Historische Entwicklung der heutigen Staatsverfassung des Teutschen Reiches, Bd. 3, S. 263–273.

[14] Vgl. Fritz Georg IWAND, Die Wahlkapitulationen des 17. und 18. Jahrhunderts, Biberach 1919, S. 9.

[15] PÜTTER, Institutiones iuris publici, Bd. 2, Teil 1, S. 37 f.; vgl. das Versprechen König Ferdinands III. am 24. Dez. 1636 (§ 47), er wolle fürstliche und gräfliche Dignitäten nur verleihen, wenn die Empfänger a) »wohl meritiert«, b) im Reich gesessen und c) »die Mittel haben, den affektierenden Stand pro dignitate auszuführen«: IWAND, Wahlkapitulationen, S. 11. Das Versprechen wurde auch in das Projekt einer beständigen Wahlkapitulation 1711 übernommen (Art. 22): BUSCHMANN, Kaiser und Reich, S. 578.

[16] Regelung der Aufnahme in den Reichsfürstenrat: JRA 1654, § 197: BUSCHMANN, Kaiser und Reich, S. 543 f.; vgl. Konrad BORNHAK, Deutsches Adelsrecht, Leipzig 1929, S. 15; IWAND, Wahlkapitulationen, S. 13.

[17] Standeserhöhungen Schwarzenberg: HHStA Wien, Staatskanzlei: Kleinere Reichsstände 502, S. 77 f.; FRANK, Standeserhebungen und Gnadenakte, Bd. 4, S. 286; Standeserhöhung Virmont: ebd., Bd. 5, S. 161; Otto Titan von HEFNER, Stammbuch des blühenden und abgestorbenen Adels in Deutschland, Bde. 1–4, Regensburg 1860–1866; hier: Bd. 2, S. 128; Erhebungsurkunde, 8. Sept. 1706: HStA Düsseldorf, FA Virmont, Urk. Nr. 116. Zur Begründung einer Standeserhöhung mit den Diensten eines Geschlechts gegenüber Kaiser und Reich vgl. auch die Fürstenerhebungsurkunde für Leopold zur Lippe, 5. Nov. 1789: StA DT, L 1 C Kaisl. Nr. 13.

erkannt, als sie ein fürsten- oder grafenmäßiges Lehen erworben hatten: Die Fürsten von Schwarzenberg ließen 1674 ihre Stammterritorien in Franken zur »gefürsteten Grafschaft Schwarzenberg« erheben und mit einer Virilstimme im Reichsfürstenrat versehen, die Grafen von Virmont erwarben 1734 die Grafschaft Bretzenheim an der Nahe und damit Sitz und Stimme im westfälischen Grafenkollegium.[18] Diese Reihenfolge ist zumeist feststellbar: Zunächst erfolgte der Dienst, danach die persönliche oder erbliche Standeserhöhung und zum Schluß der Erwerb des reichsunmittelbaren Territoriums mit der entsprechenden politischen Vertretungsberechtigung.[19]

Es waren jedoch nicht nur kaiserliche Parteigänger, die in den Genuß einer Standeserhöhung kamen: Der protestantische Graf Georg Friedrich von Waldeck (1620–1692), der in Brandenburg, Schweden, den Niederlanden und Hannover gedient hatte, wurde 1682 zum Reichsfürsten erhoben, obwohl er als Kritiker des österreichischen Hegemonialstrebens sowie als Organisator der »Union der vorderen Reichskreise« (1679) bekannt war.[20] Zahlreiche Reichsfürsten schlugen dem Kaiser ihre niederadligen Mitarbeiter zur Erhebung in den Grafenstand vor: Auf diese Weise erhielten die Grafen von Platen (1689), Nesselrode (1702), Schaesberg (1706) und Plettenberg-Nordkirchen (1724) ihre neuen Würden.[21] Im Laufe des 18. Jahrhunderts nahmen die Standeserhöhungen beinahe inflationäre Ausmaße an. Peter Hersche hat für den deutschen Stiftsadel festgestellt, daß 79 Prozent der Domherren im 17. und 18. Jahrhundert einer Familie angehört hatten, die im selben Zeitraum mindestens einmal standeserhöht worden war; 25 Prozent der Domherren entstammten Familien, die sogar zwei Stufen nach oben genommen hatten.[22] Ähnliche Phänomene stellte Sigrid Jahns bei den RKG-Assessoren fest, unter denen die Bürgerlichen die Nobilitierung anstrebten, die Adligen die Mitglied-

---

[18] Aufnahme der gefürsteten Grafschaft Schwarzenberg in den Reichsfürstenrat, 22. Aug. 1674: PÜTTER, Institutiones iuris publici, Bd. 1, S. 124; vgl. GEBHARDI, Genealogische Geschichte der erblichen Reichsstände, Bd. 1, S. 275.

[19] Hellmuth RÖSSLER, Der deutsche Hochadel und der Wiederaufbau nach dem Westfälischen Frieden, in: Bll.f.dt.LG 101 (1965), S. 129–146; hier: S. 130. Bei manchen Mitgliedern des schwäbischen und fränkischen Kollegiums war nach der Aufnahme ins Kollegium gegen Zusicherung des baldigen Erwerbs eines Reichslehens der letzte Schritt unterlassen worden; unter solchen »Personalisten« hatte das westfälische Kollegium nicht zu leiden. Zur politischen Bedeutung der Fürstenstandserhebungen: Thomas KLEIN, Die Erhebungen in den deutschen Reichsfürstenstand 1550–1806, in: Bll.f.dt.LG 122 (1986), S. 137–192.

[20] Standeserhöhung Waldecks: FRANK, Standeserhebungen und Gnadenakte, Bd. 5, S. 179; vgl. ADB 8, S. 701–709. Waldecks Sitz und Stimme im Reichsfürstenrat erloschen mit seinem Tod 1692: vgl. MOSER, Neues Teutsches Staatsrecht, Bd. 3, S. 642; GEBHARDI, Genealogische Geschichte, Bd. 1, S. 275; über Waldecks Militärprojekte: William JANNEN jr., »Das liebe Teutschland« in the seventeenth Century – Count George Frederick von Waldeck, in: European Studies Review 6 (1976), S. 154–195.

[21] Platen (durch Kurhannover): WOLF, Geschichte der Grafen von Hallermund, S. 46. Nesselrode (durch Kurpfalz): LÜNIG, Teutsches Reichs-Archiv, Bd. 22, S. 744–747. Schaesberg (durch Kurpfalz): PETERS, Geschichte des Geschlechts von Schaesberg, S. 187 f. Plettenberg (durch Kurköln): Erhebungsurkunde, 8. Sept. 1724: Archiv Plettenberg-Nordkirchen, Urk. Nr. 2981.

[22] HERSCHE, Domkapitel, Bd. 2, S. 128.

schaft in der Reichsritterschaft.[23] Der Kaiser ließ sein Nobilitierungsrecht immer mehr zu einem Geschäft degenerieren: Wer seine Taxgebühren nicht bezahlen konnte, wie Graf Simon Henrich Adolf zur Lippe 1720, mußte weitere Jahrzehnte im alten Stand verharren.[24] Wer dagegen bereit war, wie der Freiherr Wilhelm Otto Friedrich von Quadt, über die 14.000 fl. Bestechungsgelder an den Wiener Hofadel hinaus auch die Taxgebühren an den Kaiser zweimal zu bezahlen – mit dem ersten Betrag war der Agent spurlos verschwunden[25] –, wurde auch beim Fehlen überdurchschnittlicher Verdienste in den Grafenstand erhoben.

Angesichts dieser Entwicklung war es begreiflich, daß Korporationen, die sich nach unten durch Ahnenproben oder die Forderung nach dem Besitz immatrikulierter Güter abgrenzen konnten, dies auch taten; die Alternative dazu war nur der relative soziale Abstieg oder gleichermaßen das Streben nach dem nächsthöheren Rang.[26] Folge war ein Auseinanderklaffen von persönlichem Stand und der korporativen Zugehörigkeit: In den Grafenkollegien befand sich 1789 ein beträchtlicher Anteil an Neufürsten, während in den mittelrheinischen, schwäbischen und fränkischen Domkapiteln, klassische Domänen der Reichsritterschaft, die Neugrafen immer zahlreicher wurden.

War die Standeserhöhung zur Mehrung des Familienansehens wünschenswert, so betraf die volle Regierungsfähigkeit des Erben einer Grafschaft unmittelbar die rechtliche und ökonomische Substanz einer Familie. Ein Erbgraf mußte das 25. Lebensjahr vollendet haben, bevor er mit allen Rechten und Pflichten zur Regierung zugelassen werden konnte, ein Alter, das in einer Zeit allgemein niedriger Lebenserwartung vielfach nicht erreicht war, wenn der Vater starb. Das lippische Grafenhaus, bereits als Muster genealogischer Stabilität vorgestellt, mußte im 18. Jahrhundert viermal um die vorzeitige Erteilung der Volljährigkeitserklärung, der Venia aetatis, beim Kaiser nachsuchen, darunter dreimal für den Erbgrafen.[27] Das Verfahren begann mit einem Schreiben des Probanden an den Kaiser, in dem er auf sein vorgerücktes Alter (meistens 18–24 Jahre) sowie auf seine Reife hinwies, eigene Erfahrungen per Studium oder die geleistete Kavalierstour hervorhob. Als

[23] Sigrid JAHNS, Juristen im Alten Reich. Das richterliche Personal des Reichskammergerichts 1648–1806. Bericht über ein Forschungsvorhaben, in: Berhard DIESTELKAMP (Hrsg.), Forschungen aus Akten des Reichskammergerichts, Köln, Wien 1984, S. 1–39; hier: S. 20–22.

[24] Hans KIEWNING, Der lippische Fürstenbrief von 1720, in: Lipp. Mitt. 1 (1903), S. 39–62; BARGE, Die Grafschaft Lippe, S. 51.

[25] HUSMANN/TRIPPEL, Wickrath, Bd. 2, S. 19; vgl. Rheinischer Antiquarius, 3. Reihe, Bd. 9, S. 476; FRANK, Standeserhebungen und Gnadenakte, Bd. 4, S. 129. Zum Mißbrauch des Nobilitierungsrechtes generell: HERSCHE, Domkapitel, Bd. 2, S. 134; LAMPE, Aristokratie, Hofadel und Staatspatriziat in Kurhannover, Bd. 1, S. 17; S. 161; vgl. MEIER, Hannoversche Verfassungs- und Verwaltungsgeschichte, Bd. 1, S. 465 f.

[26] Sogar Familien wie die Grafen von Salm-Reifferscheidt, die sonst stolz auf ihr Prädikat »Altgrafen« waren, ließen sich von der allgemeinen Standeserhebungswelle erfassen und stiegen 1790 in den Reichsfürstenstand auf: Anton FAHNE, Geschichte der Grafen, jetzigen Fürsten von Salm-Reifferscheidt, Bde. 1–2, Köln 1858–1866; hier: Bd. 2, S. 331 f.

[27] Nachdem die Grafen Simon Ludwig zur Lippe (1631) und Simon Henrich zur Lippe (1667) bereits im 17. Jahrhundert die Venia aetatis erhalten hatten, wurden im 18. Jahrhundert die lippischen Grafen Simon Karl (1702), Simon Henrich Adolf (1716), Simon August (1747) und Leopold (1789) in den Stand der Volljährigkeit versetzt: vgl. SESt I, Tafel 144 ff.; zur genealogischen Stabilität: vgl. Kap. 2.1.2. (S. 45).

günstig erwies sich auch die Aussicht auf ein auswärtiges Dienstangebot: Graf Simon Karl zur Lippe (1682–1709) begründete seinen Antrag vom 11. Juli 1702 mit der Aufgabe, im Celleschen Soldaten für Herzog Georg Wilhelm von Braunschweig-Lüneburg werben zu sollen.[28] Nachdem Graf Simon Henrich Adolf zur Lippe 1716 im Alter von 22 Jahren auf Antrag seines Vaters die Venia aetatis erhalten hatte[29], trat nach seinem Tod 1734 eine dreizehnjährige Vormundschaftsphase ein; Erbgraf Simon August, als Kind zwei Jahre lang Direktor des Grafenkollegiums, konnte erst 1747 seinen Antrag auf Erteilung der Venia aetatis erfolgreich einbringen und danach die Landesregierung antreten.[30] Auch Erbgraf Leopold (1767–1802) mußte nach dem Tod seines Vaters 1782 sieben Jahre warten, ehe er im Alter von 22 Jahren die Venia aetatis erteilt bekam.[31]

Der Verfahrensgang wird am Antrag deutlich, den der einundzwanzigjährige Fürst Joseph von Schwarzenberg im November 1789 an den Kaiser richtete. Der Reichshofrat beriet darüber in der üblichen Verfahrensweise; Fürst Colloredo verfaßte als Reichsvizekanzler ein Schlußgutachten, in dem er die Überzeugung der Reichshofräte mitteilte, der Kandidat sei reif genug und habe schon durch seinen verstorbenen Vater eine Einführung in die Landesregierung erhalten. Kaiser Joseph II. genehmigte das Gesuch mit einem kurzen handschriftlichen »placet« am Rand des Schlußgutachtens.[32]

Ein weiterer Bereich kaiserlicher Wirkungsmächtigkeit gegenüber den kleinen Reichsständen, vor allem den Reichsgrafen, war die Appellationsbefreiung. Durch die Goldene Bulle hatten die Kurfürsten ein uneingeschränktes Privilegium de non appellando für ihre Kernlande erhalten[33]; später erhielten noch weitere Reichsstände (Hessen-Kassel, Hessen-Darmstadt, Schweden für seine Besitzungen im Reich) die völlige Befreiung von Appellationen gegen ihre Rechtsprechung an die Reichsgerichte.[34] Der Regelfall war jedoch die Erteilung des Privilegs bis zu einem bestimmten Streitwert; so hatten die Grafen von Manderscheid 1583 ein Privileg bis zur Höhe von 300 fl., die Grafen zur Lippe 1593 eines bis zu 200 fl. erhal-

[28] Antrag des Grafen Simon Karl zur Lippe an den Kaiser, 11. Juli 1702; Unterstützung durch Herzog Georg Wilhelm von Braunschweig-Lüneburg, 8. Juli 1702: HHStA Wien, Reichshofrat: Venia aetatis 8.

[29] Antrag des Grafen Friedrich Adolf zur Lippe für seinen Sohn Simon Henrich Adolf, 31. Okt. 1716; Erteilung der Venia aetatis am 29. Nov. 1716: HHStA Wien, Reichshofrat: Venia aetatis 8.

[30] Graf Simon August hatte am 22. Juli 1747 seinen Antrag an den Kaiser gestellt; nachdem seine Mutter als Vormund schon am 25. Juni an den Kaiser geschrieben hatte und auch die Landstände der vorgezogenen Mündigkeit des Grafen zugestimmt hatten, erteilte Kaiser Franz I. die Venia aetatis am 22. Sept. 1747: HHStA Wien, Reichshofrat: Venia aetatis 8.

[31] Antrag Leopold an den Kaiser, 27. Juli 1789; Erteilung der Venia aetatis am 6. Aug. 1789 durch Kaiser Leopold II.: HHStA Wien, Reichshofrat: Venia aetatis 8.

[32] Antrag Schwarzenberg samt Schlußgutachten Colloredos vom 2. Dez. 1789: HHStA Wien, Reichshofkanzlei: Kleinere Reichsstände 502, S. 425–430; vgl. Anträge der Grafen von Löwenstein-Wertheim: HHStA Wien, Reichshofrat: Venia aetatis 8.

[33] Goldene Bulle 1356, Kap.11: BUSCHMANN, Kaiser und Reich, S. 132.

[34] Hessen-Kassel: 7. Dez. 1742; Hessen-Darmstadt: 11. Mai 1747: Ulrich EISENHARDT, Die kaiserliche Privilegia de non appellando, Köln, Wien 1980, S. 87ff; Schweden: IPO 1648, Art.10 § 12; vgl. EISENHARDT, Privilegia de non appellando, S. 21.

ten.[35] Das Privileg war für einen Reichsstand eine Möglichkeit, dem Ideal eines geschlossenen Rechtssystems und damit der Territorialisierung näherzukommen; aus diesem Grund wurde seitens der bereits privilegierten Fürsten darauf geachtet, daß das Privileg nicht zu häufig vergeben wurde.[36] Es lag erst recht nicht im Interesse der Reichsgerichte, daß ihre Kompetenzen abgebaut wurden. Obwohl sie gehalten waren, die erteilten Privilegia de non appellando nicht anzutasten[37], wurde ein Reichsstand erst wirklich befreit, wenn der Kaiser auf dem Wege der Insinuation das Gericht ausdrücklich auf die Privilegienerteilung hinwies mit der Auflage, keine Klagen von den Untertanen anzunehmen.[38]

Den Mahnungen der fürstlichen Reichsstände entsprechend, sind die Kaiser mit der Erteilung von Appellationsprivilegien den Grafen gegenüber sparsam gewesen: Nach Manderscheid und Lippe kamen nur noch die Grafen von Oldenburg 1637 (1.000 fl.), die Grafen von Waldeck 1619 (400 fl.) und 1751 (2.000 fl.) sowie die Grafen von Rantzau 1650 (500 fl.) in den Genuß der Befreiung.[39] Den meisten reichsgräflichen Untertanen standen weiterhin die Wege zu den Reichsgerichten offen; neuere Untersuchungen haben dies für zahlreiche Kleinterritorien nachgewiesen.[40]

Diese drei genannten Komplexe kamen in ihrer Bedeutung in der gräflichen Korrespondenz kaum zum Ausdruck. Die Grafen äußerten in ihren Schreiben meistens den abstrakten Wunsch, der Kaiser möge ihre Rechte, Privilegien, Immunitäten und Titulaturen nach althergebrachter Ordnung wahren.[41] Beispielhaft sind dafür die Verhandlungen vor der Kaiserkrönung Karls VI.; die Reichsgrafen übten Einfluß auf die kurfürstlichen Gesandten aus, ihre Präzedenz vor in- und ausländischen Grafen sowie kaiserlichen Kammerherren und Räten in die Wahlkapitulation aufnehmen zu lassen. Sie wollten den Reichsfürsten unmittelbar im

---

[35] Manderscheid: 5. Nov. 1583: LHA KO, Best. 29 A, Nr. 1476; vgl. LÜNIG, Teutsches Reichs-Archiv, Bd. 22, S. 526 ff.; Lippe: 13. Febr. 1593: StA DT, L 1 Urk. 1593 Februar 13; vgl. LÜNIG, Teutsches Reichs-Archiv, Bd. 11, S. 92–94. Die Höhe der Appellationssumme bezeichnete den Streitwert in der Hauptsache: EISENHARDT, Privilegia de non appellando, S. 20 f.

[36] Beschränkung weiterer Privilegien: JRA 1654, § 116: BUSCHMANN, Kaiser und Reich, S. 504 f.

[37] Garantie bestehender Privilegien: IPO 1648, Art.5 § 56.

[38] Vgl. EISENHARDT, Privilegia de non appellando, S. 59 f.

[39] Oldenburg, 19. Sept. 1637: EISENHARDT, Privilegia de non appellando, S. 108; Waldeck, 12. Sept. 1619 und 14. Febr. 1751: ebd., S. 121; Rantzau wurde außerdem anläßlich seines Besuches in Wien mit dem Großen Palatinat ausgezeichnet: LÜNIG, Teutsches Reichs-Archiv, Bd. 11, S. 189–199 (zur politischen Dimension des Besuchs vgl. Kap. 8.3., S. 321 f.).

[40] Winfried SCHULZE, Bäuerlicher Widerstand und feudale Herrschaft in der frühen Neuzeit, Stuttgart 1980; Helmut GABEL, Kehrseiten des Wachstums. Ursachen und Verlauf des Steuerstreits in der Reichsgrafschaft Kerpen-Lommersum 1787–1794, in: Kerpener Heimatblätter 23 (1985), S. 298–311; Werner TROSSBACH, Bauernbewegungen im Wetterau-Vogelsberg-Gebiet 1648–1806. Fallstudien zum bäuerlichen Widerstand im Alten Reich, Darmstadt, Marburg 1985; ders., Soziale Bewegung und politische Erfahrung. Bäuerlicher Protest in hessischen Territorien 1648–1806, Weingarten 1987; ders., Bauernunruhen in der Grafschaft Sayn-Wittgenstein-Wittgenstein 1696–1806, in: Westf. Zs. 135, S. 25–111 sowie zahlreiche andere.

[41] Vgl. Protokoll des Grafentages, 24. April 1722: StA DT, L 41 a, 319, S. 50.

Rang folgen.[42] In einem Schreiben an den künftigen Kaiser forderten sie die Berechtigung für ihre Subdelegaten bei der RKG-Visitation, sechsspännig vorfahren zu dürfen, die Bestätigung des Vorbehalts der höchsten Richterämter für Hochadlige sowie das Verbot des Güterverkaufs aus gräflichem Lehnsbesitz an Nicht-Reichsgrafen[43]; es dominierten die zeremoniellen Forderungen.

Für die wohlwollende Erfüllung ihrer Wünsche hatten die Grafen sich entschlossen, Kaiser Karl VI. ein Krönungsgeschenk in Höhe von 100.000 Rtl. zu machen. Zwar waren Geschenke an den Kaiser wie zwischen den Reichsständen durchaus üblich – Graf Friedrich Adolf zur Lippe sollte dem Kaiser wenig später eine Anzahl Reitpferde verehren, wofür der Kaiser sich mit zwei »sehr stattlichen« Pferden aus der eigenen Zucht bedankte[44] –, doch in einem solchen Maße war das Reichsoberhaupt noch von keiner reichsständischen Korporation zuvor geehrt worden. Da jedes der vier Grafenkollegien ca. 25.000 Rtl. beitragen sollte[45], ergab dies für jeden Mitstand der westfälischen Grafenkurie 45 Simplen. Die fürstlichen Mitglieder mit ihren erheblichen Matrikelanschlägen waren darin nicht enthalten, da von ihnen keine Leistungen zur Verteidigung gräflicher Standesinteressen zu erwarten waren.

Das Scheitern der Bemühungen, diese Gelder einzutreiben, wurde bereits erwähnt[46], eine politische Dimension bekam das Kaisergeschenk nach 1740, als mit dem Tod Karls VI. wieder Überlegungen einsetzten, wie der Nachfolger geehrt werden könnte. Die Gefahr, daß das Geschenk eine ständige und damit verpflichtende Einrichtung werden konnte, zeichnete sich bereits ab, auch wenn es angesichts des Grafenunionsprojektes sinnvoll erschien, den Kaiser zur Zustimmung geneigt zu machen.[47] Einige schwäbische Grafen hatten Karl Albrecht von Bayern, dem nachmaligen Kaiser, ein Regiment versprochen, das ihn in seinen künftigen Kämpfen unterstützen sollte. Dieses »Truchsessische Regiment«[48] wurde auch zusammengestellt; die Erhebung der Beiträge gestaltete sich aber ebenso schwierig wie die zum früheren Krönungsgeschenk, die immer noch nicht von allen Mitständen geleistet worden waren.[49]

Als auch dieser Kaiser starb, ohne daß die Grafen ihren politischen Zielen nähergekommen waren, sank die Bereitschaft zu weiteren Gaben in dieser Größen-

---

[42] Vgl. LÜNIG, Thesaurus juris, S. 901; vgl. Protokoll des Grafentages Frankfurt, 22. Okt. 1711 (Kaiserwahl): StA DT, L 41 a, 318, S. 139–154.

[43] Schreiben der Reichsgrafen an den Kaiser, 9./10. Jan. 1712: StA DT, L 41 a, 318, S. 189–197.

[44] Vgl. Brief des Grafen Friedrich Adolf zur Lippe an Kaiser Karl VI., 3. Juni 1715: HHStA Wien, Reichskanzlei: Kleinere Reichsstände 330.

[45] Die Grafen aus Schwaben, Franken und der Wetterau waren der Überzeugung, daß ihr Kollegium eigentlich etwas weniger als ein Viertel zahlen müßte, kamen jedoch zu keiner Übereinkunft: Grafenkonferenz Frankfurt, 29. und 30. April 1711: StA DT, L 41 a, 318, S. 45–63, bes. S. 52.

[46] Vgl. KESTING, in: Westf. Zs. 106 (1956), S. 191 f.

[47] Graf Friedrich Alexander von Neuwied wehrte sich gegen ein Geschenk: BIERBAUER, Johann Friedrich Alexander von Wied, S. 30 ff.

[48] Regiment von 1.600 Mann (10 Kompanien Füsiliere; 2 Kompanien Grenadiere): Dank von Kaiser Karl VII., 22. Febr. 1742: LHA KO, Best. 30, Nr. 3968, S. 11 ff.

[49] Vgl. Diskussion um die Beitragserhebung: StA DT, L 41 a, 673–676 passim. Die Kosten für die westfälischen Grafen betrugen 17.000 fl.

ordnung. Graf Friedrich Alexander von Neuwied hatte seinen Gesandten von Pistorius bereits instruiert, allen Anspielungen auf ein Krönungsgeschenk mit Hinweis auf die Präzedenzwirkung entgegenzutreten, als Reichsvizekanzler Fürst Colloredo von den Reichsgrafen das Geschenk, das »zur Bezeugung des unterthänigsten Respekts in Gewohnheit gewesen« war, forderte. Er ließ dabei durchblicken, daß angesichts des fortdauernden Krieges ein größeres Geschenk gegeben werden müßte; den Grafen werde dafür jede erdenkliche Erleichterung gewährt.[50] Die evangelischen Grafen in Franken, Westfalen und der Wetterau wehrten sich scharf gegen das Ansinnen, aus den zweimaligen Geschenken ein Anrecht ableiten zu wollen. Das Schwäbische Grafenkollegium bewilligte allerdings 20 Römermonate im Alleingang, was ihm das Mißfallen aller übrigen Kollegien eintrug.[51] Auch eine weitere Aufforderung durch Kaiserin Maria Theresia, Truppen für den Reichskrieg gegen Frankreich zu stellen, wurde von den westfälischen, wetterauischen und fränkischen Grafen als Verpflichtung zu einem verdeckten Geschenk betrachtet und nicht erfüllt.[52]

1767 wiederholte sich der Prozeß von 1745: Kaiser Joseph II. war zwei Jahre im Amt, als Reichsvizekanzler Fürst Colloredo wieder die Aufforderung an die Grafenkollegien sandte, ein Krönungsgeschenk als Zeichen der traditionellen Treue zum Kaisertum und als Entschädigung für die beträchtlichen Aufwendungen Josephs zu seiner Wahl (sic!) zu leisten.[53] In den Grafenkollegien begann erneut die Diskussion, wie man sich verhalten sollte; das entschiedene Votum des Grafen von Neuwied, inzwischen vom Wiener Hof als Feind des Habsburgischen Hauses betrachtet und behandelt[54], gab erneut den Ausschlag für die Kollegien Westfalens, Frankens und der Wetterau; allein die schwäbischen Grafen ließen sich trotz Bedenken zu einem »donum gratuitum« bewegen, das in verdächtige Nähe zur reichsritterschaftlichen Steuer der »subsidia charitativa« gerückt war.[55]

Die mißliche Lage, in die der Reichsgrafenstand geraten war, drückte sich im Brief des Grafen Johann Wilhelm von Manderscheid an den Grafen von Neuwied aus: Die Grafen dürften eigentlich nicht zahlen, weil sie dann regelmäßig zahlen müßten, und sie müßten eigentlich zahlen, weil ihr bedrohter sozialer Rang zwischen den Reichsfürsten und den Reichsrittern vor allem von der Gnade des Kaisers abhinge; zur ständischen Konsolidierung brauchten sie, so meinte Manderscheid, die Konfirmierung der Grafenunionsakte sowie die »Erledigung verschie-

---

[50] Fürst Colloredo an Graf Georg Wilhelm von Erbach, 22. Dez. 1745: StA DT, L 41 a, 668, S. 127 f. (Kopie).

[51] BIERBRAUER, Friedrich Adolf von Wied, S. 31 ff.; vgl. StA DT, L 41 a, 668 passim.

[52] Brief der Kaiserin Maria Theresia an die Reichsgrafen, 19. Okt. 1746: StA DT, L 41 a, 669, S. 1–4.

[53] Fürst Colloredo an das Schwäbische Reichsgrafenkollegium, 21. April 1767 (Kopie); LHA KO, Best. 30, Nr. 3980, S. 7 f.

[54] BIERBRAUER, Friedrich Alexander von Wied, S. 35 f.

[55] Zu den »subsidia charitativa«: SCHULZE, Reichstage und Reichssteuern, S. 43–58; Volker PRESS, Die Reichsritterschaft im Reich der frühen Neuzeit, in: Nass. Ann. 87 (1976), S. 101–122, bes. S. 113. Zum »donum gratuitum«: vgl. die Überlegungen des neuwiedischen Direktorialrates Schanz gegenüber der Regierung in Altenkirchen, 31. Aug. 1767: LHA KO, Best. 30, Nr. 3980, S. 1–3; vgl. StA DT, L 41 a, 670 passim.

dener Desideriorum«.[56] Graf Manderscheid erkannte hier, daß die kaiserliche Macht weniger auf Militär und Finanzkraft als vielmehr auf der Chance beruhte, durch Aufrechterhaltung einer Konkurrenz und Balance zwischen Fürsten, Grafen, Niederadel und Städten seine Schiedsrichterrolle zu behaupten; dieses Modell der Kontrolle durch indirekte Herrschaft, von Norbert Elias in meisterhafter Weise als Strukturelement des französischen Königtums gegenüber dem barocken Hof herausgearbeitet, funktionierte auch im Reich und ließ vor allem die kleineren Stände in einer großen Abhängigkeit von der kaiserlichen Gnade verharren.[57]

Von denselben Bedenken, ob man den Kaiser in einer solchen Weise brüskieren könne, war auch das Schreiben des Grafen Simon August zur Lippe an den Grafen von Neuwied im Juli 1774 getragen, das zur Mäßigung mahnte, da die Ungnade des Kaiserhofes bereits spürbar werde.[58] Zwar galt der evangelische Teil des westfälischen Grafenkollegiums und vor allem der Graf von Neuwied als notorisch kaiserfeindlich[59], doch die Forderung nach einem gräflichen Krönungsgeschenk wurde künftig nicht mehr in offizieller Form an das Kollegium gestellt: Sowohl 1790 als auch 1792 sah man in Wien ein, daß diesbezüglich jede Mühe vergeblich sein würde.[60]

7.2. DER KONTAKT ZU DEN REICHS- UND KURFÜRSTEN

Es wurde bereits darauf verwiesen, daß der Reichsgrafenstand sich erst konstituieren konnte, nachdem im Hochmittelalter die Gruppe der Reichsfürsten an Geschlossenheit gewonnen hatte; dieser Prozeß, von Julius Ficker als Herausbildung des »Jüngeren Reichsfürstenstandes« bezeichnet, zog sich ab etwa 1180 über mehrere Jahrhunderte hin und ließ zuletzt die Reichsgrafen als hochadlige Korporation entstehen, die den Eintritt in den Fürstenstand mit seinen Rechten nicht geschafft hatte.[61]

Diese Entwicklung war unabhängig vom Alter der betreffenden Familien; Johann Christian Lünig wies darauf hin, daß manche Grafenfamilien des 18. Jahr-

---

[56] Manderscheid an Neuwied, 16. Sept. 1767: StA DT, L 41 a, 670, S. 325 f.

[57] Vgl. Norbert ELIAS, Die höfische Gesellschaft, Frankfurt 1983, S. 178–221.

[58] Der Graf zur Lippe, ansonsten streitbarer Calvinist, spielte auf den sich abzeichnenden Konflikt mit dem Reichshofrat in der Sache »Vollmachtausstellung in der Wir-Form« an: 13. Juli 1774: StA DT, L 41 a, 268, S. 2.

[59] Es ist begreiflich, daß es Metternich unter diesen Bedingungen leicht fiel, den Grafen von Neuwied und die ihn unterstützenden Mitstände gegenüber dem katholischen Reich und dem Kaiserhof als preußische Parteigänger zu denunzieren.

[60] Eine Unterredung zwischen Metternich und Neuwied in Koblenz am 17. Mai 1790, in der Metternich ein unverbindliches Truppenangebot anregte, wurde mit der Übereinkunft geschlossen, diesbezüglich die alten Krönungsakten zu studieren, um allen schädlichen Präjudizien aus dem Weg zu gehen: Protokoll Rotberg: StA DT, L 41 a, 671, S. 5–7; 1792 wurde das Krönungsgeschenk gar nicht mehr thematisiert; vgl. dazu ein Gutachten Rotbergs aus der Zeit nach 1800: LHA KO, Best. 30, Nr. 3980, S. 13–23.

[61] Julius FICKER, Vom Reichsfürstenstande: Forschungen zur Geschichte der Reichsverfassung zunächst im 12. und 13. Jahrhundert, Bde. 1–2 in 4 Teilen, Aalen 1961 (ND der Ausgabe 1861–1923); vgl. Kap. 1.1. (S. 14).

hunderts schon in karolingischer Zeit reichsfreien Besitz gehabt hatten, was auf
eine den Fürsten ähnliche Startsituation, aber auf geringere Erfolge im Laufe des
Mittelalters hindeutete.[62] Zu diesen alten gräflichen Familien traten später stan-
deserhöhte Geschlechter hinzu, die sich in ihrer Besitzstruktur kaum vom Niederadel unterschieden und gelegentlich nicht oder nicht mehr im Besitz von
Reichslehen waren; daß sie von Sitz und Stimme im Reichsfürstenrat ferngehalten
werden sollten, erscheint angesichts ihrer völlig anderen Interessenlage im Gegensatz zu den Fürsten verständlich.[63]

Eine besondere Bedeutung kam der regionalen Zugehörigkeit der Grafschaften
zu: In Norddeutschland entstanden Grafschaften von beträchtlicher Größe, etwa
Ostfriesland, Hoya oder Oldenburg, die in ihrer Binnenverfassung Fürstentümern
entsprachen. Selbst die Grafschaften Lippe, Schaumburg, Diepholz, Tecklenburg
oder Bentheim waren nicht zu vergleichen mit den kleineren Reichsgrafschaften
und -herrschaften in der Eifel oder in Schwaben. In Süddeutschland waren die
Grafen in Einungen und Turnierverbänden lange mit der Ritterschaft verbunden
gewesen[64], so gering waren die Unterschiede; die norddeutschen Grafen verfügten
dagegen über eigene ritterliche Landstände.

Zusätzlich zu seiner ständischen Abgeschlossenheit setzte der Reichsfürstenstand in der ersten Hälfte des 16. Jahrhunderts auch seine Exklusivität in verfas-
sungsmäßiger Hinsicht auf den Reichstagen durch. Die Tendenz, sich bei der
Würdigung eines Reichsstandes mehr und mehr am Territorialitätsprinzip zu orientieren, wurde von den Reichsfürsten maßgeblich gefördert. Obwohl der Reichstag von 1582 als Grundlage für die Einführung dieses Prinzips ins Reichs-
verfassungsrecht umstritten ist[65], diente er dennoch zur Bezeichnung des Zeit-
raums, ab dem der Besitz eines bestimmten Reichslehens ausschlaggebend für den
Platz eines Geschlechts unter den Großen des Reiches wurde.[66] Künftig konnte
ein Reichsritter den Titel eines Grafen oder der Besitzer einer immatrikulierten
Grafschaft den Fürstentitel führen, er gehörte weiterhin dem Corpus an, dem sein
Reichslehen zugeteilt war. Die Reichsfürsten erreichten hierdurch, daß das kaiserliche Recht zur Standeserhöhung entwertet wurde: Der Kaiser konnte zwar auch
künftig Personen oder Familien in einen höheren Stand erheben, doch die damit
verbundenen korporativen Rechte wurden allein von den jeweiligen Standesver-
tretungen, dem Reichsfürstenrat und den Grafenkollegien, erteilt.

Die Folge war, daß die Trennlinie zwischen Fürsten und Grafen unscharf
wurde; die Zahl der Fälle wuchs, in denen der Rang des Reichslehens und der
Rang des Inhabers differierten. Es wurde darüber gestritten, ob reichsständische
Reichsgrafen den Vorrang vor nichtreichsständischen Reichsfürsten hätten oder

---

[62] LÜNIG, Thesaurus juris, S. 7 f.; S. 19 f.; S. 77–99; zum nachweisbaren Alter der Grafenfamili-
en: Heinrich von BÜLOW, Geschichte des Adels, Berlin 1903, S. 59 ff.

[63] Zur Ersterwähnung gräflicher Kuriatstimmen: vgl. KESTING, Diss. Münster 1916, S. 5 f.

[64] Vgl. zu den süddeutschen Grafen und ihren Einungen: PRESS, Kaiser Karl V., König Ferdinand und die Entstehung der Reichsritterschaft, passim.

[65] Vgl. CONRAD, Deutsche Rechtsgeschichte, Bd. 2, S. 92 (Reichsstandschaft), 98 (Territorialisierung); vgl. BORNHAK, Deutsches Adelsrecht, S. 17.

[66] PRESS hebt besonders die Reichstage der Jahre nach 1540 hervor: Kaiser Karl, König Ferdinand und die Entstehung der Reichsritterschaft, S. 40–42.

nicht.[67] Die Mitglieder des Reichsfürstenrates bemühten sich, ihre Privilegien vor den gefürsteten Reichsgrafen zu schützen, was ihnen nicht in allen Fällen gelang, so sehr dies vor allem von der Gruppe der Kurfürsten bei den Verhandlungen zu den kaiserlichen Wahlkapitulationen versucht wurde. Die Flut der Fürstenstandserhebungen ließ sich nicht eindämmen. Von den Familien des Grafenkollegiums bemühten sich besonders die Grafen von Waldeck (1682), Lippe (1720), Kaunitz (1764) und Neuwied (1784) mit unterschiedlichem Erfolg um den Fürstenhut. Die Aufsteiger wurden von den arrivierten Fürsten bekämpft und diskriminiert, aber auch die Grafenkollegien wehrten sich gegen die Standeserhöhungspraxis des Wiener Hofes, die ihren Korporationen mehrfach die prominentesten Mitglieder raubte.[68]

1801 sahen viele gefürstete Grafen die Chance, durch die große territoriale Umwälzung der Säkularisation endlich ein ihrem Rang entsprechendes Territorium zu erwerben und in den Reichsfürstenrat mit einer Virilstimme einzuziehen. Während die Grafenkollegien offiziell um eine weitere Kuriatstimme warben[69], verhandelten Fürstin Pauline zur Lippe, Fürst Franz Georg von Metternich und zahlreiche andere Kleinpotentaten per Privatkorrespondenz mit dem Kaiser über die Aufnahme ihrer Häuser in den Reichsfürstenrat.[70]

Weitaus gravierendere Konflikte als die um die Standesrechte gab es während der gesamten Dauer des alten Reiches aus regionalen Interessengegensätzen, bei deren Austragung die Fürsten dank ihrer Truppenpotentiale sowohl eigene Ansprüche schnell durchsetzen als auch die Erfüllung fremder Ansprüche auf lange Sicht hinhaltend vereiteln konnten.

Bereits im Jahr 1687 hatten kurpfälzische Truppen die Grafschaft Wied unter Sequester gestellt, da im dortigen Grafenhaus ein Erbstreit ausgebrochen war und der pfälzische Kurfürst eigene lehnsherrliche Rechte sichern wollte; die Einmischung dauerte zwölf Jahre. 1741 fielen kurpfälzische Truppen in die Grafschaft Sayn-Altenkirchen ein, um das Territorium als heimgefallenes Lehen nach dem Aussterben der Herzöge von Sachsen-Eisenach einzuziehen. Die andere Teilgrafschaft, Sayn-Hachenburg, wollte der Kurfürst einem seiner Parteigänger, dem Grafen von Sayn-Wittgenstein, verleihen, ohne auf das regierende Haus Kirchberg Rücksicht zu nehmen. Erst eine scharfe Intervention aus Berlin ließ die pfälzischen Truppen wieder abziehen; die Burggrafen von Kirchberg blieben in ihrem Besitz, und Altenkirchen konnte das mit den Berliner Hohenzollern stammver-

---

[67] Vgl. ROSE, Der Adel Deutschlands, S. 33; MOSER, Neues Teutsches Staatsrecht, Bd. 3, S. 805.

[68] Proteste des gemeinsamen Grafentages in Frankfurt, März 1722: StA DT, L 41 a, 319, S. 18 ff. Wie sehr die Standeserhöhungen das Bewußtsein wandeln konnten, zeigte die Weigerung des Fürsten von Schwarzenberg, sich 1775 für den Reichsgrafenstand einzusetzen: Metternich an Colloredo, 21. Jan. 1775: HHStA Wien, Staatskanzlei: Berichte aus dem Reich 133.

[69] Vgl. die Korrespondenz 1803: StA DT, L 41 a, 8, S. 58 f.

[70] Fürstin Pauline zur Lippe an Kaiser Franz II., 30. Nov. 1802: HHStA Wien, Reichskanzlei: Kleinere Reichsstände 330; Franz Georg Metternich an Kaiser Franz II., 1. Juli 1803: HHStA Wien, Reichskanzlei: Kleinere Reichsstände 355: Metternich, S. 182 f.; vgl. auch KIEWNING, Auswärtige Politik, S. 301–308.

wandte Haus Brandenburg-Ansbach nach regulärem Erbrecht in Besitz nehmen.[71]
Der Versuch, bei diesen Truppenverschiebungen frühere pfälzische Gerichtsrechte
in der Grafschaft Wied wieder aufleben zu lassen, scheiterte ebenfalls an der Intervention Preußens.[72]

Siebzehn Jahre später rückte erneut ein pfälzisches Regiment in Neuwied ein,
um die dortige Münzstätte zu schließen. Ursprünglich hatte der Pfalzgraf ein
Mandat des Reichshofrates erhalten, eine Visitation der Münze durchzuführen, die
nur auf geringe Unregelmäßigkeiten stieß. Das Truppenkontingent war also nicht
erforderlich, da von der Paradetruppe des Grafen von Neuwied kein ernsthafter
militärischer Widerstand zu erwarten war. Die pfälzischen Soldaten, die die
Münzkommissare begleiteten, dienten nur der Machtdemonstration und verheer-
ten fünf Tage lang die gräfliche Residenz am Rhein, sehr zur Schadenfreude der
benachbarten Katholiken.[73] Proteste des Grafen Friedrich Alexander von Neuwied bei den Kollegialmitgliedern und beim Reichshofrat blieben erfolglos.

Die Grafen von Neuwied waren auch von der hinhaltenden Politik der Trierer
Kurfürsten in der Belehnungssache der Grafschaft Isenburg-Grenzau betroffen.
Dieses kleine Territorium hätte nach dem Aussterben des dort regierenden Grafenhauses 1664 an Neuwied fallen müssen; Kurtrier zog die Grafschaft jedoch als
erledigtes Lehen ein und ließ alle Proteste aus Neuwied in den folgenden 150 Jahren ungehört verhallen.[74]

Gefürchtet waren die Landgrafen von Hessen, die einen beträchtlichen Teil ihrer Besitzungen durch die Einverleibung von ehemaligen Reichsgrafschaften gewonnen hatten.[75] Als 1690 der Rietberger Zweig des ostfriesischen Grafenhauses
ausstarb, wollte Hessen die westfälische Grafschaft als erledigtes Lehen einziehen.
Nur die sofortige Anforderung einer kaiserlichen Reichssequestrationsverwaltung
sicherte der Erbtochter des letzten Grafen, Maria Ernestine Franziska von Ost-

---

[71] Sequester 1687: GENSICKE, Westerwald, S. 335; zum komplizierten Erbgang vgl. SESt IV, Tafel 30. Intervention 1741/42: GENSICKE, Westerwald, S. 344; SAYN-WITTGENSTEIN-SAYN, Sayn –
Ort und Fürstentum, S. 97; Heinrich NEU, Heimatchronik des Kreises Altenkirchen, S. 66. Die
pfälzischen Kurfürsten gehörten zu den größeren Reichsständen, denen die Bildung eines geschlossenen Territoriums bis zum Ende des Alten Reiches nicht gelungen war. Ihre Bemühungen, gräfliche und reichsritterschaftliche Besitzungen in ihrem Machtbereich in die Landsässigkeit hinabzu-
drücken, waren nur teilweise erfolgreich. Vgl. dazu auch: TROSSBACH, Bauernbewegungen im
Wetterau-Vogelsberg-Gebiet, S. 44.

[72] Vgl. BIERBRAUER, Friedrich Alexander von Wied, S. 59; kurpfälzische Versuche, eine überge-
ordnete Jurisdiktion über die wetterauischen und westerwäldischen Grafen von den Lehnsbindun-
gen und dem Vikariatsrechten abzuleiten, war noch auf dem gemeinsamen Grafentag 1722 in
Frankfurt kritisiert worden: StA DT, L 41 a, 319, S. 32; S. 58.

[73] Neben den Schäden in der Stadt entstanden auch Verluste dadurch, daß die Truppen Wert-
gegenstände und Bargeld in Höhe von 18.000 fl. per Schiff nach Mannheim mitführten: Bernhard
GONDORF, Alexander, erster Fürst zu Wied-Neuwied, in: Heimatjahrbuch des Kreises Neuwied
1985, S. 76.

[74] FISCHER, Geschlechtsregister, S. 367 f.

[75] Peter MORAW, Die territoriale Zersplitterung im späten Mittelalter, in: Uwe SCHULTZ
(Hrsg.), Die Geschichte Hessens, Stuttgart 1985, S. 60–71; Hans PHILIPPI, Das Haus Hessen. Ein
europäisches Fürstengeschlecht, Kassel 1983, S. 42 f.; vgl. Kap. 8.3. (S. 316 f.).

friesland-Rietberg, den Besitz, den sie 1699 in ihre Ehe mit Graf Maximilian Ulrich von Kaunitz einbringen konnte.[76]

Auch die Grafen von Waldeck waren von der Machtpolitik des Landgrafen Karl von Hessen-Kassel betroffen. Als 1716 einige hessische Überläufer von Fürst Friedrich Anton Ulrich von Waldeck aufgenommen worden waren, ließ der Landgraf zwei Regimenter in Wildungen einrücken, um die Herausgabe der Fahnenflüchtigen zu erzwingen. Bemühungen, den Abzug der Truppen auf dem Verhandlungswege mit Kassel zu vereinbaren, waren erst von Erfolg gekrönt, nachdem die Soldaten eingefangen worden waren. Der Prozeß gegen den Landgrafen wegen Landfriedensbruches vor dem Reichshofrat blieb dagegen erfolglos.[77]

Am ärgsten litt die Grafschaft Schaumburg-Lippe unter dem hessischen Expansionsdrang. Nachdem die Politik des Grafen Friedrich Christian von Schaumburg-Lippe, zwischen Hannover und Hessen seine Unabhängigkeit zu bewahren, beinahe zum Verlust der reichsständischen Rechte an Hannover geführt hätte, wurde das Territorium 1728 und 1787 zweimal Opfer einer hessischen Besetzung, die nur durch energisches Einschreiten Preußens beendet werden konnte.[78]

Bischof Christoph Bernhard von Galen (reg. 1650–1678) ließ auch das Bistum Münster zu einer Bedrohung der westfälischen Kleinterritorien werden. In der Grafschaft Bentheim konnte er 1668 die Rekatholisierung des Grafen Ernst Wilhelm erreichen; gegenüber Steinfurt setzte er die Lehnsabhängigkeit gräflicher Besitzungen vom Stift Münster durch.[79]

Die Grafschaft Rantzau wurde 1726 zum Opfer des Königreichs Dänemark, als nach der Verurteilung des Grafen Wilhelm Adolf von Rantzau zum Tode – später wurde er zu lebenslänglicher Haft begnadigt – die gräfliche Linie dieses Geschlechts ausstarb.[80]

Diese Konflikte verdeutlichen, daß die Grafenkollegien im Bewußtsein der Fürsten kaum höher als Landstände veranschlagt wurden. Eine Leistung der Matrikularbeiträge wurde zumeist mit den Argumenten verweigert, man habe die zu besoldenden Planstellen nicht miterrichtet und man habe mit der gräflichen Standespolitik nichts zu tun.[81] Von seiten der Reichsgrafen wurde die fürstliche Parti-

---

[76] KOHL, Westfälische Geschichte, Bd. 1, S. 609 f.; vgl. KLINGENSTEIN, Aufstieg des Hauses Kaunitz, S. 80–84.

[77] HOFFMEISTER, Grafen und Fürsten von Waldeck und Pyrmont, S. 70 f.; vgl. auch Ulrich BOCKSHAMMER, Ältere Territorialgeschichte der Grafschaft Waldeck, Marburg 1958 (über die Abhängigkeit Waldecks von Hessen).

[78] BROSIUS, Das Land Schaumburg-Lippe, in: HAASE, Niedersachsen, S. 89; OBERSCHELP, Politische Geschichte Niedersachsens, S. 104; vgl. auch: Theodor HARTWIG, Der Überfall der Grafschaft Schaumburg-Lippe durch Landgraf Wilhelm IX. von Hessen-Kassel. Ein Zwischenspiel kleinstaatlicher Politik aus den letzten Zeiten des alten deutschen Reiches, in: Zeitschrift des Historischen Vereins für Niedersachsen 76 (1911), S. 1–118.

[79] Wilhelm KOHL, Der Übertritt des Grafen Ernst Wilhelm von Bentheim zur katholischen Kirche 1668, in: Jahrbuch des Vereins für Westfälische Kirchengeschichte 48 (1955), S. 47–96; NERLICH, Der Streit um die Reichsunmittelbarkeit der [...] Grafschaft Steinfurt, S. 146 ff.

[80] RANTZAU, Das Haus Rantzau, S. 181 ff.; vgl. Kap. 2.2. (S. 103 f.).

[81] Dies war der Grund für die Weigerung des Fürsten von Schwarzenberg, sich am Truchsessischen Regiment zu beteiligen: Schreiben der Direktorialkanzlei an den Residenten Fauth, 31. Dez.

zipation an den Angelegenheiten des Kollegiums stets mit Mißtrauen betrachtet; während die katholischen Grafen den Konflikt meistens auf die antikaiserliche Haltung der evangelischen Fürsten reduzierten, waren die protestantischen Grafen der Engeren Korrespondenz froh, vom Druck der preußischen Anwesenheit befreit zu sein. Jeder Versuchung, um kurzfristiger Erfolge in Regensburg willen wieder die langfristige Bevormundung durch die Fürsten in Kauf nehmen zu müssen, hat man in der Folgezeit widerstanden.

Die deutschen Reichsfürsten kamen diesem Bemühen der westfälischen und rheinischen Grafen sehr entgegen, indem sie auf eine kontinuierliche Beteiligung an der Kollegialpolitik keinen Wert legten. Hannover-England nahm nur fünfmal an Grafentagen teil, Oldenburg-Dänemark zweimal; auch die katholischen Fürsten von Salm schickten nur zweimal Gesandte nach Köln.[82] Bestrebungen, wenigstens die Landgrafen von Hessen als Teilnehmer an der Engeren Korrespondenz zu gewinnen, scheiterten 1754/55 nach längeren Verhandlungen.[83]

War schon die Beteiligung der fürstlichen Mitglieder an der Kollegialpolitik sehr unregelmäßig, so verzichteten die benachbarten Reichsfürsten ohne Stimmrecht auf jede sichtbare Beeinflussung der Grafenvereinigung. Beispielhaft hierfür war die Haltung der Kölner Erzbischöfe, die nicht nur durch die Oberlehnshoheit über Rheineck und Bretzenheim größeren Einfluß hätten ausüben können, sondern auch über die Grafen im Bonner Hofdienst und im Domkapitel. Besonders die beiden katholischen Direktoren Plettenberg und Virmont hätten sich angeboten; es läßt sich aber nicht einmal eine Beeinflussung der katholischen Kollegialmitglieder bei den beiden Direktorialwahlen 1732 und 1738 erkennen. Plettenberg wurde vom evangelischen Direktor Graf Simon Henrich Adolf zur Lippe vorgeschlagen (nach vorher erfolgtem Werbeschreiben), Virmont wurde den Wählern vom neuwiedischen Direktorialgesandten Broescke empfohlen.[84] Nach 1744, dem Zerfall des Grafenkollegiums, nutzte Kurköln nicht die Chance, die sich aus der Restitution der katholischen Stimmrechtsbeteiligung ergeben hätte.

Die Grafenkurie des kurkölnischen Landtages hätte sich als Integrationsinstrument angeboten; die hier vertretenen Grafen pflegten jedoch keine koordinierte Interessenpolitik, und die Erzbischöfe nutzten diese Möglichkeit auch nicht, um sich nicht durch eine Aufwertung der zweiten Landtagskurie die Ausübung der eigenen Landeshoheit zu erschweren.[85] Die Möglichkeiten, das Erzstift,

---

1771: StA DT, L 41 a, 681, S. 535–541; vgl. von Pistorius zur Haltung Hessen-Kassels, 14. März 1747: StA DT, L 41 a, 115, S. 15.

[82] Teilnahme Hannovers 1708, 1711, 1732, 1736, 1738; Teilnahme Salms 1698 und 1708; Oldenburg nahm 1711 und 1738 teil. Zu Oldenburg vgl. auch Rotbergs Referat an Neuwied, 6. Okt. 1778: L 41 a, 532, S. 69–99.

[83] Hessen-Kassel vertröstete das Kollegium, man werde sich vor irgendwelchen Aktionen zunächst mit Preußen, Kurhannover und Dänemark absprechen: Bericht des Direktorialrates Thalmann aus Kassel an Neuwied, 28. Okt. 1755: StA DT, L 41 a, 1375, S. 287–292.

[84] Dazu die Akten der Grafentage 1732 und 1736: StA DT, L 41 a, 1. 319–321. 326.

[85] Vgl. Karsten RUPPERT, Die Landstände des Erzstifts Köln in der frühen Neuzeit, in: AHVN 174 (1972), S. 47–111; hier: S. 63.

das Domkapitel und die Stadt zur Integrationsklammer für die katholischen Grafen werden zu lassen, wurden vergeben.[86]

Auch die übrigen Kurfürsten und Fürsten befaßten sich mit dem Grafenkollegium nur, wenn unmittelbare Anknüpfungspunkte für einen Konflikt gegeben waren. Systematische Partizipationsmöglichkeiten, wie sie Kursachsen für die Grafschaft Barby oder Erzbischof Johann Friedrich Karl von Ostein als Mainzer Kurfürst und Vormund für seinen minderjährigen Neffen in Mylendonk gehabt hatten, wurden kaum wahrgenommen.[87] Eine dauerhafte Teilnahme an der Kollegialpolitik hielten die Fürsten für standesmäßig uninteressant; das Grafenkollegium war für sie eine politisch vernachlässigbare Größe, da es sich wegen seiner komplizierten Binnenstruktur und Zusammensetzung selbst blockierte und nicht instrumentalisieren ließ.[88]

In einem weiteren Rechtsbereich kamen die Reichsgrafen mit Fürsten in Konflikt: beim Reichsvikariat mit den Kurfürsten von Sachsen und der Pfalz. In den beiden Formen des Vikariats, der Abwesenheit des Kaisers vom Reich (V. absente rege) und der Thronerledigung (V. vacante imperio), nahmen die Kurfürsten bestimmte kaiserliche Hoheitsrechte wahr, der Pfälzer für den rheinischen, fränkischen und schwäbischen Bereich, der Sachse für die nieder- und obersächsischen Gebiete und für Böhmen.[89] Die Rechte waren schon in der Goldenen Bulle benannt: Gerichtsrecht, Recht der Präsentation zu geistlichen Pfründen, Recht auf Einziehung von Einkünften und Gefällen sowie das Belehnungsrecht samt Entgegennahme des Treueides.[90] Das Belehnungsrecht beschränkte sich allerdings auf die kleinen Reichslehen (Reichshofratslehen); die großen Lehen, die Fahnenlehen, welche der Kaiser üblicherweise persönlich vergab, waren vom Reichsvikariat ausgenommen und wurden erst nach Neuwahl eines Kaisers oder Königs wieder formell ausgegeben. Die Vikariatsbelehnung war insofern vorläufig, als der Treueid später dem neuen Kaiser gegenüber wiederholt werden mußte.[91]

---

[86] In der gräflichen Kollegialkorrespondenz im StA Detmold findet sich unter dem Begriff »Kurfürsten von Köln« kaum mehr als ein Erbschaftsstreit aus dem Jahre 1784 mit der Gräfin von Sternberg-Manderscheid über einige Herrschaften im Eifelraum: vgl. die Druckschriften dazu in: StA DT, L 41 a, 1319, S. 5–22. Es ging in keiner Weise um eine Einflußnahme auf die Kollegialpolitik.

[87] Sachsen wurde 1702 aufgefordert, sich an den Kosten des Kollegiums zu beteiligen: Auszug aus dem Grafentagsprotokoll 1702 (Abschrift): StA DT, L 41 a, 247, S. 27–30. Ostein führte zwar Korrespondenz mit dem Direktorium des Grafenkollegs, unterließ es jedoch, seinen beträchtlichen Einfluß als Reichserzkanzler für die diskriminierten katholischen Grafen geltend zu machen.

[88] Dies wurde von Bediensteten und Direktoren auch so gesehen. 1752 schrieb der Gesandte von Pistorius an den Grafen von Neuwied, er solle keine Position im Streit zwischen Preußen und Kurhannover um das Ostfriesische Erbe beziehen; es sei am wenigsten nachteilig, die Einsetzung einer besonderen Reichsdeputation zur Vermittlung vorzuschlagen. Alles andere würde den Unwillen wenigstens eines der beiden mächtigsten Fürsten herausfordern: Pistorius an Neuwied, 17. Okt. 1752: StA DT, L 41 a, 1485, S. 191–197.

[89] CONRAD, Deutsche Rechtsgeschichte, Bd. 2, S. 70; Wolfgang HERMKES, Das Reichsvikariat in Deutschland, Karlsruhe 1968, S. 6; Österreich und Burgund waren exempt: ebd., S. 15.

[90] Goldene Bulle 1356, Kap. 5, § 1: BUSCHMANN, Kaiser und Reich, S. 124 f.; vgl. HERMKES, Reichsvikariat, S. 18–21.

[91] Ferner war eine Verpfändung und Veräußerung von Reichsgut ausdrücklich untersagt: Goldene Bulle, ebd.

Die Reichsvikare setzten in der Regel kurz nach dem Tod des Kaisers Vikari-atshofgerichte ein, die die Aufgaben des Reichshofrates für die Zeit der Vakanz übernahmen; die Unterlagen dieser Phase der Rechtsprechung wurden nach der Neuwahl dem Kaiser zur Bestätigung zugeschickt und im Erzkanzlerarchiv einge-lagert.[92]

Die Reichsvikare versuchten stets, ihre Rechte gegenüber den Reichsinstitutio-nen auszudehnen. Sie beanspruchten, freiwerdende Kammerrichter- und RKG-Präsidentenstellen besetzen zu dürfen, was zum Konflikt mit dem Gericht und dem Mainzer Kurerzkanzler führte.[93] Der für die Reichsgrafen nachteiligste Be-reich war die Belehnung. Die Grafen standen auf dem Standpunkt, daß ihre Lehen Fahnenlehen waren und sie daher Anspruch auf persönliche Belehnung durch den Kaiser geltend machen konnten. Die Reichsvikare waren dagegen der Ansicht, daß es sich bei den recht kleinen Grafschaften um Reichshofratslehen handelte. Sie lu-den alle Reichsgrafen ihres Sprengels vor, binnen Jahresfrist um Belehnung nach-zusuchen; die Grafen protestierten, doch während der langen Interregna 1657/58 und 1740–42 (beide überschritten die Frist eines Jahres) fürchteten manche Grafen um ihren Besitz und ließen sich von den Vikaren belehnen.[94]

Die Kurfürsten lösten den Belehnungsstreit schließlich auf ihre Weise: Sie nah-men 1742 in die Wahlkapitulation Kaiser Karls VII. das Recht der Reichsvikare auf, Grafen zu belehnen. Seitdem waren allein die »Thronlehen« der Reichsfürsten mit Virilstimme von der Vikariatsbelehnung befreit.[95] Für die Belehnung wurde ein Vikariats-Hofgericht in Augsburg eingerichtet, vor das alle kleinen Reichsle-hensbesitzer gezogen wurden. Die vier Grafenkollegien wandten sich mit juristi-schen Eingaben an das Kurfürstenkollegium, da sie die Herabminderung des hoch-adligen Status fürchteten. Besondere Bedenken hatten einige Grafen, die ihre Reichsgrafschaften als kurpfälzische Reichsafterlehen besaßen oder über sonstigen pfälzischen Lehnsbesitz verfügten.[96]

Nach der Wahl Kaiser Karls VII. ebbten die Proteste jedoch ab; zu späteren Streitfällen ist es wegen der meistens recht kurzen Vakanzen nicht mehr gekom-men. Das letzte Reichsvikariat wurde in der gräflichen Korrespondenz nur im Zu-sammenhang mit der Frage gewürdigt, ob der Reichstag verabschiedet werden sollte, wie Sachsen und Pfalzbayern forderten.[97] Auch wenn die Niederlage im Be-lehnungsstreit durch das Reichsvikariat sich nicht nachhaltig negativ für die Gra-fen auswirkte, zeigt dieses Beispiel, wie problematisch ihre Stellung war, wenn es

---

[92] Der Reichshofrat beendete seine Tätigkeit mit dem Tod des Kaisers; er galt als dessen persön-liche Beratungsstelle, noch nicht als überzeitliche Institution: vgl. HERMKES, Reichsvikariat, S. 18 f.

[93] HERMKES, ebd., S. 19.

[94] Vgl. Rüdiger Freiherr von SCHÖNBERG, Das Recht der Reichslehen im 18. Jahrhundert, Karlsruhe 1977, S. 85–87; zum prográflichen Standpunkt: LÜNIG, Thesaurus juris, S. 56.

[95] HERMKES, Reichsvikariat, S. 21; S. 93; SCHÖNBERG, Reichslehen, S. 86 (Wahlkapitulation für Kaiser Karl VII., Art.11 § 7).

[96] Vgl. Schreiben des Gesandten von Pistorius im Auftrag der vier Reichsgrafenkollegien an das Kurfürstenkollegium, 5. Jan. 1742: StA DT, L 41 a, 243, S. 95–99.

[97] Vgl. Schreiben des Gesandten von Fischer an Fürst Friedrich Karl von Neuwied, 1. April 1792: FWA NR, Schrank 103, Gefach 62, Nr. 21.

um die Behauptung der Standesrechte ging; viel näher lag die Integration in eine
standesübergreifende Klientel, die sowohl Schutz vor den »befreundeten« Fürsten
(wegen der als gemeinschaftlich definierten Interessen) als auch vor den Angehörigen gegnerischer Verbindungen verhieß (wegen der Machtbalance).

7.3. DIE KOLLEKTIVE WAHRUNG REICHSGRÄFLICHER INTERESSEN

Der Reichsgrafenstand erfreute sich einer Reihe von Privilegien und Rechten,
von denen hier nur die wichtigsten aufgeführt werden sollen.[98] Das vornehmste
Recht war das der gräflichen Stimmvertretung per Kuriatstimme auf dem Reichstag; es leitete sich von der Eigenschaft der Grafen als Reichslehensträger ab. Mit
diesem Recht hing sowohl die Teilnahme an Deputationen des Reiches zusammen
(z.B. Reichskammergerichtsvisitationsdeputation) als auch die Möglichkeit, sich
untereinander zu einer reichsgräflichen Korporation mit eigenen Organen zu verbinden: den Grafenkollegien. In einer Zeit, der das Koalitionsrecht fremd war und
freie Vereinigungen als Verstoß gegen kaiserliche Verbote betrachtet wurden, war
dies keine Selbstverständlichkeit. Auch an den Kreistagen nahmen die Grafen mit
Sitz und Stimme teil; hier fiel die Diskriminierung des Reichstags fort, und die
Grafen stimmten – ungeachtet der Tatsache, daß es in Franken und in Schwaben
Grafenbänke am Kreistag gab – mit Virilstimme ab. Außenpolitisch genossen die
Grafen die souveränen Rechte der Reichsstände: Sie sandten eigene Diplomaten zu
Friedensverhandlungen und konnten sich an den Fürstenhöfen vertreten lassen.

Zu den sozialen Rechten gehörten alle Zeremoniell- und Titulaturrechte, die
den Platz der Grafen nach den Fürsten und vor den Reichsrittern dokumentier-
ten. Ihr hochadliger Rang fand in der Ebenbürtigkeit mit dem Fürstenstand seinen
Ausdruck; Heiraten zwischen fürstlichen und gräflichen Personen kamen häufiger
vor als Ehen mit Niederadligen, die die Familien- und Standesrechte des gräflichen
Bräutigams bedrohten. Spezielle Vorrechte hatten die Grafen bei der Bewirtschaf-
tung der kaiserlichen Krönungstafel; hier übten sie den alten Hofdienst in persona
aus. Von der persönlichen Leistung eines Eides waren sie befreit; der Transfer ihrer Güter war in fürstlichem und reichsstädtischem Gebiet zollfrei.

Ein weiteres wichtiges gräfliches Recht war das Austragsrecht, auch Austrägalrecht genannt.[99] Es gab seit dem 14. Jahrhundert den Fürsten und Grafen die Möglichkeit, außerhalb der kaiserlichen und königlichen Rechtsprechung eigene

---

[98] Vgl. zum Folgenden vor allem: MOSER, Neues Teutsches Staatsrecht, Bd. 3, S. 999–1040;
SCHEIDEMANTEL/HÄBERLIN, Repertorium des Teutschen Staats- und Lehnrechtes, Bd. 2, S.
313–352.

[99] Gerd FRÜHAUF, Die Austrägalgerichtsbarkeit im Deutschen Reich und im Deutschen Bund,
Diss. Hamburg 1976; Frühauf schildert den komplizierten Ablauf der Verfahren und erklärt,
wieso viele Grafen den direkten Weg zu den kaiserlichen Gerichten vorzogen: S. 40–56; vgl.
Friedrich MERZBACHER, Art. »Austräge«, in: HRG Bd. 1, S. 247 f. Die Bedeutung des Austrägal-
rechtes lag in der Befreiung der Privilegierten von der sonst allumfassenden richterlichen Gewalt
des Königs: vgl. Ute RÖDEL, Königliche Gerichtsbarkeit, S. 13–19; Ernst-Wolfgang BÖCKEN-
FÖRDE, Der Westfälische Friede und das Bündnisrecht der Reichsstände, in: Der Staat 8 (1969), S.
449–478; hier: S. 458.

Schiedsgerichte zur Schlichtung von Streitigkeiten von Gleichrangigen einzusetzen. Die Legitimation, an den königlichen Organen vorbei Konflikte zu regeln, wurde aus der vorköniglichen Zeit hergeleitet, als die Fürsten noch selbst ihre Rechtsgeschäfte regeln mußten.[100] Während dieses Schlichtungsverfahren unter den Fürsten Verbreitung fand[101], mußten die Grafen stets darum kämpfen, ebenfalls zur Einsetzung von Austrägalgerichten berechtigt zu sein. In der Reichskammergerichtsordnung wurde die Berechtigung zur Bildung der Austragsgerichte auf Fürsten und Fürstenmäßige beschränkt, ohne daß klar wurde, ob sich die Grafen daraus die eigene Berechtigung herleiten konnten.[102] 1555 wurde den Reichsgrafen das Austrägalrecht in der überarbeiteten RKG-Ordnung zugesprochen, blieb jedoch auch danach strittig, so daß die Grafenkollegien sich weiterhin darum bemühten, das Recht nochmals bestätigt zu bekommen.[103] Die unsichere Lage bis zum Ende des Reiches führte dazu, daß die Grafen ihre Rechte vorzugsweise vor den beiden Reichsgerichten suchten.

Die früheren Einungen der Reichsgrafen hatten – wie oben gezeigt – nur kleine und überschaubare Räume umfaßt[104]; der Versuch, eine Union aller Reichsgrafen in einem umfassenden Kollegium zu vereinigen, verlief großenteils parallel zur Geschichte des Niederrheinisch-Westfälischen Grafenkollegiums. Die Beratungen hierzu erhellen in besonderem Maße das Selbstverständnis des Grafenstandes. Im Vordergrund stand der politische und der soziale Aspekt, gekennzeichnet durch die Bemühungen um die Sicherung des gräflichen Zeremoniells. Es spielten jedoch auch militärische Gründe eine Rolle, sich seitens der Grafen zu organisieren. Besonders die Grafen in der Eifel und im Westerwaldgebiet, durch zahlreiche französische Einfälle im Zeitalter Ludwigs XIV. geschädigt, entschlossen sich im späten 17. Jahrhundert zum Aufbau einer Grafendefension. Kopf dieser Bewegung war Graf Georg Friedrich von Waldeck, der nach 1670 ein reichsgräfliches Truppenaufgebot organisierte.[105] Der Matrikelanschlag betrug pro Simplo 3.822 fl. 23 Kr.,

---

[100] Vgl. die Annahme Franz von Zeillers in: Wolfgang WAGNER (Hrsg.), Das Staatsrecht des Heiligen Römischen Reiches deutscher Nation, Heidelberg, Karlsruhe 1968, S. 55.

[101] PÜTTER, Historische Entwicklung, Bd. 1, S. 215 f.; zeitweilig hatten auch Städtebünde das Austrägalrecht: vgl. BOLDT, Deutsche Verfassungsgeschichte, Bd. 1, S. 253.

[102] RKGO 1495, § 28: BUSCHMANN, Kaiser und Reich, S. 185 f.; dort auch zum genau vorgeschriebenen Verfahren; vgl. PÜTTER, Historische Entwicklung, Bd. 1, S. 320 f.

[103] RKGO 1555, 2.Teil, Titel 4 § 14: Es sollte fortan ein Austrägalrecht für Kurfürsten, Fürsten und Fürstenmäßige geben sowie eins für Grafen, Prälaten, Herren, Adlige und Städte: vgl. Friedrich MERZBACHER, Art. »Austräge«, in: HRG Bd. 1, Sp. 274 f.; vgl. Karl ZEUMER (Hrsg.), Quellensammlung zur Geschichte der deutschen Reichsverfassung in Mittelalter und Neuzeit, 2. Aufl., Tübingen 1913, Nr. 190, S. 371.

[104] Vgl. Kap. 1.1. (S. 16–18).

[105] Der »Reguläre Ausschuß« der Reichsgrafen bestand aus 1823 Mann und wurde von folgenden Ständen gestellt:
– Hessen-Kassel (für Katzenelnbogen): 363 Mann
– Sayn: 127 Mann
– Wied: 109 Mann
– Westerburg: 115 Mann
– Eifelgrafen: 182 Mann zusammen
– Nassau: 282 Mann
– Solms: 294 Mann

eine beträchtliche Summe für die nicht sehr finanzkräftigen Territorien.[106] Waldeck wurde als Organisator des Aufgebots zum »Generalfeldmarschall der Grafendefension« gewählt; vier Adjunkte (die Grafen von Nassau, Stolberg-Ortenberg, Kirchberg und Manderscheid) unterstützten ihn, während Graf Friedrich Wilhelm von Wittgenstein-Homburg als Oberst berufen wurde.[107]

Dieses eigenmächtige Bewaffnungsprojekt der Grafen – es wurde später unter dem Namen »Frankfurter Union« bekannt und ging nach Abschluß der Laxenburger Allianz (1682) im Aufgebot der kaiserlichen, bayerischen und Kreistruppen aus Schwaben, Franken und den Oberrheinlanden auf[108] – stand als Beispiel für eine aktive Politik den Grafen des 18. Jahrhunderts noch vor Augen; wenn es später nicht mehr zu Verteidigungsallianzen kam, so hielt der Trend, regional begrenzte Untergruppen der Grafenkollegien zu bilden und durch sie die Sonderaufgaben wahrzunehmen, doch weiter an.[109]

Zur Wahrung der politischen und zeremoniellen Interessen war 1653, kurz vor der Gründung des westfälischen Kollegiums, eine Übereinkunft bezüglich des Zusammenschlusses aller Grafenkollegien erzielt worden. Dabei sollten, in Treue zu Kaiser und Reich, die politische Gesamtvertretung des Standes organisiert werden, die Konfessionsentscheidungen von 1648 und das Verteidigungs und Bündnis recht der Mitglieder gewahrt werden. Das Gesamtdirektorium sollte im Turnus von drei Jahren unter den Direktoren der Einzelkollegien abwechseln.[110] Zunächst blieb es jedoch bei dieser Willenserklärung, ohne daß Taten folgten. Auch das Treffen gräflicher Vertreter aus allen vier Kollegien im Dezember 1698 in Wien führte nur zur schriftlichen Auflistung aller bisherigen Schwächen der reichsgräflichen Organisationen.[111]

– Isenburg: 159 Mann
– Stolberg: 23 Mann
– Waldeck: 137 Mann
– Wittgenstein: 32 Mann
LHA KO, Best. 29 A, Nr. 45, S. 24; vgl. zum Grafen von Waldeck: ADB 8, S. 701–709; vgl. auch Kap. 7.1., S. 211 und Kap. 8.1., S. 273.

[106] Zur »Unionskasse«: LHA KO, Best. 29 A, Nr. 45, S. 58.

[107] Personalplan: LHA KO, Best. 29 A, Nr. 45, S. 52; zum Stellenplan für das Kavallerieregiment: LHA KO, Best. 29 A, Nr. 45, S. 8.

[108] Zur politischen Einordnung: Heinz ANGERMEIER, Die Reichskriegsverfassung in der Politik der Jahre 1679–1681, in: ZRG-GA 82 (1965), S. 190–222.

[109] Die Westerwald- und Taunusgrafen Nassau, Wied, Sayn und Anhalt-Bernburg-Schaumburg verhandelten 1736 und 1737 über eine kleine Union zwecks eigener Interessenvertretung innerhalb und außerhalb der Grafenkollegien: Burggraf von Kirchberg an den Grafen von Wied-Runkel, 24. Okt. 1736: LHA KO, Best. 35, Nr. 2406, S. 11–13; die Grafen bzw. Fürsten verhandelten ebenfalls über eine Wiederaufnahme der Grafenmiliz in einer Stärke von 12 Kompanien mit 1.200 Mann: Puncta deliberanda der Grafenkonferenz 5.–20. Nov. 1736: HStA Wiesbaden, Best. 340, Nr. 2992, S. 4 f.

[110] Druckschrift »Das zweite unverfängliche Project der alhier vorhabenden Allgemeinen gräflichen Vereinigung« (27. Aug. 1653): StA DT, L 41 a, 1761, S. 102–111.

[111] Wiener Protokoll, 17./18. Dezember 1698. Darin: »Memorandum über den Grafenstand«, worin folgende Verfallserscheinungen aufgelistet werden:
1 Fehlen einer gemeinsamen Grafenunion
2 Zu wenig Harmonie und Vertrauen unter den Mitständen
3 Fehlende Koordination der Kollegien in der Abwehr von Beleidigungen

Im Herbst 1711 kam es in Frankfurt zur großen Zusammenkunft von fünfzig Reichsgrafen, die anläßlich der Krönungsfeierlichkeiten für Kaiser Karl VI. ihre Standesinteressen definierten und auf die Wahlkapitulation Einfluß zu nehmen versuchten. Während in zeremonieller Hinsicht den Grafen grundsätzlich die Zugehörigkeit zur selben Ranggruppe wie die Fürsten zugestanden wurde – die Grafen zahlten dafür 100.000 fl. als Krönungsgeschenk –, wurde im Hinblick auf die Grafenunion trotz bester Voraussetzungen nur die Erklärung erreicht, künftig eine schriftliche Verfassung des Grafenstandes (Grafennotul) zu formulieren und anzunehmen.[112]

In den folgenden Jahren fanden mehrere Treffen zum Thema der Grafenunion statt. Zumeist kamen Bevollmächtigte aus den Kanzleien der Direktoren aller vier Kollegien in Frankfurt zusammen; ihre Konferenzen erhielten den Namen »Allgemeine Grafentage«. 1714 einigten sich die Grafen, bald eine gemeinsame Kasse zu bilden; jede Grafenkurie sollte zunächst 1.000 Rtl. einzahlen – das fränkische Kollegium bekam gleich 200 Rtl. wegen schwacher Zahlungskraft erlassen –, und von dem Geld sollte Graf Otto von Solms-Laubach nach Wien reisen, um für die Bestätigung der gräflichen Privilegien beim Kaiser zu werben.[113]

1718 reiste Graf Karl von Wied-Runkel nach Wien zu Verhandlungen mit dem Kaiser; Karl VI. berief sich jedoch auf die Notwendigkeit, erst das Votum der beiden höchsten Reichsgerichte zum Problem des gräflichen Austrägalrechts einzuholen, was seine Zeit dauern würde.[114] 1722 hatten die gräflichen Juristen alle Punkte der gräflichen Anspruchssammlung zum Musterentwurf der »Grafen-Notul« zusammengestellt; im März und im April des Jahres trafen sich wieder die Bevollmächtigten der Kollegien in Frankfurt, ohne daß jedoch wichtige Beschlüsse gefaßt worden wären.[115] Man brauchte im Gegenteil weitere 16 Jahre, bis die Gra-

---

4 Mangel an einer gemeinsamen Kasse und einem Archiv
5 Zu geringe Unterscheidungen zwischen alten und neuen Grafen
6 Zu geringe Zahlungsbereitschaft bei fortdauerndem Anspruch auf das Votum
7 Zu viele minderqualifizierte Grafen in den Kollegien
8 Präzedenzstreitigkeiten lähmen die Lösung von Sachproblemen
9 Nachlässigkeit bei der Wahl der Direktoren und des Personals
10 Viele bedeutende Grafenhäuser sind in den Fürstenstand aufgestiegen oder ausgestorben
11 Viele gräfliche Familien haben ihren Besitz zersplittert
12 Es wird eine schlechte Politik gegenüber dem Reich betrieben
13 Zu geringes Streben nach Reichsämtern (!)
14 Mitglieder geben ihre Prärogativen durch Nachlässigkeit auf
StA DT, L 41 a, 317, S. 90–102.
[112] Grafenkonferenz vom Sept. 1711 bis Jan. 1712 in Frankfurt: StA DT, L 41 a, 318, S. 31–266; Willenserklärung zum gemeinsamen Oberdirektorium: Protokoll 3. Okt. 1711: StA DT, L 41 a, 318, S. 31–63; Willenserklärung über die Ausfertigung der Grafennotul: Protokoll 11. Jan. 1712: StA DT, L 41 a, 318, S. 86 f.; vgl. auch KESTING, in: Westf. Zs. 106 (1956), S. 190 f.
[113] Protokoll des allgemeinen Grafentages, 1.–8. Mai 1714: StA DT, L 41 a, 318, S. 564–583; persönlich anwesend waren die Grafen von Hanau, Waldeck, Solms-Laubach, Sayn-Wittgenstein, Stadion, Erbach, von der Mark, dazu mehrere Räte und Syndici.
[114] Graf Karl von Wied an Graf Franz Georg von Manderscheid, 7. Dez. 1718: LHA KO, Best. 29 A, Nr. 52.
[115] Allgemeiner Grafentag Frankfurt, März/April 1722: StA DT, L 41 a, 319, S. 1 ff.

fennotul, an der noch eine Reihe von Veränderungen vorgenommen wurde, endlich die Zustimmung der Mitglieder aller Kollegien erhalten konnte.[116]

Hermann Kesting kritisiert die Langsamkeit des gräflichen Willensbildungsprozesses heftig und hält sie für ein Zeichen innerer Schwäche und Dekadenz des Grafenstandes im speziellen und der kleineren Gebilde im Reich im allgemeinen.[117] Dem muß entgegengehalten werden: Die Grafen lebten in einem vorindustriellen Zeitverständnis, das noch nicht durch den Druck zu Geschwindigkeit und Präzision sowie optimaler Funktionalität geprägt war; ob ein Vorgang zwei oder zwölf Jahre dauerte, hatte keine wesentliche Bedeutung, da man von immerwährenden, als unveränderlich gedachten Zeitläufen und Ordnungen ausging. Es läßt sich beobachten, daß stets für das ruhige Durchdenken und Überlegen, nirgends für schnelle Abwicklung plädiert wurde, etwa aus Angst, von den Ereignissen überholt zu werden. Dieses Fehlen eines dynamischen Zeitbewußtseins, das Verharren in der Gelassenheit, die nur eine für ewig angesehene staatliche, soziale und spirituelle Ordnung verleiht, ist bei den Reichsgrafen ein auffälliges Element, das bei der Bewertung ihrer politischen Unternehmungen nicht unterschätzt werden darf.

Im August 1738 kam es in Frankfurt zur Annahme des Grafennotulentwurfes durch alle vier Kollegialvertreter. Der wiedische Regierungsrat Broescke wurde durch seinen Herrn instruiert, er solle fünf Exemplare der Notul mitbringen, sich vor zu schnellen finanziellen Zugeständnissen zu Lasten der westfälischen Grafen hüten, konfessionelle Händel (mit Schwaben) umgehen und dafür sorgen, daß die Grafen von Kaunitz und Ostein ihre Wiener Ämter zu massivem Einsatz für den Gewinn der kaiserlichen Anerkennung nutzten.[118] Neben den bekannten Forderungen politischer und zeremonieller Befugnisse wurden auch familienrechtliche Probleme thematisiert, um einer Aufweichung des Standes von dieser Seite her vorzubeugen.[119]

---

[116] Ein weiterer allgemeiner Grafentag verging 1731, ohne daß das Projekt zur Unterschriftsreife gelangte: StA DT, L 41 a, 319, S. 291–444.

[117] Vgl. KESTING, in: Westf. Zs. 106 (1956), S. 202–204.

[118] Instruktion, 28. Aug. 1738: StA DT, L 41 a, 321, S. 166–187; die genannten Grafen waren Wenzel Anton von Kaunitz (1711–1794) und Heinrich Karl von Ostein (1693–1742), beide österreichische Diplomaten.

[119] Die Hauptpunkte der Grafennotul in der Fassung von 1738:
1 Treue zum Kaiser, zum Reich und zu seinen Institutionen,
2 Freundschaft und Vertrauen zwischen den Grafen und ihren Familien,
3 Intensivierung der Zusammenarbeit in Reichsangelegenheiten,
4 Bereitschaft, pünktlich die Beiträge zu den Kollegien zu bezahlen,
5 Gegenseitiger Beistand bei Streit mit Mächtigen,
6 Gemeinsame Sorge um die gute Ausbildung des Nachwuchses,
7 Gemeinschaftliche Versorgung der Witwen und Waisen,
8 Verteidigung der standesgemäßen Vorrechte,
9 Erhaltung der materiellen Grundlagen des Grafenstandes durch Förderung der Primogeniturerbfolge,
10 Intensivierung der Korrespondenz zwischen den Direktoren der Kollegien,
11 Einrichtung einer Austrägalinstanz zur einvernehmlichen Konfliktlösung,
12 Einrichtung einer Kasse des Grafenstandes insgesamt.
FWA NR, Schrank 1, Gefach 3, Nr. 4.

Bevor die Grafennotul dem Kaiser vorgelegt werden konnte, starb Karl VI.; die Grafenkollegien beschlossen, unter dem neuen Kaiser die Union genehmigen zu lassen. Kesting weist zu Recht auf die grundsätzliche Gültigkeit des gräflich-reichsständischen Bündnisrechtes gemäß der Westfälischen Friedensakte hin, doch es kennzeichnet die faktische Lage der kleinen Reichsstände, daß sie zur Sicherung derartiger Rechte noch die letzte Legitimation einer speziellen Zustimmung des Kaisers anstrebten.[120] Kaiser Karl VII. wurde von Beginn seiner Regierung an seitens der Grafen gebeten – und beschenkt –, dem gräflichen Projekt seine Zustimmung zu erteilen.[121] Mit einer Resolution kam er diesem Wunsch im Juli 1743 nach; die Grafen konnten aber die Taxkosten in Höhe von 1.000 Dukaten für die Auslösung der Urkunde nicht aufbringen, bevor Karl VII. am 20. Januar 1745 starb.[122]

Die Bemühungen um die Anerkennung der Grafenunion wurden unter Kaiser Franz I. nicht wieder aufgenommen. Die Forderungen aus der Grafennotul gingen im Juli 1749 in die »Engere Korrespondenz-Akte« der protestantischen Grafen im westfälischen Kollegium ein.[123] In der späteren Korrespondenz dieser Grafen wurde mehrfach auf die Grafenunion angespielt; Verhandlungen über konkrete Maßnahmen zur strafferen Organisation fanden jedoch erst 1790 wieder statt, als sich 20 Grafen zur Kaiserwahl Leopolds II. in Frankfurt trafen. Die Gespräche mit dem Kaiser über die Anerkennung des Zeremoniells sowie die Aufnahme neuer Mitglieder blieben im unverbindlichen Rahmen. Zu einem forcierten Vorgehen bezüglich konkreter Maßnahmen des Kaisers zugunsten des Grafenstandes konnten sich die anwesenden Grafen nicht durchringen; die Angst vor erneuter kaiserlicher Ungnade nach der durch die Grafen verursachten Blockierung des Reichstages von 1780–1785 war recht groß.[124] Die Säkularisationen 1802/03 ließen auch die Grafen um ihre Unabhängigkeit fürchten.

[120] IPO 1648, Art. 8 § 2: BUSCHMANN, Kaiser und Reich, S. 339; faktisch war jedes Bündnis größeren Ausmaßes zumindest eine potentielle Bedrohung kaiserlicher Rechte im Reich; daher empfahl sich die allerhöchste Anerkennung in jedem Fall.

[121] Korrespondenz der Grafen 1740–1744: vgl. StA DT, L 41 a, 327 und 328 passim; Bericht des Bevollmächtigten von Pistorius an die gräflichen Direktoren über die Verhandlungen zur kaiserlichen Wahlkapitulation, 18. April 1741: StA DT, L 41 a, 328, S. 307–312.

[122] SCHEIDEMANTEL/HÄBERLIN, Teutsches Staats- und Lehnrecht, Bd. 2, S. 356 f.; die Grafenunion wurde in Zukunft von den anderen Reichsständen anerkannt und auch von den Reichsgerichten als gültig betrachtet: KESTING, in: Westf. Zs. 106 (1956), S. 204; über die Aktivitäten der Reichsgrafen in der zweiten Hälfte des Jahres 1744, die verbleibende Hindernisse auf einem erneuten allgemeinen Grafentag zu beseitigen, vgl. von Pistorius an die westfälischen Direktoren, 28. Sept. 1744: StA DT, L 41 a, 330, S. 21–23; Graf von Virmont an den Grafen von Neuwied, 8. Nov. 1744: StA DT, L 41 a, 330, S. 37–43; vgl. MOSER, Neues Teutsches Staatsrecht, Bd. 3, S. 962 f.

[123] Die »Engere Korrespondenzakte« vom 31. Juli 1749 enthielt zwei Neuerungen: Es sollten auch nachgeborene Söhne gräflicher Familien die Möglichkeit erhalten, Mitglieder zu werden; der Vorsitz bei den Korrespondenztagen sollte nach dem natürlichen Alter der regierenden Herren wechseln: FWA NR, Schrank 1, Gefach 3, Nr. 2.

[124] Bericht des Direktorialrates Hertwig an die katholischen Mitstände, 24. Nov. 1790: StA München, FA Toerring-Jettenbach MM 6.

Nachdem sich die süddeutschen Kleinterritorien in der »Schwäbischen Union«
organisiert hatten[125], fanden sich einige wetterauische und westerwäldische Grafen
in der »Frankfurter Union« vom 29. August 1803 zusammen, um angesichts der
drohenden Aufteilung Deutschlands unter die großen Reichsstände ihre Reichsunmittelbarkeit gemeinsam in Frankreich und Rußland vertreten und verteidigen
zu können.[126] Die Union konnte jedoch nichts mehr bewirken. Was dem nassauischen Haus dank einer guten diplomatischen Vertretung in Paris gelang, nämlich
als einziges altgräfliches und später gefürstetes Haus mit beträchtlichem Zuwachs
aus der territorialen Umverteilung zwischen 1802 und 1806 hervorzugehen, wurde
den übrigen Grafen der Region zum Verhängnis.

Von ebenso großer Bedeutung für das Wohl des Grafenstandes wie die politische Repräsentation war die ökonomische und soziale Behauptung der gräflichen
Interessen. Zu diesem Komplex liegen für die Gruppe der niederrheinisch-westfälischen Reichsgrafen noch keinerlei verwertbare Untersuchungen vor, so daß hier
eine Beschränkung auf einige übergreifende Aspekte stattfinden muß.[127]

Der dominierende Einfluß der Familie, des »Hauses«, wie Otto Brunner es
nannte, auf das Denken innerhalb der altständischen Gesellschaft wurde schon betont.[128] Es ist sehr die Frage, ob der Primat der Familienraison vor den privaten
Wünschen des einzelnen Familienmitgliedes wirklich von den Zeitgenossen als so
bedrückend empfunden worden ist, wie ihn heutige Historiker gelegentlich dar-
stellen.[129] Die Akzeptanz dieses Systems, das Heiratsverhalten und erbliche Ver-
mögensübergabe regelte, war sehr hoch, und der aktive Einsatz der meisten Mitglieder einer Familie für den Erhalt dieser Abhängigkeitsbeziehungen war es auch.
Grete Klingenstein hat bei Dominik Andreas von Kaunitz, einem mährischen
Edelmann, hervorgehoben, welche Mühen und Opfer ein Adliger auf sich zu nehmen bereit war, um beispielsweise durch eine Eheschließung reichsfreies Land zu
erwerben, in diesem Fall die westfälische Grafschaft Rietberg. Kaunitz wußte
selbst, daß er an den Früchten seiner Mühe nicht mehr partizipieren würde; wichtig war jedoch für ihn, daß seine Enkel als geborene Reichsgrafen von den Res ge-
stae ihrer Vorfahren einen konkreten Nutzen haben würden.[130] Es war nicht
selbstverständlich, daß er die ostfriesische Erbtochter überhaupt heiraten durfte;
gräfliche Töchter wurden unter normalen Umständen nur an gräfliche und fürst-

---

[125] Vgl. Kap. 3.6. (S. 147 f.).

[126] Vgl. Vincens M. LISSEK, Die Mediatisierung des Fürstentums Wied-Neuwied (1806–1848).
Ein rechtsgeschichtlicher Beitrag zur Verfassung der Rheinbundstaaten, in: Nassauische Annalen
80 (1969), S. 158–239. Georg SCHMIDT bereitet zur »Frankfurter Union« aus Sicht der wetterauischen Grafen eine Untersuchung vor.

[127] Vgl. die rechtsgeschichtliche Studie über die fränkischen Grafengeschlechter Löwenstein-
Wertheim und Castell: Werner BARFUSS, Hausverträge und Hausgesetze fränkischer reichsgräflicher Familien, Ostrau 1972.

[128] Vgl. Otto BRUNNER, Das »ganze Haus« und die alteuropäische »Ökonomik«, in: ders.,
Neue Wege der Verfassungs- und Sozialgeschichte, 2. Aufl., Göttingen 1968, S. 103–127.

[129] Richard SENNETT hat den seither stattgefundenen Prozeß unter sozialpsychologischen
Aspekten nachverfolgt: Verfall und Ende des öffentlichen Lebens. Die Tyrannei der Intimität,
Frankfurt 1983.

[130] KLINGENSTEIN, Der Aufstieg des Hauses Kaunitz, S. 83.

liche Häuser abgegeben[131], und Kaunitz hatte sein Ansehen nicht dem Alter seines gräflichen Standes, sondern allein seiner Karriere im kaiserlichen Dienst zu verdanken.[132]

Im Gegensatz zum Konnubium zwischen Grafen und Fürsten bestand gegenüber Niederadligen eine recht strikte Abgrenzung: Die Verhandlungen der Grafentage bestätigten den in diesem Punkt bestehenden Konsens aller gräflichen Häuser.[133] Dennoch kam es in einigen Häusern, die selbst im Kollegium auf die strikte Beachtung der Heiratsnormen bestanden, zu Eheschließungen mit Niederadligen. Im lippischen Gesamthaus kam es im 18. Jahrhundert zu zwei morganatischen Ehen. Zunächst hatte Graf Friedrich Ernst von Lippe-Alverdissen 1722 das Hoffräulein seiner Mutter, die lippische Landadlige Philippine Elisabeth von Friesenhausen geehelicht; diese Mißheirat konnte auch nicht dadurch geheilt werden, daß der Graf das Placet der hessischen Regierung in Kassel eingeholt hatte.[134] Diese Ehe wurde zu einem Politikum, als 1777 die ältere Linie Schaumburg-Lippe ausstarb und der Sohn der morganatischen Verbindung, Graf Philipp Ernst, das Erbe antreten sollte. Sehr zum Unwillen der lippischen Hauptlinie in Detmold, wo man sich Hoffnung auf die Schaumburger Erbschaft gemacht hatte, erkannte das RKG 1783 die Erbberechtigung des Grafen Philipp Ernst an.[135] Die Heirat des Grafen Wilhelm Ernst von Lippe-Biesterfeld 1803 mit der Adligen Modeste von Unruh bewegte die Gemüter im Detmolder Schloß weit weniger als die schaumburgische Heirat, da hier – zunächst – keine Erbstreitigkeiten zu erwarten waren.[136]

1762 hatte Prinz Franz Adolf von Anhalt-Bernburg-Schaumburg, der Erbe der Grafschaft Holzappel, das Fräulein Josepha von Haslingen geheiratet. Der Prinz war nicht nur beträchtlich älter als die Braut[137], sondern deren niederadlige Abstammung sollte auch durch eine Grafenstandserhebung – zunächst durch den preußischen König, dann durch den Kaiser – überdeckt werden. Die anhaltini-

---

[131] Mittelalterliches Heiratsverhalten der Grafen: LÜNIG, Thesaurus juris, S. 73 (mit Beispielen).

[132] Eine geborene Fürstin, die einen Reichsgrafen heiratete, behielt ihre persönlichen Prädikate und Titulaturen bei; vgl. MOSER, Neues Teutsches Staatsrecht, Bd. 3, S. 913.

[133] Allgemeiner Grafentag Frankfurt, 1722: StA DT, L 41 a, 319, S. 12 f. Gemeinsamer Unionsvertrag, Frankfurt 1731: StA DT, L 41 a, 319, S. 472: Eine Mesalliance sollte von Seiten der Grafenkollegien nach Kräften verhindert werden. Falls aber doch ein derartiges Ereignis vorkäme, so sollten die Kinder aus dieser Ehe weder regierungs- noch erbfähig sein und auch nicht standesgemäß heiraten können (§ 9).

[134] Die Linie Lippe-Alverdissen war die jüngere Linie der Grafen von Schaumburg-Lippe; Hessen-Kassel handelte in seiner Eigenschaft als Lehnsherr von Schaumburg: Vgl. Abhandlung über Mesalliancen im lippischen Hause (1770): StA DT, L 41 a, 2119, S. 15–18.

[135] Vgl. Gerhard ANSCHÜTZ, Das RKG und die Ebenbürtigkeit des niederen Adels, in: ZRG-GA 27 (1906), S. 172–190. Anschütz geht von einer Auflockerung der Heiratsnormen im späten 18. Jahrhundert aus.

[136] Vgl. ANSCHÜTZ, S. 188–190; vgl. dazu die zunehmende Gelassenheit des lippischen Hauses an der Wende zum 19. Jahrhundert zu Ehen mit Personen aus alten ritterbürtigen Geschlechtern, wenn sie nicht gerade aus der eigenen Landsässigkeit stammten: Hermann SCHULZE (Hrsg.), Die Hausgesetze der regierenden deutschen Fürstenhäuser, Bde. 1–3, Halle 1862/63; hier Bd. 2, S. 143.

[137] Franz Adolf von Anhalt (1724–1784); Josepha von Haslingen (1741–1785): SESt I, Tafel 135.

schen Agnaten bezeichneten die Ehe als Mesalliance und legten dagegen beim
Reichshofrat Verwahrung ein.

Der ganze Vorgang wäre beim Grafenkollegium wohl nur an untergeordneter
Stelle registriert worden, wenn nicht der Reichshofratsagent von Fabrice, der die
Haslinger Interessen in Wien vertrat, sich in despektierlicher Weise über das Verhältnis von Altgrafen und Neugrafen geäußert hätte. Er behauptete, der Unterschied zwischen beiden sei nicht wesentlich; wer dies behaupte, setze das kaiserliche Standeserhebungsrecht herab. Dies rief massive Proteste der altgräflichen Familien hervor: Der Fürst von Isenburg-Birstein, durchaus noch in gräflichen Kategorien denkend, informierte den Fürsten von Neuwied und forderte ihn auf, alle
gräflichen Häuser, die Fabrice bisher in Wien vertreten hatte, zu Protesten zu veranlassen.[138] Der Graf von Neuwied antwortete, er habe Lippe und Löwenstein-
Wertheim, die Auftraggeber für Fabrice, von diesem ungeheuerlichen Vorfall in
Kenntnis gesetzt. Der Grafenstand müsse auf diese Verwässerung der Standesgren-
zen umgehend reagieren; schon 1765 sei eine Schrift erschienen, die die Heirat eines Grafen mit einer Niederadligen oder einer Bürgerlichen für standesgemäß
hielt, wenn der Kaiser den Vater der Braut nur kurz vor der Eheschließung erhöhte. Wenn die Reichsgrafen nicht dagegen einschritten, so hätten sie bei der
drohenden Überschwemmung des Standes mit unqualifizierten Mitgliedern bald
keine Chance mehr, Ehen mit reichsfürstlichen Töchtern einzugehen.[139] Der
Reichshofratsagent von Fabrice wurde in einem scharfen Mandat des Grafen von
Neuwied verpflichtet, sich künftig jeder Äußerung zum Verhältnis zwischen alten
und neuen Grafen zu enthalten.[140]

War die Standesgemäßheit der Eheverbindungen die eine Komponente der gräflichen Familienpolitik, so trat mit der Art und Weise, wie das Familienvermögen
auf die Nachkommen weitergegeben wurde, eine zweite hinzu. Das feudale Haus-
wirtschaftssystem funktionierte immer zwischen den Extremen des Aussterbens
einer Familie mangels männlicher Erben und einer zu großen Zahl an Kindern,
die alle zu ernähren bzw. standesgemäß auszustatten waren. Wie gefährdet eine
Familie auch des Adels in der vorindustriellen Zeit war, demonstriert das Beispiel
der Grafen von Kaunitz. Aus der Ehe Maximilian Ulrichs von Kaunitz
(1679–1746) mit Maria Ernestine Franziska Gräfin von Rietberg (1677–1758)
gingen elf Söhne hervor, von denen nur Wenzel Anton, der spätere österreichische Staatskanzler, das 25. Lebensjahr erreichten und die Familie fortsetzen
konnte.[141] Die Angst vor dem Aussterben seines Hauses und dem Zerfall der mühsam in Jahrhunderten erworbenen Besitz- und Machtstellung war wohl kaum einem Familienoberhaupt fremd. In jeder Generation erloschen prominente Dyna-
stien; die einzige Sicherung gegen diese schicksalhafte Drohung, die Ausbildung

---

138 Fürst von Isenburg-Birstein an Graf Neuwied, 31. Jan. 1770: StA DT, L 41 a, 2119, S. 4 f.

139 Graf von Neuwied an den Fürsten von Isenburg, 19. Febr. 1770: StA DT, L 41 a, 2119, S.
7 f.

140 Graf von Neuwied an den RHR-Agenten von Fabrice, 6. März 1770: StA DT, L 41 a, 2119,
S. 9.

141 KLINGENSTEIN, Der Aufstieg des Hauses Kaunitz, S. 127.

mehrerer Linien, scheiterte oft an der zu geringen Versorgungsmasse des Hauses.[142]

Besonders riskant wurde die Versorgungspolitik der stiftsadligen Familien. Das Wohl des Hauses hing hier nicht nur davon ab, daß das Geschlecht nicht erlosch, sondern auch davon, stets mit möglichst vielen Personen in kirchlichen Korporationen vertreten zu sein. Vielfach lief es darauf hinaus, alle Kinder bis auf einen Sohn, der erbte, und eine Tochter, die heiratete, in Stiften zu plazieren; letzteres stellte den Idealfall der Versorgung dar, doch mußte die Familie oft bangen, alle Kinder der kirchlichen Versorgung wirklich anvertrauen zu können, da die Konkurrenz um die Pfründen groß war. So ist auch der Trend zu erklären, die Söhne oft dem Alter nach in den geistlichen Stand zu schicken und den letzten Sohn erben zu lassen, ein Phänomen, das beim reichsritterschaftlichen Stiftsadel häufig vorkam: Eine Pfründe mußte besetzt werden, wenn sie frei war; der Weg aus dem Stift hinaus war dagegen problemlos, da kaum ein Domherr mehr als die niederen Weihen besaß.[143]

In der Erbverfügung des Grafen Franz Emmerich Wilhelm Waldbott von Bassenheim vom Dezember 1721 wurde von seinen vier Söhnen der jüngste, Rudolf Johann, als Universalerbe eingesetzt. Er hatte die Ernennung zum Geheimen Rat des Kaisers und des Mainzers Erzbischofs erhalten und war in den Reichshofrat berufen worden.[144] Seine älteren Brüder waren entweder in Domkapiteln plaziert oder in den Malteserorden aufgenommen worden; aus dem Familienvermögen sollten sie zunächst mit jeweils 400 fl. jährlich abgefunden werden.[145]

Oft genug scheiterte diese Politik: Graf Salentin von Isenburg-Grenzau mußte 1577 als Erzbischof von Köln resignieren, um zu heiraten und sein Geschlecht für weitere 100 Jahre zu erhalten.[146] Weniger spektakuläre Fälle waren die der Domherren August Eugen Bernhard und Johann Franz Wilhelm von Salm-Reifferscheidt, die 1738 und 1769 ihre Dompräbenden aufgeben mußten, um der Familie den erforderlichen Nachwuchs zu verschaffen.[147] Auch die Grafen von Manderscheid mußten im 18. Jahrhundert zweimal Domherren zur Resignation veranlassen: Wolfgang Heinrich von Manderscheid-Kail (1722) und Joseph Franz Georg von Manderscheid-Blankenheim (1772) entsagten ihren Pfründen und heirateten,

---

[142] KLINGENSTEIN, ebd., S. 128.

[143] Vgl. die Feststellungen über das Versorgungsverhalten des rheinischen Stiftadels bei: ARETIN, Die Konfessionen als politische Kräfte am Ausgang des alten Reiches, in: Erwin ISERLOH/Peter MANNS (Hrsg.), Glaube und Geschichte. Festgabe Joseph Lortz, Baden-Baden 1958, Bd. 2, S. 181–241; hier: S. 195. Von den 16 Mainzer Erbischöfen des 16. und 17. Jahrhunderts waren acht die ältesten Söhne ihrer Familien.

[144] Vgl. Erbverfügung Waldbott-Bassenheim, 10. Dez. 1721: FA Waldbott-Bassenheim, Burg Pyrmont/Eifel, Urk. Nr. 64; Johann Rudolf übte sein Reichshofratsamt nie aus: GSCHLIESSER, Der Reichshofrat, S. 417.

[145] Später erhöhten sich die Renten auf 600 fl. für die Domherren Franz Hugo (Mainz, Trier, Worms) und Franz Karl (Trier) sowie 800 fl. für Ordensritter Casimir: Erbverfügung, a. a. O.; zu den Domherren: vgl. HERSCHE, Domkapitel, Bd. 1, S. 286.

[146] Salentin von Isenburg-Grenzau (1532–1610): ADB 30, S. 216–224; bei Dagmar REIMERS fehlt er: Art.«Isenburg (Ysenburg), Grafen und Fürsten zu«, in NDB 10 (1974), S. 192–194.

[147] Jakob BREMER, Die Reichsherrschaft Dyck, S. 75.

ohne jedoch zu den gewünschten männlichen Erben zu gelangen. 1742 erlosch die Kailer Linie, 1780 das Gesamthaus Manderscheid.[148]

Im 17. und 18. Jahrhundert setzte sich zur Wahrung des Familienvermögens das Prinzip der ungeteilten Vererbung durch: Familienfideikommisse und Primogeniturerbfolgen traten an die Stelle von Erbteilungen, die die Familien früher zwischenzeitlich geschwächt, zerstritten und langfristig geschädigt hatten.[149] In vielen Territorien vollzog sich der Übergang in mehreren Schritten. Graf Simon VI. zur Lippe (reg. 1563–1613) hatte sich von Kaiser Rudolf II. 1593 die Primogeniturerbfolge und die Unteilbarkeit des Landes verbriefen lassen, beging jedoch den Fehler, in seinem Testament von 1597 seine nachgeborenen Söhne statt mit Apanagen mit kompletten Ämtern der Grafschaft auszustatten; die »Paragialämter« brachten sie in eine Stellung, die der Landeshoheit ähnlich war; 300 Jahre voller Streitigkeiten folgten um die Abgrenzung dieser Rechte, und mehr als einmal war die Einheit des Landes in Gefahr.[150]

Die Grafen von Löwenstein-Wertheim hatten 1597 eine gemeinschaftliche Regierung aller Söhne nach dem Ableben des Grafen Ludwig III. vereinbart; dieses Modell scheiterte zwar schon, bevor es zur Regierungsübernahme kam, doch als Regierungsmodell in der jüngeren Linie Löwenstein-Wertheim-Virneburg hatte es fast das gesamte 18. Jahrhundert Bestand, bevor um 1790 eine ältere Primogeniturordnung in Kraft trat.[151]

Die Grafen von Rantzau hatten schon 1650 allen Familienbesitz einem Fideikommiß einverleibt, den der jeweils älteste eheliche und regierungsfähige Sohn erben sollte. Nachgeborene Söhne bezogen eine Apanage von 2.000 Rtl. jährlich, Töchter eine Aussteuer von 10.000 Rtl.[152]

1695 stiftete der Münsteraner Fürstbischof Friedrich Christian von Plettenberg einen Familienfideikommiß, der zwei Zielsetzungen hatte: 1) Aufrechterhaltung einer standesgemäßen Lebensweise für die Unterzeichner wie für ihre Erben und Nachkommen; 2) Befähigung zum Dienst an der Heiligen Kirche und der römischen Religion sowie dem Vaterland. Alle Beteiligten schenkten ihren Lehnsbesitz dem ältesten Bruder, dessen Stamm nach der Primogniturerbfolge den Besitz fortführte. Die nicht erbberechtigten Söhne erhielten eine Apanage ausgesetzt, die Töchter sollten – geistlich oder weltlich – versorgt werden. Die Domherren der Familie wurden verpflichtet, vorzugsweise eigene Familienmitglieder mit Pfrün-

---

148 Der Vorgang wurde schon in Kap. 2.1.5. (S. 90 f.) erläutert.

149 Familienfideikommiß: vgl. HRG Bd. 1, S. 1070–1071; zu den byzantinischen und islamischen Wurzeln des Fideikommisses als Instrument der Steuerersparnis vgl.: Max WEBER, Wirtschaftsgeschichte, München 1924, S. 107; vgl. auch CONRAD, Deutsche Rechtsgeschichte, Bd. 2, S. 210.

150 1647 erbte die Linie Lippe-Alverdissen die Grafschaft Schaumburg (lipp. Anteils) und betrieb ab da den Anschluß ihrer Paragialämter an die neue Grafschaft: Erich KITTEL, Heimatchronik des Landes Lippe, S. 129, 138 f.; Joachim HEIDEMANN, Die Grafschaft Lippe zur Zeit des beginnenden Absolutismus (1652–1697). Verfassung – Verwaltung – Auswärtige Beziehungen, in: Lipp. Mitt. 30 (1961), S. 15–76; hier: S. 17 f.; vgl. Kap. 2.1.2. (S. 46 f.)

151 Die jüngere Linie Löwenstein-Wertheim-Rochefort hatte bereits durch Fürst Karl Thomas (1714–1789) die Primogenitur verwirklicht: vgl. Rheinischer Antiquarius, 2. Reihe, Bd. 17, S. 755.

152 RANTZAU, Das Haus Rantzau, S. 76; S. 163.

den zu bedenken, wenn der Turnus auf sie fiele. Für Witwen und Waisen wurde ebenfalls gesorgt.[153]

Weitere Beispiele, etwa die der Fideikommißstiftungen in Waldeck 1697 und in Salm 1771[154], könnten hier analysiert werden, würden aber dasselbe Ergebnis zeigen: Ein wachsendes Bewußtsein der hochadligen Familien lange vor der Aufklärungszeit, daß die mit ihrem hohen Stand verbundene Demonstration von Überfluß und Freigebigkeit nur aufrechtzuerhalten war, wenn dem eine ausreichende Gütergrundlage gegenüberstand. In diesem Sinne hatte Graf Maximilian Ulrich von Kaunitz seine Söhne im Geist eines katholischen Neostoizismus zu gemessener Lebens- und sparsamer Wirtschaftsführung erzogen als Grundlage für anhaltende Familienwohlfahrt.[155]

Neben der Heiratspolitik und der materiellen Besitzstandssicherung war die gräfliche Kindererziehung der dritte Bereich, in der die Grafengeschlechter ihre sozialen Chancen für die Zukunft zu wahren suchten. Der gräfliche Nachwuchs rückte am stärksten ins Blickfeld des gesamten Standes, wenn ein regierender Graf gestorben war und nur minderjährige Kinder hinterlassen hatte. Die Verwandten bemühten sich in der Regel darum, schnell geeignete Vormünder für den Erbgrafen und seine Geschwister zu finden. Dabei wurde auf Ansehen und Amtsstellung des Vormundes geachtet; dieser mußte, bei den zahlreichen Streitfällen zwischen den Territorien jener Zeit, dafür sorgen, daß benachbarte Herren nicht Rechte des führungslosen Hauses entfremdeten. 1751 wurden für den minderjährigen Franz Georg von Metternich prominente Kleriker als Vormünder eingesetzt; dies schützte vor Streit mit den kleineren Nachbarterritorien ebenso wie vor Ansprüchen der großen rheinischen Stifte.[156]

Die Einsetzung einer Vormundschaft gehörte auch zu den kaiserlichen Rechten[157]; auch wenn die Kaiser in der Regel den Vorschlägen der Familie folgten, blieb die Möglichkeit zur Intervention stets bestehen. 1756 fragte Kaiser Franz I. beim Direktorium des Niederrheinisch-Westfälischen Reichsgrafenkollegiums an, wen er nach dem Tod des Grafen Karl Joseph Anton von Salm-Reifferscheidt (1697–1755) dessen Kindern als Vormund bestellen solle; ein Onkel aus der anderen Reifferscheidter Linie habe wegen eigener Ansprüche auf den Besitz der Mündel die Vormundschaft niedergelegt, und der Graf Johann Wilhelm von Mander-

---

[153] Fideikommißstiftung durch Bischof Friedrich Christian von Münster, 15. Sept. 1695: FA Plettenberg-Nordkirchen, NA 296 a.

[154] Zu Waldeck: vgl. Bernhard ERDMANNSDÖRFFER, Graf Georg Friedrich von Waldeck, Berlin 1896, S. 2; zu Salm: vgl. Rheinischer Antiquarius, 2. Reihe, Bd. 19, S. 164.

[155] Kaunitz war es gelungen, durch Verwirklichung der genannten Tugenden die Schulden, die das Familienerbgut zu seinem Regierungsantritt belastet hatten, bis auf geringe Reste abtragen zu können: KLINGENSTEIN, Der Aufstieg des Hauses Kaunitz, S. 107–109.

[156] Als Vormünder wurden Freiherr Karl Friedrich Melchior von Kesselstatt (Dompropst in Trier), Graf Johann Friedrich von Hoensbroech (Chorbischof in Trier), Graf Franz Ludwig von Metternich, der Onkel des Erbgrafen (Domherr in Mainz) und die Mutter Maria Theresia von Hoensbroech bestellt; die Obervormundschaft übernahm der Trierer Erzbischof Franz Georg von Schönborn: vgl. StA DT, L 41 a, 259, S. 1–11; vgl. MATHY, Metternich, S. 21.

[157] Das Recht, Vormundschaften einzusetzen, gehörte auch zu den Privilegien, die im Großen Palatinat zusammengefaßt waren: Palatinatsverleihung an Graf Christian von Rantzau, 15. Febr. 1651: StA München, FA Toerring-Jettenbach, Urk. I 13 – 6 1/2.

scheid sei wegen seiner Krankheit nicht in der Lage, eine Vormundschaft anzutreten.[158] Graf Friedrich Alexander von Neuwied beriet über diese Angelegenheit mit
dem Gesandten von Pistorius, der ihm riet, die Chance zu nutzen und entweder
den Grafen von Limburg-Styrum oder von Kaunitz-Rietberg vorzuschlagen; das
Recht, eigene Vormundschaften einzusetzen, habe ja schließlich zu den Bereichen
gehört, die man sich im Rahmen der Grafenunionsakte habe reservieren wollen.[159]
Der Graf von Neuwied schlug dem Kaiser die Grafen Friedrich Karl von Limburg-Styrum und Max Emanuel von Toerring-Jettenbach als Kandidaten für die
Vormundschaft vor.[160]
Die Erziehung des Nachwuchses vollzog sich in sehr ähnlicher Weise wie beim
begüterten Niederadel: Auf die zumeist recht kurze Phase der Betreuung durch
eine Amme folgte die weitere Bildung durch einen Hauslehrer zwischen dem sech-
sten und etwa dem fünfzehnten Lebensjahr; als Lehrer wurde gern eine Person
mit konfessioneller Vorbildung engagiert, ein Vikar auf evangelischer oder ein Je-
suit auf katholischer Seite.[161] Die evangelischen Familien wählten auch Niederadlige mit juristischer Vorbildung aus, die nach der Unterweisung der Junggrafen
mit ihnen Universitätsbesuche und Kavalierstouren durchführten.[162] Neben der
Vermittlung von Kenntnissen in Französisch, Philosophie und Geschichte wurden die höfischen Fertigkeiten (Reiten, Tanzen, Fechten) weiter vervollkommnet.
Einige Semester Jurastudium schufen die Voraussetzungen, um später ein Verwaltungsamt im fürstlichen Dienst anstreben zu können; ein Examen war dafür nicht
erforderlich.[163] Eine große Reise zum Abschluß der Ausbildung, die Kavalierstour,
rundete die Erziehung der Junggrafen ab. Sie vermittelte die Erfahrung eines über-
territorialen sozialen Zusammenhanges des europäischen Adels.[164]
Dieses Ausbildungssystem wurde von Heinke Wunderlich für die jungen Grafen Joseph und Franz Joseph August von Salm-Reifferscheidt im späten 18. Jahrhundert mittels intensiver Quellenstudien untersucht.[165] Für die beiden Grafen,
deren Vater früh starb, verkürzte sich die Zeit der häuslichen Erziehung auf ein
Minimum; danach wurden sie in das Xaverianum, das ehemalige Kölner Jesuiten-

---

[158] Kaiser Franz I. an das Grafenkollegium, 23. Juli 1756: StA DT, L 41 a, 259, S. 13.

[159] Pistorius wies Neuwied ferner darauf hin, über den Reichshofrat Christian Albrecht Kasimir von Kirchberg beim Reichsvizekanzler dagegen zu protestieren, daß alle Grafen des Kollegiums tituliert waren, nicht allein der Direktor: Neuwied an Pistorius, 4. Okt. 1756; Pistorius an
Neuwied, 25. Okt. 1756: StA DT, L 41 a, 259, S. 17 f.

[160] Graf von Neuwied an Kaiser Franz I., 9. Nov. 1756: StA DT, L 41 a, 259, S. 20.

[161] Nach 1773 (Aufhebung des Jesuitenordens) traten andere geistliche Personen, etwa französische Abbés, an die Stelle der Jesuiten: Heinke WUNDERLICH, Studienjahre der Grafen Salm-
Reifferscheidt, S. 42–44; vgl. Karl BIEDERMANN, Deutschland im 18. Jahrhundert, Bde. 1–2, Aalen
1969 (ND der Ausgabe Leipzig 1867 f.); hier: Bd. 2, S. 73.

[162] Vgl. die Lebensläufe der beiden Gesandten von Pistorius und von Fischer: Kap. 5.3.
(S. 171–173); Gustav STEPHAN, Die häusliche Erziehung in Deutschland während des 18. Jahrhunderts, Wiesbaden 1891.

[163] Vgl. MÖSSLE, Fürst Maximilian Wunibald von Waldburg-Zeil-Trauchburg, S. 13; WEERTH,
Grafen Friedrich Adolf, S. 47–178; KIEWNING, Fürstin Pauline zur Lippe, S. 517 ff. (Erziehung der
Söhne Leopold und Friedrich).

[164] Vgl. die Kavalierstouren des Grafen Wenzel Anton von Kaunitz: KLINGENSTEIN, Der Aufstieg des Hauses Kaunitz, S. 229–231.

[165] WUNDERLICH, Studienjahre der Grafen Salm-Reifferscheidt, passim.

konvikt, geschickt und dort unter Anleitung eines Hofmeisters erzogen.[166] Ihr
weiterer Ausbildungsgang mit Reisen nach Brüssel, Paris und Wien vollzog sich
wie bei zahlreichen anderen Grafensöhnen.[167]

Im Unterschied zum Landadel, dem wie etwa in Preußen die sich verschlech-
ternde materielle Lage vieler Familien und auch die zunehmend restriktiven Tendenzen der Landesherren die Möglichkeiten für Kavalierstour und Auslandsstudium einschränkten[168], dauerte für die gräflichen ebenso wie für die fürstlichen
Geschlechter die Tradition des adligen Privilegs auf Mobilität bis zum Ende des alten Reiches weiter an. Für den gräflichen Reichsadel verzögerte sich der von Otto
Brunner beschriebene Zerfall der alteuropäischen Kultur bis zum Verlust der eigenen Lande 1794 oder zum Ende der Souveränität 1806.[169]

7.4. DIE ABGRENZUNGSPOLITIK GEGENÜBER DEM NIEDERADEL

Bei allen internen Streitigkeiten um Standesgleichheit und Rangabstufungen
waren sich die Reichsgrafen in einem einig: Die niedrigen Stände durften nicht in
den Besitz von Privilegien gelangen, die der Grafenstand für sich und den übrigen
hohen Adel reservieren wollte. Die Grenzziehung nach unten fiel allerdings
schwer. In der Literatur wird häufig zwischen Hoch- und Niederadel unterschieden: Inhaber der Reichsstandschaft, also Kurfürsten, Fürsten und Grafen, galten
als hochadlig, Ritter als niederadlig.[170] Bei näherer Betrachtung zeigt sich jedoch,
daß der Grafenstand aus vier deutlich voneinander zu unterscheidenden Gruppen
bestand. Die alten, edelfreien Geschlechter mit Reichsstandschaft, die neuen
Reichsgrafen mit Reichsstandschaft, die neuen Reichsgrafen ohne reichsunmittelbares Land (die nur als Personalisten in einem Grafenkollegium mitwirken konnten) und die landsässigen Grafen.

Die beiden ersten Gruppen waren zweifelsfrei hochadlig, die beiden letzten
Gruppen niederadlig, auch wenn der Status der Personalisten umstritten war.[171]

---

[166] WUNDERLICH, ebd., S. 22 ff.

[167] Quellengrundlage für Wunderlichs Arbeit sind neben den Briefen der jungen Grafen an die
Mutter nach Dyck die Rechnungsbücher des belgischen Abbé Jacob über Einkäufe und Reisen
(auszugsweise abgedruckt): WUNDERLICH, ebd.

[168] Reiseverbote: VEHSE, Illustrierte Geschichte des brandenburgischen Hofes, des Adels und
der Diplomatie, Bd. 1, Stuttgart 1901, S. 22 f.; der abhängige Landadel wurde auf die inländischen
Ritterakademien und Universitäten verwiesen: vgl. dazu Norbert CONRADS, Ritterakademien der
frühen Neuzeit, Göttingen 1982, S. 271 f.

[169] Vgl. Otto BRUNNER, Adliges Landleben und europäischer Geist, Salzburg 1949, Kap. 5: Der
Untergang der Adelswelt S. 313–339.

[170] Vgl. die Kapitel bei CONRAD, Deutsche Rechtsgeschichte, Bd. 2, S. 211–215; ARETIN, Heiliges Römisches Reich, Bd. 1, S. 76 ff.

[171] Vgl. hierzu die verschiedenen Aussagen: MOSER, Neues Teutsches Staatsrecht, Bd. 3, S. 809;
LÜNIG, Thesaurus juris, S. 461; Druckschrift »Gespräch zwischen Graf Trauttmann von ..., Einem
regierenden Grafen eines Alt-Reichs-Gräflich-Teutschen Hauses und Francken von Grafentreu,
Einem Reichs-Gräflichen Comitial-Gesandten, Worinnen verschiedene Betrachtungen über die eigentliche Natur und Beschaffenheit derer Reichs-Gräflichen Votorum Curiatorum vorgetragen
werden« (1750): StA DT, L 41 a, 346, S. 5–20.

Ursprünglich gab es auch den freien Herrenstand, der in der Formel »Fürsten, Grafen und Herren« des Verfassungsrechts verwendet wurde[172]; seine Mitglieder – ebenfalls hochadlig und reichsständisch – hatten aber bis zum 18. Jahrhundert den Aufstieg in den Grafenstand erreicht oder waren ausgestorben. Der im 17. und 18. Jahrhundert übliche Reichsfreiherrentitel war ein Brieftitel, der auch uradlige ritterliche Geschlechter nicht in den Hochadel erhob.[173]

Das Interesse soll sich hier auf jenen Stand richten, von dem die Privilegien der Reichsgrafen am meisten angefochten wurden: auf die Reichsritterschaft.[174] Grafen und Ritter hatten im Spätmittelalter eine partielle Zusammenarbeit bei der Verfolgung ihrer gemeinsamen Interessen gepflegt, vor allem in der Gesellschaft mit St. Jörgenschild und im Schwäbischen Bund, hier auch vereint mit den schwäbischen Reichsstädten.[175] Schrittweise trennten sich die Wege der Grafen und Ritter: In Westfalen schon im späten 14. Jahrhundert[176], in der Wetterau im 15. Jahrhundert[177], in Schwaben erst in der Reformationszeit.[178] In Franken dauerte der gemeinsame Kampf protestantischer Grafen und Reichsritter wegen der Gegenreformationsbestrebungen des Bischofs von Würzburg, Julius Echter von Mespelbrunn, bis in die Zeit des Dreißigjährigen Krieges an.[179]

Nach dem Westfälischen Frieden richtete sich der Kampf der Reichsgrafen gegen fünf reichsritterschaftliche Anmaßungen:

1. Gegen das Streben nach der Reichsstandschaft,
2. gegen die Zulassung zu Sitz und Stimme bei Reichs- und Kreistagen,
3. gegen die Aufnahme in die Reichsmatrikel,
4. gegen das Recht, eigenes Militär auszuheben,
5. gegen die Präsentation eines RKG-Assessors.[180]

Die Auseinandersetzungen, welcher Stand welche Rechte exklusiv beanspruchen durfte, dauerten bis zum Ende des Reiches an; einen Höhepunkt erreichten sie im ersten Viertel des 18. Jahrhunderts. Nachdem sich schon mehrfach Grafen

---

[172] Vgl. RKGO 1495, § 1: »Zum Ersten das Cammergericht zu besetzen mit ainem Richter, der ain gaistlich oder weltlich Fürst oder ain Grave oder ain Freyherr sey«: BUSCHMANN, Kaiser und Reich, S. 174.

[173] BORNHAK, Deutsches Adelsrecht, S. 25 f.

[174] Zur Reichsritterschaft: ARETIN, Heiliges Römisches Reich, Bd. 1, S. 76–89; PRESS, Kaiser Karl V., König Ferdinand und die Entstehung der Reichsritterschaft, passim; ders., Die Reichsritterschaft im Reich der frühen Neuzeit, in: Nass. Ann. 87 (1976), S. 101–122.

[175] Hermann MAU, Die Rittergesellschaften mit St. Jörgenschild in Schwaben. Ein Beitrag zur Geschichte der deutschen Einungsbewegung im 15. Jahrhundert, Teil 1: Politische Geschichte, Stuttgart 1941; Ernst BOCK, Der Schwäbische Bund und seine Verfassung, Breslau 1927; vgl. KOPP, Diskurs, S. 640.

[176] Vgl. KITTEL, Heimatchronik des Kreises Lippe, S. 72–78.

[177] Wilhelm FABRICIUS, Die älteren Landfriedenseinungen der Wetterauer Grafen, in: Archiv für hessische Geschichte und Altertumskunde N. F. 3 (1904), S. 203–214; HATZFELD, Wetterauer Grafenverein, S. 30 f.; Georg SCHMIDT, Städtecorpus und Grafenvereine, in: ZHF 10 (1983), S. 41–71.

[178] PRESS, Kaiser Karl V., König Ferdinand und die Entstehung der Reichsritterschaft, S. 31 f.

[179] PRESS, ebd., S. 32; Julius Echter von Mespelbrunn (1545–1619), Bischof von Würzburg: ADB 14, S. 671–684.

[180] Aufzählung im Schreiben des Grafen Friedrich Alexander von Neuwied an den Fürsten Wolfgang Ernst von Isenburg-Birstein, 5. Juni 1772: StA DT, L 41 a, 2123, S. 23–25.

beim Kaiser über Anmaßungen der Reichsritterschaft beschwert hatten[181], versuchten sie 1711 anläßlich ihrer Grafenkonferenz zur Wahl Kaiser Karls VI. Forderungen zu formulieren, die sie dem Reichsoberhaupt präsentieren wollten. Vor allem wurde gegen den Versuch der Ritter, für ihre Korporation im Reichsfürstenrat eine Kuriatstimme zu erlangen, scharfe Verwahrung eingelegt. Auch das Recht, Reichsabschiede zu unterzeichnen, sollte auf die eingeschriebenen Mitglieder des Reichsfürstenrats und der Grafenbänke beschränkt sein, damit nicht ein zufällig anwesender Titulargraf unterzeichnen konnte.[182]

1715 erschien eine Druckschrift unter dem Titel »Graven- und Ritter-Saal«, die in kämpferischer Weise die Ähnlichkeit des gräflichen und des reichsritterschaftlichen Standes nachwies und daraus die Zugehörigkeit beider zur gleichen, von den Reichsfürsten getrennten Gruppe ableitete. Der Autor der Schrift, Johann Stephan Burgermeister[183], stellte in Zweifel, daß die Grafen schon in karolingischer Zeit ihre Gerichtsrechte auch über freien ritterschaftlichen Besitz ausgeübt hätten; kein Graf könne beweisen, daß sein Geschlecht im 9. Jahrhundert schon in seiner Grafschaft regiert habe und er von den damaligen Besitzern der Grafschaft wirklich abstamme.[184] Im Hochmittelalter, fuhr Burgermeister fort, seien die Grafen schon in Rang und Recht von den Reichsfürsten verschieden gewesen, denn die Fürsten hätten Regalien nach eigenem Recht besessen, die Grafen zunächst nur im Auftrag des Königs die Jurisdiktion ausgeübt und erst später einige Regalien erworben.[185] Die zahlreichen gemeinsamen Turniergesellschaften und Korporationen des Spätmittelalters waren für Burgermeister eindeutige Indizien für die Zugehörigkeit von Grafen und Rittern zur gleichen Rangstufe.[186]

Das Erscheinen des Buches löste große Bestürzung bei den Reichsgrafen und kleineren Reichsfürsten aus; die Regierung des Fürsten von Nassau-Dillenburg wandte sich im Mai 1715 an die westerwäldischen Grafen mit der Forderung nach energischem Vorgehen gegen einen derartigen Angriff; alle Grafenhäuser der Region sollten an der Erstellung einer Gegenschrift mitwirken.[187] Wenige Tage später hatte die nassauische Regierung – die wegen der altgräflichen Herkunft des Fürstenhauses und der vielen reichsritterlichen Güter in ihrem Territorium beson-

---

[181] Z.B. der Protest des Grafen Salentin Ernst von Manderscheid an Kaiser Leopold I., 13. April 1702: StA DT, L 41 a, 317, S. 163 f. (gegen die Schmälerung gräflicher Prärogativen durch die Reichsritterschaft).

[182] Protokoll der Grafenkonferenz Frankfurt, 3. Okt. 1711: StA DT, L 41 a, 318, S. 59.

[183] Johann Stephan BURGERMEISTER, Graven- und Ritter-Saal, Ulm 1715. Burgermeister (1663–1722) war ein schwäbischer Jurist, der nach seinem Studium in Marburg, Wittenberg und Straßburg ein Praktikum am RKG abgeleistet hatte. Nach seiner Promotion 1691 trat er als Konsulent in den Dienst der schwäbischen Reichsritterschaft; seit 1706 diente er auch der Stadt Ulm als Rechtsberater. Nach vorübergehender Inhaftierung in Württemberg wurde er 1718 ksl. Geheimer Rat: ADB 3, S. 600.

[184] BURGERMEISTER, Graven- und Ritter-Saal, S. 37 f.; der Nachweis von Ahnen im 9. Jahrhundert wäre auch jedem Reichsfürsten schwergefallen.

[185] BURGERMEISTER, ebd., S. 44 f.

[186] Bei der ritterlichen Turnierordnung von 1485 hatten einige der oberdeutschen Grafen unter »Wir, die Ritterschaft von denen 4 Landen« unterschrieben: BURGERMEISTER, ebd., S. 371 f.

[187] Nassau-Dillenburgische Regierung an Grafen im Westerwald, 16. Mai 1715: LHA KO, Best. 30, Nr. 3925/1, S. 25 f.; 18. Mai 1715: ebd., S. 33–35.

ders betroffen war – ein 40 Seiten starkes Protestschreiben an den Kaiser formuliert. Darin verwahrte sich das Haus Nassau gegen den Anspruch der Reichsritter, für den gesamten altdeutschen Adel zu sprechen: In Westfalen sei der Adel landsässig, Reichsritterschaft gäbe es nur in den alten »immediaten« Provinzen des früheren Königslandes.[188] Es seien schon Bestrebungen spürbar, daß auch Adlige aus dem westfälischen Raum an der Ganerbschaft und Reichsburg Friedberg Anteil nehmen wollten, um sich in einem Ritterkanton immatrikulieren zu können; dadurch trachteten sie sich der landesherrlichen Jurisdiktion zu entziehen.[189] Die Streitigkeiten hätten schon 1667 begonnen, als die nassauische Regierung einen Ritter von Weix wegen Mordverdachtes verhaften wollte; die Ritterschaft habe sich dagegen gewehrt, beim Kaiser protestiert und recht erhalten.[190] Die Unterzeichner der gräflichen Protestschrift warfen den kaiserlichen Gerichten, vor allem dem Reichshofrat, vor, er habe gegen die Grundsätze der Rechtsprechung im Reich verstoßen, als er den Reichsrittern recht gab.[191] Seit unvordenklichen Zeiten seien die betreffenden Gebiete im ungestörten Besitz der Reichsgrafen.[192]

Im Herbst desselben Jahres wandte sich der Graf von Solms an den Grafen von Neuwied, um ihm mitzuteilen, daß die Reichsritterschaft eine Deputation an den Kaiser geschickt habe. Um die tendenziöse Schrift des ritterschaftlichen Juristen Burgermeister zu widerlegen, sei der Solmser Regierungsrat Dr. Lucius aufgefordert worden, von den Grafen des wetterauischen Kollegiums Quellenstücke zu besorgen, die die Vorrechte der Grafen gegenüber dem Ritterstand bewiesen. Die westfälischen Grafen sollten Lucius unterstützen.[193] Dieser stellte die Gegenschrift bis 1721 fertig und wies darauf hin, daß in vielen Grafschaften, vor allem in Westfalen, Angehörige der Ritterschaft Vasallen von Grafen seien. Seit dem Mittelalter würden die Ritter den Grafen das Prädikat »Gnädiger Herr« geben, nur in Ausnahmefällen »Herr Graf«. Die Grafen würden dagegen den Adel mit »Ehrsam«, »Ehrbar« oder »Vester Knecht« titulieren; ritterschaftliche Vasallen der Grafen seien geduzt worden.[194]

Auch wenn mit der Gegenschrift das reichspublizistische Gleichgewicht gewahrt war, wurde in der gräflichen Korrespondenz immer wieder über reichsritterschaftliche Anmaßungen diskutiert. 1722 beschwerten sich die Vertreter des allgemeinen Grafentages über die Bestrebungen der Reichsritter, eine den Fürsten vergleichbare Territorialhoheit einrichten zu wollen; wieder wurde der Kaiser als Schützer der gräflichen Privilegien angerufen.[195] Ein Gutachten des Hanauer Regierungsrates Spener verdeutlichte die Koalition, die die Ritter aufboten, um

---

[188] Großes Protestschreiben, Mai 1715: LHA KO, Best. 30, Nr. 3925/1, S. 47–91; hier: S. 47.

[189] Protestschreiben, S. 48 f.

[190] Protestschreiben, S. 49–51.

[191] Hier wird auf den JRA 1654 verwiesen: §§ 79, 80, 138: Protestschreiben, S. 55; BUSCHMANN, Kaiser und Reich, S. 489; S. 514 f.

[192] Protestschreiben, S. 68: »a tempore Caroli Magni«.

[193] Graf von Solms an den Grafen von Neuwied, 18. Nov. 1715: FWA NR, Schrank 103, Gefach 61, Nr. 20.

[194] Samuel LUCIUS, Vorläuffig, doch gründlicher Bericht vom Adel in Teutschland, Frankfurt 1721, S. 8; S. 112 f.

[195] Protokoll des allgemeinen Grafentages 1722: StA DT, L 41 a, 319, S. 31.

ihre Ziele zu erreichen: Zunächst wurde ihr Einfluß auf die rheinischen Bistümer geltend gemacht; Fürstbischöfe und Domkapitel waren auf ihrer Seite, und im Schriftverkehr mit ihnen wurden auch die Kurialien gebraucht, die die Grafen als so nachteilig empfanden. Ihr zweiter Verbündeter war der Kaiser, dem sie nicht nur als Steuerzahler wichtig waren, sondern der auch zahlreiche Hof- und Militärchargen mit Reichsrittern besetzt hatte. Der Dienst vieler Reichsritter auch in weltlichen Ämtern bei Bischöfen wie bei weltlichen Reichsfürsten verschaffte ihnen Gelegenheit, für ihre Privilegien zu kämpfen; auch viele Reichsfürsten waren davon überzeugt, daß die Grafen den Reichsrittern ähnlicher waren als ihrem Stand.[196]

Diese Bemühungen der Reichsritter in Verbindung mit anderen Ständen des Reiches trugen vor allem im Hinblick auf die Besetzung der Richterstellen am Reichskammergericht Früchte. Die Ämter des Kammerrichters und der RKG-Präsidenten waren von alters her dem Hochadel vorbehalten.[197] Entsprechend war die Aufregung, als Kaiser Leopold I. dem reichsritterschaftlichen Freiherrn von Ingelheim eine Exspektanz auf die RKG-Präsidentenstelle des Grafen Karl Ferdinand von Manderscheid-Gerolstein (+ 1697) erteilte. Der lippische Vertreter am Reichstag, Schelkens, schrieb an Graf Friedrich Adolf, es sei nötig, bald einen Kandidaten des Reichsgrafenstandes, etwa den Grafen Albert von Königsegg, zu präsentieren, damit weiterhin ein Graf oder Herr, also ein Hochadliger, im Gericht amtiere und das Amt nicht an die Reichsritterschaft fiele. Königsegg sei dem Kaiser genehm, denn sein Vater sei Reichsvizekanzler gewesen. Die Situation sei allerdings schon bedrohlich, da im Fall Ingelheim schon zum zweitenmal ein Reichsritter ins RKG-Präsidium einziehen würde, nachdem durch »Nachlässigkeit des Grafenstandes« der Freiherr von Dalberg schon 1671 RKG-Präsident geworden sei.[198]

Ein heftiger Kampf zwischen den Reichsgrafen einerseits und den Reichsrittern andererseits brach auch hierüber aus, der wenig später vom Kaiser zugunsten der Ritter entschieden wurde. Leopold I. und seine Nachfolger waren nicht gewillt, sich in ihr Recht der Richterauswahl eingreifen zu lassen; alle Petitionen der Grafenkollegien verhallten ungehört.[199] Ingelheim wurde nicht nur zum RKG-Präsidenten ernannt, sondern stieg 1730 auch zum Leiter des Gerichts, zum Kammerrichter auf.[200] Der Freiherr hatte sich durch massive Unterstützung des Mainzer

---

[196] Zum publizistischen Zweifrontenkrieg der Reichsgrafen gegen Fürsten und Reichsritter: »Unterthänigstes ohnmasgebliches Gutachten die beste Besorgung der Reichsgräflichen Collegialgeschäfften betreffend« (Regierungsrat Spener, 1739): StA DT, L 41 a, 10, S. 67–106.

[197] RKGO 1495, § 1: CONRAD, Deutsche Rechtsgeschichte, Bd. 2, S. 162 f.

[198] Brief des Gesandten Schelkens an Graf Friedrich Adolf zur Lippe, 10. Febr. 1698: StA DT, L 41 a, 1762, S. 129 f.; zu Dalberg: SMEND, Reichskammergericht, S. 260.

[199] Auch Schreiben an die Reichsvikare blieben erfolglos: Brief der vier Kollegien an Pfalzgraf Johann Wilhelm, o. T. 1711: Johann Christian LÜNIG, Teutsche Reichs-Cantzley, 7 Teile, Leipzig 1714; hier: Bd. 7, S. 242 ff.; vgl. dazu die Schriften von KOPP, Diskurs, passim, und Johann Jakob MOSER, Vermischte Nachrichten von reichritterschaftlichen Sachen, 2. Stück, Nürnberg 1772, S. 225–267; zit. nach: Heinz DUCHHARDT, Reichritterschaft und Reichskammergericht, in: ZHF 5 (1978), S. 315–337; hier: S. 323.

[200] DUCHHARDT, Reichritterschaft und Reichskammergericht, S. 325; zu Ingelheim: Ders., Reichskammerrichter Franz Adolf Dietrich von Ingelheim (1659/1730–1742), in: Nass. Ann. 81 (1970), S. 173–202; weitere Veröffentlichungen DUCHHARDTS, die den großen Einfluß der Reichs-

Domkapitels in Wien einen Namen gemacht und daraufhin das Amt erhalten.[201] So sehr der katholische Reichsgrafenstand im Reich dies als Niederlage empfand, so wenig konnten sich die Reichsritter am neuen Besitzstand freuen. Mit dem Grafen von Spaur wurde 1763 ein Mediatgraf aus dem erbländischen Adel zum Kammerrichter berufen; für den Kaiser galten inzwischen die Leistungen des einzelnen in seiner Verwaltung mehr als die früheren Verdienste der Geschlechter, deren Söhne sich für Ämter empfahlen.[202] Im übrigen war es für den Kaiser vorteilhaft, das Richteramt einem Mann zu übertragen, der nicht in die Händel des Reichstags und der Kreise verwickelt, sondern mit seinem Lehnsbesitz ausschließlich von ihm selbst abhängig war.

Ein vergleichbarer Trend läßt sich bei der protestantischen RKG-Präsidentenstelle nicht beobachten. Hier folgten im 17. Jahrhundert fünf Grafen aus dem Hause Leiningen im Amt; im 18. Jahrhundert waren mit den Grafen Karl von Wied-Runkel (amtierte 1724–1764) und Christian Albrecht Kasimir von Kirchberg-Hachenburg (amtierte 1764–1772) weiterhin Personen reichsgräflichen Standes im Gericht vertreten.[203]

Die schon erwähnte Neigung katholischer Grafenhäuser, Vormünder für minderjährige Erbgrafen aus geistlichen Institutionen zu wählen, konnte zu einer Gefahr werden, wenn die betreffenden Grafenfamilien erst kurze Zeit zuvor aus der Reichsritterschaft aufgestiegen waren. Nachdem schon der Grafentag 1740 über Klagen des Grafen von Metternich diskutiert hatte – schon damals handelte es sich um Ansprüche der rheinischen Reichsritterschaft auf Rechte der Familie Metternich[204] –, schrieb der Direktor des westfälischen Grafenkollegiums an den Mainzer Domkapitular Graf von Metternich 1755 über dauernde Eingriffe der Reichsritterschaft in die landesherrlichen Rechte; es sei mit der Entfremdung von Gütern zu rechnen, wenn nicht bald Maßnahmen ergriffen würden.[205]

Die Rangstreitigkeiten zwischen den kleinen Grafen und Rittern des Reiches erscheinen absurd vor dem Hintergrund der großen Bedrohung, in der sich beide angesichts des staatlichen Konzentrationsprozesses befanden. Von seiten der Grafen konnte es jedoch keine Einigkeit mit den Rittern mehr geben, da dies nach dem damaligen Standesverständnis das Ende der hochadligen Qualität nach sich gezogen hätte mit allen Konsequenzen, die dies für die ohnehin angefochtene Position den größeren Reichsständen gegenüber bedeutet hätte.

---

ritterschaft auf das RKG dokumentieren: Kurmainz und das Reichskammergericht, in: Bll.f.dt.LG 110 (1974), S. 181–217; Die kurmainzischen RKG-Assessoren, in: ZRG-GA 94 (1977), S. 89–128.

[201] Vgl. Korrespondenz im LHA KO, Best. 53 B, Nr. 2647; zit. nach: DUCHHARDT, Reichsritterschaft und Reichskammergericht, S. 325.

[202] Zu Graf Spaur (Kammerrichter von 1763–1797): SMEND, Reichskammergericht, S. 246; vgl. auch dazu: JAHNS, Juristen im Alten Reich, S. 29 f.

[203] Hierzu und zu den Verwandtschaftsbeziehungen Leiningen-Wied-Kirchberg: JAHNS, Juristen im Alten Reich, S. 30 f.

[204] Streitigkeiten 1739/40: Kaiser Karl VI. an das Grafenkollegium, 27. Okt. 1739: StA DT, L 41 a, 664, S. 37; Grafentag, 31. Aug. 1740: StA DT, L 41 a, 322, S. 196 f.

[205] Schreiben Neuwieds an den Grafen von Metternich, 21. Febr. 1755: StA DT, L 41 a, 664, S. 46–49.

7.5. GRÄFLICHE STANDESPOLITIK AM BEISPIEL DER VOLLMACHT-AUSSTELLUNG IN DER WIR-FORM

Der Streit der Reichsgrafen um das Recht, eigene Mandate in der Form »Wir, von Gottes Gnaden ... Graf von ...« ausstellen zu dürfen, ist nicht mit dem gräflichen Bevollmächtigungsstreit zu verwechseln. Ging es beim Bevollmächtigungsstreit um das konfessionelle Gleichgewicht bei der Vertretung im Reich, so handelte es sich bei der Auseinandersetzung um die Vollmachtausstellung in der Wir-Form um einen Titulaturstreit zwischen dem gesamten Grafenstand und dem Reichshofrat, also dem Kaiser.

Das kaiserliche Gericht in Wien hatte 1774 den Grafen Simon August zur Lippe aufgefordert, seine Prozeßvollmachten für seine RHR-Agenten in der Ich-Form auszufertigen; der Graf hielt dies für eine Zumutung und eine bewußte Demütigung des Grafenstandes, die er nicht hinzunehmen bereit war. Er forderte alle Grafen auf, sich auf ein gemeinsames Vorgehen zu verständigen. In seinen Ausführungen vermutete Graf Simon August, daß das verweigerte Krönungsgeschenk für Kaiser Joseph II. sich nun nachteilig für die Grafen auswirken würde; die Verärgerung in Wien hierüber und über die Reklamationen der Grafen anläßlich der geplanten Stimmrechtsübertragung der schwäbischen Grafen in der RKG-Visitationssache sei deutlich spürbar.[206]

Die Verwendung des Majestätsplurals in eigenen Mandaten war ein uraltes Herkommen der fürstlichen Regierungen; es sollte zusammen mit der Formel »von Gottes Gnaden« die Verantwortung allein Gott gegenüber demonstrieren. Ausgenommen von dieser Formel waren die Handschreiben der Fürsten, die im Singular verfaßt wurden.[207] In der Reichspublizistik des 18. Jahrhunderts wurde bezweifelt, ob die Grafen zur Führung der Wir-Form berechtigt waren; Scheidemantel/Häberlin verneinten dies ebenso wie Seckendorf.[208] Graf Philipp Ferdinand von Limburg-Styrum soll schon 1769 von Kaiser Joseph II. aufgefordert worden sein, den Zusatz »von Gottes Gnaden« zu unterlassen, da dies allein souveränen Fürsten und Königen zustünde.[209] Die prográflichen Juristen, etwa Johann Christian Lünig, verwiesen auf das Herkommen, wonach schon im Mittelalter die Formel »nos dei gratia« in gräflichen Urkunden verwendet worden sei.[210]

Auf den lippischen Protest hin vereinbarten die Grafen der Engeren Korrespondenz, beim Kaiser schriftlich gegen diese Titulaturminderung zu protestieren; die anderen evangelischen Grafenkollegien Frankens und der Wetterau wurden informiert und in den gemeinsamen Protest einbezogen. Nachdem eine Eingabe des

---

[206] Graf Simon August zur Lippe an Graf Friedrich Alexander von Neuwied, 13. Juli 1774: StA DT, L 41 a, 268, S. 1–4.

[207] Julius Bernhard von ROHR, Einleitung zur Ceremoniel-Wissenschafft der großen Herren, Berlin 1733, S. 422 f.

[208] SCHEIDEMANTEL/HÄBERLIN, Repertorium des teutschen Staats- und Lehnrechts, Bd. 2, S. 313; Veit Ludwig von SECKENDORF, Teutscher Fürstenstaat, 3. Aufl., Jena 1737, S. 36.

[209] SCHEIDEMANTEL/HÄBERLIN, ebd., Bd. 2, S. 314.

[210] LÜNIG, Thesaurus juris, S. 71; S. 537; vgl. KESTING, in: Westf. Zs. 106 (1956), S. 222, der sogar einen Beleg von 1198 (Grafen von Eberstein) anführt.

Grafen zur Lippe in Wien erfolglos geblieben war, wurde ein Protestschreiben seitens des gräflichen Direktoriums am 15. Dez. 1775 abgesandt.[211] Flankiert wurde dieses Schreiben durch eine Intervention beim Reichsvizekanzler Fürst Colloredo, Reichsreferendar Franz Georg von Leykam sowie Graf Karl Christian zur Lippe-Weißenfeld.[212] 1776 beteiligte sich auch das wetterauische und das fränkische Kollegium mit eigenen Eingaben; der Streit entwickelte sich zu einem Papierkrieg größten Ausmaßes: Allein die Korrespondenz innerhalb des Kollegiums umfaßte 21 Faszikel, die Kostenabrechnungen weitere 6 Faszikel.[213]

Der Kaiser behandelte alle Eingaben dilatorisch; drängende Anfragen einzelner Grafen ließ er mit dem Hinweis beantworten, der Reichshofrat würde die Angelegenheit prüfen und dazu ein Gutachten erstellen. Das kaiserliche Gericht äußerte sich 1776 und 1788 zu diesem Fall. Seine Argumentation lief darauf hinaus, daß weder der übliche Schriftverkehr zwischen den Grafenhäusern bzw. zwischen den Grafen und ihren Untertanen, wo das Wir beachtet würde, noch die Anerkennung des Plurals durch das RKG zur Begründung eines Herkommens ausreichen würde. Bisher in der Wir-Form an den Reichshofrat gerichtete Schreiben seien irrtümlich angenommen worden, doch sei auch hieraus kein Recht abzuleiten. Allein der Kaiser habe das Recht, zur Führung des Prädikats Wir zu privilegieren; nur wer von ihm als der alleinigen Quelle des Adels ein Privileg hierüber besitze, dürfe das Prädikat führen. Der Reichshofrat wies ferner darauf hin, daß bei massenhafter Beantragung des Prädikats durch die Reichsgrafen der Fürstenstand sicherlich eine eigene Statusverbesserung fordern würde.[214]

Die Grafen konnten ein konzertiertes Vorgehen – wie es dem Geist der Grafenunion bei gemeinschaftlicher äußerer Bedrohung entsprochen hätte – nur zeitweise herstellen. Meistens versuchte jede Familie für sich mit gräflichen Verwandten oder Bekannten in Wien oder mit den Reichsfürsten zu korrespondieren, ohne daß eine einheitliche Strategie entstanden wäre. Graf Friedrich Alexander von Neuwied verhandelte mit der preußischen Regierung, die dem Streit keinen höheren Stellenwert beimaß. Immerhin instruierte sie den preußischen Gesandten in Wien, beim Kaiser wegen der Wiedereinsetzung der Grafen in den vorigen Stand vorstellig zu werden.[215]

1779 drohte die Vermischung des Titulaturstreits mit dem gräflichen Gesandtschaftsstreit am Reichstag, als das kurmainzische Reichstagsdirektorium die Voll-

[211] Westfälisches Grafenkollegium an den Kaiser, 6. Sept. 1775 (Konzept von Fischer): StA DT, L 41 a, 268, S. 127f–i. Am 15. Dez. 1775 ging das Schreiben mit Zustimmung der Mitstände ab: Notiz Rotbergs: StA DT, L 41 a, 268, S. 216.

[212] Vgl. die Schreiben in: StA DT, L 41 a, 268, S. 217 ff. Zu Reichsvizekanzler Rudolf Josef Fürst von Colloredo (1706–1788; amtierte seit 1737): GSCHLIESSER, Reichshofrat, S. 451 f.; Heinz SIEGERT (Hg.), Adel in Österreich, Wien 1971, S. 107 f.; SESt III, Tafel 37. Zu Franz Georg Freiherr von Leykam, dem österreichischen Reichsreferendar: ARETIN, Heiliges Römisches Reich, Bd. 1, S. 151.

[213] Vgl. StA DT, L 41 a, 268–288 passim; 438–443 passim.

[214] Gutachten des Reichshofrates, 6. Sept. 1776 und 16. April 1788. Der RHR-Präsident hatte schon am 15. April 1775 ein Schreiben an den Kaiser gerichtet: vgl. LEYERS, Reichshofratgutachten, S. 203–205.

[215] Neuwied an Preußen, 4. Nov. 1777: StA DT, L 41 a, 269, S. 127–135: Preußen an Neuwied, 2. Dez. 1777: StA DT, L 41 a, 269, S. 149.

macht des Gesandten von Fischer für die Reichsdeputation bezüglich des Teschener Friedens ablehnte: Wieder wurden die Wir-Form und die Formel »von Gottes
Gnaden« bemängelt. Fischer fürchtete nun, daß auch das gräfliche Votum am
Reichstag suspendiert werden könnte, wenn nicht bald eine Einigung erzielt
werde. Ein Nachgeben sei jedoch für die Bewahrung der gräflichen Rechte noch
hinderlicher.[216]

1781 lehnte Kaiser Joseph II. ein Einlenken ab; die Grafen nahmen Rekurs beim
Reichstag, der jedoch wegen des Stimmrechtstreites nicht handlungsfähig war.[217]
Die Bedeutung des Reichstages auch für die kleineren Stände als ein konservieren-
des Element der Reichsverfassung wird hier sehr deutlich: Bei blockiertem Reichstag konnten nicht nur die Fürsten gegenüber den kleinen Ständen nach Belieben
verfahren, sondern auch der Kaiser durch seine weitreichenden Reservatrechte
vollendete Tatsachen schaffen, die später nicht mehr reversibel waren. Dennoch
bemühte sich der RHR-Agent J.F. Fischer von Ehrenbach weiterhin, die Angelegenheit im Reichshofrat zu einer günstigen Entscheidung zu bringen[218]; er konnte
jedoch nicht verhindern, daß Streitigkeiten zwischen den betroffenen Grafenkollegien ungünstige Auswirkungen auf die gemeinsame Interessenpolitik hatten. Das
Schwäbische Grafenkollegium sträubte sich zehn Jahre lang, an einer gemeinsamen Eingabe teilzunehmen; zwar wurde offiziell der ungelöste Stimmrechtsstreit
in Regensburg als Grund für fehlende Kooperationsbereitschaft angegeben[219], im
Hintergrund standen jedoch Bedenken, mit den drei aufrührerischen nördlichen
Kollegien gemeinsame Sache zu machen und damit die spezielle kaiserliche Gunst
zu verlieren, die für sie wegen der kaiserlichen Mitgliedschaft in ihrem Gremium
sowie wegen der Nähe kaiserlichen Territorialbesitzes zu ihren Ländern eine erhöhte Bedeutung hatte. Erst eine Intensivierung des Schriftwechsels zwischen dem
Grafen von Neuwied und dem Direktor des schwäbischen Kollegiums, Graf Hermann von Königsegg-Aulendorf, führte 1784 zu einer freundlicheren Haltung der
südwestdeutschen Grafen dem gemeinsamen Protestprojekt gegenüber.[220]

Der gräfliche Standpunkt wurde durch eine 300seitige Beweisschrift untermau-
ert, die Materialien aus allen gräflichen Archiven aufführte zwecks Erhärtung des
Anspruchs auf die genannten Kurialien. Die Schrift war in der Kanzlei von Neuwied verfaßt worden, nachdem die verschiedenen gräflichen Kanzleien im Reich
Abschriften zugeschickt hatten. Wesentlichen Anteil an der Erstellung der Schrift

---

[216] Fischer an Neuwied, 29. März 1779: StA DT, L 41 a, 138, S. 9–18.

[217] Der Reichstagsrekurs wurde mit einer ersten Quellensammlung aus den Archiven in Steinfurt, Dierdorf und Detmold versehen, die die Wir-Form und das »von Gottes Gnaden« seit alters
her nachwies: Archivbelege von 1657–1781: StA DT, L 41 a, 272, S. 1–38.

[218] Vgl. aus der großen Zahl von Berichten Fischer von Ehrenbachs den vom 29. Okt. 1783:
StA DT, L 41 a, 275, S. 66 f.

[219] Zur Verdeutlichung des schwäbischen Standpunkts: Graf Franz Anton Truchseß von Waldburg-Zeil an Graf Friedrich Alexander von Neuwied, 10. Febr. 1784: StA DT, L 41 a, 276, S.
429–431.

[220] Vgl. Briefe des Grafen von Königsegg-Aulendorf an den Grafen von Neuwied, 12. Febr., 12.
März und 2. April 1784: StA DT, L 41 a, 276, S. 449–451; S. 457; S. 463. In der Folgezeit versuchte
Graf Franz Georg von Metternich noch weitere kleine Zugeständnisse für seine Konfessionskolle-
gen zu erreichen, damit auch er zustimmen konnte: vgl. StA DT, L 41 a, 276, S. 464 ff.

hatte Direktorialrat Rotberg, der auch für den Druck und die Verbreitung sorgte.[221]

Die Beilegung des gräflichen Stimmrechtsstreits in Regensburg 1784/85 trug zur verbesserten Kooperation der Grafen beider Konfessionen in der Wir-Form-Sache bei. Im Januar 1786 konnte Rotberg durch einen Besuch den Grafen Franz Georg von Metternich gewinnen, selbst im Auftrag aller Grafenkollegien beim Kaiser zu intervenieren: Niemand sei dafür geeigneter, so argumentierte Rotberg, als der Eifelgraf bei seinen kaiserlichen Ämtern und den guten Verbindungen nach Wien.[222] Die Hoffnung in Neuwied, Metternich werde nun selbst nach Wien reisen, erwies sich hingegen als verfrüht; der Graf signalisierte 1787 zwar die Bereitschaft, an geeigneter Stelle zu intervenieren und auch eine weitere persönliche Bittschrift zu unterzeichnen, doch eine persönliche Übergabe empfand er als zu riskant.[223]

1788 signalisierte der kaiserliche Hof zur allgemeinen Freude und Überraschung Entgegenkommen: Der Kaiser bot an, daß alle altgräflichen Häuser bei Nachweis früheren Gebrauches die Vollmachtausstellung in der Wir-Form beibehalten dürften.[224] Mit dieser Regelung waren die altgräflichen Häuser zufrieden – der Nachweis fiel keinem Haus schwer – und schwenkten sofort aus der Protestfront aus. Nun engagierte sich Graf Franz Georg von Metternich als der Wortführer der Neugrafen. Bei den Wahlkapitulationsverhandlungen für Kaiser Leopold II. konnte er sein Anliegen vorbringen; der neue Kaiser ließ zu Beginn des Jahres 1791 das Recht auf die Kurialien »Wir« und »von Gottes Gnaden« auf alle reichsständischen Häuser und Amtsträger mit Sitz und Stimme im Reichsfürstenrat ausdehnen, also auch auf die Grafen und Prälaten.[225] Metternich konnte das Ergebnis dem Grafen von Neuwied voller Freude mitteilen; er schlug ein Dankgeschenk an den Kaiser vor, das sich von den früheren Krönungsgeschenken abheben sollte, um kein Präjudiz zu schaffen, um aber die andauernde Gunst des Kaisers gegenüber dem Grafenstand sicherzustellen.[226]

Der Streit um die Vollmachtausstellung in der Wir-Form war nur vordergründig ein Konflikt zwischen Kaiser und Reichsgrafen. Die Grafen waren vielmehr von der Furcht erfüllt, in einem zeremoniellen Punkt die Ranggleichheit mit den Reichsfürsten zu verlieren, die für sie der Maßstab ihres politischen Handelns war. Die Beweggründe des Kaisers und des Reichshofrates blieben undeutlich; weder wurde die Entschlossenheit erkennbar, den Reichsgrafenstand in die Nähe der Reichsritterschaft herabzuwürdigen, noch wurde eine Erklärung zu Beginn und Beendigung des Konflikts abgegeben. Der Kaiser hatte hier seine Macht als

---

221 Druckschrift: »Beurkundete Verlegung des uralten Reichsherkommens und der Reichs-Gesetzlichen Verordnungen, welche [...] den Gebrauch des Prädikats »Wir« [...] außer allen Zweifel und Anfechtung setzen« (1786): StA München, FA Toerring-Jettenbach MM 5; vgl. StA DT, L 41 a, 276, S. 121–403.

222 Bericht Rotbergs an Neuwied, 20. Jan. 1786: StA DT, L 41 a, 278, S. 15 f.

223 Metternich an Neuwied, 4. Mai und 2. Juli 1787: StA DT, L 41 a, 280, S. 67 f., 255 f.

224 Vgl. Bericht des Legationsrates von Stockmeyer an Graf von Neuwied, 10. Sept. 1788: StA DT, L 41 a, 284, S. 1 f.; vgl. KESTING, in: Westf. Zs. 106 (1956), S. 222.

225 Reichshofratsdekret vom 22. Febr. 1791 (Kopie): StA DT, L 41 a, 287, S. 4 f.

226 Schreiben Metternichs an Neuwied, 31. März 1791: StA DT, L 41 a, 287, S. 12.

Schiedsrichter im Reich demonstriert, obwohl unklar bleibt, ob Joseph II. die gesamte Auseinandersetzung aus diesem Grund inszeniert hatte.

Ein Eingreifen der Reichfürsten, die potentiell daran interessiert sein konnten, die Titulatur »Wir, von Gottes Gnaden« für sich zu reservieren, läßt sich nicht erkennen; ihre Zerstrittenheit in den Jahren 1785–1791 und das verbreitete Mißtrauen gegenüber dem Kaiser führten zu Zurückhaltung. Die Grafen bewerteten den glücklichen Ausgang des Titularstreites als einen bedeutenden politischen Sieg; in ihrem Bewußtsein war ihr Rang sichtbar nach den Reichsfürsten, doch mit ihnen in einer Gruppe, befestigt worden. Die Stufe gegenüber dem Niederadel blieb erhalten.[227] Wenn Hermann Kesting diese Frage für eine »äußerliche Titelfrage« hielt, so kennzeichnet es eine Sichtweise der Nationalhistorie des 19. und frühen 20. Jahrhunderts, die weder für die Beweggründe der gräflichen Kleinpotentaten noch für das komplizierte Herrschaftssystem des Reichs nach 1648 Verständnis aufbringt.[228]

7.6. FRAUEN IM REICHSGRAFENSTAND

Die neuere Sozialgeschichtsforschung hat festgestellt, daß den Frauen in der Geschichte auch patriarchalischer Gesellschaftsformen keineswegs nur eine zurückgezogene und unselbständige Rolle zugedacht war, sondern daß es eine Reihe von Möglichkeiten für Frauen gab, sich aktiv zu betätigen; oft entstanden Situationen, in denen das Engagement von adligen Frauen zwingend erforderlich war, um Schaden von einem Geschlecht abzuwenden. Obwohl diese Fälle als Ausnahmen gelten müssen in einem sozialen System, das grundsätzlich die Initiative bei öffentlichen Aktionen dem Mann vorbehalten hat, verdienen sie dennoch Aufmerksamkeit, um das Bild völliger Entrechtung und Unterdrückung der Frauen zurechtzurücken.[229]

Die Rolle des Familienverbandes in der alteuropäischen Gesellschaft wurde schon hervorgehoben. Eine Familie wurde in der Regel durch einen Mann beherrscht, doch es gab zwei Fälle, in denen Frauen zur Leitung des Verbandes gelangen konnten: im Fall der Minderjährigkeit des Erben sowie im Fall des Aussterbens eines Geschlechts im Mannesstamm. Hier konnten hochadlige Frauen für einige Zeit in den Besitz der Landeshoheit gelangen; war die Vormundschaftsregierung von begrenzter Dauer, konnte eine Erbgräfin ihre Lande oft auch nach einer Eheschließung – mit Einverständnis ihres Mannes – weiter regieren.[230]

---

[227] Dies beweisen auch die beträchtlichen Zuwendungen, die Direktorialrat Rotberg für das unter seiner Regie angefertigte Schriftstück »Beurkundete Verlegung« von Grafen aus allen vier Kollegien erhielt: vgl. Kap. 6.3. (S. 203); Korrespondenz dazu: StA DT, L 41 a, 289–301 passim.

[228] Vgl. KESTING, in: Westf. Zs. 106 (1956), S. 222.

[229] Vgl. neben vielen anderen: Annette KUHN/Jörn RÜSEN u.a. (Hrsg.), Frauen in der Geschichte, bisher Bde. 1–7, Düsseldorf 1980 ff.; Peter KETSCH, Frauen im Mittelalter, Bde. 1–2 (hrsg. von Annette KUHN), Düsseldorf 1983/84; Edith ENNEN, Frauen im Mittelalter, 2. Aufl., München 1985.

[230] Fürstin Louise Isabella von Nassau-Weilburg, geb. Burggräfin von Kirchberg (1772–1827) hatte die Grafschaft Sayn-Hachenburg nach dem Tod ihres Großonkels 1799 geerbt und in ihre

Das salische Erbrecht sah vor, daß Frauen erst dann erben konnten, wenn kein Mannesstamm vom ersten Erwerber eines Besitzes oder einer Herrschaft mehr blühte. Unter normalen Umständen wurden Frauen – in einem Zeitalter ohne öffentliche Daseinsvorsorge – von ihren Familien unter Versorgungsgesichtspunkten betrachtet. Solange sie unvermählt waren, erhielten sie einen Unterhalt im elterlichen Haus. Bei ihrer Heirat bekamen sie von ihrer Familie eine Mitgift als Kapital, das an ihren Ehemann überging, der dafür ihre standesgemäße Versorgung bis zu ihrem Tod übernahm. Meistens wurde ein Teil der Güter des Ehemanns der Braut als Wittum, als Einkommensquelle für ihre mögliche spätere Witwenschaft, überlassen.[231]

Erbtöchter im engeren Sinne konnte es nur in den Reichslehen geben, die vorher als »Weiberlehen« kenntlich gemacht worden waren. Diese Lehen sind entweder zuerst an eine Frau ausgegeben worden oder später per Privileg zur weiblichen Erbfolge zugelassen worden. Landgraf Karl von Hessen-Kassel verlieh 1699 die Grafschaft Rietberg als Reichsafterlehen an die Töchter des verstorbenen Grafen von Rietberg und ihre Nachkommen als Weiberlehen.[232] Das berühmteste Beispiel waren die habsburgischen Erblande: Sie wurden durch die »Pragmatische Sanktion« (1713) zu einem Weiberlehen, indem Kaiser Karl VI. die Primogeniturerbfolge im männlichen und weiblichen Stamm einsetzte.[233] Wegen seiner immensen politischen Bedeutung war dieses Erbfolgegesetz ein reichsrechtlicher Ausnahmefall, der auch durch eine ausführliche juristische Untermauerung[234] nichts von seiner Umstrittenheit verlor. Obwohl es der Regelfall war, daß Erbtöchter später zugunsten ihres Ehemanns oder ihrer Söhne auf die Regierungsausübung verzichteten, hat Kaiserin Maria Theresia bis zu ihrem Tode geherrscht.[235]

Eine Vormundschaftsregierung wurde gebildet, wenn ein Graf mangels Alter oder mangels Regierungsfähigkeit zeitweilig vertreten werden mußte. Das Reichsrecht sah ausdrücklich vor, daß Frauen zur Führung einer Vormundschaftsregierung für ihre minderjährigen Kinder in einem reichsständischen Territorium berechtigt waren. In der Regel ließen sich die Gräfinnen durch Testament ihrer

Ehe mit dem Fürsten von Nassau-Weilburg eingebracht. Die Regierungsgeschäfte führte sie, soweit die Kriegsverhältnisse dies zuließen, weiter. Vgl. Korrespondenz in der Schlußphase des Grafenkollegiums: StA DT, L 41 a, 8 und 9 passim; zur Fürstin von Nassau-Weilburg: DAHLHOFF, Geschichte der Grafschaft Sayn, S. 52.

231 Hierzu sowie zu den komplizierten Abwicklungen von Erbansprüchen der Töchter auf das Wittum ihrer Mutter vgl. PÜTTER, Institutiones iuris publici, Bd. 2, Teil 2, S. 450.

232 SCHÖNBERG, Reichslehen, S. 158 f.; weitere Weiberlehen waren: Baden, Braunschweig-Lüneburg, Mömpelgard, Battenberg, Anholt, Limburg, Reckheim, Wickrath, Schauen und Landscron: ebd., S. 173.

233 Vgl. H.-J. BECKER, Art.«Pragmatische Sanktion«, in: HRG Bd. 3, Sp. 1864–1866.

234 Der Jurist Johann Wilhelm von Boebel war zur Schrift »Dissertatio academia de observantia imperii« (Helmstedt) veranlaßt worden: Bernd ROECK, Reichssystem und Reichsherkommen, Wiesbaden, Stuttgart 1984, S. 108 f.; Goebel galt wegen seiner 1730 erfolgten Nobilitierung und seiner Tätigkeit am Braunschweiger Hofgericht – die Frau Karls VI. stammte aus Braunschweig-Wolfenbüttel – nicht gerade als unabhängiger Gutachter: vgl. ADB 9, S. 298.

235 Zum üblichen Herkommen: Heinrich NEU, Differenzen um die Herrschaft Saffenburg, in: Jahrbuch für Geschichte und Kunst des Mittelrheins und seiner Nachbargebiete 18/19 (1966–1968), S. 116–127; hier: S. 125.

Männer, des früheren Herrschers, oder durch Mandat der beiden Reichsgerichte einsetzen. In vielen Fällen erfolgte die Bestellung eines zusätzlichen männlichen Mitvormunds; dies war vorteilhaft zur Abwehr fremder Ansprüche – wenn der Mitvormund über gute politische Verbindungen verfügte –, jedoch nicht rechtlich erforderlich.[236] Vormünder nahmen die Regierung nach eigenem Gutdünken wahr, mußten später aber nach Regierungsantritt des Erben Rechenschaft ablegen.[237]

Beispiele für weibliche Vormundschaftsregierungen waren im Niederrheinisch-Westfälischen Reichsgrafenkollegium so zahlreich, daß hier eine Beschränkung auf nur wenige Fälle erfolgen muß. Gräfin Juliane von Sayn (1603–1670) mußte ab 1633 die Vormundschaft für ihre beiden Töchter im Dreißigjährigen Krieg führen; es gelang ihr 1648, die Befreiung ihrer Besitzungen von allen Truppen im Westfälischen Friedensvertrag festschreiben zu lassen.[238] Ihre Enkelinnen, Eleonora Clara von Pöttingen (1657–1714) und Magdalena Christina von Kirchberg (1658–1715) stellten in eigenem Namen Vollmachten für den Grafentagsgesandten Ludwig Wilhelm Avemann aus, der die Grafschaften beim Grafentag 1704 vertrat.[239]

Gräfin Sophia Florentina zur Lippe (1683–1758) heiratete 1704 den Grafen Maximilian Heinrich von Wied-Runkel; nach dessen Tod im Duell 1706[240] übernahm sie die Vormundschaftsregierung für ihre Söhne. Zwar beteiligten sich Lippe und Hessen-Kassel formell an der Verwaltung des Landes, hielten sich jedoch im Hintergrund. Die Gräfin wehrte die Versuche ihres Schwagers ab, in den Besitz der Landesherrschaft zu gelangen; die Herrschaftsausübung schien ihr so gut gefallen zu haben, daß sie erst 1730, als der Erbgraf schon fünf Jahre lang mündig war, diesem die Regierungsgeschäfte übertrug.[241]

Gräfin Juliane von Schaumburg-Lippe (1761–1799) verteidigte 1787 die Rechte ihres siebenjährigen Sohnes gegen die Mediatisierungsbestrebungen des Landgrafen von Hessen-Kassel.[242] Fürstin Louise Wilhelmine von Wied-Neuwied (1747–1823) setzte die Scheidung von ihrem Mann, Fürst Friedrich Karl von Neuwied, durch, als dieser wegen Unterdrückung seiner Untertanen und seiner Familie un-

---

[236] ROHR, Ceremoniel-Wissenschafft der großen Herren, S. 542 ff.; Einsetzung einer Vormundschaft: LÜNIG, Thesaurus juris, S. 582 f.

[237] ROHR, Cermoniel-Wissenschafft der großen Herren, S. 582 f.

[238] W. LICHTENBERGER, Aus der Vergangenheit saynischer Geschichte, Marienberg 1920, S. 46 ff.; DAHLHOFF, Geschichte der Grafschaft Sayn, S. 25 ff.; Saynische Restitution 1648: IPO 1648 Art. 3 § 36: BUSCHMANN, Kaiser und Reich, S. 303.

[239] Vollmacht für Avemann, 19. März 1704: StA DT, L 41 a, 317, S. 203.

[240] Graf Maximilian Heinrich von Wied-Runkel wurde am 19. Dez. 1706 bei einem Duell mit Graf Georg Hartmann von Leiningen-Westerburg in Stuttgart tödlich verletzt: RECK, Geschichte der gräflichen und fürstlichen Häuser Isenburg, Wied, Runkel, S. 244 f.

[241] RECK, ebd., S. 249–251; S. 262; GENSICKE, Westerwald, S. 336–338; Gesuch um die Belehnung mit Fuldaer Lehen, Mai 1715: FISCHER, Geschlechtsregister der Häuser Isenburg, Wied und Runkel, S. 355 f.

[242] Vgl. BROSIUS, Das Land Schaumburg-Lippe, in: HAASE, Niedersachsen, S. 89; OBERSCHELP, Politische Geschichte Niedersachsens, S. 104.

ter Kuratel gestellt wurde und schließlich abdanken mußte (1802); sie führte für ihre Söhne die Vormundschaftsregierung.[243]

Die schwierigste Aufgabe, ihre Besitzungen den Kindern erhalten zu können, hatte Gräfin Luise Margarethe von der Mark (1730–1820). Als Erbin von Schleiden und Saffenburg war sie bis 1778 mit Herzog Karl Maria Raimund von Arenberg verheiratet. 1794 blieb sie im französischen Besatzungsgebiet wohnen und erreichte durch zähe Verhandlungen mit den Behörden die Aufhebung des Sequesters. Nach 1815 gelang es ihr, den Saffenburger Besitz dem Hause Arenberg – das 1803 im Münsterland entschädigt worden war – auch gegenüber Preußen zu behaupten.[244]

Auch außerhalb der Verteidigung von Haus und Herrschaft gegen männliche Erbkonkurrenten gab es Betätigungsfelder für adlige Frauen. Maria Gertrud von Berlepsch (1654–1723) ist hierfür ein Beispiel, wie groß der Spielraum für ambitionierte Frauen im Ancien Régime war, ohne mit den herrschenden Konventionen in unüberbrückbare Konflikte zu geraten. Maria Gertrud war eine hessische Niederadlige[245], die im Gefolge der kurpfälzischen Prinzessin Maria Anna an den spanischen Hof Karls II. kam. Dort führte sie die habsburgische Hofpartei an[246], zog sich jedoch bald durch hemmungslose Bereicherung den Haß der spanischen und französischen Kreise in Madrid zu. Der Wiener Hof betrieb nach 1697 die Abberufung und anderweitige Versorgung der Berlepsch, um nicht bei den kommenden Erbauseinandersetzungen in eine aussichtslose Startposition zu geraten.[247]

Von den spanischen Gewinnen und der großzügigen Entschädigung durch den Kaiser kaufte Maria Gertrud 1699 die Reichsherrschaft Mylendonk am linken Niederrhein vom Herzog von Croy.[248] Einen weiteren immateriellen Nutzen trug sie ebenfalls davon: Sie wurde eine der wenigen Personen im alten Reich, die im Laufe ihres Lebens dreimal standeserhöht worden sind: 1695 war sie Freifrau, 1705 Gräfin geworden; 1706 verlieh Kaiser Joseph I. ihr das Stift »Zu den heiligen Engeln« in der Prager Neustadt, als dessen Äbtissin Maria Gertrud 1707 in den persönlichen Fürstenstand aufstieg.[249] Reich an Ruhm und Geld legte sie 1709 die geistliche Würde nieder und zog sich auf ihre Herrschaft Mylendonk zurück. Ihr Geschlecht herrschte dort bis 1732.

---

[243] RECK, Isenburg, Wied und Runkel, S. 279 f.; Rheinischer Antiquarius, 3. Reihe, Bd. 3, S. 439; S. 499.

[244] Rheinischer Antiquarius, 3. Reihe, Bd. 1, S. 695; vgl. Kap.2.1.5.

[245] Maria Gertrud, eine geborene Wolff von Gudenberg, hatte Wilhelm Ludwig von Berlepsch geheiratet, der 1679 im Reichskrieg gegen Frankreich fiel. Als Witwe begab sie sich an den Düsseldorfer Hof, wo sie das Vertrauen der Prinzessin Maria Anna gewann; vgl. BREMER, Mylendonk, S. 102 f.

[246] Adalbert Prinz von BAYERN, Art.«Berlepsch« in: NDB 2, S. 97; Ludwig PFANDL, Karl II. Das Ende der spanischen Machtstellung in Europa, München 1940, S. 354–361; vgl auch: Hans SCHMIDT, Die Königinnen von Spanien und Portugal aus dem Hause Pfalz-Neuburg, in: ZbayLG 44 (1981), S. 345–365.

[247] PFANDL, Karl II., S. 435–438.

[248] BREMER, Mylendonk, S. 103.

[249] KNESCHKE, Deutsches Adelslexikon, Bd. 1, S. 353–355; PFANDL, Karl II., S. 438, HHStA Wien, Staatskanzlei: Große Korrespondenz 66 g (Berlepsch an Wratislaw, 1706).

Ihre Enkelin, Gräfin Philippine Josepha von Berlepsch (1699–1775), wählte ebenfalls den geistlichen Stand; im Gegensatz zur Großmutter, bei der Besitz und standesgemäße Reputation im Vordergrund standen, hat bei Philippine Josepha die geistliche Berufung den Ausschlag gegeben, als sie 1723 in den Orden der Armen Klara in Mainz eintrat.[250]

Das Mainzer St. Antonius-Stift setzte sich von dem ebenfalls in Mainz vertretenen Orden der »Reichen Klarissen« dadurch ab, daß es keinerlei Grundbesitz und feste Geldrenten erwarb; einzige Einkünfte waren die Erträge aus der Handarbeit der Nonnen, Stiftungen und Mitgiften der Novizinnen.[251] Die meisten Nonnen waren bürgerlich; eine Hochadlige war die absolute Ausnahme, und vielleicht hat diese Tatsache dazu geführt, daß Philippine Josepha 1739 zur Äbtissin gewählt wurde.[252] Der Dienst der Nonnen war außerordentlich streng: Zu den drei normalen Ordensgelübden traten Chorgebet, Kontemplation und Schweigen sowie beständiges Fasten. Von den Ordensangehörigen wurden nur wenige älter als 30 Jahre; umso erstaunlicher ist es, daß Philippine Josepha erst im Alter von 76 Jahren starb.[253]

Die Gräfin von Berlepsch war die einzige Reichsgräfin des Niederrheinisch-Westfälischen Grafenkollegiums, die dem Klarissenorden beigetreten ist. Der Normalfall einer geistlichen Versorgung war der Eintritt in eines der zahlreichen hochadligen oder ritterschaftlichen Stifte im ganzen Reich.[254] Für die Gräfinnen aus den Mitgliedsfamilien des Kollegiums waren es vor allem die Stifte Essen, Elten, Thorn, Vreden und das Kollegiatstift St. Ursula in Köln.[255] Einige Familien behaupteten sich hier über Jahrhunderte, so daß es schwerfällt, einen Zeitpunkt zu bestimmen, an dem nicht wenigstens ein Familienmitglied dort Stiftsdame war. Vor allem die Grafen von Salm-Salm, Salm-Reifferscheidt und Manderscheid plazierten ihre Töchter in den genannten Stiften.

Der schon vorgestellten idealen Versorgung einer Stiftsfamilie, alle Söhne bis auf den Erben in einem Domkapitel zu plazieren und alle Töchter bis auf eine heiratende in einem Kanonissenstift zu versorgen, kamen die rheinischen Grafengeschlechter Salm-Salm, Salm-Reifferscheidt und Manderscheid sehr nahe: Von den Kindern des Grafen Hermann Franz von Manderscheid-Kail (+1686) und Maria Agathe von Salm (1641–1691) wurde Sohn Karl Franz Gesamterbe, seine vier Brüder traten in die Domkapitel in Köln und Straßburg oder in den Johanniterorden ein[256], die drei Töchter in die Stifte St. Ursula zu Köln, Essen und Thorn.[257] Die

---

[250] BREMER, Mylendonk, S. 103.

[251] Maria Laetitia BREDE/Fritz ARENS, Kirche und Kloster St. Antonius (Armklara) zu Mainz, Mainz 1950 (Beiträge zur Geschichte der Stadt Mainz Bd. 13), S. 3 f.

[252] BREDE/ARENS, St. Antonius, S. 25.

[253] BREDE/ARENS, St. Antonius, S. 4–7.

[254] Der Zusammenhang zwischen Versorgung der adligen Fräulein, ihrer geistlichen Berufung und der Diensttätigkeit in einem klösterlichen Amt (Äbtissin, Pröpstin ets.) bedarf noch einer neueren Untersuchung, die über das Auflisten von Verfassungsverhältnissen hinausreicht.

[255] Vgl. BREMER, Reichsherrschaft Dyck, S. 164–168; zur vielfältigen Einflußnahme der Reichsstände, des Kaisers und auswärtiger Mächte auf die Äbtissinnenwahlen in den Damenstiften: vgl. MATHY, Metternich, S. 38 f.

[256] Söhne: Wolfgang Heinrich (1678–1742), Domherr (=DH) in Köln und Straßburg; 1722 Resignation und Heirat wegen des drohenden Aussterbens seiner Linie; Ernst Damian Salentin

Kinder des Grafen Ernst von Salm-Reifferscheidt (1621–1684) und Clara Magdalena von Manderscheid (1636–1692) verteilten sich folgendermaßen: Graf Franz Ernst folgte im Erbe, sein Bruder Ludwig wurde Offizier. Die übrigen vier Brüder erhielten Sitze in Domkapiteln.[258] Von den Töchtern heirateten zwei, die übrigen zwei traten in die Stifte in Essen und Vreden ein.[259]
Eine Stiftsdame verpflichtete sich bei ihrer Aufnahme:
1. zu Gehorsam und Ehrfurcht gegenüber der Äbtissin;
2. die gebräuchlichen katholischen Übungen zu halten in Kirchgang, Kleidung, Prozessionen, Zeremonien und Residenz;
3. an den Kapiteltagen anwesend zu sein;
4. nur in die Hand der Äbtissin zu resignieren.[260]
Von den westfälischen Stiften Freckenhorst und Borghorst ist bekannt, daß die jungen Kanonissen nur die notdürftigste Unterrichtung erhalten haben; die in beiden Orten vorhandenen Zwergschulen – erst um 1680 entstanden getrennte Jungen- und Mädchenschulen – dienten nicht der Erziehung der Stiftsdamen. Auch bei den übrigen Stiften kann davon ausgegangen werden, daß die meisten Stiftsdamen ohne eine besondere Aufgabe auf ihren christlichen Lebenswandel bedacht waren, manchmal bis zu ihrer Heirat, meistens ein Leben lang.[261]
Der Austritt aus dem Stift war problemlos. Walburga von Salm-Reifferscheidt (1774–1849) war mit vier Jahren ins Stift St. Ursula in Köln eingetreten; später wechselte sie ins Stift Notre Dame nach Straßburg (1781) und ins Kloster Calvaire nach Paris (1789). 1797 heiratete sie den Freiherrn Maximilian von Gumppenberg-Pöttmes.[262] Gräfin Friederike Caroline Josephine von Bretzenheim (1771–1816), eine uneheliche Tochter des Kurfürsten Karl Theodor von Pfalzbayern, wurde im Alter von 11 Jahren Fürstäbtissin von Lindau. 1796 resignierte sie und heiratete den Grafen Max von Westerholt und Giesenberg.[263]

(+1721): DH in Köln und Straßburg; Maximilian Philipp Dietrich (+1727): DH in Straßburg; Philipp Hugo: Johanniter-Ordensritter: SESt V, Tafel 111.
[257] Töchter: Maria Juliana (geb. 1668): Äbtissin in St. Ursula; Maria Salome (geb. 1671): Stiftsdame in Essen und Thorn; Maria Friederike Salome; Stiftsdame in Essen, Thorn und St. Ursula; SESt V, Tafel 111.
[258] Söhne: Carl Caspar (1660–1685): DH in Straßburg; Alexander (1662–1697): DH in Köln; Johann Philipp (1666–1687): DH in Köln und Osnabrück; Wilhelm (1668–1721): DH in Köln: SESt III, Tafel 152.
[259] Töchter: Maria Ernestine (1657–1723), verheiratet mit Maximilian Franz Graf Truchseß von Waldburg-Zeil; Juliane (1671–1740) verheiratet mit Maximilian von Grothuss; Anna Felicitas (1658–1733): Stiftsdame in Essen, Sidonia Elisabeth (1663–1700): Dechantin in Vreden: SESt III, Tafel 152.
[260] BREMER, Reichsherrschaft Dyck, S. 167.
[261] Richard WEINING, Das freiweltlich-adlige Fräuleinstift Borghorst, Münster 1920, S. 203–209, Wilhelm KOHL, Das freiweltliche Damenstift Freckenhorst, Berlin 1975, S. 208 f. Nur die Abtei in Elten hat eine adlige Schule unterhalten (Gründungszeit unbekannt); die Kanonissen widmeten sich der Weberei und Stickerei, der Anfertigung kirchlicher Gewänder, illuminierter Meß- und Gebetbücher und der Fabrikation von Rosenkränzen: Leo GIES, Das kaiserliche Reichsstift Elten, in: ders., Festschrift: 1000 Jahre St. Vitus auf dem Eltenberge, Elten, Kleve 1967, S. 19–44; hier: S. 20.
[262] WUNDERLICH, Studienjahre der Grafen Salm-Reifferscheidt, S. 23; vgl. SESt III, Tafel 152.
[263] HELDMANN, Reichsherrschaft Bretzenheim, S. 62, Stammtafel 3.

Von zentraler Bedeutung für das alteuropäische Sozialgefüge war das Amt der Äbtissin: Hier bestand eine der wenigen Möglichkeiten für eine Frau, kraft eigenen Rechts Herrschaft auszuüben, auch über Männer. Ihre Aufgabe war es, das Stift nach innen und außen zu vertreten, in politischer, rechtlicher und kirchenrechtlicher Hinsicht. Dazu gehörte vor allem die Archidiakonalgewalt, die ihr bischöfliche und landesherrliche Rechte verlieh. Die Äbtissin verfügte die Einsetzung von Priestern in ihre Stellen; ferner hatte sie maßgeblichen Einfluß auf die Neuaufnahme von Kanonissen ins Stift.[264] Innerhalb der Stiftsimmunität besaß sie die richterliche Gewalt sowohl in kirchlichen wie in zivilen Angelegenheiten; sie strafte, regelte Besitzstreitigkeiten und vergab Lehen.[265] Allein die Ausübung priesterlicher Befugnisse blieb ihr als Frau gemäß kanonischen Grundsätzen versagt; jedoch unterstanden auch die Priester ihres Stifts ihrer Jurisdiktion.

Die Dominanz der gräflichen Familien Manderscheid, Salm-Reifferscheidt und Salm-Salm spiegelt sich in der fast durchgängigen Besetzung der westfälischen Äbtissinnenstellen mit ihren Mitgliedern wider; hinzu trat noch das Geschlecht Limburg-Styrum. Die Stifte Elten und Vreden wurden zwischen 1600 und 1805 nur für 5 bzw. 9 Jahre von Äbtissinnen geleitet, die nicht diesen Häusern entstammten.[266] In den Stiften Essen und Thorn war die Dominanz nicht ganz so deutlich[267], während in Freckenhorst und Borghorst das Amt der Äbtissin auch dem Niederadel geöffnet und nach 1645 bzw. 1674 von diesem behauptet wurde.[268]

Die Versorgungsmöglichkeiten für die Fräulein evangelischer Grafenfamilien hatten sich mit Durchsetzung der Gegenreformation stark verschlechtert; dennoch standen eine Reihe von Stiften – Herford, Quedlinburg, Gandersheim sowie die landsässigen Schildesche, Herdecke und Leeden – ihren Töchtern zur Verfügung. 1789 erwarb die schaumburg-lippische Vormundschaftsregierung für die beiden jungen Gräfinnen Wilhelmine (1783–1858) und Karoline (1786–1848) einige Stiftspräbenden in Schildesche, Herdecke und Leeden; ob die schon früher in Gandersheim vorgeschlagene Gräfin Friederike (1762–1777) vor ihrem frühen Tod noch eingeführt werden konnte, ist ungewiß.[269] Weitere Gräfinnen erlangten Ämter in protestantischen Stiften: Burggräfin Sibylle Magdalene von Kirchberg (1625–1667) wurde 1647 Pröpstin in Quedlinburg, mußte das Amt aber schon im folgenden Jahr wegen ihrer Heirat mit Graf Heinrich I. von Reuß wieder aufge-

[264] In Freckenhorst hatte die Äbtissin schon im Jahre 1090 das uneingeschränkte Vergaberecht von Präbenden verloren: vgl. KOHL, Freckenhorst, S. 119.
[265] Vgl. Karl Heinrich SCHÄFER, Die Kanonissenstifter im deutschen Mittelalter, Stuttgart 1907 (ND Amsterdam 1965), S. 140–145; KOHL, Freckenhorst, S. 116–126; WEINING, Borghorst, S. 41–47.
[266] Vgl. die Äbtissinnenlisten bei GIES, Elten, S. 38 und Friedrich TENHAGEN, Gesammelte Abhandlungen zur Vredener Geschichte, Vreden 1939, S. 116. Die Familien Manderscheid und Salm-Reifferscheidt dominierten im 18. Jahrhundert auch im Stift St. Ursula in Köln: Gertrud WEGENER, Geschichte des Stifts St. Ursula in Köln, Köln 1971, S. 182–196.
[267] Essen und Thorn: SESt III, Tafeln 134–152; SESt IV, Tafeln 108–115, MÜLLER, Stammtafeln der Essener Äbtissinnen, S. 13–23.
[268] Freckenhorst: vgl. KOHL, Freckenhorst, S. 356–373; Borghorst: vgl. WEINING, Borghorst, S. 89–102.
[269] Vgl. StA Bückeburg, Familiaria I, A XIX, 2–5.

ben.[270] Gräfin Wilhelmina Ernestine von Wied-Runkel (1682–1754) wurde im 18. Jahrhundert in Quedlinburg Dekanin.[271]

Das häusliche Erziehungswesen für Gräfinnen, gleich, ob sie für den geistlichen Stand oder für die Heirat bestimmt waren, umfaßte meistens nur wenige Punkte: Französisch, Religion und einige höfische Fähigkeiten wurden vermittelt. »Gelehrte Weiber« galten auch dem männlichen Hochadel als ein Greuel. Dennoch gab es eine Reihe von hochadligen Frauen, die durch praktische Erfahrung beträchtliche Kenntnisse in wirtschaftlichen und rechtlichen Fragen erworben hatten. Durch Interesse und Anstelligkeit, etwa in den Kabinetten ihrer Väter, erprobten sie die Fähigkeit zu eigener politischer Verantwortung. Die Klagen der Bildungshistoriker des 19. Jahrhunderts müssen daher mit Einschränkungen zur Kenntnis genommen werden.[272]

Es gab auch Alternativen zur beschriebenen niederen Bildung: Cornelia Niekus-Moore zeigt in ihrem Beitrag über einige adlige und hochadlige Literatinnen auf, daß die Gräfinnen nicht nur ihr Wissen und ihre Schreibkünste verfeinern, sondern auch publizieren konnten.[273] Die Themen der Schriften waren zwar zumeist am Hauskreis orientiert – so dominierten Erziehungs- und Erbauungsabhandlungen –, doch manifestierte sich hier ein weibliches Betätigungsfeld, das zu beschreiten von der Eigeninitiative der Gräfinnen abhing. Die adligen Damen schufen eine neue Literaturgattung: Lebenshandbücher auf alttestamentlicher Basis gab es im späten 16. Jahrhundert für Männer und von männlichen Autoren noch nicht. Unter den Autorinnen befand sich auch Gräfin Anna von Bentheim (1579–1624), die den Bentheimer Palmenorden stiftete und ihre literarische Tätigkeit nach ihrer Heirat mit Fürst Christian von Anhalt (1595) in Bernburg fortsetzte.[274]

Auch Gräfin Caroline von Neuwied (1720–1795), die Frau des Grafen Friedrich Alexander, engagierte sich in literarischer Hinsicht. Sie gehörte der »Ismenischen Gesellschaft« in Neuwied an, einem aufklärerischen Club, in dem moderne Texte gelesen und verfaßt wurden und in dem, durch gräfliche Förderung, prominente Mitglieder des Hofes und der Verwaltung verkehrten.[275]

---

[270] FISCHER, Geschlechtsregister Isenburg, Wied und Runkel, Tafel IX; vgl. auch SESt IV, Tafel 31.

[271] SESt IV, Tafel 75.

[272] »Gelehrte Weiber«: vgl. LAMPE, Aristokratie, Hofadel und Staatspatriziat in Kurhannover, Bd. 1, S. 45; Lampe verweist auf das warnende Beispiel der schwedischen Königin Christine hin (+1689). Häusliche Erziehung: BIEDERMANN, Deutschland im 18. Jahrhundert, Bd. 2, S. 524; Gustav STEPHAN, Die häusliche Erziehung in Deutschland während des 18. Jahrhunderts, Wiesbaden 1891, S. 97–110. Ein Beispiel für die staatswissenschaftlich vorgebildete Hochadlige war die allerdings aus fürstlichem Hause stammende Pauline von Anhalt-Bernburg (1769–1820), die von 1802–1820 die Vormundschaftsregierung in Lippe führte: KIEWNING, Fürstin Pauline zur Lippe, S. 40–46.

[273] Cornelia NIEKUS MOORE, Die adlige Mutter als Erzieherin: Erbauungsliteratur adliger Mütter für ihre Kinder, in: August BUCH u. a. (Hrsg.), Europäische Hofkultur im 16. und 17. Jahrhundert Bd. 3, Hamburg 1981, S. 505–510 (Wolfenbütteler Arbeiten zur Barockliteratur Bd. 10); dies., The Maiden's Mirror. Reading Material for German Girls in the 16th and 17th Century, Wiesbaden 1987 (Wolfenbütteler Forschungen 36).

[274] Vgl. NIEKUS MOORE, Die adlige Mutter als Erzieherin, S. 507.

[275] Vgl. TROSSBACH, »Im Kleinen ein ganz wohl eingerichteter Staat«, S. 28.

Derartige Phänomene lassen sich nicht nur im Reich, sondern auch in den westeuropäischen Ländern feststellen. Da die Frauen vom Wissenschaftsbetrieb ausgeschlossen waren, blieben ihnen die Religion und der Erziehungsbereich, wo sie Leistungen erbrachten, die denen der Wissenschaftler nicht nachstanden. In einigen protestantischen Gebieten Europas – Peter Burke berichtet von England und den Cevennen – traten Frauen sogar gelegentlich als Predigerinnen in Erscheinung.[276]

Ein Bereich weiblicher Betätigung wurde bisher noch ausgespart: der Hof. Hier konnte die adlige Dame sich freier bewegen; Männer und Frauen hatten ihre eigenen Bereiche, Frauen konnten Ehrenämter unabhängig von ihren Männern versehen. Frauen nahmen an gesellschaftlichen Veranstaltungen – Bällen, Schlittenfahrten, Jagden, Spielen – oft ohne ihre Männer teil. Die Dame des Hofadels war weit davon entfernt, eine Hausfrau zu sein; in repräsentativer Hinsicht war sie dem Mann gleichberechtigt.[277]

7.7. ZEREMONIELL UND TITULATUR

Ungeachtet der schon erfolgten Behandlung einzelner Zeremoniellstreitigkeiten soll hier die Bedeutung des Zeremoniellwesens für die alteuropäische Gesellschaft systematisch beleuchtet werden. Hubert Christian Ehalt stellt den sozialen Zweck des Zeremoniells für die ständische Zugehörigkeit, für Rang und Funktion der handelnden Personen vor: Sinn und Inhalt jeder zeremoniellen Form war die Demonstration von gesellschaftlicher Ungleichheit und ihrer Abstufungen im Ancien Régime.[278] Die alten Reichspublizisten haben verschiedene Begründungen für die Entstehung des Zeremoniells aufgeführt; Johann Christian Lünig nannte gleich drei:
1. die mythologisch-religiöse
2. die organisatorische
3. die sozialpsychologische Begründung.

Das Zeremoniell führte Lünig in letzter Konsequenz auf den Sündenfall zurück, der die ursprüngliche Gleichheit zerstört und eine differenzierte Ungleichheit herbeigeführt habe. Nun habe es den höheren Ständen nicht gereicht, über andere zu herrschen, sondern sie wollten ihren Vorrang auch sichtbar werden lassen im Zeremoniell, zur eigenen Bestätigung und zur stetigen Erinnerung für die anderen.

---

[276] Peter BURKE, Helden, Schurken und Narren. Europäische Volkskultur in der frühen Neuzeit, München 1985, S. 63.

[277] EHALT, Ausdrucksformen, S. 99 f.; vgl. dazu über den französischen Hof: Norbert ELIAS, Die höfische Gesellschaft, Frankfurt 1983, S. 78–81; über den Reichstag: Rudolf REISER, Adliges Stadtleben im Barockzeitalter, München 1969.

[278] EHALT, Ausdrucksformen, S. 114 f.; ders., Ritus und Gesellschaft, in: Beiträge zur historischen Sozialkunde, 7. Jg. Heft 1 (1977), S. 8–15.

In organisatorischer Hinsicht, so Lünig, war der Zwang zur Ordnung des Ge-
meinwesens der Herausbildung des Zeremoniells förderlich. Da die Herrscher
einen großen Mitarbeiterstab hatten, war eine Regelung nötig, um jedem Diener
beim Aufstehen, Anziehen, Kirchgang, Essen, Ausfahren, Reisen und Schlafenge-
hen seine Tätigkeit zuzuweisen, damit ein leidlich reibungsloser Ablauf gewährleistet werden konnte.

Die dritte, sozialpsychologische Komponente umschrieb Lünig folgendermaßen: »Denn die meisten Menschen, vornehmlich aber der Pöbel, sind von solcher
Beschaffenheit, daß bey ihnen die sinnliche Empfind- und Einbildung mehr als
Witz und Verstand vermögen, und sie daher durch solche Dinge, welche die Sinne
kützeln und in die Augen fallen, mehr als durch die bündig- und deutlichsten Mo-
tiven commoviret werden.«[279]

Die Reichspublizistik unterschied im Zeremoniell zwei Hauptkomplexe: Das
Hofzeremoniell und das Staatszeremoniell.[280] Das Hofzeremoniell diente der Her-
vorhebung des Herrschers in seiner Residenz; unterhalb der Ebene des Fürsten
konkurrierten einzelne Adlige oder Gruppen um seine Gunst in einer Art zentra-
listischer Anarchie, in der der Herrscher durch die Auswahl von Personen, aber
auch durch die Befürwortung von Ideen und Vorschlägen seiner Räte die
schiedsrichterliche Rolle ausüben konnte, die ihm im Falle des Kaisers in der
Reichspolitik mehr und mehr zu entgleiten drohte.[281]

Die Strenge des Zeremoniells der großen Höfe, etwa in Wien oder Paris, ge-
währleistete, daß jenes Maß an Statik erhalten blieb, das allein der einzelnen Person des Herrschers erlaubte, den Überblick zu bewahren. Vom Fürsten oder König sollte jeder Anstoß zu Veränderungen ausgehen; die Höflinge blieben an die
ewige Wiederkehr der einmal eingeführten Formen gebunden, bis der Monarch sie
daraus befreite.[282] Auch in den Abwechslungen von der Strenge des Hoflebens –
Ehalt nennt hier »Inkognito«, »Wirtschaften« und »Bauernhochzeiten«[283] – spielten sich neue, heimliche Normen ein. Nur in einem Punkt durfte das System fle-
xibel sein: Der Herrscher mußte sich stets die Möglichkeiten erhalten, durch
kleine Eingriffe verdienstvolle Mitarbeiter zu bevorzugen und mißliebige Personen zurückzusetzen, ohne das System als solches in Frage zu stellen. Herrschaft
drückte sich hier auch als Herrschaft über das Zermoniell aus.[284]

Der andere Komplex, das Staatszeremoniell, betraf die Herrschaftsausübung des
Fürsten seinen Untertanen gegenüber. Hier war der Spielraum des Fürsten begrenzt, da er seiner Macht eine strukturell nachvollziehbare Form verleihen

---

[279] LUNIG, Theatrum Ceremoniale, Bd. 1, S. 1; S. 3; S. 5.

[280] Rohr nennt sie »Privat-Ceremoniel-Wissenschafft« und »Staatsceremoniel-Wissenschafft«:
ROHR, Ceremoniel-Wissenschafft der großen Herren, S. 1; ders., Einleitung zur Ceremoniel-
Wissenschafft der Privat-Personen, Berlin 1728, S. 3; vgl. EHALT, Ausdrucksformen, S. 116 f.

[281] Hubert Christian EHALT, Zur Funktion des Zeremoniells im Absolutismus, in: August
BUCH u.a. (Hrsg.), Europäische Hofkultur im 16. und 17. Jahrhundert, Bd. 1, Hamburg 1981, S.
411–420; hier: S. 412 ff.

[282] Zur Bedeutung fester Zeitpläne für das Zeremoniell: EHALT, Zur Funktion des Zeremoniells, S. 416.

[283] EHALT, ebd., S. 412 f.

[284] ELIAS, Die höfische Gesellschaft, S. 136 f.; EHALT, Zur Funktion des Zeremoniells, S. 417 f.

mußte, um sein Land mit einer gewissen Stetigkeit führen zu können. Auch die
Beamten mußten einem bestimmten Geschäftsgang folgen, der nicht nur dem
Herrscher zur Kontrolle diente, sondern auch die Durchsetzung der Herrschaft
nach unten erleichterte.[285] Beiden Zeremoniellformen, dem Hofzeremoniell wie
dem Staatszeremoniell, ist das dialektische Verhältnis von Form und Inhalt gemeinsam: Im Zeremoniell wurden Rangunterschiede dargestellt; durch diese Darstellung aber gewannen sie erst ihre Realität.[286]

Von diesem Zeremoniell waren die Reichsgrafen des westfälischen Kollegiums
in vieler Hinsicht betroffen: Am kaiserlichen und an den fürstlichen Höfen, dem
Reichstag und seinen Ausschüssen, an Kreis- und Grafentagen sowie letztlich auch
in ihren gräflichen Residenzen, wo sie ein Zeremoniell zu ihrer eigenen Verherrli-
chung eingeführt hatten. Die Problematik bestand für sie in der unterschiedlichen
Stellung, die sie im jeweiligen Zeremoniell einnahmen: Im kaiserlichen Zeremoniell waren sie Untertanen, im Reichstagszeremoniell unterprivilegierte Mitglieder
des Reichsfürstenrates, im Grafenkollegium Gleichberechtigte und an ihrem Hof
Herrscher. Dieser Rollenkonflikt verlagerte sich auch auf ihre Gesandten und
verwickelte sie in zahllose Zeremoniellstreitigkeiten.

Von besonderer Brisanz war das Zeremoniell am Reichstag. Der Form und Geschichte des Reichstags gemäß war der Kaiser Mittelpunkt des Zeremoniells; er
war jedoch am »Immerwährenden Reichstag« nicht präsent, sondern ließ sich
durch seinen dauernd anwesenden Prinzipalkommissar vertreten.[287] Die Reichsgrafen spielten im gesellschaftlichen Leben der Reichstagsstadt nur eine untergeordnete Rolle; in Person tauchten sie nach 1654 fast gar nicht mehr auf, um Streitigkeiten zu vermeiden: Sowohl kaiserliche Räte als auch kurfürstliche und fürstliche Gesandte hatten den Vorrang vor persönlich anwesenden Reichsgrafen gefordert, was diese nicht hinzunehmen bereit waren.[288] Auch die gräflichen Gesandten
galten recht wenig, wenn sie nicht gleichzeitig noch ein Fürstentum mit Virilstimme vertraten. Von den Gesandten Pistorius und Fischer ist überliefert, daß sie
unter den Diskriminierungen litten.[289] Als der Prinzipalkommissar Fürst von
Thurn und Taxis 1748 durch seine Einladungspolitik fast alle fürstlichen und kurfürstlichen Gesandten verärgert hatte, lud er erst dann die gräflichen Gesandten
ein, als seine Feierlichkeit mangels Teilnehmer zu scheitern drohte.[290] Kennzeichnend ist auch, daß die gräflichen Gesandten im Abschlußbericht des Grafen von
Trauttmansdorff als kurböhmischer Reichstagsgesandter überhaupt nicht vor-

---

[285] ROHR, Ceremoniel-Wissenschafft der großen Herren, S. 1; EHALT, Zur Funktion des
Zeremoniells, S. 411; ders., Ausdrucksformen, S. 117.
[286] EHALT, Ausdrucksformen, S. 118; ders., Funktion des Zeremoniells, S. 412.
[287] Zum gesellschaftlichen Leben in Regensburg: REISER, Adliges Stadtleben, passim; vgl.
EHALT, Funktion des Zeremoniells, S. 412 f.
[288] Protest gegen die Fürsten: vgl. Wiener Protokoll der Reichsgrafen, 17./18. Dez. 1698 (Beilage A): StA DT, L 41 a, 317, S. 92; Protest gegen die kaiserlichen Räte: Grafentagsprotokoll 1719:
StA DT, L 41 a, 318, S. 877.
[289] Besonders galt dies im Verkehr mit den kaiserlichen Gesandten: vgl. Kap. 5.3. (S. 172 f.) und
5.5. (S. 183 f.).
[290] MEISENBURG, Reichstag, S. 109.

kommen; vor allem der Gesandte von Fischer, der vorher schon von Trauttmansdorff herabgesetzt worden war, wurde völlig ignoriert.[291]

Zwei weitere Streitpunkte betrafen das Recht der »Ersten Visite«[292] und das
Auffahren gräflicher Gesandter mit sechs Pferden.[293] Die kurfürstlichen Gesandten nahmen dieses Recht für sich allein in Anspruch: Als im August 1683 der Gesandte des Herzogs von Sachsen-Gotha beim Obersächsischen Kreistag sechsspännig vorfuhr, anstatt sich mit vier Pferden zu begnügen, weigerte sich der kurbran-
denburgische Direktorialgesandte wegen dieser »gefährlichen Neuerung«, den
Kreistag zu eröffnen.[294] Obwohl der Kaiser 1718 den reichsgräflichen Gesandten
das sechsspännige Fahren gestattet hatte, kam es 1721 zum Streit in Bamberg, als
der Bischof sich weigerte, den stolbergischen Gesandten wegen dieses vermeintli-
chen Zeremoniellfehlers zur Belehnung zuzulassen. Die Grafen erneuerten die
Proteste gegenüber dem Bischof und dem Kaiser, doch auch der Hinweis auf den
alten herkömmlichen Brauch führte zu keiner Lösung des Konflikts. Später tauchten immer wieder Zerwürfnisse in diesen Punkt auf.[295]

Die Kompliziertheit des zeremoniellen Verfahrens wird deutlich im Bericht des
reichsgräflichen Subdelegaten zur RKG-Visitationsdeputation, Detmar Heinrich
von Grün.[296] 1767 traf er in Wetzlar ein und meldete sich zunächst beim kaiserlichen Kommissar von Spangenberg; dieser war jedoch gerade abwesend und ließ
sich entschuldigen. Es folgten Antrittsvisiten beim Kammerrichter Graf Spaur
und beim bambergischen Subdelegaten Freiherrn von Karg. Der evangelische
RKG-Präsident Burggraf von Kirchberg war ebenfalls nicht anwesend, so daß
auch dieser Besuch verschoben werden mußte. Wenige Tage später erhielt Grün
eine Mitteilung durch den Sekretär des katholischen RKG-Präsidenten Graf von
Waldbott-Bassenheim, sein Herr sei nach Wetzlar zurückgekehrt und bäte um die
Visite. Den RKG-Assessoren ließ Grün seine Ankunft mitteilen, damit sie die Visite bei ihm machen konnten. Den ranghöheren kurfürstlichen Gesandten mußte
Grün dagegen in den folgenden Tagen selbst die erste Visite abstatten.

Der kaiserliche Kommissar war inzwischen zurückgekehrt und ließ durch einen
Sekretär seine inoffizielle Ankunft mitteilen; er fügte hinzu, er werde sich durch

---

[291] Trauttmansdorffs Bericht über die Reichstagsgesandten, 20. Mai 1785: ARETIN, Heiliges Römisches Reich, Bd. 2: Aktenstück 19, S. 107–119 (Original: HHStA Wien, Staatskanzlei: Kurböhmische Reichstagsgesandtschaft Regensburg 127).

[292] Recht der ersten Visite: LÜNIG, Thesaurus juris, S. 473 ff.; MOSER, Teutsches Staatsrecht,
Bd. 39, S. 193 ff.; S. 213 ff.; KESTING, in: Westf. Zs, 106 (1956), S. 201.

[293] Recht des Auffahrens mit sechs Pferden: LÜNIG, Thesaurus juris, S. 468 f.

[294] Vgl. Peter-Christoph STORM, Militia imperialis – Militia circularis. Reich und Kreis in der
Wehrverfassung des deutschen Südwestens (1648–1732), in: James A. VANN/Steven W. ROWAN
(Hrsg.), The Old Reich. Essays on German Political Institutions (1495–1806), Brüssel 1974, S.
77–103; hier: S. 80 f.; vgl. auch Carl Heinrich von RÖMER, Staatsrecht und Statistik des Churfürstentums Sachsen, Teil 1, Halle 1737, S. 476 f.

[295] Schreiben des Grafen Karl von Wied an den Grafen von Manderscheid, 25. April 1718: StA
DT, L 41 a, 243, S. 47–89; Bamberger Auffahrt: LÜNIG, Thesaurus juris, S. 685–689.

[296] Bericht des Subdelegaten Grün (1767): Fürstlich Bentheimisches Familienarchiv Burgsteinfurt, Best. E, Nr. 61.

einen Cavalier in den nächsten Tagen offiziell zurückmelden.[297] Nachdem Grün beide Präsidenten besucht hatte, erfolgte die Rückvisite: Die Präsidenten erschienen in Begleitung von fünf Assessoren. Am nächsten Tag besuchte Grün den kaiserlichen Kommissar und legitimierte sich beim kurmainzischen Subdelegaten durch einen Sekretär. Nachdem sich der kaiserliche Kommissar durch einen Kavalier bei allen Subdelegaten offiziell angemeldet hatte, konnte die Einladung zur ersten Session zwecks Verlesung der Proposition stattfinden.[298]

Die weiteren Berichte Grüns über das Zeremoniell während der Verhandlungen brauchen hier nicht im einzelnen ausgeführt zu werden. Das Reichstagszeremoniell und das der Deputation war nirgendwo festgeschrieben, sondern stellte eine durch Herkommen begründete Ordnung dar. Fehler durch Unkenntnis oder Absicht waren häufig, Schlichtungen galten als sehr schwierig durchzuführen. Ein Beispiel einer geglückten Schlichtung war der Aufrufzettel des Reichsfürstenrats. Hier wurde 1576 ein Alternationsturnus mit 10 Varianten (»Strophen«) für die Stimmen der Häuser Pommern, Mecklenburg, Baden und Holstein samt ihrer Linien festgelegt.[299] Streitfälle blieben jedoch die Regel und machten die Reichstagsgeschäfte zu einer Art Geheimwissenschaft, die nur wenigen Experten vorbehalten blieb. Hätte ein wichtiger Reichsstand, so meint von Aretin völlig zu Recht, einen unbedeutenden Gesandten nach Regensburg geschickt, so hätte er nicht nur seinen Einfluß am Reichstag, sondern weitgehend auch den im Reich verloren.[300] Dies galt nicht nur für die juristisch-fachliche Kompetenz, sondern auch für die Kunst, sich zwischen den zeremoniellen Fallstricken sicher bewegen zu können. Ausländischen Gesandten, die mit den Verhältnissen in Regensburg nicht vertraut waren, teilte das Mainzer Direktorium bei ihrer Ankunft die zeremoniellen Auflagen mit, damit sie Überraschungen entgehen konnten.[301]

Die gräflichen Höfe imitierten das Zeremoniell der Könige und Fürsten, allerdings in weit schlichterer Form. Als der Reichstagsgesandte von Pistorius im April 1742 vom Direktor des Fränkischen Grafenkollegiums, dem Grafen von Hohenlohe vereidigt wurde, spielte sich folgendes Zeremoniell ab: Pistorius wurde mit einem Herrschaftswagen abgeholt und bei Einfahrt zum Schloß Öhringen von der Wache mit präsentiertem Gewehr empfangen. Am Wagen holte ihn ein Cavalier ab und geleitete ihn ins Schloß, wo ihm seine Hochgräfliche Gnaden, der Graf von Hohenlohe, auf dem Gang entgegentrat. Nach der förmlichen Begrüßung verlas der fränkische Direktorialrat Gebhard die Proposition für die Vereidigungszeremonie und danach die Instruktion. In die Hand des Grafen legte Pistorius seinen Treueid ab: »daß ich der mir vorgelesenen Instruktion nach allen ihren Punkten getreul. nachkommen will, solches verspreche hiermit, so wahr mir Gott

---

[297] Die inoffizielle Ankunft und die offizielle Meldung lagen oft einige Tage auseinander, um dem Gesandten Zeit zur Orientierung, zu dringenden geheimen Geschäften und zu repräsentativen Vorbereitungen zu lassen.

[298] Vgl. Bericht des Subdelegaten Grün: vgl. Anm. 19; vgl. dazu: StA DT, L 41 a, 881 passim.

[299] Vgl. PÜTTER, Institutiones iuris publici, Bd. 1, S. 122 f.

[300] ARETIN, Heiliges Römisches Reich, Bd. 1, S. 55.

[301] Vgl. die Korrespondenz des britischen Gesandten Elliot mit dem Reichstagsdirektorium 1774: KESTING, in: Westf. Zs. 106 (1956), S. 220 f.; zum Gesamtkomplex: ROHR, Ceremoniel-Wissenschafft der großen Herren, S. 396 ff.

helfe, und sein heiliges Wort«. Zum Abschluß wurde der Gesandte unter der Zusicherung, daß ihm ein Protokoll des Vorgangs zugeschickt würde, vom Grafen von Hohenlohe verabschiedet.[302]

Die Gestaltung des eigenen Hofzeremoniells sowie der Einfluß auf die zeremonielle Gestaltung der Grafentage waren die beiden Gelegenheiten, in denen die Grafen aktiv den Handlungsablauf bestimmten; ansonsten waren sie Gegenstand des Zeremoniells anderer. Die Forderungen an den Kaiser, die gräflichen Zeremoniellrechte zu verbessern, waren zahlreich; lange genug, schrieb Fürst Friedrich Alexander von Neuwied an Graf Franz Georg von Metternich im Jahre 1788, habe man sich von den Kur- und Reichsfürsten demütigen lassen.[303]

Ein wichtiger Teilaspekt des Zeremoniellwesens war die *Titulatur*, die die Personen des Ancien Régime im Schriftverkehr verwendeten. So betitelte sich Maria Gertrud von Berlepsch mit: »Maria Gertrud, des Heiligen Kayserl. freyen Englischen Stifts zur Neustadt Prag Äbtissin, des heiligen Römischen Reichs Fürstin, verwittibte Gräfin von Berlebsch, Freyfrau zu Milendonk, Altenpesch und Weinmark etc.«[304]

Schon im Verkehr mit den eigenen Familienangehörigen wurde die Titulatur angewandt. So schrieb Graf Werner von Salm-Reifferscheidt seinen Sohn Ernst Friedrich mit »Wohlgeborener, freundlich lieber Sohn, Euer Gnaden« an[305]; Fürstin Johanette Wilhelmine zur Lippe sprach ihren Mann mit »Monsieur mon très Cher Et très Aymable Coeur« an.[306] Ehrerbietung in Titulaturform erwiesen besonders Kinder ihren Eltern gegenüber: Graf Ludwig von Sinzendorf begann seinen Brief vom 19. März 1751 mit: »Hoch- und Wohlgeborene Reichsgräfin, Gnädige Frau Mutter«. Damit korrespondierte die Schlußzeile: »Euer Gnaden unterthänigster Diener und gehorsamster Sohn Ludwig Graf Sinzendorf«.[307] In Schreiben zwischen den gräflichen Familien fügte man der offiziellen Titulatur den Zusatz »lieber Vetter« oder »lieber Oheim« hinzu; hierin drückte sich das übergreifende Zusammengehörigkeitsgefühl des Adels aus, der bei ausreichendem Alter der betreffenden Familien in fast jedem Fall einen Verwandtschaftsgrad zwischen zwei beliebigen Personen rekonstruieren konnte.[308]

Gegenüber eigenen Untertanen oder Beamten die richtige Titulatur durchzusetzen, fiel nicht schwer: Graf Franz Georg von Metternich teilte am 28. Februar 1785 seinem Reichstagsgesandten von Haimb mit, er sei formell zum Direktor des katholischen Teils der westfälischen Grafen gewählt worden; Haimb solle ihn

[302] Bericht des Gesandten von Pistorius über den Vereidigungsvorgang in Öhringen am 19. April 1742: StA DT, L 41 a, 329, S. 119 f.

[303] Fürst von Neuwied an Graf von Metternich, 9. Juli 1788 (Kopie): SZA Prag, FA Metternich, Nr. 2253.

[304] Mandat der Gräfin über Jagdrechte in Mylendonk, Pesch und Broich, o. J. 1707: Stadtarchiv Mönchengladbach, Best. 23, Nr. 12, S. 1–10.

[305] Vgl. BREMER, Reichsherrschaft Dyck, S. 169.

[306] Fürstin Johannette Wilhelmine zur Lippe an Graf Simon Henrich Adolf zur Lippe, 5. Jan. 1721: StA DT, L 7, A XV, D 1.

[307] Graf Ludwig von Sinzendorf an seine Mutter, 19. März 1751: HHStA Wien, Große Korrespondenz 72.

[308] Zu dem sich daraus ergebenden Bewußtsein als einem Kollektivgedächtnis: vgl. Maurice HALBWACHS, Das Gedächtnis und seine sozialen Bedingungen, 2. Aufl., Frankfurt 1985, S. 307 f.

künftig nicht mehr mit »k. k. Minister«, sondern mit »des Gräfl. Westphäl. Collegii Directoren« titulieren, was dieser auch tat.[309] Problematisch wurde die Anredeform erst im Verkehr zwischen Reichsständen. Hatte es der Kaiser leicht – er sprach seine Grafen mit »Edler lieber Getreuer« und »Du« an[310] –, so mußten die Grafen im Schriftwechsel mit den Reichsfürsten auf vielerlei Kleinigkeiten achten, die die Fürsten zur Dokumentation ihres Ranges forderten. Ein Kurfürst forderte beispielsweise den Titel »Durchlauchtigster Kurfürst, Gnädigster Herr«.[311] Verkürzte nun ein Graf den zweiten Teil auf »Gnädiger Herr«, so wurde dies vom Kurhof schon als beleidigender Formfehler aufgefaßt.

Gelegentlich wurden sogar ausländische Titel im Reich geführt. Graf Wilhelm von Schaumburg-Lippe brachte aus Portugal den Titel »Altezza« mit und wollte ihn im Reich weiterführen.[312] Graf Friedrich Alexander von Neuwied fragte beim Gesandten von Pistorius an, ob und in welcher Form dem Antrag des schaumburgischen Grafen stattzugeben sei. Pistorius verfaßte ein Gutachten, in dem er die Führung ausländischer Titel im Reich für rechtens hielt; übersetzt bedeute der Titel »Durchlaucht« oder »Durchlauchtig-Hochgeboren«.[313] Mit diesem Gutachten legte Pistorius dem Grafen von Schaumburg-Lippe eine fürstenmäßige Titulatur bei, eine Maßnahme, die zu den Bemühungen der Grafen um die Verbesserung der Titulatur paßte. Das gesamte Titulaturwesen des 18. Jahrhunderts unterlag einer starken Dynamisierung, die im Zusammenhang mit der Politik der kaiserlichen Standeserhöhungen stand. Jeder Reichsstand versuchte, seine Prädikate auszudehnen, deren Anerkennung durch Untergebene und Gleichberechtigte durchzusetzen und darauf im Antrag an den Kaiser ein Herkommen zu gründen. Die höhere Prädikatierung anderer Reichsstände versuchte man, einzeln oder kollektiv, zu hintertreiben.[314] Den Grafen gelang es, zu Beginn des 18. Jahrhunderts das Prädikat »Hoch- und Wohlgeboren« vom Kaiser verliehen zu bekommen; allerdings war dazu ein Antrag an den Reichshofrat – verbunden mit den entsprechenden Taxgebühren – erforderlich.[315]

---

[309] Metternich an von Haimb, 28. Febr. 1785: SZA Prag, FA Metternich, Nr. 2253.

[310] Kaiser Leopold I. an Graf Philipp Konrad von Bentheim-Steinfurt, 29. Sept. 1677: Fürstlich Bentheimisches Archiv Burgsteinfurt, E 18, Nr. 313.

[311] Zu den üblichen Prädikaten des 18. Jahrhunderts: StA DT, L 41 a, 319, S. 494 f.; L 41 a, 337, S. 221–231; PÜTTER, Institutiones iuris publici, Bd. 1, S. 174; IWAND, Wahlkapitulationen, S. 16; Hermann REHM, Prädikat- und Titelrecht der deutschen Standesherren, München 1905, S. 43–65.

[312] Verleihung des Titels »Altezza« durch König Josef I. von Portugal, 25. Jan. 1764: StA DT, L 41 a, 583, S. 1–3; Antrag auf Anerkennung des Titels an den Grafen von Neuwied, 22. Aug. 1764: StA DT, L 41 a, 583, S. 5.

[313] Gutachten des Gesandten von Pistorius an den Grafen von Neuwied, 28. Jan. 1765: StA DT, L 41 a, 583, S. 10 f.

[314] REHM, Prädikat- und Titelrecht, S. 43 ff.; ROHR, Ceremoniel-Wissenschafft der großen Herren, S. 416; zu den einzelnen Etappen dieser Dynamisierung: Friedrich Georg August SCHMIDT, Beiträge zur Geschichte des Adels und zur Kenntnis der gegenwärtigen Verfassung desselben in Teutschland, Braunschweig 1794, S. 84–91.

[315] MOSER, Neues Teutsches Staatsrecht, Bd. 3, S. 993.

Versuche der Grafen, eine kaiserliche Verleihung des Prädikats »Hochgeboren«
im frühen 18. Jahrhundert zu erhalten, scheiterten[316]; dieser Rang war den Reichsfürsten vorbehalten.[317] Später zielte das Streben der Grafen dahin, von der Reichshofkanzlei, dem Reichshofrat und dem Reichskammergericht mit »Ihr« und
»Euch« statt mit »Du« und »Dir« angeredet zu werden.[318] Die Anredeform »Hochgeboren« setzte sich im Laufe des 18. Jahrhunderts im Verkehr zwischen den
Reichsgrafen durch[319]; da ihr jedoch weiterhin die offizielle Anerkennung versagt
blieb, schlug Graf von Metternich 1791 vor, in Abgrenzung gegen die Neugrafen
ohne Reichslehen die Qualität »Reichsstand« in die Titulatur mitaufnehmen lassen. Fürst Friedrich Alexander von Neuwied begrüßte die Idee und korrespondierte mit Fischer, welche politischen Schritte man zur Verwirklichung dieses Anliegens unternehmen könnte.[320]

Angesichts dieser Inflation der Prädikate war es kaum verwunderlich, daß der
preußische König im Österreichischen Erbfolgekrieg (1740–1748) das Prädikat
»Allerdurchlauchtigster« für sich forderte, das bisher allein dem Kaiser reserviert
war. In der preußischen Staatsrechtslehre setzte sich auch bald durch, daß den
Königen genauso wie dem Kaiser dieses Prädikat gebühre.[321] Der Gesandte von
Pistorius hielt die Forderung des Preußenkönigs allerdings für eine Anmaßung
und warnte vor dem Gebrauch; die Könige, so meinte er, seien durch den Zusatz
»Durchlauchtigster und Großmächtigster« hinreichend über die Kurfürsten erhoben.[322] Dennoch setzte sich der preußische Wunsch auch gegenüber den Reichsgrafen durch, zunächst innerhalb der preußischen Klientel, später auch gegenüber
den anderen.[323]

Es erwies sich angesichts der Druckmittel der größeren Stände als erforderlich,
ihren Wünschen hinsichtlich der Titulatur entgegenzukommen. Nicht immer
wurde der Verwender einer falschen Anrede im Antwortschreiben höflich auf die
richtige Form hingewiesen. Gelegentlich kam es zu scharfen Protesten oder gar

---

[316] SCHEIDEMANTEL/HÄBERLIN, Repertorium des Teutschen Staats- und Lehnsrechtes, Bd. 2,
S. 457; MOSER, Neues Teutsches Staatsrecht, Bd. 3, S. 993.

[317] Die kaiserlichen Prädikate waren in der Regel um einen Grad niedriger als die Prädikate,
die sich die Angehörigen einer Titulaturgruppe untereinander gaben.

[318] Grafentagsprotokoll 1738: StA DT, L 41 a, 321, S. 44.

[319] Prädikat »Hochgeboren«: IWAND, Wahlkapitulationen, S. 17; die beiden Linien des Hauses
Wied gaben sich schon 1752 das Prädikat »Erlaucht«, das später den gräflichen Standesherren er-
teilt werden sollte: Treffen zwischen den Grafen von Neuwied und Wied-Runkel, 14. Jan. 1752:
StA DT, L 41 a, 349, S. 9.

[320] Neuwied an Wied-Runkel, 22. Jan. 1791; LHA KO, Best. 35, Nr. 2156, S. 1 f.; als Anlagen
vgl. die beiden Schreiben Neuwied an Fischer, 9. Juni 1790 und Neuwied an Metternich, 28. Sept.
1790.

[321] Vgl. Carl Friedrich PAULI, Einleitung in die Kenntnis des deutschen hohen und niedren
Adels, Halle 1753, S. 92.

[322] Pistorius an Neuwied, 3. Jan. 1747: StA DT, L 41 a, 337, S. 221–231. Unter Königen verstand Pistorius hier die Reichsfürsten, die gleichzeitig eine auswärtige Krone trugen: Preußen,
Hannover, Sachsen und Holstein-Dänemark.

[323] Brief Graf Ludwig Alexanders von Quadt (preußischer Oberstleutnant) an König Friedrich
II. von Preußen, 25. Juli 1770: GStA Berlin-Dahlem, Rep. 92 B, Nr. 33. Quadt bedankte sich für
die Gnade, ins Regiment Eichmann versetzt zu werden.

zur unbearbeiteten Zurücksendung des Briefes.[324] Diese Mittel waren den kleinen Ständen nicht zu empfehlen; sie mußten sich auf Bitten an die Fürsten und Beschwerden an den Kaiser beschränken, wenn sie sich benachteiligt fühlten.[325] Titulaturfehler oder -mißverständnisse waren recht häufig; wenn ein Brief längere Zeit unbeantwortet blieb, so mutmaßte die ausstellende Kanzlei, sie habe möglicherweise einen derartigen Fehler begangen.[326]

Die Titulatur war eingebettet in eine an gemessenen Formen und höflichem Ton orientierte Kommunikationsweise; scharfes Auftreten wurde, dem Ideal nach, auf Maßnahmen gegenüber Untertanen oder Rangniedrigeren beschränkt. Graf Ambrosius Franz von Virmont schrieb im März 1744, er fühle sich durch ein barsches Antwortschreiben des Grafen von Schaumburg-Lippe auf eine Zahlungsbitte des Kollegiums hin persönlich getroffen von dem rüden Ton; wäre er alleiniger Direktor des Kollegiums, hätte er einen ebenso scharfen Brief zurückgeschrieben.[327] Graf Carl August von Bretzenheim wurde 1789 vom Fürsten von Neuwied darauf aufmerksam gemacht, daß es kein Recht für ihn wäre, ins Grafenkollegium aufgenommen zu werden; der fordernde Stil in seinem Antragsschreiben sei völlig verfehlt gewesen.[328]

Zum Zeitpunkt des Bretzenheimer Antrags war jedoch das zeremonielle Zeitalter schon an sein Ende gelangt; Gewohnheiten wie Höflichkeit, formelles Verhalten[329] behielten zwar eine gewisse normative Bedeutung, traten jedoch zunehmend hinter eine zweckrationale Herrschaftsausübung zurück. Der aufgeklärte Herrscher verschanzte sich nicht mehr hinter Titulatur und Zeremoniell; Vernunft und Fürsorge traten an die Stelle der Form, und leistungsfähige Mitarbeiter gewannen an Boden gegenüber den Trägern altadliger Namen.[330]

---

[324] Vgl. ROHR, Ceremoniel-Wissenschafft der großen Herren, S. 426.

[325] Gutachten Speners zur Zeremoniellverschlechterung (1739): StA DT, L 41 a, 10, S. 67–106.

[326] Im Juni 1743 vermutete Graf von Virmont einen Titulaturfehler in seinem Schreiben an den Grafen von Platen; dieser habe auf alle seine Anschreiben nicht geantwortet: Virmont an Graf von Neuwied, 11. Juni 1743: FWA NR, Schrank 103, Gefach 61, Nr. 5.

[327] Graf von Virmont an Graf von Neuwied, 19. März 1744: StA DT, L 41 a, 105, S. 199–202.

[328] Brief des Fürsten von Neuwied an den Grafen von Bretzenheim, 11. Aug. 1789: LHA KO, Best. 30, Nr. 3955/1, S. 87; bezogener Antrag Bretzenheims, 12. Febr. 1789: ebd., S. 33.

[329] Höfische Tugenden: EHALT, Ausdrucksformen absolutistischer Herrschaft, S. 141 f.

[330] Vgl. EHALT, ebd., S. 144 f.; zur aufklärerischen Kritik an der Titelsucht des deutschen Adels: August von KOTZEBUE, Vom Adel, Leipzig 1792 (ND Königstein/Ts. 1978), S. 204–211.

KAPITEL 8

DIE NIEDERRHEINISCH-WESTFÄLISCHEN REICHSGRAFEN IM FÜRSTENDIENST

8.1. DER DIENST GEGENÜBER KAISER UND REICH

Die im Niederrheinisch-Westfälischen Reichsgrafenkollegium vertretenen Geschlechter demonstrierten ihre Verbundenheit mit dem Verfassungsgefüge des Heiligen Römischen Reiches durch eine starke Frequentierung der Dienste, die ihnen vom Kaiser und von den Reichsinstitutionen angeboten wurden. Dieses Kapitel untersucht die Karrieren einiger Grafen, um an ihnen verschiedene Ausdrucksformen des Dienstverhältnisses zu erläutern. Eine vollständige Auflistung aller Grafen im Dienst wird nicht angestrebt; dies hätte langwierige Studien in allen Familienarchiven der beteiligten Geschlechter erfordert und den Rahmen der vorliegenden Arbeit gesprengt.

In die Untersuchung wurden jeweils die gesamten Grafengeschlechter samt ihren Nebenlinien einbezogen. So kommen Personen vor, die selbst nicht im Grafenkollegium stimmberechtigt waren. Da die Aussagen zum Dienst jedoch paradigmatischen Charakter haben, erscheint es legitim, keine Trennlinien quer durch die einzelnen Geschlechter vorzunehmen.

Streng verfassungsrechtlich waren die Dienste gegenüber dem Haus Österreich und die gegenüber dem Reich zwei unterschiedliche Abhängigkeitsverhältnisse. Wenn sie hier gemeinsam in einem Kapitel abgehandelt werden, so läßt sich dies dadurch rechtfertigen, daß die Grafen selbst keinen Unterschied machten zwischen dem Kaiser als dem gewählten Oberhaupt des Reiches (und als oberstem Dienstherrn für alle Reichsbediensteten) und dem Kaiser als Erzherzog von Österreich bzw. als Chef des Habsburgischen Hauses und seiner Erblande, also dem erblichen Herrscher über eine europäische Großmacht. So bereitete es ihnen keine Schwierigkeiten, von einem Reichsamt in ein österreichisches Amt überzuwechseln oder eine Versetzung in umgekehrter Weise anzunehmen.[1]

Eine strenge, durchgehende Reglementierung des Dienstes beim Reichsoberhaupt gab es für adlige Würdenträger nicht. Sie führten entweder einen kurzen Auftrag aus, nahmen eine auf einige Monate befristete Tätigkeit wahr oder amtierten auf unbefristete Zeit. Dienstzeiten und Dienstorte wechselten nach den Bedürfnissen des Dienstherrn; der dienende Adlige hatte sich jederzeit bereitzuhalten. Eine Unterscheidung zwischen Hofämtern und Verwaltungschargen ist noch nicht strikt vorzunehmen; diese beiden Sphären des repräsentativen und des funk-

---

[1] In diesem Kapitel werden gräfliche Dienste am Beispiel der Reichsgerichte und der Reichsgeneralität untersucht.

tionalen Kaiserdienstes waren bis weit ins 18. Jahrhundert hinein nicht scharf zu trennen, da der Kaiser seine Macht über den gesamten Reichslehnsverband in gleicher Weise organisiert hatte wie die Ausübung seiner erbländischen Hausgewalt.[2]

Nach dem Westfälischen Frieden wurden die früheren ständischen Freiheiten des Adels in den habsburgischen Erblanden unterdrückt und die vornehmsten Geschlechter ins Wiener Hofleben einbezogen. Die Kaiser verzichteten jedoch auf eine völlige Entmachtung der alten Eliten zugunsten eines von aufgestiegenen Bürgerlichen geleiteten Verwaltungsstaates nach französischem Vorbild, sondern nahmen Adlige als Beamte in die schnell wachsende Hof- und Staatsbürokratie auf.[3] Dabei konkurrierten alte erbländische Familien mit Adelsgeschlechtern aus dem Reich: Die Kaunitz und Sinzendorf waren – neben vielen anderen – in Böhmen und Mähren schon große Grundherren, bevor sie sich durch Heirat, Kauf oder Belehnung in den Besitz von reichsständischen Attributen brachten.[4] Hochadlige Familien, die im Reich der fürstlichen Machtkonkurrenz zu erliegen drohten, strebten in den Wiener Dienst, um eine wirkungsvolle Vertretung ihrer Interessen zu organisieren. Von den westfälischen und rheinischen Adelsgeschlechtern wählten vor allem die Metternich, Limburg-Styrum, Salm-Salm und Salm-Reifferscheidt diesen Weg, der von zahlreichen Familien aus den süddeutschen Grafenkollegien sowie von den Mitgliedern der Reichsritterschaft beschritten wurde. Hinzu kamen Geschlechter wie die Gronsfeld, Aspremont-Linden oder Ligne, die wegen ihrer niederländischen Besitzungen zur Brüsseler Klientel des habsburgischen Hauses gehörten; ihre Dienstbereitschaft gegenüber dem Herzog von Brabant und später gegenüber dem spanischen König verschmolz nach 1714 mit der gegenüber dem Kaiser.[5]

Diese verschiedenen Herkunftsgruppen seines Hofadels wußte der Kaiser in einer disziplinierenden Konkurrenz gegeneinander zu halten: Wohlverhalten und Erfolg im verliehenen Amt schufen nicht nur die Chance auf persönlichen Aufstieg in Dienste mit höherem Prestige, sondern auch Möglichkeiten, Personen aus ihrem Verwandtschafts- und Freundeskreis für attraktive Aufgaben vorzuschlagen. Der Rang eines Adligen am Kaiserhof bestimmte sich teilweise aus dem Alter und Ansehen seiner Herkunftsfamilie, teils aus den bekleideten Ämtern. So gingen alle kaiserlichen Wirklichen Geheimen Räte (nach Dienstalter) den kaiserlichen Wirklichen Kammerherren vor, diese den übrigen Höflingen. Durch das Fehlen eines schlüssigen Rangreglements, das alle Konstellationen regelte, erhielt sich der Kaiser die Möglichkeit, in Streitfällen direkte Entscheidungen treffen zu können. Ein einmal erreichter Rang konnte durch Verlust der kaiserlichen Gunst vermindert werden; so ergänzten sich die Bemühungen, dem Kaiser gegenüber angenehm aufzufallen, und die Bildung von Personenverbänden im Umfeld des Ho-

---

[2] Vgl. dazu: EHALT, Ausdrucksformen, S. 37.

[3] Vgl. zur Entstehung des österreichischen Absolutismus: EHALT, ebd., S. 25–32.

[4] Volker PRESS, Die Erblande und das Reich von Albrecht II. bis Karl VI. (1438–1740), S. 83; zur Familiengeschichte: Kaunitz: Kap. 2.1.2. (S. 54 f.); Sinzendorf: Kap. 2.1.4. (S. 81 f.).

[5] Volker PRESS, Die Niederlande und das Reich in der Frühen Neuzeit, in: W. P. BLOCKMANS/H. van NUFFEL (Hrsg.), Etat et Religion aux XVe et XVIe siècles. Actes du colloque à Bruxelles du 9 au 12 octobre 1984, Bruxelles 1986, S. 321–338. Zu den Familiengeschichten vgl. Kap. 2 passim.

fes, um das Karriererisiko gering zu halten. Volker Press spricht zu Recht von einem ausgeprägten Patronage- und Klientelsystem, in dem die Aussicht auf Ruhm und Ansehen ebenso wie auf reichen materiellen Lohn in Gestalt von günstigen Gütererwerbungen in den Erblanden, besonders in Böhmen, winkten.[6]

Die kaiserliche Stellung gegenüber dem Hofadel beruhte neben ihrer mythologischen Bedeutung auf vier Säulen: auf der Lehnshoheit, auf der Verwaltung der Reservatrechte, auf der Ämtervergabe und auf dem materiellen Besitzanreiz. An drei Karrieren soll beleuchtet werden, wie Eintritt und Aufstieg in kaiserlichen Diensten erfolgten und welche Bedeutung die Familien der Grafen für deren Tätigkeit in Wien hatten.

Graf Philipp Ludwig Wenzel von Sinzendorf (1671–1742) stammte aus einem alten österreichischen Rittergeschlecht, das im 17. Jahrhundert zur Reichsgrafenwürde gelangt war. Sein Vater, Georg Ludwig von Sinzendorf (1616–1681), war in Wien zum Hofkammerpräsidenten aufgestiegen, hatte sich jedoch durch maßlose Bereicherung aus dem Staatsvermögen, durch Ämterpatronage und Bestechlichkeit ein Strafverfahren zugezogen, das ihm lebenslange Haft und eine Geldstrafe von 1,5 Millionen fl. einbrachte.[7] Der Sohn Philipp Ludwig war zunächst für den geistlichen Stand bestimmt; schon im Alter von sechs Jahren wurde er in das Kölner Domkapitel aufgenommen.[8] Nach dem Tod seines älteren Bruders 1687 trat er in den kaiserlichen Armeedienst ein; dies ließ sich mit seiner geistlichen Würde vereinbaren, die er erst 1695 ablegte.[9] Über die Armee gelang Philipp Ludwig schnell der Aufstieg in den diplomatischen Dienst: 1694 wurde er schon als kaiserlicher Gesandter nach München und in die Pfalz geschickt, 1699 erhielt er eine außerordentliche Gesandtschaft nach Paris.[10]

Im Spanischen Erbfolgekrieg wurde er zu weiteren diplomatischen Verhandlungen entsandt; er verschaffte sich Einfluß am Hof des römischen Königs Joseph

---

[6] Zur höfischen Konkurrenz um Prestigechancen: Norbert ELIAS, Die höfische Gesellschaft, S. 178–221. Zum Ranggefüge am Kaiserhof: LÜNIG, Theatrum ceremoniale, Bd. 2, S. 1497. Kaiserliche Rangreglements ordneten oft nur die Präzedenz innerhalb einzelner Hofgruppen: vgl. das Reglement Kaiser Karls VI. vom 25. März 1728, das sich nur auf Angehörige reichsfürstlicher Häuser ohne Hofämter bezog: HHStA Wien, Reichskanzlei: Ältere Zeremonialakten Karton 34. Dazu auch: EHALT, Ausdrucksformen, S. 130–132. Das kaiserliche Klientelsystem ist in allen seinen Auswirkungen auf die Politik der beteiligten Familien noch unerforscht: Vgl. Volker PRESS, Patronat und Klientel im Heiligen Römischen Reich, in: Antoni MACZAK (Hrsg.), Klientelsysteme im Europa der Frühen Neuzeit, München 1988, S. 19–46. In Böhmen waren von den Geschlechtern des Grafenkollegiums vor allem die Schwarzenberg, Salm-Reifferscheidt, Sinzendorf, Kaunitz, Metternich und Ostein begütert: Eila HASSENPFLUG-ELZHOLZ, Böhmen und die böhmischen Stände in der Zeit des beginnenden Zentralismus. Eine Strukturanalyse der böhmischen Adelsnation um die Mitte des 18. Jahrhunderts, München, Wien 1982, S. 335; S. 344.

[7] Zu Graf Ludwig von Sinzendorf: WURZBACH, Bd. 35, S. 17 f.; Rheinischer Antiquarius, 3. Reihe, Bd. 5, S. 553 f.; zum Prozeß: HHStA Wien, Reichskanzlei: Kleinere Reichsstände 502.

[8] Vgl. HERSCHE, Die deutschen Domkapitel, Bd. 1, S. 276

[9] Domherren als Offiziere kamen mehrfach vor, ein Zeichen dafür, wie sehr die Pfründen unter Subsistenzgesichtspunkten betrachtet wurden.

[10] Dazu kamen die Würden des Reichshofrats (1694) und des Wirklichen Geheimen Rates (1701): WURZBACH, Bd. 35, S. 20–22; vgl. Rheinischer Antiquarius, 3. Reihe, Bd. 5, S. 565–577; BRAUBACH, Prinz Eugen von Savoyen, Bd. 1, S. 291. Braubach führt Sinzendorfs Aufstieg auf den Einfluß der Pfälzischen Hofpartei um Kaiserin Eleonore zurück: ebd., Bd. 5, S. 534 f.

und erhielt nach dessen Kaiserwahl die Stelle als österreichischer Hofkanzler.[11] Von 1705 bis zu seinem Tod 1742 übte er, der 1713 auch »Geheimer Konferenzminister« wurde, beherrschenden Einfluß auf die kaiserliche Politik aus.[12] Das Reichsvizekanzleramt, das Sinzendorf anstrebte, blieb ihm allerdings versagt. Dennoch durchlief er eine steile Karriere und war durch seine Vielseitigkeit – nach Erfahrungen in Armee, Diplomatie und Verwaltung – in der Lage, sich fast 37 Jahre lang trotz gelegentlicher Kritik in seinem Amt zu behaupten.[13]

Wenzel Anton von Kaunitz (1711–1794) ist das wohl bekannteste Mitglied des Niederrheinisch-Westfälischen Reichsgrafenkollegiums. Seinen historischen Nachruhm verdankt der Graf und spätere Fürst allerdings nicht dem Engagement für seine Standesgenossen, sondern seiner Karriere im diplomatischen und administrativen Dienst der Habsburgermonarchie. Nach seiner standesgemäßen Ausbildung[14] wurde Kaunitz 1735 als Wirklicher Reichshofrat in Wien vereidigt.[15] Er nutzte dieses Amt als Durchgangsstation, um sich für den diplomatischen Dienst zu empfehlen. 1741 erhielt er seinen ersten Auftrag, eine Mission nach Turin, um den Herzog von Savoyen zur Unterstützung Österreichs im Krieg gegen Frankreich und Preußen zu gewinnen.[16]

1743 avancierte Kaunitz zum Obersthofmeister der Erzherzogin Maria Anna am Brüsseler Hof[17]; dort übernahm er zwei Jahre später auch das Amt des Bevollmächtigten Ministers, das höchste Verwaltungsamt (unter dem Statthalter, der jeweils aus der hochadligen Verwandtschaft des Hauses Habsburg gewählt wurde) in den österreichischen Niederlanden.[18] 1748 wählte Maria Theresia ihn zum österreichischen Botschafter am Aachener Friedenskongreß aus[19]; direkt im Anschluß an die Vertragsunterzeichnung erhielt Kaunitz den Rang eines Botschafters in Paris, wo er die Kontakte knüpfte, die einige Jahre später zum *renversement des alliances*, zum Bündnis zwischen Österreich und Frankreich führen sollten.[20]

---

[11] Diplomatische Tätigkeit: BITTNER/GROSS, Diplomatische Vertreter, Bd. 1, S. 154; Kanzlerschaft: INGRAO, Josef I., S. 27–30; vgl. Karl Otmar Freiherr von ARETIN, Kaiser Joseph zwischen Kaisertradition und österreichischer Großmachtpolitik, in: HZ 215 (1972), S. 529–606; hier: S. 533.

[12] Vgl. ADB 34, S. 408–412; EHALT, Ausdrucksformen, S. 45.

[13] Kaiser Leopold I. hatte 1705 versucht, Sinzendorf als Reichsvizekanzler durchzusetzen; der Mainzer Erzbischof Lothar Franz von Schönborn protegierte allerdings seinen Neffen Friedrich Karl: vgl. Heinrich KRETSCHMAYR, Das deutsche Reichsvizekanzleramt, in: AÖG 84, 1898, S. 381–501; hier: S. 454. Zur Forderung der Vielseitigkeit im Fürstendienst: EHALT, Ausdrucksformen, S. 43.

[14] Sehr ausführlich: KLINGENSTEIN, Der Aufstieg des Hauses Kaunitz, S. 158–253; vgl. Tibor SIMANYI, Kaunitz. Staatskanzler Maria Theresias, München 1984, S. 30–52.

[15] KLINGENSTEIN, Der Aufstieg des Hauses Kaunitz, S. 258; SIMANYI, Kaunitz, S. 54. Kaunitz besaß seit 1730 eine Anwartschaft auf eine Reichshofratscharge.

[16] Zur Vorbereitung der Mission: KLINGENSTEIN, Der Aufstieg des Hauses Kaunitz, S. 281 f.

[17] SIMANYI, Kaunitz, S. 82–97.

[18] Ghislaine de BOOM, Les Ministres Plénipotentiaires dans les Pays-Bas Autrichiens, Bruxelles 1932, S. 45–48.

[19] Aachener Frieden 1748: SIMANYI, Kaunitz, S. 97–113.

[20] Gesandtschaft in Paris: ebd., S. 130–147.

Fünf Jahre später wurde Kaunitz aus Paris abberufen und zum Staatskanzler der gesamten Erblande ernannt, ein Amt, das er bis 1792 innehatte.[21] Kaunitz beschränkte sich nicht nur auf die bloße Verwaltung der ihm unterstellten Behörden, sondern gestaltete die österreichische Politik aktiv, was sich in zahlreichen fundamentalen Reformgutachten für alle Bereiche des Staatswesens niederschlug.[22] Was Kaiser Leopold I. und Prinz Eugen militärisch errungen hatten, verband Kaunitz administrativ zu einer staatlichen Einheit. Seine oberste Maxime war die Rückgewinnung des von Preußen annektierten Schlesien.[23]

Entstammten die beiden genannten Personen dem erbländischen Niederadel, aus dem sich ihre Vorfahren erst im Laufe des 17. Jahrhundert emporgedient hatten, so war Fürst Karl Dietrich Otto von Salm-Salm (1645–1710) der Sproß eines altgräflichen rheinischen Geschlechts, dessen Mitglieder schon seit Jahrhunderten vorzugsweise im kaiserlichen Dienst gestanden hatten.[24] Der Fürst hatte in den Kriegen gegen Franzosen und Türken gekämpft und war 1685 dank seiner Verbindungen zum kaiserlichen Haus – seine Frau Luise Pfalzgräfin von Simmern war eine enge Verwandte der Kaiserin Eleonore[25] – Oberhofmeister des Erzherzogs und späteren Römischen Königs Joseph geworden. Mit dessen Kaiserwahl wurde Fürst Salm Premierminister und Gründungsmitglied der Geheimen Konferenz (1705).[26] Salms Aufgabenbereich der auswärtigen Personalpolitik brachte ihn – neben anderen Konfliktpunkten – in Gegensatz zur Hofpartei um Prinz Eugen von Savoyen und Graf Johann Wenzel von Wratislaw. In der Literatur wird Salm sehr negativ bewertet, da die meisten Angaben über seine Person der Korrespondenz der savoyischen Partei entnommen sind, in der Fürst Salm als für sein Amt ungeeignet bezeichnet wurde.[27] Eine Konstante dieses Konflikts war sicher Salms

---

[21] Ernennung zum Staatskanzler 1753: KLINGENSTEIN, Der Aufstieg des Hauses Kaunitz, S. 284–301.

[22] Erwähnenswert sind vor allem die Denkschrift über ein neues (außen-)politisches System vom 24. März 1747 sowie die Vorträge über die Grundsätze der Finanz- und Steuerpolitik vom 17. April 1766 und über die Grundsätze von Politik, Heerwesen und Finanzen; vgl. SIMANYI, Kaunitz, S. 118–125; 250–252; 253–257; Adolph BEER, Denkschriften des Fürsten Wenzel von Kaunitz-Rittberg, Wien 1872; Alfred DOVE, Ausgewählte Schriften, Leipzig 1898. Zur Würdigung der politischen Rolle des Fürsten von Kaunitz: Karl Otmar Freiherr von ARETIN, Art. »Wenzel Anton von Kaunitz«, in: NDB 11, Berlin 1977, Sp. 363–369.

[23] Kaunitz' Haltung gegenüber Preußen kommt in seiner Denkschrift über ein neues politisches System (24. März 1747) klar zum Ausdruck: Er hielt Preußen für eine Macht, die vor einem Völkerrechtsbruch nicht zurückschreckte, die Österreich völlig unterwerfen würde, wenn sich dafür nur eine günstige Gelegenheit ergeben würde; Armeen und Geldmittel für militärische Aggressionen stünden Preußen in ausreichendem Maße zur Verfügung. Nur ein funktionierendes Bündnissystem könnte Österreich vor den Ambitionen der Hohenzollern schützen: SIMANYI, Kaunitz, S. 121 f.

[24] Das Geschlecht hatte den Fürstenstand erst 1623 erworben: vgl. FRANK, Standeserhebungen und Gnadenakte, Bd. 4, S. 218; wegen der Grafschaft Anholt war die Familie Mitglied im Niederrheinisch-Westfälischen Grafenkollegium, obwohl sie für die gefürstete Grafschaft Salm eine Virilstimme im Reichsfürstenrat besaß: vgl. Kap.2.1.2. (S.63 f.).

[25] Vgl. SESt III, Tafel 138: 2.Ehe des Fürsten Karl Dietrich Otto von Salm.

[26] VEHSE, Geschichte der deutschen Höfe, Bd. 41, S. 27 f.; EHALT, Ausdrucksformen, S. 38.

[27] Zur auswärtigen Politik: Klaus MÜLLER, Das kaiserliche Gesandtschaftswesen im Jahrhundert nach dem Westfälischen Frieden (1648–1740), Bonn 1976, S. 218 f.; zur Würdigung Salms: Max BRAUBACH, Ein rheinischer Fürst als Gegenspieler des Prinzen Eugen am Wiener Hof, in:

Eintreten für die Belange des Reiches, während Prinz Eugen und Wratislaw vor allem das Wohl der jungen österreichischen Großmachtstellung auf dem Balkan und in Europa vor Augen hatten.

Karl Dietrich Otto von Salm gehörte dieser Kritik zum Trotz zu den prominentesten Politikern seiner Zeit; in seiner Erziehung des jungen Erzherzogs Josef hat er den Grundstein für dessen spätere realitätsorientierte Politik gelegt, eine bemerkenswerte Leistung, wenn man sie mit den Schwierigkeiten der Weltorientierung bei den Kaisern Leopold I. und Karl VI. vergleicht. Fürst Salm verdient eine Analyse mit einer gerechten Bewertung, wie sie Charles W. Ingrao in knapper Form skizziert.[28]

Diese drei Karrieren von Grafen bzw. Neufürsten zeigen die Aufstiegsmöglichkeiten des Reichsadels wie des erbländischen Mediatadels im Wiener Dienst: Hofdienst mit rein repräsentativen Funktionen, Militärämter – oft als Voraussetzung für eine spätere Zivilcharge – sowie Verwaltungs- und diplomatischer Dienst wechselten sich mehrfach ab. Es gab keine feste Karriereleiter für Grafen; sie benötigten nicht, den Weg Edelknabe – Truchseß – Kämmerer zu durchlaufen (wie viele Söhne des Niederadels), sondern konnten die Kämmererwürde als Beigabe anstreben und sich sofort um ein Amt mit wirklichen Kompetenzen und entsprechendem Prestige bemühen.

Ein weiteres Element muß an dieser Stelle erwähnt werden: Die drei genannten Mitglieder des Niederrheinisch-Westfälischen Grafenkollegiums waren jeweils Häupter ihrer Familien bwz. ihrer Linien. Am Kaiserhof wurden Familienchefs besonders gern für Dienstaufgaben herangezogen, da dies die Loyalität des gesamten Geschlechts sicherte. Entsprechend waren auch die kaiserlichen Gunsterweisungen an die Hochadligen, die ihren dauernden Wohnsitz in Wien anstatt auf ihren eigenen Schlössern nahmen. Nachgeborene Söhne regierender Grafen oder Sprößlinge aus apanagierten Linien, die ohnehin auf Dienste als Einkommensquelle angewiesen waren, erfuhren nicht dieselbe Wertschätzung.

Ein förmlicher Nachweis fachlicher Kompetenz war für den Hof- und Verwaltungsdienst keine Voraussetzung; da mit zunehmender Nähe zum Monarchen ohnehin der Repräsentationscharakter eines Amtes den Herrschaftscharakter überwog, gelangten die höchsten Hof- und Erbämter in den Besitz weniger Familien. Bei den Erbämtern war dies ohnehin üblich; sie wurden an bestimmte Familien als Lehen vergeben.[29] Die höchsten Hofämter waren an der alten fränkischen Aufteilung in Marschall, Kämmerer, Truchseß und Mundschenk orientiert.[30]

Aus Geschichte und Landeskunde. Franz STEINBACH zum 65.Geburtstag, Bonn 1960, S. 114–232; ders., Prinz Eugen, Bd. 2, S. 135–141; vgl. dagegen INGRAO, Josef I., S. 34.

[28] INGRAO, Josef I., S. 196 f.

[29] Die Sinzendorf waren Erbschenken in Österreich ob der Enns, Obristerblandvorschneider in Ober- und Unterösterreich sowie kaiserliche Obristerbkampfrichter und Schildträger: vgl. BITTNER/GROSS, Diplomatische Vertreter, Bd. 1, S. 721 (Titulatur des Grafen Karl Ludwig von Sinzendorf); HASSENPFLUG-ELZHOLZ, Böhmen und die böhmischen Stände, S. 150–153.

[30] Vgl. BOLDT, Deutsche Verfassungsgeschichte, Bd. 1, S. 268 f.; EHALT, Ausdrucksformen, S. 33 f.

Ehalt beschreibt die Funktionen ihrer Träger am absolutistischen Hof.[31] Bestimmte Familien wechselten sich hier in kurzen Abständen in den Ämtern ab, so daß das Prinzip der freien Vergabe durch den Kaiser zwar formal erhalten blieb, jedoch der Kreis der Aspiranten mit realistischen Hoffnungen begrenzt war. Fürst Ferdinand von Schwarzenberg (1652–1703) war von 1685–1693 Obersthofmarschall, anschließend Obersthofmeister der Kaiserin Eleonore. Adam Franz von Schwarzenberg (1680–1732) war unter Kaiser Josef I. Obriststallmeister, unter Karl VI. bis 1722 Obersthofmarschall; danach übernahm er für kurze Zeit das Obristhofmeisteramt und wurde schließlich wieder Obriststallmeister. Sein Sohn Joseph Adam (1722–1782) bekleidete nach 1754 das Amt des Obersthofmarschalls.[32] Die Inhaber der Erb- und Hofämter mit ihren zahlreichen repräsentativen Aufgaben genossen die Nähe zu ihrem kaiserlichen Herrn, die Ansehen und Zuwendungen versprach[33], waren jedoch auch persönlichen Schwächen und Fehlern des Herrschers ausgeliefert.[34]

Auffällig ist, daß die habsburgischen Kaiser zum engsten Aufgabenkreis um Hof und Staatskanzlei nur katholische Grafen zugelassen haben; für einen Protestanten war die Würde eines Kämmerers oder eines Geheimen Rates, allenfalls der Rang eines Reichshofrates die Spitze der Karriere in Wien.[35] 33 Mitglieder von Familien, die dem Niederrheinisch-Westfälischen Reichsgrafenkollegium angehörten, wurden zwischen 1717 und 1806 zu »Wirklichen Geheimen Räten« ernannt – nur drei von ihnen waren Protestanten: Graf Karl von Wied, Graf Karl Christian zur Lippe-Weißenfeld und Graf Ernst von Platen-Hallermund.[36] Auch andere kaiserliche Zivilchargen standen besonders den Katholiken offen: Prinzipalkommissare und Diplomaten wurden vorwiegend aus diesem Kreis ausgewählt. Die Kaiser

[31] Z. B. Hofmarschall: EHALT, Ausdrucksformen, S. 47.; Obersthofmeister: ebd., S. 48 f.; Oberstkämmerer: ebd., S. 49; Oberststallmeister: ebd., S. 51 f. etc.

[32] Eine derartige Häufung von Hofämtern läßt sich auch für die Familien Sinzendorf, Dietrichstein, Harrach, Colloredo und andere aufstellen: vgl. EHALT, Ausdrucksformen, S. 216 f.; die Reihe der Hofämter der Schwarzenberg wird noch länger, wenn man die Hofämter bei der Kaiserin, den Römischen Königen (z.B. Josef I. 1690) und Erzherzögen hinzuzählt: vgl. SCHWARZENBERG, Geschichte des reichsständischen Hauses Schwarzenberg, Bd. 1, S. 143–162; BRAUBACH, Prinz Eugen, Bd. 3, S. 69; dazu auch: CONRAD, Deutsche Rechtsgeschichte, Bd. 2, S. 78; PÜTTER, Institutiones iuris publici, Bd. 1, S. 91 f.

[33] Neben kaiserlichen Gunsterweisungen flossen den Inhabern der Hofämter zahlreiche Taxgelder zu: vgl. PÜTTER, Historische Entwicklung, Bd. 3, S. 225 f.

[34] Fürst Adam Franz von Schwarzenberg wurde, wie schon erwähnt, bei einer Jagd 1732 von Kaiser Karl VI. mit einem Schuß tödlich verletzt: BRAUBACH, Prinz Eugen, Bd. 5, S. 401; SCHWARZENBERG, Geschichte des Hauses Schwarzenberg, Bd. 1, S. 162.

[35] Z. B. Burggraf Wilhelm Ludwig von Kirchberg (1709–1751) wurde 1733 zum Kammerherrn ernannt: H. F. AVEMANN, Vollständige Beschreibung des uralten und weitberühmten Geschlechts der Herren Reichsgrafen und Burggrafen von Kirchberg in Thüringen, Frankfurt 1747, S. 301; DAHLHOFF, Geschichte der Grafschaft Sayn, S. 51 f.; das Kämmereramt war mehr ein Titel als ein Amt, da es zur Zeit Maria Theresias mehr als 1.000 Kämmerer in Wien gab: EHALT, Ausdrucksformen, S. 39. Zur Bedeutung des katholischen Bekenntnisses: ebd., S. 27 f.; Eduard WINTER, Barock, Absolutismus und Aufklärung in der Donaumonarchie, Wien 1971, S. 18 f.

[36] Verzeichnis der Wirklichen Geheimen Räte: HHStA Wien, Reichskanzlei: Geheimer Rat 22. Nur Platen war Chef der gräflichen Linie seines Hauses; Wied war der jüngere Bruder des Direktors Friedrich Alexander von Wied, während Lippe-Weißenfeld einer apanagierten Linie des lippischen Gesamthauses entstammte.

und ihre bestimmenden Berater in der Außenpolitik hielten Katholiken in Verhandlungen mit protestantischen Mächten für vertrauenswürdiger. Ein Beispiel für eine diplomatische Karriere ist die Laufbahn des Grafen Damian Hugo von Virmont (1666–1722). Er wechselte aus dem kaiserlichen Armeedienst in die diplomatische Laufbahn, die er bis zu seinem Tode beibehielt. Zeitweilig war er Statthalter in Mantua, 1715 Botschafter in Stockholm, Ende des gleichen Jahres bis 1717 kaiserlicher Vertreter in Berlin. 1718 wurde ihm die Aufgabe zugedacht, mit den Türken den Frieden von Passarowitz auszuhandeln; als Dank für diese Leistung wurde er im Jahr darauf kaiserlicher »Großbotschafter« in Konstantinopel.[37]

Eine weitere Möglichkeit, Kaiser und Reich zu dienen, bestand in der Bekleidung einer Armeecharge. Streng formal muß der Dienst in der Reichsarmee vom Dienst in der kaiserlich-erbländischen Armee unterschieden werden; im Bewußtsein der Adligen verwischten sich diese Arten des Dienstverhältnisses miteinander, so daß eine beträchtliche Fluktuation zwischen den Diensten festgestellt werden kann.[38] Wurde während der Zeit der Türkenkriege die kaiserliche Armee in Ungarn durch Reichssteuern mitfinanziert, so erforderte die Bedrohung durch das Frankreich Ludwigs XIV. im späten 17. Jahrhundert die Aushebung von Truppen durch die vorderen Reichskreise. Die Reichskriegsverfassung von 1681 trug der doppelten Bedrohung des Reiches Rechnung: Die Reichskreise boten fortan ihre Kontingente selbst auf und setzten auch ihre eigene Kreisgeneralität ein.[39] Die Führung der Reichsarmee oblag einer Reihe von Reichsgenerälen, die in einem langwierigen Verfahren von den Reichsständen gewählt und vom Kaiser bestätigt werden mußten.[40] Dabei spielten Kompetenz und Erfahrung der Kandidaten eine untergeordnete Rolle gegenüber der konfessionellen Parität: Die evangelischen Reichsstände hatten durchgesetzt, daß die Ränge der Reichsgeneralität je zur

---

[37] ADB 55, S. 338–341; Berlin: BITTNER/GROSS, Diplomatische Vertreter, Bd. 1, S. 129; Bd. 2 (Hrsg. HAUSMANN), S. 689. Passarowitz: REDLICH, Das Werden einer Großmacht, S. 236–241. Konstantinopel: BRAUBACH, Prinz Eugen, Bd. 3, S. 370.

[38] Helmut NEUHAUS, Vom »obristen Vheldthaubtman« des Reiches zur Stehenden Reichsgeneralität. Untersuchungen zu Reichskriegsverfassung und Sozialgeschichte des Alten Reiches, Bde. 1–3, Habilschrift Köln 1985 (masch.). Ich danke Herrn Neuhaus, daß er mir die Einsicht in sein Manuskript gewährte. Zu den Ergebnissen dieser Arbeit auch: Helmut NEUHAUS, Das Problem der militärischen Exekutive in der Spätphase des Alten Reiches, in: Johannes KUNISCH (Hrsg.), Staatsverfassung und Heeresverfassung in der europäischen Geschichte der frühen Neuzeit, Berlin 1986, S. 297–346.

[39] Vgl. NEUHAUS, Militärische Exekutive, S. 316. Kaiser Leopold I. hatte sich gegen Übernahme von 20 Prozent des Matrikularanschlages durch die Erblande das Recht vorbehalten, mit seinem Kontingent selbständige militärische Operationen durchführen zu können: Kaiserliches Kommissionsdekret vom 26. Sept. 1681: PACHNER, Reichsschlüsse, Bd. 2, S. 330 f. Untersuchungen zu den Kreisgenerälen und ihrer Wahl durch die Kreisstände stehen noch aus.

[40] Ebd. , S. 315. Die Staffelung der Ränge in der Reichsarmee war folgende:
1. Reichsgeneralfeldmarschall (RGFM)
2. Reichsgeneralleutnant (RGLt)
3. Reichsgeneral der Kavallerie (RGdC)
4. Reichsgeneralfeldzeugmeister (RGFZM)
5. Reichsgeneralfeldmarschalleutnant (RGFMLt)
6. Reichsgeneralfeldwachtmeister (RGFWM)
NEUHAUS, Reichsgeneralität, Bd. 2, S. 469 f. Die Ränge des Reichsgeneralleutnants und des Reichsgeneralfeldwachtmeisters wurden nach 1680 nicht mehr vergeben.

Hälfte den Katholiken und den »Augsburgischen Religionsverwandten« zufallen mußten. Bei der Schaffung von zusätzlichen Generalsrängen im Laufe des 18. Jahrhunderts wurde dieser Grundsatz immer beachtet.[41]

Vier Mitglieder des Niederrheinisch-Westfälischen Reichsgrafenkollegiums erreichten Ämter in der Reichsgeneralität: Graf Heinrich Georg Friedrich von Waldeck (1620–1692), Julius August von der Mark (1680–1753), Ludwig Wilhelm von Ostein (1705–1757) und Friedrich Georg Heinrich von Wied-Runkel (1712 –1779). Graf Georg Friedrich von Waldeck ist ein berühmtes Beispiel für einen Hochadligen, der in den Diensten der verschiedenen Herren gestanden hat. Nach preußischen und schwedischen Ämtern wurde er 1664 als Reichsgeneralleutnant berufen.[42] An den diplomatischen Vorbereitungen zur Schaffung der »Laxenburger Allianz« von 1682, einem Verteidigungsbündnis des Kaisers mit den vorderen Reichskreisen, war er maßgeblich beteiligt.[43] Später trat Waldeck in den Dienst der niederländischen Generalstaaten.[44]

Graf Julius August von der Mark stammte aus einer Familie, die im französisch-deutschen Grenzgebiet begütert war. Der Graf hatte seine Erfahrungen in der kurpfälzischen Armee gesammelt; 1734 wurde er nicht nur zum Generalfeldzeugmeister des Niederrheinisch-Westfälischen Reichskreises gewählt, sondern erhielt denselben Rang auch in der Reichsarmee.[45] Später ereichte er weitere militärische Ämter in der österreichischen wie in der kurpfälzischen Armee.[46]

Graf Ludwig Wilhelm von Ostein verdankte seine Karriere der Zugehörigkeit zum Schönbornschen Familienverband[47]; nachdem er 1745 österreichischer Generalmajor geworden war, wählten ihn die Reichsstände 1750 zum Reichsgeneralfeldmarschalleutnant. Zwei Jahre später wurde der Graf auch österreichischer Generalfeldmarschalleutnant.[48]

Graf Heinrich Georg Friedrich von Wied-Runkel hatte ebenfalls in der österreichischen Armee gedient, bevor er 1769 das Amt eines Reichsgeneralfeldzeugmeisters erhielt; später setzte der Kaiser ihn als Kommandierenden General in Böhmen (1765–1778) und in der Lombardei (1778/1779) ein.[49]

---

[41] NEUHAUS, Militärische Exekutive, S. 321–325.

[42] Zu Waldecks frühen Diensten: Bernhard ERDMANNSDÖRFFER, Graf Georg Friedrich von Waldeck, Berlin 1869, passim; vgl. auch: ADB 8, S. 701–709. Reichsgeneralleutnant war Waldeck vom 26. März bis 12. Nov. 1664: NEUHAUS, Reichsgeneralität, Bd. 3, S. 290 f.

[43] JANNEN, »Das liebe Teutschland« in the seventeenth Century, S. 165–195; ADB 8, S. 701–709.

[44] Er wurde 1672 und 1687/88 Generalfeldmarschall der Generalstaaten und 1689 Oberkommandierender sämtlicher niederländischer Truppen: NEUHAUS, Reichsgeneralität, Bd. 3, S. 291.

[45] Von der Mark wurde 1715 kurpfälzischer Generalmajor und 1727 österreichischer Generalfeldmarschalleutnant: NEUHAUS, Reichsgeneralität, Bd. 3, S. 202–204.

[46] Nach dem Erwerb der Kreis- und Reichsämter berief ihn der Kaiser 1735 zum österreichischen Generalfeldzeugmeister und der pfälzische Kurfürst 1740 zum Generalfeldmarschalleutnant: NEUHAUS, Reichsgeneralität, Bd. 3, ebd.

[47] Seine Mutter war Anna Charlotte Maria von Schönborn-Buchheim (1672–1766). Von seinen Brüdern wurde einer Reichshofratspräsident und ein anderer Erzbischof von Mainz: s. unten S. 284 f. und Kap. 8. 3. (S. 289 f.).

[48] Vgl. NEUHAUS, Reichsgeneralität, Bd. 3, S. 226–228.

[49] Der Graf wurde 1745 österreichischer Generalmajor, 1757 Generalfeldmarschalleutnant, 1759 Generalfeldzeugmeister und 1778 Generalfeldmarschall: NEUHAUS, Reichsgeneralität, Bd. 3,

Aus dem Gesagten wird deutlich, daß eine Reihe von Reichsgenerälen Erfahrungen in der österreichischen Armee gesammelt hatte. Neuhaus stellte fest, daß von den 86 ordentlich zu Reichsgenerälen ernannten Personen 50 vorher oder später einen österreichischen Generalsrang bekleidet hatten.[50] Die Bemühungen um die Erteilung eines Kommandos waren in den verschiedenen Armeen vergleichbar; umfangreiche Korrespondenz verwandter und befreundeter Personen ebneten dem Kandidaten den Weg beim Kaiser, den Reichsständen und den entscheidenden Amtsträgern. Die kaiserliche Protektion wurde sogar angerufen, um etwa eine Offiziersstelle bei einem Kreis zu erhalten. Im März 1786 schrieb Fürst Johann von Schwarzenberg an Kaiser Josef II., sein Sohn Karl – zu jener Zeit Hauptmann im schwäbisch-wolfeggschen Kreisregiment – würde gern den Rang eines Oberst erhalten. Er bat das Reichsoberhaupt, durch ein Empfehlungsschreiben an den Schwäbischen Kreis die Stände für diese Ernennung einzunehmen. Fürst Schwarzenberg betonte, es ginge ihm nur um den Rang; er ließ jedoch durchblicken, daß ihm langfristig eine Charge im kaiserlichen Heer, am besten mit einem Kommando, für seinen Sohn recht wäre.[51]

Mehrere Grafen des niederrheinisch-westfälischen Kollegiums waren in den kaiserlichen Regimentern tätig, ohne einen Rang in der Reichsarmee zu erhalten. Im Dreißigjährigen Krieg taten sich Philipp Otto von Salm, Jost Maximilian von Gronsfeld, Alexander von Velen und Peter Melander, der spätere Graf von Holzappel, als kaiserliche Generäle hervor. Philipp Otto von Salm konnte für seine Verdienste 1623 die Erhebung in den erblichen Reichsfürstenstand erreichen.[52] Jost Maximilian von Gronsfeld stieg im Dienste der Liga bis zum Generalfeldzeugmeister auf; später war er kaiserlicher Diplomat.[53] Alexander von Velen war ursprünglich im Dienst der wittelsbachischen Kurfürsten von Köln; mit Ausbruch des Krieges trat er in den kaiserlichen Armeedienst und avancierte so schnell, daß er nicht nur mit 31 Jahren Oberst war, sondern auch im Laufe von 13 Jahren zweimal standeserhöht wurde (1628 Reichsfreiherr, 1641 Reichsgraf). Im kaiserlichen Heer diente er bis 1646 als Generalfeldzeugmeister; 1653 ernannte Kaiser Ferdinand III. den inzwischen im Ruhestand befindlichen Grafen zum Generalfeldmarschall ehrenhalber.[54] Peter Melander, ursprünglich bürgerlicher Abkunft, hatte sich durch verschiedene Armeen zum kaiserlichen Oberbefehlshaber emporgearbeitet und den Reichsgrafenrang erhalten.[55] In allen diesen Familien läßt sich

---

S. 302 f. Der Graf hatte seine Karriere 1772 durch den Übertritt zum Katholizismus gefördert: FISCHER, Geschlechtsregister des Häuser Isenburg, Wied und Runkel, S. 330 f.; Rheinischer Antiquarius, 3. Reihe, Bd. 3, S. 416–418; SESt IV, Tafel 31; WURZBACH Bd. 33, S. 288 f.

[50] NEUHAUS, Reichsgeneralität, Bd. 1, S. 442–450.

[51] Fürst Johann von Schwarzenberg an Kaiser Josef II., 1. März 1786: HHStA Wien, Reichskanzlei: Kleinere Reichsstände 502, S. 418–420; vgl. SCHWARZENBERG, Geschichte des Hauses Schwarzenberg, Bd. 2, S. 278. Schwarzenberg erhielt die Stelle zwar nicht, wurde aber später einer der prominentesten Feldherren im kaiserlichen Dienst.

[52] Philipp Otto von Salm (1575–1634): Rheinischer Antiquarius, 2. Reihe, Bd. 19, S. 152; SESt III, Tafel 138; FRANK, Standeserhebungen und Gnadenakte, Bd. 4, S. 218.

[53] Zu Gronsfeld, dem Gründungsdirektor des Grafenkollegiums: vgl. Kap.3. 1. (S. 112 Anm. 2).

[54] Heinz KNUST, Alexander von Velen, Diss. Münster 1938, passim; FRANK, Standeserhebungen und Gnadenakte, Bd. 5, S. 150; vgl. Kap. 2.1.5. (S. 93).

[55] Zu Melander-Holzappel vgl. Kap. 2.1.3. (S. 73 f.).

eine Tradition des kaiserlichen Armeedienstes feststellen, denn auch zu späteren Zeiten tauchten die Namen Salm, Velen und Gronsfeld in den kaiserlichen Offizierslisten auf; der Name Holzappel ging an eine nicht minder kriegerische Linie des Hauses Anhalt über.[56]

Eine Reihe weiterer Familien stellte Generäle für die kaiserliche Armee. Drei Grafen von Limburg-Styrum stiegen zu diesen höchsten Militärämtern auf.[57] Auch die Grafen von Aspremont-Linden waren als Offiziere vertreten. Der prominenteste unter ihnen, Graf Ferdinand Gobert (+1708), war 1690 kaiserlicher Kommandant der Festung Belgrad, die vor den Türken kapitulieren mußte. Aspremont-Linden wurde vom Kriegsgericht freigesprochen und stieg später zum Feldmarschall auf.[58]

Einige weitere Familien hatten ihren Dienstschwerpunkt bei verschiedenen Reichsfürsten und waren in der kaiserlichen Armee daher seltener vertreten. Hierzu gehörten die Grafen von Metternich, von Nesselrode und von Toerring.[59] Die Familie der Fürsten von Ligne war aus dem wallonischen Landadel über Dienste gegenüber dem kaiserlichen Hause aufgestiegen; das bedeutendste Mitglied, Fürst Karl Lamoral von Ligne (1735–1814), erreichte im kaiserlichen Kriegsdienst 1771 den Rang eines Feldmarschalleutnants und 1808 den eines Feldmarschalls. Er

---

[56] *Salm:* Wilhelm Florentin von Salm (1670–1707) war kaiserlicher Generalmajor, Nikolaus Leopold von Salm (1701–1770) Generalfeldzeugmeister und Gouverneur von Antwerpen; Maximilian Friedrich Ernst von Salm (1732–1773) wurde kaiserlicher Generalfeldmarschalleutnant und Gouverneur von Luxemburg: WURZBACH Bd. 28, S. 128; S. 144 f.; vgl. SEStN IV, Tafel 99; Rheinischer Antiquarius, 2. Reihe, Bd. 19, S. 165. *Velen:* Alexander Otto von Velen (1657–1727) war kaiserlicher Feldmarschall; seine Söhne Hyazinth Josef und Gabriel Philipp fielen 1717 als kaiserliche Offiziere gegen die Türken: August HELDMANN, Die Reichsherrschaft Bretzenheim, S. 45; vgl. BRAUBACH, Prinz Eugen, Bd. 5, S. 543; Graf Christoph Otto (1671–1733) war kaiserlicher Generalfeldzeugmeister: SESt IV, Tafel 40b. *Gronsfeld:* Johann Franz von Gronsfeld (1639–1718) war kaiserlicher Feldmarschall; er leitete die Okkupation Bayerns im Spanischen Erbfolgekrieg, mußte aber schon 1705 abberufen werden. 1715 ernannte der Kaiser ihn zum Gouverneur von Luxemburg: Ludwig HÜTTL, Max Emanuel, der Blaue Kurfürst. Eine politische Biographie, München 1976, S. 414; Christian PROBST, Lieber bayrisch sterben. Der bayrische Volksaufstand der Jahre 1705 und 1706, München 1978, S. 124–130; BRAUBACH, Prinz Eugen, Bd. 2, S. 363; SESt N VI, Tafel 45; Rheinischer Antiquarius, 2. Reihe, Bd. 4, S. 413.

[57] Leopold Otto von Limburg-Styrum (1681–1726) war kaiserlicher Generalfeldmarschall; Otto Ernst von Limburg-Styrum (1688–1754) war kaiserlicher General der Kavallerie, Geheimer Rat und Kämmerer. er scheiterte 1736 bei der Besetzung der Reichsherrschaft Bretzenheim; sein Kommando mußte unverrichteter Dinge wieder abrücken: vgl. Kap. 2.1.5. (S. 94); Graf Hermann Otto von Limburg-Styrum (+1704) war kaiserlicher Generalfeldmarschall und bekleidete daneben einige Hofchargen; sein Bruder Maximilian Wilhelm (+1728) war Feldmarschalleutnant: vgl. SESt IV, Tafel 39; SEStN VI, Tafel 7; BITTNER/GROSS, Diplomatische Vertreter, Bd. 1, S. 12 u. 661.

[58] Vgl. REDLICH, Weltmacht des Barock, S. 449–451.

[59] *Metternich:* Freiherr Heinrich von Metternich(+1654), konnte durch seine Tätigkeit als Generalmajor in der Armee Tillys den späteren Aufstieg seines Geschlechts vorbereiten: WURZBACH Bd. 18, S. 51 f. Graf Philipp Emmerich von Metternich (+1698) war kaiserlicher Generalfeldzeugmeister: MATHY, Franz Georg von Metternich, S. 20. *Nesselrode:* Graf Johann Hermann von Nesselrode (1661–1751) war kaiserlicher General; nach 1726 amtierte er als Leiter des Generalkriegskommissariats: BRAUBACH, Prinz Eugen, Bd. 5, S. 223 u. 513. *Toerring:* Graf Maximilian Franz von Toerring (1716–1739) war kaiserlicher Kämmerer und Oberstleutnant in der österreichischen Armee, als er am 23. Juli 1739 im Türkenkrieg fiel: SESt IV, Tafel 114.

wurde daneben zu zahlreichen diplomatischen Aufgaben herangezogen.[60] Eine Doppelrolle führte der katholische Graf Leopold Ludwig von Bentheim-Bentheim (1698–1751) aus, der zwar für den geistlichen Stand bestimmt war, jedoch nicht auf kriegerische Aktivitäten verzichten wollte. Als Domherr in Köln und Straßburg trat er in die kaiserliche Armee ein, in der er bis zum Generalmajor aufstieg.[61]

Der kaiserliche Armeedienst stand, im Gegensatz zum Hofdienst, auch Protestanten offen. Einige junge Adlige aus dem Reich nahmen nur pro forma im Rahmen ihrer Kavalierstour an einem Türkenfeldzug teil[62], doch andere hatten über mehrere Jahre ein Kommando im Heer inne. Aus dem Geschlecht der Grafen von Waldeck wurde Christian Ludwig (1635–1706) österreichischer Generalfeldmarschall, Karl August Friedrich (1704–1763) Generalfeldzeugmeister, Ludwig Franz Anton (1707–1739) Oberst; Prinz Christian August (1744–1798) stieg nach seinem Volontariat als Oberstleutnant 1770 in der russischen Armee zum kaiserlichen Kommandierenden General in Böhmen auf (1796), bevor er sich ein Jahr später zum Oberbefehlshaber der portugiesischen Armee berufen ließ.[63]

Auch das reformierte Haus Wied-Runkel war in der kaiserlichen Armee vertreten; es galt im 18. Jahrhundert als kaisertreu, und einige seiner Mitglieder standen dem katholischen Bekenntnis sehr aufgeschlossen gegenüber.[64] Der Großneffe des schon genannten Grafen Heinrich Georg Friedrich, Graf Friedrich Ludwig (1770–1824), wechselte aus dem hessen-darmstädtischen Dienst 1805 als Oberstleutnant in die österreichische Armee; seine Karriere gipfelte 1813 in der Ernennung zum Feldmarschalleutnant.[65] Die ebenfalls im Westerwald begüterten Burggrafen von Kirchberg-Hachenburg verloren zahlreiche Söhne in den Kriegen des 18. Jahrhunderts; die Brüder Karl Georg (1711–1740) und Ernst Sigismund (1716–1738) starben in den Türkenkriegen, bevor sie 30 Jahre alt waren.[66] Burggraf Johann Au-

---

[60] ADB 18, S. 642; Rheinischer Antiquarius, 3. Reihe, Bd. 1, S. 710–718; SEStN VI, Tafel 92; Johannes KUNISCH, Art. »Ligne«, in: NDB 14, S. 548 f.

[61] Vgl. SESt IV, Tafel 43; SEStN IV, Tafel 3; HERSCHE, Die deutschen Domkapitel, Bd. 1, S. 210.

[62] Vgl. zur Kriegsreise des Grafen Ferdinand Christian zur Lippe: BRAUBACH, Prinz Eugen, Bd. 1, S. 392–397; Erich KITTEL, Memoiren des braunschweigisch-lüneburgischen Generals Graf Ferdinand Christian zur Lippe, 1668–1724, Lemgo 1959, passim.

[63] Vgl. SESt I, Tafel 139 f.; SESt V, Tafel 48; ADB 40, S. 675 f.; Oskar REGELE, Generalstabschefs aus vier Jahrhunderten. Das Amt des Chefs des Generalstabs in der Donaumonarchie. Seine Träger und Organe von 1529 bis 1918, Wien, München 1966, S. 28. Zu Graf Christian Ludwig: NEUHAUS, Reichsgeneralität, Bd. 3, S. 290. Weitere Waldecker als kaiserliche Offiziere: Graf Friedrich Karl August (1743–1812), 1757 ksl. Oberstleutnant, 1766 Generalmajor; später im Dienst der Niederlande: Jacob Christoph Carl HOFFMEISTER, Historisch-genealogisches Handbuch über alle Grafen und Fürsten von Waldeck und Pyrmont seit 1228, Cassel 1883, S. 65–75; hier: S. 78 f.; Graf Georg (1747–1813), 1778 ksl. Oberstleutnant, 1783 General der Infanterie: ebd., S. 80. WURZBACH Bd. 52, S. 169–175.

[64] Das gilt vor allem für Graf Karl Wilhelm Alexander (1706–1771): vgl. Kap. 8.3. (S. 215).

[65] WURZBACH Bd. 55, S. 290–293; dort befinden sich auch Kurzbiographien von weiteren Grafen von Wied, die jedoch nur niedere Chargen in der kaiserlichen Armee eingenommen hatten: ebd., S. 294. Rheinischer Antiquarius, 3. Reihe, Bd. 3, S. 422 f.; SESt IV, Tafel 31.

[66] Burggraf Karl Georg von Kirchberg (1711–1740) trat 1731 in kaiserliche Dienste, nahm 1734 am Feldzug im Oberrheingebiet und 1738 am Türkenfeldzug teil (als Oberstwachtmeister). 1740

gust, der spätere Interimsdirektor des Grafenkollegiums, mußte wegen des »Aderlasses« seines Geschlechts die Armeekarriere als Major beenden.[67] Neben den Grafen aus den Häusern Waldeck, Wied und Kirchberg dienten noch vereinzelt protestantische Grafen aus dem westfälischen Kollegium in der kaiserlichen Armee, meistens für begrenzte Zeit. Graf Ludwig Georg von Wallmoden-Gimborn (1769–1862) trat nach hannoverschen und preußischen Diensten 1795 in die kaiserliche Armee über, in der er bis zum Feldmarschalleutnant aufstieg. 1812 diente er zwischenzeitlich in Rußland, und später verwaltete er für den Kaiser Neapel und Mailand. Friedrich Wilhelm Belgicus von Bentheim-Steinfurt (1782–1839) stieg im kaiserlichen Kriegsdienst im Kampf gegen Napoleon bis zum Oberstleutnant auf; 1829 wurde er Feldmarschalleutnant.[68]

Der Dienst der Reichsgrafen in den höchsten Reichsgerichten des »Sacrum Imperium Romanum« hatte denselben Stellenwert wie der Kaiserdienst in Armee oder Diplomatie. Vor allem beim Reichshofrat vermischten sich die Kompetenzen dadurch, daß diese Reichsinstitution nicht nur ein Gericht, sondern auch eine wichtige kaiserliche Beratungseinrichtung mit enger Anbindung an den Hof war. Wenn der Dienst in den Reichsgerichten hier dargestellt wird, so soll dadurch die Bedeutung des Rechtssystems im Reich besonders hervorgehoben werden, ein System, das nach dem Zerfall der alten königlichen Militärgewalt zur Klammer zwischen Kaiser, Reich und Einzelterritorien geworden war. Die Grafen waren als Kläger oder Beklagte betroffen, als Reichshofräte oder Beamte am Reichskammergericht aber auch Akteure in dieser Rechtsordnung.

In den letzten Jahren sind einige Untersuchungen über die Politik und die personelle Besetzung der höchsten Reichsgerichte erschienen[69]; sie bieten Materialien, die den Erkenntnishorizont erweitert haben, obwohl dadurch die beiden Klassiker über die Gerichte von Rudolf Smend (Reichskammergericht) und Oswald von Gschließer (Reichshofrat) noch lange nicht überflüssig geworden sind.[70] Es wurde

starb er vor Semlin am Fieber: HStA WI, Abt.130 II, Nr. 7754; Burggraf Ernst Sigismund (1716–1738) nahm als Hauptmann am Türkenkrieg teil und starb ebenfalls am Fieber: HStA WI, Abt.130 II, Nr. 7755; vgl. AVEMANN, Geschlecht von Kirchberg, S. 301; SESt IV, Tafel 75. Zwei weitere Brüder fielen in preußischen und sächsischen Diensten.

[67] Mit Burggraf Johann August (1714–1799) endete das Haus Kirchberg: DAHLHOFF, Geschichte der Grafschaft Sayn, S. 52.

[68] *Wallmoden-Gimborn*: ADB 40, S. 761 f.; *Bentheim*: WURZBACH Bd. 1, S. 282 f.

[69] Friedrich HERTZ, Die Rechtsprechung der höchsten Reichsgerichte im römisch-deutschen Reich und ihre politische Bedeutung, in: MIÖG 69 (1961), S. 331–358; Oswald von GSCHLIESSER, Das Beamtentum der hohen Reichsbehörden, in: Günther FRANZ (Hrsg.), Beamtentum und Pfarrerstand, Limburg 1972 (Deutsche Führungsschichten in der Neuzeit 5), S. 1–26; Heinz DUCHHARDT, Kurmainz und das Reichskammergericht, in: Bll.f.dt.LG 110 (1974), S. 181–217; ders., Die kurmainzischen Reichskammergerichtsassessoren, in: ZRG-GA 94 (1977), S. 89–128; ders., Reichsritterschaft und Reichskammergericht, in: ZHF 5 (1978), S. 315–337; ders., Reichskammerrichter Franz Adolf Dietrich von Ingelheim (1659/1730–1742), in: Nass. Ann. 81 (1970), S. 173–202. Sigrid Jahns bereitet eine prosopographische Arbeit über das RKG-Personal nach dem Westfälischen Frieden vor: Sigrid JAHNS, Juristen im alten Reich, in: DIESTELKAMP, Forschungen aus Akten des Reichskammergerichts, S. 1–39.

[70] Rudolf SMEND, Das Reichskammergericht. Geschichte und Verfassung, Weimar 1911 (ND Aalen 1965); Oswald von GSCHLIESSER, Der Reichshofrat. Bedeutung und Verfassung, Schicksal

deutlich, wie sehr die Reichsgerichte in die Politik der kleineren Reichsstände eingegriffen haben, welche Abhängigkeit zwischen Reichshofrat und dem österreichischen Hofadel, zwischen dem Reichskammergericht und dem Mainzer Erzstift sowie der Reichsritterschaft bestand.[71]

Das Reichskammergericht, seit 1693 mit Sitz in Wetzlar, war oberste Appellationsinstanz in Straf- und Zivilsachen; ausgenommen war die Strafgerichtsbarkeit gegen Reichsunmittelbare, die dem Reichstag vorbehalten blieb.[72] Bei den Verhaftungen der Grafen Friedrich von Leiningen-Guntersblum (1770), Wild- und Rheingraf Karl Magnus von Rheingrafenstein (1775) sowie Graf Gebhard Xaver Truchseß von Waldburg-Wolfegg-Waldsee (1778) stellte das Gericht in Ausführung kaiserlicher Anordnungen die Haftbefehle aus.[73]

Für den Reichsgrafenstand – der auch über die Kreistage an der Besetzung der RKG-Assessoren mitwirkte[74] – war die Besetzung der Richterstellen am Reichskammergericht von besonderem Interesse. Die Leitung des Gerichts oblag dem Kammerrichter. Er war der Vertreter des Kaisers in Gestalt eines Richters nach germanischem Recht, der nur den Prozeß leitete, aber nicht an den Abstimmungen teilnahm. Die Besetzung des Amtes gehörte zu den kaiserlichen Reservatrechten.[75] Der Kreis der zu berufenden Personen war jedoch eingegrenzt: Der Kammerrichter mußte edelfreier Abkunft sein, also ein »Fürst, Graf oder Herr (=Edelherr)«, damit das Gericht auch über Fürsten urteilen konnte, die sich keinem Richter niederen Standes zu unterwerfen brauchten.[76] Die Grafen hielten daher das Kammerrichteramt für einen festen Besitzstand des hohen Reichsadels; neben zahlreichen Fürsten und Bischöfen hatten bis ins 18. Jahrhundert hinein acht Grafen das Amt ausgeübt – Beweis ihrer anerkannt hochadligen Standesqualität –, bis 1730 mit dem Freiherrn von Ingelheim der erste Reichsritter in Wetzlar als Kammerrichter aufgeschworen wurde.[77] Die soziale Interessenlage, die hinter Ingelheims Wahl stand – das Mainzer Domkapitel und der Kurerzkanzler hatten ihre schon traditionellen Absprachen mit dem Kaiser über die Stellenbesetzungen noch intensiviert[78] –, führte zu dem bereits erwähnten Konflikt zwischen Reichs-

und Besetzung einer obersten Reichsbehörde von 1559–1806, Wien 1942 (ND Nendeln/Liechtenstein 1970).

[71] Vgl. GSCHLIESSER, Beamtentum, S. 18 f.; DUCHHARDT, Reichsritterschaft, S. 315 f.

[72] MALBLANC, Deutsche Reichs-Gerichts-Verfassung, Bd. 4, S. 300 f.

[73] MALBLANC, ebd., Bd. 4, S. 304–308.

[74] Wahl der Assessoren: CONRAD, Deutsche Rechtsgeschichte, Bd. 2, S. 103; SMEND, Reichskammergericht, S. 296 f.; IPO 1648, Art. § 57 (evangelische Beisitzer); JRA 1654 §§ 22 u. 169 (katholische Beisitzer); Kurt HARTONG, Beiträge zur Geschichte des oldenburgischen Staatsrechts, Oldenburg 1958, S. 78; MOSER, Neues Teutsches Staatsrecht, Bd. 8.2., S. 381–435.

[75] MOSER, ebd., Bd. 8.2., S. 355; zu den administrativen Rechten, etwa zur Zusammenstellung der Senate: ebd., S. 311.

[76] RKGO 1495 §§ 1 u. 2: BUSCHMANN, Kaiser und Reich, S. 174 f.; vgl. PÜTTER, Institutiones iuris publici, Bd. 2, Teil 1, S. 110 f.

[77] Zu den Amtsträgern: SMEND, Reichskammergericht, S. 245 f.; zu Ingelheim: DUCHHARDT, Reichskammerrichter Ingelheim, passim.

[78] DUCHHARDT, Kurmainz und das Reichskammergericht, S. 204–207; SMEND, Reichskammergericht, S. 229.

grafenstand und Reichsritterschaft, der das ganze Jahrhundert hindurch andauerte.[79]

Es beruhigte die Grafen nur wenig, daß nach Ingelheims Tod mit Graf Ambrosius Franz von Virmont ein Mitglied des Niederrheinisch-Westfälischen Grafenkollegiums Kammerrichter wurde, zumal Virmont nach nur zweijähriger Amtszeit starb (November 1744).[80] Die Angst, das Amt werde auf Dauer an den Niederadel, vor allem an den österreichischen Mediatadel fallen, erwies sich als begründet.[81] Die Stellung des Kammerrichters war nicht nur aus politischen Gründen interessant, sie brachte auch beträchtliches Ansehen und eine lukrative Besoldung: 1654 betrug das Einkommen des Kammerrichters 4.400 Rtl., 1713 wurde es auf 11.733 Rtl. 30 Kr. erhöht[82]; die Bezüge sicherten einem Grafen samt Familie ein standesgemäßes Auskommen.

Der Kammerrichter wurde in seiner Arbeit durch einige RKG-Präsidenten unterstützt. Trotz des Namens waren die Präsidenten Untergebene des Richters und im Hinblick auf die Leitung des Gerichtes von ihm abhängig; das »praesidere« bezog sich nur auf den Vorsitz in jeweils einem Senat. Die Zahl der RKG-Präsidenten betrug ursprünglich zwei, wurde aber 1570 auf drei, 1648 auf vier erhöht. Aus Kostengrunden wurden 1720 zwei Stellen gestrichen, so daß die Ausgangszahl wieder erreicht war.[83] Auch hier galten dieselben Standesvoraussetzungen wie beim Kammerrichter; 1629 wurden zwei westfälische Landadlige mangels erforderlicher Standesqualität abgewiesen. 1671 gelang es Kaiser Leopold I. aber doch, mit dem Freiherrn von Dalberg den ersten Reichsritter als RKG-Präsidenten einzusetzen. Später sollten auf der katholischen Präsidentenstelle noch mehrere Niederadlige folgen, während die evangelische Stelle den Reichsgrafen vorbehalten blieb.[84]

Von den Mitgliedsfamilien des Niederrheinisch-Westfälischen Grafenkollegiums waren die Manderscheid mit zwei Personen unter den RKG-Präsidenten vertreten: Graf Philipp Salentin (1615–1680) und Graf Karl Ferdinand aus der Linie Gerolstein (1644–1697).[85] Philipp Salentin war 1631 Domherr in Köln und 1650 in Straßburg geworden. Er gehörte bereits dem geistlichen Stand an, als er 1636 zum RKG-Präsidenten vorgeschlagen wurde, was jedoch nicht ungewöhnlich war, da bereits mehrfach geistliche Würdenträger richterliche Funktionen im Reich ausgeübt hatten. 1641 wurde er in Speyer aufgeschworen, resignierte aber 1664,

[79] DUCHHARDT, Reichskammerrichter Ingelheim, S. 181–197; JAHNS, Juristen, S. 30; SMEND, Reichskammergericht, S. 260 f.

[80] Zu Ambrosius Franz von Virmont, kath. Direktor des Niederrheinisch-Westfälischen Grafenkollegiums 1738–1744: vgl. Kap. 3.2. (S. 122).

[81] 1763 wurde der Graf von Spaur, ein österreichischer Mediatgraf ohne reichsfreien Besitz, Kammerrichter: SMEND, Reichskammergericht, S. 247 u. 260.

[82] JRA 1654, § 11: BUSCHMANN, Kaiser und Reich, S. 464; SMEND, Reichskammergericht, S. 400; MOSER, Neues Teutsches Staatsrecht, Bd. 8.2., S. 368–370.

[83] CONRADS, Deutsche Rechtsgeschichte, Bd. 2, S. 163; SMEND, Reichskammergericht, S. 257–263; IPO 1648, Art.5 § 53: BUSCHMANN, Kaiser und Reich, S. 332 f.

[84] Vgl. DUCHHARDT, Kurmainz und das Reichskammergericht, S. 208; JAHNS, Juristen, S. 30 Anm. 60. Zu den Streitigkeiten um Dalberg: LÜNIG, Thesaurus juris, S. 830 (mit den beiden Schreiben der schwäbischen gräflichen Direktoren 1665 und des Fürsten von Fürstenberg 1698 an den Kaiser mit Bitte um Wahrung des reichsgräflichen Vorranges.).

[85] Vgl. SESt V, Tafel 112.

unter anderem wegen seiner Meinung nach zu geringer Besoldung.[86] Sein Neffe Karl Ferdinand hatte ebenfalls zunächst die geistliche Laufbahn eingeschlagen; 1652 wurde er in Köln, 1653 in Straßburg aufgeschworen.[87] Nach dem Tod seines Vaters resignierte er jedoch bis 1671 beide Pfründen und heiratete.[88] 1685 erhielt er von Kaiser Leopold I. eine Exspektanz auf eine Stelle als katholischer RKG-Präsident und trat 1694 das Amt wirklich an.[89]

Zwei protestantische Grafen aus dem westerwäldischen Raum konnten auf die RKG-Präsidentenstelle ihrer Konfession gelangen: Graf Karl von Wied-Runkel (1684–1764) und Burggraf Christian Albrecht Kasimir von Kirchberg-Hachenburg (1726–1772). Der Graf von Wied-Runkel wurde 1724 in sein Amt eingeführt und übte es 40 Jahre lang aus. Die intensiven Verwandtschaftsbeziehungen der Häuser Wied-Runkel und Leiningen-Westerburg – letzteres hatte im 17. Jahrhundert fünf RKG-Präsidenten gestellt – begünstigten Wieds Ernennung.[90] Burggraf Christian Albrecht Kasimir von Kirchberg hatte sich über die übliche Ausbildung samt Kavalierstour hinaus nochmals in juristischen Unterricht begeben, um eine fachlich fundierte Ausbildung in die Konkurrenz um eine adäquate Stellung im Fürstendienst einzubringen, da ihm als nachgeborenem Sohn die Nachfolge in Hachenburg versperrt war. 1746 wurde er in den Reichshofrat aufgenommen, 1764 als evangelischer RKG-Präsident in Wetzlar präsentiert und im Januar des folgenden Jahres aufgeschworen. Er übte das Amt bis zu seinem Tod 1772 aus.[91]

Der letzte RKG-Präsident aus den Reihen des westfälischen Kollegiums war Johann Maria Rudolf Graf von Waldbott-Bassenheim (1731–1805). Der Graf entstammte einem alten reichsritterschaftlichen Geschlecht aus dem Rheinland, das trotz seiner Erhebung in den Reichsgrafenstand weiterhin dem rheinischen und fränkischen reichsritterschaftlichen Stiftsadel angehörte.[92] Waldbott-Bassenheim war kurmainzischer Hofgerichts- und Regierungsrat sowie Direktorialgesandter beim Oberrheinischen Kreis, ehe er 1763 als katholischer RKG-Präsident prä-

---

[86] Philipp Salentin von Manderscheid-Gerolstein wurde in seiner geistlichen Karriere 1661 Chorbischof in Köln und 1671 Dekan in Straßburg; nebenbei hatte er eine Pfründe im hochadligen Stift St. Gereon in Köln inne: HERSCHE, Die deutschen Domkapitel, Bd. 1, S. 252.

[87] HERSCHE, Die deutschen Domkapitel, Bd. 1, S. 252.

[88] Seine Ehe mit Gräfin Maria Katharina von Königsegg-Rothenfels (1640–1727) blieb ohne die erwünschten männlichen Erben; mit seinem Tod 1697 starb die Gerolsteiner Linie des Manderscheider Hauses im Mannesstamm aus: vgl. SESt V, Tafel 112.

[89] Vgl. DUCHHARDT, Reichskammerrichter Ingelheim, S. 181. Duchhardt weist darauf hin, daß Manderscheid auch eine Expektanz auf die Kammerrichterstelle gehabt habe, was aber wegen seines frühen Todes nicht mehr zum Tragen kam.

[90] Vgl. FISCHER, Geschlechtsregister der Häuser Isenburg, Wied und Runkel, S. 330 (Kurzvita 359–361); DUCHHARDT, Reichskammerrichter Ingelheim, S. 196. Frau Sigrid Jahns wies mich dankenswerterweise darauf hin, daß die zwischen den Familien Leiningen, Wied und Kirchberg bestehenden intensiven Familienverbindungen zur Behauptung dieses Amtes genutzt worden sind.

[91] Kirchberg hatte acht ältere Brüder: SESt IV, Tafel 75. H. F. AVEMANN, Vollständige Beschreibung des uralten und weitberühmten Geschlechts der Herren Reichsgrafen und Burggrafen von Kirchberg in Thüringen, Frankfurt 1747, S. 303; Franz-Eugen VOLZ, Christian Burggraf von Kirchberg, Graf von Sayn und Wittgenstein (1727–1772), in: Lebensbilder aus dem Kreis Altenkirchen 1979, S. 52–54; GSCHLIESSER, Reichshofrat, S. 438 f.

[92] Standeserhöhung zum Grafen 1720: vgl. FRANK, Standeserhebungen und Gnadenakte, Bd. 5, S. 182; SEStN IV, Tafeln 162–168.

sentiert und aufgeschworen wurde. Nach dem 1776 erfolgten Tod des Burggrafen der Reichsburg Friedberg, Freiherrn von Dalberg, begab sich Waldbott-Bassenheim als kaiserlicher Kommissar in die Reichsstadt zur Neuwahl; 1777 wählten ihn die Burgmannen zum Nachfolger, woraufhin er ein Jahr später sein Amt in Wetzlar aufgab.[93] Die Besoldung der RKG-Präsidenten wurde 1654 auf 1.371 Rtl. festgesetzt und 1713 auf 3.656 Rtl. erhöht.[94]

Unter den Assessoren und dem Kanzleipersonal des Reichskammergerichts waren die Reichsgrafen nicht vertreten; ihr Engagement zielte auf die Richterstellen. Es läßt sich feststellen, daß die Kaiser im 18. Jahrhundert den Kreis der Personen, die für eine Richterstelle in Frage kamen, um die Reichsritter und landsässigen Grafen erweitert hatten. Ein völliges Ausscheiden der Reichsgrafen ist jedoch nicht erfolgt: Mit dem Grafen von Oettingen-Wallerstein wurde von 1797 bis 1801 nochmals ein Mitglied eines Grafenkollegiums Kammerrichter.[95]

Für den reichsgräflichen Dienst im Reichshofrat galten ähnliche Bedingungen wie für den Wiener Hofdienst. Ein wichtiger Unterschied war jedoch die institutionalisierte Minderheitenbeteiligung der Protestanten am Gericht: Ebenso wie die Reservierung einer RKG-Präsidentenstelle waren ihnen durch die Reichshofratsordnung von 1654 sechs der achtzehn Sitze auf der Herrenbank vorbehalten.[96] Der konfessionelle Schlüssel blieb nicht ohne Auswirkungen auf die Rechtsprechung des Reichshofrates: Die Entscheidungen waren konfessionell stärker zugunsten der katholischen Interessen im Reich orientiert und entsprachen weitgehend dem Standpunkt des habsburgischen Hauses, zumal der Kaiser in der Auswahl der Personen frei war. Insofern war der Reichshofrat ein politisches Gericht und der Dienst darin eher Dienst gegenüber dem Kaiser als Haupt des Hauses Österreich als dem Reichsoberhaupt gegenüber.[97]

---

[93] DUCHHARDT, Reichsritterschaft, S. 332. Waldbott-Bassenheim war vor seiner Wahl in Friedberg schon Ritterhauptmann des Kantons Mittelrhein. Zu Friedberg: MOSER, Neues Teutsches Staatsrecht, Bd. 3, S. 1494 f.; Albrecht ECKHARDT, Die Burgmannenaufschwörungen und Ahnenproben der Reichsburg Friedberg in der Wetterau 1473–1805, in: Wetterauer Geschichtsblätter 19, 1970, S. 133–167; zu Waldbott-Bassenheims Wahl: HHStA Wien, Vorträge der Reichshofkanzlei 151 (Dez. 1776).

[94] JRA 1654, § 11: BUSCHMANN, Kaiser und Reich, S. 464; SMEND, Reichskammergericht, S. 400 f.

[95] Zum Kanzleipersonal: DUCHHARDT, Kurmainz und das Reichskammergericht, passim; SCHEIDEMANTEL/HÄBERLIN, Repertorium, Bd. 1, S. 475; PÜTTER, Institutiones iuris publici, Bd. 2.1, S. 113 f. Zu Oettingen-Wallersteins Vorzug vor dem Freiherrn von Thüngen: Schreiben der Altenkirchener Regierung an die Regierung in Ansbach, 25. Aug. und 6. Nov. 1797: LHA KO, Best. 30, Nr. 4013, S. 1 f. u. 7.

[96] RHRO 1654, § 2: BUSCHMANN, Kaiser und Reich, S. 405 f.; CONRAD, Deutsche Rechtsgeschichte, Bd. 2, S. 167 f.; der Passus des Westfälischen Friedens, demnach beide Konfessionen mit gleichvielen Beisitzern vertreten sein sollten, wurde dadurch ausgesetzt: IPO 1648, Art.5 § 54: BUSCHMANN, Kaiser und Reich, S. 333; GSCHLIESSER, Reichshofrat, S. 74 f.

[97] Zur Verfassung des Reichshofrats: GSCHLIESSER, Reichshofrat, S. 65–88; Johann Christian HERCHENHAHN, Geschichte der Entstehung, Bildung und gegenwärtigen Verfassung des kaiserlichen Reichshofrates, Bde. 1–2, Mannheim 1791–1792; MOSER, Neues Teutsches Staatsrecht, Bd. 8.2., S. 3–281; Georg-Christoph von UNRUH, Die Wirksamkeit von Kaiser und Reich, in: JESERICH, Deutsche Verwaltungsgeschichte, Bd. 1, S. 270–278; hier: S. 275 f. Zur politischen Dimension des Reichshofrats: LEYERS, Reichshofratsgutachten, passim. Zur Zuständigkeitsabgrenzung gegenüber dem Reichskammergericht: Günther ADERS/Helmut RICHTERING (Hrsg.), Gerichte

Geleitet wurde der Reichshofrat vom RHR-Präsidenten, der wie der Kammer-
richter dem Fürsten-, Grafen- oder Herrenstand entstammen sollte.[98] Dieses Amt
vermittelte, wie auch das des RHR-Vizepräsidenten, dem Inhaber ein hohes Ansehen am Kaiserhof. Von den Geschlechtern des Niederrheinisch-Westfälischen
Reichsgrafenkollegiums hatten drei einen derartigen Amtsträger in ihren Reihen:
Graf Johann Adolf von Schwarzenberg (1615–1683) und Graf Heinrich Karl von
Ostein (1693–1742) erreichten die Berufung zum RHR-Präsidenten, während Graf
Karl Ludwig von Sinzendorf (+1722) RHR-Vizepräsident wurde. Schwarzenberg
war als Sohn des brandenburgischen Kriegsratspräsidenten Graf Adam 1640 seiner
norddeutschen Besitzungen enteignet worden, konnte jedoch durch spätere Ent-
schädigungen sowie günstige Erbschaften ein riesiges Vermögen erwerben und in
Böhmen und Österreich anlegen; unter ihm vollzog sich der Aufstieg seines
Hauses unter die allerersten Familien am Wiener Hof. 1670 wurde er in den Fürstenstand erhoben; für die gefürstete Grafschaft Schwarzenberg in Franken erhielt
er das Virilstimmrecht im Reichsfürstenrat.[99] Von 1640 bis 1645 war Schwarzenberg Mitglied des Reichshofrates, schied aber wegen der Ernennung zum Oberstkämmerer des Erzherzogs Leopold Wilhelm von Österreich aus.[100] 1670 wurde
Schwarzenberg zum Präsidenten des Reichshofrats berufen; das Amt übte er bis
zu seinem Tod aus.[101] Die zwischenzeitliche Unterbrechung weist auf ein Phänomen hin, das den Reichshofrat etwa vom Geheimen Rat unterschied: Das Amt
durfte nur als einzige Bedienung versehen werden, um sich vollständig den Aufgaben widmen zu können; die Ausübung zusätzlicher Ämter war untersagt.[102]

Der Graf von Ostein war 1726 als Supernumerar in die Herrenbank eingerückt
und mußte wie Schwarzenberg seinen Platz räumen, als ihm 1734 die kaiserliche
Gesandtschaft in St. Petersburg angetragen wurde.[103] Dort vertrat er fünf Jahre
lang die österreichischen Interessen, bevor er 1740 als Botschafter nach London
gesandt wurde.[104] Nach dem Aussterben des habsburgischen Mannesstammes ging

---

des alten Reiches, Bde. 1–2, Münster 1968 (Das Staatsarchiv Münster und seine Bestände); hier: Bd.
2, S. 479; GSCHLIESSER, Reichshofrat, S. 27 f.

[98] RHRO 1654, Art.1 § 1 setzt zwar den Kaiser als Oberhaupt und Richter ein; dies war auch
stets die herrschende Meinung im Reichsrecht, obwohl der Kaiser so gut wie nie an den Sitzungen
teilnahm, sondern sich durch den RHR-Präsidenten vertreten ließ: CONRAD, Deutsche Rechtsgeschichte, Bd. 2, S. 165 f.; vgl. MOSER, Neues Teutsches Staatsrecht, Bd. 8.2., S. 25. Außer dem Kaiser konnte auch der Erzbischof von Mainz als Kurerzkanzler des Reiches den Vorsitz im Reichshofrat übernehmen; er war durch den Reichsvizekanzler ohnehin dort stets repräsentiert: HER-
CHENHAHN, Reichshofrat, Bd. 2, S. 16. Erzbischof Johann Friedrich Karl von Ostein führte selbst
die Sitzung vom 12. Okt. 1745, als der Reichshofrat sich nach Ende des bayerischen Kaisertums
wieder unter österreichischer Aufsicht konstituierte: GSCHLIESSER, Reichshofrat, S. 435.

[99] FRANK, Standeserhebungen und Gnadenakte, Bd. 4, S. 286; SCHWARZENBERG, Geschichte
des Hauses Schwarzenberg, Bd. 1, S. 116–127; Rheinischer Antiquarius, 3. Reihe, Bd. 3, S. 792 f.

[100] GSCHLIESSER, Reichshofrat, S. 243. SCHWARZENBERG, Geschichte des Hauses Schwarzenberg, Bd. 1, S. 117.

[101] GSCHLIESSER, Reichshofrat, S. 244 u. 295; SCHWARZENBERG, ebd., Bd. 1, S. 119.

[102] Vgl. RHRO 1654, §§ 17 u. 19: BUSCHMANN, Kaiser und Reich, S. 412.

[103] GSCHLIESSER, Reichshofrat, S. 398 f.; BREMER, Reichsherrschaft Mylendonk, S. 104.

[104] KLINGENSTEIN, Aufstieg, S. 271; Walther MEDIGER, Moskaus Weg nach Europa. Der Aufstieg Rußlands zum europäischen Machtstaat im Zeitalter Friedrichs des Großen, Braunschweig
1952, S. 362–365; S. 370 f.; S. 383 f. MÜLLER, Gesandtschaftswesen, S. 56; HAUSMANN, Diplomati-

Ostein in den bayerischen Dienst und wurde nach der Wahl des Kurfürsten Karl Albrecht zum Kaiser dessen Reichshofratspräsident. Er konnte die Sitzungen allerdings nur fünf Wochen lang leiten, da er schon am 29. April 1742 starb.[105] RHR-Vizepräsident Graf von Sinzendorf war 1672 in den Reichshofrat eingetreten. Er unterbrach seine Tätigkeit durch eine Gesandtschaftsreise nach Konstantinopel, wo er an der Rückführung gefangener Christen aus türkischen Lagern beteiligt war. 1706 wurde er von Kaiser Joseph I. zum RHR-Vizepräsidenten ernannt. Er amtierte bis zu seinem Tod 1722.[106] Im Unterschied zum Reichskammergericht, wo die Beisitzerstellen für die Reichsgrafen uninteressant waren, hatten die Stellen als Reichshofräte auf der Herrenbank für junge Grafen eine so große Attraktivität, daß meistens mehr als 18 Reichshofräte benannt waren. Die Überzähligen (»supernumerarii«) nahmen an den Sitzungen teil, erhielten aber kein Gehalt, bevor sie durch Ausscheiden dienstälterer Kollegen in die Besoldungsränge einrückten. Die Tätigkeit in diesem obersten Reichsgericht galt als Qualifikationsmöglichkeit für alle anderen Ämter im kaiserlichen Dienst: Zahlreiche Karrieren wurden hier begonnen, und entsprechend groß war die Fluktuation unter den Mitgliedern. Philipp Ludwig von Sinzendorf und Wenzel Anton von Kaunitz begannen ihre Tätigkeit in Wien als Reichshofräte. Graf Wilhelm Franz von Nesselrode (1638–1732) legte hier den Grundstein für seine Kirchenkarriere, die in der Erlangung des Bischofsamtes von Fünfkirchen gipfelte[107]; Burggraf Christian Albrecht Kasimir von Kirchberg wechselte – wie oben gezeigt – von hier aus später als RKG-Präsident ans andere Reichsgericht über. Kirchberg war neben dem Grafen Karl Christian zur Lippe-Weißenfeld (1740–1808) und dem Grafen Christian von Rantzau (1614–1663) einer von drei evangelischen Reichshofräten aus den Reihen des westfälischen Grafenkollegiums.[108]

Unter den katholischen Reichshofräten finden wir die Familien des Wiener Hofdienstes überproportional vertreten. Von den 24 Reichshofräten, die einer Mitgliedsfamilie des Niederrheinisch-Westfälischen Reichsgrafenkollegiums entstammten, kamen sechs aus dem Hause Sinzendorf[109], fünf aus dem Hause Kau-

sche Vertreter, Bd. 2, S. 65; S. 79; S. 87; S. 254; Schreiben des Prinzen Eugen an Ostein nach St. Petersburg, 31. Aug. 1735: HHStA Wien, Große Korrespondenz 101 b.

[105] GSCHLIESSER, Reichshofrat, S. 419 f.; vgl. KLINGENSTEIN, Der Aufstieg des Hauses Kaunitz, S. 276. Kaiser Karl VII. hatte eine Reihe von früheren Mitarbeitern seines Amtsvorgängers anzuwerben versucht; dies war ihm u.a. bei Ostein gelungen: vgl. Volker PRESS, Das wittelsbachische Kaisertum Karls VII., in: Rainer KOCH/Patricia STAHL (Hrsg.), Wahl und Krönung in Frankfurt am Main. Kaiser Karl VII. 1742–1745, Frankfurt 1986, S. 88–107; hier: S. 97. Susanne SCHLÖSSER, Der Mainzer Erzkanzler im Streit der Häuser Habsburg und Wittelsbach um das Kaisertum 1740–1745, Wiesbaden 1986, S. 102.

[106] GSCHLIESSER, Reichshofrat, S. 299 f.; S. 364.

[107] GSCHLIESSER, Reichshofrat, S. 323; Wilhelm KOHL, Das Domstift St. Paulus zu Münster, S. 242; HERSCHE, Die deutschen Domkapitel, Bd. 1, S. 257; Zedlers Universal-Lexicon, Bd. 23, Sp. 1945; vgl. auch Kap. 8.2. (S. 296 f.).

[108] Die Linie Lippe-Weißenfeld war eine apanagierte Seitenlinie des Detmolder Haupthauses: SESt V, Tafel 34; KIEWNING, Auswärtige Politik, S. 94 f. Zu Rantzau: vgl. Kap. 8.3. (S. 321 f.).

[109] *Sinzendorf*: Franz Wenzel (1695–1734; RHR 1722); Johann Joachim (+1665; RHR 1648); Joseph (1708–1758; RHR 1735); Philipp Ludwig (1672–1742; RHR 1695); Rudolf (1636–1677; RHR 1654): GSCHLIESSER, Reichshofrat, S. 395. 258 f. 411 f. 331 f. 271.; zu Graf Karl Ludwig, dem RHR-Vizepräsidenten: vgl. Anm. 106.

nitz[110] und drei aus dem Hause Schwarzenberg.[111] Die rheinischen Grafen von Nesselrode waren durch den genannten Wilhelm Franz sowie durch Franz Karl (1670–1750; RHR 1708) vertreten; letzterer war zuvor kurpfälzischer Geheimer Rat und Hofkammerpräsident gewesen.[112] Graf Franz Wilhelm von Salm-Reifferscheidt (1672–1734) wurde 1695 RHR, nachdem er schon vorher einige Hofämter bekleidet hatte.[113] Später amtierte er als kaiserlicher Botschafter in Dänemark und Leibgardehatschierhauptmann in Wien. Graf Peter Philipp von Berlepsch (1674–1720) wurde 1697 in den RHR introduziert; er war Domherr in Konstanz und genoß die Einkünfte einer sizilianischen Abtei, die ihm der spanische König Karl II. 1699 geschenkt hatte. Zeitweilig war er spanischer Botschafter in Wien.[114] Freiherr Rudolf Johann von Waldbott-Bassenheim (1686–1731) wurde 1716 in den RHR eingeführt, ohne zu amtieren; später wurde er kurtrierischer Geheimer Rat und Oberkämmerer.[115]

Ebenso wie die Geheime Rats- und Kämmererwürde wurde auch der Reichshofratsrang an mehrere Personen als Titel vergeben. Dies demonstriert die Doppelbedeutung des Amtes als judikativer Aufgabenbereich wie als dekorative Repräsentationsgelegenheit.[116] Für Grafensöhne mit Ehrgeiz war das wirkliche Amt erstrebenswert. Grete Klingenstein beschreibt am Beispiel des jungen Wenzel Anton von Kaunitz, wie väterliche Beziehungen, alte Familienverbindungen, materielle Möglichkeiten und das höfische Auftreten des Probanden zusammenwirken mußten, um die Aufstiegschance zu wahren.[117]

Zunächst schrieb Vater Maximilian Ulrich 1734 an den Kaiser, daß sein damals dreiundzwanzigjähriger Sohn nach seiner Ausbildung nicht lange müßig bleiben, sondern einer Tätigkeit nachgehen wolle; er bat den Kaiser, Wenzel Anton entsprechend zu verwenden. Der junge Kaunitz wurde in höfische Feste eingeführt und mit namhaften Personen bekannt gemacht, damit sie sich ein Urteil über ihn bilden konnten. Schließlich richtete der Sohn selbst einen Antrag auf Erteilung einer RHR-Stelle an den Kaiser; dabei wies er auf eine bereits 1730 erhaltene Anwartschaft hin, Zeugnis bereits weiter zurückliegender Bemühungen des Vaters

---

[110] *Kaunitz*: Maximilian Ulrich (1676–1746; RHR 1698); Alois Wenzel (1775–1848; RHR 1795); Ernst Christoph (1738–1797; RHR 1763); Dominikus Andreas (1739–1812; RHR 1763); Wenzel Anton (1711–1794; RHR 1735): GSCHLIESSER, Reichshofrat, S. 344. 508. 466. 469. 408.; vgl. KLINGENSTEIN, Der Aufstieg des Hauses Kaunitz, S. 257–262.

[111] *Schwarzenberg*: Johann Adolf (1615–1683; RHR 1640–45, RHR-Präsident 1670): vgl. Anm. 101; Ferdinand Wilhelm (1652–1703; RHR 1677); Adam Franz (1680–1732; RHR 1700): GSCHLIESSER, Reichshofrat, S. 301. 360.; SCHWARZENBERG, Geschichte des Hauses Schwarzenberg, Bd. 1, S. 143–162. Zu den zahlreichen Kaiserdiensten der Fürsten von Schwarzenberg: WURZBACH Bd. 33, S. 1–120.

[112] GSCHLIESSER, Reichshofrat, S. 374.

[113] Er war Geheimer Rat und Oberststallmeister der Kaiserin-Witwe Amalie: GSCHLIESSER, Reichshofrat, S. 331.

[114] Peter Philipp von Berlepsch: GSCHLIESSER, Reichshofrat, S. 335; HERSCHE, Die deutschen Domkapitel, Bd. 1, S. 354.

[115] GSCHLIESSER, Reichshofrat, S. 417 f.

[116] Titularreichshofräte waren Ernst Wilhelm von Bentheim (1668), Johann Wilhelm von Metternich (1698), Friedrich Wilhelm von Neuwied (1720), Christian Ludwig von Waldeck (1674): GSCHLIESSER, Der Reichshofrat, S. 523; S. 524; S. 528.

[117] KLINGENSTEIN, Der Aufstieg des Hauses Kaunitz, S. 254 f.

um die soziale Plazierung des Sohnes. Am 26. Januar 1735 wurde Wenzel Anton von Kaunitz in feierlicher Form in den Reichshofrat eingeführt; das Zeremoniell leitete der Obersthofmeister Graf Sigmund Rudolf von Sinzendorf, den Amtseid leistete Kaunitz gegenüber dem RHR-Präsidenten Johann Wilhelm von Wurmbrand.[118]

Die neuernannten Reichshofräte erhielten ein Ernennungsdekret, das in Ähnlichkeit mit den Standeserhöhungsurkunden nicht nur die Eignung des Probanden, sondern auch die geleisteten Dienste seiner Vorfahren gegenüber Kaiser und Reich hervorhob. In einem eigenen Satz wurde der Rang des neuen Mitglieds geklärt: Das Datum des Dekrets war in der Regel maßgeblich für die Session auf der Herrenbank; alle später ernannten Reichshofräte wurden nach dem Probanden eingestuft.[119]

Auch im Bewußtsein der Reichshofräte galt das Amt als Durchgangsstation, in der man sich für höhere Aufgaben qualifizierte. So erklärt sich die Enttäuschung des Grafen Karl Christian zur Lippe-Weißenfeld, als seine Bemühungen um eine prestigeträchtigere Stellung in Wien scheiterten. Der Graf war nach seiner Tätigkeit in der oldenburgischen Verwaltung 1771 in den Reichshofrat berufen worden; nach 20 Dienstjahren schrieb er an den Fürsten Kaunitz, er wolle nicht weiter im »Acten-Staub [...] vergehen«; er habe seinen Platz im Reichshofrat resigniert und wünsche, stimmberechtigtes Mitglied des Geheimen Rates zu werden. In seinem Alter und bei seiner Erfahrung habe er ein Anrecht auf eine verantwortungsvolle Position. Es sei ihm nicht weiter zuzumuten, mit sehr viel jüngeren Personen für 2.600 Rtl. Gehalt »Actendienste« zu leisten.[120] Für den Grafen fand sich jedoch keine neue Verwendung, so daß er sich nach einem längeren Aufenthalt am Regensburger Reichstag auf seine Güter zurückzog.

Ein Mitglied des Reichshofrates wurde bislang übergangen: Der Reichsvizekanzler gehörte dem Gericht kraft Amtes an. Diese Aufgabe war aus der ständigen Stellvertretung des Kurerzkanzlers in der Nähe des Kaisers erwachsen; der Mainzer Erzbischof setzte – meist nach Absprache mit dem Kaiser – einen Reichsvizekanzler ein, der der Reichshofkanzlei in Wien vorstand.[121] Von allen Grafen des Niederrheinisch-Westfälischen Reichsgrafenkollegiums hat allerdings nur Graf Dominik Andreas von Kaunitz dieses Amt zwischen 1698 und 1705 innegehabt, obwohl sich mehrere Mitglieder später darum bewarben.[122]

Der Dienst bei Kaiser und Reich war für die Grafen in Nordwestdeutschland eine dringende Notwendigkeit, um nicht der Machtkonkurrenz ihrer fürstlichen

---

[118] KLINGENSTEIN, ebd., S. 258.

[119] Beispiel: Ernennungsurkunde des Freiherrn Franz Karl von Nesselrode, 10. März 1708: HStA D, FA Nesselrode, Nr. 2142, S. 25.

[120] Schreiben des Grafen Karl Christian zur Lippe-Weißenfeld an den Fürsten von Kaunitz, 10. Aug. 1791: HHStA Wien, Reichskanzlei: Kleinere Reichsstände 330. Zur Person: SESt V, Tafel 34; Martin SAGEBIEL, Art. »Grafen und Fürsten zur Lippe«, in: NDB 14, S. 654.

[121] Zu den Kompetenzen des Reichsvizekanzlers: HERCHENHAHN, Reichshofrat, Bd. 2, S. 186–198; Lothar GROSS, Geschichte der deutschen Reichshofkanzlei von 1559–1806, Wien 1933, S. 97 f.; CONRAD, Deutsche Rechtsgeschichte, Bd. 2, S. 79–81.

[122] GROSS, Reichshofkanzlei, S. 466; KLINGENSTEIN, Der Aufstieg des Hauses Kaunitz, S. 41–74.

Nachbarn zu erliegen. Die persönliche und die dienstliche Nähe zum Reichsoberhaupt entsprach den Bedürfnissen beider Seiten: Den Grafen ermöglichte sie Macht, Ansehen und politische Selbstbehauptung[123], dem Kaiser beließ sie durch eine Fülle qualifizierter Personen einen Rest jener alten Herrschaftsmacht, die ihm gegenüber den Reichsfürsten längst abhanden gekommen war. Die Hochadligen eigneten sich zur Disziplinierung des erbländischen Landadels, vor allem durch ihre Verwendung in Böhmen und Ungarn; eine enge Verflechtung mit den grundbesitzenden Schichten der betreffenden Länder wurde zumeist vermieden. Als vorteilhaft stellte sich für den Kaiser heraus, daß die Grafen oft qualifizierte Untertanen aus dem Reich mit nach Wien brachten, sowohl für militärische wie zivile Aufgaben. Von der kaiserlichen Armee ist für 1806 überliefert, daß fast 50 Prozent der Soldaten aus den kleinen Reichsterritorien stammten[124], während über die zivilen Bediensteten keine Daten vorliegen.

8.2. DER REICHSGRÄFLICHE DIENST IN DER ADELSKIRCHE

Die deutsche Reichskirche hatte sich im Hochmittelalter in ihrer Eigenart, kirchliches Amt mit weltlicher Herrschaft zu verknüpfen, gebildet. Ihre weltliche Macht basierte auf der katholischen Anschauung, das Gebet der Lebenden würde den Verstorbenen entweder zum Nachlaß ihrer Sündenstrafen oder zur Vermehrung der Glorie dienen.[125] Die Übernahme dieser Gebetsdienste gegen Leistung von materiellen Gütern hatte der Kirche ihr reiches Stiftungsvermögen eingebracht, das bis ins frühe 19. Jahrhundert die üppige Versorgung ihrer höheren Würdenträger erlaubte. Unter dem Begriff »Reichskirche« sind die sieben Erzdiözesen samt ihren Unterinstitutionen zu verstehen, die durch das Wiener Konkordat von 1448 erfaßt waren: Köln, Trier, Mainz, Bremen/Hamburg, Magdeburg, Salzburg und Bisanz (das heutige Besançon).[126] In allen Diözesen dominierten regionale Adelsgruppen. Der westfälische Landadel war in den Stiften Münster, Paderborn, Hildesheim und Osnabrück vertreten; der rheinisch-fränkische Adel dominierte das geistliche Leben in Trier, Mainz, Worms, Speyer, Würzburg und Bamberg, teilweise auch in Eichstädt, der schwäbische Adel in Augsburg, Basel und Konstanz. Bayerische Adlige traf man in Regensburg und Freising, Österrei

[123] Die Grafen von Aspremont-Linden suchten aus diesem Grund Militärämter im niederländischen Raum; die Intention, stets ein nahes Verhältnis zu den benachbarten kaiserlichen Kommandanten zu haben, war ein durchgängiges Element ihrer Hauspolitik: vgl. HHStA Wien, FA Aspremont-Linden Nr. 7 u. 8.

[124] Hellmuth RÖSSLER, Der deutsche Hochadel und der Wiederaufbau nach dem Westfälischen Frieden, in: Bll.f.dt.LG 101 (1965), S. 129–146; hier: S. 136.

[125] Vgl. Andreas Ludwig VEIT, Mainzer Domherren vom Ende des 16. bis zu Ausgang des 18. Jahrhunderts in Leben, Haus und Habe, Mainz 1924, S. 58.

[126] Vgl. ARETIN, Heiliges Römisches Reich, Bd. 1, S. 34–36 mit den dazugehörigen Diözesen; CONRAD, Deutsche Rechtsgeschichte, Bd. 2, S. 181; zu Größe und Einwohnerzahl der Fürstbistümer: Joseph SARTORI, Statistische Abhandlungen über die Mängel in der Regierungsverfassung der geistlichen Wahlstaaten und von den Mitteln, solchen abzuhelfen, 2. Aufl., Augsburg 1788, S. 130; zum Konkordat: Hans Erich FEINE, Die Besetzung der Reichsbistümer vom Westfälischen Frieden bis zur Säkularisation 1648–1803, Stuttgart 1905 (ND Amsterdam 1924), S. 4.

cher in Passau und Salzburg samt seinen Eigenbistümern Chiemsee, Seckau, Gurk und Lavant.[127] Reichsgrafen konnte man infolge der Adelsmobilität in allen Kapiteln treffen; auch wenn die Kapitel, die eher der Reichsritterschaft vorbehalten waren, auf ihre Exklusivität achteten, so ließen sie doch Familien, die aus ihren Reihen in den Reichsgrafenstand aufgestiegen waren, weiterhin zu. Hochadligen Familien vorbehalten waren die Domstifte zu Köln und Straßburg, in denen die Reichsgrafen die Mehrheit der Domherren stellten.[128] Anders als im Reich hatten sich die habsburgischen Kaiser in ihren Erblanden das Nominationsrecht für die Bischofsstellen reservieren lassen. Dort setzten sie häufig Reichsadlige ein, die von Domkapiteln und regionalen Adelskorporationen unabhängig und daher den österreichischen Herrschaftsinteressen dienlicher waren; die Familien des Hofadels lassen sich hier überproportional häufig finden.[129]

Das Reich ist in erster Linie durch die Verknüpfung von katholischem Reichsadel mit dem fürstbischöflichen Amt ein katholisches Reich geblieben, nachdem im 16. Jahrhundert fast alle großen fürstlichen Häuser zum Protestantismus übergetreten waren. Die Familien Habsburg und Wittelsbach – 1697 kam noch die sächsische Kurlinie hinzu – konnten nur mit Hilfe der katholischen Grafen- und Reichsritterfamilien samt den aus ihren Reihen hervorgehenden Fürstbischöfen den alten sakralen Charakter des Reiches bewahren.[130]

Für die Stiftsfamilien winkte der Aufstieg in den Reichsfürstenstand, sogar ins Kurkollegium, durch die Wahl zum Bischof oder Erzbischof[131]; so war es naheliegend, daß politische Erwägungen und materielle Interessen die Einsetzung von Amtsträgern in der Reichskirche bestimmten und nicht die Eignung für ein geistliches Amt. Die von Hans Erich Feine beklagte Entkirchlichung der Diözesanverwaltung, die damit einherging, wurde erst in der Spätphase des 18. Jahrhunderts thematisiert; ihre Bekämpfung blieb allerdings bis zum Untergang der Reichskirche auf die Eigeninitiative einzelner Bischöfe angewiesen, anstatt durch strukturellen Wandel begünstigt zu werden.[132]

Angesichts der politischen Dimension kam vor allem den Bischofswahlen große Bedeutung zu; den bedeutenden Mächten im Reich gelang es, einige Bistümer völ-

---

[127] FEINE, Reichsbistümer, S. 69 f.; zu Westfalen: Heinz REIF, Westfälischer Adel, passim.

[128] Hierzu und zum Zusammenhang zwischen mittelalterlichen Grafenbezirken und Reichsbistümern: vgl. Lutz HATZFELD, Zur Geschichte des Reichsgrafenstandes, in: Nass. Ann. 70 (1959), S. 41–54.

[129] FEINE, Reichsbistümer, S. 4; SCHWARZENBERG, Geschichte des Hauses Schwarzenberg, Bd. 1, S. 186.

[130] Das protestantische Element trat nach der Säkularisation 1803 ganz deutlich hervor: ARETIN, Politik und Kirche im 18. Jahrhundert. Ein Beitrag zum Verständnis der geistlichen Fürsten, in: Hochland 59 (1966), S. 23–38; hier: S. 25; vgl. Rudolf MORSEY, Wirtschaftliche und soziale Auswirkungen der Säkularisation in Deutschland, in: Rudolf VIERHAUS/Manfred BOTZENHART (Hrsg.), Dauer und Wandel in der Geschichte. Festschrift für Kurt von Raumer, Bonn 1966, S. 361–383.

[131] In den Reichsabteien konnten sogar Äbte bäuerlicher Abkunft die Reichsstandschaft erwerben: ARETIN, Politik und Kirche, S. 24.

[132] FEINE, Reichsbistümer, S. 402 f.; zum sich zuspitzenden Konflikt zwischen dem erneuerten Papsttum und der Reichskirche in der Aufklärung: vgl. ARETIN, Heiliges Römisches Reich, Bd. 1, S. 38–51.

lig unter ihre Kontrolle zu bringen – Freising und Regensburg waren von Bayern beherrscht, Straßburg unterlag der Nomination des französischen Königs – oder zumindest beherrschenden Einfluß auf die Wahlen auszuüben: So kamen Köln und die westfälischen Bistümer seit dem späten 16. Jahrhundert mehrfach an wittelsbachische Prinzen, da hier die Angst vor einer schleichenden Säkularisierung groß und das Schutzbedürfnis durch die beiden großen katholischen Fürstenhäuser ausgeprägt war.[133] Dies allein hätte möglicherweise nicht gereicht; geistliche Wahlen wurden oft mit beträchtlichen Finanzmitteln der interessierten Höfe unterstützt. Die Wahl des Erzherzogs Maximilian Franz 1784 zum Erzbischof von Köln kostete – nach Angaben des Staatskanzlers Kaunitz – den Kaiser fast eine Million fl. an Bestechungsgeldern (»Handsalben«), die den hochadligen Domherren zu ihrem schon fürstlichen Einkommen zuflossen. Trotz einer Reihe von spektakulären Fällen von Ämterkauf blieb jedoch die Bischofswahl »ex gremio«, aus der Gruppe der Kapitulare, der Regelfall.[134]

Zu den kanonischen Voraussetzungen, die ein Bischof seit dem Tridentinischen Konzil (1545–1563) haben sollte, gehörten die Subdiakonatsweihe, die eheliche Geburt, das Mindestalter von 30 Jahren, eine wissenschaftliche Vorbildung, am besten als Doktor oder Magister abgeschlossen, die Ehelosigkeit, das Freisein von Verbrechen, Verurteilungen, Ketzerei und großem Kirchenbann. Die Kumulation von Bistümern war verboten.[135] Die Wirklichkeit sah meistens anders aus. Friedrich Karl von Moser beschrieb die Tugenden, die ein Kandidat für das Bischofsamt in der Reichskirche haben sollte: Wem es ernst sei mit seinen Ambitionen, so meinte Moser, der solle eine wohlbestellte Küche und einen guten Weinkeller unterhalten, damit er sich durch Feste und Geschenke beizeiten Freunde im Kapitel machen und erhalten könne. Auf jeden »Neuerungsgeist« müsse er allerdings verzichten, ebenso darauf, andere durch Tugendhaftigkeit, Geist und Einsicht zu provozieren. Der Kandidat sollte fünf gerade sein lassen, aber mit Frauen ebenso gut wie mit geistlichen Würdenträgern auskommen können. Wenn er dann überall beliebt sei, Heiraten gestiftet habe, und über gute Kontakte zu den großen Höfen im Reich verfüge, so würde er schon irgendwann die Mehrheit der Kapitularstimmen auf sich vereinigen können.[136]

Von den Bischöfen des 18. Jahrhunderts sind nur einige geweiht gewesen. Viele waren unter 30 Jahren alt; Kumulationen waren, vor allem im Rheinland und Westfalen, an der Tagesordnung, besonders wenn es sich um Bischöfe aus fürstlichen Häusern handelte. Die Kirche zeigte den Sprößlingen der deutschen Adels-

---

[133] FEINE, Reichsbistümer, S. 402.

[134] Günter BARUDIO, Das Zeitalter des Absolutismus und der Aufklärung 1648–1779, Frankfurt 1981, S. 307 f. Karl Otmar von Aretin betont, daß der Eindruck, ein betuchter Adliger hätte sich ein Bistum »erkaufen« können, falsch ist; die Handsalben waren gewissermaßen ein Entgeld an die Domherren für den Verzicht auf eine Wahl »ex gremio«: ARETIN, Politik und Kirche, S. 37.

[135] FEINE, Reichsbistümer, S. 33–45; zur Entwicklung des Bischofsamts in theologischer Hinsicht: Johannes NEUMANN, Art.«Das katholische Bischofsamt«, in: TRE 6 (1980), S. 653–682; zur Verknüpfung von Bischofsamt und weltlichem Fürstentum: Volker PRESS, Art. »Geistliche Fürstentümer, Teil II: Neuzeit«, in: TRE 11 (1983), S. 715–719.

[136] Die satirischen Bemerkungen bei: Friedrich Karl von MOSER, Über die Regierung der geistlichen Staaten in Deutschland, Frankfurt, Leipzig 1787, S. 107 f.

familien gegenüber eine Bereitschaft zur Dispensation, die weit über das hinausging, was »sich mit ihrer Würde und ihrem Ansehen recht vertrug«.[137]
Die Grafenfamilien des Niederrheinisch-Westfälischen Reichsgrafenkollegiums
haben wie ihre Standesgenossen in Süddeutschland vom Reichskirchensystem pro-
fitiert, indem sie Söhne und Töchter, die nicht zur Erbfolge gelangen konnten,
dort versorgen ließen. Im folgenden sollen drei Bischöfe aus ihren Reihen vorgestellt werden, die exemplarisch für das politische Zusammenwirken von römi-
schem Kirchensystem, kaiserlichen und fürstlichen Klientelen und gräflichen
Korporationen stehen; je einer von ihnen stammte aus einer altgräflichen Familie,
einem alten reichsritterschaftlichen Geschlecht und aus einem früher erbländisch-
niederadligen Haus.
Graf Johann Friedrich Karl von Ostein (1689–1763) stammte aus einer alten
reichsritterschaftlichen Familie des Elsaß, die mit Johann Heinrich von Ostein
(1579–1646) einen Bischof von Basel gestellt hatte. 1712 war sie in den Grafenstand erhoben worden. Zu dieser Zeit war Johann Friedrich Karl als ältester Sohn
seiner Familie schon Mainzer Domherr.[138] Seine Mutter Anna Charlotte Maria
stammte aus dem Hause der Grafen von Schönborn; sie band das osteinische Haus
ins Ämterpatronagekartell der Schönborn ein, das systematisch organisiert war
und fast ein Jahrhundert lang die rheinischen und fränkischen Bistümer beherrscht hatte.[139] Nach seiner Ausbildung erhielt Ostein zu seiner Domherrenstelle in Mainz ein Kanonikat im Würzburger Domstift sowie die Propstei St.
Bartholomae in Frankfurt.[140] Die Dompfründe in Bamberg resignierte er nach drei
Jahren wieder; in Mainz wurde er dagegen 1725 Kustos und wahrte damit seine
Chancen auf noch höhere Würden.[141] Sein Bruder Heinrich Karl reüssierte derweil
im kaiserlichen Diplomatischen Dienst; kurz nach dessen Tod wurde Johann
Friedrich Karl 1743 zum Erzbischof von Mainz gewählt.[142]

137 FEINE, Reichsbistümer, S. 45.
138 Zu Johann Heinrich Karl von Ostein: Johann SIEBMACHER, Großes und allgemeines Wappenbuch, Nürnberg 1856–1890; hier: Reihe 1, Abteilung 5, Bd. 1.1, S. 52; ebd., Reihe 1, Abteilung
3, Bd. 2, S. 49. SEStN VII, Tafel 163; KNESCHKE, Deutsches Adels-Lexikon, Bd. 7, S. 4 f.; Elisabeth SOLF, Die Reichspolitik des Mainzer Kurfürsten Johann Friedrich Karl von Ostein von seinem Regierungsantritt (1743) bis zum Ausbruch des Siebenjährigen Krieges, Berlin 1936, S. 9; vgl.
auch die Angaben zu Ostein in der Biographie von Heinz DUCHHARDT Philipp Karl von Eltz,
Kurfürst von Mainz, Erzkanzler des Reiches (1732–1743), Mainz 1969, S. 260 f.
139 Zur Funktionsweise dieses überfamiliären Personenverbandes: Alfred SCHRÖCKER, Die Patronage des Lothar Franz von Schönborn (1655–1729), Wiesbaden 1981, S. 49 f.
140 Ostein studierte Philosophie und Kanonisches Recht an der Mainzer Universität und reiste
nach Rom ins Collegium Germanicum zum Biennium, dem vorgeschriebenen Auslandsstudium
der Geistlichen: SOLF, Reichspolitik des Mainzer Kurfürsten, S. 9; DUCHHARDT, Philipp Karl von
Eltz, S. 260.
141 Domizellar in Bamberg 1698–1702: HERSCHE, Die deutschen Domkapitel, Bd. 1, S. 259; Kustos in Mainz: HERSCHE, ebd.; DUCHHARDT, ebd.
142 Zu Heinrich Karl: vgl. Kap. 8.1. (S. 282 f.); Wahl zum Erzbischof: HHStA Wien, Reichshofkanzlei: Geistliche Wahlakten 246; Rheinischer Antiquarius, 2. Reihe, Bd. 10, S. 363–384;
SCHRÖCKER, Lothar Franz von Schönborn, S. 49; Johann Heinrich HENNES, Die Erzbischöfe von
Mainz nebst der politischen und militärischen Geschichte der Stadt, 3. Aufl., Mainz 1879, S. 324
ff.

Ostein nutzte sein Amt zu aufgeklärter wirtschaftspolitischer Betätigung.[143] Trotz einiger Erfolge gelang ihm die Umwandlung des Kurfürstentums in ein ökonomisches Musterland nicht, was neben anderen Ursachen auf die Widerstände im Domkapitel und in der Bevölkerung[144] sowie auf die kriegsbedingte Zerstörung einiger Landstriche, besonders im Eichsfeld, zurückzuführen war.[145]

Johann Friedrich Karl von Ostein ließ sich 1748 zum Koadjutor und 1756 zum Bischof von Worms wählen.[146] Seine Regierung hörte jedoch nicht an den Grenzen der beiden Bistümer auf, sondern er verwaltete auch die niederrheinische Grafschaft Mylendonk als Vormund seines minderjährigen Neffen. Er ließ sich vom Amtmann in Mylendonk die Korrespondenz nach Mainz schicken, von wo aus er mit zahlreichen Schreiben an der Politik der Kreis- und Grafentage teilnahm.[147] Als Ostein im Juni 1763 starb, hinterließ er seiner Familie ein Vermögen von ca. vier Millionen fl. Das Geld wurde in niederländischen Leibrenten und in böhmischen Gütern angelegt. Der private Reichtum des Geschlechts stand in auffallendem Mißverhältnis zur »öffentlichen« Armut des Erzbistums; es ist jedoch nicht nachweisbar, ob ein Zusammenhang zwischen dieser Bereicherung und der Tatsache bestand, daß nach 1763 kein Ostein in einem der deutschen Reichsstifte mehr aufgeschworen worden ist.[148]

Damian August Philipp Karl Graf von Limburg-Styrum (1721–1797) kam aus einer alten westfälischen Adelsfamilie, die zwar bis ins 17. Jahrhundert hinein in

---

[143] Ostein gründete 1746 die »Kommerzdeputation«, die sich zur Aufgabe machte, alle durchs Stift fließenden Warenströme auf Rhein und Main für den mainzischen Handel zu nutzen. Alte fiskalische Maßnahmen wie höhere Flußzölle, die allenfalls zum Abwandern der Händler auf andere Wege führten, wurden durch moderne wirtschaftliche Maßnahmen ersetzt; so gab es ab 1748 jährlich drei große Handelsmessen in Mainz. Die einheimischen Händler wurden angewiesen, die Frankfurter Messe zu meiden. Ferner wurden durch kurfürstliche Anregung Manufakturen gegründet sowie Fremde zu privilegierten Steuerkonditionen ins Stift gelockt: Helmut CZISCHKE, Die verfassungsrechtliche Lage der geistlichen Kurfürstentümer Mainz, Trier und Köln am Ende des alten Reichs, Diss. Mainz 1953, S. 15 f.; Hans GOLDSCHMIDT, Zentralbehörden und Beamtentum im Kurfürstentum Mainz vom 16. bis zum 18. Jahrhundert, Berlin, Leipzig 1908, S. 79 ff.; Walter Gerd RÖDEL, Mainz und seine Bevölkerung im 17. und 18. Jahrhundert. Demographische Entwicklung, Lebensverhältnisse und soziale Strukturen in einer geistlichen Residenzstadt, Stuttgart 1985, S. 46 f.

[144] Domkapitel und Bevölkerung wehrten sich vor allem gegen das geplante Zuzugsrecht für protestantische Gewerbetreibende in Mainz. Trotzdem lebten 1794 ca. 600 Protestanten in der Stadt: RÖDEL, Mainz und seine Bevölkerung, S. 47.

[145] Wegen der proösterreichischen Haltung Osteins wurden die kurmainzischen Lande im Siebenjährigen Krieg von Preußen als Feindesland behandelt; nach 1763 galten auch andere Landstriche des Stifts als verarmt: VEHSE, Geschichte der deutschen Höfe, Bd. 45, S. 166.

[146] SCHRÖCKER, Lothar Franz von Schönborn, S. 49; DUCHHARDT, Philipp Karl von Eltz, S. 261; HENNES, Die Erzbischöfe von Mainz, S. 324 ff.

[147] Vgl. Stadtarchiv Mönchengladbach, Best. 23, Nr. 47 passim; StA DT, L 41 a, 328, S. 429 (Einladung zum Grafentag 1744: 20. April 1744, Liste der Teilnehmer); Vollmacht Osteins für Amtmann Franz Rudolf von Märcken zur Teilnahme am Grafentag, 2. Mai 1744: StA DT, L 41 a, 323, S. 61.

[148] Franz Guntram SCHULTHEISS, Die geistlichen Staaten beim Ausgang des alten Reiches, Hamburg 1895, S. 16; VEHSE, Geschichte der deutschen Höfe, Bd. 45, S. 163 f.; HERSCHE, Die deutschen Domkapitel, Bd. 1, S. 259; Bd. 2, S. 164.

den Stiften des Reiches eine gewisse Rolle gespielt hatte[149], jedoch seit dieser Zeit nicht mehr repräsentiert war, was mit dem Mangel an einer ausreichenden Kinderzahl des Geschlechts zusammengehangen haben mag.[150] August Philipp war Sohn des kaiserlichen Generals Otto Ernst von Limburg-Styrum (1688–1754), der durch die gewaltsame, aber erfolglose Besetzung Bretzenheims 1736 auf sich aufmerksam gemacht hatte.[151] Seine Mutter Amalie Elisabeth Maria (1686–1757) stammte ebenfalls – wie bei Ostein – aus dem Hause Schönborn, was dem Zweitgeborenen eine Perspektive auf eine erfolgreiche Karriere in reichsritterschaftlichen Domkapiteln eröffnete, obwohl diese sich normalerweise gegenüber altgräflichen Familienmitgliedern abgrenzten. Im Alter von acht Jahren erhielt der Graf die niederen Weihen, ein Jahr später eine Dompfründe in Speyer (1753 Kapitular); 1741 wurde er durch die Resignation seines Onkels Franz Georg von Schönborn Domherr in Münster. Durch päpstliche Provision konnte er seine Einkünfte 1742 noch um die Gelder eines Hildesheimer Domkapitulars vermehren.[152] Graf August Philipp studierte 1742/43 in Rom, 1743/44 in Würzburg; 1745 wurde er Geheimer Rat in Münster, 1752 auch Regierungspräsident dort.[153]

1755 wurde der Graf in Speyer zum Domdekan gewählt, 1770 zum Bischof, obwohl er sich bei früheren Streitigkeiten zwischen Domkapitel und Bischof viele Feinde gemacht hatte.[154] Neben seinen Familienverbindungen hat auch die französische Unterstützung dem Grafen von Limburg-Styrum den Weg ins Bruchsaler Schloß geebnet; der Graf sollte später die Pariser Hoffnungen jedoch enttäuschen. Mit den Wahlen zum Propst von Xanten und Weißenburg im Elsaß hatte Limburg-Styrum den Gipfel seiner Karriere erreicht.[155]

Als Bischof entwickelte er eine rege Tätigkeit in geistlicher, politischer und wirtschaftlicher Hinsicht, ohne jedoch das ihm anhaftende Bild der Unstetigkeit und Widersprüchlichkeit dabei verwischen zu können. Volker Press charakterisiert ihn als einen »besonders monströsen Vertreter der sterbenden Reichskir-

---

[149] Die Grafen Johann Adolf und Bernhard Albert von Limburg-Styrum wurden 1602 in Köln aufgeschworen: HERSCHE, Die deutschen Domkapitel, Bd. 1, S. 250; Agnes von Limburg-Styrum (+1645) war Äbtissin der vier Damenstifte Elten, Vreden, Borghorst und Freckenhorst: vgl. Kap. 2.1.2. (S. 60, Anm. 152).

[150] Vgl. SESt IV, Tafel 38–40.

[151] Vgl. Kap. 2.1.5. (S. 94).

[152] Wilhelm KOHL, Das Domstift St. Paulus zu Münster, S. 742 f. vgl. HERSCHE, Die deutschen Domkapitel, Bd. 1, S. 250; Jakob WILLE, August Graf von Limburg-Stirum, Fürstbischof von Speyer, Heidelberg 1913, S. 14 ff.; Johannes RÖSSLER, Die kirchliche Aufklärung unter dem Speyerer Fürstbischof August von Limburg-Styrum, Speyer 1914, S. 3–5; Franz Xaver REMLING, Geschichte der Bischöfe von Speyer, Bde. 1–3, Mainz 1852–1856; hier: Bd. 2, S. 710 ff.

[153] KOHL, Domstift St. Paulus, S. 742; Friedrich KEINEMANN, Das Domkapitel zu Münster im 18. Jahrhundert, Münster 1967, S. 292 f.

[154] Vgl. den Streit wegen der angeblich veruntreuten 8.000 fl.: WILLE, Limburg-Styrum, S. 20–23. Der Graf konnte sich von dem Verdacht reinwaschen.

[155] Vgl. Egon Georg KUNZER, Die Beziehungen des Speyerer Fürstbischofs Damian August Philipp Karl, Graf von Limburg-Styrum, zu Frankreich, Speyer 1915, S. 15 ff.; Propsteien: KEINEMANN, Domkapitel zu Münster, S. 293; ADB 18, S. 655–658; NBD 1, S. 450 f.

che«.[156] Limburg-Styrum führte ein absolutistisches Regiment, das jede Lebens-
äußerung im Bistum zu reglementieren versuchte. In ökonomischer Hinsicht galt
der Ausgleich der Zahlungsbilanz als erstrebenswert. Die Staatsausgaben wurden,
etwa durch ein Heiratsverbot für Beamte, gesenkt; unversorgte Ehefrauen und
Kinder fielen künftig nicht mehr an. Die private Hundehaltung wurde untersagt.
Weitere Kuriosa brauchen hier nicht aufgezählt zu werden; der Bischof war außerordentlich rührig, kümmerte sich um alle Details der Landesverwaltung und straff-
te die Administration derart, daß er durch ein Zettelsystem in seinem Kabinett
stets überblicken konnte, welcher Soldat seiner Schildwache an welchem Ort
Dienst tat.[157]

Für seine Untertanen – Beamte wie Domkapitulare und Geistliche gleichermaßen – war die Regierungszeit allerdings schwer erträglich. In geistlicher Hinsicht war der Bischof ein Gegner der Emser Punktation, von der er nur eine Stärkung der Erzbischöfe befürchtete. Limburg-Styrum war ein aufgeklärter Absolu-
tist, obwohl er alle Ideen zur Aufklärung nach französischem Muster mit Argwohn betrachtete und in seinem Bistum eine strenge Zensur, vor allem für geistliche Werke, durchführte.[158]

Auch August Philipp von Limburg-Styrum verwaltete zeitweise die seiner Familie gehörende Reichsherrschaft Gemen in Westfalen; durch sein Engagement
konnte verhindert werden, daß der lippische Militärübergriff 1776 erfolgreich
blieb. Der Graf verzichtete jedoch auf seine Herrschaft zugunsten eines Verwandten.[159] Die Regierungszeit des Grafen in Speyer endete mit den französischen Besetzungen 1793 und 1794; er starb 1797 in Würzburg. Bemerkenswert ist, daß er
trotz des beinahe geschlossenen Widerstandes des Domkapitels sowie der Skepsis
Frankreichs und des Kaiserhauses gegen ihn sein Amt ohne Absetzung überstand.
August Philipp gehört fraglos zu den Gestalten der Reichskirche, die eine umfas-
sende biographische Würdigung unter allen hier nur angerissenen Aspekten verdienen.[160]

---

[156] Volker PRESS, Das Bistum Speyer in der Neuzeit. Portrait eines geistlichen Staates, in: Volker PRESS/Eugen REINHARD/Hansmartin SCHWARZMEIER (Hrsg.), Barock am Oberrhein, Karlsruhe 1985, S. 251–290; hier: S. 285 f.

[157] WILLE, August Graf von Limburg-Stirum, S. 41 f.; S. 76 f.; SCHULTHEISS, Die geistlichen
Staaten, S. 23 f.; PRESS, Das Bistum Speyer, S. 288 f.; Gustav BANHOLZER, Die Wirtschaftspolitik
des Grafen August von Limburg-Styrum, Freiburg 1926; Rudolf REINHARD, August Graf von
Limburg-Styrum, Bischof von Speyer und die Zentralbehörde im Bistum Speyer, in: Mitteilungen
des Historischen Vereins der Pfalz 34/35 (1915), S. 161–208.

[158] Zahlreiche Autoren mußten das Land verlassen, einige wurden inhaftiert: Johannes RÖSS-
LER, Die kirchliche Aufklärung, S. 40–44.

[159] LEENEN, Die Invasion in die Herrschaft Gemen, S. 5; S. 12 ff; vgl. Emil KUBISCH, Graf August von Limburg-Styrum, vorletzter Bischof von Speyer, in seinen Beziehungen zur Herrschaft
Gemen, in: Westfalen 33 (1955), S. 164–197; vgl. Kap. 2.1.2. (S. 62).

[160] 1781 reiste der Dompropst Freiherr Alexander Franz von Wessenberg nach Wien, um dort
die Absetzung Limburg-Styrums zu betreiben; von Paris und Berlin hatte er schon Unterstützung
erhalten, sowohl für die Beschwerde des Domkapitels am Reichstag als auch für seine eigene Kandidatur als Nachfolger im Bistum: Schreiben Metternich an Kaunitz, 16. Nov. 1781: HHStA
Wien, Staatskanzlei: Bericht aus dem Reich 146. Das durch Aretin festgestellte Forschungsdeside-
rat bleibt bestehen: ARETIN, Die Konfessionen als politische Kräfte am Ausgang des alten Reiches,
S. 181–241.

Graf Philipp Ludwig Karl von Sinzendorf (1699–1747)[161] wurde schon früh für den geistlichen Stand bestimmt; nach der Ausbildung in Wien besuchte er das Jesuitenkolleg in Rom, wobei er die Zeit nutzte, um gute Kontakte zur Kurie zu knüpfen. Da auch der Wiener Hof ihn zu fördern bereit war, stand seinem Aufstieg in die Spitzenämter der Kirche nichts im Wege. 1713 wurde er in Köln zum Domkapitular aufgeschworen, 1717 in Straßburg und 1722 in Worms.[162] Daneben sammelte er eine Pfründe im böhmischen Olmütz, die Propstei Ardagger in Österreich und die mit beträchtlichen Einkünften versehene Abtei Pecswarad in Ungarn.[163]

Damit waren günstige Voraussetzungen geschaffen, eine Bischofswürde zu erhalten. 1725 nominierte Kaiser Karl VI. ihn zum Bischof von Raab in Ungarn; zwei Jahre später verlieh Papst Benedikt XIII. ihm die Kardinalswürde.[164] Der Abschluß seiner Karriere war die Wahl zum Bischof von Breslau 1732, das zwar ein österreichisches Mediatbistum war, sich aber das Recht der Bischofswahl erhalten hatte. Sinzendorf mußte Pecswarad und Raab aufgeben, um in Breslau die Nachfolge von Franz Ludwig von Pfalz-Neuburg antreten zu können.[165]

Zu politischer Bedeutung gelangte Philipp Ludwig von Sinzendorf, als Schlesien 1740 preußisch wurde und König Friedrich II. die katholischen Kirchenverhältnisse änderte. Sinzendorf wurde zeitweilig von den Preußen unter Arrest gehalten, arrangierte sich unter den gegebenen Zwängen jedoch bald mit den neuen Machthabern in einer Weise, die in Rom und Wien als Preisgabe katholischer Prinzipien verstanden wurde. Der Bischof lancierte einige propreußische Katholiken in hohe Kirchenämter seiner Diözese, verglich sich mit dem König über die Abgrenzung der kirchlichen Jurisdiktion und ließ verschiedene Übergriffe der preußischen Militäradministration ohne Proteste zu.

Zuletzt unterstützte Sinzendorf auch die Wahl des propreußischen Grafen von Schaffgotsch als Koadjutor.[166] Daß er dafür Großzügigkeit bei der Besteuerung der Kirchenländereien durch die preußische Regierung erfuhr, nützte dem Bischof bei Kaiser und Papst nichts; 1742 verbot der Papst dem Kardinal den Eintritt in den preußischen Schwarzen Adler-Orden, und 1747 verweigerte er ihm das Eligibilitätsbreve für seine Bewerbung um das erledigte Salzburger Erzbistum.[167] Von sei-

---

[161] Sinzendorf darf nicht mit seinem Vater gleichen Namens verwechselt werden; vgl. zum österreichischen Hofkanzler: Kap. 8.1. (S. 267 f.).

[162] HERSCHE, Die deutschen Domkapitel, Bd. 1, S. 276; er resignierte Worms nach nur einem Jahr.

[163] ADB 34, S. 412–416; WURZBACH Bd. 35, S. 24–26.

[164] Kardinalserhebung am 26. Nov. 1727: August THEINER, Zustände der katholischen Kirche in Schlesien von 1740–1745, Bde. 1–2, Regensburg 1852; hier: Bd. 1, S. 12.

[165] Hermann NOTTARP, Ein Mindener Dompropst des 18. Jahrhunderts, in: Ders., Aus Rechtsgeschichte und Kirchenrecht (Hrsg. Friedrich MERZBACHER), Köln, Graz 1697, S. 96–178; hier: S. 127; Rheinischer Antiquarius, 3. Reihe, Bd. 5, S. 578–580.

[166] THEINER, Katholische Kirche in Schlesien, S. 13 f.; S. 195 ff.; in der propreußischen Tendenzschrift von Johann David Wolf wird das Entgegenkommen Sinzendorfs dagegen positiv gewürdigt: WOLF, Kurzer Entwurf der Verdienste des markgräflichen und churfürstlichen Hauses Brandenburg um die Religionsverfassung der Protestanten in Schlesien, o. O. 1761, S. 23.

[167] Brief Benedikts XIV. an Sinzendorf, 11. Aug. 1742: Abdruck des lateinischen Schreibens in: THEINER, Katholische Kirche in Schlesien, S. 224–227; Päpstliche Ablehnung des Elegibilitätsbre-

ten der katholischen Mächte wurde ihm jegliche Unterstützung entzogen, zumal
er einige Ladungen nach Rom mit Rücksicht auf seine angegriffene Gesundheit
abgelehnt hatte.[168]

Es wurde Sinzendorf zum Verhängnis, daß er die Freundlichkeit des Preußenkönigs in der Form – er hatte sogar ein Hochamt des Bischofs in Breslau besucht
– nicht von der Entschlossenheit in der Sache zu unterscheiden verstanden hat.
Daraus entstand sein schwankender Eindruck, der ihn im katholischen Reich aller
Sympathien beraubte, ihm aber dafür nicht das Vertrauen Friedrichs einbrachte.[169]
Die Wahl des Grafen Schaffgotsch zum Koadjutor und später dessen Einführung
als Bischof zeigte, wie man sich in Berlin die Herrschaft über die Angehörigen
beider Konfessionen in Schlesien vorstellte; das Recht der Bischofswahl blieb dem
Kapitel nur formell erhalten, während de facto an seine Stelle das königliche Nominationsrecht nach dem Vorbild der katholischen Monarchien in Europa trat.[170]
Sinzendorf starb am 28. September 1747, nachdem das Salzburger Domkapitel
seine Bewerbung abgelehnt und statt dessen den Dompropst Fürst Andreas Jakob
von Dietrichstein zum neuen Erzbischof gewählt hatte.[171]

Die drei Beispiele zeigen die Beziehungsstränge, über die ein Aufstieg in die
Spitze der Reichskirche möglich war: Die kaiserliche und päpstliche Hilfe war dabei ebenso wirkungsvoll wie die Unterstützung durch einen Familienverband,
etwa den der Schönborn, oder die zeitweilige Protektion der Franzosen. Die drei
Bischöfe wurden in zwei reichsritterschaftlichen (Mainz und Speyer) und einem
niederadlig-landsässigen Stift (Breslau) gewählt. Graf August Philipp von Limburg-Styrum konnte jedoch in den hochadligen Stiften, die für seinen Stand vorgesehen waren, nicht mehr zum Bischof bzw. Erzbischof aufsteigen: Straßburg
stand seit 1681 unter dem Nominationsrecht des französischen Königs, Köln war
seit 1588 bayerische Sekundogenitur, und es ist bis zum Ende des Reiches nur
noch einem Reichsgrafen gelungen, dort Erzbischof zu werden: Maximilian Friedrich von Königsegg-Rothenfels. 1784 wurde Köln habsburgische Sekundogenitur.
Der letzte Bischof in einem der hochadligen Stifte im Reich, der aus einer der am
Grafenkollegium beteiligten Familien stammte, war Graf Johann von Manderscheid (1538–1592) in Straßburg gewesen.[172]

Den altgräflichen Familien blieb nur die Hoffnung, in einem der zahlreichen
Bistümer des österreichischen Nominationsbereichs – in den Niederlanden, in
Böhmen, Österreich oder Ungarn – versorgt zu werden. Nachdem die Grafen von
Wied, die noch im 16. Jahrhundert zwei Kölner Erzbischöfe stellen konnten, pro-
testantisch geworden waren, blieben nur noch die Familien Salm-Salm, Salm-Reif-
ferscheid und das Haus Manderscheid mit seinen verschiedenen Linien aus der

---

ves, 13. Mai und 15. Juli 1747: THEINER, ebd., S. 283 und 286; vgl. FEINE, Reichsbistümer, S. 61; S.
293; S. 387.

[168] WURZBACH, Bd. 35, S. 26; THEINER, ebd., S. 228–243.

[169] THEINER, ebd., S. 13; S. 28.

[170] Rheinischer Antiquarius, 3. Reihe, Bd. 5, S. 580; vgl. Karl Ludwig von HALLER, Restauration der Staatswissenschaft oder Theorie des natürlich geselligen Zustandes der Chimäre des
künstlich bürgerlichen entgegengesetzt, Bde. 1–5, Winterthur 1816–1834; hier: Bd. 4, S. 305.

[171] HERSCHE, Die deutschen Domkapitel, Bd. 1, S. 163.

[172] Peter NEU, Geschichte des Hauses Manderscheidt, S. 313 ff.; S. 347.

Zahl der prominenten hochadligen Stiftsfamilien des Kollegiums übrig.[173] Den Grafen von Manderscheid gelang es 1720, mit Johann Moritz Gustav ein Mitglied der Familie zum Bischof erheben zu lassen. Der Graf war, wie viele seiner Verwandten, schon früh zum geistlichen Stand bestimmt worden: Im Alter von neun Jahren trat er 1685 in die Domkapitel von Köln und Straßburg ein.[174] In Straßburg stieg er zum Domkustos, in Köln gar zum Dompropst auf, nachdem er vorher Dekan war. 1720 wurde er zum Bischof von Wiener Neustadt nominiert; er siedelte nach Österreich über und wurde kurkölnischer Interessenvertreter am Wiener Hof. 1730 war er als Erzbischof von Palermo vorgesehen, trat jedoch das Amt wegen seiner Bemühungen, das Prager Erzstift zu erlangen, nicht an. 1733 wurde er in Prag eingeführt und regierte dort bis zu seinem Tod 1763. Während des wittelsbachischen Kaisertums Karls VII. gehörte Manderscheid zu seinen Parteigängern, was ihn später die Gunst Maria Theresias, nicht aber sein Amt kostete.[175]

Graf Franz Ernst von Salm-Reifferscheidt (1698–1770) trat 1713 ins Straßburger Domkapitel ein und erhielt 1732 auch in Köln eine Domherrenstelle. Im gleichen Jahr wurde er zum Fürstbischof von Tournai ernannt.[176] Sein Neffe Franz Xaver (1749–1822) schuf ebenfalls durch Eintritt in die Domkapitel von Köln und Straßburg (1768) die Grundlagen für seine Bischofskarriere; 1772 erhielt er zusätzlich eine Domherrenstelle in Salzburg, später auch in Olmütz. 1783 wurde er zum Fürstbischof des Salzburger Eigenbistums Gurk berufen. 1816 erreichte er die Ernennung zum Kardinal.[177]

Aus dem Hause Salm-Salm wurde Fürst Wilhelm Florentin Johann Felix (1745–1810) zunächst in den drei Kapiteln von Straßburg, Köln und Lüttich aufgeschworen (1761), bevor er eine vierte Pfründe in Augsburg erhielt (1765). 1776 verlieh ihm der Kaiser das Bistum Tournai, das er 1793 mit dem Erzbistum Prag vertauschte, wofür er seine Präbenden in Augsburg und Salzburg resignierte.[178]

Die politische Tätigkeit dieser Bischöfe aus den Häusern Manderscheid und Salm ist im Rahmen der kaiserlichen Politik innerhalb der jeweiligen Provinzen zu begreifen; eine selbständige Stellung, etwa im Hinblick auf die Reichspolitik,

---

[173] Graf Hermann von Wied (Erzbischof 1515–1547); Graf Friedrich von Wied (Erzbischof 1562–1567): SESt IV, Tafel 25 und 30.

[174] Johann Moritz Gustav von Manderscheid (1676–1733): Anton FRIND, Geschichte der Bischöfe und Erzbischöfe von Prag, Prag 1873, S. 243–249; HERSCHE, Die deutschen Domkapitel, Bd. 1, S. 252.

[175] SESt V, Tafel 113; Jean KIRSTGEN, Blankenheim in Vergangenheit und Gegenwart, Blankenheim 1954, S. 10; BRAUBACH, Kölner Domherren im 18. Jahrhundert, S. 239; vgl. Rheinischer Antiquarius, 3. Reihe, Bd. 10, S. 540 f.; FRIND, Erzbischöfe von Prag, 246 ff.; WURZBACH Bd. 16, S. 363 f.

[176] SESt III, Tafel 119; HERSCHE, Die deutschen Domkapitel, Bd. 1, S. 269; Rheinischer Antiquarius, 2. Reihe, Bd. 4, S. 781; BRAUBACH, Kölner Domherren, S. 246; vgl. Biographie Nationale de Belgique 21, Bruxelles 1911–13, Sp. 234–241.

[177] HERSCHE, Die deutschen Domkapitel, Bd. 1, S. 269 f.; Rheinischer Antiquarius, 2. Reihe, Bd. 4, S. 781; WURZBACH Bd. 28, S. 120–124. Bemerkenswert war, daß er die Rechte seiner Erstgeburt an seinen Bruder Karl Joseph abgetreten hatte: SESt III, Tafel 149.

[178] FRIND, Erzbischöfe von Prag, S. 270–278; Biographie Nationale de Belgique, Bruxelles 1911–13, Bd. 21, Sp. 241–253; HERSCHE, Die deutschen Domkapitel, Bd. 1, S. 270; SESt III, Tafel 139; WURZBACH Bd. 28, S. 128.

ist bei ihnen nicht festzustellen. Daß ihr Einfluß zum Nutzen des Grafenkollegiums eingesetzt worden wäre, ließ sich ebenfalls nicht nachweisen, da von Seiten
des Direktoriums nicht mit ihnen korrespondiert worden ist.

Von den Familien mit reichsritterlichem Ursprung errangen die Grafen von
Metternich dreimal die Bischofswürde, die Grafen von Waldbott-Bassenheim einmal. Lothar von Metternich (1551–1623) amtierte seit 1599 als Erzbischof in
Trier.[179] Lothar Friedrich (1617–1675) wurde 1625 in Trier, 1627 in Speyer und
1639 in Mainz als Kapitular aufgeschworen. Nachdem ihm 1652 die Wahl zum Bischof von Speyer gelungen war, erreichte er 1673 auch die Kumulation der Bistümer Mainz und Worms, wobei ihm seine frühere prokaiserliche Politik als Domherr gegen den Trierer Erzbischof Philipp Christoph von Sötern zugute kam.[180]
Diese beiden Kirchenfürsten förderten nach Kräften den Aufstieg ihres Hauses
unter die ersten Geschlechter des Reiches; Lothar schuf durch große Gütererwerbungen die ökonomische Grundlage, die Lothar Friedrich lehnsrechtlich untermauerte; der dritte Erzbischof der Familie, Karl Heinrich (1622–1679), erreichte
für sein Geschlecht den erblichen Reichsgrafenstand und die Mitgliedschaft im
Niederrheinisch-Westfälischen Reichsgrafenkollegium.[181]

Auch Franz Emmerich Kaspar von Waldbott-Bassenheim (1626–1683) war erst
Freiherr, als er 1637 in Mainz, 1651 in Speyer und 1653 in Worms Domherr wurde. Er avancierte schnell und war zeitweilig in Speyer Scholaster, in Mainz Kustos
und in Worms Dompropst. 1679 wählte ihn das Wormser Kapitel zum Bischof.[182]
Diese vier Bischöfe agierten in den reichsritterschaftlichen Reichsstiften im rhei-
nisch-fränkischen Raum und förderten den Aufstieg ihrer Geschlechter in den
Reichsgrafenstand.

Auch aus den Reihen der Neugrafen landadligen Ursprungs stiegen einige Personen zum bischöflichen Amt auf. Hier lassen sich zwei Gruppen unterscheiden:
Die erste verdankte, wie Sinzendorf und die hochadligen Bischöfe, dem Kaiser als
Kirchenherrn in den Erblanden ihre geistliche Karriere. Die zweite Gruppe stützte
sich auf einen regionalen Stiftsadel und auf die Förderung durch ein in dieser Region einflußreiches Haus.

Zur ersten Gruppe gehörte Graf Wilhelm Franz von Nesselrode (1638–1732).
Er schwor erst im relativ hohen Alter von 32 Jahren in Münster auf; später kamen
Dompfründen in Paderborn und Lüttich hinzu.[183] 1684 wurde er Domküster in
Münster. Er übernahm zahlreiche Gesandtschaften für den Kaiser, den Kurfürsten

[179] WURZBACH, Bd. 18, S. 54; VEHSE, Geschichte der deutschen Höfe, Bd. 42, S. 224.

[180] HERSCHE, Die deutschen Domkapitel, Bd. 1, S. 254: WURZBACH, Bd. 18, S. 55; vgl. FEINE,
Reichsbistümer, S. 360; PRESS, Das Bistum Speyer in der Neuzeit, S. 271; MATHY, Metternich, S.
20.

[181] Karl Heinrich war 1629 in Mainz und 1630 in Trier Domherr geworden; in Mainz stieg er
zunächst zum Kustos auf, um sein Leben 1679 mit einer neunmonatigen Amtszeit als Erzbischof
zu beschließen: HERSCHE, Die deutschen Domkapitel, Bd. 1, S. 255.

[182] HERSCHE, ebd., Bd. 1, S. 286; Bernhard GONDORF, Burg Pyrmont in der Eifel. Ihre Geschichte und ihre Bewohner, Köln 1983, S. 52–54.

[183] DH Münster 1670, DH Paderborn 1680, DH Lüttich 1687: HERSCHE, Die deutschen Domkapitel, Bd. 1, S. 257.

von der Pfalz und den Bischof von Lüttich. 1703 wurde er zum Bischof von Fünfkirchen in Ungarn ernannt.[184]

Graf Franz Karl Joseph von Kaunitz (1676–1717) hatte 1701 in Passau und 1704 in Salzburg aufgeschworen; neben einer weiteren Domherrenstelle in Olmütz hatte er die Tätigkeit eines Auditors an der Rota in Rom inne. 1711 wurde er Bischof von Laibach, nachdem er schon 1693 die Propstei Altötting erhalten hatte.[185]

Fürst Ernst von Schwarzenberg (1773–1821) stand schon an der Schwelle vom eher weltlichen Fürstbischof zum geistlichen Oberhirten des 19. Jahrhunderts. Er schwor 1782 in Köln, 1795 in Salzburg und 1797 in Passau auf; 1808 wurde er auch Domherr in Gran. Kaiser Franz I. von Österreich ernannte ihn 1818 zum Bischof von Raab.[186]

Zur zweiten Gruppe von Bischöfen aus dem Neugrafenstand landlässigen Ursprungs gehört Graf Friedrich Christian von Plettenberg (1644–1706), der Sohn einer alteingesessenen westfälischen Stiftsfamilie. Er wurde 1663 in Speyer, 1664 in Münster und 1670 in Paderborn Domherr, nachdem er vorher das Biennium am Kollegium Germanicum in Rom absolviert hatte. 1686 wählte das Domkapitel zu Münster Plettenberg zum Dekan, zwei Jahre später zum Fürstbischof. Plettenbergs Amtszeit war durch große Fürsorge für seine Familie gekennzeichnet; seinem Neffen Ferdinand verschaffte er die Herrschaft Nordkirchen, wo er mit dem Bau eines prunkvollen Wasserschlosses begann.[187]

War Plettenbergs Aufstieg auf den Turnus innerhalb des Personenverbandes der münsterländischen Stiftsadelsfamilien zurückzuführen, so verdankten die Grafen von Toerring ihre geistlichen Karrieren in den Bistümern Freising und Regensburg vor allem der Protektion der bayerischen Kurfürsten, die nach 1763 mangels männlicher Nachkommen keine eigenen Söhne mehr in Bistümern versorgen konnten, sondern auf Familien aus ihrem Hofdienst zurückgriffen.[188] Die beiden ersten Bischofswahlen für Mitglieder des Hauses Toerring fanden schon im 17. Jahrhundert statt. Albert (1578–1669) und Adam Lorenz (1614–1666) wurden

---

[184] Wilhelm KOHL, Das Domstift St. Paulus zu Münster, S. 242–244; KEINEMANN, Das Domkapitel zu Münster, S. 231 f.; Rheinischer Antiquarius, 3. Reihe, Bd. 3, S. 767; zu den diplomatischen Aufträgen: BRAUBACH, Prinz Eugen, Bd. 2, S. 313.

[185] SESt III, Tafel 30; NOTTARP, Das Stift Altötting, in: ders., Aus Rechtsgeschichte und Kirchenrecht, S. 59–95; hier: S. 75 f.; KLINGENSTEIN, Der Aufstieg des Hauses Kaunitz, S. 75–79.

[186] SCHWARZENBERG, Geschichte des Hauses Schwarzenberg, Bd. 1, S. 186; HERSCHE, Die deutschen Domkapitel, Bd. 1, S. 274.

[187] HERSCHE, Die deutschen Domkapitel, Bd. 1, S. 262, KEINEMANN, Das Domkapitel Münster, S. 227 f.; Wilhelm KOHL, Westfälische Geschichte, Bd. 1, S. 611; Rheinischer Antiquarius, 2. Reihe, Bd. 11, S. 756.

[188] Zu den bayerischen Bistümern Regensburg und Freising und der wittelsbachischen Kirchenpolitik: vgl. Ludwig HÜTTL, Geistlicher Fürst und geistliche Fürstentümer in Barock und Rokoko. Ein Beitrag zur Strukturanalyse von Gesellschaft, Herrschaft, Politik und Kultur des alten Reiches, in: ZbayLG 37 (1974), S. 3–48; Heribert RAAB, Das Fürstbistum Regensburg, Bayern und die wittelsbachische Kirchenpolitik, in: Verhandlungen des Historischen Vereins der Oberpfalz 111 (1971), S. 76–85; vgl. ders., Die oberdeutschen Hochstifte zwischen Habsburg und Wittelsbach in der frühen Neuzeit, in: Bll.f.dt.LG 109 (1973), S. 69–101; Hermann Maria STOECKLE, Die kirchenrechtliche Verfassung des Fürstbistums Freising unter den drei letzten Fürstbischöfen 1769–1802, in: Beiträge zur altbayerischen Kirchengeschichte 14 (1929), S. 83–252.

Bischöfe von Regensburg.[189] Im 18. Jahrhundert gelang Maximilian Prokop (1739–1789) die Wahl in beiden Bistümern, 1787 in Regensburg, 1788 in Freising.[190] Er bekämpfte in seinen Diözesen den Illuminatenorden und sorgte durch strenge Visitationen für eine Hebung der Klosterzucht sowie für regelmäßige Gottesdienste.[191]

Für alle hier genannten Bischöfe galt das Amt nicht nur als standesgemäße Versorgung, sondern auch als Grundlage höfisch-fürstlicher Repräsentation und Machtausübung bei gleichzeitigem Dienst dem Kaiser und dem Papst gegenüber. Zwar nahm gegen Ende des 18. Jahrhunderts der Anteil der Fürstbischöfe zu, die die Priesterweihe besaßen, doch das Weihbischofsamt, bei dem die geistliche Tätigkeit im Vordergrund stand, wurde nur höchst selten von Reichsgrafen bekleidet.[192]

Die *Domkapitel* waren ursprünglich die Gemeinschaft der Kleriker an einer Kathedralkirche, ihre Mitglieder mit geistlichen Aufgaben wie Stundengebeten und Meßdiensten betraut; dafür wurden sie aus dem Kirchengut unterhalten.[193] Der geistliche Charakter der Kapitulare blieb im Laufe der Jahrhunderte nur noch der Form nach bestehen; in allen Ländern trat die Verwaltung irdischer Güter in den Vordergrund, besonders im Reich, wo die Kirche nicht nur Grundbesitzer, sondern auch Territorialherr war. Am Ende stand, die Phase der Kirchenreform im 16. Jahrhundert unbeschadet überdauernd[194], das alte Reichskirchensystem des 17. und 18. Jahrhunderts, in dem die Domkapitel, gestützt auf die vom bischöflichen Tafelgut getrennten Besitzungen und auf ihre durch Herkommen und Wahlkapi-

---

[189] Albert war 1592 Domherr in Salzburg, zwei Jahre später auch in Regensburg geworden; 1609 wurde er zum Scholaster, vier Jahre später zum Bischof gewählt: Simon FEDERHOFER, Albert von Toerring, Fürstbischof von Regensburg (1613–1649), in: Beiträge zur Geschichte des Bistums Regensburg 3 (1969), S. 7–122. Adam Lorenz war 1627 DH in Passau, 1628 in Regensburg (später Probst), 1629 in Salzburg (später Probst), 1637 in Augsburg und 1644 in Eichstätt: HERSCHE, Die deutschen Domkapitel, Bd. 1, S. 282; SESt IV, Tafel 117.

[190] Maximilian Prokop war 1759 DH in Freising, 1765 in Regensburg geworden. 1774 wurde er Propst in Straubing: Carl MEICHELBECK, Geschichte der Stadt Freising und ihrer Bischöfe. Neuausgabe und Fortsetzung durch Anton BAUMGÄRTNER, Freising 1854, S. 300–307; Josef STABER, Kirchengeschichte des Bistums Regensburg, Regensburg 1966, S. 161–163; HERSCHE, Die deutschen Domkapitel, Bd. 1, S. 282; SESt IV, Tafel 116.

[191] Bosls Bayerische Biographie, S. 787; FEINE, Reichsbistümer, S. 416.

[192] Weihbischöfe: Otto Wilhelm von Gronsfeld (1640–1713): SEStN VI, Tafel 45. Gronsfeld trat in den Jesuitenorden ein und schloß eine reguläre theologische Ausbildung ab. 1693 wurde er Weihbischof in Münster und Osnabrück: vgl. Helmut LAHRKAMP, Jost Maximilian von Gronsfeld, in: Rheinische Lebensbilder, Bd. 1, S. 81; Karl Aloys von Königsegg-Aulendorf (1726–1796), Weihbischof und Domdekan in Köln, DH Köln 1735 und Konstanz 1754: HERSCHE, Die deutschen Domkapitel, Bd. 1, S. 245; SESt V, Tafel 119; vgl. ARETIN, Heiliges Römisches Reich, Bd. 1, S. 81.

[193] Dazu in kirchengeschichtlicher Hinsicht: Guy P. MARSCHAL, Art. «Domkapitel», in: TRE 9 (1982), S. 136–140 mit weiterführender Literatur.

[194] Über den Transformationsprozeß: PÜTTER, Historische Entwicklung der heutigen Staatsverfassung des Teutschen Reiches, Bd. 1, S. 155 ff.; WILLE, August von Limburg-Styrum, S. 12 f.; ARETIN, Politik und Kirche im 18. Jahrhundert, S. 27.

tulationen festgeschriebenen Privilegien, die Rolle mächtiger Adelskorporationen unter formell kirchlichen Rahmenbedingungen spielten.[195]

Das bedeutendste Domkapitel war das des Mainzer Erzstifts. Eine Präbende war hier in jeder Hinsicht erstrebenswert; Mainz zahlte die höchsten Pfründen, das gesellschaftliche Leben war so verlockend, daß die Stadt auch als das »deutsche Venedig« gerühmt wurde.[196] 1570 hatte sich das Domkapitel vom Papst verbriefen lassen, nur noch Mitglieder der oberdeutschen freien Reichsritterschaft aufnehmen zu müssen, da der niederdeutsche Adel der Häresie verfallen sei[197]; seitdem regierten im Stift die Familien Schönborn, Waldbott-Bassenheim, Dalberg, Eltz, von der Leyen und Ingelheim, die ihre Stellung durch große Barockpalais zu verewigen suchten. 1748 führte ein Verzeichnis 21 adlige Stadthöfe auf.

Nicht die Kapitulare, sondern ihre Familien wohnten in diesen Bauten, während sich die geistlichen Diener der Kirche oft mit ihren schlichteren Dienstwohnungen begnügten.[198] Dem Adel und der Geistlichkeit gehörten zwischen 1657 und 1793 ca. 57 Prozent der bebauten Fläche in der Stadt, obwohl die beiden Gruppen nur 5 Prozent der Einwohnerschaft ausmachten.[199] Finanziert wurde diese Adelspracht durch die reichen Land- und Weingüter des Kapitels im Rheingau, an der Bergstraße, in der Wetterau, im Nahe- und Maintal, im Taubergrund und im Ried; auch sonst war alles zum Wohl der Kapitulare bestellt, etwa wenn

[195] Es gab 23 katholische Domkapitel in reichsständischen Stiften: Augsburg, Bamberg, Basel, Brixen, Chur, Eichstätt, Freising, Hildesheim, Köln, Konstanz, Lüttich, Mainz, Münster, Paderborn, Passau, Regensburg, Salzburg, Speyer, Straßburg, Trient, Trier, Worms, Würzburg; dazu traten vier gemischte Kapitel: Halberstadt, Lübeck, Osnabrück und Minden: vgl. HERSCHE, Die deutschen Domkapitel, Bd. 1, S. 5; vgl. FEINE, Reichsbistümer, S. 10–12 (Auflistung der Präbenden pro Stift). Aufteilung der Stifter nach Reichtum: HERSCHE, ebd., Bd. 1, S. 55 f.; Zuordnung der Stifter nach regionaler Herkunft der Kapitulare: HERSCHE, ebd., Bd. 2, S. 135–137.

[196] HERSCHE, Die deutschen Domkapitel, Bd. 1, S. 126 f. (mit weiterführender Literatur); Friedrich KEINEMANN, Das Domstift Mainz und der mediate Adel, in: Historisches Jahrbuch 89 (1969), S. 153–170: Die normalen Pfründen betrugen ca. 3.500 fl. jährlich, die Dignitäten über 10.000 fl.; der Domdechant erhielt 26.000 fl., der Domprobst ca. 40.000 fl.: SCHULTHEISS, Die geistlichen Staaten, S. 14. Spitzenverdiener im stiftischen Reich war wohl Graf Hugo Franz Karl von Eltz (1701–1779), Dompropst in Mainz und Minden, DH in Trier, Kanoniker im Mainzer Kollegiatstift St. Alban und Probst im Stift am Dom zu Erfurt. Später erhielt er noch das Stift Pecswarad in Ungarn (als Sinzendorfs Nachfolger 1733) und bezog insgesamt ca. 75.000 fl. an Pfründeneinkünften, was den Kammerertrag der meisten regierenden Grafen übertraf: NOTTARP, Ein Mindener Dompropst, S. 125–130.

[197] Walter Gerd RÖDEL, Mainz und seine Bevölkerung im 17. und 18. Jahrhundert, S. 62; Günter RAUCH, Das Mainzer Domkapitel in der Neuzeit, in: ZRG-KA 61 (1975), S. 161–227; ZRG-KA 62 (1976), S. 134–278; ZRG-KA 63 (1977), S. 132–179; vgl. Helmut HARTMANN, Der Stiftsadel an den alten Domkapiteln zu Mainz, Trier, Bamberg und Würzburg, in: Mainzer Zeitschrift 73/74, 1978/79, S. 99–138.

[198] Zur Wohnsituation: RÖDEL, Mainz und seine Bevölkerung, S. 61 ff., VEIT, Mainzer Domherren, S. 83–96; vgl. auch zur barocken Wohnkultur: ARETIN, Heiliges Römisches Reich, Bd. 1, S. 85 f.

[199] Vgl. Tabelle 4 bei: RÖDEL, ebd., S. 32; in Koblenz, der kurtrierischen Residenz, lagen die Verhältnisse ähnlich: vgl. Etienne FRANÇOIS, Koblenz im 18. Jahrhundert. Zur Sozial- und Bevölkerungsstruktur einer deutschen Residenzstadt, Göttingen 1982, bes. S. 82–92.

die jährliche Residenzpflicht, die üblicherweise bei 26 Wochen lag, sich durch verschiedene Vakanzen und Urlaube auf nur 61 Tage reduzieren ließ.[200]

Die geistliche »Arbeit« wurde von 40 Domvikaren getätigt, die alle erforderlichen Weihen besaßen; sie stammten nicht aus dem Reichsadel.[201] Andreas Ludwig
Veit hat 1924 die Würde des Lebens im Domkapitel in den Vordergrund gerückt,
die rationelle Planung, Beratung und Beschlußfassung des Gremiums in harmoni-
scher Atmosphäre und christlichem Geist gewürdigt. Das mag in idealen Fällen
auch vorgekommen sein; die Regel dürfte jedoch, wie aus zahlreichen überlieferten Konflikten der Kapitulare zu ersehen ist, ein bodenständig machtorientiertes
Meinungsbildungsverfahren gewesen sein, das den Heiligen Geist auf der Seite der
Durchsetzungsfähigeren sah.[202] Von den anderen Domkapiteln sind vergleichbare
Verhältnisse überliefert, unabhängig von der Tatsache, daß die Pfründen unterschiedlich gut dotiert und die Anzahl der Kapitulare verschieden war.[203]

Der Eintritt ins Domkapitel gestaltete sich zweistufig: Zunächst mußte der Proband nominiert, dann aufgeschworen werden. Die Nomination war das Wahlverfahren durch das Domkapitel; es fand Anwendung, wenn der Vorinhaber der Stelle in einem geraden Monat gestorben war. In den meisten Domkapiteln nominier-
ten die Kapitulare, die nach Dignitäten und Eintrittsalter eine Rangfolge führten,
reihum; so hatte jeder Kapitular im Laufe seiner Tätigkeit die Gelegenheit, eigene
Verwandte ins Kapitel aufzunehmen.[204]

Starb der Vorinhaber der Stelle in einem ungeraden Monat, so wurde der neue
Domherr durch päpstliche Provision bestimmt. Dieses Recht, das dem Papst im
Wiener Konkordat verbrieft worden war, setzte sich nicht in allen Kapiteln durch,
so daß es mehrfach zu Streitigkeiten um diesen Punkt kam. In einigen Fällen, z.B.
bei Kardinälen und bei den geistlichen Kurfürsten, pflegte der Papst auf jeweils
fünf Jahre befristete Indulte auszustellen, die diesen geistlichen Fürsten das Provi-

---

[200] Vermögen: VEIT, Mainzer Domherren, S. 20; Residenz: RÖDEL, Mainz und seine Bevölkerung, S. 65: unter diesen Bedingungen ließen sich mehrere Residenzen kumulieren, was für den
Erwerb von Dignitäten von Vorteil war.

[201] Theodor NIEDERQUELL, Zur sozialen und territorialen Herkunft der Mainzer Domvikare
im 18. Jahrhundert, in: Mainzer Zeitschrift 70 (1975), S. 161–172; vgl. RÖDEL, Mainz und seine Bevölkerung, S. 65.

[202] Vgl. den durchgängigen Tenor in Veits Arbeit, die dem Bischof von Mainz als dem »hohen
Förderer diözesangeschichtlicher Forschung« gewidmet ist: VEIT, Mainzer Domherren, Titelblatt
und S. 52 ff.

[203] Von der Mainzer Besoldung reichte die Skala über 1.214 fl. für einen Domherren in Mün-
ster bis zu einigen hundert Rtl. in den Zwergstiften Freising oder Chur: vgl. Heinz REIF,
Umbruchserfahrung und Konflikt. Adel und Bauern im Münsterland, in: BERDING/ULLMANN,
Deutschland zwischen Revolution und Restauration, S. 228–257; hier: S. 234 f. für Münster. Die
Freisinger Domherren erhielten am Ausgang des 18. Jahrhunderts 924 fl. an Einkünften in bar
sowie einigen Deputaten: STOECKLE, Fürstbistum Freising, S. 155. Die Zahl der Präbenden im
Stift schwankte zwischen 6 in Chur und 60 in Lüttich: HERSCHE, Die deutschen Domkapitel, Bd.
1, S. 86, 118.

[204] Bei einer durchschnittlichen Verweildauer im Kapitel von 29,1 Jahren (für die Domherren,
die bis zu ihrem Tod im Kapitel blieben) hatte jeder Kapitular in der Regel mehrere Male Gelegenheit zu Nominierungen: HERSCHE, Die deutschen Domkapitel, Bd. 2, S. 33; S. 37; KEINE-
MANN, Das Domkapitel zu Münster, S. 89 f.

sionsrecht überließen.[205] Für die Reichsgrafen war das päpstliche Provisionsrecht von Bedeutung, da sie vielfach nur auf diesem Wege Einlaß in ein reichsritterschaftlich beherrschtes Stift fanden.[206]

Quantitativ unbedeutendere Möglichkeiten, eine Stiftspräbende zu bekommen, waren die Familienpräbenden – z.B. der Familie von Galen in den westfälischen Stiften[207] – sowie die »Ersten Bitten« der Kaiser, die nach ihrem Amtsantritt in einigen Stiften – eine zwingende Regelung fehlte hier – je einen Kandidaten präsentieren konnten; das Recht drang nur in den süddeutschen Stiften durch, während in den hochadligen und reichsritterschaftlichen Stiften des fränkischen und rheinischen Raumes kaum Precisten aufgeschworen worden sind.[208]

Die Aufschwörung der Kandidaten, die der Aufnahme[209] vorausging, hatte den förmlichen Nachweis adliger Geburt und deutscher Abstammung zum Inhalt. Ein Breve von Papst Alexander VI. aus dem Jahre 1500 hatte den Ahnennachweis in der Mainzer Kirchenprovinz für rechtens erklärt; das System setzte sich bald in der gesamten Reichskirche durch und reservierte alle Vollpräbenden den Adligen.[210] Jedes Stift hatte eine Anzahl nachzuweisender Ahnen vorgeschrieben, in der Regel 8 oder 16; auch die 32 Ahnenprobe kam gelegentlich vor.[211] Der Proband mußte jeden Vorfahren urkundlich belegen; eine Aufschwörungstafel wurde gemalt und mit den Abschriften der Beweisurkunden beim Domkapitel eingereicht, nachdem befreundete Familien mit ihrem Siegel die Richtigkeit der Angaben beglaubigt hatten.[212]

Auch hochadlige Familien, die seit Jahrhunderten in den Stiften Straßburg und Köln vertreten waren, bekamen Schwierigkeiten, wenn sie durch eine Heirat mit einer Aufsteigerfamilie einige Ahnen der dritt- und viertletzten Generation verloren. So wurde Graf Friedrich Ernst von Salm-Reifferscheidt (1700–1775) 1722 erst nach schweren Bedenken in Straßburg akzeptiert, da seine Mutter, Anna Franziska Prinzessin von Thurn und Taxis (1683–1763), nicht die standesgemäße alt-

[205] Günter RAUCH, Das Mainzer Domkapitel in der Neuzeit, in: ZRG-KA 61 (1975), S. 169; KEINEMANN, Das Domkapitel zu Münster, S. 89 f.

[206] HERSCHE, Die deutschen Domkapitel, Bd. 2, S. 21

[207] Familienpräbenden: KEINEMANN, Das Domkapitel zu Münster, S. 91; HERSCHE, ebd., Bd. 1, S. 38; Bd. 2, S. 142 f.

[208] Hersche weist auf den Zusammenhang zwischen der Behauptung der Kooptationsrechte gegenüber päpstlicher Provision und kaiserlicher »Erster Bitte« hin: HERSCHE, Die deutschen Domkapitel, Bd. 2, S. 28–30; Beispiel einer »Ersten Bitte« des Kaisers Franz I. für Graf Franz Anton von Plettenberg, 8. Dez. 1746 in Münster (lat. Urkunde) : FA Plettenberg-Nordkirchen, Urk. Nr. 30/31.

[209] Das Mindestalter für die Aufnahme war in der Regel 14 Jahre; in Mainz konnte man mit 7 Jahren schon Domizellar werden: KEINEMANN, Das Domkapitel zu Münster, S. 27; VEIT, Mainzer Domherren, S. 14.

[210] ARETIN, Politik und Kirche im 18. Jahrhundert, S. 25 f.; ders., Heiliges Römisches Reich, Bd. 1, S. 83.

[211] Vgl. VEIT, Mainzer Domherren, S. 3 mit der Auflistung der Proben pro Kapitel; vgl. HERSCHE, Die deutschen Domkapitel, Bd. 1 passim.

[212] SCHWARZENBERG, Geschichte des Hauses Schwarzenberg, Bd. 1, S. 186; SCHEIDEMANTEL/HÄBERLIN, Teutsches Staats- und Lehnrecht, Bd. 1, S. 120; Friedrich von KLOCKE, Von westdeutsch-westfälischen Adels- und Ahnenproben in Mittelalter und Neuzeit, in: Westfälisches Adelsblatt 2 (1925), S. 263–286.

gräfliche Qualität gehabt hatte.[213] Dies spielte sich auf allen Ebenen der Ahnenproben ab: Nur althergebrachte Standesnachweise zählten, Nobilitierungen aller Art, auch mit der künstlichen Beilegung von zwei oder vier adligen Ahnen, nützten gegenüber den Kapiteln nichts. Das kaiserliche Nobilitierungsrecht wurde hier systematisch ignoriert, und es gelang den Habsburgern nicht, diese Mißachtung ihrer Prärogativen bis zum Ende der Reichskirche abzustellen.[214]

Ein auffälliges Phänomen im Zusammenhang mit der Aufschwörung und der Auswahl der Adelssöhne für den Kirchendienst war die Aushöhlung der Primogeniturerbfolge in manchen reichsritterschaftlichen und gräflichen Familien des 17. und 18. Jahrhunderts.[215] So wurde Graf Johann Friedrich Karl von Ostein, der Mainzer Erzbischof, als ältester Sohn seiner Familie zum geistlichen Stand ausgewählt; bei den Grafen von Schönborn sind ähnliche Maßnahmen erkennbar.[216] Dabei spielte sicherlich die Überlegung eine Rolle, daß eine Pfründe angetreten werden mußte, wenn sie erreichbar war, unabhängig von den weiteren Zukunftsplänen; sie konnte jederzeit wieder resigniert werden, was gerade in den hochadligen Kapiteln überdurchschnittlich häufig vorkam, besonders im Hinblick auf eine spätere Heirat.[217] Eine in Besitz genommene Pfründe ließ sich in vielen Fällen auch an einen Wunschkandidaten resignieren; so kam August Philipp von Limburg-Styrum 1741 in den Besitz der Domherrenstelle in Münster, die sein Onkel Franz Georg von Schönborn ihm abgetreten hatte.[218]

Peter Hersche führt das Argument an, daß der Stiftsadel die Generationsintervalle strecken wollte, indem er die jüngeren Söhne heiraten ließ; dies trug zur Entspannung der Versorgungslage für die Familie bei.[219] Von den Familien Kaunitz und Metternich wurde dieses Verfahren ebenfalls zweckrational eingesetzt, um überhaupt eine Präbende in den Familienbesitz zu bekommen; eine Absicht, die Domherren später im Stift zu belassen, ist nirgends zu erkennen: Wenzel Anton schwor im August 1727 in Münster auf, wohin ihn sein Vater unter großen Mühen vermittelt hatte; 1733 resignierte er die Präbende zugunsten seines Bruders Karl Joseph, der für den geistlichen Stand bestimmt war, aber 1727 noch nicht das

---

[213] BREMER, Reichsherrschaft Dyck, S. 162 ff.; SESt III, Tafel 152; HERSCHE, Die deutschen Domkapitel, Bd. 1, S. 270. Der Graf war 1715 in Köln aufgeschworen worden, was den Straßburger Gralshütern der edelfreien Standesqualität nicht als Präjudiz ausreichte; der Spruch »Im Straßburger Domkapitel hätte auch Christus nicht ohne Dispens aufgenommen werden können«, der Erasmus von Rotterdam zugeschrieben wurde, erfuhr hier seine Bestätigung: BREMER, ebd., S. 164

[214] Vgl. SCHEIDEMANTEL/HÄBERLIN, Teutsches Staats- und Lehnrecht, Bd. 1, S. 118; REHBERG, Über den deutschen Adel, S. 144 f.

[215] Auf dieses Phänomen wies von ARETIN hin: Heiliges Römisches Reich, Bd. 1, S. 85; ders., Die Konfessionen als politische Kräfte am Ausgang des alten Reiches, S. 195.

[216] Ostein: SEStN VII, Tafel 163; Schönborn: SESt IV, Tafel 118.

[217] Vgl. HERSCHE, Die deutschen Domkapitel, Bd. 2, S. 49.

[218] KEINEMANN, Das Domkapitel zu Münster, S. 292; HERSCHE, Die deutschen Domkapitel, Bd. 1, S. 250; S. 273.

[219] HERSCHE, ebd., Bd. 2, S. 197 f.; hier auch der Hinweis auf die steigende Nachfrage nach Präbenden im späten 18. Jahrhundert.

erforderliche Mindestalter von 14 Jahren erreicht hatte.[220] Auch Clemens Wenzel von Metternich trat 1782 als Domizellar ins Mainzer Domkapital ein, resignierte aber noch im selben Jahr zugunsten seines Bruders Joseph und begab sich in den Diplomatischen Dienst nach Wien.[221]

Von den angehenden Domherren wurde eine geistliche Ausbildung verlangt, das sog. Biennium. Dieses normalerweise zweijährige Theologiestudium an einer ausländischen Hochschule konnte auf ein Jahr und 6 Wochen verkürzt werden; es galt als eine Art Kavalierstour für angehende Prälaten: Besonders beliebt war das Kollegium Germanicum der Jesuiten in Rom, doch auch andere Hochschulen wurden besucht.[222] Für die weniger begüterten Adelssöhne gab es die inländischen Jesuitengymnasien in Köln oder Siegen; die süddeutschen Kanoniker besuchten etwa die Benediktinerabtei Ettal oder das Olmützer Jesuitenkonvikt.[223]

Die Bedeutung der unterschiedlichen Grafenfamilien und Familiengruppen für die Besetzung der Bistümer wurde schon erwähnt. Nun soll ihr Anteil an den Dompräbenden insgesamt als Gradmesser politischen Einflusses untersucht werden. Das Haus Salm hatte nur als Gesamthaus die meisten Präbenden aller deutschen Stiftsfamilien, nämlich 61. Davon entfielen auf die Linie Salm-Salm 15 Kanonikate, auf Salm-Reifferscheidt 35[224]; das Haus Manderscheid bekleidete 44 Dompräbenden (alle Linien zusammen).[225] Den beiden Geschlechtern war gemeinsam, daß sie schwerpunktmäßig in Straßburg und Köln bepfründet waren; Kanonikate in anderen Stiften, etwa in Lüttich, kamen nur in kumulierter Form vor. Es ist bemerkenswert, daß die beiden Salmschen Linien nur zwei Dignitäten gewinnen konnten: Graf Wilhelm von Salm-Reifferscheidt (1668–1721) wurde 1695 Chorbischof und 1720 Afterdechant in Köln.[226] Eine Reihe von Dignitäten gewan-

---

[220] Aufschwörung: KEINEMANN, Das Domkapitel zu Münster S. 275; Protektion durch den Vater und päpstliche Provision: KLINGENSTEIN, Der Aufstieg des Hauses Kaunitz, S. 120–123; Karl Joseph von Kaunitz, DH in Lüttich und Münster: SESt III, Tafel 30; HERSCHE, Die deutschen Domkapitel, Bd. 1, S. 242 (das Lütticher Kanonikat ist dort nicht erwähnt).

[221] Aufschwörung am 20. März 1782: Otto FORST, Die Ahnenproben der Mainzer Domherren, Wien, Leipzig, 1913, Tabelle 208; vgl. HERSCHE, Die deutschen Domkapitel, Bd. 1, S. 255; Bd. 2, S. 145.

[222] Etwa Orleans, Reims, Douai und Paris in Frankreich, Bologna, Padua, Siena, Perugia und Pisa in Italien: VEIT, Mainzer Domherren, S. 28; zum Collegium Germanicum in Rom und den »Germanikern«, die zu 50 Prozent aus Hochadligen bestanden: Peter SCHMIDT, Das Collegium Germanicum und die Germaniker. Zur Funktion eines römischen Ausländerseminars (1552–1914), Tübingen 1984, S. 150–167; S. 199.

[223] Vgl. KEINEMANN, Das Domkapitel zu Münster, S. 21; Wilhelm TACKE, Aufnahme, Ahnenprobe und Kappengang der Paderborner Domherren im 17. und 18. Jahrhundert, in: Westfälische Zeitschrift 96 (1940), S. 3–51; hier: S. 17; KLINGENSTEIN, Der Aufstieg des Hauses Kaunitz, S 122–124.

[224] Die folgenden quantifizierenden Angaben stützen sich auf die von Peter Hersche erhobenen Daten für das 17. und 18. Jahrhundert: HERSCHE, Die deutschen Domkapitel, Bd. 2, S. 146.

[225] HERSCHE, ebd., Bd. 2, S. 145; S 155

[226] Hermann Heinrich ROTH, Das kölnische Domkapitel von 1501 bis zu seinem Erlöschen 1803, in: Veröffentlichungen des kölnischen Geschichtsvereins 5 (1930), S. 257–294; hier: S. 263–265. Zum Begriff der Dignitäre – Dompropst, Dekan, Kantor, Scholaster, Kustos etc. – vgl.: Philipp SCHNEIDER, Die Entwicklung der bischöflichen Domkapitel bis in 14. Jahrhundert, Diss. Mainz 1882, S. 87 ff.; MARCHAL, Art.«Domkapitel«, in: TRE 9 (1982), S. 139; KEINEMANN, Das Domkapitel zu Münster, S. 12 (zum Verfall der Kompetenzen beim Amt des Dompropstes); quan-

nen die Manderscheider, nämlich mindestens 15.[227] Von ihnen erreichten die Grafen Otto Ludwig (+1684) aus der Kailer Linie und Johann Moritz Gustav, der spätere Prager Erzbischof, das Amt des Dompropstes zu Köln.[228]

Von diesen hochadligen Familien wurden auch Präbenden einiger Kollegiat-
stifte, z.B. des edelfreien Stifts St. Gereon in Köln, besetzt; die Pfründeninhaber
hatten zumeist auch ein Kölner Domkanonikat inne.[229] Hinzu kamen noch die
Propsteien sonstiger Stifte, die unter den Mitgliedern Ritterbürtige zuließen, für
die Leitung jedoch Hochadlige bevorzugten: So war Graf Franz Joseph von Manderscheid-Blankenheim (1713–1780) Propst des kaiserlichen Krönungsstifts zu Aachen, sein Bruder Clemens (1715–1765) Propst zu Xanten. Fürst Ludwig Karl
Otto von Salm-Salm (1721–1778) war Abt der Klöster Bohérie Beaupré und St.
Quentin-sur-l'Ile.[230] Die übrigen altgräflichen Familien Aspremont-Linden, Bentheim, Limburg-Styrum, Schwarzenberg und Wied-Runkel hatten nur wenige Kanonikate; außer August Philipp von Limburg-Styrum errang keiner dieser Domherren eine namhafte Dignität, so daß sie auf die Politik ihrer Kapitel keinen nen-
nenswerten Einfluß ausgeübt haben dürften.

Bei den Grafenfamilien reichsritterschaftlichen Ursprungs im westfälischen
Kollegium haben wir das Patronagesystem der Grafen von Schönborn in den
fränkischen und rheinischen Bistümern zu beachten, das in der Zeit zwischen
1650 und 1750 zu einer beispiellosen Pfründenhäufung in den Händen der Beteiligten führte. Dabei wurde die Fruchtbarkeit des Geschlechts kombiniert mit einer erfolgreichen Heiratspolitik und der Organisation eines perfekten Nach-
richtendienstes, der alle Reichsstifte mit der Familienzentrale verband.[231] So wurden, wie Volker Press herausfand, drei Schwestern des Erzbischofs Lothar Franz
von Schönborn ihrerseits Mütter von Bischöfen.[232] Durch die Lancierung von
immer neuen Mitgliedern aus den Familien Ostein, Waldbott-Bassenheim, von der
Leyen, Stadion und Metternich konnten die Schönborn trotz ihrer verhältnis-

---

titative Angaben zu den Dignitäten der verschiedenen Kapitel bei: HERSCHE, Die deutschen
Domkapitel, Bd. 2, S. 63–66.

[227] Hersches Tabellenwerk weist die schon von ihm selbst eingestandene Schwäche auf, daß ein
Domherr, der in einem Kapitel nacheinander zwei Dignitäten bekleidet hat (etwa erst Scholaster,
dann Propst), nur unter der höheren Dignität aufgeführt wird. Dadurch müssen die im folgenden
genannten Zahlen als Mindestzahlen betrachtet werden. Dies trägt auch der Tatsache Rechnung,
daß aufgrund fehlender Unterlagen im Straßburger und Wormser Kapitel möglicherweise Dignitäten fehlen: vgl. HERSCHE, Die deutschen Domkapitel, Bd. 1, S. 170 f.; Bd. 2, S. 63.

[228] ROTH, Das kölnische Domkapitel, S. 260: Otto Ludwig residierte von 1682–1684, Johann
Moritz Gustav von 1725–1763.

[229] Peter NEU, Geschichte und Struktur der Eifelterritorien des Hauses Manderscheidt, S.
330 ff.; BREMER, Reichsherrschaft Dyck, S. 163 ff.; WUNDERLICH, Studienjahre der Grafen Salm-
Reifferscheidt, S. 326 Anm. 43.

[230] BRAUBACH, Kölner Domherren, S. 248 f.; SEStN IV, Tafel 99.

[231] Max DOMARUS, Der Reichsadel in den geistlichen Fürstentümern, in: Hellmuth RÖSSLER
(Hrsg.), Deutscher Adel 1555–1740, Darmstadt 1965, S. 147–171; hier: S. 159.

[232] Gräfin Anna Charlotte von Ostein (1671–1746) hatte Graf Johann Friedrich Karl, Erzbischof von Mainz (1743–1763) zum Sohn; Gräfin Anna Philippine Maria von Seinsheim
(1685–1721) hatte Graf Adam Friedrich, Bischof von Würzburg und Bamberg (1755 bzw. 1757 bis
1759) zum Sohn; Gräfin Amalie Elisabeth von Limburg-Styrum (1686–1756) war die Mutter von
Bischof August Philipp von Speyer (1770–1797): PRESS, Das Bistum Speyer in der Neuzeit, S. 278.

mäßig geringen Zahl an eigenen Familienkanonikaten in vielen Kapiteln über verläßliche Mehrheiten verfügen. Der Rest war eine Frage der politischen Organisation und der Verteilung des Gewinns unter alle Freunde des Hauses.[233]

Nutznießer dieses Kartells waren von allem die Ostein, die ihm die Mainzer Kurerzkanzlerwürde verdankten, obwohl die Familie früher nie mehr als niedere Dignitäten errungen hatte. Nach Johann Friedrich Karl starb das Geschlecht bald aus, ohne weitere kirchliche Ämter bekleidet zu haben.[234] Die Grafen von Metternich und Waldbott-Bassenheim gehörten mit 39 bzw. 50 Kanonikaten zu den einflußreichsten Stiftsfamilien im Rheinland. Ihren Höhepunkt erreichten beide Geschlechter nach dem Dreißigjährigen Krieg, als sie im Anschluß an die Regierungszeit Johann Philipps von Schönborn auch zur Bischofswürde aufstiegen. Die Metternich errangen eine Reihe von Dignitäten, unter denen die Dompröpste Emmerich (+1653) in Trier und Lothar Friedrich, der spätere Mainzer Erzbischof, herausragten.[235] Auch die Waldbott-Bassenheim errangen zahlreiche Dignitäten, kamen jedoch nicht über den Kustos hinaus.[236]

Von den Mitgliedsfamilien landsässigen Ursprungs waren die Plettenberg mit 39 und die Nesselrode mit 33 Kanonikaten die erfolgreichsten. Beide Geschlechter hatten ihren regionalen Schwerpunkt im westfälischen Stiftsverband. Die Plettenberg entfalteten ihren größten Einfluß zwischen 1670 und 1730 und fielen danach hinter die Fürstenberg zurück.[237] Mit ihrer Blütezeit in den Stiften Münster, Hildesheim und Paderborn ging auch ihr Aufstieg in den Reichsgrafenstand einher, den Graf Ferdinand durch seinen Dienst gegenüber den Wittelsbacher Bischöfen erreichte.[238] Die Nesselrode dehnten ihren Einfluß von Münster ausgehend zunächst nach Lüttich, später in die reichsritterschaftlichen Kapitel in Eichstädt und Mainz und zuletzt ins hochadlige Kölner Domstift aus.[239] Während die Plettenberg unter ihren 10 Dignitäten 3 Propstwürden erzielten, kamen die Nesselrode nur auf drei niedrige Dignitäten.[240]

Die Grafen von Toerring erlangten in den süddeutschen Stiften 16 Kanonikate, wobei sie in Regensburg und Freising eine beherrschende Rolle spielten. Fünfmal

---

[233] Das Ämterpatronagekartell wurde von Alfred SCHRÖCKER eingehend analysiert: Die Patronage des Lothar Franz von Schönborn (1655–1729), Wiesbaden 1981. Vgl. Eckart HENNING/Wolfgang RIBBE (Hrsg.), Handbuch der Genealogie, Neustadt/Aisch 1972, S. 199; Heinz DUCHHARDT, Die Aufschwörungsurkunde als sozialgeschichtliche und politische Quelle, in: Archiv für mittelrheinische Kirchengeschichte 26 (1974), S. 125–141; hier: S. 139.

[234] Ostein: HERSCHE, Die deutschen Domkapitel, Bd. 2, S. 164; SEStN VII, Tafel 163.

[235] Die Metternich hatten ihren regionalen Schwerpunkt in den Kapiteln des Rheinlandes: Mainz, Trier, Worms und Speyer: vgl. HERSCHE, Die deutschen Domkapitel, Bd. 2, S. 145; KNESCHKE, Deutsches Adelslexikon, Bd. 6, S. 258 ff.; insgesamt sammelte das Geschlecht 19 Dignitäten: HERSCHE, ebd., Bd. 1, S. 254 f.

[236] Waldbott-Bassenheim: Der regionale Schwerpunkt lag, wie bei den Metternich, in Mainz, Trier, Worms und Speyer; einige Präbenden wurden in Westfalen erworben; HERSCHE, Die deutschen Domkapitel, Bd. 1, S. 286; Bd. 2, S. 148.

[237] Plettenberg: HERSCHE, ebd., Bd. 2, S. 145 f.

[238] Vgl. Kap. 3.2. (S. 119).

[239] Nesselrode: HERSCHE, Die deutschen Domkapitel, Bd. 2, S. 155 f.

[240] Vgl. dazu die prosopographischen Passagen bei: KOHL, Das Domstift St. Paulus zu Münster, passim; KEINEMANN, Das Domkapitel zu Münster, passim.

wurden sie in Dignitäten gewählt, darunter zweimal in die Propstei.[241] Eine unter-geordnete Rolle in den Reichstiften spielten die Familien Schaesberg, Sinzendorf, Velen, Virmont. Die Erlangung der Propsteien in Paderborn durch Johann Fried-rich von Schaesberg (1705–1775) und Münster durch Dietrich Anton von Velen (+ 1700) konnte nicht in eine Familientradition überführt werden.[242]

Es ist weitgehend unbekannt, daß ein großer Teil der im 16. und 17. Jahrhun-dert aufgehobenen Bistümer in Norddeutschland weiterhin Domkapitel unterhiel-ten. Dies gilt nicht nur für die durch den Westfälischen Frieden zu gemischtkon-fessionellen Kapiteln erklärten Osnabrück, Minden, Halberstadt und Lübeck[243], sondern auch für die in weltliche Fürstentümer umgewandelten übrigen Stifte im Norden und Osten.[244] Da die weltlichen Fürsten in diesen Stiften das päpstliche Provisionsrecht usurpiert hatten, ernannten sie verdiente Mitarbeiter ihrer Staats-verwaltung und Armee zu Domherren; dies verschaffte den Geehrten nicht nur einen Titel mehr, sondern auch bestimmte Einkünfte nach Art einer Pension. In Minden hatte König Friedrich Wilhelm I. den komplizierten Besetzungsmodus durch eine einfache Alternation abgelöst: abwechselnd nominierte das Kapitel und providierte der König.[245]

Dem Zweck einer Pension entsprach es, daß der Empfänger weiterhin an sei-nem Ort diente, anstatt im Stift zu residieren. Unter König Friedrich II. wurden die Präbenden zu einer Handelsware; er vergab Exspektanzen auf katholische Pfründen an evangelische Staatsdiener, die zwar nicht aufschwören, aber an einen stiftsmäßigen Katholiken verkaufen konnten. So gelangte Staatskanzler von Coc-ceji 1751 in den Besitz der Verfügung über die Mindener Dompropstei, die er nach Belieben »gegen ein beträchtliches Honorarium« einem Kandidaten mit den »statu-tenmäßigen Eigenschaften« überlassen sollte. Das Recht sollte, falls er vor der nächsten Vakanz sterben sollte, an seine Erben übergehen.[246]

Einige Grafen des westfälischen Kollegiums kamen durch ihre Fürstendienste in den Genuß einer evangelischen Präbende. Graf Christian von Rantzau wurde 1645 zum Dompropst von Bremen/Hamburg gewählt, verzichtete jedoch 1650

[241] Graf Adam Lorenz von Toerring-Stein (1614–1663) war in Regensburg und Salzburg Propst, bevor er Bischof von Regensburg wurde: HERSCHE, Die deutschen Domkapitel, Bd. 1, S. 181; Bd. 2, S. 165.

[242] HERSCHE, ebd., Bd. 1, S. 271; S. 276; S. 284; KEINEMANN, Das Domkapitel zu Münster, S. 286 f.

[243] Vgl. dazu die Angaben von HERSCHE in der Vorstellung der einzelnen Domkapitel: Bd. 1, S. 140; S. 200; S. 202; S. 204.

[244] Hierunter fallen Magdeburg, Bremen/Hamburg, Verden, Brandenburg, Havelberg, Schwerin, Ratzeburg, Cammin, Naumburg, Merseburg und Meißen: NOTTARP, Ein Mindener Dompropst, S. 100 ff.; Nottarp hat den biographischen Abriß über Graf Hugo Franz Karl von Eltz (1701–1779) dazu genutzt, Relikte kanonischer Versorgungelemente in den protestantischen Terri-torien aufzuspüren. Vgl. auch ARETIN, Heiliges Römisches Reich, Bd. 1, S. 84 f.

[245] Eingeführt 1713: NOTTARP, Ein Mindener Dompropst, S. 106, Vgl. auch die Angaben über die Vergabe ehemaliger Deutschordenskomtureien an Offiziere und andere Adlige in Branden-burg-Preußen: Eduard SCHNACKENBURG, Das Invaliden- und Versorgungswesen des brandenbur-gischen Heeres bis zum Jahre 1806, Berlin 1889, S. 22; S. 55–57; S. 95.

[246] Schreiben Friedrichs II. an Cocceji, 21. Mai 1751: vgl. NOTTARP, Ein Mindener Dom-propst, Anlage 4, S. 171; vgl. zu dieser Art der Pfründenbewirtschaftung auch: Johannes HECKEL, Die evangelischen Dom- und Kollegiatstifter Preußens, Stuttgart 1924, passim.

unter nicht näher bekannten Umständen auf diese Würde.[247] Graf Georg Friedrich von Waldeck war neben seinen zivilen und militärischen Chargen Dompropst von Halberstadt.[248] Freiherr Johann Christian Rolemann von Quadt erwarb 1748 die Domdechantenstelle in Kolberg; er verkaufte sie jedoch bald weiter.[249] Im Hause Schaumburg-Lippe knüpfte man 1667 an eine Exspektanz auf eine Magdeburger Dompfründe aus der Zeit vor dem Dreißigjährigen Krieg an; alle Verhandlungen mit dem Großen Kurfürsten blieben jedoch ergebnislos, und auch der Versuch, das Verfahren 1797/98 zugunsten des Erbgrafen Georg Wilhelm nochmals aufzurollen, scheiterte.[250]

Die Haltung der Stiftsfamilien gegenüber der Reichskirche war von dreifachem Interesse: Es galt, Söhne, die man nicht ausreichend mit eigenen materiellen Gütern versorgen konnte, aus Kirchengut finanzieren zu lassen. Daneben suchte man Prestigegewinn und die politischen Repräsentationsmöglichkeiten, die die Domkapitel boten: In einer Zeit, die kein Koalitionsrecht kannte, war die Chance, sich unter dem Dach der Kirche über gemeinsame Interessenvertretung beraten zu können, ein unschätzbarer politischer Vorteil. Drittens spielte die Perspektive auf das Bischofsamt eine bedeutende Rolle, durch das sich eine Familie oft auf Jahrzehnte hinaus materiell sanieren konnte, das weitreichende Verbindungen schuf und schließlich eine Mehrung des Familienansehens im Reich, verbunden mit einer Standeserhöhung, bedeutete.

8.3. DER DIENST BEI REICHSFÜRSTEN UND AUSLÄNDISCHEN POTENTATEN

Ein archaischer Rest der alten fränkischen Hofämter waren sowohl die Erzämter des Reiches, den Kurfürsten zugeordnet, als auch die schon erwähnten Hofämter des kaiserlichen Hofes. Waren die Erzämter erblich und spätestens seit der Goldenen Bulle an die Kurfürstentümer gebunden, so konnte der Kaiser über die Wiener Hofämter frei disponieren: Er hatte die Möglichkeit, sie nach seiner Gunst zu entziehen und umzuverteilen, wodurch sie sich als Instrumente seiner Herrschaft verwenden ließen.[251]

Zwischen diese Ebenen schoben sich die Erbämter im Reich wie in den Territorien. Die Reichserbämter fielen als kurfürstliche Lehen an Reichsgrafen, die aber die damit verbundenen Dienste nur noch bei einer Kaiserkrönung ausübten; allenfalls der Reichserbmarschall, der Graf von Pappenheim, hatte beim Reichstag in

---

[247] RANTZAU, Das Haus Rantzau, S. 159.

[248] ADB 8, S. 701–709; BITTNER/GROSS, Repertorium der diplomatischen Vertreter, Bd. 1, S. 742.

[249] Leo SCHMALZ, Die Gebrüder Quadt von Wickrath in preußischen Kriegsdiensten, in: Heimatkalender Kreis Dinslaken, 1965, S. 60–69, hier: S. 66.

[250] Zu den schaumburg-lippischen Bemühungen: StA Bückeburg, Familiaria 1, A XVIII Nr. 1, S. 1–4.

[251] Hofämter: A. LAUFS, Art. »Hofämter«, in: HRG 2 (1978), S. 197–200; EHALT, Ausdrucksformen absolutistischer Herrschaft, S. 33; S. 43; zur Personalpolitik des Wiener Hofes vgl. auch S. 46–53.

Regensburg eine dauernde Funktion und unterhielt dafür eine ständige Kanzlei.[252] Da nach dem Westfälischen Frieden die Pfälzische Kur restituiert worden war, das Erztruchsessenamt jedoch bei Bayern verblieb, mußte der Kurfürst von der Pfalz für seine neue Erzschatzmeisterwürde einen Erbbeamten suchen: Er fand ihn im Grafen Georg Ludwig von Sinzendorf, den er am 13. Mai 1653 belehnte.[253]

Nach diesem Vorbild hatten alle Reichsfürsten seit alters her Erbämter als Lehen an verdiente Familien vergeben; die Ämter waren in der Regel mit einem bestimmten Güterkomplex verbunden und gingen bei Verkauf oder Aussterben auf den neuen Lehnsträger über. Die Grafen von Plettenberg erwarben mit der Herrschaft Nordkirchen das Erbmarschallamt des Stifts Münster[254], die Grafen von Salm-Reifferscheidt hatten 1445 die Herrschaft Alfter bei Bonn und damit das kurkölnische Erbmarschallamt erheiratet.[255] Die Kompetenzen der Erbmarschälle waren in beiden Stiften bedeutend: So inthronisierten sie in Köln den Erzbischof, saßen den Landtagen vor, durften bei bestimmten Gelegenheiten – Begräbnissen und Einführungen – Sonderabgaben einziehen und ernannten die Scharfrichter. In Münster kam der Vorsitz im Lehnsgericht, das Ausschreiberecht des Landtages sowie das Visitationsrecht des Hofgerichts hinzu.[256] In ähnlicher Weise, mit einer Mischung aus repräsentativen und politischen Aufgaben versehen, waren auch die übrigen Erbämter ausgestattet.

In den Fürstbistümern waren eine Reihe von Stiftsfamilien mit Erbämtern belehnt, etwa die Grafen von Manderscheid mit dem Kölner Erbhofmeisteramt, die Grafen von Metternich zunächst mit dem Kölner Erbkämmereramt, das sie später zugunsten des Mainzer Erbkämmereramtes an die Plettenberg abgaben, die Grafen von Waldbott-Bassenheim mit dem Erbschenkenamt im Mainzer Domstift.[257] Erbämter hingen jedoch formal weniger von der Stiftsmäßigkeit, als vom Lehnsbesitz im Fürstbistum ab, wie die Kölner Erbvogtei der Grafen von Bentheim und das Kölner Erbschenkenamt der Herzöge von Arenberg belegen; beide

[252] Vgl. Otto HINTZE, Die Entstehung der modernen Staatsministerien, in: ders., Staat und Verfassung, 2. Aufl., Göttingen 1962, S. 275–320; hier: 208 f.; PÜTTER, Institutiones juris publici, Bd. 1, S. 86–90; LÜNIG, Thesaurus juris, S. 729; zu Pappenheim: CORTERIER, Reichstag, S. 57.

[253] Belehnung: LÜNIG, Teutsches Reichs-Archiv, Bd. 11, S. 596 f.; das Amt wurde erstmals bei der Königskrönung Ferdinands IV. 1653 ausgeübt, als der Graf von Sinzendorf beim Krönungszeremoniell die Reichskrone trug und nachher die Krönungsmünzen auswarf: Ludwig HÄUSER, Geschichte der Rheinischen Pfalz, Bde. 1–2, Heidelberg 1845 (ND Pirmasens 1970); hier: Bd. 2, S. 593 Anm. 27; PÜTTER, Teutsches Staatsrecht, Bd. 1, S. 88.

[254] Belehnung des Freiherrn Ferdinand von Plettenberg mit dem münsterschen Erbmarschallsamt, 13. Dezember 1718: FA Plettenberg-Nordkirchen, Nr. 5367, S. 1 f.; vgl. Hans Jürgen WARNECKE, Agnes von Limburg-Styrum, in: Westfälische Lebensbilder 12, S. 1–22; hier: S. 13.

[255] FAHNE, Geschichte der Grafen, jetzigen Fürsten von Salm-Reifferscheidt, Bd. 1, Teil 2, S. 3.

[256] Vgl. FAHNE, ebd.; BREMER, Reichsherrschaft Dyck, passim; Privilegienbestätigung des Grafen von Plettenberg als Erbmarschall von Münster durch Bischof Clemens August am 3. Jan. 1720: FA Plettenberg-Nordkirchen, Nr. 5302, S. 1–3.

[257] Vgl. LÜNIG, Thesaurus juris, S. 730 f.; zu Metternich: VEHSE, Geschichte der deutschen Höfe, Bd. 42, S. 223; Rheinischer Antiquarius, 2. Reihe, Bd. 11, S. 758.

Geschlechter waren im Kölner Domkapitel in den letzten 200 Jahren des Reiches allerdings kaum vertreten.[258]

Die Freiherren und späteren Grafen von Nesselrode hatten seit 1481 das Erbmarschallamt und das Erbkämmereramt im Herzogtum Berg inne.[259] Die Grafen von Platen hatten durch Herzog Ernst August von Braunschweig-Lüneburg 1682 das General-Erbpostmeisteramt für die gesamten welfischen Lande erteilt bekommen; 1736 kaufte König Georg I. von England als hannoverscher Kurfürst das Erbamt wieder zurück, um die Post in eine staatliche Behörde umzuwandeln, beließ der Familie jedoch auf deren Wunsch den Titel.[260] Die Grafen von Toerring hatten seit dem 14. Jahrhundert das bayerische Oberjägermeister- und Banneramt inne, das sie nach einer Fehde gegen den Bayernherzog 1420 verloren, jedoch 1607 wieder zurückgewinnen konnten.[261] 1618 wurden sie auch Erbkammermeister im Erzbistum Salzburg und 1667 Untererbmarschälle im Bistum Regensburg.[262] Weitere Grafengeschlechter führten Erbämter in zum Teil weit von ihrem Stammbesitz entfernten Fürstentümern, bei denen ebenfalls versprengter Besitz oder frühere Lehen den Grund für die Ersterteilung gelegt hatten.[263]

Bei den nicht durch Erblehen gebundenen Diensten sollte eigentlich zu erwarten sein, daß angesichts der starken Bevorzugung der Katholiken in den Spitzenämtern am Kaiserhof eine deutliche Orientierung der protestantischen Grafen an den großen evangelischen Höfen im Reich, vor allem am Berliner Hof, stattgefunden hätte. Dies war jedoch für den preußischen Hof während der Dauer des Grafenkollegiums in weit geringerem Maße als in Wien der Fall. Es gab zwei Mitgliedsfamilien des Kollegiums, die eine lange preußische Diensttradition entwik-

---

[258] LÜNIG, Thesaurus juris, S. 730 f.; Johann Hermann DIELHELM, Rheinischer Antiquarius oder Ausführliche Beschreibung des Rheinstroms, Leipzig, 2. Aufl., Frankfurt 1739, 1776, S. 775–806; vgl. HERSCHE, Die deutschen Domkapitel, Bd. 1, S. 208–210.

[259] KNESCHKE, Deutsches Adelslexikon, Bd. 6, S. 471–474; Rheinischer Antiquarius, 3. Reihe, Bd. 3, S. 737; Joseph STRANGE, Beiträge zur Genealogie der adligen Geschlechter, Bde. 1–12, Köln 1864–1877; hier: Bd. 8, S. 22 f.

[260] WOLF, Geschichte der Grafen von Hallermund, S. 45; Hubert von PLATEN, Geschichte der von der Insel Rügen stammenden Familie von Platen, Sorau 1907, Stammtafel S. 64.

[261] Belehnungsurkunde vom 19. Juli 1607: StA München, FA Toerring-Jettenbach, E 10; vgl. ADB 38, S. 462.

[262] Das Erbmarschallamt stand seit alters her dem regierenden Erzherzog von Österreich zu; der Kaiser hatte es aber unterbelehnt: Urkunde vom 16. Dez. 1667: StA München, FA Toerring-Jettenbach, Urk. I, Nr. 13/7. Für die Erbämter wurden die Grafen von Toerring 1805 mit einem Lehnspferdegeld in Höhe von 480 fl. veranlagt: StA München, FA Toerring-Jettenbach, E 10.

[263] Die Grafen von Limburg-Styrum waren Erbkammerherren von Geldern, die Grafen zur Lippe Erbburggrafen von Utrecht, die Grafen von Velen Erbmarschälle von Flandern: LÜNIG, Thesaurus juris, S. 730 f.; die Grafen von Wied-Runkel waren Erbmarschälle des Herzogtums Luxemburg: FISCHER, Geschlechtsregister Isenburg, Wied und Runkel, S. 329; das Erbmarschallsamt in Luxemburg übten die Grafen von Metternich aus, die auch kurmainzische Erzkämmerer waren: WURZBACH Bd. 18, S. 53 f.; S. 57; die Grafen von Salm-Reifferscheidt erhielten 1797 das böhmische Erbsilbermeisteramt: WURZBACH Bd. 28, S. 127; die Freiherren und späteren Grafen von Quadt waren Erbhofmeister und Erbdrosten von Geldern: Rheinischer Antiquarius, 3. Reihe, Bd. 9, S. 475. Im Herkunftsbereich lagen auch die Erbämter der Grafen von Sinzendorf als österreichische Erbschenken und der Grafen von Berlepsch als hessische Erbkämmerer: LÜNIG, ebd., S. 730 f.; KNESCHKE, Deutsches Adelslexikon, Bd. 1, S. 353; vgl. GSCHLIESSER, Der Reichshofrat, S. 335.

kelten: die Häuser Anhalt und Quadt. Beide Geschlechter sind untypisch für das Grafenkollegium, denn die Anhaltiner waren ein altes fürstliches Geschlecht, das seinen Kernbesitz in Mitteldeutschland hatte und nur durch Bildung einer Neben-linie in den Grafschaften Holzappel und Schaumburg[264] im Westerwald ansässig wurde; die Quadt waren ein rheinisches Rittergeschlecht, das sich im Dienst der Herzöge von Jülich und Geldern emporgearbeitet hatte. Die Familie war in zahl-reiche Linien gespalten, deren Besitzungen am Niederrhein verstreut lagen. Die meisten Linien traten im 16. Jahrhundert zum Protestantismus über; der Dienst bei den reformierten Brandenburgern lag daher näher als bei den auf konfessio-nelle Geschlossenheit setzenden Kurfürsten von Köln oder der Pfalz.[265]

Der preußische Dienst hatte schon im 17. Jahrhundert den Fürsten Johann Georg II. von Anhalt aus Schweden an die Spree gelockt. Der Große Kurfürst ar-rangierte eine Heirat mit einer oranischen Prinzessin, aus der der Sohn Leopold hervorging, der später als der »Alte Dessauer« unter dem Soldatenkönig Friedrich Wilhelm I. bekannt werden sollte. Von den Anhaltinern der Linie Schaumburg-Hoym traten die Fürsten Christian (1720–1758), Franz Adolf (1724–1784) und Friedrich Franz Joseph (1769–1807) in die preußische Armee ein[266]; überhaupt war preußischer Dienst für Reichsgrafen wie andere Adlige im 17. und 18. Jahr-hundert in erster Linie Armeedienst, so daß sich die Eigentümlichkeit dieses Staa-tes auch im Hinblick auf das Dienstprofil ausdrückte.

Die Familie von Quadt – den Grafenstand erreichte nur die Wickrather Linie, während die übrigen Linien freiherrlich blieben – stellte ebenfalls eine Reihe von Offizieren. Die meisten von ihnen kamen aus dem Zweig Wickrath-Hüchten-bruck: Vier Söhne des Freiherrn Ludwig Alexander Roleman (1674/75–1745), ei-nes preußischen Staatsministers und klevischen Vizepräsidenten, erreichten min-destens den Rang eines Oberst der preußischen Armee.[267] Zwei Generationen spä-ter, an der Schwelle zum 19. Jahrhundert, finden wir zwei weitere preußische Ge-nerale aus dieser Linie.[268] Aus den übrigen Linien wurden Johann Arnold

---

[264] Beide Grafschaften lagen nördlich der Lahn bei Limburg: vgl. Kap. 2.1.3 (S. 72 f.); zu An-halt: SESt I, Tafel 135.

[265] Zu Quadt: Vgl. die Genealogie dieses außerordentlich fruchtbaren Geschlechts: SEStN IV, Tafeln 74–85.

[266] Zur Militärdiensttradition der Anhaltiner: Ernst OPGENOORTH, Friedrich Wilhelm, der Große Kurfürst von Brandenburg, Bde. 1–2, Göttingen 1971–1978; hier: Bd. 1, S. 384. Christian von Anhalt wurde Major, Franz Adolf Generalleutnant; Friedrich Franz Joseph erreichte den Rang eines Oberstleutnants: Rheinischer Antiquarius, 2. Reihe, Bd. 3, S. 307 ff.; SESt I, Tafel 135.

[267] Freiherr Wilhelm Albrecht von Quadt (1697–1757), preußischer Oberst der Kavallerie; Jo-hann Christian Roleman (1699–1756), preußischer Generalmajor, fiel in der Schlacht bei Lobositz; Friedrich Wilhelm (geb. 1717), preußischer Oberst; Ludwig Alexander (geb. 1718), 1772 preuß. Oberst: SEStN IV, Tafel 78; vgl. Leo SCHMALZ, Die Gebrüder Quadt von Wickrath in preußi-schen Kriegsdiensten, in: Heimatkalender Kreis Dinslaken (1965), S. 60–69; Curt JANY, Ge-schichte der preußischen Armee vom 15. Jahrhundert bis 1914, Bde. 1–4, 2. Aufl., Osnabrück 1967 (Neudruck der Ausgabe 1928/29); hier: Bd. 2, S. 669–671. Rheinischer Antiquarius, 3. Reihe, Bd. 9, S. 478–480.

[268] Generäle: Ludwig von Quadt (1779–1849), Generalleutnant; Karl Ludwig Friedrich von Quadt (1781–1868), General der Infanterie: vgl. SEStN IV, Tafel 78.

(1632–1691) Geheimer Rat und Kammerpräsident sowie Heinrich Wilhelm (+1721) Oberst und Kommandant der Festung Moers.[269]

Eine Reihe von altgräflichen protestantischen Geschlechtern war mit Mitgliedern im preußischen Dienst vertreten. Graf Heinrich Ernst zur Lippe (1671–1691) war Oberstleutnant, mehrere weitere Söhne des lippischen Hauses bekleideten einfache Offiziersränge.[270] Aus dem neuwiedischen Haus war Graf Karl Ludwig (1710–1756) nach seinem Studium in Königsberg 1729 als Stabskapitän in die preußische Armee eingetreten.[271] Zwischenzeitlich bekleidete er das Amt eines Oberstleutnants der westerwäldisch-westfälischen Kreistruppe der Grafen. 1739 stand er für kurze Zeit in der kaiserlichen Armee gegen die Türken; zwei Jahre später stand er wieder in preußischem Sold und leitete 1744 die Besetzung Ostfrieslands. Im Siebenjährigen Krieg stieg er bis zum Generalleutnant auf. 1765 kam er unter mysteriösen Umständen bei einem Jagdunfall ums Leben. Burggraf Adolf Hartmann von Kirchberg-Hachenburg (1721–1759) trat nach seinem Studium in Jena, Metz und Straßburg in die preußische Armee ein und wurde im Siebenjährigen Krieg Obristwachtmeister. Am 8. Sept. 1759 fiel er vor Torgau.[272]

Im preußischen diplomatischen Dienst konnte mit Graf Ernst von Metternich (1657–1727) ein Sproß aus einer katholischen rheinischen Familie zum Amt des Reichstagsgesandten gelangen; seine Linie – in der Neumark begütert – war allerdings vorher zum protestantischen Bekenntnis übergetreten. Sein Vater war Administrator von Halberstadt gewesen; Graf Ernst konnte von 1688 bis zu seinem Tod die Regensburger Gesandtschaft führen.[273] Mußte der preußische Reichstagsgesandte ein Protestant sein, so war das Bekenntnis in der Armee von geringerer Bedeutung; mit Fürst Dominikus Constantin von Löwenstein-Wertheim-Rochefort (1762–1814) und Graf Christoph Friedrich von Plettenberg (1698–1760) traten zwei Katholiken in die preußische Armee ein und wurden dort Generalmajore.[274]

---

[269] Johann Arnold von Quadt-Wickrath-Kreuzberg und Heinrich Wilhelm von Quadt-Landskron: SEStN IV, Tafeln 79 und 85.

[270] Heinrich Ernst zur Lippe: JANY, Preußische Armee, Bd. 1, S. 383. Theodor Emil (1680–1709) fiel als preußischer Offizier in der Schlacht von Malplaquet; Friedrich August zur Lippe (1699–1724) wurde 1718 Hauptmann; Friedrich Karl (1695–1725) war seit 1713 Offizier: Georg WEGEMANN, Bilder und Kurzbiographien von Mitgliedern des Hauses zur Lippe, Detmold 1946 (masch.), S. 2 f. Vgl. Zedlers Universallexicon, Bd. 17, Sp. 1524; vgl. SESt V, Tafel 34.

[271] Für die Wahl des Studienortes hatten die Verbindungen seiner Mutter Luise Charlotte Burggräfin von Dohna (1688–1736) eine Rolle gespielt. Vgl. Friedrich von der WENGEN, Karl Graf zu Wied, königlicher preußischer Generalleutnant. Ein Lebensbild zur Geschichte der Kriege von 1734–1762, Gotha 1890; Rheinischer Antiquarius, 3. Reihe, Bd. 3, S. 424 f.; FISCHER, Geschlechtsregister Isenburg, Wied und Runkel, S. 335 f.

[272] AVEMANN, Burggrafen von Kirchberg, S. 303; SESt IV, Tafel 75.

[273] Friedrich Ludwig Joseph FISCHBACH, Historische politisch-geographisch-statistisch- und militärische Beyträge, die Königlich-Preußischen und benachbarten Staaten betreffend, Berlin 1783/85, Teil 3, Bd. 2, S. 540; Schwennicke weist Metternich irrtümlich als Katholiken aus: SEStN IV, Tafel 51; der Graf konvertierte jedoch erst auf dem Totenbett: WURZBACH Bd. 18, S. 50. Zur diplomatischen Tätigkeit: GRANIER, Reichstag, S. 12; S. 322.

[274] EHMER, Art. »Löwenstein-Wertheim«, in: NDB 15, S. 56; SESt III, Tafel 101; Rheinischer Antiquarius, 2. Reihe, Bd. 11, S. 755.

Vergleicht man die preußischen Dienstmöglichkeiten, so zeigen sich wesentliche Verschiedenheiten gegenüber dem Wiener Hof. Der Große Kurfürst Friedrich Wilhelm hatte im 17. Jahrhundert versucht, durch Stiftung politischer Ehen zwischen den Häusern Nassau-Oranien, Lippe, Wied, Isenburg, Solms und den Burggrafen von Dohna eine eigene gräfliche Klientel nach Vorbild des Kaisers zu begründen. Das Vorhaben führte jedoch nicht zu den gewünschten politischen Nutzeffekten, sondern verursachte nur Kosten, die schon unter König Friedrich I. eingeschränkt, unter seinem Sohn vollends eingespart wurden.

Die Struktur des Staates brachte es ohnehin mit sich, daß in weit höherem Maße als anderswo Funktionsämter vorhanden waren: In der Armee wie in der Finanzverwaltung waren Personen nötig, die unter Mangelsituationen Optimales leisten konnten. Für teure Repräsentationsämter, wie am Wiener Hof, war in Preußen kein Geld vorhanden.[275]

Zum anderen besaß man ein reiches Reservoir von Adligen im Lande, die nach Verlust ihrer korporativen Partizipationsrechte an der großen Politik im Dienst der Armee und Verwaltung die abgeleitete Macht ausübten, die sie vorher kraft eigenen Rechts gehabt hatten. Diese Spielart der Sozialdisziplinierung, von Otto Büsch anschaulich gemacht[276], bezog einen Teil ihrer Stabilität aus der Chance des brandenburgischen und preußischen Adels, bei guter Leistung bis in die Spitze der Staatsverwaltung aufsteigen zu können; Karrieren wie die Friedrich Wilhelms von Grumbkow (1678–1739) sind dafür ein Beispiel.

Die systematische Verwendung von Reichsgrafen hätte diese Chance auf Aufstieg vermindert; König Friedrich II. hat dies genau beachtet, indem er nicht nur seinen Adelsstand nach unten – gegenüber bürgerlichen Offizieren – geschützt hat, sondern auch vergleichsweise wenigen Grafen aus dem Reich den Eintritt in seine Dienste gestattet hat. 1783 äußerte er: »Junge Grafen, die nichts lernen, sind Ignoranten in allen Ländern. Im Falle nun einmal ein Wunder geschehen und aus einem Grafen etwas werden sollte, so muß er sich auf Titel und Geburt nichts einbilden, denn dieses sind nur Narrenspossen, sondern es kommt nur allezeit auf sein mérite personnel an«.[277] Ein derart leistungsbezogener Dienst war nicht das, was die Grafen zur Stabilisierung ihres sozialen Ranges suchten; der preußische Dienst blieb vorzugsweise den in den preußischen Landen begüterten Ritterfamilien vorbehalten.

---

[275] Über den Versuch, ein preußisches Klientelsystem einzurichten: Volker PRESS, Reich und höfischer Absolutismus, in: Werner CONZE/Volker HENTSCHEL (Hrsg.), Ploetz. Deutsche Geschichte. Epochen und Daten, Würzburg 1979, S. 157–168; hier: S. 166. Volker PRESS, Friedrich der Große als Reichspolitiker, in: Heinz DUCHHARDT (Hrsg.), Friedrich der Große, Franken und das Reich, Köln u. a. 1986, S. 25–56; hier: S. 29. Über die Mangelsituation am preußischen Hof: Ernst OPGENOORTH, »Ausländer« in Brandenburg-Preußen als leitende Beamte und Offiziere, Würzburg 1967. Opgenoorth nennt nur den Grafen Georg Friedrich von Waldeck (1620–1692) als »ausländischen« gräflichen Staatsdiener: ebd., S. 32–38.

[276] Otto BÜSCH, Militärsystem und Sozialleben im alten Preußen 1713–1807, Frankfurt/Main u. a. 1981 (ND von 1962).

[277] Zit. nach: Reinhold KOSER, Geschichte Friedrichs des Großen, Bd. 3, Stuttgart 1913, S. 370 f.; vgl. auch: JANY, Preußische Armee, Bd. 2, S. 223; S. 234.

Auch der Dienst bei den Herzögen von Braunschweig-Lüneburg und den späteren Kurfürsten von Hannover stand vornehmlich dem eigenen Landadel offen.[278] Zwei Mitgliedsfamilien des Niederrheinisch-Westfälischen Grafenkollegiums stammten aus dem niedersächsischen Adel und stiegen im hannoverschen Dienst in den Reichsgrafenstand auf, erwarben ein Reichslehen und wurden danach in den Kollegialverband aufgenommen: die Grafen von Platen-Hallermund und die Grafen von Wallmoden-Gimborn. Der Aufstieg des Hauses Platen wurde schon bei der Beschreibung der Grafschaft Hallermund[279] vorgestellt: Graf Franz Ernst von Platen (1632–1709) war Diplomat, Verwaltungsleiter und hoher Hofbeamter in einer Person.[280] Seine Nachfahren konnten ebenfalls zu Ämtern und Würden aufsteigen. Sein Sohn Ernst August (1674–1726) wurde Oberstkämmerer des englischen Königs Georg I., Graf Georg Ludwig (1704–1772) avancierte in der Armee zum Generalmajor, und Philipp August (1748–1831) war in der hannoverschen Armee Leutnant, bevor er in den höheren Forstdienst des Markgrafen von Brandenburg-Ansbach überwechselte.[281]

Die Familie von Wallmoden verdankte ihre Grafenwürde dem Dienst ihrer Frauen als Mätressen der Kurfürsten und englischen Könige.[282] Johann Ludwig von Wallmoden (1736–1811), Sohn der Lady Yarmouth – früher Amalie Sophie von Wendt –, wurde von König Georg II. ungeachtet der Tatsache, daß dieser seine Vaterschaft strikt leugnete, nach Kräften gefördert und war bereits mit 25 Jahren Generalmajor. Manche diplomatischen Dienste und seine lange Diensterfahrung nutzten ihm in den napoleonischen Kriegen nichts, als er die überalterte und unmoderne hannoversche Armee nach der Besetzung des Landes auflösen mußte.[283]

Von den alten reichsgräflichen Häusern hatten die beiden regierenden Linien des Geschlechts der Grafen zur Lippe seit unvordenklichen Zeiten auf ein möglichst spannungsfreies Verhältnis zu ihrem nächsten fürstlichen Nachbarn zu achten. So wundert es nicht, wenn auch im 17. und 18. Jahrhundert einige Söhne aus Detmold und Bückeburg zu militärischen Diensten nach Hannover kamen. Nachdem schon Graf Georg zur Lippe (1641–1703) im Dienst des Herzogs von Braunschweig-Wolfenbüttel gestanden hatte, stieg Graf Ferdinand Christian (1667–1724) zum braunschweig-lüneburgischen Generalmajor auf.[284] Zu den höchsten

---

278 Vgl. hierzu die prosopographische und sozialgeschichtliche Arbeit von LAMPE, Aristokratie, Hofadel und Staatspatriziat in Kurhannover, passim.

279 Vgl. Kap. 2.1.1. (S. 43 f.).

280 WOLF, Geschichte der Grafen von Hallermund, S. 45 f.; Hubert von PLATEN, Familie von Platen, Stammtafeln, S. 63 f.; ADB 26, S. 252–256.

281 PLATEN, Geschichte der Platen, Stammtafel S. 64; WOLF, Geschichte von Platen, S. 46 f.; LAMPE, Aristokratie, Hofadel und Staatspatriziat, Bd. 2, S. 40; S. 56.

282 Vgl. zur Tätigkeit der Lady Yarmouth im Fürstendienst: Kap. 2.1.3. (S. 66).

283 William von HASSELL, Das Kurfürstentum Hannover vom Baseler Frieden bis zur preußischen Okkupation im Jahre 1806, Hannover 1894, S. 148–150; S. 158; ADB 40, S. 756–761; vgl. VEHSE, Geschichte der deutschen Höfe, Bd. 44, S. 300 ff.; LAMPE, Aristokratie, Hofadel und Staatspatriziat, Bd. 2, S. 47 f.; S. 464 f.

284 Erich KITTEL, Memoiren des braunschweigisch-lüneburgischen Generals Graf Ferdinand Christian zur Lippe (1668–1724), Lemgo 1959; Martin SAGEBIEL, Art. »Lippe«, in: NDB 14, Sp. 651–654.

Ehren stieg jedoch Graf Wilhelm von Schaumburg-Lippe (1724–1777) auf. Er war nach seiner Kavalierstour in den englischen Heeresdienst eingetreten, hatte sich aber nach zwei Jahren beurlauben lassen. Ein Überwechseln in den kaiserlichen Dienst scheiterte 1746.[285] Nachdem Graf Wilhelm sich einige Jahre lang seiner Landesverwaltung gewidmet hatte, wurde er 1762 vom englischen König zum Oberbefehlshaber der britischen Expeditionstruppen in Portugal ernannt. Der Graf führte den Krieg gegen Spanien erfolgreich und erhielt den portugiesischen Titel »Altezza« verliehen, während die Briten ihn zum Feldmarschall erhoben.[286] Aus dem bentheimischen Haus hat Graf Karl Paul Ernst (1729–1780) den Rang eines britischen Generalmajors erklommen.[287]

Beim hannoverschen Dienst dominierte der regionale Bezug: Neben dem eigenen Landadel sind die protestantischen Grafenhäuser des norddeutschen Raumes von Interesse für die Könige und Kurfürsten; katholische Grafen sind im hannoverschen Dienst ebenso selten wie der westfälische Stiftsadel.

Im bayerischen Dienst fanden sich vorwiegend Mitglieder der Grafenfamilie von Toerring; sie blieben nach ihrer Standeserhöhung 1630 im Dienst des wittelsbachischen Hauses, da sie bayerisch-landsässige Güter besaßen. Die Jettenbacher Linie, die 1719 Gronsfeld erbte, aber weiter in Bayern residierte, konnte vier Generationen lang Spitzenämter in der bayerischen Militär- und Ziviladministration behaupten. Graf Franz Joseph (1652–1707) hatte schon als Generalfeldzeugmeister und Hofkriegsratspräsident gedient; sein Sohn Ignaz Felix (1682–1763) stieg zum Generalfeldmarschall auf und übernahm ebenfalls das Hofkriegsratspräsidentenamt.[288] Graf Max Emanuel von Toerring (1715–1773) wurde Hofkammer- und Kommerzpräsident, sein Sohn Josef (1753–1826) stieg ins Staatsratspräsidentenamt auf.[289] Die Linie Toerring-Seefeld bekleidete ebenfalls vier Generationen lang höchste Hofämter in München[290]; hinzu kamen weitere Militärchargen, so daß der

---

[285] Ablehnungsschreiben Maria Theresias an den Vater des Grafen, Albert Wolfgang (1699–1748), 17. Nov. 1746: StA Bückeburg, Familiaria 1, A XXXV, 18, S. 75.

[286] Die portugiesische Heeresreform: Christa BANASCHIK-EHL, Scharnhorsts Lehrer, Graf Wilhelm von Schaumburg-Lippe, in Portugal. Die Heeresreform 1761–1777, Osnabrück 1974. Zu weiteren kurzen militärischen Expeditionen für den englischen König: OBERSCHELP, Politische Geschichte Niedersachsens, S. 88–91; vgl. zur literarischen Tätigkeit und zur ausgedehnten Korrespondenz des Grafen: Curd OCHWADT (Hrsg.), Wilhelm Graf zu Schaumburg-Lippe. Schriften und Briefe, Bde. 1–3, Frankfurt 1977–1983; hier: Bd. 1, S. 475 ff.

[287] Vgl. VEHSE, Geschichte der deutschen Höfe, Bd. 40, S. 310; SESt IV, Tafel 44.

[288] Bosls Bayerische Biographie, S. 783; ADB 38, S. 461–467; VEHSE, Geschichte der deutschen Höfe, Bd. 43, S. 244; diplomatische Tätigkeit in Paris: HAUSMANN, Repertorium der diplomatischen Vertreter, Bd. 2, S. 10; S. 682; vgl. zu Ignaz Felix die Angaben bei: Peter Claus HARTMANN, Karl Albrecht – Karl VII. Glücklicher Kurfürst, unglücklicher Kaiser, Regensburg 1985, passim. Toerring galt als Befürworter einer bayerischen Großmachtpolitik: vgl. SCHLÖSSER, Mainzer Erzkanzler, S. 50.

[289] SESt IV, Tafel 116; zu Max Emanuels diplomatischer Tätigkeit: HAUSMANN, Repertorium der diplomatischen Vertreter, Bd. 2, S. 10; S. 12; S. 55; S. 77; S. 682; zu Josephs Ernennung zum Staatsratspräsidenten, die allerdings erst 1817 nach Untergang des Reiches stattfand: Karl Otmar Freiherr von ARETIN, Bayerns Weg zum souveränen Staat. Landstände und konstitutionelle Monarchie 1714–1818, München 1976, S. 229.

[290] Maximilian Cajetan (1670–1752), Obristkämmerer und Obersthofmeister, Generalfeldmarschalleutnant; Clemens Joseph Gaudenz (1699–1766), Obersthofmarschall; Clemens Anton I.

Einfluß des Hauses Toerring auf die Zentralverwaltung und auch auf die Selbstverwaltung der Landstände als sehr beträchtlich veranschlagt werden kann.[291]
Von den übrigen Grafen des westfälischen Kollegiums haben einige über den kurkölnischen Dienst bei den wittelsbachischen Erzbischöfen den Weg nach München gefunden. Johann von Virmont (1588–1632), ein kurkölnischer Lehnsmann, war 1621 als Oberstleutnant in der bayerischen Armee tätig; später wurde er jedoch in der kaiserlichen Armee Oberst.[292] Ungewöhnlich war die Karriere des Grafen Karl Wilhelm Alexander von Wied-Runkel (1706–1771). Er hatte den Kaiserdienst angestrebt und war unter Karl VII. Wirklicher Geheimer Rat geworden. Nach dem Tod des Kaisers blieb er in wittelsbachischen Diensten. Durch Übertritt zum Katholizismus schuf er die Voraussetzung, mit bayerischen Kirchenpfründen ausgestattet zu werden: Kurfürst Maximilian III. Joseph verschaffte ihm die Propsteien Mattighofen und Landshut.[293]
Der Kurfürst von der Pfalz war ebenfalls ein beliebter Dienstherr für mehrere rheinische Grafengeschlechter. Nach dem Direktor des westfälischen Grafenkollegiums, Graf Franz Georg von Manderscheid, war auch sein Sohn Johann Wilhelm im kurpfälzischen Dienst als Generalleutnant der Kavallerie.[294] Die Familien der Grafen von Nesselrode und von Schaesberg waren in den Residenzorten Düsseldorf, Mannheim und Schwetzingen häufig vertreten. Die Linie Nesselrode-Ehreshoven bekleidete über drei Generationen lang kurpfälzische Spitzenämter: Graf Wilhelm Christoph (+ 1704) war Hofmarschall, sein Sohn Franz Karl (1670–1750) stieg zum Geheimen Rat und Hofkammerpräsidenten auf; daneben war er Reichshofrat.[295] Dessen Sohn Karl Franz (1713–1798) wurde nach einem kurzen Zwischenspiel als Hildesheimer Domherr jülich-bergischer Kanzler und kurpfälzischer Geheimer Staats- und Konferenzminister.[296]
Von dem alten jülichschen Dienstmannengeschlecht der Schaesberg stieg Johann Friedrich (1663/64–1723) zum Hofkammerpräsidenten und zum Statthalter von Jülich-Berg auf; er erreichte auch den Aufstieg seines Hauses in den Reichsgra-

(1725–1812), Obersthofmeister; Clemens Anton II. (1758–1837), Obersthofmeister: SESt IV, Tafel 115.
[291] Vgl. den Konflikt des Grafen Ferdinand von Toerring-Seefeld (1698–1762), der 1746 während des Streits des Kurfürsten mit der Ritterschaft sein Amt als ritterschaftlicher Verordneter verlor: ARETIN, Bayerns Weg zum souveränen Staat, S. 27; weitere Ämter: SESt IV, Tafel 114–117.
[292] Virmont kam wohl durch Vermittlung des wittelsbachischen Kurfürsten Ferdinand von Köln in den bayerischen Dienst; durch seine Leistungen erwarb er sich und seinem Geschlecht die Reichsfreiherrenwürde: vgl. FRANK, Standeserhebungen und Gnadenakte, Bd. 5, S. 161, SEStN XI, Tafel 2.
[293] RECK, Geschichte der Häuser Isenburg, Wied, Runkel, S. 245; S. 285; Hermann WEBER, Die Politik des Kurfürsten Karl Theodor von der Pfalz während des österreichischen Erbfolgekrieges (1742–1748), Bonn 1956, S. 250; FISCHER, Geschlechtsregister Isenburg, Wied und Runkel, S. 327 f.; SESt IV, Tafel 31.
[294] SESt III, Tafel 113; SEStN XI, Tafel 7; DOHMS, Gerolstein in der Eifel, S. 18 f.; Rheinischer Antiquarius, 3. Reihe, Bd. 10, S. 541 f.
[295] SEStN VII, Tafel 155 f.; Rheinischer Antiquarius, 3. Reihe, Bd. 3, S. 767 f.; GSCHLIESSER, Der Reichshofrat, S. 374.
[296] DH Hildesheim 1726–1734: HERSCHE, Die deutschen Domkapitel, Bd. 1, S. 257; KNESCHKE, Deutsche Grafenhäuser der Gegenwart, Bd. 2, S. 155.

fenstand 1706. Sein Sohn Johann Wilhelm (1696–1768) amtierte zeitweise als
Kanzler von Jülich und Berg.[297] Auch die Grafen von Virmont und von
Berlepsch, beide am linken Niederrhein begütert, dienten den pfälzischen Kurfür-
sten: Adrian Wilhelm von Virmont (1613–1681) war Geheimer Rat und Gouverneur in Düsseldorf, sein Sohn Ambrosius Adrian (1640–1688) Kämmerer und
Geheimer Rat.[298] Graf Sittich Herbold von Berlepsch (+1712) war Geheimer Rat
und im Spanischen Erbfolgekrieg zeitweise Gouverneur von Bingen.[299] Auch die
Grafen von Goltstein, die den Einzug ins Grafenkollegium nicht schafften, dienten in Düsseldorf und Mannheim; von den westfälischen und niedersächsischen
Grafen finden wir vereinzelt Mitglieder der Familien Platen und Velen am kurfürstlichen Hof.[300]

Ein problematischer Dienstherr war der Landgraf von Hessen; von den Grafen
des Westerwaldes und der Wetterau wurde er als der natürliche Feind ihrer Li-
bertät betrachtet, da er sein Territorium seit dem Mittelalter mit Grafschaften,
kleinen Herrschaften und früheren Besitzungen des Erzbischofs von Mainz ar-
rondiert hatte.[301] Im 16. Jahrhundert wurde Hessen zur ersten Militärmacht des
Rhein-Main-Gebietes, ein Rang, der bis zum Ende des Reiches erhalten blieb. Ein
Dienst in Kassel wurde unter diesen Umständen als erster Schritt in die hessische
Landsässigkeit angesehen und zumeist vermieden.

Für den hessischen Dienst galten ähnliche Bedingungen wie für den in Brandenburg-Preußen: Angesprochen war zunächst der einheimische Landadel. Aus
dem Kreis der altgräflichen Geschlechter hat nur Graf Augustus zur Lippe-Brake
(1641–1701) nach einem Zwischenspiel in der kurkölnischen und braunschweigischen Armee 1677 den Weg ins hessische Militär gefunden; dort avancierte er
schnell zum Generalleutnant und Geheimen Kriegsrat sowie zum Gouverneur aller Festungen des Landes.[302] Landgraf Karl, der den Grafen schon früher als
Deutschordensritter aufgenommen hatte, bewirkte auch dessen Wahl zum Land-
komtur in der Ballei Hessen.

Ein reformierter Graf im katholischen Deutschen Orden war sicher ein außer-
gewöhnliches Phänomen. Diese Würde konnte dem lippischen Grafen zuteil wer-

---

[297] PETERS, Schaesberg, passim; ders., Johann Friedrich von Schaesberg (1663/64–1723), in:
Rheinische Lebensbilder 6, S. 71–88; Ludwig HAUSSER, Geschichte der Rheinischen Pfalz, Bd. 2,
S. 838; S. 857; Rheinischer Antiquarius, 3. Reihe, Bd. 13, S. 141. Zur diplomatischen Tätigkeit:
Max BRAUBACH, Geheime Friedensverhandlungen am Niederrhein 1711/12, in: Düsseldorfer
Jahrbuch 44 (1947), S. 189–209; ders., Prinz Eugen, Bd. 3, S. 391.

[298] SEStN XI, Tafel 2; vgl. FRANK, Standeserhebungen und Gnadenakte, Bd. 5, S. 161.

[299] BREMER, Reichsherrschaft Mylendonk, S. 103.

[300] Goltstein: KNESCHKE, Deutsche Grafenhäuser der Gegenwart, Bd. 2, S. 726 f.; vgl. auch
Kap. 2.3. (S. 109); Ernst Franz von Platen-Hallermund (1739–1818), kurpfälzischer Geheimer Rat:
ADB 26, S. 251 f., Alexander von Velen (1683–1733), kurpfälzischer Generalmajor: SESt IV, Tafel
40 b; HELDMANN, Die Reichsherrschaft Bretzenheim, Stammtafel III.

[301] Vor allem durch den Erwerb der Grafschaften Ziegenhain (1450) und Katzenelnbogen
(1479) gegen mehrere Erbkonkurrenten: Friedrich UHLHORN/Walter SCHLESINGER, Die deutschen Territorien, München 1974 (GEBHARDT, Handbuch der deutschen Geschichte Bd. 13), S.
118 f.

[302] Karl MEIER, Graf Augustus zur Lippe-Brake, in: Lipp. Mitt. 22 (1953), S. 5–37; KITTEL, Heimatchronik des Kreises Lippe, S. 129 f.

den, weil die Deutschordensbesitzungen in Hessen im späten 16. Jahrhundert völlig unter hessische Kontrolle geraten waren. Die Ballei verlor sogar ihre Reichsunmittelbarkeit und wurde zur Teilnahme an den hessischen Landtagen verpflichtet. Das Verhalten des Hauses Hessen gegenüber diesem Reichsstand kennzeichnet die Weise, mit der man überkommene Institutionen behandelte, die sich nicht erfolgreich wehren konnten. Die Ballei wurde fortan von evangelischen Deutschordensrittern bevölkert; ihre Präbenden standen dem hessischen Landadel als eine Art Ersatz für die nach der Reformation entgangenen Kanonikate offen.[303]

Graf Augustus zur Lippe kommandierte 1688 die hessische Armee gegen Frankreich im Pfälzischen Erbfolgekrieg, wobei er die Stadt Koblenz im Herbst desselben Jahres gegen das französische Korps Boufflers halten konnte.[304] Wegen seiner guten Kontakte zu Hessen wurde er wenig später zum Vormund für den minderjährigen Grafen Friedrich Wilhelm von Wied bestellt, dessen Herrschaftsrechte er bis zu dessen Volljährigkeit behaupten konnte.[305] Aus dem lippischen Hause war ferner Graf Theodor Emil (1680–1709) für kurze Zeit im hessischen Kriegsdienst tätig.[306] Ansonsten hat es in Kassel nur der Feldmarschall Peter von Melander-Holzappel zu einigem Ansehen und dadurch zum reichsgräflichen Rang gebracht[307], während kein anderer Graf aus den Familien des Kollegiums in einer höheren Charge zu finden war.

Der Dienst bei der anderen hessischen Linie in Darmstadt war weniger problematisch; die Landgrafen dort galten als friedlich und gut kaiserlich. Zwei Brüder aus dem Hause Kirchberg fanden hier ein Betätigungsfeld in der Verwaltung. Zunächst hatte Burggraf Wolf Kraft (1631–1664) das Amt eines Regierungspräsidenten inne; nach seinem frühen Tod folgte ihm sein Bruder, Burggraf Georg Ludwig (1626–1686), im Amt.[308] 1673 sollte er im Dienst des Lehnsherrn seiner thüringischen Besitzungen, Herzog Johann Georg von Sachsen-Eisenach (1634–1686), Statthalter und Kammerpräsident werden. Sein Enkel Friedrich Ernst (1713–1737) stand später als Kapitän in einem sachsen-eisenachischen Regiment.[309]

Der geistliche Dienst in den rheinischen Erzstiften wurde schon behandelt. Eine Reihe von Grafenfamilien stellte jedoch auch Laien für die Ausübung weltlicher Repräsentations- und Funktionsämter. Zusätzlich konnte sich beides überschneiden: Ein Kanoniker konnte, wie das Beispiel des Grafen Johann Friedrich

[303] Theodor NIEDERQUELL, Im Kampf um die Reichsunmittelbarkeit. Die Geschichte der Deutschordensballei Hessen vornehmlich im 16. Jahrhundert, in: Hessisches Jahrbuch für Landesgeschichte 5 (1955), S. 193–232; hier: S. 230. Hartmut BOOCKMANN, Der Deutsche Orden. 12 Kapitel aus seiner Geschichte, München 1981, S. 227; vgl. auch: Hanns Hubert HOFMANN, Der Staat des Deutschmeisters, München 1964.

[304] RECK, Geschichte der Häuser Isenburg, Wied, Runkel, S. 235, W. GROSS, Aus alter Zeit. Chronik von Dierdorf, der ehemaligen Residenz der Grafen von Wied-Runkel. Beitrag zu der Geschichte des wiedischen Fürstenhauses, Teil 1, Neuwied 1900, S. 249.

[305] RECK, Geschichte der Häuser Isenburg, Wied, Runkel, S. 242 ff.

[306] SESt V, Tafel 32; Zedlers Universallexicon, Bd. 17, Sp. 1524.

[307] Zu Melander: vgl. Kap. 2.1.3. (S. 73 f.).

[308] AVEMANN, Burggrafen von Kirchberg, S. 286–292; SESt IV, Tafel 75.

[309] Georg Wilhelm von Kirchberg in Sachsen: AVEMANN, Burggrafen von Kirchberg, S. 290; Friedrich Ernst von Kirchberg fiel vor der türkischen Festung Ushitza am 1. Okt. 1737: AVEMANN, ebd., S. 302; SESt IV, Tafel 75.

von Manderscheid (1677–1731) zeigt, Obristhofmeister und Vorsitzender der Staatskonferenz im Kurfürstentum Köln sein.[310] Graf Franz Georg, der Erbe des Manderscheider Hausbesitzes, reiste 1717 nach Wien, um dort im Auftrag von Erzbischof Joseph Clemens für die kurkölnischen Reichslehen die Huldigung zu leisten; sein Sohn Franz Joseph (1713–1780) wurde 1767 zum Obristhofmeister ernannt.[311] Eine Reihe von Grafen aus dem Hause Aspremont-Linden hatte im 17. Jahrhundert in Köln hohe Hofämter inne, obwohl die Familie im Domkapitel kaum repräsentiert war.[312]

Von den Familien, die wegen fehlender Standesqualität nicht ins Kölner Domkapitel aufgenommen wurden, bekleideten die Grafen von Nesselrode-Reichenstein in drei aufeinander folgenden Generationen das Amt des Statthalters im Vest Recklinghausen. Zunächst amtierte Graf Franz (1635–1707), der außerdem kaiserlicher Kammerherr, kurkölnischer Geheimer Rat und münsterscher Hofkanzler[313] war. Ihm folgte Graf Bertram Karl (1668–1744), der mit der Statthalterschaft noch die Würde des Wirklichen Geheimen Rates und des Kammerherrn verband.[314] Seine Söhne Franz Bertram Arnold (1697–1761) und Franz Wilhelm Anton (1701–1776) verknüpften die Statthalterschaft ebenfalls mit der Würde des Wirklichen Geheimen Rates.[315] Nach dem Aussterben der Reichensteiner Linie 1776 übertrug der Kölner Kurfürst die Statthalterschaft in Recklinghausen auf die Linie Nesselrode-Landskron: Graf Johann Franz Joseph (1755–1824) übte sie später zusammen mit dem Amt des Hofratspräsidenten aus.[316]

Auch protestantischen Grafen boten sich Gelegenheiten, in den kurkölnischen Dienst einzutreten; sie wurden für Militärchargen eingestellt, hatten aber wegen der geringen Bedeutung der kurkölnischen Armee mehr mit dem Hofpersonal als mit Soldaten zu tun. Graf Friedrich Melchior von Wied (1642–1672) führte den Rang eines Oberstleutnants und Kommandanten der Stadt Andernach.[317] Ein militärischer Weltenbummler war Graf August Wolfhart zur Lippe (1688–1739). Er war 1704 in dänische Dienste getreten und hatte das Ende des spanischen Erbfolgekrieges als niederländischer Offizier erlebt. 1719 trat er in die kurkölnische Ar-

---

[310] BRAUBACH, Kölner Domherren, S. 236; der Graf bekleidete zudem die Dechantenstelle seit 1724: HERSCHE, Die deutschen Domkapitel, Bd. 1, S. 252; Aloys WINTERLING, Der Hof der Kurfürsten von Köln 1688–1794. Eine Fallstudie zur Bedeutung »absolutistischer« Hofhaltung, Bonn 1986, S. 187; vgl. SEStN XI, Tafel 7.

[311] Franz Georg: Instruktion vom 7. Sept. 1717: HAUSMANN, Repertorium der diplomatischen Vertreter, Bd. 2, S. 68; Franz Joseph: Ernennung am 3. Sept. 1767: WINTERLING, Hof der Kurfürsten von Köln, S. 181.

[312] Graf Ernst (ca. 1584–1636), 1613 Oberstallmeister, 1622 Oberst; Graf Ferdinand (1611–1665), 1639 Oberjägermeister; Graf Franz Gobert (ca. 1650–1708), 1665 Oberjägermeister, 1674 Geheimer Rat: HHStA Wien, FA Aspremont-Linden, Urkunden Nr. 131, 138, 180, 190. vgl. auch SEStN VII, Tafel 106 f.

[313] Rheinischer Antiquarius, 3. Reihe, Bd. 3, S. 737; vgl. Joseph STRANGE, Beiträge zur Genealogie der adligen Geschlechter, Bd. 8, S. 22 f.

[314] Rheinischer Antiquarius, 3. Reihe, Bd. 3, S. 738.

[315] SEStN VII, Tafel 153.

[316] Johann Franz Joseph von Nesselrode erhielt am 22. Mai 1793 auch das kurkölnische Obristkämmereramt: WINTERLING, Hof der Kurfürsten von Köln, S. 181 f.; S. 188; SEStN VII, Tafel 154.

[317] FISCHER, Geschlechtsregister Isenburg, Wied und Runkel, Tabelle IX; SESt IV, Tafel 30.

mee als Generalwachtmeister ein. Seit 1722 Deutschordensritter, hatte er 1727 in Münster und 1730 in der kaiserlichen Armee befristete Kommandos inne; zuletzt war er Generalfeldmarschall-Leutnant, bevor er wieder nach Bonn zurückkehrte. Hier wurde er 1733 in die Duellaffäre des Freiherrn von Beverförde mit dem Komtur von Roll verwickelt und mußte das Erzstift verlassen. Die letzten Jahre seines Lebens verbrachte der Graf in Wien, wo er vergeblich auf ein größeres Kommando in der kaiserlichen Armee hoffte.[318]

Eine Ausnahme stellte der Dienst des Grafen Johann Jakob von Waldbott-Bassenheim-Olbrück (1690–1755) als kurkölnischer Hofkammerpräsident und Geheimer Staats- und Konferenzminister dar; das Geschlecht gehörte dem reichsritterschaftlich geprägten Stiftsadel an und diente vorzugsweise den beiden anderen rheinischen Erzstiften.[319]

Neben den Verwandten des Grafen von Waldbott-Bassenheim fanden sich im kurtrierischen Dienst zahlreiche Mitglieder des Hauses Metternich. Zu Spitzenämtern sind sie jedoch im weltlichen Bereich erst spät gelangt, wenn man an den Grafen Franz Georg, den Direktor des katholischen Kollegialteils, erinnert.[320] Der spätere Mainzer Erzbischof Johann Friedrich Karl von Ostein war 1740–42 kurtrierischer Gesandter zur Kaiserwahl in Frankfurt.[321] Graf Philipp Anton von Berlepsch (+ 1732) diente in Koblenz als Regierungsrat und Kammerherr.[322]

Der kurmainzische und der kurtrierische Hof und die Verwaltungschargen wurden mit Personen aus dem rheinischen Stiftsadel besetzt. Es verwundert daher nicht, wenn man zahlreiche Personen geistlichen wie weltlichen Standes aus den Häusern Metternich, Ostein und Waldbott-Bassenheim als Geheime Räte findet. In Mainz stieg Franz Emmerich Wilhelm von Waldbott-Bassenheim (1643–1720) zum Hofratspräsidenten auf; Ludwig Karl Johann von Ostein erreichte das Amt des Kammerpräsidenten.[323]

Der Dienst bei den rheinischen Erzbischöfen war für die zu reichsgräflichem Rang aufgestiegenen Geschlechter nicht von allzu großer Attraktivität; ehrgeizige Jungadlige suchten sofort den kaiserlichen Dienst, der mehr Ruhm und Ansehen versprach. Hinzu kam, daß die Bistümer in der Regel keine bedeutenden Armeen unterhielten; ihr Offizierskorps hatte lediglich dekorative Funktion und fiel für auf Kriegsruhm bedachte Grafen aus. Das hier Gesagte gilt erst recht für die übrigen Fürstbistümer des Reiches; daß ein Reichsgraf wie Philipp Ernst von Schaum-

---

[318] Erich KITTEL, Graf August Wolfhart zur Lippe (1688–1739), kaiserlicher Feldmarschalleutnant, in: Lipp. Mitt. 28 (1959), S. 114–122; Martin SAGEBIEL, Art. »Lippe«, in: NDB 14, S. 653; BRAUBACH, Prinz Eugen, Bd. 5, S. 245; S. 505; zu den Bemühungen des Grafen, ein Regiment des Westfälischen Kreisaufgebotes führen zu dürfen, vgl. den Schriftwechsel mit den Grafen von Löwenstein-Wertheim: StA Wertheim, Freudenbergisches Archiv 114 J 3.

[319] Vgl. SEStN IV, Tafel 166.

[320] Vgl. SEStN IV, Tafeln 48–54, 162–168, zu Franz Georg von Metternich vgl. Kap. 3,3. (S. 131 f.).

[321] HAUSMANN, Repertorium der diplomatischen Vertreter, Bd. 2, S. 219; SEStN VII, Tafel 163.

[322] Vgl. Stadtarchiv Mönchengladbach, Best. 23, Urk. 86.

[323] Waldbott-Bassenheim: SEStN IV, Tafel 163; Ostein: SEStN VII, Tafel 163, vgl. SCHRÖKKER, Die Patronage des Lothar Franz von Schönborn, S. 48–50.

burg-Lippe Generalleutnant der bischöflich-münsterschen Armee wurde, war die Ausnahme von der Regel.[324]

Viel verlockender als der Dienst bei kleinen weltlichen und geistlichen Fürsten im Reich waren die Dienstangebote jener Königreiche und Republiken, deren Schwerpunkt außerhalb des Reiches lag. Die Bedeutung des Hofes von Versailles für gräfliche Kavalierstouren und für die Hofkultur im Reich wurde oft untersucht; zu erwarten wäre demnach eine große Popularität des französischen Dienstes bei den deutschen Kleinpotentaten. Die Analyse in bezug auf die Familien des Niederrheinisch-Westfälischen Reichsgrafenkollegiums zeigt dagegen ein anderes Bild. Nur im Geschlecht der Grafen von der Mark ist eine längere französische Diensttradition nachweisbar.

Nachdem Graf Johann Berthold Franz (1672–1697) Oberst der französischen Armee geworden war, trat auch sein Bruder Ludwig Peter (1674–1750) in den Armeedienst Ludwigs XIV. ein.[325] Seine Ehe mit Marie Marguerite Françoise de Rohan-Chabot (+1706) dokumentierte auch die soziale Hinwendung zum französischen Adel. In der Armee stieg von der Mark bis zum Generalleutnant auf; zwischendurch nahm er diplomatische Aufgaben wahr.[326] Von 1740 bis zu seinem Tod war er Gouverneur des Cambresis.[327]

Sein Sohn Ludwig Engelbert (1701–1773) schlug ebenfalls die französische Armeekarriere ein: 1734 wurde er Brigadier, 1740 Feldmarschall, 1745 Generalleutnant, nachdem er ein Jahr vorher den Rang eines Gouverneurs von Cambrai erhalten hatte. Auch er heiratete 1727 eine französische Adlige, Maria Anne Hyacinthe de Visdelou (+1731). Nach 1745 erfolgte eine schrittweise Umorientierung von Frankreich nach Österreich, die durch den Übertritt des Grafen als kaiserlicher Feldmarschall in die österreichische Armee abgeschlossen wurde.[328]

Von den übrigen gräflichen Familien sind kaum französische Dienste überliefert. Graf Josias von Rantzau (1609–1650) stand im Dreißigjährigen Krieg im Dienst Richelieus und Mazarins; zeitweilig war er Kommandant von Dünkirchen, nachdem er zuvor in niederländischen, kaiserlichen und schwedischen Regimen-

---

[324] Zu Philipp Ernst von Schaumburg-Lippe (1723–1787): Friedrich Wilhelm SCHAER, Graf Friedrich Christian zu Schaumburg-Lippe als Mensch und als Repräsentant des kleinstaatlichen Absolutismus um 1700, Bückeburg 1966, S. 180 Anm. 823, vgl. StA Bückeburg, Familiaria 1, XXXV, 20/M 274 – M 429.

[325] SEStN VI, Tafel 20; Graf Ludwig Peter war ursprünglich für den geistlichen Stand bestimmt und hatte ein Domkanonikat in Straßburg erhalten, das er 1697 resignierte, um nach dem Tod seines Bruders die Familie weiterzuführen: HERSCHE, Die deutschen Domkapitel, Bd. 1, S. 253 (S. v. Louis de la Marck).

[326] 1711 verhandelte er im Auftrag Ludwigs XIV. über einen Frieden mit dem Grafen von Schaesberg (kaiserlicher Gesandter) in Aachen: BRAUBACH, Geheime Friedensverhandlungen am Niederrhein 1711/12, in: Düsseldorfer Jahrbuch 44 (1947), S. 189–209; 1717–1719 war er französischer Botschafter in Schweden, 1738–1741 in Spanien: BITTNER/GROSS, Repertorium der diplomatischen Vertreter, Bd. 1, S. 209.

[327] Rheinischer Antiquarius, 3. Reihe, Bd. 1, S. 689–694; vgl. Handbuch der Historischen Stätten, Bd. 3, S. 669.

[328] Zum Zusammenhang mit der ungeklärten Lehnsabhängigkeit der Grafschaft Schleiden von Luxemburg vgl. Kap. 2.1.5. (S. 83–85); zu von der Mark: Rheinischer Antiquarius, 3. Reihe, Bd. 1, S. 694 f.; Heinrich NEU, Geschichte von Herrschaft und Stadt Schleiden, S. 23 f.; SEStN VI, Tafel 20.

tern gedient hatte.[329] Graf Karl Franz Ludwig von Manderscheid-Kail (1665–1721) war zeitweilig französischer Generalleutnant.[330] Für Maximilian Julius von Nesselrode (1728–1810) war der französische Dienst als Oberst nur eine Durchgangsstation; der Graf sollte später im russischen Dienst berühmt werden.[331] Der französische Dienst war für die Reichsgrafen eine riskante Angelegenheit: Angesichts der dauernden Spannungen zwischen Frankreich und dem Kaiser bis 1756 galt jede französische Bedienung als ein unfreundlicher, gar feindseliger Akt dem Kaiser gegenüber. Dies verhinderte die Entstehung weiterer Familiendiensttraditionen außer dem genannten Beispiel der Grafen von der Mark. Dieses traditionsreiche Geschlecht bekam die kaiserliche Ungnade zu spüren, als es im Spanischen Erbfolgekrieg seiner Lehen entsetzt wurde und nur mittels französischer Truppenkontingente seine Einkünfte sichern konnte.[332] Nach dem sichtbaren Zerfall der französischen Macht in der Mitte des 18. Jahrhunderts strebten die Grafen von der Mark auch wieder ein freundschaftlicheres Verhältnis mit dem Wiener Hof an.

Frankreich wurde, vor allem von den rheinischen Grafen, mit einer Mischung aus Bewunderung und Schaudern betrachtet; Kavalierstouren nach Paris gehörten zum festen Repertoire jeder Grafenausbildung jener Zeit[333], doch kannte man in allen Generationen seit dem Dreißigjährigen Krieg die Greuel der französischen Einmärsche ins Rheinland.

Im Dienst der Könige von Dänemark standen vor allem die Mitglieder der alten holsteinischen Dienstmannenfamilie von Rantzau; auf die von ihnen fast als Familienamt ausgeübte Statthalterschaft in Schleswig und Holstein wurde bereits hingewiesen.[334] Prominenteste Person dieses Geschlechts im 17. Jahrhundert wurde Christian von Rantzau (1614–1663), der 1650 im Auftrag des dänischen Königs nach Wien reiste, um die Reichslehen für seinen Herrn zu empfangen. Mit dem Zeremoniell eines königlichen Gesandten zog er achtspännig und von 120 Bediensteten umgeben in die kaiserliche Residenzstadt ein; dem Reichsoberhaupt verehrte er im Auftrag König Friedrichs III. von Dänemark kostbare Geschenke, darunter acht ausgewählte Reitpferde.[335] Sein Besuch, zwei Jahre nach Ende des Dreißigjährigen Krieges, war ein Schritt auf dem Weg einer österreichischen-dänischen Annäherung, vor allem gegen Schweden, den skandinavischen Rivalen und Garantiestaat des Westfälischen Friedens.

---

[329] RANTZAU, Das Haus Rantzau, S. 79; S. 150–157; Genealogische Tafel VIII; Rheinischer Antiquarius, 3. Reihe, Bd. 4, S. 630–659.

[330] Hier spielten die Familienbeziehungen der Familien Manderscheid und von der Mark eine wichtige Rolle: Sowohl Graf Karl Franz Ludwig als auch Graf Ludwig Peter von der Mark waren mit einer Tochter des Hauses der Grafen von Wallenrodt verheiratet, das seinerseits über die Fürsten von Fürstenberg intensive Kontakte nach Frankreich pflegte. vgl. SEStN XI, Tafel 8; vgl. auch zu den Familienverbindungen: BRAUBACH, Geheime Verhandlungen, S. 190.

[331] SEStN VII, Tafel 156.

[332] Vgl. Kap. 2.1.5. (S. 84).

[333] Z.B. die Kavalierstour der Grafen Joseph und Franz Joseph von Salm-Reifferscheidt 1787–1789 nach Paris: WUNDERLICH, Studienjahre der Grafen von Salm-Reifferscheidt, S. 9–16.

[334] Vgl. Kap. 2.2. (S. 103 f.).

[335] RANTZAU, Das Haus Rantzau, S. 160 f.; der Vater Gert von Rantzau (1558–1627) war dänischer Feldmarschall: SESt V, Tafel 102.

Rantzau zog jedoch auch seinen persönlichen Nutzen aus dieser Gesandtschaft. Am 16. November 1650 wurde er in den Reichsgrafenstand erhoben unter Zusammenfassung seiner holsteinischen Besitzungen als »Grafschaft Rantzau«. Er erhielt das große Pfalzgrafenamt[336], das Privilegium de non appellando über 500 fl.[337], das Privilegium denominandi[338], das Adoptionsrecht, das Privilegium fori[339] sowie verschiedene Regalien.[340] 1653, anläßlich Rantzaus Gesandtentätigkeit am Jüngsten Reichstag, ernannte Kaiser Ferdinand III. ihn zum Reichshofrat.[341]

Christian von Rantzau war durch die Vertretung seines Herrn in den Genuß zahlreicher persönlicher Ehrungen gekommen, die er ohne seine Diensttätigkeit wohl nicht erhalten hätte. Indem der Kaiser ihn auszeichnete, ehrte er seinen Auftraggeber.

Die letzten Jahre seines Lebens war Rantzau Erster Dänischer Minister und Präsident im Staatsrat in Kopenhagen. Unter seinen Erben verfiel der Ruhm der Familie schnell. Sein Sohn Detlef (1644–1697) amtierte als Statthalter in Holstein; dessen Söhne beendeten mit Zwistigkeiten, Brudermord und lebenslanger Haft die Geschichte dieser Rantzauer Linie.[342]

Weitere Grafengeschlechter dienten dem dänischen König, wobei protestantische Familien bevorzugt wurden. So konnte Graf Friedrich Moritz von Bentheim-Tecklenburg-Rheda (1653–1710) zum dänischen Oberst avancieren; später sollte auch Graf Ludwig von Bentheim-Steinfurt (1787–1876) als Generalleutnant in dänischen Diensten stehen.[343] Aus dem Geschlecht der Grafen von Platen bekleidete Heinrich Joachim Ludwig (1749–1822) den Rang eines dänischen Generalmajors.[344]

Der dänische Dienst wurde an Attraktivität von den Generalstaaten der Niederlande deutlich übertroffen.Die Niederlande waren seit ihrem Unabhängigkeitskrieg gegen die Spanier die Schutzmacht der Calvinisten in Westfalen und im Rheinland; eine enge politische Orientierung gerade der dortigen protestantischen Grafen schlug sich in zahlreichen Diensten nieder. Wegen der niederländischen Verfassungsverhältnisse entfiel auch die Furcht mancher Familien, durch eine zu enge Anlehnung in eine mediate Stellung gedrückt zu werden. Vor allem der niederländische Armeedienst sprach die Grafengeschlechter an. Aus dem lippischen Haus wurden Graf Wilhelm zur Lippe-Brake (1634–1690) Oberst, Graf Albrecht

---

[336] Kopie der Bestätigungsurkunde, 15. Febr. 1651: StA München, FA Toerring-Jettenbach, U I 13 – 6 1/2; LÜNIG, Teutsches Reichsarchiv, Bd. 11, S. 189–199.

[337] EISENHARDT, Privilegia de non appellando, S. 111.

[338] Das Recht, sich nach innehabenden oder zu erwerbenden Besitzungen zu nennen: FRANK, Standeserhebungen und Gnadenakte, Bd. 1, S. XII.

[339] Privilegierter Stand in Hinblick auf das Belehnungsverfahren: FRANK, ebd., Bd. 1, S. XII; Zedlers Universal-Lexicon, Bd. 9, Sp. 1558.

[340] Dazu gehörten das Bergbau- und Münzrecht, das Jahrmarktsrecht, Ein- und Abzugsgelder, Brau- und Schankrechte, Mühlenrechte, Hochgerichtsbarkeit u.a.: FRANK, ebd., Bd. 4, S. 140 f.; vgl. ADB 27, S. 275 f.; RANTZAU, Das Haus Rantzau, S. 158–167.

[341] GSCHLIESSER, Der Reichshofrat, S. 264 f.

[342] Vgl. Kap. 2.2. (S. 103 f.); ADB 27, S. 276.

[343] KNESCHKE, Deutsche Grafenhäuser der Gegenwart, Bd. 1, S. 64; SESt IV, Tafeln 44 und 45.

[344] KNESCHKE, Deutsches Adelslexikon, Bd. 7, S. 168 f.; PLATEN, Geschichte der Familie von Platen, Stammtafel S. 65.

Wolfgang von Schaumburg-Lippe (1699–1748) Generalleutnant; Graf Rudolf Ferdinand aus der Nebenlinie Lippe-Biesterfeld (1671–1726) diente als Marineoffizier.[345] Auch die Familien Bentheim und Wied fanden hier Gelegenheit für ihre Söhne, sich militärisch zu betätigen.

Im späten 17. Jahrhundert waren zeitweise vier Brüder aus dem bentheimischen Haus gleichzeitig im Sold der Generalstaaten, davon einer, Graf Christoph Bernhard (1664–1697), als Kapitän zur See in der niederländischen Marine.[346] Später diente Graf Transinsulanus Wilhelm von Bentheim-Steinfurt (1705–1743) als Oberstleutnant in der niederländischen Armee.[347] Zwei Brüder aus dem Hause Wied-Runkel standen in der Mitte des 18. Jahrhunderts im Heer der Generalstaaten, Graf Franz Karl (1711–1757) als Generalmajor und Graf Karl Heinrich (1716–1783) als Oberst.[348]

Die Grafen von Quadt stellten mindestens vier niederländische Offiziere, von denen Graf Karl Heinrich (1776–1852) als Generalmajor den höchsten Rang bekleidete.[349] Graf Friedrich Magnus von Salm-Salm (1607–1673) diente als Gouverneur von Maastricht; sein Sohn Karl Florentin (1640–1676) war ebenfalls Offizier.[350] Fürst Friedrich Ludwig Adolf von Anhalt-Schaumburg-Hoym (1741–1802) wurde in der niederländischen Armee Oberst, bevor er im schwedischen Dienst zum Generalmajor und in der Reichsarmee zum Generalfeldmarschall-Leutnant aufstieg.[351]

Weitere Offiziere der niederländischen Armee und Marine kamen aus den Familien Waldeck, Platen und Melander-Holzappel. Friedrich Karl August von Waldeck (1743–1812) wurde 1757 Oberstleutnant der Generalstaaten und stieg bis 1772 zum Generalleutnant auf; Ludwig von Waldeck (1752–1793) wurde 1787 General der niederländischen Kavallerie.[352] Gerlach von Platen (1746–1768) kam

---

[345] WEGEMANN, Haus zur Lippe, Teil II, S. 3; SESt III, Tafel 36a; Zedlers Universal-Lexicon, Bd. 17, Sp. 1528; StA Bückeburg, Familiaria 1, A XXXV, 15/ 15–34; vgl. zur vorübergehenden Militärdienstzeit des späteren Direktors Graf Friedrich Adolf zur Lippe in den Niederlanden und in Ungarn: WEERTH, Graf Friedrich Adolf zur Lippe, S. 47–179.

[346] Die übrigen waren: Graf Ernst (1661–1713), Oberst und Brigadier, Graf Arnold Jost (1666–1691), Offizier in den irischen Feldzügen Wilhelms III.; Graf Statius Philipp (1668–1749), General der Kavallerie: Johann Caspar MÖLLER, Geschichte der vormaligen Grafschaft Bentheim von der ältesten Zeit bis auf unsere Tage, S. 371; SEStN IV, Tafel 2 f.

[347] SESt IV, Tafel 44.

[348] RECK, Geschichte Isenburg, Wied, Runkel, S. 255; FISCHER, Geschlechtsregister Isenburg, Wied, Runkel, Tafel IX; Rheinischer Antiquarius, 3. Reihe, Bd. 3, S. 416–418; SESt IV, Tafel 31.

[349] Ferner war Wilhelm Roleman (†1691) Reiteroberst, Ludwig Alexander Roleman (1674/75–1745) niederländischer Hauptmann und Johann Friedrich (1652–1713) Oberst: SEStN IV, Tafeln 76 und 78; SCHMALZ, Die Gebrüder Quadt von Wickrath, S. 61; Rheinischer Antiquarius, 3. Reihe, Bd. 9, S. 478–480.

[350] SEStN IV, Tafeln 98 ff.; SESt III, Tafel 138; Rheinischer Antiquarius, 2. Reihe, Bd. 19, S. 157. Die Grafen von Salm sind als niederländische Staatsdiener um so bemerkenswerter, als sie katholisch waren und zahlreiche kaiserliche Chargen bekleideten. Ihre ausgedehnten Besitzungen in dem Küstenstaat zwangen sie zu einem freundschaftlichen Einvernehmen mit den dort Regierenden.

[351] SESt I, Tafel 135; Rheinischer Antiquarius, 2. Reihe, Bd. 3, S. 307.

[352] HOFFMEISTER, Grafen und Fürsten von Waldeck und Pyrmont, S. 76–79.

als Marineoffizier bei einem Schiffsuntergang ums Leben.[353] Johann Wilhelm von Melander-Holzappel (ca.1638–1690) war niederländischer Generalmajor.[354]

Es wird deutlich, daß die Generalstaaten für die protestantischen Reichsgrafen die Stellung als Dienstherr einnahmen, die Preußen wegen seines zahlreichen Landadels und Hannover wegen seiner britischen Verknüpfungen nur unzureichend erfüllen konnten.

Von zunehmender Attraktivität für die Reichsgrafen war der Hof in St. Petersburg. Um 1770 interessierten sich gleich eine Reihe von Grafen hierfür. Die prominentesten russischen Staatsdiener stellte das Geschlecht der Grafen von Nesselrode. Graf Maximilian Julius Wilhelm (1724–1810) hatte sich nach kurzem Dienst in Paris nach St. Petersburg begeben und wurde russischer Geheimer Rat und Kammerherr. Als Diplomat bekleidete er die Gesandtenposten in Portugal (1780–1786) und in Berlin (1788–1796).[355] Bis in die Spitze der zaristischen Regierung stieg sein Sohn Karl Robert (1780–1862) auf. Der Graf hatte schon früh das Vertrauen des fast gleichaltrigen Zaren Alexander gewonnen; mit 30 Jahren wurde er zum russischen Botschafter in Paris ernannt und erhielt damit die verantwortungsvollste Aufgabe der russischen Außenpolitik übertragen.[356] 1814/15 vertrat Nesselrode die russischen Interessen auf dem Wiener Kongreß; er wurde später neben seiner Tätigkeit als Außenminister mit dem Reichskanzleramt betraut.[357] Im Zuge dieser Karriereerfolge trat auch sein Neffe Karl Friedrich (1786–1868) in die zaristische Armee ein, wo er bis zum Generalleutnant aufstieg.[358]

Die beiden anderen Familien, deren Mitglieder wir in russischen Diensten finden, sind dieselben, die auch in der preußischen Armee dienten: die Fürsten von Anhalt-Schaumburg-Hoym und die Grafen und Freiherren von Quadt. Hier wie dort handelte es sich um Offiziere; zivile Chargen wurden von ihnen nicht bekleidet. Fürst Viktor Amadeus von Anhalt (1744–1790) war im Anschluß an seinen kaiserlichen Dienst als Verwandter der Zarin Katharina II. nach St. Petersburg gelangt, wo er zum Generalleutnant befördert wurde; später kommandierte er das zaristische Leibkürrassierregiment. 1790 fiel er in der Schlacht am Saimasee gegen die Schweden.[359] Ludwig Alexander von Quadt (1718– ca. 1785) hatte zu-

[353] Hubert von PLATEN, Geschichte der Familie von Platen, Stammtafel S. 65.

[354] Wilhelm HOFMANN, Peter Melander, Reichsgraf von Holzappel, München 1882, S. 320; Hubert von PLATEN, Geschichte der Familie von Platen, Stammtafel S. 65; Graf Ludwig von Waldeck (1752–1793) diente den Generalstaaten als Generalmajor: SESt V, Tafel 48.

[355] KNESCHKE, Deutsche Grafenhäuser der Gegenwart, Bd. 2, S. 155; Otto Friedrich WINTER, Repertorium der diplomatischen Vertreter, Bd. 3, Graz, Köln, 1965, S. 361 f.; Rheinischer Antiquarius, 3. Reihe, Bd. 3, S. 769.

[356] Nesselrode hatte 1805 schon eine Charge als Legationsrat in den Niederlanden und 1806 eine Botschaftertätigkeit in Berlin innegehabt: WINTER, Repertorium der diplomatischen Vertreter, Bd. 3, S. 354; S. 360; S. 363; vgl. auch: Alan PALMER, Alexander I., München 1984, S. 175, 210.

[357] KNESCHKE, Deutsche Grafenhäuser der Gegenwart, Bd. 2, S. 155 f.; Wilhelm GÜTHLING, Zur Geschichte der Familie Nesselrode und ihrer Archive, in: Zeitschrift des Bergischen Geschichtsvereins 63 (1935), S. 57–77; hier: S. 59; Karl GRIEWANK, Der Wiener Kongreß und die Europäische Restauration 1814–1815, 2. Aufl., Leipzig 1954, S. 127; WINTER, Repertorium der diplomatischen Vertreter, Bd. 3, S. 357 f.

[358] SEStN VII, Tafel 156; Rheinischer Antiquarius, 3. Reihe, Bd. 3, S. 768.

[359] SESt I, Tafel 135; Rheinischer Antiquarius, 2. Reihe, Bd. 3, S. 307.

nächst in der preußischen Armee als Oberst gedient. 1772 wurde er nach einem Duell aus dem Dienst entlassen und trat drei Jahre später als Kommandeur eines Dragonerregiments in die russische Armee ein. Sein weiteres Verbleiben ist ungewiß.[360]

Der russische Dienst galt als wesentlich unverdächtiger als der in Paris. Das Zarenreich hatte sich von einer exotischen Randmacht des 17. Jahrhunderts[361] zu einer europäischen Großmacht ersten Ranges entwickelt, was im Siebenjährigen Krieg offenbar wurde und im Teschener Frieden 1779 seine rechtliche Bestätigung erfuhr. Auf russischer Seite war man im Rahmen der Westorientierung sehr an militärisch vorgebildeten Jungadligen interessiert, die den militärisch-technologischen Transfer zwischen den europäischen Ländern fördern sollten.

Sicherlich hat es weitere Dienstherren gegeben. Schwedische, spanische und päpstliche Dienste klangen jeweils kurz an, sogar eine Tätigkeit eines Fürsten von Salm in Sardinien ist überliefert.[362] Diese Dienste zeigen die weitgefächerten Räume, in denen sich Hochadlige einsetzen konnten, auch wenn der Dienst im jeweils regionalen Herrschaftszusammenhang die Regel blieb. Ein Rest jener mittelalterlichen Einheit der Christenheit, des abendländischen Kulturkreises lebte in diesen Betätigungen fort.

8.4. DER GRÄFLICHE DIENST UND DER ADLIGE DIENSTGEDANKE

Für die gräflichen Dienste bei Kaiser, Reichskirche und Fürsten läßt sich in guter Näherung ein Gliederungsschema der Familien in fünf Gruppen unterlegen: Zwei Gruppen belegen die alten reichsgräflichen Häuser beider Konfessionen, zwei weitere Gruppen die katholischen und evangelischen Grafengeschlechter, die aus früherer Landsässigkeit aufgestiegen sind; die fünfte Gruppe wird aus ehemals reichsritterschaftlichen Familien gebildet, die alle katholisch waren.

Bei den protestantischen altgräflichen Familien kamen neben ihren kaiserlichen Chargen – meistens in der Armee und im Reichshofrat – mehrfach preußische Amtsstellungen vor; in größerer Zahl dienten sie jedoch den Kurfürsten von Hannover und den englischen Königen sowie den niederländischen Generalstaaten; auch in dänischen und schwedischen Diensten lassen sie sich finden.[363] In der Reichskirche spielten sie keine Rolle mehr; Laienämter bei den geistlichen Kurfür-

---

[360] SEStN IV, Tafel 78; SCHMALZ, Die Gebrüder Quadt von Wickrath in preußischen Kriegsdiensten, S. 67–69; vgl. GStA Berlin-Dahlem, Rep. 92 B, Findbuch (mit biographischen Hinweisen).

[361] Zu den exotischen Verhältnissen in Moskau: Hans SARING, Die Kosten der brandenburgischen Gesandtschaften zur Zeit des Großen Kurfürsten, in: Jahrbuch für brandenburgische Landesgeschichte 18 (1967), S. 63–82; hier: S. 71 f; vgl. auch: Walter LEITSCH, Westeuropäische Reiseberichte über den Moskauer Staat, in: Antoni MACZAK/Hans Jürgen TEUTEBERG (Hrsg.), Reiseberichte als Quellen europäischer Kulturgeschichte, Wolfenbüttel 1982, S. 153–176.

[362] Fürst Ludwig Otto Oswald von Salm-Salm (1772–1822) war sardischer Oberst im Regiment Royal Allemand: SESt III, Tafel 139.

[363] Familien Bentheim, Lippe, Kirchberg, Löwenstein-Wertheim-Virneburg, Waldeck und Wied.

sten waren die Ausnahme. Auch die übrigen Reichsfürsten (Hessen, Kurpfalz, Bayern, Sachsen) waren nur in Ausnahmefällen Dienstherren. Die Fürstenstandserhöhungen dieser Geschlechter standen nur bei Waldeck in einem Zusammenhang mit dem kaiserlichen Dienst; Lippe und Neuwied wurden gegen Ende des Reiches auf Antrag standeserhöht, Schaumburg-Lippe mit Eintritt in den Rheinbund, Löwenstein-Wertheim-Freudenberg und Bentheim erst als Standesherren.

Die katholischen Altgrafen hatten deutlicher als die vorgenannte Gruppe ihren Dienstschwerpunkt beim Kaiser, wo sie in Hof-, Verwaltungs- und Armeechargen einrückten.[364] Ausnahme waren die Grafen von der Mark, die – auch wegen Lehnsproblemen mit dem Haus Österreich – mehrere Jahrzehnte in französischen Kriegsdiensten standen. Viele kurkölnische Dienste kamen vor, denn die Familien waren häufig in den hochadligen Domstiften Köln und Straßburg bepfründet.[365] Da hier wegen wittelsbachischen und französischen Einflusses kaum Grafen Bischöfe werden konnten, verlegte sich deren Ehrgeiz auf die Bistümer der kaiserlichen Lande Böhmen, Ungarn, Sizilien und Belgien, wo etliche Grafen als Bischöfe amtierten. Alle Fürstenstandserhebungen dieser Gruppe fanden im Zusammenhang mit kaiserlichen Diensten statt.

Die protestantischen Grafen aus früher landsässigen Geschlechtern dienten ihren früheren Landesherren weiter.[366] Dazu traten einige kaiserliche Dienste sowie die Annahme von Armeetätigkeiten in den Niederlanden und in Rußland. Die Standeserhöhungen hingen ganz überwiegend von der Fürsprache ihrer Landesfürsten beim Kaiser ab; es war ein übliches Mittel für den Kaiser, einem Kur- oder Reichsfürsten, den er nicht weiter erhöhen durfte, durch die Ehrung eines prominenten Staatsdieners seine Gunst auszudrücken. Auch bei diesen Geschlechtern gab es keine Verbindung zur Reichskirche.

Die aus der Landsässigkeit aufgestiegenen katholischen Grafen stellten eine unter regionalen Gesichtspunkten sehr gemischte Gruppe dar.[367] Die Familien Sinzendorf und Kaunitz stammten aus den Erblanden, verdankten Ämter, gräflichen und fürstlichen Rang dem Kaiser[368]; Kanonikate im Reich waren selten, dafür besetzten die Familien Bistümer in den Erblanden. Die Grafen von Virmont und Velen kamen aus dem Westfälischen Reichskreis und hatten den dort einflußreichen geistlichen Fürsten von Köln und Münster gedient; diese Dienste sowie Leistungen von Familienmitgliedern in der kaiserlichen Armee führten beide Geschlechter in den Grafenstand. Die übrigen Familien verdankten Dienst und Aufstieg ihren Landesherren: die Plettenberg den Bischöfen von Münster, die Schaesberg und Nesselrode den Kurfürsten von der Pfalz und die Toerring den bayerischen Wittelsbachern. Alle Familien gehörten dem Stiftsadel an; die ersten fünf

---

[364] Familien Gronsfeld, Limburg-Styrum, Manderscheid, von der Mark, Salm, Salm-Reifferscheidt.

[365] Auch im Lütticher Kapitel waren die genannten Familien häufig vertreten: HERSCHE, Die deutschen Domkapitel, Bd. 1, S. 118–125.

[366] Familien Platen, Quadt, Rantzau, Wallmoden.

[367] Familien Berlepsch, Kaunitz, Nesselrode, Plettenberg, Schaesberg, Sinzendorf, Toerring, Velen, Virmont.

[368] Kaunitz: Grafen 1664, Fürsten 1764; Sinzendorf: Grafen 1648, Fürsten 1803.

Familien waren vorwiegend in Westfalen bepfründet, die Toerring in Regensburg
und Freising.

Die früher reichsritterschaftlichen Grafenfamilien sind in ihren Verbindungen
zu den Domstiften Mainz, Trier, Worms und Speyer schon hinreichend beleuchtet worden, wo sie alle nicht nur zahlreiche Kanonikate, sondern auch verschiedene Bischofswürden bekleideten.[369] Ein Teil der Angehörigen dieser Geschlechter hatte Laienchargen in den Domstiften inne, andere dienten in kaiserlichen Ämtern; beides begünstigte Standeserhöhungen. Die Gesandtentätigkeit eines Grafen von Metternich für Preußen hing mit dessen Besitzungen in der Neumark zusammen und blieb die – sehr interessante – Ausnahme.

Es wird deutlich, daß es für die Reichsgrafen eine Reihe von Optionen gab, Dienste einzugehen. Güthlings These, daß beispielsweise der rheinische katholische Adel entweder seinem Landesherrn oder dem Kaiser diente[370], ist zwar nicht falsch, aber erweiterungsbedürftig. Für einen Reichsgrafen stand am Anfang die Entscheidung, ob er sich überhaupt in einen Dienst begeben sollte. Für viele regierende Grafen war wegen der Größe oder der Unübersichtlichkeit ihrer Besitzungen die dauernde persönliche Anwesenheit im Lande erforderlich, so daß man die Familienoberhäupter von Wied oder zur Lippe selten im Fürstendienst fand.[371] Fiel die Entscheidung für den Dienst aus, so bestand die Wahl zwischen militärischen oder zivilen Chargen, ferner die Wahl zwischen einem benachbarten, dem kaiserlichen oder einem ausländischen Dienstherrn. Bei katholischen Geschlechtern war es eine Frage der innerfamiliären Schwerpunktsetzung, ob sie sich mehr im kirchlichen (Salm-Reifferscheidt, Manderscheid) oder eher im militärischen Bereich (Limburg-Styrum, Gronsfeld, von der Mark) engagierten; eine einmal getroffene Wahl mußte nicht für ein Leben gelten, und manche Grafen sind auch als geistliche Herren in den Krieg gezogen.[372]

Unstrittig war jedoch die adlige Überzeugung, daß der Dienst am Gemeinwesen, hier an Kaiser und Reich samt seinen Institutionen, eine standesgemäße Pflicht und Berufung war. Dienst war eine personale Beziehung zwischen dem Dienstherrn und dem Dienstmann, in dieser Hinsicht ein konstitutives Element des Feudalwesens, auch wenn im 17. und 18. Jahrhundert gelegentlich Dienstherr und Lehnsherr differierten. Gegenüber dem Kaiser fiel beides zusammen, was den durchgängigen Kaiserdienst für protestantische Adlige überhaupt erst vorstellbar machte, namentlich in Zeiten konfessioneller Kriege und Auseinandersetzungen.

---

[369] Familien Metternich, Ostein, Waldbott-Bassenheim. In diese Gruppe wäre die Familie Schwarzenberg wegen ihrer fränkisch-ritterschaftlichen Herkunft auch einzuordnen; durch ihren sehr frühen und schnellen Aufstieg (Grafen 1566, Fürsten 1670) im kaiserlichen Dienst fiel sie aus dieser Klassifizierung heraus. Die Schwarzenberg hatten viele altgräfliche Häuser »überholt«; sie besaßen während der gesamten aktiven Phase des Grafenkollegiums eine Virilstimme im Reichsfürstenrat und waren daher an der Kollegialpolitik nicht sehr interessiert.

[370] GÜTHLING, Zur Geschichte der Familie Nesselrode, S. 59.

[371] Rössler weist darauf hin, daß die Anwesenheit des Fürsten in seinem Territorium von seinen Untertanen gefordert worden ist: RÖSSLER, Der deutsche Hochadel, S. 133.

[372] Graf Franz Adrian von Virmont (1696–1716) nahm am Türkenkrieg teil: SEStN XI, Tafel 2; auf die Grafen Philipp Ludwig Wenzel von Sinzendorf (1671–1742) und Leopold Ludwig Franz von Bentheim (1698–1751) wurde schon hingewiesen: vgl. Kap. 8.1. (S. 267 und S. 276).

Dienst hatte aber auch eine familiäre Dimension: Die Leistungen früherer Familienmitglieder galten als Vertrauensvorschuß für einen neuen Probanden, der diesem den Weg in verantwortungsvolle Aufgaben ebnete. Er selbst diente jetzt nicht nur für sich, sondern seinerseits für seine Nachfahren, die ihn einst als angesehenen Ahnen benötigen würden.

Dies war eine andere Art von Leistungsprinzip, das nicht auf dem Egoismus des einzelnen fußte, sondern auf einer Art Familienkollektivismus.[373] Diese Form des kollektiven Bewußtseins läßt sich ablesen an den Urkunden über Standeserhebungen Adliger, wo stets die Formel »wegen der von ihm (= dem Probanden) und seinen Vorfahren dem kaiserlichen Hause und dem Reich geleisteten Dienste« in nur wenig modifizierter Weise gefunden werden kann.[374] Der aktuell Dienstleistende wurde umso mehr angespornt, als an den Höfen des 17. und 18. Jahrhunderts in zunehmendem Maße der Rang einer Familie vom Rang des gerade dienenden Mitgliedes abhing; das expandierende Standeserhöhungswesen der Kaiser ist ein Indiz dafür, daß hinter der Leistung des Individuums der Ruhm der Vorfahren allmählich verblaßte.[375] Das Leistungsprinzip zog hier langsam ein, konnte die alte Denkweise aber nicht sofort verdrängen und schuf für die Übergangszeit des 17. und 18. Jahrhunderts eine Mischung aus Elementen beider Prinzipien.[376]

Da der Fürstendienst keine Leistung des Adels aufgrund eines Arbeitsvertragsverhältnisses war, bezog der Dienstleistende auch keinen Lohn im engeren Sinne dafür: Lohnarbeit galt als unadlig. Das Bescheiden mit immateriellen Gnaden des Herrschers war häufig nötig – vor allem bei Diplomaten –, und große finanzielle Opfer für ein repräsentatives Leben am Hofe waren die Regel.[377] Andererseits haben auch viele Familien im Kaiser- und Fürstendienst ein Vermögen verdient: Die Berlepsch, die nach der Phase des spanischen Hofdienstes Mylendonk kauften, die Sinzendorf, Schwarzenberg, Salm-Reifferscheidt und Löwenstein-Wertheim, die in Böhmen riesige Ländereien preisgünstig erwerben konnten dank kaiserlicher Pro-

[373] Vgl. zu dieser Einbettung adliger Leistung in Rückbesinnung auf die Ahnen und in Fürsorge für die Nachkommen: Maurice HALBWACHS, Das Gedächtnis und seine sozialen Bedingungen, 2. Aufl., Frankfurt 1985, S. 308 f.

[374] Beispiel für eine Standeserhöhung unter Betonung dieses Aspekts: Fürstenstandsurkunde für den Fürsten Leopold I. zur Lippe, 5. Nov. 1789: StA DT, L 1 C Kaisl., Urk. Nr. 13, 1789 XI 5. Vgl. dazu auch die Bewerbung des Fürsten Friedrich Ludwig von Anhalt-Schaumburg-Hoym 1788 um die Stelle als Reichsfeldmarschalleutnant: »... so wird in mir die schon längst gehegte lebhafte Begierde, Kais. Majestät und dem Teutschen Vaterland meine Dienste widmen zu können, ganz von neuem rege ...«: SZA Prag, FA Metternich, Nr. 2247/4.

[375] Zur zunehmenden Betonung des Leistungsprinzips vgl. KLINGENSTEIN, Der Aufstieg des Hauses Kaunitz, S. 77. Gerade angesichts hoher Mobilität der Adelsfamilien nach oben durch Standeserhebungen wurde der Rang der Ahnen beschränkt auf ein Kriterium der Standeskorporationen, nicht aber für den Dienstherrn.

[376] Vgl. hierzu auch die Ausführungen von Dietmar WILLOWEIT über die Entwicklung vom personalen zum überpersonalen Amtsbegriff: ders., Die Entwicklung und Verwaltung der spätmittelalterlichen Landesherrschaft, in: JESERICH, Deutsche Verwaltungsgeschichte, Bd. 1, S. 66–142; hier: S. 81–92.

[377] Vgl. zu den materiellen Belastungen des demonstrativen Konsums: ELIAS, Die höfische Gesellschaft, S. 103 f.; EHALT, Ausdrucksformen, S. 41; Volker PRESS, Adel im Reich um 1600, in: Grete KLINGENSTEIN/Heinrich LUTZ (Hrsg.), Spezialforschung und »Gesamtgeschichte«, Wien 1981, S. 15–47; hier: S. 27.

tektion, waren neben zahlreichen anderen Geschlechtern materielle Nutznießer ihrer Dienste.[378] Auch sonst ließen sich durch den Fürstendienst Vorteile mit materiellen Dimensionen erringen, etwa die günstige Abwicklung von Lehnsstreitigkeiten und in Kriegszeiten Schutz vor Truppen, in denen ein Familienmitglied diente, sowie Schutz durch befreundete Offiziere.[379]

Das Dienstverhältnis fand auch in symbolischen Formen seinen Ausdruck. Eine dieser Möglichkeiten war die Übernahme einer Patenschaft durch den Fürsten für Söhne, die dafür seinen Namen erhielten.[380] Fürst Ferdinand von Schwarzenberg (1652–1703) verdankte seinen Namen Kaiser Ferdinand III.; sein Vater diente zur Zeit seiner Geburt gerade in Brüssel.[381] Graf Johann Wilhelm von Manderscheid (1708–1772) verdankte seinen Namen dem pfälzischen Kurfürsten, bei dem sein Vater Premierminister war.[382] Graf Damian August Philipp von Limburg-Styrum (1721–1797), der spätere Bischof von Speyer, wurde nach seinem Onkel Damian Hugo von Schönborn (1676–1743) benannt.[383] In der Familie Metternich ist dieses Phänomen in zwei aufeinander folgenden Generationen zu beobachten: Graf Franz Georg (1746–1818), der Direktor der katholischen Fraktion im Grafenkollegium, wurde auf den Namen des Trierer Erzbischofs Franz Georg von Schönborn getauft; dieser Tradition treubleibend, nannte er seinen Sohn nach dem Trierer Oberhirten aus dem sächsischen Hause Clemens Wenzel (1773–1859).[384] Weitere Mitglieder der Familien Toerring, Platen und Bentheim-Bentheim wurden auf die Namen von Kurfürsten und Bischöfen getauft.[385]

Dem Anspruch nach wurde der fürstliche Dienst vom Adel, hier vom Grafenstand, in seiner gesamten Breite vertreten. Seinem Selbstverständnis nach konnte jeder Graf in den verschiedensten Bereichen wirken; das Einziehen von Experten

---

[378] Zu Berlepsch: vgl. Kap. 2.1.4 (S. 75); zu Sinzendorf: Rheinischer Antiquarius, 3. Reihe, Bd. 5, S. 550; zu Schwarzenberg: SCHWARZENBERG, Geschichte des Hauses Schwarzenberg, Bd. 1, S. 119–123; zu Salm-Reifferscheidt: Rheinischer Antiquarius, 3. Reihe, Bd. 8, S. 780 f.; zu Löwenstein-Wertheim: EHMER, Art. »Löwenstein-Wertheim«, in: NDB 15, Sp. 56; zu Böhmen nach 1620: WINTER, Barock, Absolutismus und Aufklärung, S. 33–37.

[379] Vgl. die Ausführungen von BRAUBACH in Bezug auf die Grafschaft Neuwied: Friedensvermittlung in Europa 1735, in: Historisches Jahrbuch 70 (1951), S. 190–237; hier: S. 237; dazu: GONDORF, Alexander, erster Fürst zu Wied-Neuwied, S. 75.

[380] Patenschaften waren bis in den höchsten Adel üblich; wenn jedoch Zar Alexander und Kaiser Karl VI. für den Täufling Friedrich II. von Preußen eine Patenschaft übernahmen, hatte das keine Auswirkungen auf den Namen, denn König Friedrich Wilhelm I. war souverän und keinem der beiden Paten dienstverpflichtet: vgl. Günter BARUDIO, Das Zeitalter des Absolutismus und der Aufklärung 1648–1779, Frankfurt/Main 1981, S. 222.

[381] SCHWARZENBERG, Geschichte des Hauses Schwarzenberg, Bd. 1, S. 143.

[382] SESt V, Tafel 113; vgl. Kap. 3.2. (S. 117) zum Direktor Franz Georg von Manderscheid.

[383] Vgl. SESt IV, Tafel 118.

[384] MATHY, Graf Franz Georg von Metternich, S. 21; vgl. SEStN IV, Tafel 50.

[385] Graf Max Emanuel von Toerring-Jettenbach (1715–1773) wurde nach dem bayerischen Kurfürsten benannt: SESt IV, Tafel 116; Graf Ernst August von Platen (1674–1726) verdankte seinen Namen dem kurfürstlich-hannoverschen Gönner seines Vaters: PLATEN, Geschichte der Familie Platen, Stammtafel S. 64; sein Sohn Georg Ludwig (1705–1772) führte den Namen des ersten englischen Königs aus dem welfischen Hause: KNESCHKE, Deutsches Adelslexikon, Bd. 7, S. 168 ff.; Graf Christoph Bernhard von Bentheim-Bentheim (1664–1697) trug den Namen des Münsteraner Bischofs aus dem Hause Galen, der diese Bentheimer Linie zum Katholizismus zurückführen sollte: MÖLLER, Geschichte der vormaligen Grafschaft Bentheim, S. 372.

aus dem Niederadel oder aus dem Bürgertum in die zunehmend arbeitsteilig funktionierenden Verwaltungen und Armeen wurde vom Adel nicht verstanden, obwohl das Erwerben eines juristischen Grundwissens noch akzeptiert werden konnte. Die Darstellung aller Fähigkeiten und Fertigkeiten der Zeit – das waren vor allem höfische Tugenden – galt dem Adel als Ideal; ein Gemeinwesen, das auf einer Vielzahl unverbundener und unverbindbarer Experten beruhend funktionieren sollte, konnte sich in der höfischen Kultur niemand vorstellen.

ABSCHLIESSENDE BETRACHTUNG

Das Niederrheinisch-Westfälische Reichsgrafenkollegium war in jeder Hinsicht ein außerordentlich heterogenes Corpus des alten Reiches. Räumlich weit über den geographischen Kernbereich des gleichnamigen Reichskreises hinausgreifend – fünf weitere Kreise waren berührt[1] –, umfaßte das Kollegium nicht nur drei hochadlige Stände unter den Mitgliedern – Fürsten, Grafen und Herren –, sondern auch vier Herkunftsgruppen: Alte fürstliche Geschlechter wie Preußen, Hessen-Kassel oder Braunschweig-Lüneburg (die für ihre mediatisierten Grafschaften Mitglieder waren), Dynastenfamilien wie Lippe, Bentheim oder Manderscheid, reichsritterschaftliche Geschlechter sowie Aufsteiger aus den Ritterschaften des Rheinlandes und Westfalens.

Von einem derartigen Kollegium war eine zielgerichtete Interessenpolitik kaum zu erwarten, da es keine handfesten gemeinsamen Interessen für alle Mitglieder gab. Insofern ist es verfehlt, Kategorien wie »Fortschrittlichkeit« oder »politischen Erfolg« als Maßstab für eine derartige Institution zu verwenden.[2] Eine zielgerichtete Bewegung war dem Kollegium bei den vielfältigen Zielen seiner Mitglieder nicht möglich; Einzelprojekte konnten jedoch initiiert werden, wobei die persönliche Entschlossenheit eines Grafen oder einer kleinen Zahl von Grafen etwas bewirken konnte, wenn die übrigen Mitstände dem Ziel mit Wohlwollen oder zumindest mit Gleichgültigkeit gegenüberstanden. Unter derartigen Bedingungen kam sowohl die Übertragung der Grafenstimme 1702 an die gewählten Direktoren, die Aneignung der Stimmvertretung durch die »Engere Korrespondenz« nach 1747 sowie die Restitution der katholischen Rechte 1747 bzw. 1784 zustande. Dem Grafenunionsprojekt von 1722/1738 fehlte zwar nicht die wohlwollende Zustimmung der Grafen, wohl aber die engagierte Vertretung durch einzelne Bevollmächtigte. Der Streit um die Vollmachtausstellung in der Wir-Form wurde unter günstigeren Voraussetzungen geführt, wobei nicht der Erfolg von 1788 bemerkenswert war, sondern der Triumph der Neugrafen unter Metternich 1791, als auch diese Gruppe das Recht der Wir-Form in der Titulatur erhielt, obwohl sie es vorher nie besessen hatte.

Ungeachtet der sorgfältig ausgearbeiteten Verfassung bestand im Innern des Kollegiums oft ein politisches Patt, da eine Gruppe auch in einer Minderheitenpo-

---

[1] Niedersächsischer Kreis (Rantzau, Blankenburg), Obersächsischer Kreis (Barby), Oberrheinischer Kreis (Bretzenheim), Kurrheinischer Kreis (Rheineck), Burgundischer Kreis (Ansprüche auf Schleiden und Kerpen-Lommersum); Dyck und Saffenburg waren kreisfrei.

[2] Zur Relativierung der Fortschrittsdimension als Maßstab für Betrachtungswürdigkeit: Richard van DÜLMEN, Formierung der europäischen Gesellschaft in der Frühen Neuzeit. Ein Versuch, in: GuG 7 (1981), S. 5–41; hier: S. 7 f.

sition die Arbeit des Direktoriums wirkungsvoll behindern konnte. Dies galt zunächst für die fürstlichen Mitstände, während der Grafentage 1740, 1744 und 1747 auch für die Gruppe der katholischen Grafen. Die katholische Bedrohung, wie sie aus Sicht der evangelischen altgräflichen Familien erschien, war die Folge der Tatsache, daß die Mitgliederzahl katholischen Bekenntnisses anstieg, während das Desinteresse der evangelischen Fürsten Dänemark-Oldenburg, Hannover-England und Hessen-Kassel an der Kollegialpolitik zunahm. Beide Trends hatten von 1700 bis 1740 kontinuierlich gewirkt, flankiert vom preußischen Anspruch auf sechs Stimmen. Sechs fürstliche Stimmen waren die protestantischen Grafen hinzunehmen bereit, sechs preußische Stimmen nicht: Dem Kollegium hätte das Schicksal des Obersächsischen Kreises gedroht, der 1683 von Preußen einfach stillgelegt worden war. Zu dem sich aus reichspolitischen Gründen verschärfenden preußisch-österreichischen Gegensatz, der nach der Verfassung des Reiches auch zum Konfessionskonflikt werden mußte, trat noch der Streit um das Stimmrecht der Grafschaften Sayn und Wied.

Diese Vermischung von Konfliktfeldern führte 1747 zum Zerbrechen des Kollegiums in drei Teile: Die katholischen Grafen wurden – sede directoris vacante – ins Abseits gedrängt, die Fürsten in ihrer Rückzugstendenz bestärkt; der Rest – das waren zunächst die Grafen von Neuwied und Kirchberg – sammelten nach und nach die ihnen nahestehenden protestantischen Grafen, erst die altgräflichen Geschlechter Schaumburg-Lippe, Wied-Runkel, Löwenstein-Wertheim, Bentheim-Steinfurt und die lippische Hauptlinie, später die Fürsten, die wie Anhalt-Schaumburg-Hoym und Brandenburg-Ansbach beitragswillig waren; zuletzt traten auch die protestantischen Neugrafen Quadt, Platen und Wallmoden bei. Die »Engere Korrespondenz« war, wenn auch in begrenztem Maße, handlungsfähig; ihre Homogenität erreichte zwar nicht die der Wetterau, überstieg jedoch die des Gesamtkollegiums deutlich.

Die katholische Renaissance erfolgte nach 1770. Metternich hatte dabei mehr Widerstände zu überwinden, als ein entschlossenes Auftreten 1747 – etwa unter dem Mainzer Erzbischof Ostein – zu erwarten gehabt hätte. Die von Metternich vertretene Gruppe bestand zum großen Teil aus Grafen und Fürsten, die im Wiener Hofdienst standen, so daß die Grafentage für den katholischen Kollegialteil nach 1800 in der kaiserlichen Residenz veranstaltet werden konnten. Angesichts der Umwälzung der Herrschaftsbeziehungen zwischen 1794 und 1806 traten die unterschiedlichen Konfessionen, die schon früher oft nur die Hülle verschiedener Klientel- und Orientierungssysteme gewesen waren, noch weiter zurück[3]: Die Frankfurter Union der protestantischen westerwäldischen und wetterauischen

---

[3] Dazu das oft zitierte Diktum von Kaunitz: »Meiner Meinung nach ist seit geraumer Zeit schon in Deutschland der Religionsunterschied dergestalt bloß zum politischen Vorwand und Losungswort geworden, daß, wenn heute der kaiserliche Hof und die mächtigen Reichsstände sich zur augsburgischen Konfession bekannten, morgen die Protestanten die katholische Religion annehmen würden!«: Kaunitz an Trauttmansdorff, 7. Febr. 1787: HHStA Wien, Staatskanzlei: Weisungen in das Reich (zit. nach ARETIN, Die Konfessionen als politische Kräfte am Ausgang des alten Reichs. Ein Beitrag zur Problematik der Reichsauflösung, in: Erwin ISERLOH/Peter MANNS (Hrsg.), Glaube und Geschichte. Festschrift Joseph Lortz, Baden-Baden 1958, Bd. 2, S. 182.

Grafen (1803) vertrat dieselben Ziele wie die Schwäbische Union der katholischen Grafen und kleinen Fürsten Süddeutschlands (1805).

Die beiden Unionsprojekte gelangten zu keiner aktiven Mitbeteiligung an den politischen Veränderungen ihrer Zeit; ehe eine einheitliche Vorgehensweise verabredet werden konnte, hatten die Fürsten unter Napoleons Schutz bereits gehandelt.

Den Reichsgrafen war die Zeitgebundenheit der politischen Probleme kaum bewußt: Ihnen kam es auf eine gründliche Diskussion mit dem Ziel der Einhelligkeit aller Meinungen an, mochten darüber auch 35 Jahre vergehen wie bei der Diskussion über die Legationssekretärsstelle. Die Hochadligen orientierten sich an einer zeitlosen, immerwährenden Feudalordnung und setzten auf langfristige Lösungen im jeweiligen Sinne; was die Väter nicht schafften, sollten die Söhne fortsetzen. Auseinandersetzungen waren denn auch von der Suche nach dem »Recht« der streitenden Parteien geprägt; dies minderte in vielen Fällen die Chance auf einen politischen Kompromiß in Form eines Austausches von Interessen. Auch diese Tendenz, Konflikte über Generationen hinweg offenzuhalten, deutet darauf hin, daß nicht der Individualismus der handelnden Grafen, sondern der Familienkollektivismus der Geschlechter das beherrschende mentalitätsmäßige Grundgerüst darstellte.

An dieser Stelle setzte auch die Abhängigkeit der Grafenfamilien vom Kaiser als dem Reichsoberhaupt ein: Nicht die Angst vor persönlichen Nachteilen, vor militärischen Aktionen oder rechtlichen Bestrafungen für unbotmäßiges Verhalten bestimmte die enge Verbindung der Grafen mit Wien, sondern die vielen formellen und informellen Möglichkeiten des Kaisers, die Familieninteressen zu beeinträchtigen: Volljährigkeitserklärungen, die Bestätigung von Familienverträgen, die Belehnung, vor allem aber die rechtliche Regelung von Erbstreitigkeiten oblagen dem Kaiser und seinen Organen.

Die Fixierung auf die kaiserliche Rolle als Hüter des Reichsrechts war allerdings so groß, daß das Grafenkollegium auf kaiserliche Aktionen wartete, anstatt selbst vollendete Tatsachen zu schaffen. Der praktische Vollzug der Grafenunion von 1738 – Durchführung von ständigen Konferenzen, Inkraftsetzung des Alternationsturnus für die vier Direktoren, Einrichtung einer gemeinsamen Kanzlei in Frankfurt – hätte den Kaiser auf mittlere Sicht zur Anerkennung des Gremiums veranlaßt. Es widersprach jedoch den Grafen, so zu handeln, wie die Kurfürsten schon im 14. Jahrhundert gehandelt hatten (z. B. Rhenser Kurverein) und wie es in bezug auf die Territorialisierung in den fürstlichen Familien üblich geworden war. Es zeigt sich auch hier, daß der Reichsgrafenstand in vieler Hinsicht dem Niederadel näher stand als dem Reichsfürstenstand, ungeachtet der Tatsache, daß einige Mitglieder inzwischen den Fürstenhut erworben hatten.

Als Folge dieser reagierenden Grundhaltung der mindermächtigen Stände wurde auch vom Kaiser eine derartige bewahrende und verwaltende Politik im Reich erwartet; das Klientelverhältnis zwischen kleinen Fürsten- und Grafenfamilien sowie der Reichsritterschaft basierte wesentlich auf diesem Grundmechanismus, den die Reichsfürsten für veraltet ansahen, als Norm für den Kaiser aber nützlich für ihre Eigeninteressen fanden. Der Kaiser selbst stand in dem Zwiespalt, als Herrscher über seine Erblande eine dynamische Staatsentwicklung durchzuführen, als Oberhaupt des Reiches aber ein auf Balance beruhendes, eher statisches Rechtssystem verteidigen zu müssen.

Das Verhältnis der Reichsgrafen zu den fürstlichen Ständen im Reich wie im Kollegium war von Mißtrauen geprägt; das galt vor allem für den Kontakt zu Herrschern, die einer aggressiven Territorialisierungspolitik verdächtigt wurden, namentlich Preußen und Hessen-Kassel. Die geistlichen Fürstentümer wurden weniger von ihren Herrschern her bewertet, als vielmehr von den die Stifter beherrschenden Familien, so vor allem in Köln. Nahmen die katholischen Grafen – je nach Herkunft ihrer Familien – in den rheinischen und westfälischen Reichsstiften ihre Dienste, so dienten die protestantischen Grafen in Hannover und England, in Dänemark und den Niederlanden, Staaten, in denen sie keine Bedrohung, sondern eine Aufwertung ihrer reichsfreien Existenz erwarteten. Der kaiserliche Dienst war allen gräflichen Familien gemeinsam, obwohl die katholischen Geschlechter beträchtliche Vorzüge genossen.

So sehr die Grafen danach strebten, selbst fürstlichen Rang zu erreichen, so sehr versuchten sie, ein Aufsteigen niederadliger Geschlechter in ihren Kreis zu verhindern. Vor allem die Grafen des Westerwaldes und der Eifel, die ihre Vasallen an die Korporationen der Reichsritterschaft verloren hatten, mußten nun auch erleben, daß eben diese Ritter die Ranggleichheit mit dem Grafenstand beanspruchten, hergeleitet aus den zahlreichen Einungen vergangener Jahrhunderte, an denen Grafen, Prälaten, Ritter und Städte beteiligt waren. Jedes Nachgeben in diesem Bereich, auch wenn es nur in zeremonieller Hinsicht war, wurde als ein Schritt hinab in den Niederadel empfunden, der im Bewußtsein der Grafen kurzfristig das Konnubium mit den Fürsten, langfristig die eigene Landeshoheit gefährdete.

Die Schärfe, mit der diese Auseinandersetzungen geführt wurden, resultierte aus der schon wider Willen erreichten faktischen Ähnlichkeit der Grafschaften und Reichsritterschaften im Unterschied zu den Territorialstaaten. Für Grafen wie Reichsritter war die Abhängigkeit vom Wohlwollen des Kaisers groß, der politische Einfluß im Reich mit vier von hundert Stimmen im Reichsfürstenrat gering, während die Reichsritter immerhin die durch »ihre« Domkapitel gewählten Bischöfe für eigene Interessen einsetzen konnten.[4] Mit mehr Gelassenheit sahen die Grafen in Westfalen die Bemühungen der Reichsritter. Der westfälische Niederadel war im Spätmittelalter in die Landsässigkeit der Bischöfe und Grafen abgesunken, so daß Bentheim, Lippe, Schaumburg, Oldenburg und Ostfriesland über einen eigenen abhängigen Adel geboten.

Die bedrohte, von außen beeinflußbare Position der kleinen Landesherren bot den Untertanen die Chance, Kaiser und Reich zu ihren Gunsten anzurufen, wenn sich Konflikte in den Grafschaften anders nicht zufriedenstellend lösen ließen. Zwar hatten Landstände größere Siegchancen vor den Reichsgerichten, doch auch die Bauern nutzten den Beschwerdeweg nach Wetzlar und Wien, um vor allem dem zunehmenden Steuerdruck des Reiches wie den absolutistischen Bestrebun-

---

[4] Die Reichsritterschaft beherrschte die Stifte Trier, Mainz, Speyer, Worms, Würzburg, Bamberg; in Fulda, Eichstätt und einigen schwäbischen Bistümern übte sie namhaften Einfluß aus.

gen der Kleinpotentaten zu widerstehen.[5] Die Reichsverfassung schützte alle Stände des Reichs in ihren hergebrachten Rechten, die Fürsten vor dem Kaiser, die Grafen vor den Fürsten und die Untertanen und Landstände vor ihren Landesherren; diese Funktion hat das »monströse« Rechtssystem, von manchen Ausnahmen abgesehen, bis zu seiner Auflösung 1806 erfüllt.[6] Seine Wirksamkeit beruhte auf der Machtrelation, daß jede Korporation im Reich mächtiger war als der stärkste Einzelstaat, das Reichsheer der Armee jedes Kurfürsten überlegen, die Kreisexekution für die Kreisstände bedrohlich.

Die Erosion des Reiches begann oben, als das habsburgische Kaiserhaus sich mehr auf sein Territorialreich in Südosteuropa als auf seine schiedsrichterliche Macht im Reich konzentrierte. Der Wiener Friede von 1735/37 signalisierte mit der Abtretung des Reichslehens Lothringen an Frankreich für den Gewinn der als Erbland gedachten Toscana, daß künftig das Reich der Steinbruch für den Ausbau des Hauses Österreich werden würde. Der österreichisch-preußische Dualismus und die sich daraus ergebende Einsicht, daß eine Vereinbarung dieser beiden Mächte zur Mediatisierung des gesamten Reichs führen könnte, ließ das Ende der Korporationen herannahen.

Ungeachtet aller Betonungen, der Kaiser sei der Schützer der kleinen Stände, sahen die Grafen dem Ende ihrer Reichsfreiheit entgegen. Die katholischen Geschlechter strebten in die Erblande, wo sie Immediatuntertanen des Kaisers blieben; die protestantischen Familien wurden zumeist preußische Untertanen, in der Regel zu komfortablen Bedingungen. Die rheinischen Grafen, die in Württemberg entschädigt und später mediatisiert wurden, strebten den Verkauf ihrer Güter an; die unsanfte Behandlung der Anfangszeit nach 1806 sollte jedoch nicht von langer Dauer sein. Für viele Grafengeschlechter hat die Mediatisierung das ökonomische und damit das soziale Überleben sicherer werden lassen.[7]

Souverän wurden nur die Grafschaften Lippe, Schaumburg-Lippe und das dem Fürsten von Waldeck gehörende Pyrmont. Hier bestand im Weserbergland die alte Kleinstaatlichkeit über 150 Jahre in einer Weise fort, die sich heute noch im Rahmen eines ausgeprägten Regionalbewußtseins artikuliert.

---

[5] Dazu: TROSSBACH, Bauernbewegungen im Wetterau-Vogelsberg-Gebiet, passim. Helmut GABEL bereitet eine Arbeit mit ähnlicher Thematik für den Bereich des linken Niederrheins vor. Zum Gesamtkomplex: SCHULZE, Bäuerlicher Widerstand und feudale Herrschaft, passim.

[6] Dies betont auch ARETIN, Heiliges Römisches Reich, Bd. 1, S. 4.

[7] Vgl. PRESS, Das Römisch-deutsche Reich, in: KLINGENSTEIN/LUTZ, Spezialforschung und »Gesamtgeschichte«, S. 233. Zum wirtschaftlich ruinösen Bemühen vieler Grafenhäuser um standesgemäße Repräsentation und der Einsetzung kaiserlicher Debitkommissionen zur Schuldenabwicklung: vgl. Volker PRESS, Die aufgeschobene Mediatisierung. Finanzkrise der Kleinstaaten und kaiserliche Stabilisierungspolitik, in: 32.Versammlung deutscher Historiker in Hamburg, 4.–8. Okt. 1978. Beiheft zur GWU, Stuttgart 1979, S. 139–141.

TABELLEN

Tabelle 1

DIE MITGLIEDER DES NIEDERRHEINISCH-WESTFÄLISCHEN REICHSGRAFENKOLLEGIUMS

TERRITORIEN	BESITZENDE HÄUSER
a. Vollmitglieder:	
Sayn-Altenkirchen	1662 Sachsen-Eisenach
	1741 Brandenburg-Ansbach
	1791 Preußen
	1802 Nassau-Usingen
Sayn-Hachenburg	Manderscheid-Blankenheim
	1714 Kirchberg
	1799 Nassau-Weilburg
Niedere Grafschaft Wied	Wied-Wied
Obere Grafschaft Wied	Wied-Runkel
Schaumburg (hessischer Anteil)	Hessen-Kassel
Schaumburg (lippischer Anteil)	Schaumburg-Lippe
Oldenburg	Oldenburg
	1667 Dänemark
	1774 Holstein-Gottorp
Delmenhorst	Oldenburg
	1667 Dänemark
	1774 Holstein-Gottorp
Lippe	Lippe
Bentheim	Bentheim
	1752 Hannover (Pfand)
Tecklenburg	Bentheim-Tecklenburg
	1696 Solms-Braunfels
	1707 Preußen

TERRITORIEN	BESITZENDE HÄUSER
Steinfurt	Bentheim
Hoya	Hannover
Virneburg	Löwenstein-Wertheim
Diepholz	Hannover
Spiegelberg	Hannover
Rietberg	Ostfriesland 1699 Kaunitz
Pyrmont (Weserbergland)	Waldeck
Gronsfeld	Gronsfeld 1719 Toerring-Jettenbach
Reckheim	Aspremont-Linden
Anholt	Salm-Salm
Winneburg-Beilstein	Metternich
Holzappel	Melander-Holzappel 1653 Nassau-Schaumburg 1707 Anhalt-Bernburg- Schaumburg
Wittem	Plettenberg (1722)
Blankenheim-Gerolstein	Manderscheid 1780 Sternberg
Gemen	Limburg-Styrum 1801 Boineburg-Bömelberg
Gimborn-Neustadt	Schwarzenberg 1780/82 Wallmoden
Wickrath	Quadt
Mylendonk	Berlepsch (1699) 1733 Ostein
Schleiden	von der Mark 1773 Arenberg
Reichenstein	Nesselrode (1698)
Dyck	Salm-Reifferscheidt-Dyck
Kerpen-Lommersum	Schaesberg (1704/10)

TERRITORIEN	BESITZENDE HÄUSER
Saffenburg	von der Mark 1773 Arenberg
Hallermund	Platen (1706)
Bretzenheim	Vehlen 1734 Virmont (1747 Roll zu Bernau) 1772 Heydeck-Bretzenheim
Rheineck	Sinzendorf
Rheinstein	zwischen Preußen und Hannover umstritten

b. zeitweilige Mitglieder:

Ostfriesland	Ostfriesland 1667 Reichfürstenstand 1744 Preußen
Nassau-Dillenburg	Nassau-Dillenburg 1654 Reichsfürstenstand
Barby	Barby 1659 Sachsen (mediatisiert)
Blankenburg	Braunschweig-Wolfenbüttel 1707 Reichsfürstenstand
Pyrmont (Eifel)	Eltz/Waldbott-Bassenheim 1710 Waldbott-Bassenheim
Rantzau	Rantzau (1726 von Dänemark mediatisiert)

c. Antragsteller:

Mark	Preußen (Anträge seit 1705)
Ravensberg	Preußen (Anträge seit 1705)

TERRITORIEN	BESITZENDE HÄUSER
Lingen	Nassau-Oranien 1702 Preußen (Anträge seit 1705)
Moers	Nassau-Oranien 1702 Preußen (Anträge 1705-07; 1707 Reichsfürstenstadt)
Ascanien	umstritten zwischen Preußen und Anhalt (preuß. Anträge seit 1705)
Rheda	Bentheim-Tecklenburg-Rheda (Antrag 1770)
Schlenacken	Goltstein (Antrag 1773)
Fagnolles	Ligne (Anträge 1764/72)
Edelstetten	1803 Ligne (Antrag beim Schwäbisch- Westfäl. Grafenkollegium) 1804 Esterhazy
Lösenich	Kesselstadt (Antrag 1789)

Tabelle 2

DIE DIREKTOREN DES NIEDERRHEINISCH-WESTFÄLISCHEN
REICHSGRAFENKOLLEGIUMS

ZEIT	EVANGELISCH	KATHOLISCH
1653		Jost Maximilian von Gronsfeld (1598-1662)
		Johann von Rietberg (+1660)
1698	Friedrich Adolf zur Lippe (1667-1718)	Salentin Ernst von Manderscheid (1630-1705)
1705		Franz Georg von Manderscheid (1669-1731)
1718	Simon Henrich Adolf zur Lippe (1694-1734)	
1731		Ferdinand von Plettenberg (1690-1737)
1736	Simon August zur Lippe (1727-1782)	
1738	Friedrich Alexander von Neuwied (1706-1791)	Ambrosius Franz von Virmont (1682-1744)
1744		katholische Vakanz
1784	Teilung des Kollegiums	
1785		Franz Georg von Metternich (1746-1818)
1791	Interimsdirektor: Johann August von Kirchberg (1714-1799)	
1793	Interimsdirektor: Ludwig Henrich Adolf zur Lippe (1732-1800)	
1795	Leopold I. zur Lippe (1767 1802)	
1803	Interimsdirektorin (bis 1805): Louise Isabella von Nassau-Weilburg (1772-1827)	

Tabelle 3

DIE BEAMTEN DES NIEDERRHEINISCH-WESTFÄLISCHEN REICHSGRAFENKOLLEGIUMS

ZEIT	NAME (KONFESSION)

a. Syndizi:

1697–1713	Buck, Hieronymus (kath.)
1713–1729	v. Broich, Johann Jakob (kath.)
1731–1740	v. Ley, Maximilian Heinrich (kath.)
1740–1747	v. Meinerzhagen, Abraham (ev.)
	Amt nach 1747 vakant

b. Reichstagsgesandte:

1698	Dr. Ludivici, Johann (kath.)
1699–1702	v. May, Georg Kasimir (kath.)
1699–1701	Schäffer, Reinhard (ev.)
1702–1712	Henning, Heinrich (ev.)
1712–1732	Planer von Plan, Christoph Ignatius (kath.)
1742–1778	v. Pistorius, Wilhelm Friedrich (ev.)
1779–1796	v. Fischer, Christian Heinrich Hiskias (ev.)
1779–1791	v. Haimb, Johann Ernst (kath.)
1791–1806	v. Wolf, Johann Nepomuk (kath.)
1796–1806	v. Mollenbec, Johann Jacob Helferich (ev.)

Neben den Genannten wurden von einzelnen Mitständen noch weitere Personen zu Sonderaufträgen bevollmächtigt.

c. Direktorialräte

1738	Broescke, Friedrich Hermann (ev.)
1747–1750	Scheffer, Henrich (ev.)
1750–1754	Spener, Philipp Gottfried (ev.)
1754–1767	Thalmann, Johann Christian (ev.)
1767–1775	Schanz, Friedrich Christian (ev.)
1775–1806	Rotberg, Johann Adolf (ev.)
1784–1806	v. Hertwig, Karl Kaspar (kath.)

Tabelle 4

DIE GRAFENTAGE DES NIEDERRHEINISCH-WESTFÄLISCHEN
REICHSGRAFENKOLLEGIUMS

ZEIT	ANFANGSMONAT	ORT
1697	März	Köln
1698	März	Köln
1698	November	Köln
1699	September	Köln
1700	November	Köln
1702	April	Köln
1704	April	Köln
1705	Oktober	Köln
1706	Mai	Köln
1707	Mai	Köln
1708	März	Köln
1711	März	Köln
1713	Mai	Köln
1715	Mai	Köln
1718	Mai	Köln
1719	November	Köln
1720	November	Köln
1731	Februar	Aachen
1732	September	Köln
1736	August	Köln
1738	August	Köln
1740	Juni	Köln
1744	Mai	Köln
1747	Juni	Köln

Nach 1747 fanden keine Tagungen der Grafen beider Konfessionen mehr gemeinsam statt. Die katholischen Grafen unter Metternich versammelten sich dagegen nach 1785 noch einige Male (s. Kap.3.6.).

Tabelle 5

DIE »GEMEINSAMEN GRAFENTAGE« ALLER VIER GRAFENKOLLEGIEN
(VERTRETERKONFERENZEN DER DIREKTOREN)

ZEIT	ANFANGSMONAT	ORT
1711	Oktober	Frankfurt/Main
1714	Mai	Frankfurt/Main
1722	März	Frankfurt/Main
1731	Oktober	Frankfurt/Main
1738	August	Frankfurt/Main

ABKÜRZUNGEN

ADB	Allgemeine Deutsche Biographie
AÖG	Archiv für Österreichische Geschichte
AHVN	Annalen des Historischen Vereins für den Niederrhein
Bd.	Band
Bde.	Bände
Bll.f.dt.LG	Blätter für deutsche Landesgeschichte
Diss.	Dissertation
Diss.masch.	maschinenschriftliche Dissertation
DH	Domherr
FA	Familienarchiv
fl.	Gulden
FWA NR	Fürstlich Wiedisches Archiv Neuwied/Rhein
FWG	Fischer Weltgeschichte
GLA KA	Generallandesarchiv Karlsruhe
GuG	Geschichte und Gesellschaft
GWU	Geschichte in Wissenschaft und Unterricht
Hdb. d. Hist. Stätten	Handbuch der Historischen Stätten, Bde. 1–13
HHStA Wien	Haus-, Hof- und Staatsarchiv Wien
HRG	Handwörterbuch zur deutschen Rechtsgeschichte
Hsch.	Handschrift
HStA	Hauptstaatsarchiv
HStA D	Hauptstaatsarchiv Düsseldorf
HStA WI	Hauptstaatsarchiv Wiesbaden
HZ	Historische Zeitschrift
IPO	Instrumentum Pacis Osnabrugense: Westfälischer Frieden, Vertrag von Osnabrück (24.Oktober 1648)
JRA	Jüngster Reichsabschied (17.Mai 1654)
Kr.	Kreuzer
ksl.	kaiserlich
LHA KO	Landeshauptarchiv Koblenz
Lipp. Mitt.	Lippische Mitteilungen
masch.	maschinenschriftlich
Mgr.	Mariengroschen
MIÖG	Mitteilungen des Instituts für Österreichische Geschichtsforschung
MÖSTA	Mitteilungen des Österreichischen Staatsarchivs
Nass. Ann.	Nassauische Annalen

NDB	Neue Deutsche Biographie
Pf.	Pfennig
RDHS	Reichsdeputationshauptschluß (25.Febr.1803)
RHR	Reichshofrat
RHRO	Reichshofratsordnung
RKG	Reichskammergericht
RKGO	Reichskammergerichtsordnung
RKG-Präsident	Reichskammergerichtspräsident
Rtl.	Reichstaler
SESt I-V	Schwennicke, Europäische Stammtafeln (ältere Folge), Bde. 1–5
SEStN I-XI	Schwennicke, Europäische Stammtafeln (neuere Folge), Bde.1–11
StA	Staatsarchiv
StA DT	Staatsarchiv Detmold
StA MS	Staatsarchiv Münster
StA OS	Staatsarchiv Osnabrück
s.v.	sub verbo
SZA Prag	Staatliches Zentralarchiv Prag (Státní Ustrední Archiv Praha)
TRE	Theologische Realenzyklopädie
VSWG	Vierteljahrsschrift für Sozial- und Wirtschaftsgeschichte
Westf. Forschungen	Westfälische Forschungen
Westf. Zs.	Westfälische Zeitschrift
ZAA	Zeitschrift für Agrargeschichte und Agrarsoziologie
ZbayLG	Zeitschrift für bayerische Landesgeschichte
ZHF	Zeitschrift für historische Forschung
ZRG-GA	Zeitschrift für Rechtsgeschichte (der Savigny-Stiftung), Germanistische Abteilung
ZRG-KA	Zeitschrift für Rechtsgeschichte, Kanonistische Abteilung
ZRG-RA	Zeitschrift für Rechtsgeschichte, Romanistische Abteilung

QUELLEN- UND LITERATURVERZEICHNIS

1. UNGEDRUCKTE QUELLEN

Staatsarchiv Detmold (StA DT)
    Urkunden: L 1 C Kaisl. Nr. 13
    Fürstliches Haus L 7, A XV, D 1
    Niederrheinisch-Westfälisches Reichsgrafenkollegium: L 41 a,
        Nr. 1, 2, 3, 4, 5, 6, 7, 8, 9, 10, 11, 12, 13, 33, 34, 38, 40, 43, 46, 47, 48, 49, 50, 51, 52, 53, 54,
        57, 59, 62, 63, 67, 68, 69, 72, 73, 74, 82, 84, 86, 93, 95, 99, 100, 101, 102, 103, 104, 105, 106,
        107, 108, 112, 113, 114, 115, 116, 117, 118, 119, 120, 121, 127, 128, 129, 130, 131, 132, 133,
        135, 136, 138, 140, 141, 142, 143, 145, 146, 147, 148, 149, 151, 154, 155, 156, 157, 158, 159,
        160, 161, 162, 163, 164, 165, 166, 167, 173, 175, 177, 181, 188, 189, 190, 191, 194, 195, 196,
        198, 199, 202, 203, 208, 209, 211, 212, 213, 217, 218, 219, 221, 222, 223, 224, 225, 227, 229,
        230, 231, 232, 234, 235, 236, 238, 239, 241, 243, 246, 247, 251, 253, 257, 259, 261, 262, 263,
        268, 269, 272, 275, 276, 278, 280, 284, 287, 288, 292, 295, 296, 298, 299, 302, 303, 308, 315,
        316, 317, 318, 319, 320, 321, 322, 323, 324, 325, 326, 327, 328, 329, 330, 331, 332, 333, 335,
        336, 337, 338, 339, 340, 341, 344, 346, 347, 349, 351, 352, 353, 354, 355, 356, 357, 359, 362,
        363, 366, 367, 368, 369, 371, 373, 374, 376, 377, 379, 404, 413, 416, 417, 418, 419, 422, 423,
        424, 425, 426, 430, 442, 446, 455, 460, 462, 463, 464, 465, 467, 484, 488, 489, 495, 497, 498,
        501, 509, 513, 514, 529, 530, 532, 542, 543, 544, 545, 549, 550, 564, 573, 583, 606, 607, 608,
        609, 610, 611, 621, 622, 641, 645, 648, 664, 668, 669, 670, 671, 681, 844, 881, 923, 936, 937,
        939, 940, 941, 942, 943, 944, 945, 946, 947, 948, 949, 950, 951, 952, 953, 954, 955, 1510, 1723,
        1761, 1762, 1763, 1772, 1773, 1803, 1806, 1807, 2119, 2123
    Lippische Landesregierung: L 77 A, 3514, 3515

Haus-, Hof- und Staatsarchiv Wien (HHStA Wien)
    Staatskanzlei:
        Berichte aus dem Reich 120, 133, 136, 142, 146, 152, 154, 155, 156;
        Weisungen in das Reich 246, 247, 248;
        Kurböhmische Reichstagsgesandtschaft 127;
        Große Korrespondenz 48, 66 g, 72, 90 b, 101 b
    Reichshofkanzlei:
        Kleinere Reichsstände 330, 342, 355, 502, 517, 537
        Ältere Zeremonialakten, Karton 34
        Vorträge 151
        Geistliche Wahlakten 246
    Mainzer Erzkanzlerarchiv:
        RKG-Akten 197 b, Fasz. 111; Reichstagsakten, Fasz. 171, 191 a
    Reichshofrat:
        Venia aetatis 8
        Vota ad Imperatorem 30, 60
        Archiv Aspremont-Linden 1, 2, 7, 8
        Handschrift W 287

Staatliches Zentralarchiv Prag (Státní Ustrední Archiv Praha)
    FA Metternich (Rodinny archiv Metternichu, Francisco-Georgicum, R/=Reichsständisches/)
    2240, 2247/1-7, 2252, 2253, 2255, 2261/1, 2262/1-5, 2267/1+2, 2291/1+2, 2292/1+2, 2293,
    2294, 2295/1+2, 2298, 2312/1+3, 2313, 2314, 2315, 2316, 2330/1

Landeshauptarchiv Koblenz
    Best. 30 Sayn-Altenkirchen:
        Nr. 3925/1, 3944, 3948/2, 3954/1, 3955/1, 3957, 3961, 3966/1, 3967/1+2, 3968, 3980,
        3986/2+3, 3994, 4013
    Best. 29 Blankenheim-Gerolstein:
        Urkunden 1922, 1940; Akten 29 A, Nr. 45, 47, 48, 49, 50, 52
    Best. 35 Wied-Runkel:
        Nr. 2081, 2156, 2406
    Best. 37 Bretzenheim:
        Urkunden 130, 131, 132
    Best. 43 Rheineck:
        Nr. 257
    Best. 45 Winneburg-Beilstein:
        Nr. 132

Hauptstaatsarchiv Düsseldorf
    Herrschaft Reifferscheid: Nr. A 1229
    FA Virmont: Urkunde 116

Hauptstaatsarchiv Wiesbaden
    Best. 340 Sayn-Hachenburg: Nr. 2992
    Best. 130 II Herzogtum Nassau: Nr. 7754, 7755

Staatsarchiv Osnabrück
    Rep. 24 a, Nr. 120, 122, 125
    Rep. 100 I, Nr. 228
    Rep. 117 VII, Nr. 210
    Rep. 120, Nr. 176, 178, 180

Staatsarchiv Wertheim
    FA Löwenstein-Wertheim-Freudenberg 103: K 10, K 34, K 39
        105: A 2
        114: J 5, J 9
    Rosenbergisches Urkundenarchiv:
        R-KS 1597, Juni 28

Staatsarchiv München
    FA Toerring Jettenbach:
        Urkunde I 13 - 6 1/2;
        Akten: Nr. M 1, M 5, MM 2, MM 3, MM 5, MM 6, MM 8, MM 9

Staatsarchiv Bückeburg
    Familiaria 1:
        A XI, Nr. 1 u. 1 b; A XXVII, Nr. 5; A XVIII, Nr. 1; A XXXV, Nr. 15, Nr. 18, Nr. 20/M
        274 - M 429
    Familiaria 2: Nr. 755

Geheimes Staatsarchiv Berlin-Dahlem
    Rep. 92 B, Nr. 33

Stadtarchiv Mönchengladbach
  Best. 23 Mylendonk:
    Urkunden 85, 86, 88, 91; Akten Nr. 1, 12, 47

Westfälisches Archivamt Münster
  FA Plettenberg-Nordkirchen:
    Urkunden 2973, 2977, 2981, 2993 (Regest); Akten Nr. 2934, 5467, NA 296 a, NB 43, U 703,
    U 2735, VB 374

Fürstlich Wiedisches Archiv Neuwied/Rhein (FWA NR)
  Schrank 1, Gefach 3, Nr. 2, 4
  Schrank 2, Gefach 5, Nr. 6
  Schrank 103, Gefach 60, Nr. 9; Gefach 61, Nr. 3, 5, 6, 20; Gefach 62, Nr. 3, 4, 19, 21, 22; Ge-
  fach 68, Nr. 4, 13; Gefach 69, Nr. 9; Gefach 75, Nr. 10

Fürstlich Bentheimisches Archiv Burgsteinfurt
  Best. E, Nr. 18, 20, 61, 77, 296, 297, 301

2. GEDRUCKTE QUELLEN

ANGERMEIER, Heinz (Hrsg.), Deutsche Reichstagsakten, Mittlere Reihe, Bd. 5: Der Reichstag von
  Worms 1495, 2 Teile, Göttingen 1981
ARNOLDI, Johann von, Aufklärungen in der Geschichte des Deutschen Reichsgrafenstandes, Mar-
  burg 1802
ARUMAEUS, Dominikus, Commentarius, juridico-historico-politicus de comitiis Romano-Germa-
  nici imperii, Jena 1630
AVEMANN, H. F., Vollständige Beschreibung des uralten und weitberühmten Geschlechts der
  Herren Reichsgrafen und Burggrafen von Kirchberg in Thüringen, Frankfurt 1747
BÜSCHING, Anton Friedrich, Neue Erdbeschreibung, Bde. 1–17, Hamburg 1754–1803
BURGERMEISTER, Johann Stephan, Beleuchtung deß [...] Berichts vom Adel in Teutschland, Frank-
  furt, Leipzig 1722
–, Codex Diplomaticus Equestris, Bde. 1–4, Ulm 1721
–, Graven- und Ritter-Saal, Das ist Gründliche Vorstellung und Ausführung, welcher Gestalt des
  H. Röm. Reichs Grafen/Herren und die andere Reichs-Ritterschafft Bey des H. Röm. Reichs
  dreyen namhafften Veränderungen [...] mit ihren Ämtern/Rechten/Freyheiten und Gewohn-
  heiten sc. gegen- und beieinandergestanden, 2. Aufl., Frankfurt (1715) 1721
BUSCHMANN, Arno, (Hrsg.), Kaiser und Reich. Klassische Texte und Dokumente zur
  Verfassungsgeschichte des Heiligen Römischen Reiches Deutscher Nation von Beginn des 12.
  Jahrhunderts bis zum Jahre 1806, München 1984
CLOSTERMEIER, Christian Gottlieb, Kleine Beiträge zur geschichtlichen und natürlichen Kenntniß
  des Fürstenthums Lippe, Lemgo 1816
–, Kritische Beleuchtung der von seiten der Landstände [...] des Fürstenthums Lippe der hohen
  Deutschen Bundesversammlung übergebenen Druckschrift [...], Lemgo 1817
EICHHOF, Peter, Materialien zur geist- und weltlichen Statistik des niederrheinischen und westfäli-
  schen Kreises und der angraenzenden Länder nebst Nachrichten zum Behuf ihrer ältern Ge-
  schichte, Bde. 1–2, Erlangen 1781
FAHNENBERG, Egid Joseph Karl von, Entwurf einer Geschichte des kaiserlichen und Reichs-
  Kammergerichts unter den hohen Reichsvikarien, Bde. 1–2, Lemgo 1790/91
FISCHBACH, Friedrich Ludwig Joseph, Historische politisch geographisch statistische und militärische Beyträge, die Königlich-Preußischen und benachbarten Staaten betreffend, 3 Teile, Berlin
  1783–85
FISCHER, Christian Hiskias Heinrich von, Geschlechtsregister der uralten Reichsständischen Häuser Isenburg, Wied und Runkel, Mannheim 1775

GAUHE, Johann Friedrich von, Des Heiligen Römischen Reichs Adelslexikon, Bde. 1–2, Leipzig 1719

GEBHARDI, Ludwig Albrecht, Genealogische Geschichte der erblichen Reichsstände, Bde. 1–3, Halle 1776–1785

GROSSING, Franz Rudolf von, Statistik aller katholisch-geistlichen Reichsstifter in Deutschland, Halle 1786

HANSEN, Joseph (Hrsg.), Quellen zur Geschichte des Rheinlandes im Zeitalter der französischen Revolution (1780–1801), Bde. 1–4, Bonn 1931–1938

HAUNTINGER, Johann Nepomuk, Reise durch Schwaben und Bayern im Jahre 1784, hrsg. und eingeleitet von Gebhardt SPAHR, Weißenhorn 1964

HERCHENHAHN, Johann Christian, Geschichte der Entstehung, Bildung und gegenwärtigen Verfassung des kaiserlichen Reichshofrates, Bde. 1–2, Mannheim 1791–1792

HODENBDERG, Wilhelm von, Diepholzer Urkundenbuch, Bde. 1–2, Hannover 1842

–, Hoyer Urkundenbuch, Bde. 1–7, Hannover 1855–56

HOFF, Karl Ernst Adolph von, Das deutsche Reich vor der französischen Revolution und nach dem Frieden von Lunéville, 2 Teile, Gotha 1801–1805

HOFMANN, Hanns Hubert (Hrsg.), Quellen zum Verfassungsorganismus des Heiligen Römischen Reiches deutscher Nation 1495–1806, Darmstadt 1976

HOLSCHE, August Karl, Historisch-topographisch-statistische Beschreibung der Grafschaft Tecklenburg nebst einigen speciellen Landesverordnungen mit Anmerkungen, als ein Beÿtrag zur vollständigen Beschreibung Westphalens, Berlin 1788

KHEVENHÜLLER-METSCH, Johann Josef, Aus der Zeit Maria Theresias. Hrsg. von Rudolf KHEVENHÜLLER-METSCH und Hanns SCHLITTER, Bde. 1–3, Wien 1907–1910

KLARVILL, Victor (Hrsg.), Der Fürst von Ligne. Erinnerungen und Briefe, Wien 1920

KLÜBER, Johann Ludwig, Acten des Wiener Congresses in den Jahren 1814 und 1815, Bde. 1–9, Erlangen 1815–1835 (ND 1966)

KOPP, Johann Adam, Diskurs von Denen Reichs-Gräflichen Votis Curiatis und Deren Ursprung (Anhang zum Tractatus Iuris Publicis de insigni Differentia inter S. R.I. Comites et Nobiles immediatos ..., S. 571–700), Argentorati (Straßburg) 1728

KOTZEBUE, August von, Vom Adel, Leipzig 1792 (ND Königstein/Ts. 1978)

LUCIUS, Samuel, Vorläuffig, doch gründlicher Bericht vom Adel in Teutschland, Frankfurt 1721

LÜNIG, Johann Christian, Das Teutsche Reichs-Archiv, Bde. 1–24, Leipzig 1710–1722

–, Die teutsche Reichs-Cantzley, worinnen zu finden auserlesene Briefe, welche von Kaysern, Königen, Chur- und Fürsten, Praelaten, Grafen und Herren [...] in teutscher Sprache abgelassen worden. In 7 Teilen nebst nötigen Summarien [...] ans Licht gegeben, Teile 1–4, 6–8, Leipzig 1714

–, Europäische Staats-Consilia oder curieuse Bedencken, Bde. 1–2, Leipzig 1715

–, Theatrum Ceremoniale historico-politicus oder Historisch und Politischer Schauplatz aller Ceremonien, Bde. 1–2, Leipzig 1719–1720

–, Thesaurus juris derer Grafen und Herren des Heiligen Römischen Reiches worinn von denen Ursprunge, Wachstum, Prärogativen und Gerechtsamen gehandelt wird, Frankfurt, Leipzig 1725

MALBLANK, Julius Friedrich, Anleitung zur Kenntnis der deutschen Reichs- und Provinzial- Gerichts und Kanzleyverfassung und Praxis, Nürnberg, Altdorf 1791

MOSER, Friedrich Karl von, Über die Regierung der geistlichen Staaten in Deutschland, Frankfurt, Leipzig 1787

MOSER, Johann Jakob, Neues Teutsches Staatsrecht, Bde. 1–20, Osnabrück 1967–68 (ND von 1766–1782)

–, Teutsches Staatsrecht, 50 Teile, Nürnberg 1737–1754 (ND Osnabrück 1968–69)

–, Vom reichständischen Schuldenwesen, Bde. 1–2, Frankfurt, Leipzig 1774–1775

OMPTEDA, Dietrich Heinrich Ludwig Freiherr von, Geschichte der vormaligen ordentlichen Cammergerichts-Visitationen und der 200-jährigen fruchtlosen Bemühungen zu deren Wiederherstellung, Regensburg 1792

PACHNER VON EGGENSTORFF, Johann Joseph, Vollständige Sammlung aller von Anfang des noch fürwährenden Teutschen Reichs-Tags de Anno 1663 biß anhero abgefaßten Reichsschlüsse, Bde. 1–4, Regensburg 1740–1777

PAULI, Carl Friedrich, Einleitung in die Kenntnis des deutschen hohen und niedren Adels, Halle 1753

PISTORIUS, Wilhelm Friedrich von, Amoenitates Historico-juridicae oder allerhand die Historien des Teutschen Reichs sowohl als die in selbigem üblichen Civil- Staats- und Lehensrechte, Gewohnheiten und Altertümer erklärende Dissertationes, Observationes, Consilia und Opuscula, etc. [...], Bde. 1–3, 2. Aufl., Frankfurt, Leipzig 1753

–, Historisch- und juridische Anmerkungen über allerhand den Ursprung, Historie und Vorrechte derer Reichsgrafen betreffende Materien, 4 Teile, Frankfurt 1726–1728

PLEITNER, Emil, Oldenburger Quellenbuch, Oldenburg 1904

PÜTTER, Johann Stephan, Über den Unterschied der Stände, besonders des hohen und niederen Adels in Teutschland, Göttingen 1795

–, Historische Entwicklung der heutigen Staatsverfassung des teutschen Reiches, 3 Teile, 2. Aufl., Göttingen 1788

–, Institutiones iuris publici. J.S. Pütters Anleitung zum teutschen Staatsrechte. Aus dem Lateinischen übersetzt von Carl Anton Friedrich Graf von Hohenthal, 2 Teile, Bayreuth 1791–93

REHBERG, August Wilhelm, Über den deutschen Adel, Göttingen 1803 (ND Königstein/Ts. 1979)

RÖMER, Carl Heinrich von, Staatsrecht und Statistik des Churfürstentums Sachsen, Teil 1, Halle 1737

ROHR, Julius Bernhard von, Einleitung zur Ceremoniel-Wissenschafft der großen Herren, Berlin 1733

–, Einleitung zu Ceremoniel-Wissenschafft der Privatpersonen, Berlin 1728

SARTORI, Joseph von, Geistliches und weltliches Staatsrecht der deutschen catholisch geistlichen Erz-, Hoch- und Ritterstifter, Nürnberg 1788

–, Statistische Abhandlung über die Mängel in der Regierungsverfassung der geistlichen Wahlstaaten und von den Mitteln, solchen abzuhelfen, 2. Aufl., Augsburg 1788

SCHARF, C.B., Statistisch-topographische Sammlungen zur genaueren Kenntnis aller das Churfürstentum Braunschweig-Lüneburg ausmachenden Provinzen, 2. Aufl., Bremen 1791

SCHAUROTH, Eberhard Christian Wilhelm von, Vollständige Sammlung aller Conclusorum, Schreiben und anderer übrigen Verhandlungen des hochpreislichen Corporis Evangelicorum, Bde.1–3, Regensburg 1751–1753

SCHEIDEMANTEL, Heinrich Gottfried, Das allgemeine Staatsrecht überhaupt und nach der Regierungsform, Jena 1775

– /HÄBERLIN; Carl Friedrich (Hrsg.), Repertorium des teutschen Staats- und Lehnsrechts, Bde. 1–4, Leipzig 1782–1795

SCHMAUSS, Johann Jacob, Entwurf einer Lebens-Beschreibung seiner Majestät Caroli VI. Nebst einem kurzen Begriff des Lebens und der Thaten [...] des Prinzen Eugen, Halle/Saale 1721

– /SENCKENBERG, Heinrich Christian von (Hrsg.), Neue und vollständige Sammlung der Reichs-Abschiede, Bde. 1–2, Frankfurt 1747 (ND Osnabrück 1967)

–, Summarische Vorstellung des gegenwärtigen Zustandes von Italien in Ansehung des Teutschen Reiches, Göttingen 1742

SCHMIDT, Friedrich Georg August, Beiträge zu Geschichte des Adels und zu Kenntnis der gegenwärtigen Verfassung desselben in Teutschland, Braunschweig 1794

SCHULZE, Hermann (Hrsg.), Die Hausgesetze der regierenden deutschen Fürstenhäuser, Bde. 1–3, Halle 1863–83

SCOTTI, J. J. (Hrsg.), Sammlung der Gesetze und Verordnungen, welche in den vormaligen Wied-Neuwiedischen, Wied-Runkel'schen [...] nunmehr königlich preußischen Landes Gebieten [...] ergangen sind, 5 Teile, Düsseldorf 1836

SECKENDORF, Veit Ludwig von, Teutscher Fürstenstaat, Frankfurt 1655, ND Jena 1737

SEUFFERT, Johann Michael von, Versuch einer Geschichte des Teutschen Adels in den Hohen Erz- und Domkapiteln, Frankfurt/Main 1790

SPENER, Jacob Carl, Teutsches Jus Publicum oder des Heil. Römisch-Teutschen Reichs vollständige Staats-Rechts-Lehre, Bde. 1–7, Frankfurt/Leipzig 1722–1733

STEINEN, Johann Diedrich von, Westfälische Geschichte, Bde. 1–5, Lemgo 1755–1804

STÖWER, Herbert (Hrsg.), Lippische Landesbeschreibung von 1786 (verfaßt von Ferdinand Bernhard von HOFFMANN und Christian Gottlieb CLOSTERMEIER), Detmold 1973

VARRENTRAPP, Johann Friedrich (Hrsg.), Des Heiligen Römischen Reichs vollständiger genealogischer und schematischer Kalender, Jahrgänge 1768–1802

WAGNER, Wolfgang (Hrsg.), Das Staatsrecht des Heiligen Römischen Reiches Deutscher Nation nach Franz von Zeiller (1751–1818), Heidelberg, Karlsruhe 1968

WEBER, Georg Michael, Handbuch des in Deutschland üblichen Lehnsrechts nach den Grundsätzen Georg Ludwig Boehmers, 4 Teile, Leipzig 1807–1811

WEDDIGEN, M.P.F. (Hrsg.), Neues Westphälisches Magazin zur Geographie, Historie und Statistik, Bde. 1–3 (= 12 Hefte), Lemgo, Leipzig 1789–1792

WOLF, Johann David, Kurzer Entwurf der Verdienste des markgräflichen und churfürstlichen Hauses Brandenburg um die Religionsverfassung der Protestanten in Schlesien, sine loco 1761

ZEDLER, Johann Heinrich (Hrsg.), Großes vollständiges Universal-Lexicon aller Wissenschaften und Künste, Bde. 1–64, Leipzig, Halle 1731–1751 (ND Graz 1961)

ZEUMER, Karl (Hrsg.), Quellensammlung zur Geschichte der Deutschen Reichsverfassung in Mittelalter und Neuzeit, 2. Aufl., Tübingen 1913

3. DARSTELLUNGEN

ABEL, Wilhelm, Agrarkrisen und Agrarkonjunktur. Eine Geschichte der Land- und Ernährungswissenschaft Mitteleuropas seit dem hohen Mittelalter, 3. Aufl., Hamburg 1978

ABRAMOWSKI, Günter, Das Geschichtsbild Max Webers. Universalgeschichte am Leitfaden des okzidentalen Rationalisierungsprozesses, Stuttgart 1966

ACHILLES, Walter, Die Entstehung des niedersächsischen Meierrechtes nach Werner Wittich. Ein kritischer Überblick, in: ZAA 25 (1977), S. 145–169

ADERS, Günter/RICHTERING, Helmut (Hrsg.), Gerichte des alten Reiches, Bde. 1–2, Münster 1968 (Das StA Münster und seine Bestände)

ALBERT, Hans/STAPF, Kurt H. (Hrsg.), Theorie und Erfahrung. Beiträge zur Grundlagenproblematik der Sozialwissenschaften, Stuttgart 1979

ANGERMANN, Erich, Das Auseinandertreten von Staat und Gesellschaft im Denken des 18. Jahrhunderts, in: Zeitschrift für Politik 10 (1963), S. 89–101

ANGERMEIER, Heinz, Der Wormser Reichstag 1495 in der politischen Konzeption König Maximilians I., in: Heinrich LUTZ (Hrsg.), Das römisch-deutsche Reich im politischen System Karls V., München, Wien 1982, S. 1–15 (Schriften des Historischen Kollegs, Kolloquien 1)

–, Die Reichskriegsverfassung in der Politik der Jahre 1679–1681, in: ZRG-GA 82 (1965), S. 190–222

–, Die Reichsreform 1410–1555. Die Staatsproblematik in Deutschland zwischen Mittelalter und Gegenwart, München 1984

ANSCHÜTZ, Gerhard, Das RKG und die Ebenbürtigkeit des niederen Adels, ZRG-GA 27 (1906), S. 172–190

APPELT, Heinrich (Hrsg.), Adlige Sachkunde des Spätmittelalters. Internationaler Kongreß Krems an der Donau, 22.–25.Sept.1980, Wien 1982 (Veröffentlichungen des Instituts für mittelalterliche Realienkunde Österreichs 5 – Sitzungsberichte der Österreichischen Akademie der Wissenschaften, Phil.-Hist. Klasse 400)

AREMBERG, J.E. Prince de, Les Princes du St.Empire à l'époque napoléonienne, Löwen 1951

ARETIN, Karl Otmar Freiherr von, Bayerns Weg zum souveränen Staat. Landstände und konstitutionelle Monarchie 1714–1818, München 1976

–, Der Aufgeklärte Absolutismus, Köln 1974

–, Der Forschungsschwerpunkt »Probleme der Sozial- und Verfassungsgeschichte des Heiligen Römischen Reichs im späten Mittelalter und in der frühen Neuzeit« und das Projekt »Reichsitalien in der Zeit der spanischen Vorherrschaft 1556–1714«, in: Gerhard A. RITTER/Rudolf

VIERHAUS (Hrsg.), Aspekte der historischen Forschung in Frankreich und Deutschland. Schwerpunkte und Methoden, Göttingen 1981, S. 95–101

–, Der Kurfürst von Mainz und Kreisassoziationen 1648–1746, Wiesbaden 1975

–, Die Konfessionen als politische Kräfte am Ausgang des alten Reiches, in: Erwin ISERLOH/Peter MANNS (Hrsg.), Glaube und Geschichte. Festgabe Joseph Lortz, Baden-Baden 1958, Bd. 2, S. 181–241

–, Die Reichspolitik Kaiser Josephs I., in: Beihefte zur GWU 1971, S. 35–36

–, Heiliges Römisches Reich 1776–1806. Reichsverfassung und Staatssouveränität, Bde. 1–2, Wiesbaden 1967

–, Kaiser Joseph zwischen Kaisertradition und österreichischer Großmachtpolitik, in: HZ 215 (1972), S. 529–606

–, Politik und Kirche im 18. Jahrhundert. Ein Beitrag zum Verständnis der geistlichen Fürsten, in: Hochland 59 (1966), S. 23–38

–, Vom Deutschen Reich zum Deutschen Bund, Göttingen 1980

ARIES, Philippe, Geschichte der Kindheit, 4. Aufl., München 1977

ARNDT, Jürgen, Hofpfalzgrafenregister Bd. 1, Neustadt/Aisch 1964

ARNSWALD, Werner Konstantin von (Hrsg.), Katalog der fürstlich Stolberg-Stolberg'schen Leichenpredigten-Sammlungen, Bde. 1–5, Leipzig 1927–1933

ASCHBACH, Joseph, Geschichte der Grafen von Wertheim von den ältesten Zeiten bis zu ihrem Erlöschen im Mannesstamme im Jahre 1566, 2 Teile, Frankfurt/Main 1843

AVENARIUS, Wilhelm, Mittelrhein (mit Hunsrück, Eifel, Westerwald). Landschaft, Geschichte, Kultur, Kunst, Nürnberg 1974

AUBIN, Hermann/PETRI, Franz, Der Raum Westfalen, Bd. 2: Untersuchungen zu seiner Geschichte und Kultur, Münster 1955

– /FRINGS, Theodor/MÜLLER, Josef (Hrsg.), Kulturströmungen und Kulturprovinzen in den Rheinlanden: Geschichte, Sprache, Volkskunde, Bonn 1926

BACKES, Magnus/CASPARY, Hans/DÖLLING, Regine (Hrsg.), Kunsthistorischer Wanderführer Rheinland-Pfalz und Saarland, Stuttgart, Zürich 1971

BADER, Karl Siegfried, Der deutsche Südwesten in seiner territorialstaatlichen Entwicklung, Sigmaringen 1978

–, Der Schwäbische Kreis und die Verfassung des Alten Reiches, in: Ulm und Oberschwaben 37 (1964), S. 9–24

–, Die Rechtssprechung des Reichshofrates und die Anfänge des territorialen Beamtenrechts, in: ZRG-GA 65 (1947), S. 363–379

–, Zur Lage und Haltung des Schwäbischen Adels am Ende des alten Reiches, in: Zeitschrift für Württembergische Landesgeschichte 5 (1941), S. 335–389

BANASCHIK-EHL, Christa, Scharnhorsts Lehrer, Graf Wilhelm von Schaumburg-Lippe, in Portugal. Die Heeresreform 1761–1777, Osnabrück 1974 (Studien zur Militärgeschichte, Militärwissenschaft und Konfliktforschung 3)

BANHOLZER, Gustav, Die Wirtschaftspolitik des Grafen August von Limburg-Styrum, Freiburg/Breisgau 1926

BARFUSS, Werner, Hausverträge und Hausgesetze fränkischer reichsgräflicher Familien (Castell, Löwenstein-Wertheim), Ostrau 1972

BARGE, Friedrich Wilhelm, Die absolutistische Politik der Grafen Friedrich Adolf und Simon Henrich Adolf (1697–1734) gegenüber den Ständen, in: Lippische Mitteilungen 26 (1957), S. 79–128

–, Die Grafschaft Lippe im Zeitalter der Grafen Friedrich Adolf und Simon Henrich Adolf 1697–1734, Diss. masch. Bonn 1953

–, Zur Geschichte des lippischen Absolutismus unter den Grafen Friedrich Adolf und Simon Henrich Adolf (1697–1734), in. Lipp. Mitt. 27 (1958), S. 103–144

BARUDIO, Günter, Das Zeitalter des Absolutismus und der Aufklärung 1648–1779, Frankfurt 1981 (FWG 25)

–, Der Teutsche Krieg 1618–1648, Frankfurt 1985

BAUMGARTNER, Hans Michael/RÜSEN, Jörn (Hrsg.), Seminar: Geschichte und Theorie. Umrisse einer Historik, Frankfurt/Main 1976

BAYER, Josef (Hrsg.), Köln um die Wende des 18. und 19. Jahrhunderts (1770–1830). Geschildert von Zeitgenossen, Köln 1912

BECHTOLSHEIMER, Hartmann von, Des Heiligen Römischen Reichs unmittelbar-freie Ritterschaft zu Franken – Ort Steigerwald – im 17. und 18. Jahrhundert, Bde. 1–2, Würzburg 1972

BECKER, Winfried, Der Kurfürstenrat, Münster 1973

BECKER-CANTARINO, Barbara (Hrsg.), Die Frau von der Reformation zur Romantik. Die Situation der Frau vor dem Hintergrund der Literatur- und Sozialgeschichte, Bonn 1980

BECKSCHÄFER, Bernhard, Evangelische Domherren im Osnabrücker Domkapitel, in: Mitteilungen des Vereins für Geschichte und Landeskunde von Osnabrück 52 (1930), S. 177–198

BEER, Adolph, Denkschriften des Fürsten Wenzel Anton von Kaunitz-Rietberg, Wien 1872

BELOW, Georg von, Die Entstehung des ausschließlichen Wahlrechts der Domkapitel mit besonderer Rücksicht auf Deutschland, Leipzig 1883

BELSTLER, Ulrich, Die Stellung des Corpus Evangelicorum in der Reichsverfassung, Diss. Tübingen 1968

BENDINER, M., Die Reichsgrafen. Eine verfassungsgeschichtliche Studie, Diss. München 1888

BENDIX, Reinhard, Könige oder Volk. Machtausübung und Herrschaftsmandat, Bde. 1–2, Frankfurt/Main 1980 (engl. 1978)

BENECKE, Gerhard, Relations between the Holy Roman Empire and the Counts of Lippe as an example of early modern German Federalism, in: Westfälische Forschungen 24 (1972), S. 165–174

–, Society and Politics in Germany 1500-1700, London, Toronto 1974

BENNA, Anna Hedwig, Preces Primariae und Reichshofrat (1559–1806), in: MÖSTA 5 (1952), S. 87–102

BERDING, Helmut/ULLMANN, Hans-Peter (Hrsg.), Deutschland zwischen Revolution und Restauration, Kronberg/Ts. 1981

–, Napoleonische Herrschafts- und Gesellschaftspolitik im Königreich Westfalen 1807–1813, Göttingen 1973

BESANÇON, Alain, Psychoanalytische Geschichtsschreibung, in: Hans-Ulrich WEHLER (Hrsg.), Geschichte und Psychoanalyse, Frankfurt/Main u.a. 1974, S. 91–140

BIEDERMANN, Karl, Deutschland im 18. Jahrhundert, Bde. 1–2, Aalen 1969 (ND der Ausgabe Leipzig 1867 ff.)

BIEDERBICK, Andreas, Der deutsche Reichstag zu Regensburg nach dem Spanischen Erbfolgekrieg 1714–1724, Düsseldorf 1937

BIERBRAUER, Karl, Johann Friedrich Alexander von Wied. Ein deutscher Reichsgraf in der Politik des 18. Jahrhunderts, Diss. Marburg 1927

Biographisches Lexikon zur Geschichte der böhmischen Länder (hrsg. von Heribert STURM), Bde. 1–2, München 1979 ff.

BIRTHER, Katrin, Der Regensburger Reichstag von 1640/41, Kallmünz 1971

BITTNER, Ludwig/GROSS, Lothar (Hrsg.), Repertorium der diplomatischen Vertreter aller Länder seit dem Westfälischen Frieden, Bd. 1: 1648–1715, Oldenburg 1936

BLEEK, Klaus, Adelserziehung auf deutschen Ritterakademien. Die Lüneburger Adelsschulen 1655–1850, 2 Teile, Frankfurt/Main 1977

BLICKLE, Peter (Hrsg.), Aufruhr und Empörung? Studien zum bäuerlichen Widerstand im Alten Reich, München 1980

BOCK, Ernst, Der Schwäbische Bund und seine Verfassungen, 1488–1534, Breslau 1927 (Untersuchungen zur deutschen Staats- und Rechtsgeschichte 137)

BOCKSHAMMER, Ulrich, Ältere Territorialgeschichte der Grafschaft Waldeck, Marburg 1958 (Schriften des hessischen Amtes für geschichtliche Landeskunde 24)

BÖCKENFÖRDE, Ernst-Wolfgang, Der Westfälische Friede und das Bündnisrecht der Reichsstände, in: Der Staat 8 (1969), S. 449–478

–, Die deutsche verfassungsgeschichtliche Forschung im 19. Jahrhundert, Berlin 1961

BÖHME, Ernst, Das fränkische Reichsgrafenkollegium im 16. und 17. Jahrhundert. Untersuchungen zu den Möglichkeiten und Grenzen der korporativen Politik mindermächtiger Reichsstände, Diss. Tübingen 1985 (masch.)

BOLDT, Hans, Deutsche Verfassungsgeschichte, Bd. 1: Von den Anfängen bis zum Ende des älteren deutschen Reiches 1806, München 1984

–, Einführung in die Verfassungsgeschichte, Düsseldorf 1984

BOOCKMANN, Hartmut, Der Deutsche Orden. 12 Kapitel aus seiner Geschichte, München 1981

BOOM, Ghislaine de, Les Ministres Plénipotentiaires dans les Pays Bas Autrichiens, Bruxelles 1932

BORNHAK, Konrad, Deutsches Adelsrecht, Leipzig 1929

BOSL, Karl (Hrsg.), Bosls Bayerische Biographie. 8000 Persönlichkeiten aus 15 Jahrhunderten, Regensburg 1983

BOTZENHART, Manfred/VIERHAUS, Rudolf (Hrsg.), Dauer und Wandel in der Geschichte. Festgabe für Kurt von Raumer, Münster 1966

BRANSCHEID, Ernst, Beiträge zur Chronik von Bergneustadt, Waldbröl 1937

BRAUBACH, Max, Beiträge zur Geschichte der Stadt Köln im 18. Jahrhundert, in: Jahrbuch des Kölnischen Geschichtsvereins 12 (1930), S. 99–117

–, Die österreichische Diplomatie am Hofe des Kurfürsten Clemens August von Köln (1740–1756), 4 Teile, in: AHVN 111-116 (1927–1930): 111 (1927), S. 1–80; 112 (1928), S. 1–70, 114 (1929), S. 87-136; 116 (1930), S. 87–135

–, Diplomatie und geistiges Leben im 17. und 18. Jahrhundert. Gesammelte Abhandlungen , Bonn 1969

–, Ein rheinischer Fürst als Gegenspieler des Prinzen Eugen am Wiener Hof, in: Aus Geschichte und Landeskunde. Franz Steinbach zum 65. Geburtstag, Bonn 1960, S. 114–132 (über Fürst Karl Dietrich Otto von Salm)

, Ferdinand von Plettenberg, in: Westfalen 22 (1937), S. 165–175

–, Friedensvermittlung in Europa 1735, in: Historisches Jahrbuch 70 (1951), S. 190–237

–, Geheime Friedensverhandlungen am Niederrhein 1711/12, in: Düsseldorfer Jahrbuch 44 (1947), S. 189–209

–, Graf Dominik Andreas Kaunitz (1655–1705) als Diplomat und Staatsmann, in: Heinrich FICHTENAU/Erich ZÖLLNER (Hrsg.), Beiträge zur neueren Geschichte Österreichs, Wien, Köln, Graz 1974, S. 225–242

–, Kölner Domherren im 18. Jahrhundert, in: Zur Geschichte und Kunst im Erzbistum Köln. Festschrift für Wilhelm Neuss, Düsseldorf 1960, S. 233–258

–, Kurköln. Gestalten und Ereignisse aus zwei Jahrhunderten rheinischer Geschichte, Münster 1949

–, Minister und Kanzler, Konferenz und Kabinett in Kurköln im 17. und 18. Jahrhundert, in: AHVN 144/145. 1946/47, S. 141–209

–, Prinz Eugen von Savoyen. Eine Biographie, Bde. 1–5, München 1963–1965

BRAUDEL, Fernand, Die Geschichte der Zivilisation. 15. bis 18. Jahrhundert, München 1971

BRAUNFELS, Wolfgang, Die Kunst im Heiligen Römischen Reich Deutscher Nation, Bde. 1–4, 1979–1983

BREDE, Maria Laetitia/ARENS, Fritz, Kirche und Kloster St.Antonius (Armklaren) zu Mainz, Mainz 1950 (Beiträge zur Geschichte der Stadt Mainz, Bd. 13)

BREMER, Jakob, Die reichsunmittelbare Herrschaft Dyck der Grafen, jetzigen Fürsten zu Salm-Reifferscheidt, Mönchengladbach 1959

–, Die reichsunmittelbare Herrschaft Millendonk, Mönchengladbach 1939 (ND 1974)

BROSIUS, Dieter, Das Land Schaumburg-Lippe, in: Carl HAASE (Hrsg.), Niedersachsen. Territorien – Verwaltungseinheiten – geschichtliche Landschaften, Göttingen 1971, S. 85–93

BRUNKOW, Oskar (Hrsg.), Die Wohnplätze des Deutschen Reiches, 2 Abteilungen mit insgesamt 8 Bden., Berlin 1884

BRUNNER, Otto, Adeliges Landleben und europäischer Geist. Leben und Werk Wolf Helmhardts von Hohberg 1612–1688, Salzburg 1949

–, Das »ganze Haus« und die alteuropäische »Ökonomik«, in: ders., Neue Wege der Verfassungs- und Sozialgeschichte, 2. Aufl., Göttingen 1968, S. 103–127

BRUNNER, Otto/CONZE, Werner/KOSELLECK, Reinhart (Hrsg.), Geschichtliche Grundbegriffe. Historisches Lexikon zur politisch-sozialen Sprache in Deutschland, (bisher) Bde. 1–4, Stuttgart 1972 ff.

BRUNS, Alfred/KOHL, Wilhelm (Hrsg.), Inventar des Fürstlichen Archivs zu Burgsteinfurt, Bde. 1–3, Münster 1971–1983 (Inventare der nichtstaatlichen Archive Westfalens, Bde. 5–7)

BÜLOW, Heinrich von, Geschichte des Adels, Berlin 1903

BULST, Neithard/GOY, Joseph/HOOCK, Jochen (Hrsg.), Familie zwischen Tradition und Moderne. Studien zur Geschichte der Familie in Deutschland und Frankreich vom 16. bis 20. Jahrhundert, Göttingen 1981

BURKE, Peter, Helden, Schurken und Narren. Europäische Volkskultur in der frühen Neuzeit, München 1985 (engl. London 1978)

CAMPE, F. A. von, Die Lehre von den Landständen nach gemeinsamem deutschen Landrecht, 2. Aufl., Lemgo, Detmold 1864

CASSER, Paul, Der niederrheinisch-westfälische Reichskreis (1500–1806), in: Hermann AUBIN/Eduard SCHULTE (Hrsg.), Der Raum Westfalen, Bd. 2.2, Berlin 1934, S. 35–72

CONRAD, Hermann, Deutsche Rechtsgeschichte, Bde. 1–2, 2. Aufl., Karlsruhe 1962–1966

–, Recht und Verfassung des Reiches in der Zeit Maria Theresias. Aus den Erziehungsvorträgen für den Erzherzog Joseph, in: Historisches Jahrbuch 82 (1962), S. 163–186

–, Staatsverfassung und Prinzenerziehung. Ein Beitrag zur Staatstheorie des aufgeklärten Absolutismus, in: MEIXNER, Joseph/KEGEL, Gerhard (Hrsg.), Festschrift für Leo Brandt, Köln, Opladen 1968, S. 589–611

CONTZEN, Hans, Die lippische Landkasse. Ein Beitrag zur Finanzgeschichte Lippes, in: Lipp. Mitt. 8 (1910), S. 1–44

–, Von den lippischen Finanzen im 18. Jahrhundert, in: Lipp. Mitt. 9 (1911), S. 85–131

CORTERIER, Peter, Der Reichstag. Seine Kompetenzen und sein Verfahren in der zweiten Hälfte des 18. Jahrhunderts, Diss. Bonn 1972

CZISCHKE, Helmut, Die verfassungsrechtliche Lage der geistlichen Kurfürstentümer Mainz, Trier und Köln am Ende des alten Reichs, Diss. Mainz 1953 (masch.)

DAHLHOFF, Matthias, Geschichte der Grafschaft Sayn, Dillenburg 1874

DAMMEYER, Wilfried, Der Grundbesitz des Mindener Domkapitels, Minden 1957 (Mindener Jahrbuch N.F. 6)

DEMANDT, Karl E., Geschichte des Landes Hessen, 2. Aufl., Kassel/Basel (1959) 1972

DICK, Bettina, Die Entwicklung des Kameralprozesses nach den Ordnungen von 1495 bis 1555, Köln, Wien 1981

DICKEL, Karl, Die Sonderrolle der deutschen Standesherren im Reich und den einzelnen Bundesstaaten, Berlin 1903

DICKMANN, Fritz, Das Problem der Gleichberechtigung der Konfessionen im 16. und 17. Jahrhundert, in: HZ 201 (1965), S. 265–305

DÖHMANN, Karl Georg, Das Leben des Grafen Arnold von Bentheim (1554–1606), Burgsteinfurt 1903

DÖSSELER, Emil, Kulturpflege beim Adel am preußischen Niederrhein gegen Ende des alten Reiches, in: AHVN 166 (1974), S. 193–284

DOHMS, Batty, Gerolstein in der Eifel, seine Landschaft, Geschichte und Gegenwart, Trier 1953

DOMARUS, Max, Der Reichsadel in den geistlichen Fürstentümern, in: Hans RÖSSLER (Hrsg.), Deutscher Adel 1555–1740, Darmstadt 1965, S. 147–171

DOMKE, Waldemar, Die Virilstimmen im Reichsfürstenrat von 1495–1806, Breslau 1882 (Untersuchungen zur deutschen Staats- und Rechtsgeschichte 11)

DOTZAUER, Winfried, Die deutschen Reichskreise in der Verfassung des Alten Reiches und ihr Eigenleben (1500–1806), Darmstadt 1989

DOVE, Alfred, Kaunitz. Ausgewählte Schriften, Leipzig 1898

DRIESEN, Ludwig, Leben des Fürsten Johann Moritz von Nassau-Siegen, Kleve 1979 (ND von 1849)

DROYSEN, Johann Gustav, Allgemeiner historischer Handatlas, Bielefeld, Leipzig 1886

DUBY, Georges, Die drei Ordnungen. Das Weltbild des Feudalismus, Frankfurt/Main 1981

DUCHHARDT, Heinz, Die Aufschwörungsurkunde als sozialgeschichtliche und politische Quelle, in: Archiv für mittelrheinische Kirchengeschichte 26 (1974), S. 125–141

–, Die kurmainzischen Reichskammergerichtsassessoren, in: ZRG-GA 94 (1977), S. 89–128

–, (Hrsg.), Friedrich der Große, Franken und das Reich, Köln, Wien 1986

–, Kurmainz und das Reichskammergericht, in: Bll.f.dt.LG 110 (1974), S. 181–217

–, Philipp Karl von Eltz, Kurfürst von Mainz, Erzkanzler des Reiches (1732–1743), Mainz 1969

–, Reichskammerrichter Franz Adolf Dietrich von Ingelheim (1659/1730–1742), in: Nass. Ann. 81 (1970), S. 173–202

–, Reichsritterschaft und Reichskammergericht, in: ZHF 5 (1978), S. 315–337

DÜLMEN, Richard van, Formierung der europäischen Gesellschaft in der Frühen Neuzeit. Ein Versuch, in: GuG 7 (1981), S. 5–41

–, Religionsgeschichte in der Historischen Sozialforschung, in: GuG 6 (1980), S. 36–59

DUNCKER, Alexander, Rheinlands Schlösser und Burgen (1857–1885), neu hrsg. von Winfried HANSMANN und Gisbert KNOPP, Bde. 1–2, Düsseldorf 1981

DUNKHASE, Heinrich Helmut, Das Fürstentum Krautheim. Eine Staatsgründung um Jagst und Tauber 1802–1806 (1859), Diss. Nürnberg 1968

ECKHARDT, Albrecht, Die Burgmannenaufschwörungen und Ahnenproben der Reichsburg Friedberg in der Wetterau 1473–1805, in: Wetterauer Geschichtsblätter 19, 1970, S.133–167

– / SCHMIDT, Heinrich(Hrsg.),Geschichte des Landes Oldenburg. Ein Handbuch, Oldenburg 1987

EHALT, Hubert Christian, Ausdrucksformen absolutistischer Herrschaft. Der Wiener Hof im 17. und 18. Jahrhundert, München 1980

–, Ritus und Gesellschaft, in: Beiträge zur historischen Sozialkunde, 7. Jahrgang, Heft 1 (1977), S. 8–15

EICHBERG, Henning, Geometrie als barocke Verhaltensnorm, in: ZHF 4 (1977), S. 17–50

–, Leistung, Spannung, Geschwindigkeit   Sport und Tanz im gesellschaftlichen Wandel des 18. und 19. Jahrhunderts, Stuttgart 1978

EISENHARDT, Ulrich, Aufgabenbereich und Bedeutung des kurkölnischen Hofrates in den letzten 20 Jahren des 18. Jahrhunderts, Diss. Bonn 1964

–, Die kaiserlichen Privilegia de non appellando (hg. in Zusammenarbeit mit Elsbeth MARKERT), Köln, Wien 1980

EISENSTADT, Samuel Noah, Tradition, Wandel und Modernität, Frankfurt 1979

ELIAS, Norbert, Der Soziologe als Mythenjäger, in: ders., Was ist Soziologie? Grundfragen der Soziologie 1, hrsg. von Dieter CLAESSENS, 2. Aufl., Frankfurt (1970) 1971, S. 15–74

–, Die höfische Gesellschaft. Untersuchungen zur Soziologie des Königtums und der höfischen Aristokratie, Frankfurt 1983

–, Über den Prozeß der Zivilisation, Bde. 1–2, 8. Aufl., Frankfurt 1981/82

ENDRES, Rudolf, Preußens Griff nach Franken, in: Heinz DUCHHARDT (Hrsg.), Friedrich der Große, Franken und das Reich, Köln, Wien 1986, S. 57–79

ENGEL, Helmut, Burgsteinfurt in Vergangenheit und Gegenwart, in: Jahrbuch des Vereins für Westfälische Kirchengeschichte 53/54 (1960/61), S. 156–172

ENGEL, Hermann, Die Geschichte der Grafschaft Pyrmont von den Anfängen bis zum Jahre 1668, Diss. München 1972

ENGELBERT, Günther, Die Geschichts- und Altertumsvereine im Regierungsbezirk Detmold, in: Heimatkundliche Informationen Nr. 30, August 1969, S. 1–6

ENNEN, Leonhard, Geschichte der Stadt Köln, Bde. 1–5, Düsseldorf 1869–1880

–, Geschichte der Reformation im Bereiche der alten Erzdiözese Köln, Köln 1849

ERDMANNSDÖRFFER, Bernhard, Graf Georg Friedrich von Waldeck, Berlin 1869

ERMEN, Eduard van, u.a. (Hrsg.), Limburg in Kaart en Prent. Historisch cartografisch Overzicht von belgisch en nederlands Limburg, Tielt, Weesp 1985

EVERS, Reinhard, Stadt und Flecken in der ehemaligen Grafschaft Hoya um 1560–1800, Hildesheim 1979

FABER, Karl Georg, Christian von Stramberg (1785–1868), in: Rheinische Lebensbilder 2, Düsseldorf 1966, S. 159–176

–, Mitteleuropäischer Adel im Wandel der Neuzeit. Ein Literaturbericht, in: GuG 7 (1981), S. 276–296

FABRICIUS, Wilhelm, Die älteren Landfriedenseinungen der Wetterauer Grafen, in: Archiv für hessische Geschichte und Altertumskunde N.F 3 (1904), S. 203–214

–, Erläuterungen zum Geschichtlichen Atlas der Rheinprovinz, Bd. 2: Die Karte von 1789, Bonn 1898 (ND Bonn 1965)

FAHNE, Anton, Geschichte der Grafen, jetzigen Fürsten von Salm-Reifferscheidt, Bde. 1–2, Köln 1858–1866

–, Geschichte der westfälischen Geschlechter unter besonderer Berücksichtigung ihrer Übersiedlung nach Preußen, Curland und Livland, Osnabrück 1966 (ND d. Aus. 1858)

FALKMANN, August, Beiträge zur Geschichte des Fürstenthums Lippe, Bde. 1–6, Lemgo, Detmold 1847–1902

FEDERHOFER, Simon, Albert von Toerring, Fürstbischof von Regensburg (1613–1649), in: Beiträge zur Geschichte des Bistums Regensburg 3 (1969), S. 7–122

FEHRENBACH, Elisabeth, Verfassungs- und sozialpolitische Reformen und Reformprojekte in Deutschland unter dem Einfluß des napoleonischen Frankreich, in: HZ 228 (1979), S. 288–316

–, Vom Ancien Régime zum Wiener Kongreß, München 1981

FEINE, Hans Erich, Die Besetzung der Reichsbistümer vom Westfälischen Frieden bis zur Säkularisierung 1648–1803, Amsterdam 1921, (ND 1964)

–, Die Einwirkungen des absolutistischen Staatsgedankens auf das deutsche Kaisertum im 17. und 18. Jahrhundert, in: ZRG-GA, N.F. 42 (1921), S. 474–481

–, Zur Verfassungsentwicklung des Heiligen Römischen Reiches seit dem Westfälischen Frieden, in: ZRG-GA, 52 (1932), S. 65–133

FERTIG, Ludwig, Die Hofmeister. Ein Beitrag zur Geschichte des Lehrerstandes und der bürgerlichen Intelligenz, Stuttgart 1979

FESTER, Richard, Die armierten Stände und die Reichskriegsverfassung 1681–1697, Frankfurt 1886

FICKER, Julius, Vom Reichsfürstenstande: Forschungen zur Geschichte der Reichsverfassung zunächst im 12. und 13. Jahrhundert, Bde. 1–2 in 4 Teilen, Aalen 1961 (ND d. Ausg. 1861–1923)

FINKEMEYER, Ernst, Verfassung, Verwaltung und Rechtspflege der Grafschaft Bentheim zur Zeit der hannoverschen Pfandschaft 1753–1804, Osnabrück 1967

FISCHER, Hans-Jürgen, Die Rheinbundpolitik Schaumburg-Lippes 1806–1813 und ihre Rechtsfolgen, Rinteln 1975

FISCHER, Laurenz Hannibal, Der teutsche Adel in der Vorzeit, Gegenwart und Zukunft vom Standpunkt des Bürgerthums betrachtet, Bd. 1, Frankfurt/Main 1852

FISCHER, Wolfram, Armut in der Geschichte. Erscheinungsformen und Lösungsversuche der »Sozialen Frage« in Europa seit dem Mittelalter, Göttingen 1982

–, Das Fürstentum Hohenlohe im Zeitalter der Aufklärung, Tübingen 1958

FORST, Otto, Die Ahnenproben der Mainzer Domherren. Quellen und Studien zur Genealogie I, Wien und Leipzig 1913

FRANÇOIS, Etienne, Koblenz im 18. Jahrhundert. Zur Sozial- und Bevölkerungsstruktur einer deutschen Residenzstadt, Göttingen 1982

FRANK, Karl Friedrich von, Standeserhebungen und Gnadenakte für das Deutsche Reich und die Österreichischen Erblande bis 1806, Bde. 1–5, Senftenegg 1967–1974

FRANKE, Joseph (Hrsg.), Das Lommersumer Heimatbuch, Euskirchen 1959

FRANTZ, Adolph, Das katholische Direktorium des Corpus Evangelicorum, Marburg 1880

FRANZEN, August, Hermann von Wied, in: Rheinische Lebensbilder, Bd. 3, Düsseldorf 1968, S. 57–78

FREISEN, Joseph, Verfassungsgeschichte der katholischen Kirche Deutschlands in der Neuzeit. Auf Grund des katholischen Kirchen- und Staatskirchenrechts dargestellt, Leipzig 1916

FRESE, August, Der Prozeß um die Herrschaft Delmenhorst vor dem Reichshofrat und dem Reichskammergericht (1548–1685), Göttingen 1913 (Diss. Göttingen 1912)

FRIED, Pankraz (Hrsg.), Probleme und Methoden der Landesgeschichte, Darmstadt 1978 (Wege der Forschung Bd. 492)

FRIND, Anton, Geschichte der Bischöfe und Erzbischöfe von Prag, Prag 1873

FRITZ, Gerhard, Die Geschichte der Grafschaft Löwenstein und der Grafen von Löwenstein-Habsburg vom späten 13. bis zur Mitte des 15. Jahrhunderts, Sigmaringen 1986

FRÜHAUF, Gerd, Die Austrägalgerichtsbarkeit im Deutschen Reich und im deutschen Bund, Diss. Hamburg 1976

FÜRNROHR, Walter, Der Immerwährende Reichstag zu Regensburg, Regensburg 1963

–, Gesandtennepotismus auf dem Immerwährenden Reichstag, in: Genealogie 13 (1976/77), S. 161–173

GABEL, Helmut, Kehrseiten des Wachstums. Ursachen und Verlauf des Steuerstreits in der Reichsgrafschaft Kerpen-Lommersum 1787–1794, in: Kerpener Heimatblätter 23 (1985), S. 298–311

GADE, Heinrich, Historisch-geographisch-statistische Beschreibung der Grafschaften Hoya und Diepholz, Bde. 1–2, Nienburg/Weser 1980 (ND der Ausg. 1901)

GECK, Elisabeth, Das Fürstentum Nassau-Saarbrücken-Usingen im 18. Jahrhundert. Ein Beitrag zur Entwicklungsgeschichte des deutschen Kleinstaates, Diss. masch. Mainz 1953

GENSICKE, Hellmuth, Isenburg und die Isenburger, in: Heimatjahrbuch des Landkreises Neuwied 1979, S. 53–54

–, Landesgeschichte des Westerwaldes, Wiesbaden 1958

GERHARD, Oswald, Zur Geschichte der rheinischen Adelsfamilien, Düsseldorf 1925

GERLICH, Alois (Hrsg.), Vom alten Reich zu neuer Staatlichkeit. Alzeyer Kolloquium 1979, Wiesbaden 1982

Geschichte der deutschen Länder. Territorienploetz (hrsg. von Georg Wilhelm SANTE), Bde. 1–2, Würzburg 1964–1971

GIERKE, Otto, Über die Geschichte des Majoritätsprinzips, in: Schmollers Jahrbuch 39 (1915), S. 565–587

GIES, Leo, Das kaiserliche Reichsstift Elten, in: ders., Festschrift: 1000 Jahre St. Vitus auf dem Eltenberge, Elten, Kleve 1967, S. 19–44

GLAWISCHNIG, Rolf, Die Bündnispolitik des Wetterauer Grafenvereins (1565 1583), in: Nass. Ann. 83 (1972), S. 78–98

–, Niederlande, Kalvinismus und Reichsgrafenstand 1559–1584. Nassau-Dillenburg und Graf Johann VI., Marburg 1973

GOLDSCHMIDT, Hans, Zentralbehörden und Beamtentum im Kurfürstentum Mainz vom 16. bis zum 18. Jahrhundert, Berlin, Leipzig 1908 (Abhandlungen zur mittleren und neueren Geschichte Bd. 7)

GÖRLICH, Volker, Beilstein – eine Ortsgeschichte, Hermannstein 1978

GÖTTE, Reinhard, Pyrmonts Vergangenheit, o.O. 1971

GOLLWITZER, Heinz, Die Standesherren, 2. Aufl., Göttingen (1957) 1964

GONCOURT, Edmond und Jules de, Die Frau im 18. Jahrhundert, Bde. 1–2, München 1920 (franz. 1882)

GONDORF, Bernhard, Alexander, erster Fürst zu Wied-Neuwied, in: Heimatjahrbuch des Kreises Neuwied 1985, S. 74–78

–, Burgen der Eifel. Lexikon der festen Häuser, Köln 1984

–, Burg Pyrmont in der Eifel. Ihre Geschichte und ihre Bewohner, Köln 1983

GOODWIN, A., European Nobility in the Eighteenth Century, London 1953

GRAB, Walter, Eroberung oder Befreiung? Deutsche Jakobiner und die Franzosenherrschaft im Rheinland 1792–1799, Trier 1971

GRANIER, Gerhard, Der deutsche Reichstag während des spanischen Erbfolgekrieges, Diss. Bonn 1954

GREIWING, Joseph, Der Übergang der Grafschaft Bentheim an Hannover. Die Geschichte einer Pfandschaft, Münster 1934

GRIEWANK, Karl, Der Wiener Kongreß und die Europäische Restauration 1814–1815, 2. Aufl., Leipzig 1954

GROH, Dieter, Strukturgeschichte als »totale« Geschichte, in: VSWG 58 (1971), S. 289–322

GROSS, Lothar, Die Reichspolitik der Habsburger, in: Neue Jahrbücher für deutsche Wissenschaft 13 (1937), S. 197–213

–, Geschichte der deutschen Reichshofkanzlei von 1559–1806, Wien 1933

GROSS, W., Aus alter Zeit, Chronik von Dierdorf, der ehemaligen Residenz der Grafen von Wied-Runkel. Beitrag zu der Geschichte des Wiedischen Fürstenhauses, Teil 1, Neuwied 1900

GROTHAUS, Maximilian, Zum Türkenbild in der Adels- und Volkskultur der Habsburgermonarchie von 1650–1800, in: Gernot HEISS/Grete KLINGENSTEIN (Hrsg.), Das Osmanische Reich und Europa 1683–1789: Konflikt, Entspannung und Austausch, Wien 1983, S. 63–88

GRÜN, Hugo, Geist und Gestalt der Hohen Schule Herborn, in: Nass. Ann. 65 (1954), S. 130–147

GRÜNDER, Karlfried, Reflexionen der Kontinuitäten. Zum Geschichtsdenken der letzten Jahrzehnte, Göttingen 1982

GRUNDIG, Edgar, Geschichte der Stadt Delmenhorst bis 1848. Die politische Entwicklung und die Geschichte der Burg, Delmenhorst 1979

GSCHLIESSER, Oswald von, Das Beamtentum der hohen Reichsbehörden, in: FRANZ, Günther (Hrsg.), Beamtentum und Pfarrerstand, Limburg 1972, S. 1–26 (Deutsche Führungsschichten in der Neuzeit 5)

–, Der Reichshofrat. Bedeutung und Verfassung, Schicksal und Besetzung einer obersten Reichsbehörde von 1559–1806, Wien 1942 (ND Nedeln 1970)

GÜTH, Werner A. (Hrsg.), Hachenburg in Geschichte und Gegenwart, Hachenburg 1984

GÜTHLING, Wilhelm, Zur Geschichte der Familie Nesselrode und ihrer Archive, in: Zeitschrift des Bergischen Geschichtsvereins 63 (1935), S. 57–77

GUISOLAN, Michel, Aspekte des Aussterbens politischer Führungsschichten im 14. bis 18. Jahrhundert, Diss. Zürich 1981

HAASE, Carl, Der Verwaltungsbezirk Oldenburg, in: ders. (Hrsg.), Niedersachsen. Territorien – Verwaltungseinheiten – geschichtliche Landschaften, Göttingen 1971, S. 155–178

–, Das ständische Wesen im nördlichen Deutschland, Göttingen 1964

–, Die Archivalien zur deutschen Geschichte, Boppard 1975

HABERECHT, Karl, Geschichte des niederrheinisch-westfälischen Kreises in der Zeit der französischen Eroberungskriege (1667–1697), Diss. Bonn 1936

HABERMAS, Jürgen, Strukturwandel der Öffentlichkeit. Untersuchungen zu einer Kategorie der bürgerlichen Gesellschaft, 2. Aufl., Neuwied, Berlin 1965

HACHENBURG, Alexander Graf von, Saynsche Chronik, Bonn 1929

HÄUSSER, Ludwig, Geschichte der Französischen Revolution (1789–1799), hrsg. von Wilhelm ONCKEN, Berlin 1867

–, Geschichte der Rheinischen Pfalz, Bde. 1–2, Heidelberg 1845 (ND Pirmasens 1970)

HALBWACHS, Maurice, Das Gedächtnis und seine sozialen Bedingungen, 2. Aufl., Frankfurt 1985

HALLER, Karl Ludwig von, Restauration der Staatswissenschaft oder Theorie des natürlich geselligen Zustandes, der Chimäre des künstlich bürgerlichen entgegengesetzt, Bde. 1–5, Winterthur 1816–1834

HAMMERSTEIN, Notker, Aufklärung und katholisches Reich. Untersuchungen zur Universitätsreform und Politik katholischer Territorien des Hl. Römischen Reiches deutscher Nation im 18. Jahrhundert, Berlin 1977

–, Jus Publicum Romano-Germanicum, in: Diritto e Potere nella Storia Europea. In onore di Bruno Paradisi, Florenz 1982

–, Zur Geschichte und Bedeutung der Universitäten im Hl. Römischen Reich Deutscher Nation, in: HZ 241 (1985), S. 287–328

HAMPL, Franz/WEILER, Ingomar (Hrsg.), Vergleichende Geschichtswissenschaft. Methode, Ertrag und ihr Beitrag zur Universalgeschichte, Darmstadt 1978 (Erträge der Forschung 88)

Handbuch der historischen Stätten Deutschlands, Bde. 1–13; folgende Auflagen wurden verwendet:

    Bd. 1 Schleswig-Holstein (hrsg. von Olaf KLOSE), 2. Aufl., 1964

    Bd. 2 Niedersachsen und Bremen (hrsg. von Kurt BRÜNING), 2. Aufl., 1960

    Bd. 3 Nordrhein-Westfalen (hrsg. von Friedrich KLOCKE und Johannes BAUERMANN) 1963

    Bd. 4 Hessen (hrsg. von Georg Wilhelm SANTE) 1960

    Bd. 5 Rheinland-Pfalz und Saarland (hrsg. von Ludwig PETRI), 2. Aufl., 1965

    Bd. 11 Sachsen-Anhalt (hrsg. von Berent SCHWINEKÖPER) 1975

Handwörterbuch zur deutschen Rechtsgeschichte (HRG), hrsg. von Adalbert ERLER und Ekkehard KAUFMANN, Bde. 1–3, Berlin 1971 ff.

HANSCHMIDT, Alwin, Kurbrandenburg als Kreisstand im Niederrheinisch-Westfälischen Kreis vom Westfälischen Frieden bis zum Spanischen Erbfolgekrieg, in: Oswald HAUSER (Hrsg.), Preußen, Europa und das Reich, Köln, Wien 1987, S. 47–64

HANSTEIN, Adalbert von, Die Frauen in der Geschichte des deutschen Geisteslebens des 18. und 19. Jahrhunderts, 2 Teile, Leipzig 1899–1900

HANTSCH, Hugo, Reichsvizekanzler Friedrich Karl Graf von Schönborn (1674–1746). Einige Kapitel zur politischen Geschichte Kaiser Josephs I. und Karls VI., Augsburg 1929

HARDTWIG, Wolfgang, Konzeption und Begriff der Forschung in der deutschen Historie des 19. Jahrhunderts, in: Alwin DIEMER (Hrsg.), Konzeption und Begriff der Forschung in den Wissenschaften des 19. Jahrhunderts, Meisenheim/Glan 1978, S. 11–26

HARTMANN, Helmut, Der Stiftsadel in den alten Domkapiteln zu Mainz, Trier, Bamberg und Würzburg, in: Mainzer Zeitschrift 73/74 (1978/79), S. 99–138

HARTMANN, Peter Claus, Das Steuersystem der europäischen Staaten am Ende des Ancien Régime, Zürich, München 1979 (Beiheft zur Francia 7)

–, Karl Albrecht – Karl VII. Glücklicher Kurfürst, unglücklicher Kaiser, Regensburg 1985

HARTMANN, Wilhelm, Die Grafen von Poppenburg-Spiegelberg, ihr Archiv, ihre Genealogie und ihr Siegel, in: Niedersächsisches Jahrbuch 18 (1941), S. 117–192

HARTONG, Kurt, Beiträge zur Geschichte des oldenburgischen Staatsrechts, Oldenburg 1958

HARTUNG, Fritz, Die Wahlkapitulationen der deutschen Kaiser und Könige, in: HZ 107 (1911), S. 306–344

HARTWIG, Theodor, Der Überfall der Grafschaft Schaumburg-Lippe durch Landgraf Wilhelm IX. von Hessen-Kassel. Ein Zwischenspiel kleinstaatlicher Politik aus den letzten Zeiten des alten deutschen Reiches, in: Zeitschrift des Historischen Vereins für Niedersachsen 76 (1911), S. 1–118.

HASSELL, William von, Das Kurfürstentum Hannover vom Basler Frieden bis zur preußischen Occupation im Jahre 1806, Hannover 1894

HASSENPFLUG-ELZHOLZ, Eila, Böhmen und die böhmischen Stände in der Zeit des beginnenden Zentralismus. Eine Strukturanalyse der böhmischen Adelsnation um die Mitte des 18. Jahrhunderts, München 1982

HASSINGER, Erich u.a. (Hrsg.), Geschichte – Wirtschaft – Gesellschaft. Festschrift für Clemens Bauer zum 75.Geburtstag, Berlin 1974

HASTENRATH, Werner, Das Ende des westfälischen Reichskreises 1776–1806, Diss. Bonn 1948 (masch.)

HATZFELD, Lutz, Die Geschichte des Wetterauer Grafenvereins von seiner Gründung bis zum Ausbruch des Dreißigjährigen Krieges unter besonderer Berücksichtigung der Grafen von Nassau und Katzenelnbogen. Ein Versuch, in: Mitteilungsblatt des Herborner Altertums- und Geschichtsvereins 2 (1954), S. 17–31, 39–60; Bd. 2 (1955), S. 1–14, 29–44

–, Zur Geschichte des Reichsgrafenstandes, in: Nass. Ann. 70 (1959), S. 41–54

HAUPTMEYER, Carl Hans, Souveränität, Partizipation und absolutistischer Kleinstaat. Die Grafschaft Schaumburg-Lippe als Beispiel, Hildesheim 1980

HAUSER, Oswald (Hrsg.), Preußen, Europa und das Reich, Köln, Wien 1987

HAUSMANN, Friedrich, Repertorium der diplomatischen Vertreter aller Länder seit dem Westfälischen Frieden, Bd. 2: 1716–1763, Zürich 1950

HAVEMANN, Wilhelm, Geschichte der Lande Braunschweig und Lüneburg, Bde. 1–3, Hannover 1974–1977 (ND der Ausgabe 1853–1857)

HECKEL, Johannes, Die evangelischen Dom- und Kollegiatstifter Preußens, Stuttgart 1924

HECKEL, Martin, Itio in partes. Zur Religionsverfassung des Heiligen Römischen Reiches Deutscher Nation, in: ZRG-KA 64 (1978), S. 180–308

HEFFTER, Heinrich, Die deutsche Selbstverwaltung im 19. Jahrhundert, Stuttgart 1950

HEFNER, Otto Titan von (Hrsg.), Stammbuch des blühenden und abgestorbenen Adels in Deutschland, Bde. 1–4, Regensburg 1860–66

HEGEL, Eduard, Das Erzbistum Köln zwischen Barock und Aufklärung vom Pfälzischen Krieg bis zum Ende der französischen Zeit 1688–1814, Köln 1979

HEIDEMANN, Joachim, Das lippische Gerichtswesen am Ausgang des 17. Jahrhunderts, in: Lipp. Mitt. 31 (1962), S. 130–144

–, Die Grafschaft Lippe zur Zeit des beginnenden Absolutismus (1652–1697). Verfassung – Verwaltung – Auswärtige Beziehungen, in: Lipp. Mitt. 30 (1961), S. 15–76

HELBIG, Herbert, Fürsten und Landstände im Westen des Reiches im Übergang vom Mittelalter zur Neuzeit, in: Rheinische Vierteljahresblätter 29 (1964), S. 32–72

HELDMANN, August, Die Reichsherrschaft Bretzenheim, Kreuznach 1896

HELLFAIER, Detlev, Bibliographien zu Geschichte und Landeskunde der Rheinlande. Ein annotiertes Verzeichnis, Köln 1981

HENNES, Johann Heinrich, Die Erzbischöfe von Mainz nebst der politischen und militärischen Geschichte der Stadt, 3. Aufl., Mainz 1879

HENNING, Eckart/RIBBE, Wolfgang (Hrsg.), Handbuch der Genealogie, Neustadt/Aisch 1972

HENNING, Friedrich-Wilhelm, Dienst und Abgaben der Bauern im 18. Jahrhundert, Stuttgart 1969

HERMKES, Wolfgang, Das Reichsvikariat in Deutschland. Reichsvikare nach dem Tode des Kaisers von der Goldenen Bulle bis zum Ende des Reiches, Karlsruhe 1968

HERSCHE, Peter, Der Spätjansenismus in Österreich, Wien 1977

–, Die deutschen Domkapitel im 17. und 18. Jahrhundert, Bde. 1–3, Bern 1984

HERTZ, Friedrich, Die Rechtsprechung der höchsten Reichsgerichte im römisch-deutschen Reich und ihre politische Bedeutung, in: MIÖG 69 (1961), S. 331–358

HINRICHS, Carl/BERGES, Wilhelm (Hrsg.), Die deutsche Einheit als Problem der europäischen Geschichte, Stuttgart 1960

HINRICHS, Ernst/NORDEN, Wilhelm (Hrsg.), Regionalgeschichte – Probleme und Beispiele, Hildesheim 1980

HINRICHS, Ernst/SCHMITT, Eberhard/VIERHAUS, Rudolf (Hrsg.), Vom Ancien Régime zur Französischen Revolution. Forschungen und Perspektiven, Göttingen 1978

HINRICHS, Ernst, Zum Stand der historischen Mentalitätsforschung in Deutschland, in: Ethnologia Europaea 11 (1979/80), S. 226–233

HINTZE, Otto, Gesammelte Abhandlungen, Bde. 1–3 (hrsg. von Gerhard Oestreich), Göttingen 1962–1967

HINZ, Gerhard, Territorialbewußtsein und Reichsgedanke beim deutschen Kleinfürstenstaat im 17. Jahrhundert, Göttingen 1955 (Diss. masch.)

HÖMBERG, Albert K., Westfälische Landesgeschichte, Münster 1967

HOF, Ulrich im, Das gesellige Jahrhundert. Gesellschaft und Gesellschaften im Zeitalter der Aufklärung, München 1982

HOFFMEISTER, Jacob Christoph Carl, Historisch-genealogisches Handbuch der Grafen und Fürsten von Waldeck und Pyrmont seit 1228, Cassel 1883

HOFMANN, Hanns Hubert, Adelige Herrschaft und souveräner Staat. Studien über Staat und Gesellschaft in Franken und Bayern im 18. und 19. Jahrhundert, München 1962

–, Der Staat des Deutschmeisters, München 1964

– /FRANZ, Günther (Hrsg.), Deutsche Führungsschichten in der Neuzeit. Eine Zwischenbilanz, Boppard 1980

–, Die Entstehung des modernen Staates, Köln, Berlin 1967

–, Reichskrieg und Kreisassoziation, in: ZbayLG 25/2 (1962), S. 377–413

HOFMANN, Wilhelm, Peter Melander, Reichsgraf von Holzappel, 2. Aufl., München (1882) 1885

HOPF, Karl, Historisch-genealogischer Atlas seit Christi Geburt bis auf unsere Zeit, Abt.1: Deutschland, Gotha 1858

HÜTTL, Ludwig, Geistlicher Fürst und geistliche Fürstentümer im Barock und Rokoko. Ein Beitrag zur Strukturanalyse von Gesellschaft, Herrschaft, Politik und Kultur des alten Reiches, in: ZbayLG 37 (1974), S. 3–48

–, Max Emanuel. Der Blaue Kurfürst. Eine politische Biographie, München 1976

HULSHOFF, Adam Lambert/ADERS, Günter, Die Geschichte der Grafen und Herren von Limburg und Limburg-Styrum, Bde. 1–4, Münster, Assen 1963–1968

HUSMANN, Joseph/TRIPPEL, Theodor, Geschichte der ehemaligen Herrlichkeit bzw. Reichsgrafschaft und der Pfarre Wickrath, Bde. 1–2, Giesenkirchen 1909–1911

HUTT, Christl, Maximilian Carl Graf zu Löwenstein-Wertheim-Rochefort und der fränkische Kreis 1700–1702, Diss. Würzburg 1969

INGRAO, Charles W., Josef I. Der »vergessene« Kaiser, Graz, Wien, Köln 1982

IRSIGLER, Franz, Möglichkeiten und Grenzen quantifizierender Forschung in der Wirtschafts- und Sozialgeschichte des Spätmittelalters und der frühen Neuzeit, in: Rheinische Vierteljahresblätter 43 (1979), S. 236–259

ISAACSOHN, Walter, Geschichte des niederrheinisch-westfälischen Kreises von 1648–1667, Diss. Bonn 1931

ISENBURG, Wilhelm Karl Prinz zu (Hrsg.), Stammtafeln zur Geschichte der europäischen Staaten, Bde. 1–2, 3. Aufl., Marburg 1960 (zit.: SESt I u. II)

ITALIAANDER, Rolf, Burg Pyrmont in der Eifel, Pyrmont, Hamburg 1965

IWAND, Fritz Georg, Die Wahlkapitulationen des 17. und 18. Jahrhunderts und ihr Einfluß auf die Entwicklung des Ebenbürtigkeits- und Prädikatsrechts des deutschen hohen Adels, Biberach 1919

JÄHNS, Max, Zur Geschichte der Kriegsverfassung des Deutschen Reiches, in: Preußische Jahrbücher 39, 1877, S. 1–28, 113–140, 443–490

JAHNS, Sigrid, Juristen im alten Reich. Das richterliche Personal des Reichskammergerichts 1648–1806. Bericht über ein Forschungsvorhaben, in: Bernhard DIESTELKAMP (Hrsg.), Forschungen aus Akten des Reichskammergerichts, Köln, Wien 1984, S. 1–39

JANNEN, William jr., »Das liebe Teutschland« in the 17th Century – Count George Frederick von Waldeck, in: European Studies Review 6 (1976), S. 165–195

JANY, Kurt, Geschichte der Preußischen Armee vom 15. Jahrhundert bis 1914, Bde. 1–4, 2. Aufl., Osnabrück 1967 (Erstausgabe 1928/29)

JEDIN, Hubert, Die Krone Böhmens und die Breslauer Bischofswahlen 1468-1732, in: Archiv für schlesische Kirchengeschichte 4 (1939), S. 165–208

–, Die Reichskirche der Schönbornzeit, in: Trierer Theologische Zeitschrift 65 (1956), S. 202–216

–, Handbuch der Kirchengeschichte, Bde. 1–6, Freiburg u.a. 1962–1971

JESERICH, Kurt G.A. u.a. (Hrsg.), Deutsche Verwaltungsgeschichte, Bde. 1–6, Stuttgart 1983 ff.

KAEGI, Werner, Der Typus des Kleinstaates im europäischen Denken, in: Neue Schweizer Rundschau 6 (1938/39), S. 257–271, 345–361, 414–431

KAISER, Hans, Die Archive des alten Reiches bis 1806, in: Archivalische Zeitschrift 35 (1925), S. 204–220

KANN, Robert A./PRINZ, Friedrich A. (Hrsg.), Deutschland und Österreich, Wien 1980

KAPPELHOFF, Bernd, Absolutistisches Regiment oder Ständeherrschaft? Landesherr und Landstände in Ostfriesland im ersten Drittel des 18. Jahrhunderts, Hildesheim 1982

KAUFMANN, Karl Leopold, Die Entwicklung der Reformation in der Eifel, in: AHVN 118 (1931), S. 59–71

KEINEMANN, Friedrich, Das Domkapitel zu Münster im 18. Jahrhundert. Verfassung, persönliche Zusammensetzung, Parteiverhältnisse, Münster 1967 (Veröffentlichungen der Historischen Kommission Westfalens XXII, Geschichtliche Arbeiten zur westfälischen Landesforschung, Bd. 11)

–, Das Domstift Mainz und der mediate Adel. Der Streit um die Zulassung von Angehörigen der landsässigen Ritterschaften zu Mainzer Dompräbenden, in: Historisches Jahrbuch 89 (1969), S. 153–170

KESTING, Hermann, Die Wahl des Grafen Friedrich Adolf zur Lippe zum Direktor des Westfälischen Grafenkollegiums (1698), in: Lippische Staatszeitung 15 (1943), Nr. 160 (12./13. Juni 1943)

–, Geschichte und Verfassung des Niedersächsisch-Westfälischen Reichsgrafenkollegiums, Diss. Münster 1916

–, Geschichte und Verfassung des Niedersächsisch-Westfälischen Reichsgrafenkollegiums, in: Westf. Zs. 106 (1956), S. 175–246

KIEWNING, Hans, Der lippische Fürstenbrief von 1720, in: Lipp. Mitt. 1 (1903), S. 39–62

–, Die auswärtige Politik der Grafschaft Lippe vom Ausbruch der Französischen Revolution bis zum Tilsiter Frieden, Detmold 1903

–, Fürstin Pauline zur Lippe 1769-1820, Detmold 1930

–, Generalsuperintendent Ewald und die lippische Ritterschaft, in: Lipp. Mitt. 4 (1906), S. 147–184

–, Lippische Geschichte (hrsg. von A. GREGORIUS), Bde. 1–6, Detmold 1942

KIRCHHOFF, Hans Georg, Heimatchronik des Kreises Grevenbroich, Köln 1971

KIRSTGEN, Jean, Blankenheim in Vergangenheit und Gegenwart, Blankenheim 1954

KISKY, Hans, u.a. (Hrsg.), Schloß Dyck, 5. Aufl., Köln 1982 (Rheinische Kunststätten Bd. 25)

KITTEL, Erich, Die Samtherrschaft Lippstadt 1445-1851, in: Westfälische Forschungen 9 (1956), S. 96–116

–, Geschichte des Landes Lippe, Köln 1957. Die zweite, überarbeitete Auflage erschien unter dem Titel: Heimatchronik des Kreises Lippe, 2. Aufl., Köln 1978

–, Graf August Wolfhart zur Lippe (1688–1739), kaiserlicher Feldmarschalleutnant, in: Lipp. Mitt. 28 (1959), S. 114–122

–, Memoiren des braunschweigisch-lüneburgischen Generals Graf Ferdinand Christian zur Lippe 1668–1724, Lemgo 1959

KLEIN, Thomas, Die Erhebungen in den deutschen Reichsfürstenstand 1550–1806, in: Bll.f.dt.LG 122 (1986), S. 137–192

KLEINHEYER, Gerd, Die kaiserlichen Wahlkapitulationen, Karlsruhe 1968 (Studien und Quellen zur Geschichte des deutschen Verfassungsrechts, Reihe A: Studien Bd. 1)

KLEINSCHMIDT, Arthur, Geschichte von Arenberg, Salm und Leyen 1789-1815, Gotha 1912

KLEMPT, Adalbert, Die Säkularisierung der universalhistorischen Auffassung. Zum Wandel des Geschichtsdenkens im 16. und 17. Jahrhundert, Göttingen 1960

KLINGENSTEIN, Grete, Der Aufstieg des Hauses Kaunitz. Studien zur Herkunft und Bildung des Staatskanzlers Wenzel Anton, Göttingen 1975

– /LUTZ, Heinrich (Hrsg.), Spezialforschung und »Gesamtgeschichte«. Beispiele und Methodenfragen zur Geschichte der frühen Neuzeit, München 1982

KLOCKE, Friedrich von, Von westdeutsch-westfälischer Adels- und Ahnenprobe in Mittelalter und Neuzeit, in: Westfälisches Adelsblatt 2 (1925), S. 263–286

KLUETING, Harm, Ständewesen und Ständevertretung in der westfälischen Grafschaft Limburg im 17. und 18. Jahrhundert, in: Beiträge zur Geschichte Dortmunds und der Grafschaft Mark 70 (1976), S. 109–201

KNAPP, Theodor, Rechtsunsicherheit im alten römisch-deutschen Reich, in: Württembergische Vierteljahrshefte für Landesgeschichte 40 (1934), S. 1–21

KNESCHKE, Ernst Heinrich (Hrsg.), Deutsches Adels-Lexikon, Bde. 1–9, Leipzig 1859–1870 (ND 1929)

–, Deutsche Grafen-Häuser der Gegenwart, Bde. 1–3, Leipzig 1852–1854

KNUST, Heinz, Alexander von Velen (1599–1675), Diss. München 1938

KOCH, Rainer/STAHL, Patricia (Hrsg.), Wahl und Krönung in Frankfurt am Main. Kaiser Karl VII. 1742–1745, Frankfurt 1986

KOCKA, Jürgen, Sozialgeschichte. Begriff – Entwicklung – Probleme, Göttingen 1977

– /NIPPERDEY, Thomas (Hrsg.), Theorie und Erzählung in der Geschichte, München 1979 (Theorie der Geschichte Bd. 3)

–, Zurück zur Erzählung? Plädoyer für historische Argumentation, in: GuG 10 (1984), S. 395–408

KOHL, Wilhelm, Das Domstift St.Paulus zu Münster, New York, Berlin 1982 (Germania Sacra. Neue Folge 17,2: Die Bistümer der Kirchenprovinz Köln. Das Bistum Münster 4,2)

–, Das freiweltliche Damenstift Freckenhorst, Berlin 1975 (Germania Sacra, N.F. 10, Das Bistum Münster)

–, Der Übertritt des Grafen Ernst-Wilhelm von Bentheim zur katholischen Kirche (1668), in: Jahrbuch des Vereins für Westfälische Kirchengeschichte 48 (1955), S. 47–96

–, Christoph Bernhard von Galen, Münster 1964

– (Hrsg.), Westfälische Geschichte, Bd. 1: Von den Anfängen bis zum Ende des Alten Reiches, Düsseldorf 1983

KOHLER, Josef, Handbuch des deutschen Privatfürstenrechts der vormals reichsständischen, jetzt mittelbaren Fürsten und Grafen, Sulzbach 1832

KOHLI, Ludwig, Handbuch einer historisch-statistisch-geographischen Beschreibung des Herzogthums Oldenburg und der Fürstenthümer Lübeck und Birkenfeld, Bde. 1–3, Bremen 1824–26

KOHNEN, Franz, Die Grafschaft Oldenburg und der Westfälische Reichskreis bis 1667, Oldenburg 1940

KOPITZSCH, Franklin (Hrsg.), Aufklärung, Absolutismus und Bürgertum in Deutschland, München 1976

KOSELLECK, Reinhart/LUTZ, Heinrich/RÜSEN, Jörn (Hrsg.), Formen der Geschichtsschreibung, München 1982 (Theorie der Geschichte, Bd. 4)

KOSELLECK, Reinhart/MOMMSEN, Wolfgang J./RÜSEN, Jörn (Hrsg.), Objektivität und Parteilichkeit in der Geschichtswissenschaft, München 1977 (Theorie der Geschichte, Bd. 1)

KOSER, Reinhold, Friedrich der Große, Bde. 1–4, 4. Aufl., Stuttgart 1912–1914

KRAUSE, Hans Georg, Pfandherrschaften als verfassungsgeschichtliches Problem, in: Der Staat 9 (1970), S. 387–404, 515–532

KRAWINKEL, H. August, Die Grundherrschaft in Lippe, in: Lipp. Mitt. 15 (1935), S. 82–162

KRETSCHMAYR, Heinrich, Das deutsche Reichsvicekanzleramt, in: AÖG 84 (1898), S. 381–501

KRICKER, Gottfried, Geschichte der Gemeinde Anrath, Kempen 1959

KUBISCH, Emil, Graf August von Limburg-Stirum, vorletzter Bischof von Speyer, in seinen Beziehungen zur Herrschaft Gemen, in: Westfalen 33 (1955), S. 164–197

KÜNTZEL, Georg, Fürst Kaunitz-Rietberg als Staatsmann, Frankfurt 1923

KUHN, Annette/RÜSEN, Jörn, Frauen in der Geschichte, bisher Bde. 1–6, Düsseldorf 1980 ff.

KULENKAMPFF, Angela, Einungen mindermächtiger Stände zur Handhabung Friedens und Rechtens 1422–1565, Diss. Frankfurt 1967

–, Einungen und Reichsstandschaft fränkischer Grafen und Herren 1402–1641, in: Württembergisch Franken 55, N.F. 45 (1971), S. 16–41

KUNISCH, Johannes (Hrsg.), Der dynastische Fürstenstaat, Berlin 1982

–, Die deutschen Führungsschichten im Zeitalter des Absolutismus, in: Hanns Hubert HOFMANN/Günther FRANZ (Hrsg.), Deutsche Führungsschichten in der Neuzeit. Eine Zwischenbilanz, Boppard 1980, S. 111–142

– (Hrsg.), Staatsverfassung und Heeresverfassung in der europäischen Geschichte der frühen Neuzeit, Berlin 1986 (Historische Forschungen 28)

KUNZER, Eugen Georg, Die Beziehungen des Speyerer Fürstbischofs Damian August Philipp Karl, Graf von Limburg-Stirum, zu Frankreich, Speyer 1915

Kurköln. Land unter dem Krummstab (hrsg. von Hauptstaatsarchiv Düsseldorf unter Mitarbeit des Kreisarchivs Viersen und des Arbeitskreises niederrheinischer Kommunalarchivare), Kevelaer 1985

LADEMACHER, Horst, Geschichte der Niederlande. Politik, Verfassung, Wirtschaft, Darmstadt 1983

LAHRKAMP, Helmut, Die Kriegserinnerungen des Grafen Gronsfeld, in: Zeitschrift des Aachener Geschichtsvereins 71 (1959), S. 77–104

–, Jost Maximilian von Gronsfeld (1598–1662), in: Rheinische Lebensbilder, Bd. 1, Düsseldorf 1961, S. 66–82

LAMPE, Joachim, Aristokratie, Hofadel und Staatspatriziat in Kurhannover, Bde. 1–2, Göttingen 1963

LANCIZOLLE, Karl, Wilhelm von, Übersicht der deutschen Reichsstandschaft- und Territorial-Verhältnisse, Berlin 1830

LANDSBERG-VELEN, Friedrich von, Geschichte der Herrschaft Gemen, in: Zeitschrift für vaterländische Geschichte und Altertumskunde 20, 22, 25, 28, 41, 42, Jgg. 1859–1884

LANGER, Herbert, Kulturgeschichte des Dreißigjährigen Krieges, Stuttgart u.a. 1978

LATZKE, Walther, Das Archiv des Reichskammergerichts, in: ZRG-GA 78 (1961), S. 321–326

LAUT, Robert, Territorialgeschichte der Grafschaft Diez samt den Herrschaften Limburg, Schaumburg, Holzappel, Marburg 1943

LEDEBUR, Leopold Freiherr von, Adelslexikon der preußischen Monarchie, Bde. 1–3, Berlin 1855

LEENEN, Hans, Die Herrschaft Gemen in Bildern und Dokumenten, Münster 1981

–, Die Invasion des Simon August Graf von Lippe-Detmold in die Herrschaft Gemen und die Blockade mit der Erstürmung der Burg durch Bürger und Bauern von Gemen im Jahre 1776, Gemen 1983

LEESCH, Wolfgang, Die Grafen von Rietberg aus den Häusern Arnsberg und Ostfriesland, in: Westf. Zs. 113 (1963), S. 283–376

LEHMANN, Hartmut, Probleme einer Sozial- und Verfassungsgeschichte des Alten Reiches, in: ZHF 3 (1976), S. 233–236

LEITSCH, Walter, Westeuropäische Reiseberichte über den Moskauer Staat, in: Antoni MACZAK/Hans Jürgen TEUTEBERG (Hrsg.), Reiseberichte als Quellen europäischer Kulturgeschichte, Wolfenbüttel 1982, S. 153–176

LENHART, Ludwig, Zur Geschichte der Mainzer Domkapitelsprotokolle, in: Archiv für mittelrheinische Kirchengeschichte 12 (1960), S. 129–147

LEYERS, Peter, Reichshofratgutachten an Kaiser Josef II., Diss. Bonn 1976

LICHTENBERGER, W., Aus der Vergangenheit saynischer Geschichte. Von Karl d. Großen bis zum Jahre 1815, Marienberg 1920

LISSEK, Vincens M., Die Mediatisierung des Fürstentums Wied-Neuwied (1806–1848). Ein rechtsgeschichtlicher Beitrag zur Verfassung der Rheinbundstaaten, in: Nass. Ann. 80 (1969), S. 158–239

LOEBENSTEIN-CSAKY, Eva-Marie, Die adlige Cavalierstour im 17. Jahrhundert, in: MIÖG 79 (1971), S. 408–438

LOOZ-CORSWAREM, Clemens von, Die politische Elite Kölns im Übergang vom 18. zum 19. Jahrhundert, in: Heinz SCHILLING/Herman DIEDERIKS (Hrsg.), Bürgerliche Eliten in den Niederlanden und in Nordwestdeutschland, Köln 1985, S. 421–444

LÜBBING, Hermann, Die Grafschaft Oldenburg im Jahre 1667. Ein anonymer Bericht über die militärisch-politische Lage, über Verwaltung und Finanzen des Landes, in: Oldenburger Jahrbuch 54 (1954), S. 83–102

–, Oldenburgische Landesgeschichte, Oldenburg 1953

LUHMANN, Niklas, Legitimation durch Verfahren, Darmstadt, Neuwied 1975

MAACK, Walter, Die Grafschaft Schaumburg. Eine Darstellung ihrer Geschichte, Rinteln 1964

MACZAK, Antoni (Hrsg.), Klientelsysteme im Europa der Frühen Neuzeit, München 1988, S.19–46

– /TEUTEBERG, Hans Jürgen (Hrsg.), Reiseberichte als Quellen europäischer Kulturgeschichte. Aufgaben und Möglichkeiten historischer Reiseforschungen, Wolfenbüttel 1982

MAGEN, Ferdinand, Reichsgräfliche Politik in Franken. Zur Reichspolitik der Grafen von Hohenlohe am Vorabend und zu Beginn des Dreißigjährigen Krieges, Schwäbisch Hall 1975

MANDROU, Robert, Adelskultur und Volkskultur in Frankreich, in: HZ 217 (1973), S. 36–53

MARCHET, Gustav, Studien über die Entwicklung der Verwaltungslehre in Deutschland von der zweiten Hälfte des 17. bis zum Ende des 18. Jahrhunderts, Frankfurt 1966 (ND der Ausgabe 1885)

MARX, Jacob, Geschichte des Erzstifts Trier [...] bis zum Jahre 1816, Bde. 1–5, Trier 1858–1864

MATHY, Helmut, Die Verluste Metternichs auf dem linken Rheinufer und ihre Entschädigung nach dem Reichsdeputationshauptschluß, in: Jahrbuch für Geschichte und Kunst des Mittelrheins 20/21 (1968/1969), S. 82–108

–, Franz Georg von Metternich, Meisenheim/Glan 1969; vgl. zu dieser gekürzten Fassung der Dissertation auch das Manuskript: Franz Georg von Metternich, der Vater des Staatskanzlers. Ein Diplomat in kaiserlichen Diensten, Diss. masch. Innsbruck 1959

–, Über das Mainzer Erzkanzleramt in der Neuzeit. Stand und Aufgaben der Forschung, in: Geschichtliche Landeskunde 2 (1965), S. 109–149

MAU, Hermann, Die Rittergesellschaften mit St. Jörgenschild in Schwaben. Ein Beitrag zur Geschichte der deutschen Einungsbewegung im 15. Jahrhundert, Teil 1: Politische Geschichte 1406–1437, Stuttgart 1941 (Darstellungen aus der württembergischen Geschichte 33)

MAYER, Theodor (Hrsg.), Adel und Bauern im deutschen Staat des Mittelalters, Leipzig 1943 (ND Darmstadt 1976)

MEDIGER, Walther, Moskaus Weg nach Europa. Der Aufstieg Rußlands zum europäischen Machtstaat im Zeitalter Friedrichs des Großen, Braunschweig 1952

MEICHELBECK, Carl, Geschichte der Stadt Freising und ihrer Bischöfe. Neuausgabe und Fortsetzung durch Anton BAUMGÄRTNER, Freising 1854

MEIER, Ernst von, Hannoversche Verfassung- und Verwaltungsgeschichte 1680-1866, Bde. 1–2, Leipzig 1898/99

MEIER, Karl, Graf Augustus zu Lippe-Brake, in: Lipp. Mitt. 22 (1953), S. 1–37

MEISENBURG, Friedrich, Der deutsche Reichstag während des österreichischen Erbfolgekrieges 1740-1748, Dillingen 1931

MEISTER, Aloys, Der Straßburger Kapitelstreit 1583–1592, Straßburg 1899

–, Die Entstehung der Kuriatstimmen, in: Historisches Jahrbuch 34 (1913), S. 828–834

MENCIK, Ferdinand, Beiträge zur Geschichte der kaiserlichen Hofämter, in: AÖG 87, 1899, S. 447–563

MENCKE, Klaus, Die Visitationen am RKG im 16. Jahrhundert, Köln, Wien 1984

MENK, Gerhard, Territorialstaat und Schulwesen in der frühen Neuzeit. Eine Untersuchung zur religiösen Dynamik an den Grafschaften Nassau und Sayn, in: Jahrbuch für Westdeutsche Landesgeschichte 9 (1983), S. 177–220

MERING, Fritz E. Freiherr von, Geschichte der Burgen, Rittergüter, Abteien und Klöster in den Rheinlanden, 4 Bde mit 12 Heften, Köln 1833–1861 (ND Walluf 1973)

MERX, Otto, »Aus einem westfälischen Kleinstaate«, in: Westfalen 1 (1909), S. 9–24 (über die Grafschaft Rietberg)

MEYER, Jean, Noblesse et pouvoirs dans l'Europe d'ancien régime, Paris 1973

MICHEL, Fritz, Die Waldbotten am Mittelrhein, in: Jahrbuch für Geschichte und Kunst des Mittelrheins und seiner Nachbargebiete 8/9 (1956/57), S. 43–64

MICHELS, Adolf Carl, Die Wahl des Grafen Johann Friedrich Karl von Ostein (1689–1763) zum Kurfürsten und Erzbischof von Mainz 1743, Diss. Darmstadt 1930

MITTEIS, Heinrich, Lehnsrecht und Staatsgewalt. Untersuchungen zur mittelalterlichen Verfassungsgeschichte, Köln 1974 (ND der Ausgabe von 1933)

MOELLER, Hans Michael, Das Regiment der Landsknechte, Wiesbaden 1976

MÖLLER, Johann Caspar, Geschichte der vormaligen Grafschaft Bentheim von der ältesten Zeit bis auf unsere Tage, Lingen 1879

MÖLLER, Walther, Stammtafeln westdeutscher Adelsgeschlechter im Mittelalter, Bde. 1–3, Darmstadt 1922–1936

MÖSSLE, Wilhelm, Fürst Maximilian Wunibald von Waldburg-Zeil-Trauchburg 1750–1818. Geist und Politik des oberschwäbischen Adels an der Wende vom 18. zum 19. Jahrhundert, Stuttgart 1968

MOMMSEN, Wolfgang (Hrsg.), Die Nachlässe in den deutschen Archiven, 2 Teile, Boppard 1971

MONTANUS, Reinhard, Zum Problem der Reichskontinuität im öffentlichen Bewußtsein Deutschlands im Jahrhundert nach dem Westfälischen Frieden, Diss. masch. Bonn 1957

MOORMEYER, Willi, Die Grafschaft Diepholz, Göttingen 1938 (ND Osnabrück 1975)

MORAW, Peter/PRESS, Volker, Probleme der Sozial- und Verfassungsgeschichte des Heiligen Römischen Reiches im späten Mittelalter und der frühen Neuzeit, in: ZHF 2 (1975), S. 95–108

MORSEY, Rudolf (Hrsg.), Verwaltungsgeschichte. Aufgaben, Zielsetzungen, Beispiele, Berlin 1977

–, Wirtschaftliche und soziale Auswirkungen der Säkularisation in Deutschland, in: Rudolf VIERHAUS/Manfred BOTZENHART (Hrsg.), Dauer und Wandel in der Geschichte. Festschrift für Kurt von Raumer, Bonn 1966, S. 361–383

MUCHEMBLED, Robert, Kultur des Volkes – Kultur der Eliten, Stuttgart 1982 (franz. 1978)

MÜHLEN, Franz, Schloß und Residenz Rheda, Münster 1979 (Westfälische Kunststätten, Heft 6)

MÜLLER, Heinrich, Der letzte Kampf der Reichsritterschaft um ihre Selbständigkeit (1790–1815), Berlin 1910 (ND Vaduz 1965)

MÜLLER, Helmut, Stammtafeln der Essener Äbtissinnen des 16. Jahrhunderts, in: Das Münster am Hellweg 22 (1969), S. 13–23

MÜLLER, Klaus, Absolutismus und Zeitalter der Französischen Revolution (1715–1815), Darmstadt 1982 (Quellenkunde zur deutschen Geschichte der Neuzeit von 1500 bis zur Gegenwart, Bd. 3)

–, Das kaiserliche Gesandtschaftswesen im Jahrhundert nach dem Westfälischen Frieden (1648–1740), Bonn 1976

MÜLLER, Michael, Säkularisation und Grundbesitz. Zur Sozialgeschichte des Saar-Mosel-Raums 1794–1813, Boppard 1980

MÜLLER, Victor, Das alte wiedische Militärwesen, in: Heimatkalender des Landkreises Neuwied 1970, S. 41–44

MÜNZING, Harry, Die Mediatisierung der ehemaligen reichsunmittelbaren Standesherren und Reichsritter im Herzogtum Nassau, Mainz 1980

NERLICH, Otto, Der Streit um die Reichsunmittelbarkeit der ehemaligen Herrschaft und späteren Grafschaft Steinfurt bis zum Flinteringischen Vertrage (1569), Hildesheim 1913

NEU, Heinrich, Das Herzogtum Arenberg und die Grafschaft Schleiden im Spiegel alter Karten, in: Heimatkalender Schleiden 1967, S. 97–103

–, Der letzte Graf von Sternberg-Manderscheid-Blankenheim, in: Heimatkalender Kreis Schleiden 1958, S. 28–35

–, Differenzen um die Herrschaft Saffenburg, in: Jahrbuch für Geschichte und Kunst des Mittelrheins und seiner Nachbargebiete 18/19 (1966/67), 1968, S. 116–127

–, Geschichte von Herrschaft und Stadt Schleiden, in: Schleiden. Vergangenheit und Gegenwart (hrsg. von der Stadt Schleiden/Eifel), Schleiden 1975, S. 5–56

–, Graf Salentin Ernst von Manderscheid-Blankenheim, in: Heimatkalender Schleiden 2 (1952), S. 57–63

–, Heimatchronik des Kreises Altenkirchen, Köln 1956

NEU, Peter, Burg und Burgflecken Blankenheim. Beiträge zur Geschichte eines Eifeler Burgflekkens im 17. und 18. Jahrhundert, in: Werner BESCH/Klaus FEHN u.a. (Hrsg.), Die Stadt in der europäischen Geschichte, Festschrift für Edith Ennen, Bonn 1972, S. 451–456

–, Die »Eyfflische Union«. Ein Defensivbündnis Eifler Grafen im 17. Jahrhundert, in: Landeskundliche Vierteljahrsblätter 32 (1986), S. 3–16

–, Geschichte und Struktur der Eifelterritorien des Hauses Manderscheidt vornehmlich im 15. und 16. Jahrhundert, Bonn 1972

–, Manderscheid und das Reich, in: Rheinische Vierteljahresblätter 36 (1972), S. 53–70

NEUHAUS, Helmut, Das Problem der militärischen Exekutive in der Spätphase des Alten Reiches, in: Johannes KUNISCH (Hrsg.), Staatsverfassung und Heeresverfassung in der europäischen Geschichte der frühen Neuzeit, Berlin 1986, S. 297–346

–, Vom »obristen Vheldthaubtman« des Reiches zur Stehenden Reichsgeneralität. Untersuchungen zu Reichskriegsverfassung und Sozialgeschichte des Alten Reiches, Bde. 1–3, Köln 1985 (masch. Habilschrift)

–, Reichsständische Repräsentationsformen im 16. Jahrhundert. Reichstag – Reichskreistag – Reichsdeputationstag, Berlin 1982

NIEDERQUELL, Theodor, Im Kampf um die Reichsunmittelbarkeit. Die Geschichte der Deutschordensballei Hessen vornehmlich im 16. Jahrhundert, in: Hessisches Jahrbuch für Landesgeschichte 5 (1955), S. 193–232

NIEKUS MOORE, Cornelia, Die adlige Mutter als Erzieherin: Erbauungsliteratur adliger Mütter für ihre Kinder, in August BUCH u.a. (Hrsg.), Europäische Hofkultur im 16. und 17. Jahrhundert, Bd. 3, Hamburg 1981, S. 505–510 (Wolfenbütteler Arbeiten zur Barockliteratur, Bd. 10)

–, The Maiden's Mirror. Reading Material for German Girls in the 16th and 17th Century, Wiesbaden 1987 (Wolfenbütteler Forschungen 36)

NIESSEN, Josef, Limburg. Geschichte einer deutsch-niederländischen Grenzlandschaft, in: Rheinische Kulturgeschichte 3 (1942), S. 9–38

NITSCHKE, August, Historische Verhaltensforschung. Analysen gesellschaftlicher Verhaltensweisen. Ein Arbeitsbuch, Stuttgart 1981

NOTTARP, Hermann, Das Stift Altötting, in: ders., Aus Rechtsgeschichte und Kirchenrecht. Gesammelte Abhandlungen, hrsg. von Friedrich MERZBACHER, Köln, Graz 1967, S. 59–95

–, Ein Mindener Dompropst des 18. Jahrhunderts, in: ders., Aus Rechtsgeschichte und Kirchenrecht, S. 96–178

–, Lebendige Heraldik, in: ders., Aus Rechtsgeschichte und Kirchenrecht, S. 697–771

OBERSCHELP, Reinhard, Niedersachsen 1760–1820. Wirtschaft, Gesellschaft, Kultur im Land Hannover und seinen Nachbargebieten, Bde. 1–2, Hildesheim 1982

–, Politische Geschichte Niedersachsens 1714–1803, Hildesheim 1983

OCKWADT, Curd (Hrsg.), Wilhelm Graf zu Schaumburg-Lippe. Schriften und Briefe, Bde. 1–3, Frankfurt 1977–1983

OER, Rudolfine Freiin von (Hrsg.), Die Säkularisation 1803, Vorbereitung – Diskussion – Durchführung, Göttingen 1970

Österreich im Europa der Aufklärung. Kontinuität und Zäsur in Europa zur Zeit Maria Theresias und Josephs II. Internationales Symposium in Wien. 20.–23.Oktober 1980 (hrsg. von der Österreichischen Akademie der Wissenschaften), Bde. 1–2, Wien 1985

OESTREICH, Gerhard, Geist und Gestalt des frühmodernen Staates, Berlin 1969

–, Strukturprobleme der frühen Neuzeit. Ausgewählte Aufsätze, hrsg. von Brigitta OESTREICH, Berlin 1980

–, Zur parlamentarischen Arbeitsweise der deutschen Reichstage unter Karl V. (1519–1556). Kuriensystem und Ausschußbildung, in: MÖSTA 25 (1972), S. 217 ff.

–, Zur Vorgeschichte des Parlamentarismus: Ständische Verfassung, landständische Verfassung und landschaftliche Verfassung, in: ZHF 6 (1979), S. 63 ff.

OPGENOORTH, Ernst, »Ausländer« in Brandenburg-Preußen als leitende Beamte und Offiziere, Würzburg 1967

–, Friedrich Wilhelm, der Große Kurfürst von Brandenburg, Bde. 1–2, Göttingen 1971–78

OVERMANN, Alfred, Die Reichsritterschaft im Unterelsaß bis zu Beginn des dreißigjährigen Krieges, in: Zeitschrift für die Geschichte des Oberrheins 50, 1896, S. 570–637

PALMER, Alan, Alexander I., München 1984 (engl. London 1974)

–, Metternich. Der Staatsmann Europas. Eine Biographie, Düsseldorf 1977 (engl. London 1972)

PATZE, Hans (Hrsg.), Aspekte des europäischen Nationalismus. Festschrift für Georg Schnath zum 80.Geburtstag, Hildesheim 1979

PAULSEN, Friedrich, Geschichte des gelehrten Unterrichts auf den deutschen Schulen und Universitäten vom Ausgang des Mittelalters bis zur Gegenwart, Bde. 1–2, Leipzig 1919–1921 (ND Berlin 1960)

PERTHES, Clemens Theodor, Das deutsche Staatsleben vor der Revolution, Hamburg, Gotha 1845

PETERS, Leo, Geschichte des Geschlechts von Schaesberg bis zur Mediatisierung, Kempen/Ndrh. 1972

–, Johann Friedrich von Schaesberg (1663/64–1723), in: Rheinische Lebensbilder, Bd. 6, Köln 1975, S. 71–88

PETRI, Franz/DROEGE, Georg (Hrsg.), Rheinische Geschichte, Bde. 1–3 (und Bildband), Düsseldorf 1978–1983

PFANDL, Ludwig, Karl II. Das Ende der spanischen Machtstellung in Europa, München 1940

PLATEN, Hubert von, Geschichte der von der Insel Rügen stammenden Familie von Platen, Sorau 1907

PRESS, Volker/REINHARD, Eugen/SCHWARZMAIER, Hansmartin (Hrsg.), Barock am Oberrhein, Karlsruhe 1985 (Oberrheinische Studien Bd. 6)

–, Das Bistum Speyer in der Neuzeit. Portrait eines geistlichen Staates, in: Volker PRESS u.a. (Hrsg.), Barock am Oberrhein, S. 251–290

–, Das Römisch-Deutsche Reich – Ein politisches System in verfassungs- und sozialgeschichtlicher Fragestellung, in: Heinrich LUTZ/Grete KLINGENSTEIN (Hrsg.), Spezialforschung und »Gesamtgeschichte«, Wien 1981, S. 221–242

–, Das wittelbachische Kaisertum Karls VII., in: Rainer KOCH/Patricia STAHL (Hrsg.), Wahl und Krönung in Frankfurt am Main. Kaiser Karl VII. 1742–1745, Frankfurt 1986, S. 88–107

–, Die aufgeschobene Mediatisierung. Finanzkrise der Kleinstaaten und kaiserliche Stabilisierungspolitik, in: 32. Versammlung deutscher Historiker in Hamburg, 4.–8.Oktober 1978 (Beiheft zur GWU), Stuttgart 1979, S. 139–141

–, Die Erblande und das Reich von Albrecht II. bis Karl VI. (1438–1740), in: Robert A. KANN/Friedrich A. PRINZ (Hrsg.), Deutschland und Österreich, Wien 1980, S. 44–88

–, Die Reichsritterschaft im Reich der frühen Neuzeit, in: Nass. Ann. 87 (1976), S. 101–122

–, Die Ritterschaft im Kraichgau zwischen Reich und Territorium 1500–1623, in: Zeitschrift für die Geschichte des Oberrheins 122 (1974), S. 35–98

–, Friedrich der Große als Reichspolitiker, in: Heinz DUCHHARDT (Hrsg.), Friedrich der Große, Franken und das Reich, Köln u.a. 1986, S. 25–56

–, Führungsgruppen in der deutschen Gesellschaft im Übergang zur Neuzeit (um 1500), in: Hanns Hubert HOFMANN/Günther FRANZ (Hrsg.), Deutsche Führungsschichten in der Neuzeit. Eine Zwischenbilanz, Boppard 1980, S. 29–78

, Art.»Geistliche Fürstentümer II«, in: TRE 11 (1983), S. 715 ff.

–, Herrschaft, Landschaft und »Gemeiner Mann« in Oberdeutschland vom 15. bis zum frühen 19. Jahrhundert, in: Zeitschrift für die Geschichte des Oberrheins 123, N.F. 84 (1975), S. 169–214

–, Kaiser Karl V., König Ferdinand und die Entstehung der Reichsritterschaft, 2. Aufl., Wiesbaden 1980 (Vorträge des Instituts für europäische Geschichte 60)

–, Landtage im Alten Reich und im Deutschen Bund, in: Zeitschrift für Württembergische Landesgeschichte 39 (1980), S. 100–140

–, Patronat und Klientel im Heiligen Römischen Reich, in: Antoni MACZAK (Hrsg.), Klientelsysteme im Europa der Frühen Neuzeit, München 1988, S.19–46

– /MORAW, Peter, Probleme der Sozial- und Verfassungsgeschichte des Heiligen Römischen Reiches im späten Mittelalter und in der frühen Neuzeit (13.–18. Jahrhundert), in: ZHF 2 (1975), S. 95–108

–, Reich und höfischer Absolutismus, in: Werner CONZE/Volker HENTSCHEL (Hrsg.), Ploetz Deutsche Geschichte. Epochen und Daten, Würzburg 1979, S. 157–168

–, Soziale Folgen der Reformation in Deutschland, in: VSWG Beiheft 74, Wiesbaden 1982, S. 196–243

PROBST, Christian, Lieber bayrisch sterben. Der bayrische Volksaufstand der Jahre 1705 und 1706, München 1978

PRÖSSLER, Helmut, Friedrich Ludwig Christian Graf zu Solms-Laubach 1769-1822. Sein Lebensweg von 1769–1806, Darmstadt 1957

QUADFLIEG, Eberhard, Myllendonk und seine »Vererbung«, Aachen 1959

QUARITSCH, Helmut, Staat und Souveränität, Bd. 1: Die Grundlagen, Frankfurt/Main 1970

RAAB, Heribert, Clemens Wenzeslaus von Sachsen und seine Zeit 1739-1812, Freiburg u.a. 1962

–, Das Fürstbistum Regensburg, Bayern und die Wittelsbachische Kirchenpolitik, in: Verhandlungen des Historischen Vereins der Oberpfalz 111 (1971), S. 76–85

–, Die oberdeutschen Hochstifte zwischen Habsburg und Wittelsbach in der frühen Neuzeit, in: Bll.f.dt.LG 109 (1973), S. 69–101

–, Zur Geschichte der Aufklärung im Rhein-Main-Gebiet, in: Historisches Jahrbuch 88 (1968), S. 419–443

RADDEY, Yehuda T., Die Grabmale von Burg Rheineck. Zur Geschichte des ehemaligen Ländchens Breisig und der früheren Herrschaft Rheineck, Bad Breisig 1983

RALL, Hans und Marga, Die Wittelsbacher in Lebensbildern, Graz, Regensburg u.a. 1986

RALL, Hans, Kurbayern in der letzten Epoche der alten Reichsverfassung 1745–1801, München 1952

RANDELZHOFER, Albrecht, Völkerrechtliche Aspekte des Heiligen Römischen Reiches nach 1648, Berlin 1967

RANKE, Leopold von, Die deutschen Mächte und der Fürstenbund. Deutsche Geschichte von 1780 bis 1790, Bde. 1–2, Leipzig 1871–72

RANTZAU, Karl von, Das Haus Rantzau. Eine Familien-Chronik, Celle 1865

RANTZAU-BREITENBERG, Kuno, Nachrichten, die Grafschaft Rantzau, deren Besitz und Rechtszustand betreffend, Heidelberg 1840

RASSOW, Peter, Forschungen zur Reichs-Idee im 16. und 17. Jahrhundert, Köln, Opladen 1955

RAUCH, Anton, Kaiser und Reich im Jahrhundert nach dem Westfälischen Frieden, Diss. München 1933

RAUCH, Günter, Das Mainzer Domkapitel in der Neuzeit. Zu Verfassung und Selbstverständnis einer adligen geistlichen Gemeinschaft. Mit einer Liste der Domprälaten seit 1500, Teil 1: ZRG-KA 61 (1975), S. 161–227; Teil 2: ZRG-KA 62 (1976), S. 194–278, Teil 3: ZRG-KA 63 (1977), S. 132–179

RAUCH, Karl, Stiftsmäßigkeit und Stiftsfähigkeit in ihrer begrifflichen Abgrenzung, in: Festschrift Heinrich Brunner zum 70. Geburtstag, Weimar 1910, S. 737–760

RAUMER, Kurt von, Die Zerstörung der Pfalz von 1689 im Zusammenhang mit der französischen Rheinpolitik, München, Berlin 1930

RAUSCHER, Anton (Hrsg.), Säkularisierung und Säkularisation vor 1800, Paderborn 1976

RECK, Johann Stephan, Geschichte der gräflichen und fürstlichen Häuser Isenburg, Wied, Runkel zwischen Koblenz und Andernach, von Julius Cäsar bis auf die neueste Zeit, Weimar 1825

REDEN-DOHNA, Armgard von, Die schwäbischen Reichsprälaten und der Kaiser – Das Beispiel der Laienpfründen, in: Hermann WEBER (Hrsg.), Politische Ordnungen und soziale Kräfte im Alten Reich, Wiesbaden 1980, S. 155–167

–, Landständische Verfassung und fürstliches Regiment in Sachsen-Lauenburg 1543–1689, Göttingen 1974

–, Reichsstandschaft und Klosterherrschaft. Die Schwäbischen Reichsprälaten im Zeitalter des Barock, Wiesbaden 1982

REDLICH, Oswald, Das Werden einer Großmacht. Österreich von 1700 bis 1740, Brünn, München 1942

–, Weltmacht des Barock. Österreich in der Zeit Kaiser Leopolds I., 4. Aufl., Wien 1961

REGELE, Oskar, Der österreichische Hofkriegsrat 1556–1848, Wien 1949

–, Generalstabschefs aus vier Jahrhunderten. Das Amt des Chefs des Generalstabs in der Donaumonarchie. Seine Träger und Organe von 1529–1918

REHM, Hermann, Prädikats- und Titelrecht der deutschen Standesherren, München 1905

REIF, Heinz, Westfälischer Adel 1770–1860. Vom Herrschaftsstand zur regionalen Elite, Göttingen 1979

REIFENSCHEID, Richard, Die Habsburger in Lebensbildern. Von Rudolf I. bis Karl I., Wien, Graz, Köln 1982

REIMERS, Heinrich, Ostfriesland bis zum Aussterben seines Fürstenhauses, 2. Aufl., Wiesbaden 1968 (ND d. Ausg.1925)

REINHARD, Rudolf, August Graf von Stirum, Bischof von Speyer, und die Zentralbehörden im Bistum Speyer, in: Mitteilungen des Historischen Vereins der Pfalz 34/35 (1915), S. 161–208

REISER, Rudolf, Adliges Stadtleben im Barockzeitalter. Internationales Gesandtenleben auf dem Immerwährenden Reichstag zu Regensburg, München 1969

REMLING, Franz Xaver, Geschichte der Bischöfe von Speyer, Bde. 1–3, Mainz 1852–1856

REMLING, Ulrich, Die territoriale Entwicklung Nassaus (Karte 15 a–b), in: Fred SCHWIND (Hrsg.), Geschichtlicher Atlas von Hessen. Text- und Erläuterungsband, Marburg 1984, S. 76–83

Rheinischer Antiquarius: Christian von STRAMBERG, Denkwürdiger und nützlicher Rheinischer Antiquarius, welcher die wichtigsten und angenehmsten, geographischen, historischen und politischen Merkwürdigkeiten des ganzen Rheinstroms von seinem Ausflusse in das Meer bis zu seinem Ursprunge darstellt, 3 Abteilungen mit insges. ca. 40 Bdn., Koblenz 1853 ff.

RIBBE, Wolfgang/HENNING, Eckart (Hrsg.), Taschenbuch für Familiengeschichtsforschung, Neustadt/Aisch 1980

RIBBENTROP, Hans, Graf Philipp zur Lippe, der Stammvater der Dynastie Schaumburg-Lippe, in: Lipp. Mitt. 8 (1910), S. 52–83

RIEDENAUER, Erwin, Elektronische Datenverarbeitung im Dienste von Landes- und Gesellschaftsgeschichte, in: ZbayLG 35 (1972), S. 379–435

–, Landesgeschichte und EDV, in: Bll.f.dt.LG 111 (1975), S. 1–14

RITTER, Gerhard A./VIERHAUS, Rudolf (Hrsg.), Aspekte der historischen Forschung in Frankreich und Deutschland. Schwerpunkte und Methoden, Göttingen 1981

ROECK, Bernd, Reichssystem und Reichsherkommen. Die Diskussion um die Staatlichkeit des Reiches in der politischen Publizistik des 17. und 18. Jahrhunderts, Wiesbaden, Stuttgart 1984

RÖDEL, Ute, Königliche Gerichtsbarkeit und Streitfälle der Fürsten und Grafen im Südwesten des Reiches 1250–1313, Köln, Wien 1979

RÖDEL, Walter Gerd, Das Großpriorat Deutschland des Johanniterordens im Übergang vom Mittelalter zur Reformation, Diss. Mainz 1966, 2. Aufl., 1972

–, Mainz und seine Bevölkerung im 17. und 18. Jahrhundert. Demographische Entwicklung, Lebensverhältnisse und soziale Strukturen in einer geistlichen Residenzstadt, Stuttgart 1985

RÖSSLER, Hellmuth, Der deutsche Hochadel und der Wiederaufbau nach dem Westfälischen Frieden, in: Bll.f.dt.LG 101 (1965), S. 129–146

RÖSSLER, Hans, Deutscher Adel 1555–1740, Darmstadt 1965 (Bd. 2)

RÖSSLER, Johannes, Die kirchliche Aufklärung unter dem Speyerer Fürstbischof August von Limburg-Styrum, Speyer 1914

ROHDEN, Peter Richard, Die klassische Diplomatie von Kaunitz bis Metternich, Leipzig 1939

ROSE, Otto, Der Adel Deutschlands und seine Stellung im deutschen Reich und in dessen Einzelstaaten, Berlin 1883

ROSENKRANZ, Georg Joseph, Beiträge zur Geschichte des Landes Rietberg und seiner Grafen, in: Zeitschrift für vaterländische Geschichte und Altertumskunde Westfalens, N.F. 4, 1853, S. 92–196; N.F. 5, 1854, S. 261–294

ROTH, Hermann Heinrich, Das kölnische Domkapitel von 1501 bis zu seinem Erlöschen 1803, in: Veröffentlichungen des kölnischen Geschichtsvereins 5 (1930), S. 257–294

RÜBEL, Rudolf, Graf Arnold von Bentheim-Steinfurt, in: Westfälische Lebensbilder Bd. 9, Münster 1962, S. 18–33

RÜSEN, Jörn, Die vier Typen des historischen Erzählens, in: Reinhart KOSELLECK/Heinrich LUTZ/Jörn RÜSEN (Hrsg.), Formen der Geschichtsschreibung, München 1982 (Theorie der Geschichte 4), S. 514–606

RUPPERT, Karsten, Die Landstände des Erzstifts Köln in der frühen Neuzeit. Verfassung und Geschichte, in: AHVN 174 (1972), S. 47–111

SAGEBIEL, Martin (Hrsg.), Archiv des Niederrheinisch-Westfälischen Reichsgrafenkollegiums, Detmold 1975 (Das Staatsarchiv Detmold und seine Bestände 1)

–, Die lippische Allodifikationsgesetzgebung, in: Lipp. Mitt. 40 (1971), S. 130–164

–, Die Problematik der Qualifikation bei den bayerischen Standeserhebungen zwischen 1651 und 1799, Marburg 1964

SANTE, Georg Wilhelm (Hrsg.), s. Geschichte der deutschen Länder (Territorien Ploetz)

SARING, Hans, Die Kosten der brandenburgischen Gesandtschaften zur Zeit des Großen Kurfürsten, in: Jahrbuch für brandenburgische Landesgeschichte 18 (1967), S. 63–82

SAYN-WITTGENSTEIN-SAYN, Alexander Fürst von (Hrsg.), Sayn. Ort und Fürstentum, Bendorf-Sayn 1979

SCHÄFER, Karl Heinrich, Die Kanonissenstifter im deutschen Mittelalter, Stuttgart 1907 (ND Amsterdam 1965)

SCHAER, Friedrich-Wilhelm, Der Absolutismus in Lippe und Schaumburg-Lippe. Überblick und Vergleich, in: Lipp. Mitt. 37 (1968), S. 154–199

–, Graf Friedrich Christian zu Schaumburg-Lippe als Mensch und als Repräsentant des kleinstaatlichen Absolutismus um 1700, Bückeburg 1966

–, Lippe und Oldenburg zur Zeit Graf Simons VII., in: Heimatland Lippe 63 (1970), Nr. 6, S. 226–229

SCHANNAT, Johann Friedrich/BÄRSCH, Georg, Eiflia illustrata oder geographische und historische Beschreibung der Eifel, Bde. 1–3, Köln, Aachen 1824–1855

SCHARLACH, Friedrich, Fürstbischof Christian Friedrich von Plettenberg und die münstersche Politik im Koalitionskrieg 1688–1697, in: Zeitschrift für vaterländische Geschichte und Altertumskunde Westfalens 80, 1.Abteilung (1922), S. 1–35

SCHAUDEL, Louis, Les Comtes de Salm, Nancy u.a. 1921

SCHAUMBURG, E. von, Die ehemaligen reichsunmittelbaren Herrschaften Wickrath und Millendonk, in: AHVN 31, 1877, S. 186–189

SCHEEL, Günter, Der Regierungsbezirk Hannover als geschichtliche Landschaft, in: Carl HAASE (Hrsg.), Niedersachsen. Territorien – Verwaltungseinheiten – geschichtliche Landschaften, Göttingen 1971, S. 51–84

SCHEFFERS, Henning, Höfische Konvention und die Aufklärung. Wandlungen des »honnête-homme«-Ideals im 17. und 18. Jahrhundert, Bonn 1980

SCHERL, Gabriele, Der Adel in der liberalen Geschichtsschreibung Deutschlands, Diss. München 1964

SCHERL, Hermann, Die Grafschaft Rietberg unter dem Geschlecht der Kaunitz. Unter besonderer Berücksichtigung der Verwaltungsgeschichte, Diss. Innsbruck 1962

SCHICK, Johannes, Der Reichstag zu Regensburg im Zeitalter des Baseler Friedens 1792–1795, Dillingen 1931

SCHIEFER, Berbeli, Die lippische Wirtschaft unter der Regierung Graf Simon Augusts (1734–1782), in: Lipp. Mitt. 33 (1964), S. 85–134

–, Die Steuerverfassung und die Finanzen des Landes Lippe unter der Regierung Graf Simon Augusts (1734–1782), in: Lipp. Mitt. 32 (1963), S. 88–132

–, Simon August, Graf zur Lippe (1727–1782), in: Westfälische Lebensbilder, Bd. 8, Münster 1959, S. 67–83

SCHIER, Rolf, Standesherren. Zur Auflösung der Adelsvorherrschaft in Deutschland (1815–1918), Heidelberg 1978

SCHILLING, Heinz, Konfessionskonflikt und Staatsbildung. Eine Fallstudie über das Verhältnis von religiösem und sozialem Wandel in der Frühneuzeit am Beispiel der Grafschaft Lippe, Güterloh 1981

– (Hrsg.), Die reformierte Konfessionalisierung in Deutschland – Das Problem der »Zweiten Reformation«, Güterloh 1986

SCHINDLING, Anton, Der Westfälische Frieden und der Reichstag, in: Hermann WEBER (Hrsg.), Politische Ordnungen und soziale Kräfte im Alten Reich, Wiesbaden 1980, S. 113–154

–, Reichstag und europäischer Frieden, in: ZHF 8 (1981), S. 159–177

SCHLESINGER, Walter, Bemerkungen zum Problem der westfälischen Grafschaften und Freigrafschaften, in: Hessisches Jahrbuch für Landesgeschichte 4 (1954), S. 262–277

SCHLÖSSER, Susanne, Der Mainzer Erzkanzler im Streit der Häuser Habsburg und Wittelsbach um das Kaisertum 1740–1745, Wiesbaden 1986 (Geschichtliche Landeskunde Bd. 29)

SCHLUCHTER, Wolfgang, Die Entwicklung des okzidentalen Rationalismus. Eine Analyse von Max Webers Gesellschaftsgeschichte, Tübingen 1979

SCHMALZ, Leo, Die Gebrüder Quadt von Wickrath in preußischen Kriegsdiensten, in: Heimatkalender Kreis Dinslaken 1965, S. 60–69

SCHMIDLIN, Ludwig Rochus, Genealogie der Freiherren von Roll, Solothurn 1914

SCHMIDT, Georg, Agrarkonflikte im Gebiet des Wetterauer Grafenvereins (ca. 1550–1650), in: Wetterauer Geschichtsblätter 33 (1984), S. 79–112

–, Der Städtetag in der Reichsverfassung, Wiesbaden, Stuttgart 1984

–, Städtecorpus und Grafenvereine, in: ZHF 10 (1983), S. 41–71

SCHMIDT, Günther, Die alte Grafschaft Schaumburg, Göttingen 1920 (Studien und Vorarbeiten zum Historischen Atlas von Niedersachsen 5)

SCHMIDT, Peter, Das Collegium Germanicum in Rom und die Germaniker. Zur Funktion eines römischen Ausländerseminars (1552–1914), Tübingen 1984 (Bibliothek des Deutschen Historischen Instituts in Rom 56)

SCHNACKENBURG, Eduard, Das Invaliden- und Versorgungswesen des brandenburgisch-preußischen Heeres bis zum Jahre 1806, Berlin 1889

SCHNATH, Georg, Die Herrschaften Everstein, Homburg und Spiegelberg, Göttingen 1922 (Studien und Vorarbeiten zum Historischen Atlas Niedersachsens 7)

–, Geschichte Hannovers im Zeitalter der neunten Kur und der englischen Sukzession 1674–1714, Bde. 1–3, Hildesheim 1976 (ND der Ausgabe 1938)

SCHNEIDER, Andreas, Der Niederrheinisch-Westfälische Kreis im 16. Jahrhundert. Geschichtliche Struktur und Funktion eines Verfassungsorgans des alten Reiches, Düsseldorf 1985

SCHNEIDER, Karl Heinz, Die landwirtschaftlichen Verhältnisse und die Agrarreformen in Schaumburg-Lippe im 18. und 19. Jahrhundert, Rinteln 1983 (Schaumburger Studien 44)

SCHNEIDER, Konrad, Das Münzwesen in den Grafschaften Wied-Neuwied und Wied-Runkel, Frankfurt/Main 1975

SCHNEIDER, Philipp, Die bischöflichen Domkapitel, 2. Aufl., Mainz (1885) 1892

SCHNEIDER, Philipp, Die Reichsgrafschaft Kerpen-Lommersum (1712–1794), in: Kerpen in Geschichte und Gegenwart. Festbuch aus Anlaß der ersten urkundlichen Erwähnung vor elfhundert Jahren, Kerpen/Erft 1971, S. 103–114

SCHÖMBS, Erwin, Das Staatsrecht Johann Jakob Mosers (1701–1785). Zur Entstehung des historischen Positivismus in der deutschen Reichspublizistik des 18. Jahrhunderts, Berlin 1968 (Schriften zur Verfassungsgeschichte 8)

SCHÖNBERG, Rüdiger Freiherr von, Das Recht der Reichslehen im 18. Jahrhundert, Karlsruhe 1977

SCHOLTIS, Hubert, Die Reichskriegsverfassung des Deutschen Reiches. Ein Beitrag zur deutschen Verfassungsgeschichte, Diss. Innsbruck 1964

SCHORMANN, Gerhard, Der Dreißigjährige Krieg, Göttingen 1985

SCHREIBER, Georg, Franz I. Stephan. An der Seite einer großen Frau, Graz u.a. 1986

SCHRÖCKER, Alfred, Die Amtsauffassung des Mainzer Kurfürsten Lothar Franz von Schönborn (1655–1729), in: MÖSTA 33 (1980), S. 106–126

–, Die deutsche Genealogie im 17. Jahrhundert zwischen Herrscherlob und Wissenschaft, in: Archiv für Kulturgeschichte 59 (1977), S. 426–444

–, Die Patronage des Lothar Franz von Schönborn (1655–1729), Wiesbaden 1981

SCHROER, Alois, Die Reformation in Westfalen. Der Glaubenskampf einer Landschaft, Bde. 1–2, Münster 1979–1983

SCHUBERT, Friedrich Hermann, Die deutschen Reichstage in der Staatslehre der frühen Neuzeit, Göttingen 1966

SCHUHMANN, Günther, Markgraf Alexander von Ansbach-Bayreuth (1736–1806), in: Fränkische Lebensbilder Bd. 1, Würzburg 1967, S. 313–336

SCHULTE, Albert, Ein englischer Gesandter am Rhein. Georg Cressener, Diss. Bonn 1954 (masch.)

SCHULTE, Aloys, Der Adel und die deutsche Kirche im Mittelalter, Stuttgart 1910 (ND Darmstadt 1958)

SCHULTE, Paul-Günter, Ambrosius Franz Graf von Virmont (1682–1744), in: Heimatbuch des Kreises Viersen 35 (1984), S. 27–38

SCHULTHEISS, Franz Guntram, Die geistlichen Staaten beim Ausgang des alten Reiches, Hamburg 1895

SCHULTZ, Uwe (Hrsg.), Die Geschichte Hessens, Stuttgart 1983

SCHULZ, Hermann, Das System und die Prinzipien der Einkünfte im werdenden Staat der Neuzeit, dargestellt anhand der kameralwissenschaftlichen Literatur 1600–1835, Berlin 1982

SCHULZ, Thomas, Die Mediatisierung des Adels, in: Württembergisches Landesmuseum Stuttgart (Hrsg.), Baden und Württemberg im Zeitalter Napoleons, Bd. 2, Stuttgart 1987, S. 157–174

SCHULZE, Hans K., Die Grafschaftsverfassung der Karolingerzeit in den Gebieten östlich des Rheins, Berlin 1973 (Schriften zur Verfassungsgeschichte 19)

SCHULZE, Heinz-Joachim, Landesherr, Drost und Rat in Oldenburg, in: Niedersächsisches Jahrbuch 32 (1960), S. 192–235

SCHULZE, Winfried, Bäuerlicher Widerstand und feudale Herrschaft in der frühen Neuzeit, Stuttgart 1980

–, Reichstag und Reichssteuern im späten 16. Jahrhundert, in: ZHF 2 (1975), S. 43–58

–, Reich und Türkengefahr im 16. Jahrhundert. Studien zu den politischen und gesellschaftlichen Auswirkungen einer äußeren Bedrohung, München 1978

SCHWARZENBERG, Karl Fürst zu, Geschichte des reichsständischen Hauses Schwarzenberg, Bde. 1–2, Neustadt/Aisch 1963

SCHWENNICKE, Detlev (Hrsg.), Europäische Stammtafeln, Alte Folge (= Stammtafeln zur Geschichte der Europäischen Staaten, hrsg. von Prinz von ISENBURG und Baron FREYTAG VON LORINGHOVEN), Bde. 1–5, 3. Aufl., Marburg 1960 ff. (zit: SESt)

SCHWENNICKE, Detlev (Hrsg.), Europäische Stammtafeln, Neue Folge, Bde. 1–11, Marburg 1980 ff. (zit: SEStN)

SEIDENSCHNUR, W., Die Salzburger Eigenbistümer in ihrer reichs- und kirchenrechtlichen Stellung, Diss. Berlin 1920

SELLERT, Wolfgang, Die Ordnungen des Reichshofrates 1550–1766, Teil 1: 1550-1626, Köln, Wien 1980 (Quellen und Forschungen zur höchsten Gerichtsbarkeit im Alten Reich 8/I)

SELLO, Georg, Die territoriale Entwicklung des Herzogtums Oldenburg, Göttingen 1917 (Studien und Vorarbeiten zum Historischen Atlas Niedersachsens 3)

SENNETT, Richard, Verfall und Ende des öffentlichen Lebens. Die Tyrannei der Intimität, Frankfurt 1983

SIEBER, Eduard, Die Idee des Kleinstaates bei den Denkern des 18. Jahrhunderts in Frankreich und Deutschland, Diss. Basel 1920

–, Kleinstaatliche Gesinnung und übernationales Denken, in: Zeitschrift für Schweizer Geschichte 19 (1939), S. 185–196

SIEBERTZ, Paul, Karl, Fürst zu Löwenstein. Ein Bild seines Lebens und Wirkens, Kempten 1924

SIEBMACHER, Johann, Großes und allgemeines Wappenbuch (Unterteilt in zahlreiche Bände, Abteilungen und Reihen, insgesamt 84 Bde.) Nürnberg 1856–1890

SIEGERT, Heinz (Hrsg.), Adel in Österreich, Wien 1971

SIEPER, Werner, Die Burgen von Manderscheid, Wittlich 1956

SIMANYI, Tibor, Kaunitz, Staatskanzler Maria Theresias, München 1984

SMEND, Rudolf, Das Reichskammergericht, Teil 1: Geschichte und Verfassung, Weimar 1911 (ND Aalen 1965)

SÖHNGEN, W., Geschichte der Stadt Hachenburg, Teil 1, Hachenburg 1914

SOFSKY, Günter, Die verfassungsrechtliche Lage des Hochstifts Worms in den letzten zwei Jahrhunderten seines Bestehens, unter besonderer Berücksichtigung der Wahl seiner Bischöfe, Worms 1957 (Beiheft 16 zur Zeitschrift: Der Wormsgau)

SOLF, Elisabeth, Die Reichspolitik des Mainzer Kurfürsten Johann Friedrich Karl von Ostein von seinem Regierungsantritt (1743) bis zum Ausbruch des Siebenjährigen Krieges, Berlin 1936

SPIELMAN, John P., Leopold I. Zur Macht nicht geboren, Graz u.a. 1981

SPIELMANN, Christian, Geschichte von Nassau, 3 Teile, Wiesbaden 1909–1911

SPIES, Hans-Bernd, Die Gründung des Fideikommisses Sayn, in: Jahrbuch für westdeutsche Landesgeschichte 7 (1981), S. 243–257

–, Nassau und das Ende des Sayner Erbfolgestreits 1802, in: Nass. Ann. 87 (1976), S. 156–161

–, Wirtschaftliche Aspekte beim Übergang von Sayn-Altenkirchen an Nassau-Usingen, in: Westfälische Forschungen 25 (1973), S. 221–223

SPINDLER, Max (Hrsg.), Handbuch der bayerischen Geschichte Bd. 2: Das alte Bayern. Der Territorialstaat vom Ausgang des 12. Jahrhunderts bis zum Ausgang des 18. Jahrhunderts, München 1966

SPRINGER, Max, Die Franzosenherrschaft in der Pfalz 1792–1814 (Department Donnersberg), Berlin 1926

STABER, Josef, Kirchengeschichte des Bistums Regensburg, Regensburg 1966

STAERCKE, Katharina, Gräfin Casimire zur Lippe, Detmold 1934

STEINBACH, Peter, Der Eintritt Lippes in das Industriezeitalter. Sozialstruktur und Industrialisierung des Fürstentums Lippe im 19. Jahrhundert, Lemgo 1976

STEINWASCHER, Gerd, Die Zisterzienserstadthöfe in Köln, Bergisch Gladbach 1981

STEPHAN, Gustav, Die häusliche Erziehung in Deutschland während des 18. Jahrhunderts, Wiesbaden 1891

STIMMING, Manfred, Die Wahlkapitulationen der Erzbischöfe und Kurfürsten von Mainz (1233–1788), Göttingen 1909

STOECKLE, Hermann Maria, Die kirchenrechtliche Verfassung des Fürstbistums Freising unter den drei letzten Fürstbischöfen 1769–1802, in: Beiträge zur altbayerischen Kirchengeschichte 14 (1929), S. 83–252

STÖWER, Herbert, Die Bedeutung der Schatzungsregister für die landesgeschichtliche Forschung, in: Lipp. Mitt. 41 (1972), S. 94–107

STOLLEIS, Michael, Pecunia nervus rerum. Zur Staatsfinanzierung in der frühen Neuzeit, Frankfurt/Main 1983

STORM, Peter-Christoph, Militia imperialis – Militia circularis. Reich und Kreis in der Wehrverfassung des deutschen Südwestens (1648–1732), in: James A. VANN/Steven W. ROWAN (Hrsg.), The Old Reich. Essays on German Political Institutions (1495–1806), Brüssel 1974, S. 77–103

STRANGE, Joseph, Beiträge zur Genealogie der adligen Geschlechter, Bde. 1–12, Köln 1864–1877

STRAYER, Joseph R., Die mittelalterlichen Grundlagen des modernen Staates, Köln, Wien 1975

STRECKE, Reinhart (Hrsg.), Der lippische Landtag. Eine parlamentarische Tradition in Nordrhein-Westfalen, Detmold 1984 (Ausstellung des Staatsarchivs Detmold)

STÜRMER, Michael, Höfische Kultur und frühmoderne Unternehmer – Zur Ökonomie des Luxus im 18. Jahrhundert, in: HZ 229 (1979), S. 265–297

STUPP, Hans Wilhelm, Die rechtsgeschichtliche Entwicklung der Stadt Neuwied, Diss. Bonn 1959

STURMBERGER, Hans, Adam Graf Herberstorff. Herrschaft und Freiheit im konfessionellen Zeitalter, München 1976

SÜSSMUTH, Hans (Hrsg.), Historische Anthropologie. Der Mensch in der Geschichte, Göttingen 1984

SYBEL, Friedrich von, Chronik und Urkundenbuch der Herrschaft Gimborn-Neustadt, Gummersbach 1880

TACK, Wilhelm, Aufnahme, Ahnenprobe und Kappengang der Paderborner Domherren im 17. und 18. Jahrhundert, in: Westf. Zs. 96 (1940), S. 3–51

TADDEY, Gerhard (Hrsg.), Lexikon der deutschen Geschichte. Personen. Ereignisse. Institutionen. Von der Zeitwende bis zum Ausgang des 2. Weltkrieges, Stuttgart 1977

TAMSE, Coenraad A. (Hrsg.), Nassau und Oranien. Statthalter und Könige der Niederlande, Göttingen, Zürich 1985 (niederländisch 1979)

TENHAGEN, Friedrich, Gesammelte Abhandlungen zur Vredener Geschichte, Vreden 1939

Territorien-Ploetz, s. Geschichte der deutschen Länder

TINNEFELD, Josef, Die Herrschaft Anholt, Hildesheim 1913

THEINER, Augustin, Zustände der katholischen Kirche in Schlesien von 1740 bis 1745, Bde. 1–2, Regensburg 1852

THIRIET, Jean-Michel, Methoden der Mentalitätsforschung in der französischen Sozialgeschichte, in: Ethologia Europaea 11, 2 (1979/80), S. 208–225

TODE, E., Chronik der Retersbeck-Schaesberg, Görlitz 1918

TOPKA, Rosina, Der Hofstaat Kaiser Karls VI., Diss. Wien 1954

TROSSBACH, Werner, Bauernbewegung im Wetterau-Vogelsberg-Gebiet 1648-1806. Fallstudien zum bäuerlichen Widerstand im Alten Reich, Darmstadt, Marburg 1985

–, Fürstenabsetzungen im 18. Jahrhundert, in: ZHF 13 (1986), S. 425–454

–, »Im Kleinen ein ganz wohl eingerichteter Staat« – Aufgeklärter Absolutismus in der Grafschaft Wied-Neuwied, in: Journal für Geschichte 1985, Heft 5, S. 26–31

–, Soziale Bewegung und politische Erfahrung. Bäuerlicher Protest in hessischen Territorien 1648–1806, Weingarten 1987

–, Widerstand als Normalfall: Bauernunruhen in der Grafschaft Sayn-Wittgenstein-Wittgenstein 1696–1806, in: Westf. Zs. 135 (1985), S. 25–111

Turba, Gustav, Reichsgraf Seilern aus Ladenburg am Neckar (1646–1715) als kurpfälzischer und österreichischer Staatsmann. Ein Zeit- und Lebensbild, Heidelberg 1923

VANDER, Peter, Schloß und Herrschaft Neersen, Kempen 1975

VANN, James A./ROWAN, Steven W. (Hrsg.), The Old Reich. Essays on German Political Institutions, Brüssel 1974

VEBLEN, Thorstein, Theorie der feinen Leute. Eine ökonomische Untersuchung der Institutionen, München 1981 (ND der Ausgabe Köln 1958; engl. 1899)

VEHSE, Eduard, Geschichte der deutschen Höfe seit der Reformation, Bde. 1–48, Hamburg 1851–1860

VEIT, Andreas Ludwig, Mainzer Domherren vom Ende des 16. bis zum Ausgang des 18. Jahrhunderts in Leben, Haus und Habe, Mainz 1924

–, Geschichte und Recht der Stiftsmäßigkeit auf die ehemals adeligen Domstifter von Mainz, Würzburg und Bamberg, in: Historisches Jahrbuch 33 (1912), S. 323–358

VERBOIS, Raphaël, Geschiedenis van Rekem en zijn Keizerlijk Graafschap, Rekem 1972

VERDENHALVEN, Fritz, Alte Maße, Münzen und Gewichte aus dem deutschen Sprachgebiet, Neustadt/Aisch 1968

–, Die Straffälligkeit in Lippe in der 2.Hälfte des 18. Jahrhunderts, in: Lipp. Mitt. 43 (1974), S. 62–144

VIERHAUS, Rudolf, Handlungsspielräume. Zur Rekonstruktion historischer Prozesse, in: HZ 237 (1983), S. 289–309

– /BOTZENHART, Manfred (Hrsg.), Dauer und Wandel in der Geschichte. Aspekte europäischer Vergangenheit. Festgabe für Kurt von Raumer, Münster 1966

–, Deutschland im 18. Jahrhundert. Soziales Gefüge, politische Verfassung, geistige Bewegung, Göttingen 1968

–, Deutschland im Zeitalter des Absolutismus, Göttingen 1978 (Deutsche Geschichte 6)

–, Die Landstände in Nordwestdeutschland im späteren 18. Jahrhundert, in: Dietrich GERHARD (Hrsg.), Ständische Vertretungen in Europa im 17. und 18. Jahrhundert, Göttingen 1969, S. 72–93

–, Land, Staat und Reich in der politischen Vorstellungswelt deutscher Landstände im 18. Jahrhundert, in: HZ 223 (1976), S. 40–60

VÖLKER, A. J., Die innere Politik des Fürstbischofs von Münster, Friedrich Christian von Plettenberg 1688–1706, Hildesheim 1908

VOLLGRAF, Carl, Die teutschen Standesherren, Giessen 1824

VOLZ, Franz-Eugen, Christian Burggraf von Kirchberg, Graf zu Sayn und Wittgenstein (1726–1772), in: Lebensbilder aus dem Kreis Altenkirchen 1979, S. 52–54

VOSS, Jürgen (Hrsg.), Deutschland und die Französische Revolution, München, Zürich 1983

VOSS, Jürgen/HAMMER, Karl (Hrsg.), Historische Forschung im 18. Jahrhundert. Organisation, Zielsetzung, Ergebnisse. 12. Deutsch-Französisches Historikerkolloquium des Deutschen Historischen Instituts Paris, Bonn 1976

VOVELLE, Michel, Ideologie et Mentalités, Paris 1982

WAHL, Friedrich, Verfassung und Verwaltung Schaumburg-Lippes unter dem Grafen Wilhelm. Von den Anfängen volkhaften Staatsdenkens im Zeitalter des Absolutismus, Stadthagen 1938

WALTER, Ferdinand, Das alte Erzstift und die Reichsstadt Köln, ihre geistliche und weltliche Verfassung und ihr Recht, Bonn 1886

WALTER, Friedrich, Österreichische Verfassungs- und Verwaltungsgeschichte von 1500 bis 1955, Köln, Wien 1972

WALTER, Gero, Der Zusammenbruch des Heiligen Römischen Reichs deutscher Nation und die Problematik seiner Restauration in den Jahren 1814/15, Heidelberg, Karlsruhe 1980

WANDRUSZKA, Adam, Zur Persönlichkeit Kaiser Leopolds II., in: HZ 192 (1961), S. 295–317

WARNECKE, Hans Jürgen, Agnes von Limburg-Stirum, in: Westfälische Lebensbilder, Bd. 12, Münster 1979, S. 1–22

WEBER, Hermann, Frankreich, Kurtrier, der Rhein und das Reich 1623–1635, Bonn 1969

– (Hrsg.), Politische Ordnungen und soziale Kräfte im Alten Reich, Wiesbaden 1980

–, Die Parität der Konfessionen in der Reichsverfassung, Bonn 1961

–, Die Politik des Kurfürsten Karl Theodor von der Pfalz während des österreichischen Erbfolgekrieges (1742–1748), Bonn 1956

WEBER, Marianne, Ehefrau und Mutter in der Rechtsentwicklung, Tübingen 1907 (ND Aalen 1971)

WEBER, Max, Gesammelte Aufsätze zur Sozial- und Wirtschaftsgeschichte, Tübingen 1924

–, Soziologische Grundbegriffe, 5. Aufl., Tübingen (1921) 1981

WEERTH, Marie, Das Leben des Grafen Friedrich Adolf zur Lippe bis zu seiner Thronbesteigung 1667–1697, in: Lipp. Mitt. 7 (1909), S. 47–178

WEGELER, Julius, Beiträge zur Specialgeschichte der Rheinlande. Die Schlösser Rheineck und Olbrück, die Burgen zu Burgbrohl, Namedy und Wassenach, die Schweppenburg und Haus Kray, 2. Aufl., Koblenz 1878

WEGEMANN, Georg, Bilder und Kurzbiographien von Mitgliedern des Hauses zur Lippe, Detmold 1946 (masch.)

WEGENER, Gertrud, Geschichte des Stifts St. Ursula in Köln, Köln 1971 (Veröffentlichungen des Kölnischen Geschichtsvereins 31)

WEHLER, Hans-Ulrich (Hrsg.), Moderne deutsche Sozialgeschichte, Köln, Berlin 1966

WEHRMANN, Volker, Die Aufklärung in Lippe. Ihre Bedeutung für Politik, Schule und Geistesleben, Detmold 1972

WEIDENBACH, A. J., Abstammung und Genealogie des fürstlichen Hauses Löwenstein-Wertheim, Koblenz 1870

WEIGEL, Hanns, Die Kriegsverfassung des alten Deutschen Reiches von der Wormser Matrikel bis zur Auflösung, Diss. Erlangen 1912

WEINING, Richard, Das freiweltlich-adlige Fräuleinstift Borghorst, Münster 1920

WEINS, Willibrord, Die Grafschaft Manderscheid, Diss. Münster 1921 (=Manderscheid. Aus der Vergangenheit des Landes und Adelsgeschlechts, Wittlich 1926)

WEIS, Eberhard, Der Aufgeklärte Absolutismus in den mittleren und kleineren deutschen Staaten, in: ZbayLG 42 (1979), S. 31–46

–, Reich und Territorien in den letzten Jahrzehnten des 18. Jahrhunderts, in: Helmut BERDING/Hans-Peter ULLMANN (Hrsg.), Deutschland zwischen Revolution und Restauration, Kronsberg/Ts. 1981, S. 43–64

WEISS, Johannes, Max Webers Grundlegung der Soziologie, München 1975

WENDE, Peter, Die geistlichen Staaten und ihre Auflösung im Urteil der zeitgenössischen Publizisten, Lübeck 1966

WENGEN, Friedrich von der, Karl Graf zu Wied, Königlich Preußischer Generalleutnant. Ein Lebensbild zur Geschichte der Kriege von 1734–1763, Gotha 1890

WIEDEN, Helge von der, Fürst Ernst Graf von Holstein-Schaumburg und seine Wirtschaftspolitik, Bückeburg 1961 (Schaumburg-lippische Mitteilungen 15)

–, Schaumburg-lippische Genealogie. Stammtafeln der Grafen – später Fürsten – zu Schaumburg-Lippe bis zum Thronverzicht 1918, Bückeburg 1969

WILD, Karl, Lothar Franz von Schönborn, Bischof von Bamberg und Erzbischof von Mainz 1693–1729, Heidelberg 1904

WILLE, Jakob, August Graf von Limburg-Stirum, Fürstbischof von Speier, Heidelberg 1913

WILLOWEIT, Dietmar/WADLE, E., Art. »Graf, Grafschaft«, in: HRG Bd. 1 (1971), Sp. 1775–1795

–, Rechtsgrundlagen der Territorialgewalt, Köln, Wien 1975

WINTER, Eduard, Barock, Absolutismus und Aufklärung in der Donaumonarchie, Wien 1971

WINTER, Otto Friedrich, Repertorium der diplomatischen Vertreter aller Länder seit dem Westfälischen Frieden, Bd. 3: 1764–1815, Graz, Köln 1965

WINTERFELD, Adolf von, Geschichte des ritterschaftlichen Ordens St. Johannis vom Spital zu Jerusalem, Berlin 1859

WINTERLING, Aloys, Der Hof der Kurfürsten von Köln 1688–1794. Eine Fallstudie zur Bedeutung »absolutistischer« Hofhaltung, Bonn 1986

WISPLINGHOFF, Erich u.a. (Hrsg.), Geschichte des Landes Nordrhein-Westfalen, Würzburg 1973

WITTICH, Werner, Die Grundherrschaft in Nordwestdeutschland, Leipzig 1896

WOLF, Johann, Versuch die Geschichte der Grafen von Hallermund und der Stadt Eldagsen zu erläutern, Göttingen 1815

WOLF, Karl, Der Straßburger Kapitelstreit und der Wetterauer Grafenverein, in: Nass. Ann. 68 (1957), S. 127–155

WOLFF, Fritz, Die Vertretung der Reichsabteien Essen und Werden auf den Reichstagen des 16. bis 18. Jahrhunderts, in: Das Münster am Hellweg 22 (1969), S. 134–154

–, Corpus Evangelicorum und Corpus Catholicorum auf dem Westfälischen Friedenskongreß, Münster 1966

WOLFRAM, Kurt, Die wirtschaftsgeschichtliche Entwicklung der Stadt Neuwied, Diss. Köln 1927

WOLTERS, M. J., Notice historique sur l'ancien comte imperial de Reckheim dans la province actuelle de Limbourg, Gand 1848

Württembergisches Landesmuseum Stuttgart (Hrsg.), Baden und Württemberg im Zeitalter Napoleons, Bde. 1–2, Stuttgart 1987

WUNDERLICH, Heinke, Studienjahre der Grafen Salm-Reifferscheidt (1780–1791). Ein Beitrag zur Adelserziehung am Ende des Ancien Régime, Heidelberg 1984

WURZBACH, Constant von, Biographisches Lexikon des Kaiserthums Oesterreich, Bde. 1–60, Wien 1856–1891

ZEEDEN, Ernst Walter (Hrsg.), Gegenreformation, Darmstadt 1973 (Wege der Forschung 311)

ZENDER, Matthias, Gestalt und Wandel. Aufsätze zur rheinisch-westfälischen Volkskunde und Kulturraumforschung (hrsg. von H. L. COX und G. WIEGELMANN), Bonn 1977

ZIECHMANN, Jürgen, Panorama der friderizianischen Zeit. Friedrich der Große und seine Epoche. Ein Handbuch, Bremen 1985

ORTS- UND PERSONENREGISTER

Die Orts-, Personen- und Sachindizes sind so knapp wie möglich gehalten und auf den Text beschränkt, um nicht alle Eigennamen in den zitierten Titeln neben dem Literaturverzeichnis auch an dieser Stelle zu wiederholen. Die sonst wünschenswerte Verbindung von Orts- bzw. Personen- und Sachbetreffen wurde nicht verwandt, da die analytische Verzeichnung ein noch stärkeres Anschwellen der Indexangaben verursacht hätte. Die Indizes bieten somit nur ein äußerst knappes Hilfsmittel zur weiteren Erschließung.

Bei der Benutzung der Indizes sind folgende Punkte zu beachten:
Die Ortsnamen wurden, soweit es sich nicht um kreisfreie Städte handelt, an Hand von Müllers Großem Deutschen Ortsbuch, 14.Aufl. 1962, bestimmt. Bei Orten im Ausland wurde nur die Bezeichnung des Landes hinzugefügt. Verlagsorte wurden weitgehend nicht berücksichtigt.
Einige in- wie ausländische Orte, die auf Grund der Aktenaussagen nicht identifiziert werden konnten, wurden nur mit Landschaftsbezeichnungen versehen. Weniger bekannte Ortsnamen in der DDR wurden unter Verweis auf die Geschichtslandschaft, nicht mit den Bezirksnamen gekennzeichnet.
Bei den Personenangaben wurde nach Möglichkeit die Berufsbezeichnung oder Standesqualität vermerkt, jedoch wurden Querverweise zu den Institutionen nur ausnahmsweise vermerkt. Kaiser sind im Namensregister unter »Kaiser« aufgeführt; dagegen finden sich regierende Fürsten unter ihren Territorialnamen (Preußen, Friedrich II., König von).

SACHREGISTER

Der Sachindex enthält eine Auswahl der wichtigsten Sachbetreffe, wobei nach Möglichkeit stark zusammengefaßt wurde. Ein Großteil der nicht unbedingt mit einem Ort verbundenen Institutionen wurde in diesem Index aufgeführt.

Geographische Sammelbegriffe (etwa »Norddeutschland« oder »Süddeutschland«) wurden nicht aufgeführt. Einige weitere unbestimmte Begriffe wie z.B. »Amt«, »Einung«, »Gebiet«, »Herrscher«, »Mitglied«, »Recht«, »Stand« wurden ebenfalls nicht in den Index aufgenommen.

WEITERE VERÖFFENTLICHUNGEN DES INSTITUTS FÜR EUROPÄISCHE GESCHICHTE
Abteilung Universalgeschichte

Beiheft 32

KARL OTMAR FREIHERR VON ARETIN UND KARL HÄRTER, Hrsg.

Revolution und konservatives Beharren

Das Alte Reich und die Französische Revolution
1990. 220 Seiten, Kt. DM 48,–   ISBN 3-8053-1169-9

Die Französische Revolution hat nicht nur eine neue Epoche der Weltgeschichte eingeleitet. Sie hat auch Deutschland tiefgreifend verändert, obwohl in der Mitte Europas eine »Revolution von unten« ausblieb. Vielmehr setzten in den Territorien des Heiligen Römischen Reiches deutscher Nation die alten Eliten einen umfassenden Modernisierungsprozeß »von oben« in Gang.

Der vorliegende Sammelband bietet Ergebnisse einer von der Stiftung Volkswagenwerk geförderten Forschungsgruppe zum Thema »Deutschland und die Französische Revolution«. Im Mittelpunkt der sechzehn Beiträge steht die Rezeption im Alten Reich. Herrschte bisher, besonders in der sog. Jakobinerforschung, ein eindimensionales Interesse am Widerhall der Revolution bei deutschen Intellektuellen vor, so wird hier ein facettenreiches, differenziertes Bild komplexer Wirkungszusammenhänge erkennbar. Es zeigt, daß das revolutionäre und napoleonische Frankreich vor allem als Katalysator fördernd, prägend und polarisierend auf die sozialökonomischen Strukturen, auf die staatliche Verfassung und auf die politische Kultur in Deutschland einwirkte. Einerseits verfestigten sich die traditionellen und konservativ-beharrenden Denk- und Verhaltensweisen, die eine Revolution nach französischem Muster ablehnten und verhindern wollten. Andererseits verstärkte die Revolution den Druck auf die Herrschafts- und Funktionseliten, Staat und Gesellschaft zu reformieren. Durch die Beseitigung des Alten Reiches wurden schließlich die Voraussetzungen für eine »defensive Modernisierung« (Hans-Ulrich Wehler) »von oben« geschaffen.

VERLAG PHILIPP VON ZABERN · MAINZ AM RHEIN

WEITERE VERÖFFENTLICHUNGEN DES INSTITUTS FÜR EUROPÄISCHE GESCHICHTE

Abteilung Universalgeschichte

In Vorbereitung:

M ANFRED R UDERSDORF

Ludwig IV. Landgraf von Hessen-Marburg 1537–1604 Landesteilung und Luthertum in Hessen

ca. 260 Seiten mit 4 Schwarzweißabb. und 1 Karte ISBN 3-8053-1269-5

Hessen-Marburg, eine für die hessische Geschichte und die Reichsgeschichte wichtige Territorienbildung der frühen Neuzeit, wird in diesem Buch erstmals auf der Grundlage der Aktenüberlieferung untersucht, wobei strukturgeschichtliche und biographische Fragestellungen korreliert sind. Die Darstellung des Konfessionalisierungsprozesses in Hessen-Marburg macht deutlich, wie eng sich im Zeichen der geteilten Landgrafschaft territoriale Intensivierung und administrative Erneuerung mit der konfessionellen Durchdringung verbanden. Ludwig IV., der zweite Sohn Philipps des Großmütigen, orientierte sich an dem lutherischen Modellstaat Württemberg: Damit geriet er in einen folgenschweren Gegensatz zur älteren Tradition seiner angestammten Reformationskirche in Hessen. Der Konflikt mit Kassel sowie die Option Darmstadts auf den Marburger Weg, die neubegründete »Ludwigs-Tradition«, bilden vor dem Hintergrund der Diskussion um Einheit oder Teilung Hessens einen Schwerpunkt dieser Untersuchung. Das erneuerte Luthertum erwies sich in Marburg als eine dynamische und innovative Kraft, die Fürstenfrömmigkeit Landgraf Ludwigs als der entscheidende Antrieb für den Ausbau des Territoriums und für eine intensivierte evangelische Kirchlichkeit, die auch auf die Ängste und die Nöte der gläubigen Untertanen reagierte. Erst das koordinierte Zusammenwirken von Hof und Kanzlei, von Landeskirche und Universität, von Dynastie und Territorium konnte den großen Erfolg der Lutheranisierung in dem »Fürstentum an der Lahn« garantieren – bis der Marburger Erbfolgestreit im Vorfeld des Dreißigjährigen Krieges zu neuen Verwerfungen für Land, Kirche und Reich führte.

VERLAG PHILIPP VON ZABERN · MAINZ AM RHEIN